The Categorical Imperative

A Study in Kant's Moral Philosophy

定言命令式

康德道德哲学研究

［英］H. J. 帕通　著
李科政　译

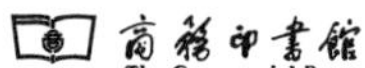

H. J. Paton
THE CATEGORICAL IMPERATIVE
A study in Kant's Moral Philosophy

根据哈钦森大学图书馆 1947 年版译出

天津社会科学院 2019 年度重点课题
“伦理学名著 H. J. 帕通《定言命令式》翻译与研究”
(19YZD-12)

政治哲学名著译丛
总　　序

政治一直以来都与人自身的存在息息相关。在古典时代，无论是西方还是中国，在人们对于人类生活的原初体验中，政治都占据着核心位置。政治生活被看成是一种最高的生活或是作为一个真正的人最该去追求的生活。政治与个人的正当生活（古希腊）或人自身的修养（中国）是贯通的。在政治生活中，人们逐渐明白在由诸多人构成的共同生活中如何正确地对待自身和对待他人。

在过往这十多年内，国人一直在谈论“政治成熟”。这在某种意义上根源于对过去几十年内人们抱持的基本政治理想的省思。但是，一个民族的政治成熟在根本意义上不在于它在力量上的强大甚或对现实处境的敏锐意识，而在于它可以给整个世界提供一种好的生活方式。只有在人们不仅认识到残酷的人类现实，而且认识到我们可以根据一种正当的、好的方式来处理这种现实的时候，我们才开始在“政治上”变得“成熟”。

这一克服和摆脱野蛮状态的过程在某种意义上就是一个“启蒙”的过程。在此过程中，人们开始逐渐运用他自身的理智去辨识什么是一个人或一个国家该去追求的生活。在此意义上，一种政治启蒙的态度就尤为重要，无论是古典路向的政治哲学，还是以自由民主制国家为典范的现代政治思想都必须首先予以检讨。这在某种意义上也正是此套丛书的基本旨趣之所在。希望通过译介一些基本的政治和法律著作而使国人能够在一个更为开阔和更为基本的视域内思考我们自身的生存和发展环境。

吴　彦

2014 年寒冬

目　　录

第二部　定言命令式的背景

第三部　定言命令式的公式

第四部　定言命令式的证义

引文与缩写 13

一个不幸的情况是，引用康德著作中的段落没有一个广泛接受的方法。我在引文中使用的第一套页码数字是柏林科学院版(Berlin Academy)全集的页码。这套页码数字也出现在迈纳版(Meiner)《哲学文库》(Philosophische Bibliothek)收录的全集中部分康德著作的页边，对于日常使用来说，它们在整体上是最令人信服的德文版。举个例子，科学院版的页码数字也出现在那个系列中——福伦德版(Vorländer)的《奠基》(*Grundlegung*)和《道德形而上学》(*Metaphysik der Sitten*)。它还出现在梅雷迪特(Meredith)的《判断力批判》译本的页边中。

许多英语读者都愿意使用阿伯特(Abbott)翻译的康德伦理学著作，我的引文中的第二套页码数字(没有用括号框起来)就是为方便他们所做的补充。然而，这样做会有一个难题：因为，《奠基》的页码——或者(他命名为)《道德形而上学的基本原则》(*Fundamental Principles of the Metaphysic of Morals*)——在袖珍版单行本和他命名为《康德的伦理学理论》(*Kant's Theory of Ethics*)的大开本合集中是不同的。我打算使用袖珍版的页码来解决这个难题，因为这两本著作的文本中都有袖珍版页码；同时，为了方便起见，我在引用他在《康德的伦理学理论》中所译的其他著作(或者它们的部分内容)的时候,也遵循这种做法。阿伯特使用的页码数字来自罗森克兰茨和舒伯特版(Rosenkrantz and Schubert)康德著作全集,它们对于查阅这个版本的人们来说是有用的。

倘若所有版本和康德注疏都使用原版的页码,那就更加方便了。这种做法已经被用于《纯粹理性批判》,该书的第一版被众所周知地标注为A,第二版被标注为B。我在使用《纯粹理性批判》的时候就遵循了这种做法,而且,如果其他著作也能够找到这套页码的话,我也会把它们标注出来;但是,为了突出这套页码数字,并使之有别于阿伯特的引文,我把它们放进了圆括号中。这套页码也被印在《哲学文库》中出版的一些著作的页边,甚至也被印刷在1913年印本的科学院版《实践理性批判》和《判断力批判》的页边(尽管之前的印本并没有这样做)。至于《判断力批判》的"第一版前言"(Erste Einleitung)的页码,我参考的是《哲学文库》中的莱曼版(Lehmann)。

主要的缩写清单 14

缩写	书名		科学院版卷数
Beobachtungen	=*Beobachtungen über das Gefühl des Schönen und Erhabenen.*	《关于美感和崇高感的考察》	第 2 卷
Das Ende	=*Das Ende aller Dinge.*	=《万物的终结》	第 8 卷
Gr.	=*Grundlegung zur Metaphysik der Sitten.*	=《道德形而上学的奠基》	第 4 卷
K.p.V.	=*Kritik der praktischen Vernunft.*	=《实践理性批判》	第 5 卷
K.r.V	=*Kritik der reinen Vernunft.*	=《纯粹理性批判》	第 3—4 卷
K.U.	=*Kritik der Urteilskraft.*	=《判断力批判》	第 5 卷
Logik	=*Immanuel Kants Logik.*	=《伊曼努尔·康德的逻辑学》	第 9 卷
M.A.d.N.	=*Metaphysische Anfangsgründe der Naturwissenschaft.*	=《自然科学的形而上学的初始根据》	第 4 卷
M.d.S.	=*Metaphysik der Sitten.*	=《道德形而上学》	第 6 卷
Prol.	=*Prolegomena zu jeder künftigen Metaphysik.*	=《未来形而上学导论》	第 4 卷
Religion	=*Die Religion innerhalb der Grenzen der blossen Vernunft.*	=《纯然理性界限内的宗教》	第 6 卷

在必要的地方，我用“*Ak.*”意指 Berlin Academy（柏林科学院）版，用“*Phil. Bib.*”意指 Philosophische Bibliothek（《哲学文库》）。我还用“*K. M. E.*”意指我自己的著作——*Kant's Metaphysic of Experience*（《康德的经验形而上学》）。

前　　言 15

康德致力于对道德说出点新意。他的非凡成就迫使后世每一位道德哲学著作的作者都必须认真考察他的种种见解，哪怕纯然是为了反驳他的错误。奇怪的是，康德本人并没有声称自己对道德思想提出了一种哲学上的革命，就像他在思辨思想中所声称的那样。当然，他知道自己正在尝试做一件过去无人成功过的事情——也就是说，他试图抛开一切利己的考虑来阐明道德的首要原则，甚至要抛开这些原则在特定的人类问题(human problems)中的应用来阐明它们。然而，他坚持认为，他不过是提出了一个新的公式来阐明这样一个原则，即善人赖以在任何时候对道德上的卓越性做出评判的那个原则——即使他们无法向自己清楚地阐明这个原则，或者把它和关乎个人幸福的原则，以及由道德的生活带来益处区别开来。

把握道德的最高原则，其重要性无论我们如何夸大都不为过；而且，由于康德的《道德形而上学的奠基》(我说的是其 *Grundlegung zur Metaphysik der Sitten*)处理的正是这个问题(并且仅仅处理这个问题)，它对于一切宣称要严肃地思考道德问题的人来说都是不可或缺的。然而，许多读者都觉得《道德形而上学的奠基》(以下简称《奠基》)难以理解，而我的这本著作的主要意图，就是要让它更容易理解。由于——正如我所相信的那般——对《奠基》的一系列错误诠释已经成了传统，阻碍了我们无偏见地前进的道路，这项工作就更为必要了。如此众多的人或明或隐地把康德看作一位伟大的（至少是一位有影响力的）思想家，却把一种极其愚蠢的观点归之于他，这确实是一件奇怪的事情。人们通常都以为，康德主张，如果我们对一个行动具有任何自然的偏好，或者我们由于履行这个行动而获得了最为些微的愉快，它就不能是一个道德的行动；同样，一个善人绝不能考虑他的行动的后果，而是必须从他对道德法则本身的空洞观念之中演绎出生活中一切繁多的义务，根本不考虑人类本性中的任何特征或者人类生活的任何情境。这些学说（倘若康德确实持有这些学说）和其他同样矛盾的学说，并不能表明康德对道德的本性怀有任何深刻的洞识；相反，它们只能表明，如果他的道德哲学不是病态的，那也是无足轻重的，应该不予理会。通过对文本的细致考察，我希望指出的是，上述这些诠释是对康德的真正教导的歪曲，后者即使并不总是正确的，至少也总是合理的。

从我所说的话中可以清楚地看出，我认为，正确地诠释康德的
16 学说，不仅对于康德的研究者们，对于一切道德哲学的研究者们，并且实际上对于一切在理智上饥渴地追求一种善的生活、不满足于盲目地遵从那些被他们看作自己先祖的智慧的人们来说，都是至关重要的。出于这个理由，我打算在我这本著作的前几个章节的附录中，处理康德的教导中的一些较为专业的方面，那些对此兴趣有限的人们可以忽视它们。在最后一个章节——第四部——中，我就不再设置这个环节，因为它关乎对道德原则的形而上学的辩护，从而不得不参考康德的整个哲学思想。然而，对于那些更为

焦急地想要理解什么是道德，而不打算考虑它如何能够得到辩护的人们来说，这个章节的内容也可以忽视——尽管在我看来，这样做难免会遭受一些损失。

对于康德的研究者们，我试图表明，康德的道德哲学和他的批判学说中的其他部分何其相称。尽管我把《奠基》（可以这么说）用作我的讨论文本，但我也试图援引康德的其他著作来证实我的诠释。我以前曾写过有关康德的著作，其中一位评论者抱怨说，由于不得不时常低头去看脚注，他的眼睛倍感眩晕，为此，我或许有必要做出解释。依照惯例，针对那些想要查核我的诠释的康德学者们来说，这种做法确实是刻意为之的：首次阅读时并不需要去查阅它们，而且，那些对我所阐述的学说更感兴趣，而不是对作为它们的基础的证据更感兴趣的人们，也不必去查阅这些脚注。我想要补充的是，我没有打算处理康德关于这些主题的思想的发展变化，因为，P. A. 席尔普教授（P. A. Schilpp）的《康德前批判时期的伦理学》（*Kant's Pre-Critical Ethics*）已经对此做出了令人赞叹的处理——我希望，这本著作能够被广泛地当作我的著作的姐妹篇来使用。

康德的道德哲学并不像他的理论哲学那般难以理解，而且，我希望，对于那些能够且愿意付出相同难度的思考的人们来说，我自己没有为他们设置任何不可逾越的困境。在撰写《康德的经验形而上学》（*Kant's Metaphysics of Experience*）的时候，我时常感觉，自己仿佛在穿越一片灌木丛的过程中打拼自己的道路，许多时候，倘若我能对他的说法获得任何明确的意义，我就会心存感激。即便在《奠基》中，也有许多段落，我其实是在经过多年的研究之后，才获得了清晰的理解，但是——或许是因为我已经撰写了前一本著作——我并没有发现那么大的困难，而且，我已经能更加自如地表述自己的观点，我希望，这能够使我的读者们更加容易地理解它们。心怀相同的目的，我希望在此之后，再出版一个《奠基》的新译本，我将在其意思比较晦涩的地方，纳入少量解释性的评注。

我选择"定言命令式"(The Categorical Imperative)作为标题，这是因为，无论是在康德的思想中，还是在人们普遍所接受的那种对他的看法中，它都显得十分醒目；但是，我的这本著作将澄清一个情况，对于康德来说，道德的最高原则是一种甚至比定言命令式更高的东西：仅仅是由于我们人性的弱点，道德的最高原则才表现为一种定言的命令式。倘若我们想要充分理解康德的学说，并且免于把他的道德哲学在本质上看作一种严酷的与清教徒的见解，那么，把握住这一点就是必需的。

17 或许，我还得承认，大约二十年前，我在《善的意志》(*The Good Will*)中写作道德哲学时，还没能从康德的传统诠释中解放出来，而且，我竟以为自己着手处理的正是康德所遗漏或忽略的要素——尤其是目的论的要素。然而，更为全面的研究为我指出了自己的错误——我认为，这个错误绝不仅限于我本人。在对康德的研究中，我最后发现的一件事情(尽管它如今仿佛在任何时候都在直勾勾地看着我)是，在对道德原则的应用中，康德最为充分地考虑到了人类的种种欲求、意图与潜能。实际上，其道德原则之应用的基础，正是对人类和宇宙的一种目的论的见解。我曾一度打算补充一个章节，名曰"定言命令式的应用"，并且考察包含在他那遭到忽视的《道德形而上学》(*Metaphysics of Morals*)一书中的应用方法；但是，我发现，这样做会使我当下这本著作变得过于冗长。

实际上，这项工作需要一本单独的著作。我希望，有朝一日，某位康德研究者能够担起这项必需的任务。我毫不怀疑，他在从事这项工作时，将会在康德诸多特定的判断中发现不少瑕疵，这部分地是由于他个人的种种局限，但更多地是因为康德所生活的时代；但无论如何，他也将发现许多永恒的价值；而且，倘若他系统地进入自己的任务——而不是先行把一大堆传统的谬论归之于康德，然后，在发现随处可见的矛盾时抱怨康德的不一致——他就不仅能看清楚康德应用他自己的原则的方法，还能看清楚这些原则本身的正确诠释。

在最近这些日子里，当欧洲社会的支柱摇摇欲坠，甚至不列颠民族（在行动中展示出了一种几乎无可比拟的庄严壮丽之外）也全面地遭受到那些非理性的先知们的攻击——他们认为道德的光辉是如此的虚幻——我希望，这个对康德学说的全新诠释，将有助于人们更为深刻地反思行动的客观原则，反思职责的本性，反思道德生活的价值。

我必须感谢我的妻子，尽管六年的战争及其令人压抑的后果给家庭主妇们带来了沉重的负担，她还是打印出了这份难懂手稿的全部。我还必须感谢 W. F. R. 哈德（W. F. R. Hardie）先生、L. J. 贝克（L. J. Beck）先生，以及 C. B. H. 巴福德（C. B. H. Barford）先生善意地阅读了校样。

H. J. 帕通

基督圣体学院，牛津

1946 年 8 月

第一部　定言命令式的进路

第一章　批判的方法

§1. 理解康德的方法的必要性[①]

哲学研究如此艰难的理由之一是，在哲学的思考中，我们应当准确地知道我们正在做什么。这并不在相同的意义上适用于其他思考者：它不适用于数学家、物理学家或艺术家（倘若我们把艺术家也看作思考者，尽管他远不止于此）。毫无疑问，他们每个人都非常清楚自己正在做什么：他们了解自己所面对的问题，并且自己就能解决它。但是，在他们所要追问和回答的种种问题之中，并不包括这样一个问题——即“什么是数学？”“什么是物理学？”或“什么是艺术？”的问题。这些问题都是些哲学问题；而且，倘若这位数学家、物理学家或艺术家提出了这些问题，他就朝着不止是数学家、物理学家或艺术家的什么人，迈出了第一步。简而言之，他正在变成一个哲学家。

倘若追问这些问题是一个哲学家的工作的一个部分，那么，追问“什么是哲学”就更加是他的工作的一个部分。根据康德的观

① 由于这是一个艰难的话题，建议初学者在首次阅读本书时，直接从第二章开始。

点，以往的哲学研究的错误就在于——哲学家们在尚未追问自己正在从事的工作是什么，以及它是否是一件可完成的工作之前，就仓促地想要解决一些哲学问题。或许，他过分苛责他的前辈们了——大多数哲学家的确如此——但不管怎样，他就是这样认为的。对于他来说，一个明理的哲学家必须清楚地和反思性地知道他正在做什么，惟其如此，哲学工作才有可能成功。这也正是康德哲学何以叫作“批判哲学”的原因之一。同时，这也正是我们的研究为何必须始于弄清康德作为一个道德哲学家正在做什么的原因之一。换句话说，我们的研究必须始于尝试理解“批判的方法”，尽管我们在随之进入到其现实运作中之前，我们对它的理解将注定是不完善的。

20 §2. 道德判断是先天判断

我们都会做道德判断：也就是说，我们判定一些人是善的、一些人是恶的；一些行动是正当的、一些是错误的。无论这种判断会在多大程度上影响我们自己的行动——它们无疑会在一定程度上影响我们的行动——我们通常都认为，这些判断可以是正确的或错误的。这当然就是一个普通的善人的看法。在这一点上，他无疑是错误的，但令人惊讶的是，如此众多不同种族和不同年纪的人们都会陷入相同的错误。有且只有哲学家才能告诉我们，即使道德判断可以是正确的，也只能是在断言我们在特定时间恰好经验到一种特定的情感时才会是正确的；甚至即便如此，它们也不会是正确的或错误的，因为它们没能断言什么，只不过是在表达情感，相当于一声怒吼或者悲鸣。至少在《奠基》中，康德暂时承认说，所有的道德判断都可能是幻觉，但他假定它们多少断言了些什么，并且提议要弄清楚它们的意思。他之所以这样做，并且不是要证义(justify)* 和捍卫每一个个别的判断，而是要证义和捍卫那些我们赖以能够做出正确的判断的原则。因此，即便是那些怀疑一切道德判断的人们，也可以理解他的论证。

道德判断与事实判断，例如"这块地毯是红色的"或"那张桌子是方形的"，有着显著的差异。事实判断乃是基于感官：它们可以通过我们的种种感官(senses)，或者所谓的感性经验(sensuous experience)得到证实。然而，道德判断却无法按照相同方式得到

---

* 本书把英文的 justify 译作"证义"，它相当于德文的 rechtfertigen。英文的 justify 直接来自拉丁文的 iustificare，它是由 iust(证义)和 ficare(制作、制成、制定)构成的，字面意思就是"使某人/某事成为正义的"。同样，德文 rechtfertigen 的构词也相近，它是由 Recht(法权、正当、正义)和 fertigen(制作、制造)构成的。iustificare 和 rechtfertigen 常作为法律术语使用，例如，在审判中宣布被告无罪(宣布被告是正义的)。在基督教的语境中，它们通常被译作"称义"(新教)或"成义"(天主教)，以表示某人虽然负有罪债，但因耶稣基督的恩宠而被宣布为正义的(被宣布为义人)，配享天国的救恩。iustificare 和 rechtfertigen(以及英文的 justify)在哲学(尤其是认识论)中是一种特殊的论证，有别于狭义的"证明"(prove)。具体来说：一个 prove(证明)是要为一个命题提供充足的证据或论证，以表明该命题在客观上为真，并且因此是一个(狭义的)知识，而不是纯然的意见；一个 justify(证义)是要为一个严格来说无法加以证明的命题提供依据或论证，以表明我们有充分的理由在客观上，而不仅仅在主观上相信该命题为真，或者说我们相信它为真的做法是正义的(合理的)，该命题也因此尚不是(狭义上的)知识，而是一个信念。例如，康德在《奠基》中明确表示，"意志自由"是无法证明的，但根据"我们确实拥有对道德法则的意识"与"意志的自由是道德法则得以可能的条件"这两个事实，我们有理由在客观上相信"意志自由"为真。关于"知识与信念""客观信念与主观信念"的区分，可参见〔德〕康德：《纯粹理性批判(注释版)》，李秋零译，中国人民大学出版社 2011 年版，第 533—539 页(B848—859)。在此基础上，本书将根据语境把 justifed 译作"被证义"或"成义"，把 justification 译作"证义"或"成义性"。——译者

证实。倘若我们跟许多洞识敏锐的思想家一样，主张惟有通过感性经验得到证实的判断才会是正确的，那么，我们要么就必须认为道德判断无所谓正确与否，要么就只能认为：惟有当它们是一些关于愉快和痛苦的判断（尽管只是一些显象*），从而能够通过我们对愉快和痛苦的感性经验得到证实的时候，才能是正确的或错误的。这种实证主义的理论依赖于如是一个假定，即惟有通过感官得到证实的判断才会是正确的——它本身恰恰是一个绝不能通过感官得到证实的假定。

康德以另一种方式来处理这个难题。他赞同实证主义者的观点，认为道德判断无法通过感性经验得到证实；但是，他又跟普通人一样，假定道德判断可以是正确的或错误的，他断言说，道德判断——倘若它们可以是正确的——必须是一种先天的判断。他的

* 此处"显象"（appearance），德文为 Erscheinung，字面意思是"显现出来的东西"。在康德哲学中，与之对照的概念是"就其自身而言的事物"（thing in itself），德文为 Ding an sich，在当代国内康德研究的实践中，一般译作"物自身""物自体"或"自在之物"。作为显象的事物和就其自身而言的事物并不是两种不同的事物，而是我们看待同一事物的两种视角。根据康德的说法，认识的对象严格说来是内在的（immanent），（外在的）事物刺激我们的感官，在我们的心灵中产生了种种感觉的表象（色、声、香、味、触等感觉），我们的知性能力把这些表象结合起来才形成了一个个事物的表象。因此，严格来说，我们所认识到的事物，只不过是事物显现于我们心灵中的样子，所以叫作"显象"。但是，由于感官的被动性，我们必须预设这个内在的事物（显象）以一个外在事物对感官的刺激为条件，而且，我们没有理由认为，这个外在事物与它显现于我们心灵中的样子是一样的。因此，我们就有了一个"就其自身而言的事物"的概念。从感知对象（显象）出发推出一个作为其根据的理知对象（就其自身而言的事物），这个推理并没有超出知性和理性的限制。然而，假如我们宣称，我们能够凭借知性和理性知晓这个理知对象（就其自身而言的事物）是什么，它具有何种属性，我们就超出了知性和理性的限制。因此，康德常说，就其自身而言的对象是不可知的，因为它根本就不是我们的认识能力的合法对象。此外，"就其自身而言的事物"这个译法显然比较笨拙，但好处是比较容易理解，也不太容易引发混淆。当然，译者承认"物自身""物自体"或"自在之物"却是很好的译法。——译者

意思是说，它们并不是基于感性经验的判断，而且，他认为这种判断，即便不能通过感性经验得到证实，也可以是正确的。他把基于感性经验的（从而能够通过感性经验得到证实的）判断叫作**后天的**判断或经验性的判断。

因此，把这些判断说成是**先天的**——意思是说，它们并不依赖于经验，或者独立于经验——是一种消极的说法。这并不是说，我们在经验开始之前就能够做出道德判断。这也不是说，一个婴儿 21
在没有看到过色彩、没有听到过声音之前，就有了关于道德上的善性的一切知识。许多著名的思想家都把这种谬论归之于康德，然而，我们并不打算在此讨论他们。康德明确主张说，没有任何知识在时间上先于经验，一切知识都从经验开始。[①]

然而，如果**先天的**判断并非基于经验，那么，我们最好就要追问一下，它们能够基于什么东西呢？道德判断是否可能？如若可能，又如何可能？康德哲学的主要意图就是要回答这些问题。现在，我们必须要追问："让我们假定有一种**先天的**判断存在的标志是什么？"

§3．先天判断的标志

经验性的判断在任何时候都是事实判断。经验可以告诉我们"是什么"（what is），却不能告诉我们更多的东西。道德判断告诉

① 《纯粹理性批判》，第 A1 页＝第 B1 页。对逻辑上的先在性与时间上的先在性的一个明确的区分，可参见《纯粹理性批判》，第 A452 页脚注＝第 B480 页脚注。

我们“应当是什么”(what ought to be)、“应当要做什么”(what ought to be done)或者“我们应当做什么”(what we ought to do)。这种判断有别于经验性的判断，并且不能从经验性的判断中推论出来：没有人会认为，人们在任何时候都会做他们应当做的事情；我们也无法成义地论证说——就像许多哲学家所论证那般——因为人是自私的，从而自私是一种义务。诸如“应当”“义务”“正当”和“善”这样的措辞表明，如果使用它们的人确乎做出了一个判断，那么，它不会是一个经验性的判断，而是一个**先天的**判断。

然而，道德判断并不是唯一的**先天**判断。由于经验只能告诉我们“是什么”，而不能告诉我们“必定是什么”，一切**必然性**的判断就都必须是**先天的**：它们不能仅仅基于感性经验。因此，如果我们可以说“一个三角形的三个内角的和**必定**等于两个直角的和”或“一个事件**必定**有一个原因”，那就必须是一个**先天的**判断。

必然性的判断也可以叫作真正**普遍**的判断。当我们说“一个事件必定有一个原因”时，我们同样也可以说“每个事件或一切事件都必定有一个原因”。经验不能给我们这样一种真正普遍的判断。我们的确可以粗略地说，“所有的天鹅都是白色的”，而且，这是一个经验性的判断。无论如何，它仅仅意味着，我们迄今为止见过的所有天鹅都是白色的；而且，这不过是在用一种简明扼要的方式说：“这只天鹅是白色的，那只天鹅是白色的”，并且如此直至数尽所有的天鹅。但是，如果它的意思不止于此，它就是一种一般性的概括，是一个从我们已经见过的天鹅到其他天鹅的归纳推理的结果。那么，这个判断就可以被说成是一般性的；但是，只要我们见到一只黑色的天鹅，就足以否定这个普遍性的主张。惟有当我们能够把握“是一只天鹅”和“是白色的”之间的一种必然的联系的时候，“所有天鹅都是白色的”才会是一个严格的普遍判断，而且，我们绝不可能仅仅通过观察白色的天鹅或者其他任何的方式做出这种判断。

因此，我们可以说，一切必然性的判断和真正普遍的判断都是先天的判断，而不是经验性的判断。

正如我们稍后将会看到的，康德本人把义务看作一种必然性， 22
并且由此把两种先天的判断联系起来——道德的或实践的判断与理论的或科学的判断。但是，当我们说“我们应当讲真话”时，我们就假设了“不讲真话”也是可能的。因此，说“人们应当讲真话”和“他们必须讲真话”就是两种截然不同的表述。实际上，“应当”和“必须”似乎按照如是一种方式是彼此对立的：它们中的任何一个出现的时候，另一个就不会出现。因此，虽然康德的见解可以从如是一个事实中获得支持，即“必须”一词时常在日常语言中表示“应当”，但是现在，我们也必须假定“必须”和“应当”表达的是两种不同类型的判断。无论如何，这两个语词都可以表达一些并非基于感性经验的判断，它们因而也都可以叫作先天的判断。至于说“义务”和“必然性”之间的联系，如果确乎存在的话，也必须放到后面来考虑了。

§4. 复合的知识

我们的知识部分地基于感性经验，部分地基于其他东西。这种知识可以叫作“复合的知识”（composite knowledge）：它在自身中同时包含了经验性的要素和先天的要素。举个例子，我们断定“划火柴导致火焰”。这种判断显然是经验性的判断：它依赖于感性经验。然而，它同时也是一个必然性的判断：它断言“火焰”和“划火柴”之间有一种必然的联系，但这种必然的联系是我们无法看见或接触到的。因此，从根本上来说，这个判断依赖于“每个事件都必定有一个原因”的预设。

有时候，康德把经验说得仿佛是纯然感觉到的东西，因为感觉是经验中的本质要素。然而，严格来说，他的学说主张经验是复合的：它同时包含了经验性的要素和先天的要素。因此，根据他的看法，经验并不仅仅是对颜色和声音的捕捉，它也是对诸如“这块红色的地毯”和“那张方形的桌子”这样的实在对象的认识。当我们把心灵中不同的感性性质联结成同一个对象的性质时，我们就获得了经验。除非这些性质被给予感官，否则的话，经验就绝不会发生。但是，除非这些在不同时间给予不同感官的性质，依据某种根本无法被给予感官的、从而是先天的原理联结起来，否则的话，经验也同样不会发生。他在这些原理之中，纳入了我们今时所谓的“感官材料（sense-data）是一个永恒实体的变动偶性”的原理，以及“每个事件（包括一个实体的各种性质的每一种变化）都必定有一个原因”的原理。

我们的一些伦理知识同样也是复合的知识。因此，如果我可以说“我不应当杀死我的敌人约翰·斯密”，那么，我的这个判断就包含了经验性的要素。除非我同时具有对“我自己”和“约翰·斯密”的经验，而且，除非我知道“约翰·斯密是一个人”和“人是可朽的存在者，他的生命可以通过人为手段而被终结”，否则的话，我就

无法做出这样的表述。无论如何，我的这个表述断言了一项职责，23
但无论是一般的职责、还是这个特定的职责，都不能仅仅从我们对人们现实的行为方式的经验中获知。

§5. 哲学的任务

根据康德的看法，哲学的任务就是要区分我们知识中的*先天的*要素和经验性的要素，然后，再考虑如何为我们接受这些*先天的*要素证义。举个例子，我们必须要考虑，我们有什么权利假定“每个事件必定有一个原因”。尤其是在伦理学方面，哲学家的任务就是要找出道德的最高原则，如果可能的话，还要为之证义。为了最大地简化问题，我们必须要追问：“义务”(duty)或“道德职责”(moral obligation)指的是什么，设若我们毕竟负有义务，这如何被证义？①

这个问题与“我是否应当杀死约翰·斯密”的问题相去甚远；但是，除非我能回答这个问题，否则的话，我就很难对“约翰·斯密”的问题——甚至“杀人是正当的还是错误的”这个更为一般性的问题——给出令人满意的回答。

诸如“道德的最高原则”或“义务的本性”等问题，属于伦理学的一个分支，我们把它叫作“纯粹的”(pure)、“不加掺杂的”(unmixed)或“理性的”(rational)伦理学。把道德的最高原则应用于这样一些问题之中，即那些由人类本性(自然性)所导致的行动的问题中，就叫作“应用的”(applied)伦理学。这种应用显然需要

① 我们稍后会发现，这并不是提出我们的问题的最合适的方式。

关于人类本性(自然性)的知识,康德把这种知识叫作“人类学”(anthropology),我们则把它叫作“心理学”(psychology)。严格来说,《道德形而上学的奠基》和《实践理性批判》属于纯粹伦理学,虽然它们会以例证的方式引入应用伦理学的问题。康德的后期著作《道德形而上学》则至少有一大半部分属于应用伦理学。

在康德的道德哲学中(正如在他的理论哲学中一样)有一个难题,那就是要在纯粹伦理学和应用伦理学之间划出界线。我已经说过的,纯粹伦理学严格来讲必须仅仅关乎道德的最高原则;但是,康德有一种危险的倾向,想要把它扩展到足以涵盖我们可以叫作“道德的诸法则”(moral laws)*的东西,例如“你不应当撒谎”。[①] 我们应当区分:(1)道德的诸原则(moral principles);(2)应用于“作为人的人们”的道德的诸法则,[②]例如“十诫”;(3)道德的诸规则(moral rules)**,例如“杀人是士兵或刽子手的义务”这样的表述;以及(4)诸多单个的道德判断(singular moral judgements)***,例如

---

* 作者对“道德的诸法则”(moral laws)和“道德法则”(the moral law)做出了区分。前者是特殊的法则,涉及一个具体的行动的具体内容,例如“你不应该撒谎”或“你不应当杀人”;后者是一般的法则,它是所有特殊的法则的一般形式,并且仅仅是一个形式的法则,也就是作者在前面所说的“道德原则”。译者希望读者能够注意到它们在翻译上的细微区分,以免陷入不必要的混淆。——译者

① 举个例子,参见《奠基》,第 389 页=第 5—6 页中令人困惑的说法。

② 参见《道德形而上学》,德性论,§45,第 468 页。

** 道德的诸规则(moral rules)和道德的诸法则(moral laws)的区别是:前者是对一些特殊的人有效的原则,例如“医生有义务治病救人”;后者是对一切人(作为人类这种特殊的理性存在者)都有效的原则,尽管它也能普遍地适用于一切可能的理性存在者,只要他被置于人类的特定条件之下。——译者

*** 诸多单个的道德判断(singular moral judgements)是指在十分明确的现实处境之下,为个人的针对具体事件提供行动指导的判断。——译者

"我不应当杀死约翰·斯密"这样的判断。诸多单个的道德判断不是哲学的一个部分。道德的诸规则和道德的诸法则一样必须属于应用伦理学:它们都涉及人类本性(自然性),我们可以很容易地看出这一点,只要我们考虑一下它们在何种意义上也可以约束其他 24
非人类的理性存在者,举个例子,天使就被认为是这样一种存在者。倘若天使是不朽的,那么,说他们"不应当互相残杀"就是滑稽可笑的。惟有被认为是对所有理性行动者都有效的原则,才属于纯粹伦理学。只要我们试图从最高的原则中引申出道德的诸法则,就必须要掺入经验性的要素。

§6. 纯粹伦理学的必要性

康德坚持纯粹伦理学的必要性,他多次对纯然"通俗的"(popular)哲学嗤之以鼻,认为后者混淆了*先天的*要素和经验性的要素,依靠道德榜样摸索前行。这样一种做法应当被谴责为理智上的混淆;但是,康德还坚称,这也是道德上有害的。

这种观点的理由是这样的。一个道德上善的行动不仅必须是符合义务的行动,还必须是出自义务的行动。[①] 倘若我们未能在其纯粹性中把握"义务"的本性,我们就会被诱惑着仅仅为了愉快或便利的缘故而行动。那些以此为根据的行动有时候符合我们的义务,但它们有时候也会有悖于我们的义务;而且,它们不管怎样

① 康德本人——正确地——称之为"道德法则",我们会发现,这是一个比义务更为宽泛的概念。我之所以使用"义务"这个说法,是因为我们还没有谈到"道德法则"(有别于特定的道德的法则)。

都绝不是道德上善的行动,因为它们出自一个非道德的动机。[①]

普通的善人难以获得这样一种看法,因为他们并不习惯哲学的抽象思维。然而,康德相信,人类理性在道德问题上(相对于在思辨问题上)很容易地就能走上正确的道路。这实际上就是我们唯一期待的东西,因为,倘若我们确乎全都负有义务要做些什么,那么,对于我们来说,知晓我们的义务究竟是什么,这必须是可能的。[②] 根据康德的看法,每个人都应当拥有,并且也确乎拥有一种关于义务的纯粹哲学,无论它是多么地模糊不清。[③] 康德声称要做的,无非就是清楚地把业已作用于我们日常的道德判断中的道德原则公式化。[④] 提出一种清楚明晰的伦理哲学的必要性,是因为普通人会由于迷人的愉快,而被诱惑着使义务的纯粹原则遭到遮蔽:他会对义务的严格法则持诡辩态度,企图质疑它们的有效性,或者至少怀疑它们的严格性与纯粹性。[⑤] 这种情况只能通过纯粹伦理学才能得到纠正。

至于道德榜样的使用,倘若这是旨在区分道德的动机和愉快的与利己的动机,那么,康德绝不反对在青年人的道德教育中使用道德榜样。[⑥] 把道德教导建立在榜样之上的危险在于:它会给人

---

① 《奠基》,第 398—390 页=第 6—7 页。

② 《奠基》,第 391 页=第 8 页;第 404 页=第 25 页

③ 《道德形而上学》,法权论,导论,二,第 216 页=第 16 页;德性论,前言,第 376 页=第 219 页。

④ 《实践理性批判》,第 8 页脚注=第 111 页脚注(=第 14 页脚注)。

⑤ 《奠基》,第 405 页=第 26 页。

⑥ 《实践理性批判》,第 154 页以下=第 303 页以下(=第 275 页以下);《奠基》,第 411 页脚注=第 34 页脚注。

造成这样一种印象,即义务的概念是从经验中概括出来的,它是一个关于人们现实地如何行为的概念;而且,这个印象反过来会导致 25
道德的与非道德的动机的混淆,甚至会导致“义务不过是心灵中的幻影”这样的看法。康德抨击对道德榜样的使用,有三个主要的理由。[①] 首先,我们无法获得任何确定的道德行动榜样,因为人类行动的动机在任何时候都晦暗不明。其次,道德法则必须不仅对人类有效,而且还对一切理性行动者本身有效,然而,没有任何经验可以使我有权断言这样一种必然的法则。再次,道德榜样全都必须依据一些**先天的**原则加以评判,因此,这些榜样不能使我们免于考察这些**先天的**原则。道德不是纯然的模仿,榜样也只能作用于鼓励我们;也就是说,它们表明,我们的道德理想并不是不切实际的,而且,它们还可以使道德理想在我们的想象中变得更加生动。

在上述这些论据中:第一个论据至少是看似合理的,尽管它与道德榜样自称具有的一种力量根本就不相符,即那种表明我们道德理想的可行性的力量。第二个论据必须留到后面再来考虑。无论如何,第三个论据是令人信服的。道德判断不是事实判断,也无法从事实判断中推导出来。我们在判定一个人是善的,或者判定一个行动正当时,我们并不是在陈述一个事实:我们是在援引一个**先天的**标准。证义这样一个标准,并且认识到它无法凭借任何事实判断而被证义,对于道德来说,这绝对是至关重要的。我们当然可以主张说,我们根本没有任何约束性的义务,整个义务概念都只是一个幻相,是原始禁忌的一个遗迹,是对利己的粉饰,以及其他

① 《奠基》,第 406 页以下=第 28 页以下。

等等。我们要继续这般言谈行止，仿佛我们真的负有义务，但却只能依据习俗、传统或利己来把它们解释清楚，这真是一种哲学上的悲哀。倘若义务终究能够得以成义，那么，惟有纯粹伦理学才能澄清这种混淆，并且证义我们对义务的信念。否则，心灵的混淆很容易导致行为的恶化。

§7. 分析的方法

倘若纯粹伦理学并非基于经验，那么，它又是基于什么东西呢？倘若我们的研究确实不能从经验入手，那么，我们究竟该从何处入手呢？

正如康德本人所做的那般，我们无疑必须从我们的实践理性的普通应用入手；[①]而且，这就意味着，我们必须从我们日常的道德经验入手，尽管康德本人回避这种说法，这可能是因为对他来说，“经验”一词仅限于“关于事实的经验”。或许还得说，除非道德判断在某种程度上的影响了我们的行动，否则的话，它们就并不真的是我们的判断。我们依据道德判断而行动，惟有就此而言，我们才是在道德地行动；而且，对道德判断的一个证义，也就是对道德行动的一个证义。

或许有人会反驳说，现在，我们重新退回到了某种经验性的伦理学。无论如何，这种说法是错误的。我们的道德判断中具有一种先天的要素，而且，我们关注的正是这种先天的要素。我们想要

① 《奠基》，第 406 页＝第 28 页。

揭示出来的东西，正是道德判断建立于其上的先天的原则。康德
相信，这个原则就是普通人现实地在其判断中所使用的标准，尽管 26
他没有以抽象的与普遍的形式来设想这个原则。① 康德试图要做的事情是，在考虑如何证义这个原则之前，先把这个原则清楚地公式化。

目前来说，我们可以把康德的方法说成是一种分析的方法，这种方法将使日常道德判断中的先天的要素变得更加清晰明确，并且把它们与经验性的要素分离开来加以考察。这样一种分析必定明显有别于其他种类的分析。我们不能把它与这样一种分析混为一谈，即那种从不同的个别事物中找出它们的共同特征，并且把这些共同特征当作经验概念的基础来使用的分析。我们更不能把它与这样一种分析混为一谈，即那种自称详细阐明了在道德判断的假定的发生过程中的各个连续阶段的分析。相反，这种分析仅仅关心那些必须出现在道德判断之中的先天的要素，只要这些要素并非纯然的幻相。

正如我们在前文中所看到的，道德判断中的先天的要素是通过诸如“善”与“恶”、“正当”与“错误”这样的语词表达出来的。我们可能会在种种特定的情境中错误地使用这些语词；但是，除非与这些语词相应的概念是有效的，否则的话，就根本没有任何道德判断是有效的。因此，我们在把先天的要素从道德判断中分离出来的时候，我们也就规定了道德判断的有效性的条件，即“sine qua non”（不可或缺者/必要条件）。

① 《奠基》，第 403 页＝第 24 页。

我们通常都把一个事物的条件认作是它的原因，并且把一个事物的原因看作（要么在时间上、要么在空间上、要么同时在时间上与空间上）外在于它的东西，因此，说一个判断的有效性条件是这个判断自身之中的一个要素，这似乎是十分荒谬的。这当然会引发一些逻辑上的问题，但是，对这些问题的讨论属于对康德的逻辑学研究，而不是伦理学研究。无论如何，以下两点无疑是显而易见的：“善”的概念包含在“圣方济各是一个善人”的判断之中；除非“善”的概念是有效的，否则的话，这个判断就不会是有效的。①

§8. 分析论证和综合论证

倘若通过分析，我们分离出了**先天**的要素，它是一个道德判断的有效性条件，那么，至少在理论上，我们就可以通过一种相似的分析，从这个条件过渡到一个更为先在的条件。举个例子，倘若我们分离出了“道德上的善性”的概念，我们就可以说，除非一个行动是为了义务的缘故而做出的，否则的话，它就不是道德上善的行动。那么，“为了义务的缘故而行动”就是“道德上的善性”的前提条件，从而也是一切用“道德上的善性”来谓述一些个别行动的判
27 断的前提条件。然后，我们就可以继续追问，是否还有一个进一步的条件，倘若没有它，就根本没有任何行动能够为了义务的缘故而被做出。

① 需要注意的是，这种意义上的“分析的方法”是康德的整个批判哲学的一个特征。因此，他抽象地处理那些既出现在一切经验之中，又出现在一切经验的有效性条件之中的诸范畴。未能把握这一点，也就无法理解康德。

康德把这种论证叫作“分析的论证”和“回溯的论证”。它是从一些有条件者(例如,一个特定的道德判断)开始,试图返回到它的条件,再从这个条件出发,返回到更为遥远的条件。这种论证相对于“综合的论证”或“前进的论证”,后者朝着相反的方向进行;也就是说,它是从一个条件开始,前进到有条件者。[①]

对于我们刚才提到的这种论证来说,“回溯”一词可能比“分析”一词更为合适。然而,“分析”一词具有这样一种好处:它暗示说,那些在论证中变得清晰明确的条件(或者一系列条件)以某种方式包含在我们由以开始的道德判断之中(或者以某种方式是它们的一个组成部分)。这如何可能,以及一个回溯论证中的每个步骤如何被证义,都是些十分难解的问题,并且要求我们做出比康德更多的考察。举个例子,我们既不清楚这个论证中的每个步骤是否都需要一种分离的直观,也不清楚这样一种直观(倘若真的有的话)的特征是什么。倘若没有这样一种考察,即便批判的哲学家也无法达成他的理想,即准确地知道他正在从事的工作到底是什么。无论如何,我们至少已经了解了康德的论证的外部计划,而且,倘若我们想要如其所论地紧跟这个论证的每一个步骤,就必须要理解这个计划。

然而,所有这些都只是康德的方法的一个方面,而且,我们在除了康德以外的其他哲学家那里,也可以发现相似的方法。实际上,道德哲学是否还有其他任何可能的方法,反倒是令人怀疑的。

---

① 参见《未来形而上学导论》,前言与 § 4(第 263 页、第 274—275 页)。这种差异绝不能和以下两种差异相混淆:(1)分析判断与综合判断的差异;(2)出现在一切判断中的分析与综合的差异。参见《康德的经验形而上学》,第一章,第 130 页、第 219 页。

然而，还要指出的是，在康德那里，这个方法还涉及对一些起初相对模糊与晦涩的说法的一个渐进的澄清。康德跟许多哲学家不同，他并不相信：我们能够从一些清楚的定义入手，并在这个基础上逐渐地建立起一个结构。相反，他相信：在哲学工作中，恰当的定义无法从一开始就给出，而是只能在最后，当我们的分析完成的时候才能给出。[①]

§9. 批判的方法

即便我们在这个论证中的每一个步骤上都是成义的，相比最初那个作为我们的论证起点的判断，这种分析的方法似乎并不能为我们提供更多的确定性；或者，至少说，它所能为我们提供的确定性，似乎只是把种种分离的判断置于独一的原则之下的确定性，但这种确定性属于一个体系，而不是属于一个孤立的判断。另一方面，有这样一种可能性，在对一系列判断的回溯中，我们不仅能看出，每一个新的判断的正确性都是前一个判断的必要条件：我们
28 还能够洞悉每一个新的判断的正确性，只要我们已然获知我们由以开始的那个判断的正确性。我认为，这也正是康德对于实际上发生了什么的看法。最后，我们有可能回溯地抵达一个判断，我们对这个判断的正确性怀有一种特殊的洞识，这是一个以完备的确定性得到确立的判断。在这样一种情况下，我们的整个论证都会

① 《纯粹理性批判》，第 A731 页＝第 B759 页；《实践理性批判》，第 9 页脚注＝第 113 页脚注（＝第 15 页及脚注）。

极大地得到强化，而且，我们先前的论证也将成为确凿的与成义的。然后，我们就可以调转方向，通过前进的（或者综合的）论证，返回到我们最初的起点，而不会陷入一种循环论证。

倘若我们能够在回溯中抵达一个其正确性不证自明的判断，我们也就找到了一种能够强化我们的论证的最为显著的方法，即便它实际上并不是唯一的方法。在某种意义上，这就是康德本人的看法，但即便如此，他也以某种略微不同的方式持有这一看法。他相信，一个哲学家要对那些自诩不证自明的命题保持警惕。[①] 这种命题常常都是常识或传统的救星，而且，用康德的话说，它们也是一种懒惰的哲学的靠垫。实际上，他承认先天的原则（Grundsätze）[*]之所以叫作"原则"（principles），不仅是因为它们包含了其他一些判断的根据（Gründe），而且也是因为它们自身不再以任何更高的、更普遍的关于对象的认识为根据。无论如何，他主张说，所有这样的原则（除了那些同义反复的原则）都必须接受批判，并且需要一个证明，或者至少是一个证义（他称作"演绎"）。在他看来，这一点甚至也适用于数学的原理，他相信，这些原理是通过直观来把握的，并且具有一种不容置疑的确定性。即便如此，我们依旧必须追问这种知识是如何可能的，而且，我们还必须要解释和证义这种可能性。[②]

我们如何才能为先天的知识提供这样一种解释和证义？正是

---

① 《纯粹理性批判》，第 A233 页＝第 B285—286 页。

* 作者在此用"principles"来翻译德文的"Grundsätze"，前者通常对应于德文的"Prinzipien"（原则），后者在康德著作汉译本种通常译作"原理"。——译者

② 《纯粹理性批判》，第 A148—149 页＝第 B188—189 页。

在这一点上，我们发现了康德哲学独有的特征。他主张说，我们一旦找到了那些**先天的**原则，它们不以任何更高的有关对象的知识为根据——我们必须原谅他，让这个根据高于那些建立于其上的东西——我们依旧必须考察它们在理性自身的本性中的**主观的**起源，并如此来证义和解释它们的可能性。正因为如此，他最伟大的著作才叫作《纯粹理性批判》和《实践理性批判》；同时，主要也正因为如此，他的哲学才叫作**批判哲学**。

我们绝不能以为，只要他抵达了一个看似不证自明的第一原则，他就只用断言，我们的理性（或者其他什么能力）有能力把握这样一种不证自明的原则。这样说或许是正确的，但却既是无关紧要的，也不会让我们在解释或证义的道路上走得更远。如果他想要成功，我们就必须能够对理性的这种必然的运作活动的理解达到如此程度，以至于使“把握这样一个第一原则的可能性”也成为可理解的。

康德的方法是如此的微妙与复杂，并且随着不同的问题而变
29 化多端，以至于我们无法在此给出一个一般的解释。实际上，我们目前给出的解释也过于简化了——虽然（我希望）在他的道德哲学上不至于如此。在这里，我们只需要说，他的方法至少有一种初始的合理性。我们当然无法超出或者落后于我们自己的自我批判的理性的活动，而且，我们最好假定，理性的运作活动（在一种十分特殊的意义上）对于它自身来说是透明可见的。另一方面，他的看法面临着许多难题，而且，它显然向我们引入了一种全新种类的不证自明性，但康德似乎把这种不证自明性看作理所当然的，而不是要加以讨论。

我们在跟随康德的一种分析论证的同时，最好也不要忘记，这个论证在其诸多明显的纠缠和曲折之中，总是刻意地走向理性自身的本性中的某些可能的解释与证义。

§10. 综合的方法

分析的方法是一种发现的方法（the method of discovery），但是，如果我们抵达了一个第一原则，我们就必须调转方向；而且，倘若我们的这个第一原则（无论是根据不证自明性，还是根据别的什么东西）是独立地确立起来的，那么，我们就有了一种全新的证义，它可以叫作（正如我们在前面看到的）“前进的”或“综合的”论证。这种综合的方法是一种阐明的方法（the method of exposition），而不是发现的方法。

这种方法进而引发了一些逻辑上的问题，而且，“综合”一词意味着，在我们从这个第一原则出发的降推（descent）中，必定会引入更多的要素，而不是局限于包含在第一原则之中的那些要素。看起来，我们仿佛是要把我们迄今已然拆分成一系列逻辑上相关的各个部分重新组成一个整体。这进而又意味着，除非我们已经提前做过一种升推（asecent），否则的话，我们就无法再做出降推。[①] 唯一需要注意的是，相同的主题在一本著作中可以用分析的论证来处理，在另一本著作中可以用综合的论证来处理；或者，

① 参见柏拉图在《理想国》中对“辩证法在攀登到善的理念之后就要下降”的方法的解释；同时也可参见亚里士多德对“从始基（άρχή）出发的论证”和“走向始基（άρχή）的论证”之间的区别的解释（《尼各马可伦理学》，1095a34）。

两种方法可以结合在同一本著作中。因此，在《奠基》的前两章中，康德从普通的知识中分析地推出了道德的最高原则——定言命令式。在第三章中，他从对这个原则及其来源——也就是说，它在实践理性自身中的来源——的考察中推出了它被应用于其中的普通知识。至少说，这就是他本人对这种方法的解释，[①]而且，这个解释大体上是正确的，尽管他事实上并没有对这个降推的较低步骤予以任何关注。

§11. 康德的重要性

对于那些深受现代经验主义和实证主义理论影响的人们来说，康德的方法似乎不可避免地必须属于一种过时的理性主义。
30 从历史的角度来看，把他主要地看作一个典型的理性主义者是错误的：他的伟大贡献在于打破了片面的理性主义，并且公正地对待人类知识中的经验性的要素。另一方面，他也竭力想要回应休谟的片面的经验主义，尽管他非常钦佩这位哲学家。正如我们已经看到的，他的核心理论是：我们必须清楚地区分我们知识中的经验性的要素和先天的要素，以便能公正地对待它们；而且，他认为，理性主义者把经验性的显象“理智化”(intellectualise)，以及经验主义者把知性的概念“感性化”(sensify)，同样都是错误的。[②] 惟有通过经验性的要素和先天的要素的结合，我们才能获得知识。

① 《奠基》，第 392 页＝第 9 页。

② 《纯粹理性批判》，第 A271 页＝第 B297 页。

正是在这一点上,我们发现了他对于当今的重要性。他相信,一种不折不扣的经验主义会导致一种彻底的怀疑论,而避免这种后果的唯一办法,就是要考虑一下理性活动的权限。在当下这样一个时代,当所谓的知识都被化约成了对一些同义反复命题的领会,以及对感官材料的接受时,我们很难看出,这个世界如何能够成为可理解的——即使它对于普通人来说似乎是可理解的。更加难以看出的是,我们如何才能获得任何行为的原则;而且,实际上,道德行动问题趋于被当做这样一个问题来处理,即依据一种知识理论来解释道德信念——或者为之辩解——的问题,但这种知识理论乃是基于一些截然不同的(并且纯粹理论的)根据而被采纳的。如此,不可避免的一个结果是,我们的意志不再处于理智的原则的指导之下,而是被托付给了一些纯然的怪念头、自我放纵、传统,甚至狂信,后面三者不过是怪念头的三种特定形式。而且,整个这种学说必定会导致对人类心灵这样一个事物的特有实存的怀疑,正如休谟已然怀疑过的那般。

无论我们多么敬重经验主义哲学家们在保证他们的理论得出合乎逻辑的结论方面的彻底性,我们也很难相信人们会满足于他们对知识的解释,特别是他们对道德行动的解释。康德相信,它们只能通过一种对理性自身的活动的考察才能得到解答,而且,他在这方面的努力至少是值得我们认真研究的。对于道德哲学来说尤其如此;倘若我们全都确信理性在行动中无所作为,那么,除了纯粹理论旨趣的问题之外,这个世界就会是黯淡无光的。

从其他的与非经验主义的视角来看,有人会批评康德说,黑格尔及其追随者们已经接替了他的事业。我无意于否定黑格尔与其他一些人发现了康德学说中的一些弱点(其中一些绝不能归咎于他),也无意于否定他们在某些方面对康德有所推进。另一方面,黑格尔自己也增添了很多错误,而且,他的学派在当下这个时代更难获得广泛的认可。倘若我们想要避免这些错误,那么,最好的办法就是回到康德(毕竟是他开启了整个现代运动),并且尝试去看出他的学说究竟是什么样的——因为,我同意席尔普教授(Professor
31 Schilpp)的观点,许多通常被归咎于康德的谬论,都是其诠释者的错误。[①] 正如过去时常发生的那样,正确地理解康德很可能是一次全新进展的条件,也是我们当下这个时代最为需要的东西之一。

附录 康德道德哲学的划分

我们如何给康德哲学的不同部分命名,这并不十分要紧,而且,我忽略他对逻辑学、物理学与伦理学之间的关系的解释;但是,对于《奠基》《实践理性批判》与《道德形而上学》之间的差异,还需要再补充一个简要的说明。

《奠基》可以看作是在阐明一种实践理性批判的核心或内核部分:它仅仅考虑一个批判所特有的诸多论题中的一部分,没有考虑其他部分,例如,实践理性与理论理性的关系,这个论题对于道德哲学来说并没有一种直接的重要意义。康德相信,实践理性并不像纯粹理性那般急需一种批判,他原本打算径直讨论一种道德的形而上学。虽说如此,或许是由于人们广泛地错解了《奠基》,导致

① 《康德的前批判时期的伦理学》,第 xiii—xiv 页。

他改变了自己的计划。不管怎样，他在三年之后（1788 年）出版了《实践理性批判》，而《道德形而上学》直到 1797 年才出版，那时他已是 73 岁高龄。

康德通常要么把他两部伟大的《批判》看作两门与之相应的形而上学的预备知识，要么就把它们看作这两门形而上学的组成部分。这两种看法都并不令人满意，因为，倘若我们认定形而上学是纯粹*先天*的知识，那么，在两部《批判》自身之外，就根本没有多少，或者根本没有这种知识。形而上学是要填充在批判中阐明的框架，使之成为一个完备的体系；但是，这种填充只能通过引入经验性的要素才能做到的。倘若我们愿意的话，我们可以这样来看待一种实践理性批判，即这种批判仅仅关心定言命令式在实践理性中的*起源*，而一种道德的形而上学还关心定言命令式的不同*公式*。从康德对《奠基》第二章和第三章的命名来看，他本人就是这么认为的——第二章叫作"'过渡'到道德的形而上学"，第三章叫作"'过渡'到纯粹实践理性批判"。但是，这种划分是任意的，也无法在实践中得到严格执行。在我看来，我们最好还是把实践理性的批判与道德的形而上学看作一回事。

康德本人的《道德形而上学》与他口中应当是的那种（即纯粹的伦理学）有所不同。他直言不讳地承认，《道德形而上学》包含一些经验性的要素；[①]而且，他也没有把"法权论"（Theory of Law）与 32
"德性论"（Theory of Virtue）——这本著作的两个部分——叫作形而上学，而是叫作"形而上学的初始根据"（Metaphysische

① 《道德形而上学》，法权论，前言，第 205 页。

Anfangsgründe)。实际上,相同的事情在《纯粹理性批判》那里也发生过:紧随其后出版的著作并不是《自然形而上学》,而只是《自然科学的形而上学初始根据》。在这两个事例中,“形而上学的初始根据”这个说法都指明,它们包含了经验性的要素。康德会认为,他的《道德形而上学》本应更多地是纯粹伦理学,而不是如今这番模样。它确实包含了一些可以算作“纯粹的”伦理学的内容,但它大体上依然是应用伦理学。

目前来说,应用伦理学关注的是道德的诸法则与道德的诸规则,它们是由我们把最高的道德原则应用于人类本性的特殊条件而产生的。然而,康德本人却是在第二种完全不同的意义上谈论应用伦理学的;或者说,他以一种含混的方式使用这个术语,能够同时涵盖两种截然不同的意义。[①] 第二种意义上的“应用伦理学”被用于一种道德的或实践的心理学(或者人类学,康德就是如此称呼的),它关注的是那些促进或阻碍道德生活的条件。倘若我们拥有这样一种权威的心理学,那么,这无论对于教育还是对于指导我们的生活都将是极其有用的。由于缺乏这种心理学,如今的父母就不知道——举个粗糙的例子——管教孩子和不管教孩子,到底怎样做更能促进他们在道德上的卓越。然而,我们没有任何理由要把这样一种心理学看作实践的:[②]它不过是对某些道德上可欲的结果的原因的一种理论的考察。我们更没有任何理由要跟康德

① 《奠基》,第 410 页脚注＝第 33 页脚注;《纯粹理性批判》,第 A55 页＝第 B79 页;《道德形而上学》,法权论,导论,二,第 217 页＝第 16—17 页。应用伦理学可以看作是一个类似于《纯粹理性批判》中的应用逻辑的概念。

② 参见《判断力批判》,第一版导言,一,第 7 页。

一样，把它看作是一种应用的或经验性的伦理学。[①]

道德原则的应用不止依赖于这样一种心理学，即一种局限于那些促进或阻碍道德生活的条件的心理学：它还依赖于作为关于人类本性的知识的一般心理学。没有心理学，并且准确来说，没有关于人类本性与我们身处其中的这个世界的经验知识，道德原则的应用就是不可能的；而且，我们拥有越多这样的经验知识，就越能更好地做出合理的道德判断。然而，这并不能改变这样一个事实，即有关道德的诸原则的知识（倘若真的有这样一种知识）是某种与经验性的心理学截然不同的东西，也无法从经验性的心理学中派生出来。套用康德的话说——纯粹伦理学不能以心理学为根据，但它能够应用于心理学。[②]

无论如何，一个进一步的问题是：一种关于行动本身的哲学或者哲学的心理学，是否应该先于关于道德行动的哲学。我们在考察康德所谓的“纯粹意志”到底是什么之前，岂不是应当先考察一下意志本身的本性吗？康德本人在考察他所谓的“纯粹思维”之前——也就是说，我们关于对象的知识中的**先天的**要素——已经在形式逻辑中对思维自身有一个哲学的解释，而且，他对纯粹**先天的**思维的解释确乎在很大程度上依赖于形式逻辑学说。这种对比 33
不会给批评者们留下什么好印象，[③]而且，这两种情形也略有不同；

---

① 《奠基》，第 388 页＝第 4 页。

② 《道德形而上学》，法权论，导论，二，第 217 页＝第 16 页。

③ 在这一点上针对康德的传统批评都是基于彻底的误解。参见克劳斯·赖克博士的《康德的“判断表”的完备性》（*Die Völlstandigkeit der Kantischen Urteilstafel*）——这部著作颠覆了之前所有关于这个话题的讨论。

但是,它至少有助于提出问题。一种关于行动本身的哲学就类似于沃尔夫的“普遍的实践哲学”(Philosophia Practica Universalis),康德谴责沃尔夫的学说混淆了经验性的要素和先天的要素;[①]但是,沃尔夫的拙劣表现并不意味着这项工作是多余的。康德确实认为,道德哲学不需要考虑这样一些论题:愉快与不快的根据;感官的愉快、鉴赏的愉快与道德上的满足之间的差异;欲求与偏好从愉快与痛苦中产生出来的方式,以及它们转而与理性合作给出行动准则的方式。[②] 无论如何,他并没有在自己的道德哲学中完全忽视这些论题,而且,毋庸置疑,他把许多此类理论看作理所当然的,倘若他能确切地加以阐述,那就再好不过了。他在自己的《人类学》与其他著作中,也确曾对这个主题有所贡献;但是,对于这个看法,还可以多说一句的是:倘若他详细阐明了一种健全合理的行动哲学,这将极大地有助于理解他的道德哲学,还可以在某些方面改进它。

① 《奠基》,第390页=第7页。《道德形而上学》中(法权论,导论,四)的“普遍的实践哲学”有略为不同的特征。

② 《奠基》,第427页=第54—55页。

第二章　善的意志 34

§1. 一个善的意志是无限制善的

康德戏剧性地开始了他的论证。“除了一个善的意志之外，”他说，“在这个世界之中、甚至在它之外，根本不可能设想任何东西能够被当成无限制善的。”[1]必须承认，这句话虽然自称是一个日常的道德判断，但它并不是一个普通的善人惯常使用的说法：它已然更像是在陈述一个原则，普通的善人被推定为在其判断与行动中遵从这一原则，即便他并没有清楚明晰地把它公式化。无论如何，此处的问题是为日常的道德洞识提出的；而且，由于缺乏进一步的分析，这个说法显得过于含糊，以至于无法被看作一个令人满意的道德原则。举个例子，我们迫切想要知道的：(1)“无限制善的”和(2)“一个善的意志”到底是什么？

第一个短语造成的难题不算多。转用其他术语来表述康德的这个断言——我们可以说，惟有一个善的意志才能是就其自身而言善的，或者才能是一种绝对的或无条件的善。在今天看来，诸如

① 《奠基》，第 393 页＝第 11 页。

“绝对的”和“无条件的”这样的措辞，对于蠢笨之人是含糊的，对于精明之人是可憎的，但我们不难在当下的语境中来理解它们。康德的意思不过是说，惟有一个**善的意志**才必定在无论何种能够在其中发现它的背景中都是善的。它不会在一个背景中是善的，在另一个背景中是恶的。它不会作为一个目的的手段是善的，而作为另一个目的的手段却是恶的。它不会因为某人恰好需要它而是善的，也不会因为他恰好不需要它而是恶的。它的善性不会因为它跟一个背景、或一个目的、或一个欲求的关系而是有条件的。在这个意义上，它是一种无条件的与绝对的善：它就其自身而言就是善的，而不仅仅就它跟别的任何东西的关系而是善的。其善性并不局限于这种关系或那种关系中的善性：总而言之，它没有限制地、没有限度地、没有制约地是善的。

但是，“一个**善的意志**”到底是什么意思？实际上，这正是我们的研究试图要回答的诸多问题之一；但是，我们眼下要关注的是一个由日常的道德意识所认识到的与判定出来的“**善的意志**”。因此，这个观念必定是含糊不清的，而且，康德从一开始就刻意如此。① 我们可以（或许有些不恰当地）把它描述为“一个道德意志”，但这样做很可能会引发一些误导性的联想。举个例子，如今的许多人都会把一个**善的意志**看作这样一个意志，这个意志受制于他们所谓的“习俗的道德”，并且因此在理智上是盲目的，在实践
35 上是误导性的。无论如何，这样一个意志就会被看作虽然在习俗上是善的，但真正说来却是恶的。我们关心的是这样一个意志，我

① 《实践理性批判》，第 62—63 页＝第 183 页（＝第 110 页）。

们能够把它看作真正善的意志。倘若我们(暂时地)承认说，能够有这样一种东西存在，而且，我们也能够认识它，或者至少能够设想它，那么，我们跟康德一样，说它必须在无论何种能够在其中发现它的背景中都是善的，并且因此必须是一种绝对的与无条件的善，这就并没有什么不合理的。

§2. 其他可能的看法

即便在这个半哲学的层面，还有其他诸多关于“一个善的意志”的本性的问题，至少需要一个暂时的回答。但是，在考虑这些问题之前，首先，我们最好考察一下康德学说的一些可能的替代品。

我们在此必须对有些理论置之不理，它们会使康德的断言变得毫无意义，变成琐碎的与错误的。举个例子，我们可以说，由于“善的”这个词是毫无意义的，[1]因此，康德关于“一个善的意志”的断言也是毫无意义的。对我来说，这种见解似乎只是一个精巧的悖论，它是基于对道德判断的一种逻辑偏见，而不是基于公允的考察。再者，我们可以说，由于“是善的”意指“是令人愉快的”，因此，康德的断言无疑是琐碎的，并且很可能是错误的。这是一种古老的谬论，根本不必在此加以反驳。我提议，要假定“善的”一词有所意指，而且，它并不意指“愉快”。

根据这个假定，康德的陈述就包含两个方面，一个积极的方面

---

① 对这种见解的一个出色阐释，可参见艾尔(Ayer)：《语言、真理与逻辑》(*Language, Truth and Logic*)，第一版，第六章。

与一个消极的方面。他积极地断言,“一个善的意志无限制地是善的”;也消极地断言,“除了一个善的意志之外,没有任何东西无限制地是善的”。为了反对他的消极断言,我们可以肯定地说,除了一个善的意志之外,还有其他一些事物也无限制地是善的;我们甚至可以肯定地说,一切善的事物(至少在“善的”这个词的某一种意义上)都无限制地是善的。为了反对他的积极断言,我们可以否定一个善的意志无限制地是善的;我们甚至可以否定任何事物无限制地是善的。

我们首先来考虑除了一个善的意志之外的其他各种善的地位。

§3. 一切善都无限制地是善的吗?

康德见解的一个可能的替代品是:一切善(在“善的”这个词的某一种意义上)都无限制地是善的,或者都是绝对的与无条件的善。在当下这个时代,这种见解获得了强有力的支持。

我们没法只对这种见解做一个简要的讨论,这将遭到两个事实的妨碍:其一,在日常使用中,“善的”这个词具有许多意思;其二,不同的哲学家使用不同的术语来表达它们。但是,倘若把一个详细的考察置于此处,那就显得很不是地方,况且,只要我们能够表明,康德持有与之相反的见解,这至少没什么不合理的,也就足够了。[①]

---

① 在《G. E. 摩尔的哲学》(*The Philosophy of G. E. Moore*)一书中,我已在一篇名为《善性的所谓的独立性》(The Alleged Independence of Goodness)的文章中讨论过这个话题。亦可见于我的论文《康德的善的理念》(Kant's Idea of the Good),收录于《亚里士多德学会会刊》(*Proceedings of the Aristotelian Society*),1944—1945 年,第 i—xxv 页。

倘若我们孤立地考虑各种种类的事物——也就是说,把它们 36
从背景中抽象出来——我们就可以正确地说,它们全都是善的。在这些事物中,举个例子,可能包括愉快、知识和艺术。大多数人都倾向于同意,所有这些事物,当它们在孤立中被考虑时,它们全都是善的,甚至全都就其自身而言就是善的。至少说,它们都是大卫·罗斯爵士(Sir David Ross)所谓的“显见之善”(prima facie goods)*。

我们正在讨论的这种见解坚持认为,无论这些显见之善孤立地拥有无论何种善性,它们在任何背景中也都必须拥有相同的善性。换句话说,所有这些显见之善都是绝对的和无条件的善。因此,在这个方面,一个善的意志并不(像康德所认为的)那么独一无二。

我认为,在一切情形中,这样一种见解都跟我们的日常判断不一致。据此,愉快明显是一种显见之善;然而,在某些背景中,愉快彻头彻尾地是恶的;举个例子,因他人的痛苦而感到愉快,似乎就彻头彻尾地是恶的。实际上,主张显见之善的现实善性一般而言随着它们所处的背景而变化,这并非是不合理的。这还不止是说,艺术和知识对于饥肠辘辘的人来说并不是善的。在诸如“罗马大火”这样一种背景之中,想必只有尼禄(Nero)这样的人(而不是一

* 此处“显见之善”(prima facie goods),也可译作“表面之善”,套用了大卫·罗斯(David Ross)的“显见义务”(prima facie duty)的概念。Prima facie 是拉丁语,其字面意思是“第一面”或“第一眼”,在英语中有“乍看之下”和“表面上看的意思”。罗斯用“显见义务”来意指那种不考虑背景、孤立地看来自身就是义务的行为,帕通在此也用“显见之善”来意指那种不虑背景、孤立地看来自身就是善的事物。此外,显见之善在本书中也相当于“显见的善性”(apparent goodness)。——译者

个合理性的人)才会认为,艺术是一个值得追求的善的东西。在某些背景中,艺术和知识是格格不入的。

有人或许会反驳说,即便是在这样一种背景中,艺术或知识也不是恶的,而是对它们的追求才是恶的。或许如此。但是,当我们说出这种话时,岂不是再一次纯然孤立地在评判艺术和知识吗?无论这些东西在孤立中看来是什么,除非它们在某些意义上被追求,否则的话,它们就并不现实地是善的或恶的。善性倘若被认定为属于某些在孤立中被考虑的事物,这只是一种抽象;一个具体处境中的事物的现实的具体善性才是唯一实在的善性。

然而,认为按照某种方式,事物的善性(虽然)**看似**随着它们所处的背景而变化,但它们实际上(正如我们被告知的那般)并非如此多变,这或许能够获得一个貌似合理的解释。这种观点认为,多变的善性并不是事物本身的善性,而是其他某种作为手段而属于这个事物的善性,或者它作为整体的一个组成部分而为整体贡献的某种别的善性(而不是其自身的善性)。我们必须把它的内在善性与其他两种善性区分开来:(1)它作为一个手段的善性(也就是说,其效用性),以及(2)我们可以叫作其“贡献性的善性”(contributory goodness)的东西。

可以肯定的是,我们必须防止把一个事物的善性与它对于其他某物的纯然有用性混为一谈。同样可以肯定的、并且十分重要的是,一个整体的善性要大于其各个彼此孤立开来的、并且从整体中孤立出来的组成部分的善性的总和。一个组成部分能够为整体贡献的善性,大于它在孤立中被考虑时所拥有的善性,也就是说,大于当它不是整体的一个组成部分时所具有的善性。到目前为止，一切都挺好。但问题是：这个如此为整体贡献了额外善性的组成部分，相比它不是一个组成部分时，也就是说，相比它身处一个截然不同的背景中时，这个组成部分自身是否因为这种贡献而直接地更善了。

为整体贡献了额外善性的组成部分，相比它身处孤立之中时
似乎是更有价值的，这一点很难令人怀疑。出于某些意图，把它的 37
显见善性划分成“内在地属于它的一种善性”与“因其是这个整体的一个组成部分而产生的一种善性”，这样做或许是方便实用的——尽管这样一种划分是一个理论问题，而不是一个直接的价值判断的结果。无论如何，主张额外的贡献性的善性属于整体、而不是属于这个组成部分，这是成问题的。整体是由各个组成部分构成的，而且，整体不拥有任何并不在其组成部分中展现出来的（也就是说，在其作为各个组成部分的、而不是作为孤立实存物的各个组成部分中）善性。一个组成部分贡献给整体的善性，也必须展现在各个组成部分之中，而且，最为重要的，我们必须认为，这种善性必须展现在为整体做出了贡献的组成部分之中。实际上，这似乎就是我们的价值判断的直接言说方式，举个例子，使用一个就其自身而言无甚美感的措辞，在一个特定的背景中，为一首诗歌贡献了十分显而易见的美感——我们的审美判断有助于阐明这个问题。再者，根据这样一个假设（ex hypothesi），倘若组成部分能够为一个整体（并且因此为其他组成部分）增添额外的善性，那么，就不可能在原则上否定说，整体（并且因此其他组成部分）不能为这个组成部分增添额外的善性。也就是说，组成部分的善性也随着背景而变化；而且，无论我们在理论上能够划分出多少种善性，正

如我已然说过的,这就是价值判断的直接言说方式。在我们的那些现实的具体判断中,尽管我们能够把一个事物的善性与其效用性(或者其种种后果的善性)区分开来,我认为,我们也不能按照这种方式,把一个事物就其自身而言所具有的善性与它作为一个整体的组成部分所具有的善性区分开来。

因此,这样一个一般性的指控,即"一切善性(在某种意义上)都独立于它的背景而是善的"[①],不能充当反对康德见解的一个充分根据,即"惟有一个善的意志才能独立于它的背景而是善的"。当我们说"一个善的意志无限制地是善的"时,我们的意思并不是说,从它现实的善性中,我们能够凭借抽象活动区分出一种善性,这种善性是它在孤立中也同等拥有的。至少说,康德主张,倘若一个善的意志无限制地是善的,那就必须就其自身而言拥有充分的价值,而且,无论出现任何后果,无论它在何其变化多端的背景中被发现,这种价值都不会遭到减损或增添,也不会被超过或削弱。[②] 举个例子,这种说法放到"愉快"那里就是说不通的;因为,即便我们认为,把愉快在孤立中同样具有的一种善性归于一个具体处境中的愉快是正确的,这种显见之善的种种后果的恶性,或者它在特定处境中所引发的恶性,也会远远超过的它的善性。我们必须要集中精力处理的问题是,康德所发现的这种差异,即一个善的意志与其他所有我们承认至少是一种显见之善的东西之间的差异,是否正确。

① 我认为,这个理论不仅是在要求"内在的善性",即那种属于无论在任何背景中的事物的善性(孤立中的善性)。如果这仅仅关乎术语的话,康德有权使用自己的术语。

② 《奠基》,第 394 页=第 13 页。参见本书 § 6 以下。

§4. 许多善都无限制地是善的吗? 38

即便我们拒绝接受这个一般原则,即一切善(在“善”这个词的某种意义上)都无限制地是善的,除了一个善的意志之外,也依然可能会有一些善无限制地是善的。康德本人就讨论过这种可能性。他考察、并且拒斥了这样一种见解,即“毫无疑问在许多方面都是善的与可欲的”某些事物按照与一个善的意志相同的方式无限制地是善的。[①] 现在,我们并不关心它们在抽象中的善性,或者它们的抽象善性:我们只关心它们在具体处境中的善性或它们的具体善性。

康德根据何种原则来选择显见之善以供考虑,这一点并不十分清楚。[②] 他感兴趣的(至少说主要感兴趣的)似乎是这样一些善,它们本身并不是一个善的意志的产物,尽管一个善的意志也致力于培养它们,或者——在某些情况下——致力于获得它们。因此,他首先提到了“自然的恩赐”(gifts of nature)。在这个名目下,他纳入了“精神的才能”(mental talents),例如,理智、智慧与判断(我们还可以再加上幽默、想象力与艺术才能);[③]还有“脾性的性质”(qualities of temperament),例如,勇气、决心与坚定不移。然后,他谈到“幸运的恩赐”(gifts of fortune),其中包括权力、财富、

① 《奠基》,第 393—394 页=第 11—12 页。

② 克劳斯・赖克(Klaus Reich)认为,这归功于西塞罗的《论义务》(*De Officiis*)的影响(*Mind*, N. S., Vol. XLVIII, No. 192)。

③ 参见《奠基》,第 435 页=第 66 页。

荣誉、健康与幸福。最后，他又回到一些显然同样属于“**脾性的性质**”的东西，他认为，这些性质特别有助于一个善的意志，因而易于被看作自身就具有无条件的价值的一些特殊性质。这些性质就是：对激动（affections）与激情（passions）的节制、自我支配与冷静的熟思。

他反对上述这些备选项在一切情形中都具有绝对的善性。无论这些东西在某些方面何其善，它们都不能像一个善的意志那般，在一切方面和在一切关系中都是善的。相反，当它们伴随着一个恶的意志时，它们本身就是恶的。而且，它们之所以是恶的，不仅是因为它们造成了种种恶的后果，更是因为它们作为一个整体的组成部分，本身就是一种额外的恶性的来源。[①] 一个恶棍的冷静不仅使他危险得多，而且也**直接**使他在我们眼中比他不具有这种冷静时更为可憎。[②]

对我来说，这种观点似乎是合理的；而且，根据康德的看法，这大概也同样适用于其他一些康德没有讨论过的**显见之善**，例如，种种艺术与科学中的技艺、鉴赏力，以及身体上的敏捷。[③] 这些东西中没有一个是绝对的或无条件的善。

然而，我们可以更为积极地呈现康德的学说。对他来说，所有
39 这些**显见之善**都是有条件的善，它们的善性的条件可以说就是一

① 此处的讨论清楚地做出了这种区分，尽管康德在抽象地讨论各种善的时候，只用到了“作为手段的善”和“自在之善”的区分——这大概是基于这样一个根据，即当任何作为整体的一个组成部分的东西使得整体更坏时，它立刻就在这个背景中（或者本身就）是恶的。参见《奠基》，第 414 页＝第 38 页。

② 《奠基》，第 394 页＝第 12 页。强调字体系我本人添加。

③ 《纯然理性界限内的宗教》，序言，第 4 页脚注（＝第 iv 页脚注）。

个善的意志。[①] 然而，倘若这意味着，一个恶人的身上——甚至艺术和科学的活动——没有什么东西是善的，那也是荒谬的。我认为，康德的这样一个说法，即一个有条件的善惟有在它们的运用不违背道德法则的条件下才是善的，才更为准确地表达了他的意思。[②] 这足以驳倒"尼禄的胡作非为是一种善"的见解。然而，在谈到"幸福"的时候，康德的见解或许在无意识中有所变化。他在任何时候都承认，幸福在许多方面都是善的[③]，甚至主张，人类理性有一个无法抗拒的职能，那就是在今生追求幸福，可能的话也在来世追求幸福。[④] 从理性的视角之外，除了那种源自我们自己不道德的行为的限制之外，幸福作为一种善并不知晓任何别的限制。[⑤] 但是，他又说，除非幸福和道德行为结合在一起，否则的话，理性就不会赞同幸福（无论偏好何其欲求幸福）。为了一贯性的缘故，同时也为了真理的缘故，我们必须说，除了罪孽中的幸福之外，一切幸福都是善的。

总而言之，我们必须记住，康德并没有为我们提供一个一般的价值理论，而是仅仅提供了一个善性理论。艺术和科学在卓越性上有它们自己的标准，但这是美和真的标准，而不是善性的标准。

---

① 《奠基》，第 396 页＝第 15 页。它们的善性也可以以我们的欲求与需要为条件；但那是另外一个问题。

② 《纯然理性界限内的宗教》，序言，第 4 页脚注（＝第 iv 页脚注）。当康德说（《奠基》，第 397 页＝第 16 页）"一个善的意志的概念将始终在评价我们的行为的全部价值时居于首位，并且构成其他一切价值的条件"时，他的表述是不够清楚的。

③ 《奠基》，第 393 页＝第 11 页。

④ 《实践理性批判》，第 61 页＝第 181 页（＝第 108 页）。

⑤ 《纯粹理性批判》，第 A814 页＝第 B842 页。

在对艺术或科学的追求上取得成功，这无疑是一种有条件的善；但是，正如我们已然知晓的，对于康德来说，这仅仅意味着，它们惟有在不违背道德法则的情况下才是善的。无论尼禄的胡作非为何其出色，他所做的事情都不是善的。实际上，有人可能论辩说——尽管我不会把这归于康德——他越是胡作非为，他的行动就越是恶的。套用康德的话说——一个恶棍的科学技艺和艺术恩赐不仅会使他危险得多；而且也*直接*使他在我们眼中比他不具有它们时更为可憎。

一旦弄清楚这个问题，我认为，日常的判断也会赞同康德的说法，即我们刚才讨论的这些种类的善即便非常伟大，它们也并不必然在任何背景与每一种背景中都是善的。也就是说，它们并不无限制地是善的。

§5. 一个善的意志无限制地是善的吗？

现在，我们可以回到一个善的意志声称具有的绝对善性。有人或许会基于一个一般性的根据，即“没有任何善能够无限制地是善的”，拒斥这种善性。他可能会主张说，每个事物的本性都依赖于它所处的背景，因此，每个事物的善性也必须依赖于它所处的背
40 景。由此必定得出，即便一个善的意志的善性也必须依赖于它所处的背景，并且因此，“一个善的意志在任何背景与每种背景中都具有同样独一无二的和绝对的善性”这种说法是荒谬的。

由于这种见解在当下这个时代鲜有人接受，我们或许有权忽视这种*先天*的反驳，再依据我们日常的判断来考虑一个善的意志

的善性。

正如我曾说过的，我们仅仅关心一个真正善的意志。我们无须关注好事之徒和败兴之人、经师和法利赛人、狂信者和迫害狂，只要他们的行动是由妒忌、骄傲和恶意激发的；因为，这些人显然都没有一个真正善的意志。实际上，这种类型的人会逐渐变成康德所说的“道德上的狂热者”，他们让一种鲜活的同情与善性一起，退化为一种激情或热病；或者变成“幻想有德性的”人，他们不容许任何在道德上无关紧要的事情。[①] 但是，我们或许会同意康德的一个观点，即便上述这些东西也依旧属于关于人类本性（自然性）的病理学。出现在他们身上的一个善的意志，指的是他们在一种对道德理想的失衡追求中展现出来的极端情绪；然而，这些情绪总归是要找一个什么宣泄口，或许还会——例如，在德国反犹太主义那里——伴随着更恶的结果。就像宗教一样，道德会吸引种种失衡的情绪，但一个真正善的意志会试图缓和与支配这样一些情绪，而不是鼓动它们。

倘若我们抛开这样一些人，他们自诩的善性源自道德上的恶行，或者他们真正的善性为情绪上的畸态所掩盖，那么，即便如此，正如人们常说的，善人不是也会做很多的智者必不会做的坏事吗？而且，即使一个真正善的意志不也时常是不合时宜的吗？

---

① 《道德形而上学》，德性论，导论，十六，第 409 页＝第 258 页；第 433 页脚注。亦可参见《实践理性批判》，第 157 页＝第 306—307 页（＝第 280 页）。然而，康德本人在其他地方否认说——虽然可能是在不同的意义上——行动可以是在道德方面无关紧要的事情；《纯然理性界限内的宗教》，第 22 页＝第 23 页（＝第 9 页）。桑顿·怀尔德（Thornton Wilder）的《天国是我的目标》（*Heaven's My Destination*）中有一个对道德上的和宗教上的狂热者的有趣研究。

可以肯定，善人也会做很多的坏事；而且，这些坏事并非源自好管闲事和虚荣心（它们属于道德上的恶性），而是仅仅源于疾病或者愚笨。在理智事务上，康德对愚笨表现出了很好的理解，他把愚笨描述为缺乏判断力；[1]但是，在道德事务上，在对正当行动的决定中，他倾向于低估对判断力与辨别力的需要。[2] 然而，我认为，他会主张说，一个愚笨的善人做出坏事是由于他的愚笨，而不是由于他的善性：当然，他似乎也主张说，一个善的意志本身不能发出一些错误的行动。[3] 不管怎样，倘若我们坚持认为，做一个愚笨的恶人好过做一个愚笨的善人，这是悖理的；而且，即便愚笨的善人造成了一些愚笨的恶人不会造成的恶果，康德也依旧会主张
41 说，他的善的意志拥有一种独一无二的与不可比拟的价值，他的种种自然缺陷所导致的罪恶不能胜过这种价值。[4]

善性与智慧之间的这种对立，对于描述我们再熟悉不过的经验处境来说是十分有用的，但从哲学上加以考虑的话，则是人为的。一个怀有真正善的意志的人不得不努力发展他所具有的这样一种理智——尤其是那种在实践事务中通常被叫作“智慧”的理智。[5] 而且，一个真正智慧的人也不得不追求真正道德上的

---

① 《纯粹理性批判》，第 A133 页脚注＝第 B172—173 页脚注。

② 例如，《奠基》，第 403 页＝第 24 页。

③ 他通过如下说法暗示了这一点，即除了作为一个善的意志的义务的动机之外，其他的动机有时会引发正当的行动，有时会引发错误的行动。参见《奠基》，第 411 页＝第 34 页。

④ 《奠基》，第 394 页＝第 12—13 页。

⑤ 参见《道德形而上学》，德性论，导论，八，第 391 页以下＝第 237 页以下，以及 § 19，第 444 页以下。

善性。这一点不会由于一些经验事实而有所改变，譬如一个好心的教士在经济学上胡言乱语。

我们绝不能把一个善的意志看作一种道德上的狂热、实践上的愚蠢与个人自负的混合物。这样一种善的意志不仅有时候是，而且在任何时候都是了不相干的。一个真正善的意志惟有在一种处境中才似乎合情合理地是了不相干的，即那种急需自发的情绪或相互取悦，而无须"这是一个约束性的义务"的压倒一切的想法的处境。康德不曾给这种自发性留有任何余地——道德主义者很少这样做；但是，他无论在理论上还是在实践上都绝不会认为，一个善的意志不能在社会交际的德性中展现自身。① 把一个善的意志等同于愁容满面的道德，这纯然是一种偏见；然而，只要我们抛弃掉这种偏见，就可以合情合理地说，对于这世上的一切事情来说，惟有一个真正善的意志才是唯一绝不会了不相干的东西。

无论如何，还有一个问题尚未解决：康德所描述的这个善的意志是否就是一个真正善的意志。

§6. 最高的善

倘若一个善的意志在这样一种意义上是唯一无条件的或绝对的善，即它必须在每种可能的背景中都是善的，那么，我们能否跟康德一起断言说，一个善的意志因此就必须是最高的善？

"最高的善"(highest good)这个说法是有些歧义的。它的意

① 《道德形而上学》，德性论，§48，第473页以下。

思或许仅仅是说，这种善自身是无条件的，并且是其他一切善的条件。[①] 在这种意义上，“最高的善”与“绝对的善”完全是同一个意思。但是，康德还做出过一个价值判断：这样一种善被尊崇为“超越任何比较地高于”任何其他善的。[②] 无论它十分有用还是全无成效，这种独一无二的与不可比拟的价值都不会减损分毫。

在此，似乎又有了两个问题：“首先，我们是否有权说，惟有一个最高的（并且实际上是一种不可比拟的）善才能在每一种背景中都是善的？”以及，其次，“这样一个推论能否由一个直接的与开明判断所肯定？”

评估我们在第一个问题中提出的那种推理，这是十分困难的。
42 举个例子，倘若我们说的是“空气”这样的事物，其善性就在于它对人和其他动物来说是有用的，但我们也不能说，它在任何时候都比“锻炼”更善的，尽管锻炼只在有些时候是善的。但是，任何事物的有用性都显然确乎依赖于它所处的背景——也就是说，有生命的有机物的需要——而且，就我们对一个善的意志的推论而言，它无法提供一个比照。当然，我们很难看出，一个事物如何能够在就其自身而言就是善的，并且是一切其他善的条件的同时，而不是不可比拟地比这些有条件的善更有价值的。然而，倘若其结论不能为独立的证词所肯定，我们就不由得会怀疑这种论证中有一个小困难——而且，或许即便它可以得到肯定，也是如此。

① 《实践理性批判》，第 110 页＝第 246 页（＝第 198 页）；《奠基》，第 396 页＝第 15 页。

② 《奠基》，第 394 页＝第 12 页。

这就把我们带回到这样一个问题："我们是否有权（凭借日常的判断）认为，一个善的意志高于艺术活动或知识追求？康德的断言是否纯然出自一个道德主义者的个人偏见？"

任何特定的价值判断在多大程度上会受到个人偏见的影响，这在任何时候都是难以确定的。但是，注意到这一点是十分有趣的，康德本人一度也怀有一些（对一个学者来说自然而然的）偏见，即赋予知识最伟大的价值，尽管不是赋予艺术；而且，使他改变这种看法的人，并不是什么冷峻的清教徒，而是让-雅克·卢梭(Jean-Jacques Rousseau)。"我自己"，他说，"出于偏好是一个研究者。曾有一段时间……我鄙视一无所知的群氓。卢梭纠正了我，这种盲目的偏见消失了；我学会了尊重人。"[①]

康德由此学会要给予人的这种尊重，我认为，就是对他们的善的意志的尊重。这个段落可以跟出自《实践理性批判》的另一个段落形成对照，[②]他在那里说，即使违背他的意愿，他的精神也愿意向一个无论何其卑微与普通的人鞠躬，只要他在这个人身上察觉到了自己身上没有意识到几分品性正直。这种敬畏的情感不同于惊赞，它是从一个善人身上，而不是其他任何人身上才会感受到的。

对于现代知识分子来说，他们倾向于把道德善性主要地当作一个手段而看作有价值的，这个手段对于确立起为追求艺术与知识的种种令人满意的条件来说是必需的，这样看来，卢梭似乎把康德引上了歧路，而不是引上了正道。然而，倘若我们正在讨论种种

---

① 《残篇》(Fragment)，载《哲学文库》，第 8 卷，第 322 页。亦可参见席尔普：《康德前批判时期的伦理学》，第 47—48 页。

② 《实践理性批判》，第 76—77 页＝第 202 页(＝第 136 页)。

事物的善性,我们就必须从一个行动者的视角出发,而不是纯然从一个超然的旁观者的视角出发,来讨论它们的善性。艺术与科学拥有它们自己的标准,那就是美与真,但它们也都是善,是一个善人(根据他所处的环境)愿意追求与应当追求的善。无论如何,我们不仅会怀着这样一种敬畏的情感来看待善性,这种情感我们绝不会给予艺术与科学上的成就;[①]而且,我们还知道——在最近这些日子里,我们越发深深地知道——即便是艺术与科学上的伟大
43 之善,有时候也必须在义务的召唤下做出牺牲;而且,除非我们坚持(正如许多人已然在行动中所坚持的那样),良好行动的善性甚至重于那些被我们看作最为珍贵的事物的善性,否则的话,情况就不会如此。

不管怎样,无论我们如何看待康德的立场,这就是他的论证建立于其上的那个假定。

§7. 一个善的意志与它的种种对象

前文§3中提出,被认定为属于一些在孤立中考虑的事物的善性纯然只是一种抽象,现在,有人或许会反驳说,我们自己也正在陷入相同的抽象之中。有人或许会说,一个善的意志,倘若孤立于它的对象而被考虑,这本身就纯然是一种抽象。一个善的意志必须有一个对象;而且,一个善的意志的善性无疑也必须根据它所

① 康德认为,我们对一个具有伟大天赋的个人感到敬畏,不是因为他的能力,而是因为他对我们来说,是一个履行了发展他的天赋的义务的范例。

要达成的对象的善性来加以评估，或者最起码要根据它试图要达成的对象的善性来加以评估。甚至，在我们讨论过不同种类的对象的善性之前，我们还不能开始讨论一个善的意志的善性。

康德把这种反驳看作一种根本性的错误，它对于任何健全合理的道德哲学来说，并且实际上对于道德本身来说是致命的。[①] 我们或许希望在前进中更好地理解康德的见解；但是，倘若一个善的意志的对象是一些有条件的善，一个善的意志本身是一种有条件的善，那么，一个善的意志的善性就不可能从它所追求的对象的善性中派生出来，这一点已经十分清楚了。[②] 这个论点绝不会受到这样一个（康德完全接受的）断言的影响，[③]即一个善的意志（就跟其他任何意志一样）必须致力于一些对象或者目的。

倘若一个善的意志的善性不是从它所追求的一些目的的善性中派生出来的，那么，它也就同样不能从它成功地达成了这个目的中派生出来。此外，在行动中成功依赖于诸多不受我们支配的因素的影响，而且，一种随着成功或失败而变化的善性也不能被描述成无条件的。最后，倘若由于某种不幸（例如，中风瘫痪），一个善的意愿（而不纯然是一个愿望）根本就不会有任何外在的结果，这个意愿也依旧拥有独一无二的与不可比拟的善性。[④] 毫无疑问，最后这个断言凭借日常的开明判断就可以得到证实。

坚持一个善的意志具有绝对的价值，这绝不是要否认其他事

① 《实践理性批判》，第 58 页以下＝第 177 页以下（＝第 101 页以下）。

② 《奠基》，第 400 页＝第 19—20 页；第 437 页＝第 68 页。

③ 《实践理性批判》，第 34 页＝第 146 页（＝第 60 页）。

④ 《奠基》，第 394 页＝第 12—13 页。

物的价值,尤其是一个善的意志所追求或达成的那些对象的价值。一个善的意志就是最高的善,但康德在任何时候都拒斥这样一种荒谬的见解,即它是唯一善的或者全部善的东西。[①] 为了获得完满的善,我们善的意愿必须在实现它们的目标中取得成功。这也正是,当康德说“在全部的与完全的善(bonum consummatum〔完成了的善〕)中必须包含幸福”时,他所要表达的意思(虽然并不太令人满意)。[②] 人们通常认为,康德低估了幸福的价值,这种见解完全是错误的;非要说的话,他过于高估了才是。

44 § 8. 理性的功能

康德非常清楚,他坚持一个纯然的意志具有绝对的价值,这似乎是悖理的。尽管它可以从日常判断中获得支持,但我们还是会怀疑,它的根源是对一些浮光掠影的东西与一些幻相的无意识的倾向,而这恰恰是他最为憎恶的东西。因此,他试图通过这样一种论证来巩固他的学说,即一种关于理性在人类生活中的意图或功能的目的论论证。[③]

在这个论证中,他假定(1)一个有机的存在者完全适宜于一个意图或目的,那就是生命;(2)这个存在者身上的每一种器官也都适宜于一个意图或目的,这个意图或目的是全部意图或目的中的一个要素;以及(3)每个这样的器官也非常(并且完全充分地)适合

① 《奠基》,第 396 页=第 15 页。

② 《实践理性批判》,第 110 页=第 246 页(=第 198—199 页)。

③ 《奠基》,第 394 页=第 13—15 页。

于达成其意图或目的。[①] 人类就是这样一种有机的存在者，而且，他拥有理性，作为一个器官，它在引导他的意志的意义上是实践的。现在，倘若我们假定，人类的自然目的就是一种幸福的生活（或欲求的最大满足），那么，理性在确保这样一种幸福上是差强人意的；而且，自然倘若把对手段与目的的选择留给本能，那就将比留给理性更好。倘若我们还必须要拥有理性，那么，理性的功能就应该纯然是为了欣赏我们本能的本性（instinctive nature），欣赏它在确保幸福的手段上的卓越性。然而，我们现实的经验表明，总的来说，我们越是把理性的运用局限于追求幸福——甚至是用来追求理智上的愉快——我们似乎就越不幸福。

根据这些，康德论证说，倘若理性跟其他器官一样，非常适宜于它的目的，那么，它的目的或意图就必须是除了达成幸福以外的别的什么东西。理性在其实践方面的真正功能必须是产生一个善的意志，这个意志不是别的什么东西（例如幸福）的手段，而是绝对地和就其自身而言善的。惟有根据这个假说，我们才能理解理性如何能够干预幸福的达成，而且，理性对于这样一个原则来说也不会是一个例外，即每一种器官都非常适宜于其目的。

这个论证会引发一些有关这种推定的“自然的合目的性”的问题，但这些问题过于复杂，以至于无论是这种合目的性与康德哲学的关系，还是它自身的种种优点，都无法在此加以考虑；而且，即便是那些在这种或那种意义上接受目的论学说的人们，如今也会怀疑，是否所有的器官都非常适宜于它们的意图。实际上，他们甚至

---

① 亦可参见《纯粹理性批判》，第 B425 页。

把理性自身也看作某种巨大的错误。然而,这个论证是附属性的,而且,对于我们的意图来说,它的主要益处是——就康德所设想的理性在行动中发挥的作用,向我们做出初步的介绍。实际上,他们甚至可以把理性本身看作某种宇宙的错误。然而,这个论证是次要的,而且,对于我们的意图来说,其主要兴趣在于这一点——它首次向我们引入了理性的这样一种作用,即康德设想它在行动中发挥的作用。他主张说,无论是在设想作为一个目的的幸福的本性上,还是在指导我们选择达成这个目的的手段上,理性都确实在追求幸福中发挥了一种必需的作用。然而,我们要追求的幸福是一个有条件的善:正如我们已然看到的,幸福的善性对于我们的意志的善性来说是相对的,对于我们的欲求与需要来说也是相对的。
45 理性还必须要追求一个更大的善,它并不以我们的种种欲求和需要为条件,而且,惟其如此,理性才能适宜于它的意图,尽管它并不适宜于追求幸福。这样一种无条件的善只能是一个就其自身而言善的意志,而不是一个就其旨在满足某些欲求或达成欲求的对象而言善的意志。

正如这一阶段的论证中所预期的那般,这些学说在此只得到了一个含糊的勾勒。目前来说,我们不要指望能理解康德关于理性的第二种与更为重要的功能的看法;但值得我们注意的是,理性有两种截然不同的功能,它们全都致力于一种善,第一种功能致力于一种有条件的善(亦即,幸福),第二种功能致力于一种无条件的善(亦即,一个善的意志)。

§9. 善性是基础性的

现在，我们已经完成了对康德的论证起点的考察，并且在一个善的意志的绝对的与独一无二的善性中发现了它。这一点是需要强调的，因为随着论证的推进，我们会发现，我讨论得更多的是义务，而不是善性。康德如此普遍地被人们看作义务的宗徒，以至于我们如果想要在真正的视角中弄清他的学说，我们就必须记住，对于他来说，善性是基础性的；而且，没有任何依据可以认定，他心存一种脱离于“善性”的“一个义务”的观念。

另一方面，我们对“一个善的意志”的观念依旧是含糊的与通俗的，并且还需要澄清。现在，我们必须要着手处理的正是这项澄清的任务。

46

第三章　义务

§1. 一个善的意志和义务

为了弄清一个善的意志的本性，康德提出要考察一下“义务”的概念。[①] 一个为了义务的缘故而行动的意志就是一个善的意志；但这绝不就是说，一个善的意志就必然是一个为了义务的缘故而行动的意志。相反，一个完全善的意志与完善的意志绝不会为了义务的缘故而行动；因为，在“义务”这个特有理念(idea)中[*]，还有关于种种有待克服的欲求与偏好的思想。一个完全善的或“神圣的”意志(正如康德所说的)将会是全然一致的：它将自身展现于一些善的行动之中时，不会有任何对种种自然偏好的制约或阻挠，并且因此，它根本就不会为了一个义务的概念而行动。我们可以推定，上帝的意志是神圣的，而且，说“他”在履行自己的义务，这将

① 《奠基》，第 397 页＝第 16 页。

* 作者用小写的 idea 来翻译德文的 Vorstellung，国内学界一般译作“表象”；同时，作者用大写的 Idea 来翻译德文的 Idee，国内学界一般译作“理念”。译者为尊重作者起见，把这两个术语都译作“理念”。但也为了方便读者区分起见，在它们每次出现时都会括注原文。——译者

是荒谬的。但是,在有限的受造物身上,或者不管怎样,在诸如人类这样的一个有限的受造物身上,还存在着某些“主观上的限制”:人的意志并不是全然善的,而是受到种种感性欲求与偏好的影响,这些欲求与偏好或许就是出现在他身上的善的意志的一些妨害与障碍。因此,由于这些障碍,他的善的意志必然地会在其中表现出来的那些善的行动,对于他来说,就显得是一些义务;也就是说,它们将被思维成这样一种行动,即不顾这些阻碍也要实施的一些行动。因此,在人类的种种条件之下,一个善的意志就成了一个为了义务的缘故而行动的意志。这也正是我们此刻所要考察的论点。

绝不能认为,一个意志之所以是善的,仅仅是因为它克服了这些阻碍。相反,倘若我们可以达成完备善性的理想,我们就要驯服我们的种种欲求,以至于再也不会有任何需要克服的阻碍。重重阻碍有助于使一个善的意志的善性变得更加引人注目,而且,我们除非参考这样一些阻碍,否则就无法测度善性;但是,一个善的意志必须脱离于它所要克服的重重阻碍,就其自身而言就是善的。倘若它并非如此,那么,神圣性本身将由于我们追求善性的不完善的努力而变得黯然失色。[①]

然而,我们所关心的并不是一个神圣的意志,而是在人类的种种条件之下的一个善的意志,并且因此是一个为了义务的缘故而行动的意志。因此,“在人类的种种条件之下”这个说法——重复这个说法将是单调乏味的——必须在我的许多句子中反复出现;

① 《道德形而上学》,德性论,导论,十,第 397 页=第 244 页。

但是，这绝不能使我们忘记，我们所说的许多内容（即便不是绝大多数内容）都不能被当作是对一切善的意志来说无一例外地是正确的。

47 §2. 孤立的方法

倘若我们想要证义自己的论点，即一个善的意志——在人类的种种条件之下——就是一个为了义务的缘故而行动的意志，我们首先必须把为了义务的缘故而做出的行动**孤立出来**，再评判它们是否具有我们归于一个善的意志的那种最高的价值。可以肯定的是，真正说来，行动无法具有一个善的意志所具有的那种完全相同的绝对善性，因为，一个善的行动必须适应于一个特定的处境。当康德把一个行动说成是“就其自身而言善的”，把一个意志说成是“绝对地和在一切方面善的”时，他似乎就暗示了这种差异。[1]然而，倘若一个善的行动乃是通过展现于其中的善的意志得到评判的，那么，我们就可以避开细微的差异，并且认定，这样一个行动拥有某种，犹如一个善的意志的相同的独一无二的善性。

至于符合义务的行动，康德承认它有三种主要的类型：(1)出自直接的偏好而做出的行动；(2)并非出自直接的偏好，而是出自利己而做出的行动；以及(3)并非出自直接的偏好或利己，而是为了义务的缘故而做出的行动。他认为，那些出自利己而做出的行动是不大可能跟那些为了义务的缘故而做出的行动混为一谈的；

① 《实践理性批判》，第 62 页＝第 182 页（＝第 109 页）。

但是,那些出自直接的偏好而做出的行动则有可能与之混为一谈。出现这种混淆的理由很可能在于:在为了义务的缘故而行动与出自直接的偏好而行动中,除了行动本身之外,我们看不出什么更远的目的或结果。因此,为了使我们在评判为了义务而做出的行动的价值时获得较大的确定性,康德要求我们移除直接的偏好,在缺乏直接的偏好的情况下对行动的价值做出评估。因此,举个例子,他断言说,倘若我们历经悲痛而丧失了对生活的直接偏好,像个死者一般不再欲求任何东西,却依旧持守保全我们自己的生命的义务;而且,我们这样做,并非出自偏好,而是为了义务的缘故,那么,这个行动才首次拥有了其真纯的与独一无二的道德价值。

对我来说,康德的这种孤立的方法似乎是非常合理的,他的结论也是完全正确的。大多数人都会同意,纯然因为我们拥有生存的欲求而保全我们自己的生命,这没有任何特定的道德价值可言;而且,大多数人都会同意,惟有当行动是为了义务的缘故而做出时,它才会拥有道德价值。在第一种情况下,这个行动是符合义务的,但不是为了义务的缘故而做出的。同样——就利己的情况而言——倘若一个人仅仅是因为害怕拘捕才偿还债务,那么,他的行动将会是符合义务的,但却不是为了义务的缘故而做出的,也不会具有道德价值。

对我来说,这似乎就是康德所要阐明的简单学说。[①] 他的论点是,一个行动惟有为了义务的缘故而做出才具有道德价值。他或许是错的,但他所说的话,至少并没有任何荒谬之处。但无论如

① 《奠基》,第397—399页=第16—19页。

何，他的论证使自己向一些最为荒诞的诠释开放，这些荒诞的诠释
至今还被普遍地看作康德道德理论中的一个本质性的组成部分。
48 唯一能够公平地加以补充的是，他在言辞上的复杂性（或许还包括
其松散性）也实在是很自然地就会导致这些诠释。

§3. 种种误解

从席勒（Schiller）的诗句中，我们能够看出这些误解出现得有多早：①

> 我高兴地侍奉我的朋友们，但是，哎呀，我心怀愉快地做着。
>
> 因此，疑惑我不是一个有德之人，我为此而困扰。

对这个问题给出的回答是：

> 没法子，你唯一的办法就是试着彻底鄙视他们，
>
> 然后，心怀厌恶地去做你的义务吩咐你做的事情。

这是一篇拙劣的诗歌与糟糕的批评。沿着上述这些思路，这种对康德的常见诠释可以更为准确地阐述如下：

---

① 《论道德的根基》（*Über die Grundlage der Moral*），§6。我使用的译文出自坎农·拉什达尔（Canon Rashdall）：《善与恶的理论》（*The Theory of Good and Evil*），A. B. 布洛克（A. B. Bullock）译，卷一，第 120 页。

（1）一个行动，倘若有任何要实施这个行动的偏好出现，或者从满足这个偏好中产生了任何愉快，这个行动就没有任何道德价值；以及

（2）一个行动，倘若从履行我们的义务的意识中产生了任何满足感，这个行动就没有任何道德价值。

上述两点是十分不同的，尽管它们有时候会被混为一谈。它们就其自身而言都是荒谬的，也是对康德的错误诠释。我们可以用整整一卷书的引文来表明[①]，这样一些见解跟康德的学说相去甚远。但是，在这里，我们必须满足于简要地陈述康德本人在这些论题上的教诲。读者可以从本章的附录之中，找到一些能够支持我们的断言的证据。

康德主张，为了获得道德价值，一个行动绝不能仅仅符合义务，而是必须为了义务的缘故而做出。在提出这种主张的同时，他还主张，倘若一个行动仅仅是出自偏好而做出的，或者甚至是出自这样一种动机而做出的，即对幸福的一种理性欲求，那么，这个行动就没有任何道德价值。就此而言，没有丝毫悖谬之处。难道有任何人能够坚持认为，一个行动，仅仅因为我们有做出一个行动的偏好，这个行动就必须是善的，或者必须是一个义务吗？

为了能确立起他的学说，康德采取了一种孤立的方法。他考虑了一些仅仅出自偏好、而没有任何义务的动机的行动，并且指

① 施罗德教授（Professor Schroeder）在《对康德伦理学的一些常见的误解》（*Some Common Misinterpretations of the Kantian Ethics*）中收集整理了大量的引文，参见《哲学评论》（*The Philosophical Review*），1940年7月。

出，这些行动没有任何道德价值。同样，他还考虑了一些仅仅为了
49 义务的缘故而做出的、没有任何偏好的行动，并且指出，这些行动拥有道德价值。[①] 使用这样一种孤立的方法绝不是在断言说，只要一个履行我们的义务的意志同时出现了偏好，这个行动就没有任何道德价值可言。康德的意思仅仅是说：(1)严格来说，一个行动，只要它源自一个履行我们的义务的意志，这个行动就是善的；(2)除非我们相信，这个履行我们的义务的意志单凭自身就足以产生行动，无须任何偏好的支持，否则的话，我们无法自信地肯定一个行动是善的；以及(3)除非履行这个行动时缺乏直接的偏好，否则的话，这种信念就是不根之论。

此外，在规定我们的义务时，康德——正如我们将从其义务的命令式的公式中看到的——是从我们的种种偏好所推荐的一个行动入手的。然后，他追问，我们是否能够同时愿意这样一个行动与普遍的道德法则相容。倘若我们凭借这个标准来决定我们的种种行动，那么，我们就是在为了义务的缘故而行动，而且，我们的行动就是善的。康德的学说说的是，倘若我们的行动要成为善的，那么，义务的动机就必须与偏好同时出现，而且必须是规定性的要素。因此，认为对于康德来说，偏好与义务的动机如果同时出现在一个行动中，这个行动就不能是善的，这种说法是对其见解的歪曲。

另一方面，他当然主张，在规定我们的义务时，我们绝不能考虑自己的种种偏好，甚至也不能考虑我们的幸福（幸福是我们的种

① 正如康德在《实践理性批判》第 156 页＝第 305—306 页（＝第 279 页）中所言，惟有移除掉这样一些行动动机，即人们想要仅仅归属于幸福的任何东西，道德原则的纯粹性才能显而易见地表现出来。

种偏好的最大满足）。然而，他的意思其实是说，我们不能仅仅因为我们恰好拥有做出一个行动的偏好，或者因为我们认为这个行动能够使我们幸福，就肯定它是一个义务。倘若我们基于这些不相干的根据来断言一个行动是一个义务，那么，我们就是在自欺欺人。我们全都知道，遵从义务意味着牺牲偏好，甚至牺牲幸福。无论如何，根据康德的看法，我们有权（尽管没有一个直接的义务）以我们自己的方式去追求我们自己的幸福，只要这不会与道德法则相悖。

康德承认，偏好在道德生活中自有其作用。必须对德性的种种好处与罪恶的种种坏处加以利用，以便为那些未经教化的心灵预备好德性的道路。某些偏好（例如，自然的同情）将极大地有助于我们履行自己与人为善的义务，而且，它们应当由于这个理由而得到培养。甚至，幸福与一种善的生活所带来的种种好处，也适于用来制衡那些来自罪恶的种种引诱，并且为义务的动机施展其影响提供了一个契机。但是，我们必须避免的是，用个人的幸福或好处的动机来替代义务的动机。这样做就是在摧毁道德性，因为，一个行动，倘若为了个人幸福的缘故而做出，就不是善的：惟有当它为了义务的缘故而做出时才是善的。

除了我们每日的幸福之外（这是我们自然而然地所要追求的东西，而且，它可以在过一种善的生活中被达成），还有一种特殊的满足感——而且，在这里，我们进入到我们的第二个要点——这种满足感源自对行为良善的意识。我们可以不把它叫作愉快，因为 50
它不是从一种特定偏好的满足中产生的；而且，我们也可以不把它叫作幸福，因为它并不涉及我们的全部种种偏好的最大可能的满足；但是，这种满足感是某种与它们类似的东西。我们可以把它叫作满意或自我赞许，我们甚至还可以说——尽管康德本人有时候会否定这一点——它是幸福中的一个重要要素。康德这个人过于理智，以至于绝不会说，善人必然将是幸福的。因为，我们是感性的有限受造物，善人在极度痛苦中不会感到幸福；而且，倘若像克罗齐(Croce)一样，认为诚若如此，那就必定是因为他还不是一个充分善的人，这种说法是悖理的。康德承认，即便我们由于知晓自己行为良善而获得了某种慰藉与内心的平静，我们无论如何还是会由于自己人性的弱点，继续为我们的善行的种种结果或者为我们能够借助一个恶行而避免的损失而感到抑郁苦闷。[①]

倘若我们仅仅是为了获得这种道德上的自我赞许的情感而做出一个行动，那么，我们就会丧失这种情感；因为，这种情感是从这样一种认识中产生的，即我们已然(不是为了获得一种情感，而是)为了义务的缘故而行动。倘若一个行动仅仅是为了这种情感而做出的，它就会是一个自私的行动，没有任何道德价值可言。

需要补充的是，根据康德的看法，倘若我们怀着欣喜之情履行我们的义务，这就是一种真纯的善性的一个标记。他强烈地反对一种"嘉都西会式的"(Carthusian)或僧侣式的自我羞辱的道德。

综上所述，十分清楚的是，对于康德来说，倘若一个行动伴随着愉快，甚至伴随着对愉快的欲求，它也不会因此不再拥有道德价值；但是，倘若它仅仅是为了愉快的缘故而做出的，或者仅仅是为了满足一个偏好而做出的，它就不再拥有任何道德价值。

这种完全合乎情理的学说，在席勒的讽刺诗中，以及其他相同

① 《实践理性批判》，第87—88页＝第216页(＝第156—157页)。

种类的诠释中，遭到了彻底的歪曲。这样一些诠释乃是由于对康德的两种截然不同的学说的误解所导致的：(1)在义务反对种种偏好的地方，我们能够最为容易地和最为确定地辨识出德性；以及(2)我们在试图规定我们的义务是什么时，偏好绝不能被纳入考虑之中。

§4. 义务是一个善的意志的动机吗？

把这些误解抛在一旁之后，现在，我们就可以来考虑一下康德的学说正确与否。首先，我们必须追问，我们已然把一种独一无二的善性归于一个善的意志，那么，为了义务的缘故而行动是否具有相同的善性。我们所谓的一个善的意志，是否会展现在为了义务的缘故而行动之中。

我们的回答将取决于“为了义务的缘故而行动”究竟是什么意思。倘若我们把“为了义务的缘故而行动的人”当作“不停地担忧他有些什么义务的人”，以至于他的行动从不曾有过轻松舒适与自发性，那么，这在我们眼中就不是一个真正善的人或一个真正善的意志。我们也绝不会认为，倘若一个人无论身处何种处境都携带 51
着一整套严酷强硬的规则，并且认真尽责地加以贯彻执行，就算是表现出了一个真正善的意志。或许，这是一个过于严厉的评判；因为，这种人或许会尽其努力地做到最好，并且因此也是值得敬重的人。但无论如何，他们至少是在蠢笨地行动，而且，他们应当更明白事理。而且，肯定没人会说，他们的行动由于其自身的缘故而闪耀着宝石的光芒。

我们中的一些人相信，康德赞赏的正是这种刻板、机械、严格的善性。当然,康德在某些方面是一个严峻朴素的(有时候甚至是一个严格的)道德主义者。然而,他在本质上是一个有人情味的人;而且,我相信,他会把我们提到的这种类型的人斥责为"幻想的有德者"或"道德上的狂热者"。[①] 倘若我们记得他反对说谎的严格规则,我们就要记住,在应用伦理规则时,我们必须为"选择"(任性[*])的自由活动留下一个空间,[②]或者留下一个"纬度"(latitude),在其中,机智的判断(而不是道德的判断)才是决定性的。[③] 我的意思并不是说,他充分强调道德行动的自发性[**],而是说,他在任何时候都坚持认为,道德不是一种刻板的模仿,[④]或者机械的习惯。[⑤] 他的道德中没有奴隶式的道德;而且,没有人比他更为坚决地坚持道德意志的自由与独立。根据他的看法,善人必须只服从他自己就是其创作者的法则。

那么,倘若我们想要充分地理解康德,我们该如何理解"为了义务的缘故而行动"呢?只要我们考察一个机智的人、而不是一个善人,我们就可以获得一些指导。机智的人并不是一个满心关注个人利益,以至于在行动中完全丧失了自发性的人;他也不是一个对其

---

① 参见第二章,§5。

* 帕通在这里把德文的 Willkür(任性)译作 choice,这也是英语学界常见的译法,国内学界则大多译作"任意"或"任性"。——译者

② 《道德形而上学》,德性论,导论,七,第 390 页=第 235 页。

③ 《道德形而上学》,德性论,§10,第 433 页脚注。

** 在帕通这里,"自发性"(spontaneity)经常是指任意的、不确定的心理活动,而不是康德意义上的理性的"绝对自发性"(die absolute Spontaneität),后一种自发性在实践哲学中,仅仅意指实践理性的自我立法。——译者

④ 《奠基》,第 403 页=第 31 页。

⑤ 《道德形而上学》,德性论,导论,十五,第 407 页=第 256 页。

未来行为制定了一份严格计划，并且将其机械地应用于一切情境中的人。这样一个人，不过是表面上很机智，实际上一点也不机智；因为，这样做根本就不能获得幸福的或成功的生活。真正的机智毋宁是一种支配性的影响力，恒常身处幕后，随时准备现身，以制止愚蠢的行动，并且追求形色各异的自发冲动的和谐共生，而不是彼此妨害。

因此，善人身上确乎有义务的动机。他的生活为义务的理念(idea)所支配；他警惕种种与义务相冲突的粗野冲动，警惕因其处境所导致的对种种道德要求的缺乏敏感；在他的行为中，义务是规定性的要素，因为在任何时候，都有做正当的事情与避免错误的事情的意志出现；但是，即便如此这般的小心谨慎，依旧为种种自发冲动的自由活动留有大量的活动空间；而一个善人(就跟每个其他人一样)有权利(正如康德在任何时候都主张的)按照其个人的方式去追求他的幸福，只要这不会与义务相冲突。

倘若我们按照这样一种方式来诠释义务，那么，清楚无疑——除了那些把义务看作一种幻相的人们来说——康德的这个主张是正确的，即一个善的意志将展现在一个为了义务的缘故的行动之
中。即便一个行动看似源自直接的偏好或机智，义务也依旧是规 52
定这个行动的要素；因为，倘若善人相信，这个行动并不符合义务，他就不会实施这个行动。

§5. 善性是一个善的意志的动机吗？

即便我们像(我觉得)大多数人那样，赞同一个善的意志表现在一个为了义务的缘故的行动之中，也还是会有一种可能性，即它也

有可能表现在出自其他一些动机的行动之中。尤其，一个善人很可能在为了善性本身的缘故而行动中、而不是为了义务的缘故而行动中是善的。这就是说，善的行动可以“考虑到善”(*sub ratione boni*)而被做出；而且，康德苛刻地强调义务的动机，以及对种种障碍的克服。他忘记了，善人对善性与善的行动感到欣喜。实际上，善性为了其自身的缘故(而不是义务)就是真正的善人的动机。

或许，这里头是有些真理的，但我们也必须注意到，在这里，我们并没有两种截然不同的道德理论：我们所拥有的只是对一些经验事实的两种截然不同的看法。康德十分明白，完全善的或神圣的意志必须自发地(但却是必然地)出自对善性的纯粹热爱，而不是为了义务的缘故而行动。他把这一点看作终极的道德理想，这是我们永远都要努力追求的理想，但是——在人类的种种条件之下——我们绝不能达成这个理想。这样一个神圣的意志是否能够现实地出现在他自己和他的同伴身上，康德对此感到怀疑。

然而，可以肯定的是，康德对“神圣性”有一个高高在上的理念(idea)。对于他来说，一个神圣的意志将会是完全善的：它在任何时候都会引发种种善的行动，并且绝不会被诱惑着去犯罪。[①] 这样一个意志将属于上帝，而不是属于人；而且，倘若一个行动的善性是从愿意这个行动的意志中派生出来的，那就根本没有任何人类行动能够被看作神圣的，并且因此与义务的理念(idea)毫不相干。正是因为他的标准如此之高，所以，他否认人类能够加入到圣

① 《奠基》，第 414 页=第 37 页；第 43 页=第 70 页。《实践理性批判》，第 32 页=第 144 页(=第 57—58 页)。

徒的行列。倘若我们采纳一些较低的标准，我们无疑将招揽到更多的追随者。

也许有人会说，采纳一些较低的标准，并且承认，即便不完善的人类的至少某些行动也是由一种对善性的热爱所激发的，而没有关于义务的思想，并且可以在这个意义上是神圣的，这种想法是唯一合理的。我承认，在有些时候，我也同情这种看法；而且，即便我们接受康德的信念，即我们对自己的内心知之甚少，以至于无法确保真的是这样一个动机，而不是"心爱的自我"激发了哪怕最善的人类行动，上述这种看法也可能是成立的。但是，即便我接受这一点，我们在此也应当认识到（就像时常发生的那样）深藏在康德学说背后的健全合理的实践常识。他十分担忧，倘若我们在热爱善性的兴趣中忽略了义务的动机，我们就会把自己暴露给一切各种道德上的狂热（enthusiasm）或 Schwärmerei（狂热），暴露给一个夸夸其谈、妄自尊大、奇思妙想的心灵态度（attitude of mind）*，把道德行动看作一个泡沫洋溢的内心的值得称赞的表现。这很容易 53
导致虚荣、自鸣得意，以及骄傲自满；而且，尽管它一开始会吸引年轻人，但趋于产生一种暴力的反作用。我们的道德教育应该是阳刚的，而不是温存柔和、多愁善感、谄媚奉承或华而不实的。我们并不是道德斗争中的志愿者，而是应征入伍者，而且，在这场斗争中，我们的心灵状态只能达到最善的德性，而不是神圣性。[①]

---

* 帕通常用"attitude of mind"（心灵态度）来翻译德文的 Gesinnung（意念）。——译者

① 参见《实践理性批判》，第 84 页以下＝第 211 页以下（＝第 150 页以下）；第 157 页以下＝第 306 页以下（＝第 280 页以下）；《奠基》，第 411 页脚注＝第 34 页脚注。

康德的看法或许是严峻朴素的，甚至是枯燥乏味的，但它大抵是健全合理的。对于德国脾性中的弱点来说，它无疑是一个十分必要的警告，尽管这种弱点绝不局限于德国人。我们也不应该认为，他的看法涉及对义务与善性之间的任何严格的分离。对于他来说，德性（即便是在履行我们的义务的奋斗中的矢志不渝）是某种超乎价格的东西，倘若我们能够看到它的真正本性，那么，任何那些吸引我们的种种感性偏好的东西都会黯然失色。[①]

不管怎样，此处这种观点上的差异无关乎原则，而是仅仅关乎一些经验事实，以及道德教导的实践方面。康德充分认识到，倘若达到完全的善性，就不会给义务留下任何余地。[②]

§6. 慷慨的情感是一个善的意志的动机吗？

一些思想家们相信，即便行动不是源自献身于义务，也不是源自热爱善性，而是仅仅源自一些慷慨的自然情感（例如，同情与爱），它们还是具有道德价值。在这里，我们就遇到了一种真正原则上的差异；因为，康德毫不客气地反对这种观点。

我们在前文中已经看到，根据康德的看法，这样一些慷慨的冲动与情感对道德生活是有帮助的，也应当出于这个理由而得到培养。在他的一篇早期著作中，[③]他甚至把同情与取悦叫作“嗣养的

① 《奠基》，第 435 页＝第 64—65 页；第 426 页脚注＝第 53 页脚注。

② 《实践理性批判》，第 84 页＝第 211 页（＝第 150 页）。

③ 《关于美感和崇高感的考察》，第 217—218 页。亦可参见席尔普：《康德前批判时期的伦理学》，第 53 页。

德性”(adopted virtue);可以这样说,它们凭借它们与德性的亲缘关系而被高贵化,并且因此获得了德性的名称。他认识到,这些嗣养的德性与真正的德性有着极大的相似性,因为它们包含着对善意好心的行为的一种直接的愉快情感。然而,倘若有人觉得,康德认为,慷慨的情感与最粗野的动物冲动有着相同的根源,这完全是错误的:我们最好把这种看法当作一种疏忽加以谅解。无论如何,尽管他赞赏好心肠,对于他来说,源自这样一些动机的行动也是值得热爱、赞美与鼓励的,但它们不能恰当地被描述为拥有一种(我们称之为“道德”的)独一无二的价值。

它们在许多方面都跟那些源自荣誉欲的行动是相似的,这种欲求(尽管它是在一个较低的层次上)也能引导我们做出符合德性的行动,[①]而且,它本身就被说成是拥有一种德性的“闪光”。[②] 在一种还要更低的层次上——尽管康德并不会这样说——这些行动 54
或许跟那些源自动物性的勇气这种令人称道的品质的行动也是相似的,尽管这种品质极大地有助于使一个人变得勇敢,但却依旧有别于真正的勇气德性。

对“善人”与“本性纯良的或好心肠的人”做出区分,这样做既不苛刻,也没有什么不合理的。实际上,好心肠的人时常都热衷于否认自己有任何道德功绩。这或许只能表明,他们是多么地好心肠;但或许也标志着一种实在的真理。此外,自然的好心肠在某些情境之下或许会引发一些十分错误的行动,这要么是由于它单凭

① 《奠基》,第 398 页=第 17 页。

② 《关于美感和崇高感的考察》,第 218 页。

自身只是一个不充足的动机,要么是由于它就是一个错误的动机。好心肠的母亲们会因为缺乏其他一些必需的品质,宠坏了许多孩子;而且,一个男人,其和蔼可亲表现为“易被诱导”,这样的人远不是道德价值的一个典范。即便心怀一个更高的“爱”的动机(尽管为了对他人的爱的行动是令人钦佩的),一个男人,倘若需要一个善的女人的影响才能保持正直,那么,他或许不是一个坏家伙,但他并不能激起我们的敬重。

无论如何,无论这样一种人的行动是否符合义务,说他们是以自我中心的,或者说他们真正说来是在追求自己的幸福,这似乎有些苛刻。倘若我们的意思是说,他们的种种慷慨的冲动相比“争强好胜”与“贪得无厌”并没有更多的道德价值,那就确实有些苛刻;但是,没有任何迹象表明,康德持有这样一种看法。这种人,相比那些有良知的人们,有时候在行动上更为慷慨,甚至更为忘我。但无论如何,尽管他们并不是自私自利的,但确实在某种意义上是以自我为中心的。他们的行为更多地取决于某些冲动的偶然出现,而不是处境的种种要求;而且,倘若一种特定的处境在他们身上引发了一种错误的冲动,那么,我们就再不能诉诸他们身上的其他任何东西了。他们之所以会在某些处境中做出正确的事情,不过是因为这恰好符合他们的某些偏好;但是,同样地,他们在其他种种处境中不会做正确的事情,因为这不符合他们的某些偏好。在凭借冲动的生活中,他们的意志是以“自我”与“自我的情感”为中心的,哪怕这些情感中有许多都是慷慨的:他们之所以慷慨地行动,仅仅是因为他们恰好拥有某些情感。倘如我们跟康德一样,通过展现于一个行动中的意志的善性来评判这个行动的善性,那么,即便我们说一个慷慨的行动没有任何道德价值，这也并没有什么不合理的，尽管它还是拥有一些属于其自身的价值。

康德并不打算对各种类型的行动加以分级；或者说，不管怎样，他并不打算根据任何清楚地加以公式化的原则对它们加以分级。我们不能抱怨这一点，因为，这个论题并不属于他所理解的伦理学；而且，他给了我们如此多的东西，以至于我们如果为他在著作中没有写过的东西而对他横加指责，这种做法是毫无成义性可言的。然而，很容易就可以看出，他根据某些冲动与情感能够在多大程度上有助于我们的幸福，并且使我们易于服从义务来评估它们的价值。

但是，对于那些源自这样一些动机的行动——至少在它们符合义务的时候——康德还给它们附加上了某种审美价值。他说，出自爱与同情而与人为善是十分美好的；[①]而且，倘若缺乏对人类的爱，这个世界就会缺乏一种伟大的道德装饰。[②] 在后一种情形 55
中，他所想到的或许更多的是实践上的善意，而不是自然的同情；但是，或可揣测，对于他来说，正是这种善意中的情感的或感性的方面，使得它格外美丽。

§7. 结论

康德的学说（一旦得到正确的理解）符合我们日常的开明判断。在人类的种种条件之下，一个善的意志就是一个为了义务的

① 《实践理性批判》，第 82 页＝第 209 页（＝第 146 页）。

② 《道德形而上学》，德性论，§ 35，第 458 页。

缘故而行动的意志，而且，惟有那些展现出了这样一个意志的行动才具有道德价值。因此，我们就在回溯中迈出了第一步，这个回溯旨在确立一些条件，而我们对善的行动的判断惟有在这些条件之下才能是正确的。尽管与日常道德判断中习惯的方式相比，我们的讨论已经更为抽象了，但我们依旧在康德所谓的关于道德的“普通的理性知识”的层面上。现在，我们必须转移到一个更为哲学的层面，从普通的义务概念过渡到高度抽象的“法则”(the law)概念。在接下来的章节中，我们将考虑这个进一步的转移。

倘若任何人依旧对这个论证感到不满，坚持某些善的行动并非源自义务的动机，而是源自对善性的纯粹热爱，那就不必再用接下来的考虑去打扰他了。我们即将转而讨论的“法则”，无论对于神圣的意志，还是对于纯然有德的意志来说都是一样的；而且，无论我们是从那种追求履行自己义务的有德意志出发，还是从那种完全高于义务的神圣意志出发，都能够以相同类型的论证毫无困难地达到它。

附录　偏好、幸福与道德价值

康德有关这些事物的学说遭到了如此广泛的误解，以至于有必要引用一些明确的文本内容，以便澄清他的立场。

我们首先考虑一下我们的种种自然偏好(或习惯性的欲求)与我们对幸福(或我们的种种偏好的最大可能的满足)的欲求。根据康德的看法——尽管他有时候说得来，仿佛一个理性的人将希望

能从偏好中完全摆脱出来[1]——想要铲除它们不仅是徒劳无功 56
的，而且也是十分有害的与应予谴责的。[2] 纯粹实践理性并不要求我们**弃绝**对幸福的一切要求，而是仅仅要求我们在讨论义务的时刻，不要把幸福**纳入到考虑之中**。实际上，我们自己的幸福包含在完全的善中，那是我们有义务要去追求的，而且，在完全的善中，德性与一种比例相称的幸福结合起来；[3]而且，倘若每个人在任何时候都要牺牲他自己的幸福（他自己的种种真实需求）去促进他人的幸福，这将是自相矛盾的。[4] 这并不意味着，追求我们自己的幸福是一个直接的义务，因为，根据康德的看法，我们天生就追求幸福；[5]这更不意味着，我们之所以有义务要追求他人的幸福，是因为这样做将促进我们自己的幸福。

无论如何，在义务的命令式的特有公式本身之中，最好地表现出了道德行动与偏好的出现是相容的。根据康德的看法，每个行动都有一个准则——也就是说，一个现实地作用于行动的原则——而且，这个准则通常都是由理性与偏好的合作产生的。[6]善人只按照这样一些准则行动，即他能够**同时**愿意它成为普遍法

① 《奠基》，第 428 页＝第 56 页；《实践理性批判》，第 118 页＝第 256 页（＝第 212 页）。

② 《纯然理性界限内的宗教》，第 58 页（＝第 69 页）。

③ 《实践理性批判》，第 129—130 页＝第 271 页（＝第 234 页）；《道德形而上学》，德性论，§ 27，第 451 页。

④ 《道德形而上学》，德性论，导论，八，2，第 393 页＝第 240 页；亦可参见法权论，导论，二，第 216 页（＝第 15 页），以及德性论，§ 27，第 451 页。

⑤ 《道德形而上学》，德性论，导论，五，B，第 388 页＝第 233—234 页；导论，四，第 386 页＝第 230 页。

⑥ 《实践理性批判》，第 67 页＝第 189 页（＝第 118 页）；第 79 页＝第 205 页（＝第 141 页）。

则的准则。既然康德说，在一个道德上善的行动之中，义务的动机在任何时候都跟准则**同时**出现，并且因此跟种种偏好**同时**出现，那么，如此诠释康德的见解，即认为义务的动机**绝不能**跟种种偏好同时出现，就是十分奇怪的。① 可以肯定，在某些情况下，准则都必须因为它们与义务不相容而遭到拒斥。然而，倘若这些准则没有遭到拒斥，它们就是跟义务的动机一并出现的。这样说并不缺乏一贯性，而且，这样一种主张也不缺乏一贯性，即惟有就义务的动机单凭自身就足以规定我们的行动而言，我们才有权把**道德上的**价值赋予这个行动。

需要补充的是，根据康德的看法，尽管多样的偏好和对幸福的欲求绝不能规定我们的义务是什么，但无论如何，它们在道德生活中自有其作用。他承认，为了把一个未经培养与难以管束的精神带上德性的道路，我们必须首先利用其自身的好处来吸引这个精神，并且用畏惧损失来吓唬它。② 把德性的生活跟如此众多的陶醉与满足结合起来，使之从机智的视角来看是值得遵从的；而且，尽管道德动机自身就足以规定行动，把生活的一种欢乐享受的前景与道德动机结合起来，这样做是可取的——但是，这样做必须**仅**
57 **仅是为了制衡**那些来自恶习的诱惑，而不是为了用这种动机来代替义务的动机。③ 此外，对符合义务（例如，善意）的一种自然偏好

① 同样，康德说，感觉（sensa）只能在时空的形式**之下**才能给予我们，他时常被认定是说，它们必须**脱离**时空而被给予我们，随后再被置于时空之下。

② 《实践理性批判》，第 152 页＝第 300 页（＝第 271 页）。

③ 同上书，第 88 页＝第 217 页（＝第 158 页）。亦可参见《道德形而上学》，法权论，导言，二，第 216 页＝第 16 页。

能够极大地有助于道德准则发挥效用，尽管这种偏好本身不能产生任何这样的准则。[①] 实际上，他甚至走得更远，以至于说，由于我们有义务去善意地行动，我们也就有了一种直接的义务，要培养自然的同情，把它当作达成这个目的的一个手段；但是，对此，还要补充一个理由，即这样一种同情是自然赋予我们的诸多冲动之一，为的是去做那单凭关于义务的思想无法做到的事情。[②] 在他的所有著作中，康德都赋予好心肠的偏好以极大的价值，并且把它们的主要功能看作是要对抗种种恶的偏好，从而为义务的动机提供更好的机会去规定行动。[③]

任何人要是认为，根据康德的看法，一个善人必须在任何时候都是不幸福的，这纯粹是胡说八道。他在任何时候都坚持认为，道德生活将为之带来它自己特有的满足或满意（Zufriedenheit）。[④] 实际上，他更为消极地把这诠释为一种特殊的满足，对无须幸福（它是对偏好的最大满足）的有所为的满足，并且把它看作某种与幸福类似、但又不同于幸福的东西，[⑤]它是一个人即便在抑郁中也能享有的一种慰藉或内心的平静，只要他确乎行为良善。[⑥]

① 《实践理性批判》，第 118 页＝第 256 页（＝第 212—213 页）。

② 《道德形而上学》，德性论，§35，第 457 页。最后这句话应该不过只是对人类的软弱性的让步，但他在《万物的终结》的第 388 页（作者在此处标注的页码有误，经查证应当是第 338 页——译者）中有一个更强的表述，他断言说，爱的动机是人的本性的不完善的一种弥补物，而且，如果没有这种动机的参与，我们实际上就不能对义务的动机怀有太多的指望。康德在年老的时候，可能态度软化了一些。

③ 参见席尔普：《康德前批判时期的伦理学》，第 53 页。

④ 《奠基》，第 396 页＝第 15 页。

⑤ 《实践理性批判》，第 117 页＝第 256 页（＝第 212 页）。

⑥ 同上书，第 88 页＝第 216 页（＝第 157 页）。

在康德的后期著作中,他甚至走得更远,并且承认它完全可以叫作幸福。[①]

他还把道德情感说成是一种在服从法则中发现愉快的能力;[②]而且,把一种道德上的愉快描述成超出了我们对自己的纯然满意(这种满意可以纯然是消极的)。[③] 此外,他坚持认为,我们在履行自己的义务时所感受到的愉悦心情是有德情操(virtuous sentiment*)的真纯性的一个标志。[⑤] 倘若他既反对伊壁鸠鲁主义的观点,即追求幸福就是有德性的,也反对斯多亚学派的观点,即意识到德性就是幸福的,这就仅仅表明他是有常识的。[⑥] 必须记住,这种道德上的满足有别于日常的幸福,每个人都有权(甚至有一种直接的义务)以他自己的方式去追求日常的幸福,只要这样做不会有悖于义务。因此,倘若康德坚决否认他的学说会导致任何"嘉都西会式的"自我羞辱的精神,这又有什么好惊讶的呢?[⑦]

当然,康德以他自己的方式是一个严峻朴素的道德主义者,但是,除非我们使自己的心灵摆脱掉对他的学说的种种嘲讽,否则的话,我们就绝不能理解他。

---

① 《道德形而上学》,德性论,导言,第 177 页=第 256 页(=第 212 页)。

② 同上书,德性论,导言,十二,第 399 页=第 246 页。

③ 同上书,德性论,导言,七,第 391 页=第 237 页。

* 这里的 virtuous sentiment 或"有德情操",对应于康德文本中的 tugendhafte Gesinnung,按照国内学界的习惯,当译作"有德的意念"或"德性意念"。——译者

⑤ 《纯然理性界限内的宗教》,第 24 页脚注=第 25 页脚注(=第 11—12 页脚注)。

⑥ 《实践理性批判》,第 111 页=第 248 页(=第 200 页)。

⑦ 《纯然理性界限内的宗教》,第 23 页脚注=第 24 页脚注(=第 10 页脚注)。这里的整段都应加以研究。

第四章　道德的准则 58

§1. 道德价值不依赖结果

我们已经看到,一个行动的道德价值依赖于它为了义务的缘故而做出,而不是依赖于满足任何偏好。现在,我们必须补充,这样一个行动的道德价值也不依赖于它所追求的或者达成的种种结果。[①] 我们试图凭借自己的行动来产生的结果,并不必然就是我们事实上会造成的结果;而且,还有可能会出现这种情况,例如,由于一场突如其来的中风瘫痪,一个道德上善的意愿将根本无法产生任何结果。康德主张,为其价值,一个道德上善的行动既不依赖于它所产生的结果,也不依赖于它试图要产生的结果。由于这个主张,他拒斥了一切形式的功利主义。

康德的结论直接地出自刚才已经讨论过的东西:因为,倘若一个行动的道德价值依赖于它所追求的或达成的结果,那么,即便它仅仅出自一种偏好才想要造成这些结果,这个行动也将拥有这种价值;而且,我们已经拒斥了这种可能性。

---

① 《奠基》,第 399—400 页＝第 19 页。

康德还提出了另一个论证，以反对从产生的结果中推导出道德价值。[1] 其他很多原因也可能会产生跟一个善意的意志相同的结果：例如，它们有可能为我们自己或其他人带来幸福。倘若一个善的意志仅仅从它产生了这些结果中派生出了自己的绝对价值，那么，其他能够造成这些结果的原因也将具有相同的绝对价值。诚若如此，正如我们已然论证过的，一个善的意志就不会具有它必须具有那种独一无二的价值。实际上，倘若一个善的意志仅仅由于产生了这些结果而具有其价值，那么，它就不是就其自身而言具有价值的，而是仅仅作为一个目的的手段才具有价值的。

正如我们在第二章§7中看到的，通过对一个善的意志所做出的讨论，康德的结论已然确立起来了。倘若一个善的意志是一种无条件的善，倘若它的种种可能对象都是有条件的善，那么，一个善的意志就不能从它所达成的或试图要达成的对象的纯然相对的善性中派生出其绝对的善性。尽管我们现在已经补充说，在人类的种种条件下，一个善的意志就是一个为了义务的缘故而行动的意志，但这个结论依旧是有效的；而且，它也适用于为了义务的缘故而做出的行动，只要这些行动的价值乃是通过展现于其中的意志的善性来加以评判的。

康德不至于如此愚蠢，竟否认一个为了义务的缘故而做出的行动将产生一些结果，或者将试图产生一些结果。这个意志在任何时候都试图要产生一些结果，并且通常都能取得成功。康德不
59 过是想说，其与众不同的道德价值并不依赖于它所追求的结果或

① 《奠基》，第401页＝第21页。

它所达成的结果。

§2. 实践的原则——主观的与客观的

现在,我们必须把这一学说阐述得更为积极。倘若一个行动并不从它所追求的或达成的结果中派生出其价值,那么,这个行动就必须从它的动机(义务的动机)中派生出其价值,而且,这个动机必须有别于对产生某些结果的一个纯然欲求。康德把这一点表述为,一个行动从其准则中派生出其价值——尽管康德并没有说得太清楚[①]——而且,这个准则不是一个要产生结果的准则。想要看出"一个准则"(a maxim)和"一个动机"(a motive)之间的关系,我们就必须理解康德的某些专业术语 。

"一个准则"是一个特殊的原则(principle):它可以被定义为行动的一个主观原则。为了理解这一点,我们必须首先考虑"一个原则"(a principle)指的是什么。[②] 但是,倘若没有深入足够多的细节,我们难以对此做出准确的陈说,故而,目前的解释必须被看作一个暂时的与过于简化的解释。[③]

一般来说,一个原则就是一个普遍命题(a universal proposition),有诸多其他命题以它为根据:出于这个理由,它也叫作一个"根据命

① 《奠基》,第400页=第19—20页。

② 一个原则被说成是一个开端(Anfang),参见《伊曼努尔·康德的逻辑学》,§34,第110页。它是对希腊文的 ἀρχή 的翻译。

③ 举个例子,参见《纯粹理性批判》,第A299—302页=第356—359页。

题"(ground proposition/Grundsatz)*。严格来说,一个原则不应该还有更高的根据(除了以理性自身的本性为根据之外):因此,它是一个绝对的或最高的原则。正如我们已然看到的,[①]康德的批判方法关注的是对这样一种最高原则的揭示与证义,而我们当前研究的对象也正是对道德的最高原则的揭示与证义。但是,"原则"一词也可以(在一种相对的意义上)用于意指这样一些普遍的命题,它们虽然不是最高的原则,但其下仍有诸多其他命题以它为根据。在这种相对的意义上,一个三段论的大前提就可以叫作一个原则。在严格的意义上,"原则"仅限于诸如"无矛盾法则"之类的终极原则。

然而,在这里,我们仅仅关心实践的诸原则或行动的诸原则。康德相信,人类行动由于这样一个事实而有别于动物行为,即人类依据种种原则而行动(men act in accordance with principles)。"自然中的每个事物",他说,"都依据种种法则而运作。惟有一个理性存在者才拥有依据他对种种法则的理念(idea),也就是说,依据种种原则而行动的力量。"[②]实践的原则依然是一些普遍的命题;然而,它们不仅是其他一些命题或者判断的根据,并且最终是行动的根据。在实践的原则中,我们必须区分严格的、绝对的、最高的原则与(在一种较为宽松的意义上)相对的与附属性的原则。

---

* 正如第 31 页的译者注中提到过的,在康德著作的汉译本中,德文的 Grundsatz 通常译作"原理"。但从字面来讲,Grundsatz 就是"根据命题"的意思,即任何某个学科中最为根本的命题,其他命题均由此派生而来。——译者

① 参见第一章,§ 9。

② 《奠基》,第 412 页=第 36 页。

然而，在实践的诸原则中，还有另一种差异，也是更为紧要的 60
差异。首先，有一些原则现实地作用于我们的行动之中，这些原则是我们的行动的实在根据。康德把这些原则叫作“主观的原则”(subjective principles)。主观的原则仅仅对个别的主体或行动者有效，他们根据这些原则选择去行动。与之相对，我们还必须设定“客观的原则”(objective principles)；也就是说，任何理性行动者都会根据这些原则去行动，只要理性充分支配了他的种种激情。[①]因此，客观的原则对每个理性行动者都有效，它们也可以叫作“理性的原则”(principles of reason)。

一个主观的原则(为了成为这样的原则)必须被据以行动：惟有当它是一个我们据以行动的原则时，它才是一个主观的原则。更不用说，我们并不在任何时候都根据一些客观的原则而行动，而且，无论我们是否根据它们行动，客观的原则也依旧是客观的。然而，我们可以根据一个客观的原则行动，而且，我们一旦这样做了，情况就成了，一个主观的原则同时也是一个客观的原则。

对于一个主观的原则，康德的专业术语是“准则”(maxim)。[②]一个准则(作为准则)仅仅对个别的行动者(而不是对一切理性行动者)有效，就此而言，它有别于一个客观的原则；尽管如此，准则却比一个动机更具有一般性，就此而言，它也有别于一个动机；而

---

① 《奠基》，第 400 页脚注＝第 21 页脚注。

② 参见韦伯(Webb)：《康德的宗教哲学》(*Kant's Philosophy of Religion*)，第 95 页：“对这个词的这种用法的起源解释如下：每个恰当的人类行动——也就是自由地意愿的行动——都出自一些理由，它们就像在一个三段论中一样，从属于一些一般的大前提或大命题(major propositio)。因此，在任何个别的情况中，一个行动最终要诉诸一个终极的大前提、最大的命题(maxima propositio)或准则(maxim)”。

且，正因为如此，它才叫作一个原则。一个动物在某个特定时节，为一个特定的冲动“饥饿”所驱动，或者为一种特定的食物气味所驱动，就此而言，我们可以说它拥有一个动机；但不可以说，它能够把自己的动机一般化，并由此拥有一个准则。惟有一个理性行动者才能拥有一个准则。因此，倘若我由于生活给予的痛苦多过了愉快而投奉于自杀，我的准则就是：“如果生活给予的痛苦多过了愉快，我就会投奉于自杀。”[①]那么，可以推定，在我的行动中发挥作用的东西，不止是一个冲动或动机，而是一个一般的原则，我将把这个原则应用于任何相似的处境。我的准则（如其所是地）把我的行动、也包括我的动机一般化了。[②] 我的准则就是这样一个原则，它事实上就是我的行动的规定根据；但是，它并没有（像一个客观原则那般）声称对任何其他人也有效，而且，它可以是善的，也可以是恶的。[③]

所有这些引发了一些问题，关乎一个理性行动者在多大程度上能够有意识地把这样一些主观的原则或准则加以公式化。无论如何，康德正试图在人类举止与动物行为之间标明一个实在的差异。在行动中，一个人类存在者（除非在一些极其例外的情境中）
61 不会盲目地回应冲动。他知道自己正在做什么；他认识到自己的

---

① 《奠基》，第 422 页＝第 48 页。

② 《纯然理性界限内的宗教》，第 23—24 页＝第 25 页（＝第 11—12 页）。在这个段落中（如同在其他地方一样），康德断言，“根据准则的行动”与“意志的自由”之间有一种联系。任何感性的动机都不能规定一个自由意志去行动，除非一个人已然把这个动机纳入到他的准则之中。在《伊曼努尔·康德的逻辑学》的导论（三）第 24 页中，康德把准则理解为在不同的目的之间做出选择的内在原则。

③ 我们不能像初学者常做的那样，把准则和所谓的“陈腐的格言”相混淆。它对于我自己来说，是一种纯粹个人的东西。

行动的性质;而且,倘若没有一些他据以行动的原则的概念(无论它们何其模糊),他就无法这样做。[1]

§3. 两种类型的准则——形式的与质料的

有时候,康德说得来仿佛一切准则都奠基于种种感性偏好,从而,一个属神的或神圣的意志就不会有任何准则似的。[2] 一个属神的或神圣的意志将不会有那种并不同时也是客观原则的准则;但这样说,并没有否认它依据种种准则而行动,只要我们把"准则"诠释为展现在行动中的种种原则。最为重要的是要认识到,虽然准则通常都是基于种种偏好(正如前文给出的"自杀"的例子),但根据那些并非基于偏好的准则而行动,这也是可能的。

我们已经看到,一个道德上善的行动不能把任何对"要产生某些结果"的纯然偏好当作它的规定性动机。倘若这个说法没错,倘若一个行动的准则(如其所是地)是行动及其动机的一般化,那么,马上就可以得出,道德准则并不是基于任何对"要产生某些结果"的纯然偏好:它无关乎这个行动打算要造成的种种目的而是有效的。[3] 我们这样说,并没有改变或者修正我们前面的观点:我们只是把它说得更术语化一点。

---

① 我们可以套用康德的名言说,原则无内容则空,冲动无概念则盲。参见《纯粹理性批判》,第 A51 页=第 B75 页。

② 《实践理性批判》,第 67 页=第 189 页(=第 118 页);第 79 页=第 205 页(=第 141 页)。

③ 《奠基》,第 400 页=第 20 页。

为了把基于偏好的准则与并非基于偏好的准则区分开来，我们还需要使用一些专业术语。

康德把那些基于感性偏好的准则叫作“经验性的”或“**后天的**”(a posteriori)准则：它们依赖于我们的欲求经验。他把那些并非基于感性偏好的准则叫作“**先天的**”(a priori)准则：也就是说，它们并不依赖于欲求经验。

经验性的准则也叫作**质料的**(material)准则：它们涉及行动试图要实现的种种欲求目的，这些目的是这个准则的质料(matter)。[①] **先天的**准则也叫作**形式的**(formal)准则。目前而言，对形式的准则的描述仅仅是消极的：它们并不涉及行动试图要实现的种种欲求目的。它们积极地说来是什么，我们稍后再来考虑。

由于在一切行动中，意志都是由一个原则来规定的，并且因此拥有一个准则，那么，意志就必须要么是由一个质料的准则来规定的，要么就是由一个形式的准则来规定的。没有其他可能性。

§4. 义务的准则

我们现在可以说，按照康德的专业术语，一个在为了义务的缘故而行动中表现出了他的善的意志的人，就是在根据一个形式的、而不是一个质料的准则在行动。按照不那么专业的术语，一个善人
62 不会仅仅根据“要产生某些他们恰好欲求的结果”的原则而行动。

我们先前的论证已经将这一学说确立起来了，但它给许多读

① 参见《奠基》，第436页＝第66页。

者都造成了如此多的困难,以至于我们可以在现阶段对它做一个总结。

一个为了义务而做出的行动既不能从它产生了某些结果的事实中,也不能从它试图要产生某些结果的事实中派生出其道德价值。倘若这个行动不能从它想要产生某些结果的意图或动机的事实中派生出自己的价值,它就不能从一个质料的准则中——也就是说,从一个要产生这样一些结果的准则或原则中——派生出自己的价值。因此,这个行动的价值就必须从一个形式的准则中派生出来,这个准则独立于这个行动试图要产生的种种欲求目的。因此,一个为了义务的缘故而做出的行动的准则也必须是形式的、而非质料的。

所有这些都显得如此消极,以至于几乎是不可理解的,倘若我们想让自己的立场变得更清楚些,我们就必须为道德准则给出一个更加积极的解释。然而,康德的学说能够十分简单地加以表述,而且,一旦如此,就会变得几乎是显而易见的。善人的准则(凭借这个准则,他的行动才具有道德价值)不是"如果我恰好有做这件事情的偏好,那就是我愿意做的事情"。他的准则是"我要履行自己的义务,无论我的义务是什么"。当我们说"一个人为了义务的缘故而行动"时,我们要表达的就是这个意思。当我们说"他是一个有良知的善人"时,我们要表达的也是这个意思。义务的形式的准则(而不是偏好的质料的准则)就是规定了他的行动,并且赋予其行动价值的东西。

当年轻的维多利亚清晨走出卧室,被告知她现在成了女王的时候,据报道,她惊呼:"我会是善的(好的)"。尽管她不是哲学家,却能以最简单的方式表达出康德心目中的一种善的生活的形式准则。

到目前为止,康德学说的困难部分地是由其抽象的表述方式导致的,但主要是由一整套我们已经习惯于读入其中的预设导致。我们必须设法让我们的心灵摆脱掉这些预设。我们还必须考虑其学说的积极方面,但他的论证(就目前我们已经讨论过的来说)无疑是健全合理的。

第五章　敬畏

§1. 对法则的敬畏

现在，我们尝试更为积极地描述道德行动。为了义务的缘故而行动就是出自对法则的敬畏而行动。[①]

在此，我们获得两个新的要点。首先，道德行动有一个情感的方面，而且，这个情感的方便可以叫作"敬畏"(reverence)。其次，在道德行动中，我们追求的是要遵从一个我们所敬畏的法则，并且因此，道德的准则必须是"我愿意遵从法则"。这个关于我们的道德准则的断言，延续了我们的论证的直接路径，并且是必不可少的。对于这个论证来说，对敬畏的讨论严格说来并不是必需的；但是，倘若我们对道德行动的看法要得以完善，以及倘若我们要应对这样一个反驳，即道德行动不能排除掉情感，那么，对敬畏的讨论就是必需的。我们先来考虑一下这种情感的本性。

把康德的道德态度看作冷酷无情的，这是错误的。我们已然

---

① 参见《实践理性批判》，第 81 页＝第 208 页(＝第 145 页)。我用这句话来代替康德《奠基》中令人不太满意的第三个命题：义务就是出自对法则的敬畏而行动的必然性。参见《奠基》，第 400 页＝第 20 页。

看到，根据他的看法——跟人们普遍相信的相反——偏好与情感可以出现在一个道德行动之中，尽管行动惟有为了义务的缘故而做出才能拥有其与众不同的道德价值。我们已然看到，一个善人有权追求他自己的幸福，并且有义务追求他人的幸福。我们还已然看到，从我们已经试图去履行我们的义务的意识中产生了一种特殊的满意或者内心的平静。[①] 现在，我们必须看到，康德相信，在那些为了义务的缘故而做出的行动中，还出现了一种特殊的情感。对于任何细心的读者来说都十分明显的是，康德本人最为强烈地感受到了这种敬畏法则的情感，而且，无论是从他的描述来看，还是从他所使用的话语来看，讨论中的这种情感都是某种类似于宗教情感的东西。

出于这个理由，我把德语词“Achtung”译作“敬畏”，而不是译作“敬重”(respect)，后者是英语译者常用的译法。[②] 这样做可能会被看作一个错误，而且，或许有人会告诉我说，这个德文词并未包含特别深切的情感：实际上，铁道工人通常就爱使用这个词，在他们想让你躲开时，而且，在这样一种用法中，这个词就等同于“当
64 心”(Look out)或法语的“注意”(Attention)。无论如何，康德本人用拉丁文的“reverentia”来翻译它，而且，他明确地把它与“Respekt”区分开来，而“reverentia”包含了一个额外的要素，那就是“恐惧”(fear)。[③] 他还拿他对道德法则的情感与他对星空的情

① 第三章，尤其是§3与附录。

② 在决定这个译法时，我很高兴地发现，爱德华·凯尔德(Edward Caird)在《康德的批判哲学》(*The Critical Philosophy of Kant*)中也使用了这个译法。

③ 《道德形而上学》，德性论，导言，七，第402页=第250页；§13，第438页。

感做了一个比较。[①] 在《判断力批判》中，他把“Achtung”与我们对崇高的情感联系起来。[②] 这些段落与其他许多段落都表明，“Achtung”类似于敬畏，甚至类似于惊惧(awe)，并且完全不同于“敬重”这种十分有限的情感。

我认为，我们有权把“Achtung”当作康德的一个专业术语，它具有一种普通的德语用法中所没有的情感基调。讨论中的这种情感无疑有程度之分。[③] 在日常的道德行动中，当我们没有极大的触动时，它就类似于敬重；但是，当它以充满力量的方式出现时，似乎就更多地类似于敬畏。[④]

§2. 对敬畏的描述

对于康德来说，敬畏的情感是独一无二的。[⑤] 这种情感并不指向任何给予感官的对象，也跟我们的种种自然偏好的满足没有关系。敬畏的情感之所以产生，是因为我们意识到，我的意志没有任何感官对象的干预而从属于一个法则。用康德的话说，它是一种“通过理性的一个概念而自我产生的”情感。

---

① 《实践理性批判》，第 161 页＝第 312 页(＝第 288 页)。这里的整个段落都证实了我的观点。

② 《判断力批判》，§27，第 257 页(＝第 96—97 页)。在那里，他把 Achtung 定义为“感到我们的能力不适合于达到一个对我们来说是法则的理念”。

③ 参见《实践理性批判》，第 73 页＝第 197—198 页(＝第 130 页)。

④ 康德本人承认，情感(显然也包括道德情感)在程度上千差万别。参见《奠基》，第 442 页＝第 74 页。

⑤ 《奠基》，第 401 页脚注＝第 21 页脚注。

由于这样一个事实,即我在敬畏中马上感受到谦卑,同时还有提升与高贵,我认为,这就表明敬畏与宗教情感具有相似性。① 一方面,道德法则中止我的偏好、击毁我的自负,因此,在谦卑中,我对敬畏的感受就近乎痛苦。另一方面——正如我们稍后将会更加清楚地看到的——通过意识到我自己的自由,以及理性意志强加给我的种种偏好的制约,我也得到了提升。在这个方面,我的情感就近乎愉快。然而,愉快的情感是如此之少,以至于我会乐于避免对一个善人感到敬畏,甚至避免对法则本身的敬畏——我的虚荣心妨碍了我。同时,这种痛苦的情感也是如此之少,以至于一旦我可以放下我的虚荣心,就不会懒于凝视法则的壮丽:灵魂如果看到神圣的法则高居它自己及其软弱性之上,灵魂自身也就得到了提升。康德也谈到了敬畏与恐惧以及偏好的相似性;但是,由于偏好严格说来不是一种情感,那么他必定是指某种更接近惬意与愉悦的东西。

65 所有这些都属于道德心理学,而不是伦理学。对于那些不幸没有经验过讨论中的这种情感的人们来说,这些东西并没有多少意义,或者根本没有什么意义;但是,即便我们说出就是这点东西,无疑也足以反对那种常见的信念,即认为康德是一个无情的道德主义者。他从来不会试图用虚情假意来代替哲学的分析;但这是一个优点,而不是一个缺点。

① 参见康德在《实践理性批判》第 71 页以下(=第 195 页以下)给出了大段解释。康德的言辞有时候缺乏一种数学的精确性,但他所说的东西并不缺乏心理上的洞识。

§3. 敬畏的功能

根据这样一个假定,即我们已然经验过这种情感,康德期待我们赞同,我们不能为我们行动的任何纯然产物感到敬畏,不能为我们对我们自己或他人的任何纯然偏好感到敬畏。我只能为这样一些东西感到敬畏,它们规定了我们的意志,并不为我们的种种偏好服务,而是在规定我们的意志时胜过了它们,或者至少对它们不予考虑。目前来说,我们已经知道,这个东西就是义务。现在,我们被告知,义务必须就其自身而言与为了自身的缘故就是法则。①

然而,我们必须记住,我们也会为一些人与行动感到敬畏,只要它们是法则的实例化。② 而且,我们绝不能忘记,一个具有神圣意志的存在者不会为法则感到敬畏,而是为感受到某种近乎爱的东西。

对于道德哲学家来说,我们讨论中最重要的要点在于:根据康德的见解,我们之所以感到敬畏,是因为我们认识到法则对于我们的意志的约束性。道德感学派最大的错误就是认为,法则之所以具有约束性,是因为我们感到了敬畏。没有任何情感能够充当一

---

① 《奠基》,第 400 页=第 20 页。

② 在康德的后期著作中,他说"Achtung"应当给予仅仅作为人的人(凭借他们的道德性的能力),而且,由此也可以推出许多重要的义务。在这种意义上,Achtung 的拉丁译法是 observantia,而不是 reverentia,也就是"敬重"或"考虑"。参见《道德形而上学》,德性论,§37,第 462 页。

种约束性的道德法则的基础，相反，道德法则可以是一种特殊的道德情感的根据。对于康德来说，“出自对法则的敬重而行动”与“出自义务而行动”或“为了义务的缘故而行动”是一回事：[①]这种情况与任何满足一种情感的企图都截然不同；而且，出于这个理由，康德把道德感的信奉者都划归到不自觉的(即使是好意的)享乐主义者中。[②]

66

附录　作为一个动机的敬畏

有关敬畏在道德行动中的功能还存在一些难点，而且，我们甚至不由得追问，根据康德的理论，把敬畏当作善的行动的一个动机，这是否可能。当然，他已然把善的行动描述成出自对法则的敬畏而做出的行动；但是，他也把善的行动描述成为了义务的缘故而做出的行动。[③] 实际上，他似乎把这些表述看作等同的。[④] 无论如何，根据他的看法，敬畏似乎是从意识到我们的意志由法则所规定中产生的，甚至根本就是这种意识。[⑤] 那么，敬畏又如何能够成为一个动机，引发我们的意志去通过法则来规定自身的呢？

乍看起来，借助于康德对客观的与主观的行动原则的区分，这

---

① 《实践理性批判》，第 81 页＝第 207 页(＝第 144 页)。

② 《奠基》，第 442—443 页＝第 74 页。

③ 这个对比在德语中非常显著的，一个行动同时是“aus Achtung”(出自敬畏)和“aus Pflicht”(出自义务)的行动。

④ 《实践理性批判》，第 81 页＝第 207 页(＝第 144 页)。

⑤ 《奠基》，第 401 页脚注＝第 21 页脚注。亦可参见《判断力批判》，§5，第 210 页(＝第 15 页)。

个难题能够得到克服。[①] 康德很可能有这个意思。我们首先认识到法则是一种客观的原则——也就是说,它是任何理性行动者都会遵从的一个原则,只要理性充分支配了他的种种偏好,并且因此是一个我们不顾自己的种种偏好也应当要遵从的原则。这种认识引发了我们敬畏的情感。敬畏又转而使我们把法则采纳为我们的主观原则或准则,并且因此为了义务的缘故或为了法则的缘故而行动。因此,"敬畏"就成了"我们认识到法则是一个客观原则"与"我们把它采纳为一个主观原则或准则"之间的连结环节。

康德或许有这样一种看法:他把敬畏描述成一个使法则成为我们自己准则的动机。[②] 然而,当他坚持道德法则必须无须任何种类的情感的干预直接地规定意志时,似乎就有了另一种学说。[③] 在此,人们确实可以论证说,他并不打算排除掉他所理解的那种敬畏,而是仅仅要排除任何被当作法则的根据而不是法则的结果的情感(包括敬畏)。但他也明确地说,道德法则单凭自身绝不仅仅是规定我们行动的客观根据,同时也是规定我们的行动的一个充足的主观根据。法则单凭自身(无须任何情感的帮助)似乎就是善的道德行动所必需的动机。[④] 有些人认为,意志只能被情感驱动

① 参见第四章,§2。

② 《实践理性批判》,第 76 页＝第 201 页(＝第 135 页)。他也说法则是客观地规定我们的意志的根据,敬畏是主观地规定我们的意志的根据。参见《奠基》,第 400 页＝第 20 页;《实践理性批判》,第 81 页＝第 207 页(＝第 144 页)。然而,后面这个说法的意思似乎有些不同。

③ 《实践理性批判》,第 71 页＝第 195 页(＝第 126—127 页)。

④ 同上书,第 72 页＝第 195—196 页(＝第 127 页)。亦可参见《奠基》,第 419 页＝第 45 页:"在这里,意志惟独是由法则所规定的,没有任何其他的动机。"

着去行动,对于他们来说,这就是一个绊脚石。

67 或许,康德本人没有意识到,他似乎说的是两种不同种类的动机。"动机"(motive)这个词本身就是有歧义的。一个动机就是驱动我们的东西:而且,许多人似乎都以为,它因此必须是某种(如其所是地)从背后推进或猛推我们的东西,就像人们认为一种情感会做的那样。他们忘了,我们也被其他某种东西拉扯或吸引我们的东西所驱动,就像人们说法则的理念(idea)或许会做的那样。

这都是些粗糙的隐喻,而且,我们可以问问我们自己,有关动机的整套话语难道不是粗糙的与隐喻性的吗?这个难题似乎是由这样一个事实导致的,即我们从两种不同的视角来看待行动。正如我们在这项研究的结尾将会看到的,康德以一种高度形而上学的方式处理这些视角。[①] 我们可以尝试在一个更为谦卑的、常识的层面来处理它们。

首先,我们可以对行动采取一种外部的与科学的看法。根据这种看法(康德把它看作是合法的、甚至必需的),我们把行动"解释"如下。首先,我们把握到什么东西,无论它是一个约束性的道德法则,还是一杯葡萄酒。然后,这种把握激发了一种情感,情感又转而激发了一种冲动,冲动又转而(在跟理性的合作中)激发了一个行动(依据一个准则)。整个过程都可以作为一个因果链条得到解释。唯一的区别是:道德法则(跟一杯葡萄酒不同)不是借助于感官而被把握到。

但是,即便是在一个较为谦卑的与常识的层面,我们也还有一

① 《奠基》,第 450 页=第 83—84 页。

种完全不同的视角，那就是行动者行动的视角，这种视角是从内部，而不是从外部来看待行动的。从这个视角出发，我们就会感觉前一种解释是完全不够的：它遗漏了我们的“自由选择”这个基本事实。从这个视角出发，意愿（willing）就是某种不同于一个因果事件的东西，一个行动不能被解释为先前的一个原因的结果。毋宁说，行动是我们的自由意志的直接产物，无论我们是为了愉快的缘故而饮酒，还是为了服从法则的缘故而服从法则。[①]

因此，情况或许是这样的：从一种外部的或心理学上的视角来看，我们的动机是敬畏的情感，但从内部的或实践的视角来看，我们的动机就仅仅是道德法则，我们自己的自由与理性意志的法则，无须任何种类的情感的干预。我们或许会说，从一种视角来看，敬畏是我们行动的*原因*，但从另一种视角来看，道德法则就是其*根据*。

需要补充的是，倘若（正如康德所主张的）敬畏的情感（在有限的人类存在者身上）不可分离地与对道德法则的把握结合在一起，[②]那么，为了道德法则的缘故而行动也就是出自对法则的敬畏而行动。我们确实没有义务要感到敬畏；因为，倘若我们感觉不到
敬畏，我们就要对义务视而不见，并且因此根本不会有任何义务。[③] 68
但是，法则强迫我们敬畏，敬畏只是我们对“法则是约束性的”

---

① 康德认识到，这两种行动各自源自实践理性或纯粹实践理性，源自意志或纯粹意志，以及（在他的后期著作中）源自 Willkür（*任性*）（liberum arbitrium〔*自由任性*〕）或 Wille（术语意义上的意志）。

② 《实践理性批判》，第 80 页＝第 206 页（＝第 142 页）。

③ 参见《道德形而上学》，德性论，导言，十二，第 402 页＝第 250 页——这个段落主要是关于一种特殊的敬畏。

这一认识中的情感性的方面。我们不能根据“敬畏是一种必须要召唤起来的情感”,让我们自己免于为了义务的缘故而行动。* 正如我们在任何时候都是在自由地服从法则,因为我们认识到它是法则,同样,我们在任何时候都是在自由地出自对法则的敬畏而行动。真正伦理上的诫命不仅仅是要做符合义务的事情,而是要为了义务的缘故这样做。②

* 这句话的意思其实是说,我们不能借口敬畏的情感没有被唤起,就认为自己不必为了义务的缘故而行动。——译者

② 《道德形而上学》,德性论,导言,七,第 391 页=第 236 页。

第六章　法则

§1. 法则本身

现在，我们必须离开日常的道德判断这个舒适的层面，迄今为止我们在这个层面一直处在一个不稳定的根基之上。当我们说到善人的动机就是要服从法则本身的时候，我们就跃过了这个层面，攀登到了哲学的令人眩晕的高地与空气稀薄的环境。这个神秘的法则本身到底是什么？以及，我们如何才能坚持认为，一个善的意志，惟有当它被“法则本身”的思想所规定时，才拥有其独一无二的与绝对的价值。[①]

普遍性是法则本身的本质性特征。一个法则（在“法则”的严格意义上）必须对一切情形都有效，并且不允许任何例外。例如，一个自然法则必须无一例外地对时间中的一切事件都有效。如果“每个事件都必须有一个原因”是一个自然法则，它就不能有任何例外；而且，如果我们确知有任何例外是可能的，我们就要立刻否认该原则是一个自然法则。康德所说的“自由的法则”——也就是

① 《奠基》，第402页＝第22页。

说，一个理性行动者，只要理性已充分支配他的种种偏好，就会据以行动的原则——同样也是如此。这种自由的法则（或道德法则）不能有任何例外，若有则不再是一个法则。不可能说，一个道德法则对我有效，另一个道德法则对你有效。法则必须对所有人都同样有效。①

按照康德的专业术语，普遍性是法则的**形式**。无论一个法则的内容到底是什么——也就是说，无论它的质料是什么——它都必须具有这种普遍性的形式；因为，除非它是普遍有效的，否则它就根本不是一个法则。自由的诸法则与自然的诸法则（尽管有根本性的差异）享有普遍性的共同形式。

尽管如此抽象，康德的看法也依旧能够在日常的道德意识中获得共鸣。倘若我们试图考虑一般而言的义务，即撇开了“这样做”和“那样做”的特定义务的义务，我们还能说出些什么呢？我们可以说，义务对我们来说似乎是一个法则，这个法则必须同时对所有人都有效，并且不能容许任何有利于我们或有利于其他任何人的例外。

70 这只不过是用另一种方式在说：倘若有这样一种作为道德性的事物存在，那就必须是一个客观的道德标准；因为，一个客观的标准就是一个普遍的标准，一个独立于所有理性行动者对种种特

① 极不寻常的是，人类心灵似乎在幼年就能够把握道德法则的这种普遍性。一个无论是在善性、还是在理智方面都并不出众的五岁的小孩，在售旗日拿着几面旗帜出售。他把其中一面旗帜善意地给了我。稍后，他又把另一面旗帜给了他的姐姐，她奖励他六个便士。于是——实际上是根据他姐姐的行动是普遍法则的一个表现（即使这并非对他没有好处）——他断言说，“如果 G 给我六个便士，这位教授也必须给我六个便士。”

定目的的欲求而对他们有效的标准。这非但没有任何悖理之处，而且，康德只不过是说出了我们对于道德能够说出与必须说出的最少内容：道德性必须具有这样一个形式，即一个对理性行动者本身有效的普遍法则的形式。

所有这些，我们都是在讨论一个义务的基本的道德法则。一旦谈及种种特定的道德法则或规则，我们就必须面对另一个问题。在“法则”一词的一个较为宽松的意义上，我们可以说，“你不应当杀人”是一个法则，但无论如何，在某些情境中，我们有义务要杀人。

这并不意味着，道德法则本身容许一些例外。倘若在某些情境中去杀人是一个理性存在者的义务，那么，在这些情境中去杀人也是每个理性行动者的义务。把杀人看作我自己的一种特权，并且把其他人排除在这种特权之外，这根本就是不道德的。

§2. 作为诫命的法则

有人或许会认为，法则本身的第二个特征是：它是一个诫命(command)；而且，康德说，纯然的法则就其自身而言就能够是敬畏的一个对象，从而是一个诫命。[①] 然而，这并不是法则本身的一个特征，也无须对于道德法则来说为真。一个自然法则不是一个诫命；而且，对于一个神圣意志来说，道德法则不会显得是一个诫命，尽管这个神圣的意志(因其本质上的有理性)必然会遵从这个道德法则。

---

① 《奠基》，第400页＝第20页。

一种极其常见的错误是，认为道德法则（对于康德来说）在任何时候都是一个诫命或者是一个命令式（imperative）。相反，我们必须在“道德法则”（the moral law）与“道德的命令式”（the moral imperative）之间做出显著的区分。道德法则是**在人类的种种条件之下**作为一个诫命或命令式显现于我们的，因为，在我们身上，理性没有充分支配种种偏好；但是，这一特征并不属于道德法则本身。对于一个完善的存在者的意志来说，道德法则就是一个**神圣性**的法则；对于每一个有限的理性存在者来说，它才会是一个**义务**的法则。①

这也正是康德关于“人类存在者敬畏法则，而不是热爱法则”这一说法的另一个方面。他这样说，并不是要否认热爱法则的可能性。

惟独因为“道德法则”与“道德诫命”之间的这种区别，康德才能说，道德法则（作为一个行动的法则）必须同时对**一切**理性行动者——也就是说，对一切具有行动能力的存在者——与仅仅作为理性行动者的人们有效。② 这并不意味着，我们需要（正如叔本华所做的那样）把一种对众天使的道德的不健康的兴趣归于康德。正如我们稍后将会看到的，这意味着，道德法则对我们有效，仅仅是由于我们的有理性（rationality），而不是因为（作为人类存在者）
71 我们恰好欲求某些目的，例如幸福。我们确实可以说，道德法则必须因为我们的这样一种特性而对我们显现为一个命令式，即我们是有限的与感性的存在者，我们的理性意志并未完全支配种种偏好；但是，道德法则并不是建立在这一特性之上。实际上，道德法

① 《实践理性批判》，第 82 页＝第 108 页（＝第 146 页）。亦可参见《奠基》，第 428 页（＝第 56 页），一个最高的实践原则与一个定言命令式的区别。

② 《奠基》，第 408 页＝第 30—31 页。

则绝不以任何方式建立在人的特殊本性之上。惟有在规定道德法则的特定应用时，而不是在规定其本质时，人的特殊本性才必须被纳入到考虑之中。[①]

§3. 道德的动机

倘若一个善的行动就是一个为了法则本身的缘故而做出的行动，这就必定意味着，道德的动机（义务的动机）必须就是"合法则性"(law-abidingness)，而且，它必须充当我们的意志的原则，除非义务纯粹是一个荒诞的概念。[②] 这样说显得有些悖理，但要弄清康德的意思并不困难。道德上善的人追求服从道德法则本身，无论它吩咐我们做什么。倘若他之所以服从道德法则仅仅是因为他恰好欲求法则所吩咐的那些行动，他就不是一个道德上善的人。同样，倘若他认识到道德法则对一切理性行动者都具有约束性，但却为了他自己的利益而要求成为一个例外，那么，他就不是一个道德上善的人。

§4. 形式的准则与道德法则

我们如何才能确立起法则本身与我们先前的论证之间的这种联系呢？康德坚持认为，[③]善人的准则必须是形式的——也就是

① 《奠基》，第 412 页＝第 35 页。

② 《奠基》，第 402 页＝第 22 页。

③ 参见第四章，§4。

说，它不是一个要产生某些结果的准则或原则。我们如何才能从这个消极的说法进入到“善人的准则就是服从法则本身”这一积极的说法呢？

乍看起来，这个论证似乎十分无力。善人的准则是一个形式的原则，它排除了一切作为一个准则的质料的欲求目的。但是，诚若如此，康德似乎就是在论证说，它只能是一个原则的*形式*，并且就跟“法则的形式”或“法则本身”是一回事。一个形式的原则，排除了一切质料，其唯一特征就是其普遍性。因此，道德行动的形式的原则就是依据普遍法则去行动。“除了种种行动对普遍法则的符合本身，再没有任何东西留下来，惟有这种符合本身才必须充当这个意志的原则”[①]“惟有就其自身而言的*法则的理念*(idea)，就它是规定意志的根据、而不是期待的结果而言，才能够构成我们叫作‘道德’的那种卓越的善。”[②]

康德有一种不幸的倾向，他在论证中做出关键性的过渡时过于仓促与简练。当前论证的弱点如下：一个原则当然是普遍的；而
72 且，一个准则或主观原则(它们仅仅对个别行动者有效)在如是意义上是普遍的，即它适用于相同种类的不同处境。在这种意义上，每一个准则都具有普遍性的形式；但是，我们如何才能由此进入到一种截然不同的意义上的普遍性，根据这种普遍性，一个原则之所以是普遍的，是因为它无一例外地对一切理性行动者(而不仅仅是对个别的行动者)有效？

---

① 《奠基》，第 402 页＝第 22 页。

② 《奠基》，第 401 页＝第 21 页。

如此来看，这个论证是靠不住的。我感到疑惑的是，倘若我们在康德思想的整个背景中来考虑整个论证，它是否也是靠不住的？然而，这涉及（在康德看来）理性在人类行动中发挥何种作用，而在我们完成对这一点的考察（我们稍后将会看到这个考察）之前，我们还没法弄清楚这个论证是否靠得住；但是，我们能够对他的论证思路给出一个暂时的诠释。他把质料的准则看作实践理性"服务于偏好"而作用的一个产物。[①] 实践理性（如其所是地）把我们的行动连同作为它们的动机的偏好加以一般化；而且，尽管这些准则没有声称对任何人都有效，而是只能对这个行动者有效，但无论如何，它们毕竟对每一个追求要满足这种偏好的理性行动者都有效。[②] 当我们从自己的准则中排除了一切要满足的偏好与要达成的结果，以及，无论如何，当我们假定我们的行动必须有一个准则，一个纯粹形式的准则，它是实践理性不再服务于偏好的产物，将会是一个什么样的准则呢？如果这个准则是纯粹理性无须诉诸种种特定偏好的一个产物，那就不可避免地只剩下它对每个理性行动者本身的有效性，这种有效性不再为一个"如果"(if)所限定。它将纯然是一个"是合理的"(being reasonable)的准则；它对于我的和你的种种偏好都完全不偏不倚；而且，它将是每个理性行动者（只要他的理性不会被个人的欲求所阻挠）都会

① 《奠基》，第 413 页脚注＝第 37 页脚注。

② 惟有就这个行动中在追求要满足这种偏好中理性地行动，这个准则才是有效的；但是，即便他没有这样做，他的行动也在任意施加的种种限制中是理性的，举个例子，如果他追求要满足其他一些偏好，他的行动也是理性的。在此，同样，这个准则对每个理性行动者来说都是有条件地有效的。参见第四章，§ 1。

据以行动的准则。简而言之，它将是一个普遍的法则。一个形式的准则只能是遵从普遍法则本身的准则。

我们将在适当的时候再回到这个论题。但是，我们现在知道自己身处何处，而且，我们要注意到，无论康德的话语何其抽象，康德的论证何其含糊，他的结论至少符合日常的道德判断。道德法则（倘若毕竟是有效的）必须对每个理性行动者都有效；而且，善人就是一个追求要服从这样一个普遍的道德法则的人——也就是说，依据一个客观的标准而行动，这个标准独立于他个人的种种欲求与目的。无论我们怎么看待这个论证，其结论是强有力的。

§5. 定言命令式

即便我们接受康德的结论，我们依旧可以主张说，它是空洞的与无用的。我们如何能够从这个空洞的“合法则性”概念进入到道德生活中的多种多样的义务与德性？

73 这当然是一个难以解决的问题，但我们无须把它弄得更加难以理解。因为，康德马上就明确指出，仅仅从普遍法则的空洞形式中演绎出种种特定的义务——正如人们时常认为的那样——无疑是不可能的。相反，我们必须要考虑*质料*，它们必须被装配到空洞的形式之中。质料由我们日常的质料的准则构成，它们基于对确定对象的偏好；而且，我们必须要做的事情，就是用普遍性的原则来接受或拒斥这些准则。因此，我们能够把义务的终极原则表述得（比我们到现在为止所做的）更加具体。“*我也能够愿意我的准*

则成为一个普遍法则，否则的话，我就绝不应行动”。[1] 其中的“也”字是需要强调的，因为它通常都被忽视掉了。

这正是康德稍后叫作“定言命令式”的公式，尽管它在此是以一种消极的方式被提出的。我们稍后必须更加细致地对它做出考察。但目前，我们只需要强调，根据康德的说法，仿佛仅凭这个原则的帮助，我们就可以很容易地解决我们的道德问题。这显然不是真的；我们还需要引入更多的假定条件，正如康德本人在《道德形而上学》中处理道德法则的应用问题时所做的那样。无论我们认为康德以何种方法来应用它，这个原则本身完全是合理的。凭借我们应用于他人行动中的相同的普遍标准来评判我们自己的行动，这就是道德性的一个本质性的条件。

① 《奠基》，第 402 页＝第 22 页。

第七章　种种误解

§1. 批判主义

有人可能会认为,康德的学说是悖理的,我们或多或少都被这个论证的精妙与复杂给耍弄了。我们从一个"为其自身的缘故而闪耀着宝石般光芒"的善的意志开始。我们在一个纯然形式的准则、一种对空洞的法则本身的神秘敬畏、一种含糊不清的合法则性原则,以及对我们行动的准则的一种行不通的普遍性检测那里结束。所有这些形式主义与律法主义的东西都令我们感到冷酷无情。此外,有人或许会说,我们已经逐渐在论证中陷入了一种明显荒唐的看法,这种看法就是:在规定我们的义务时,绝不能考虑无论何种通过我们的行动所要追求的或者达成的结果。

惟有重新考察我们先前的论证,并且实际上要重新考察康德的整个论证,这些批评才能得到回应,但我们可以尝试简要评述一下某些要点。

§2. 康德的形式主义

在理论的方面,我们没有什么正当理论来抱怨康德的形式主义。我们不应期待对道德善性的一种抽象的哲学分析能够激发一种温情，就像一个善人或者一个善的行动的景象所能激发起来的那种温情；“煽动选区”——引用一位失望的美国访问者对威尔森·库克教授(Professor Wilson Cook)的一场讲演的评语——跟一个道德哲学家的工作毫无关系。康德的术语或许太专业了，但在他所处的那个时代是人所熟知的，哪怕在我们这个时代并不是如此。这些术语十分适合于表达他的意思；若能熟悉它们，则并不比许多现代哲学家的术语更令人厌恶。

很难看出，我们为什么要指责一个哲学家过于形式地处理任何事物的形式，哪怕是道德性的形式。我们不能因为伯特兰·罗素先生(Mr. Bertrand Russell)的逻辑学过于形式而指责他，尽管有些人会希望他能写出另外一种逻辑学。为什么我们要抱怨康德的伦理学过于形式，尤其是他已经写出过另一种伦理学，他的《道德形而上学》，更别提他的《讲义集》？正如康德所言，他在《奠基》中处理的是道德的最高原则：他在抽象中处理伦理学中的*先天的*部分，并且脱离质料来考虑道德行动的形式。当康德为他自己设置了这样一种计划方案，他就习惯于把它贯彻到底。很难看出，我们为什么要因为康德坚持他的主题，并排除了不相 75
干的东西而对他横加指责。更难看出的是，我们为什么要因为他忘记了道德行动同时拥有质料与形式，同时拥有经验性的要素与*先天的*要素，同时拥有一个对象与一个最高原则而对他横加指责。康德其实没有忘记它们。他希望读者能够记得这些东西。

§3. 康德的律法主义

有人或许会回应说，这个回答并不真的能应对这个批评，因为这个批评更多涉及的是康德在道德态度上的形式主义或律法主义，而不是他的阐述方法。毫无疑问，有人或许会说，某种类型的善人，由于为了法则的缘故而服从法则，以及从一种超然的与无动于衷的理性立场来支配种种偏好，会感到骄傲；但是，把这样一种类型当作最佳的道德生活，是一个巨大的错误。

可以肯定，一个人的哲学（尤其是他的道德哲学）确实会从他自己个人的道德态度中沾染上某些色彩。这一点不仅适用于康德，也适用于其他任何人，而且，有助于解释他对某些重点与视角的癖好；但我并不认为，这削弱了他的分析，而且，这无疑也不能使我们免于面对他的种种论证。康德本人是一个温文尔雅而富有人情味的人，热爱自由而憎恶偏狭：没有任何证据表明，他是一个冷酷无情、刚愎自用、清苦禁欲的人。在我的讨论过程中，我曾试图揭露一些错误的观念，这种律法主义的指控就建立在这些错误观念之上；但是，对于当前这些关联来说，有一个特定的要点是必须要补充的。

指责康德为律法主义的主要根据是这样一个信念，即认为康德要求我们为了一个叫作“法则”的含糊不清的抽象概念的缘故而实施我们的道德行动，并由此禁止我们为了道德行动本身的缘故而实施它们。由于这种见解全然有悖于康德的学说，但却极易被读入到他的话语之中，我将尝试来澄清他的立场。

根据康德的看法，每个行动都致力于一个结果、目的或对象。在非道德的行为中，我们之所以要实施这个行动，是因为我们欲求这个对象；因此，我们就对这个对象怀有一种康德所谓的“病理学的”(pathological)兴趣，而且，我们对这个行动的兴趣其实是间接的(mediate)——也就是说，它依赖于我们对这个对象的兴趣。在道德行为中，我们之所以实施行动，是因为这个行动(如其所做地那般致力于某些结果)是道德法则的化身；但这绝不是认为，这个行动仅仅是作为一个叫作“法则”的空洞的抽象概念而被我们愿意的。相反，当“行动的准则之普遍有效性是规定意志的一个充分的根据”时，[①]我们才对这个行动的本身有一种直接的兴趣。康德最强的确信之一是：我们对道德行动怀有一种直接的兴趣。正因为如此，根据康德的看法，出自直接的偏好(例如，同情与善性)而做出的行动，相比出自利己而做出的行动(在这种行动中，没有对行动的任何直接的偏好)，更加难以跟道德行动相区别。实际上，这种直接的兴趣就是“敬畏”的另一个名称，[②]我们为一些行动感到 76
敬畏(更为一些人格感到敬畏)，它们是法则的化身。

我不相信，康德的这种看法中有任何缺乏一贯性的地方：他有权既说“我们对道德性怀有一种直接的兴趣”，又说“我们为了法则的缘故而做出行动”。“手段与目的”的范畴对于行动来说是不充足的，对于道德行动来说就更是不充足的。对于康德来说，法则不是一个作为手段的行动的目的：它就是这个行动本身的形式或原

① 《奠基》，第460脚注＝第95页脚注，亦可参见第413页脚注＝第37页脚注。

② 《奠基》，第401页脚注＝第22页脚注。

则。虽然它是这个行动的善性的条件,但无论如何,它也是这个行动本身中的一个要素。[①]

§4. 对种种后果的忽视

我认为,没有任何东西能够使我们摆脱掉这样一个幻相:对于康德来说,一个善人绝不考虑种种后果——在某种意义上,这就意味着,一个善人必须是一个彻底的蠢货。这种诠释乃是基于语言上的歧义性。[②] 这里包含着这样一个意思:一个善人在决定他应当做什么的时候,不会考虑种种后果。他不会从这些后果开始,并且说,正是由于一个行动将获得某些他所欲求的后果,他才因此把这个行动看作他的义务。他知道,他的义务可能不会产生他极为欲求的结果。康德正确地指出,倘若一个行动想要拥有道德价值,那么,种种预期的后果就不能是它的规定根据。无论如何,善人从一个拟定行动的准则开始,并且追问他自己,是否能够愿意这个准则成为一个普遍的法则;而且,这个准则在任何时候都具有这样一种形式:"如果我们身处某些情境之中,我将实施一个有可能获得

① 参见第一章,§17,结尾部分。康德在《实践理性批判》中说,最高的善适用于任何行动或者对象,参见第109—110页=第244—245页(第196—197页)。我来概括与简化一下。倘若我们的意愿是通过关于一个独立于法则的行动或对象的思想而被规定的,那么,我们的行动就不是道德的。道德法则是纯粹意志唯一的规定根据。但是,不言而喻(Es versteht sich von selbst),倘若道德法则包含在这样一个行动或对象的概念之中,作为其最高的条件,那么,这样一个行动或对象的概念,以及它通过我们的意志得到实现的概念,就同时是纯粹意志的规定根据。

② 然而,这种观点也由于康德倾向于夸大"更远的结果在许多情况中都应该被忽视"这个一般来说合理的原则而得到了鼓励。

某些后果的行动”。倘若我们忽视了这样一个事实，即一个行动有着种种后果，那么，我们如何能够提出要去盗窃、杀人，或者做出任何行动。无论如何，我们绝不能依据我们喜欢还是不喜欢种种后果来判定这个行动是正当的还是错误的。这个检测：这样一个行动的准则是否与一个普遍法则的本性相容，这种法则无论是对其他人还是对我自己都是有效的。一个善人之所以致力于种种后果是由于法则：他并不仅仅是因为这些后果才服从这个法则的。

然而，这样一个简单明显的真理，却如此经常地遭到嘲讽。如果康德仅仅是说，我们绝不能允许我们对种种特定后果的欲求来规定我们对“我们的义务究竟是什么”的判断，那么，他就会免于遭受大量的误解。

§5. 康德学说的健全合理性 77

康德学说的一个伟大功绩是，他对先天的与经验性的，以及义务与偏好之间做出了显著的区分。由于他的区分，那种混淆“我的善”(my good)与“这个善”(the good)，以及有意无意地用我个人今生或来世的幸福来代替道德动机的混乱思维，就再也没有了任何借口。一种隐蔽的与无意识的享乐主义既是混淆的，也是败坏的。一个善人的首要目标并不是要满足他自己的种种偏好，无论他们何其慷慨，而是要服从一个法则，这个法则对所有人都是一样的，并且惟其如此，他才不再是自我中心的，而是变成了道德的。再没有什么差异能比一种机智的或自爱的生活与一种道德善性的生活之间的差异更为根本的了。

我们不能诉诸道德行动的对象来对它做一个一般的描述，这既是因为道德行动的对象是变化多端的，也是因为它们可以由不道德的行动产生。道德行动绝不能由它的对象来描述，而是必须由它的动机、原则或准则来描述；而且，这个原则或准则（出于跟前面相同的理由）不能仅仅是要产生某些对象的原则或准则。唯一的可能性是：它应该是这样一个准则，即服从一个对所有人都相同的法则：用康德的话说，它必须是一个形式的准则。

一个人受到道德的形式准则所指导，这样的人绝不能被设想为是在真空中行动。他依据这个准则来挑选与支配他日常的种种自爱的准则与偏好的准则。按照这种方式，他就像是一个机智的人，机智的人依据自爱的准则来挑选与支配他的种种偏好的准则。① 我们所有人都很熟悉机智的人的行为，尽管我们不会用康德的语言来描述它们；而且，这些行为同样也是实践理性的作用。相比理性在机智行动中的作用，它在道德行动中的作用也并不更难设想。

我还要补充一个要点，作为对后文内容的预示。康德赋予一个善的意志以绝对价值，其理由之一是，在为了法则的缘故而服从法则中，一个善人被提升到“事件流”(the stream of events)之上，我们把这个事件流叫作“自然”：他不再受到他自己的种种自然本能和欲求的摆布。一个善人，他服从作为自己的理性意志的产物的形式法则，而不是被欲求所驱动，就此而言，这个善人是自由的，

① 参见第三章，§4。

而且，正是这种自由激发了康德的崇敬。[①] 无论我们对此做出何种评断，我们最好都要注意到，康德对道德法则的形式特性的看法对于他的自由学说来说是必需的。目前为止，他的哲学至少拥有一贯性这一优点。

① 《奠基》，第 426 页＝第 53 页。

第二部　定言命令式的背景 78

第八章　实践理性及其主观原则

§1. 理性的实践功能

迄今为止，人们理所当然地认为，理性在人类行动中，尤其是在道德行动中发挥了部分的作用。[①] 两种截然不同的功能被归于理性：(1)对幸福的追求，以及(2)对善性的追求。[②] 现在，我们必须尝试来解释与证义这一假定；而且，批判的原则，倘若我们必须把义务的概念(实际上，就是善性的概念)一直追踪到它在理性自身中的起源处，那么，我们的这项任务就更是必需的。[③]

主张理性在行动中发挥了部分作用，这种看法并不是康德的创见；相反，至少从柏拉图的时代开始，它就已经是哲学中的主导性学说。当下这个时代对该学说的广泛拒斥，部分是由于对理性本身的不信任。这并不是我们所要关心的问题，但我们可以注意到，倘若对理性的不信任声称是基于理性，那就是自相矛盾的；同

---

① 我已经在《理性可以是实践的吗？》(*Can Reason be Practical?*)中更为一般地讨论过这个问题。

② 第二章，§8。

③ 第一章，§9；《奠基》，第412页＝第36页。

时，倘若这不是基于理性，那就无疑是非理性的，既然如此，对它加以论证就是在浪费时间。这种彻头彻尾的非理性主义或怀疑主义必定不可避免地使一切价值都基于纯然的情感，并且因此使它们成为任意的：它必定否定一切客观的价值标准。然而，我们为了便于论证而假定说，无论道德判断是不是一些幻相，我们都能够把它们**当作**一些客观的判断来加以分析：我们致力于揭示出它们的内涵，以及如下一些条件，倘若这些道德判断有可能为真，这些条件就必须要得到满足。显然，这些条件中的一个就是：这样一些判断必须是理性的产物，因为理性是真理的唯一来源；而且，我们必须
79 面对这样一种观点，虽然理性关心真理，但它既不能跟价值（尤其是跟道德价值）有任何关系，也不能对行动产生任何影响。这种看法似乎（至少部分地）依赖于对康德的学说的种种误解。

§2. 理性的两种意义

这样一个常见的假定是诸多误解之一，即理性应该仅仅被看作一种推论的或推理的能力。诚若如此，那么，似乎显而易见的是，我们无法推论或证明任何特定行动是善的，或者说是一个义务；而且，我们实际上都不能推论或证明真的有这样一种作为善性或义务的事物存在。那么，我们在何处才有可能获得这样一种推论的种种前提呢？

根据康德的看法，在另一种意义上，实践理性与作为一种推理能力的理性是有联系的，但这种联系跟我们刚才提出的那种头脑

简单的联系截然不同。[①] 但是，当前，我们必须在一个较低层面上处理这个问题。在传统的用法中，理性是高等的认识能力，并且作为这种能力不同于感官与想象力。[②] 亚里士多德把人定义为一种理性的动物；而且，在这个定义中，“有理性”(rationality)或“拥有理性”(the possession of reason)是把人类与其他较为高等的动物区别开来的东西，这些较为高等的动物与人一样拥有感官，甚至或许还拥有(某种程度上的)想象力。人类除了感官与想象力之外还额外拥有的这种认识能力，尽管它包含做出种种推论的能力，但也比这种能力的范围更广。

在这个范围更广的传统意义中，理性涵盖了(1)获得种种概念的能力(或者用康德的术语说，就是“知性”)；(2)把概念应用于种种给定对象的能力(“判断”的能力)；以及(3)做出种种间接推论的能力(推理的能力，或者一种狭义的“理性”能力)。说这种广义上的理性在人类行动中没有发挥任何作用，这显而易见地是错误的。我们需要考虑的一切不过就是：准确说来，这样一种理性在人类行动中到底发挥了什么作用。

§3. 实践理性的进路

根据康德的看法，理性(reason)或有理性(rationality)既可以表现在思维之中，也可以表现在行动之中。理性影响或规定了行动，

---

① 参见第九章，附录

② 《纯粹理性批判》，第 A835 页＝第 B863 页。康德也在这个极为一般的意义上使用“知性”的概念。

就此而言，康德把它叫作“实践的理性”(practical reason)，以相对于“理论的理性”(theoretical reason)；而且，他相信，实践的理性与理论的理性是同一种能力，只是以不同的方式展示出来而已。对理性在其截然不同的展现中的同一性的充分处理，准确地说属于一种实践理性的批判。[①] 因此，我们必须满足于一个更为基本的讨论。

80 足够显而易见的是，我们只能通过考虑行动自身的本性才能揭示出理性在行动中起作用的部分。这也正是康德本人的看法，但他时常在这一点上遭到误解。举个例子，他说，我们必须从“一个理性存在者本身”的普遍概念中派生出(ableiten)道德的诸法则。[②] 人们很可能会认为，他的意思是说，我们是从“一个理性的存在者”的概念开始的，这个概念是指一个思维的存在者，甚至是指一个能够做出种种推理的存在者；而且，仅仅通过分析这个概念，我们就能抵达某些命题，例如，一个理性存在者应当为了义务的缘故而行动，甚至说，他应当履行这样一些特定的义务，如偿还债务、表达感激，以及诸如此类的其他义务。这样一种方法显然是行不通的，我们在康德那里也根本就找不到这样一种论证的任何踪迹。他明确地拒斥这种方法建立于其上的基本假定；因为，他断言说，一个实践命题(或道德法则)把一个意愿跟“一个理性存在者的意志”的概念直接地联结起来，却把这个意愿当作并不包含在这个概念之中的东西。[③]

① 《奠基》，第 391 页＝第 8 页。

② 《奠基》，第 412 页＝第 35 页。

③ 《奠基》，第 420 页脚注＝第 46 页脚注。亦可参见《奠基》，第 426—427 页＝第 54 页；第 440 页＝第 71 页。把一个理性存在者的概念与道德法则或定言命令式联结起来，就是表明一个定言命令式如何可能；而且，正如我们稍后将会看得更为清楚的，这样做是为了证义一个先天的综合命题，而不是一个分析命题。参见第十二章，§ 9。

我们之所以能够理解理论理性，是因为我们是能够思维的存在者；同时，我们之所以能够理解实践理性，是因为我们是能够行动的存在者。那么，为什么其中一种情形比另一种情形更加困难呢？唯一的区别在于：在理解理论理性时，我们正在思维的就是思维，但在理解实践理性时，我们正在思维的是某种本身并不是思维，而是行动的东西。无论如何，可以说，在两种情形中，我们都对我们正在思维的东西有了一种内部的看法。

有时候，康德把实践理性等同于意志。其他时候，他把理性说成是规定意志的东西。[①] 前一种术语是更令人满意的：它意味着，我们的意愿活动(willing)跟我们的思维一样是理性的，而不仅仅是某种盲目的与无意识的东西，即某种——以不可能的方式(per impossible)——因果性地受到我们有意识的思维的刺激的东西。然而，当我们把理性说成是规定了意志的东西时，我们指出的是，意愿有一个认识的方面，这个方面能够在抽象中加以考虑。同样，思维有一个意愿的方面，这个方面也能够在抽象中加以考虑。

诚然，谈论各种能力与官能毕竟存在一些危险。严格说来，思维的人、感觉的人，以及意愿的人是一个整体。然而，当我们想要讨论人的整体活动中的各个不同功能时，区别讨论思维能力、情感能力与意愿能力，这时常都是一种便利的做法。事实上，避免这样做几乎是不可能的，而且，只要我们记住，我们现在试图去理解的东西在任何时候都只是一个整体的理性生活中的一个要素，那么，这样做也没有什么坏处。

① 《奠基》，第412页＝第36页。

81

§ 4. 理论的理性与行动

即便是在其理论的方面，理性也对我们的行动有着巨大的影响。仅凭理论理性，我们就能意识到在何种处境之下，我们必须采取行动，以及我们的行动必须与之相适应；而且，我们不仅必须把物理的自然与其他理性行动者的本性纳入到处境之中，还必须把我们自己的本性，尤其是我们的种种欲求与需要也纳入到处境之中。对于一个外部旁观者来说，一切事件的发生，一切有机物的功能，一切动物行为，以及一切人类行动都处在同一个世界之中；但是，从行动者的视角来看，人在这个世界中的行动对于他们来说是已知的。同样为真的是，行动者知道，他并不完全知晓这个他必须在其中行动的世界。因此，有人或许会说，对于行动者来说，他在其中行动的这个世界（或者这个处境）依据他的知识水平而言是多种多样的。由于人们在不同的处境中采取截然不同的行动，我们的理论知识也必定影响我们的种种行动的特性。举个例子，倘若我们并不知道水杯里有毒，我们就会把水喝掉；但是，倘若我们确乎知晓它有毒，那么，除非我们的意图就是要投奉于自杀，否则的话，我们是不会喝的。

最后这一点十分清楚地阐明了有关种种因果的知识举足轻重的作用。没有这样一些知识，一切行动就都会是不可能的。然而，尽管理论知识是行动的一个前提条件，尽管行动在任何时候都是借助于理论知识而被愿意的，但知识并不由此就不再是理论的，变成了实践的。实践理性必须在其他什么东西之中得到展现，而不是在对这样一些理论知识的熟知中，尽管它们对于行动来说是十分有用的，甚至是必不可少的。

§5. 实践的理性

如果我们的理性是实践的，我们就必定能够愿意我们的种种个别行动成为一个概念的实例，恰如我们的理论理性（在广义上）知道种种个别的对象是一个概念的实例。康德主张，在行动的方面，理性以这种方式展现它自己。他说，①惟有一个理性存在者才具有依据他对法则的观念（conception）* 而行动的能力——也就是说，依据种种原则而行动的能力。而且，他把这样一种存在者拿来与自然中的事物相比较，自然中的事物依据种种法则而运作，但却并不依据它们对法则的观念而行动。

自然中的每样事物，其运作由因果法则统治，就此而言，它们依据种种法则而运作；但是，举个例子，尽管一个石头依据重力法则而坠落，却并不（就我们所知道的而言）依据它对这个法则的观念而坠落。人的肉身的种种运动与功能，甚至——根据康德的看法——他的心灵的种种运动与功能，也同样为自然法则所统治，其中包括因果法则。但除此之外，行动中还有别的东西。我们已然看出，②每个行动都有一个**准则**或主观的原则；而且，当康德说，一 82

① 《奠基》，第 412 页＝第 36 页。

* 此处的“观念”（conception）对应于德文中的 Vorstellung（表象），帕通通常把后者译作小写的 idea（理念），但并不完全统一，此处就是个例外。——译者

② 第四章，§2。

个理性存在者依据一些原则(或者依据他对一些法则的观念)而行动,并且惟此才拥有一个意志时,他所想的首当其冲就是这个。

拥有一个行动的准则与意识到如是一些法则是截然不同的两回事,即种种事件据以发生在我们身上,甚至据以发生在我们内部的那些法则。从一架飞机上坠落的物理学家会反思说,他现在正在依据重力法则坠落,但重力法则不能被看作是他的坠落行动的准则;实际上,在这种情况中,他的坠落都算不上是一个行动(action)。倘若我们在任何严格的意义上只是被一些不可抗拒的冲动所驱动的,那么,相同种类的事情也会发生在我们身上:正如康德本人所认为的那样,[①]我们或许能够理解,甚至还会赞赏我们自己本性(自然性)的运作;但在这种运作中,既不会有一个准则,也不会有一个行动。尽管在一些心理学家看来,一切行动仿佛都仅仅是只有他们才能理解的一些力量作用的结果——很可能,即便他们(如果有过的话)是自己在行动时也是如此——但是,倘若我们从行动者的视角来看待行动的话,他们的见解就难以令人信服。一个借口不可遏制的冲动的杀人犯,尽管他一般都会坚持认为,他在其行动过程中的某一个阶段丧失了意识,但惟有当他恢复神志时才会发现自己勒死了一位女士。无论如何,倘若我们只能理解我们的本性(自然性)据以运作的法则,那就根本不会有任何准则,也不会有任何行动。

实践理性并不表现在我们对自己行为的一个法则的理解之中,而是表现在依据一个原则或准则的意愿活动之中——或者说,

① 《奠基》,第 395 页=第 14 页。

按照我习惯的表述，表现在对作为一个概念或规则的实例的一个行动的意愿活动之中。

至少说，在有限的理性存在者那里，没有任何意愿是没有一个准则的，没有任何行动是没有一个准则的；而且，惟独因为我们依据准则而行动，我们才能被说成是拥有一个意志的。实际上，康德把一个意志定义为“依据某些法则的观念来规定自己去行动的能力”。[①] 而且，相同的定义也适用于实践的理性，因为实践的理性就等同于意志。

§6. 冲动的行动

从所有这些中可以得出，实践的理性（以及一个准则或主观的原则）出现在每一种人类行动之中——甚至也出现在我们所谓的“冲动的”行动之中——只要这个行动是被有意识地愿意的。这也正是那个使人类行动区别于动物行为（或者说，区别于所谓的“反射动作”）的东西，我们根本就不会把后者看作我们的行动。在冲动的行动中，准则的一般性（作为一个我们可能会应用于相似处境的一个规则）远远不是那么显而易见，也很容易遭到忽视；但即便是在这样一种情况中，我们也能意识到自己行动的性质，并且把它当作一个具有这种性质的行动来愿意。我猜想，这一点将被一个大英陪审团看作我们的可负责性的检验标准——或者，看作这样 83

① 《奠基》，第 477 页＝第 55 页。亦可参见《纯然理性界限内的宗教》，第 21 页脚注＝第 22 页脚注（＝第 7 页脚注），康德在那里说，在准则之外不应该也不能够提出自由意志（任性）的任何规定根据。（此处脚注似乎有误，引文应出自《奠基》第 427 页。——译者）

一个条件，倘若没有这个条件，一个行动就不可以叫作“我们的”，并且实际上不可以叫作一个“行动”。

在这件事情上，或许还有程度之分；而且，我们也很难断定，举个例子，“闪避一拳突袭”到底是一个行动，还是一个纯然的反射动作。但是，如果它是一个行动，如果我们要为这个行动负责，我们就意识到了它的特性，而且，我们把它当作拥有这一特性的行动来愿意；诚若如此，我们的行动就拥有它的准则或原则。

不幸地是，康德没有把一种行动哲学看作对于伦理学来说是必需的，[①]因此，他也没有详细地讨论过这些问题。无论如何，对于他的看法，他为我们提供了许多线索。在一个理性存在者身上，一种动物性的偏好（它通过理性而被设想，并就此而言）成了他所谓的一种“病理学的兴趣”，这种兴趣正是一个质料的准则的基础。[②] 由于康德把这种病理学的兴趣看作是指向行动的对象（或种种预期的结果）的，因此，他很可能把每个质料的准则都看作是提出了为确保这个对象所必需的行动。[③] 诚若如此，每个质料的准则就都被看作是说出了一个目的的手段，这个手段就是行动，这个对象就是目的。然而，在他的实际用法中，“准则”主要表达地是“在某种处境中以某种方式去行动的意志”。

所有这些主要是对于防止误解来说十分重要。一个过于常见

---

① 参见第一章，附录（近结尾处）。

② 《实践理性批判》，第 79 页＝第 205 页（＝第 141 页）；第 67 页＝第 189 页（＝第 118 页）；《奠基》，第 413 页脚注＝第 37 页脚注；第 460 页脚注＝第 95 页脚注。

③ 这个对象或许是这个行动试图要产生的结果（也就是说，现实世界中的一个变化），或许是偏好的满足（也就是说，自我中的一个变化）。

的假定是，康德反对冲动的行动是一些基于一个原则或准则的行动；他被说成是陷入了理性与偏好的二元论；而且，人们觉得，除了(一方面)纯粹道德的行动与(另一方面)纯然动物性的行为之外，康德不承认行动中还有别的什么区别。可以肯定，康德认识到，正如我们所有人都必须认识到的那般，在人类行动中，种种动物性的偏好与纯粹理性之间存在一种对立；但是，他也认识到，除非通过理性的活动把动物性的偏好转化成一种**兴趣**，这种兴趣引发了一个行动的**准则**或理性原则，否则的话，偏好就绝不能引发人类行动。在这里，正如时常发生的那样，这些被归于康德的谬误不过是从他的诠释者们的想当然中产生的。对于康德来说，动物性的偏好或冲动绝不是人类行动的一个动机，除非实践的理性把它"采纳"到它的准则中。[①]

§7. 手段与目的

实践的理性必须表现在调整行动以适应不同的与变化的处境中，只要我们已经知道了这些东西。对于行动的这个方面，康德只
是假定，而没有加以讨论——他并没有声称，超出他的伦理学理论 84
所必需的内容之外，为我们提供了一种一般的行动哲学。他令人信服地把行动的这个方面置于"手段与目的"的概念之下：如果我通过打伞而使自己适应了下雨，这个行动就可以看作是在使用一个手段，这个手段对于我要保持干爽的目的来说是必需的。不管

① 《纯然理性界限内的宗教》，第23—24页＝第24—25页(＝第12页)。

怎样，他主要感兴趣的是理性的这样一种功能，即事先考虑种种欲求目的的手段，并使用它们。这是人类存在者身上才具有的东西，而不是较高的动物所具有的。我们的许多准则都必须采取这种形式：“我愿意做X，把它当作Y的手段。”

在这一点上，动物的生活也必定有各种不同的层次，甚至有一种连续性。一个动物也会避雨；而且，在这种情况下，正如在许多其他情况下一样，诸如进食与饮水这样的动物行为也类似于人类行动，尽管我们没有理由认为，动物能够认识到它正在做的事情的性质，把它的种种行动看作一个欲求目的的手段。在人类行动中，避雨或许是一个相对随意的行动，当一个人蓄意地与系统地去避免任何弄湿自己的风险时，它也可以是我们所谓的一个“策略”(policy)的组成部分。最为显著的“为种种目的使用手段”是在技巧的运用之中，这也正是康德尤其感兴趣的地方。

需要注意的是，当我根据许多特定的准则而行动，而这些准则关乎我们各种目的的最佳手段时，这些行动可以被看作是拥有一个更为一般的准则，那就是“我愿意对我将拥有的任何目的使用最有效的手段”。当我对一个特定目的使用任何手段时，这个准则就可以被看作支配性的准则(controlling maxim)。

这个更为一般的准则本身是空洞的，而且，它或许没有被有意识地公式化；但是，如果我们拒绝根据一些与之相反的特定准则而行动，那么，我们无论如何都会被说成是在根据它而行动。在这样一种情况下，我们很可能就被说成是在根据这样一些准则而行动，这些准则服从于“为我们的种种目的使用最有效的手段”这个较高的准则。毋庸赘言，我们并没有在真空中(in vacuo)中根据这个较高的准则而行动——我们还必须欲求一个特定的目的，并且意识到一个特定的手段。

这个解释还远不足以充当对行动的一个完备的描述——然而，它也并没有声称是一个完备的描述。我们很可能会质疑“目的与手段”的范畴，因为，令人怀疑的是，我们是否部分地把一个行动当作手段来愿意，部分地把它当作一个目的来愿意——这种区分更像是一种理论上的区分，要么适用于一些已经做出的行动，要么适用于其他一些预谋的行动。即便我们把这个反驳抛在一旁，我们还可以指出，凭借对任何准则的符合，尤其是对“为我们的种种目的寻求最有效的手段”这一准则的符合，不能穷尽一个行动（更何况一个策略）的统一性。准则是一般性的，行动却是个别性的。正因为如此，行动中还必须有一些准则中没有的东西，而且，一个行动或一个策略的统一性以某些方式类似于一件艺术作品的统一性，而不是符合一个概念的统一性。然而，这一点引发的种种问题，无法在此加以考虑。[①]

无论康德的学说有着何种缺陷，手段与目的的区分都是普遍 85
接受的，而且，他正在处理是行动的一个可认识的方面，这对于他后面的论证来说是十分重要的。实践理性展现为坚持我们的行动与策略的有意识的统一，而且，这种统一性可以被（尽管有些不充足地）描述成对“手段与目的”概念的符合。

① 黑格尔派尤为指责康德，认为他仅仅考虑抽象的普遍性，未能对个体或他们所谓的“具体的普遍性”做出解释。这些指责常常都被夸大了，而且有时候是由于误解，但它们并不是没有道理的。

§8. 对幸福的追求

仅仅就其自身而言地坚持行动与策略的统一是不够的，实践理性还展现为坚持它们在整个有序生活中的彼此关系中的统一。我们有许多需求要应付、有许多欲求要满足、有许多目的要达成，所有这些都必须安置到整个生活或生活策略之中。康德把这个任务看作对幸福的追求，并且看作实践理性在道德层面之下最为重要的功能。

他对“追求幸福”的解释并不完全令人满意，总体上也缺乏与自身的一贯性。有时候，他持有一种享乐主义的看法，把“幸福”看得同“整个一生中最大可能量的持续的与不间断的愉快”差不多。[①] 他把这一点看作所有人都追求的最终目的。实际上，他承认，理性(即便在这个层面上)也必须对幸福加以评估，不是凭借正在发生的感觉，而是凭借它对我们整个生存(existence)的影响，以及我们随之而来的满意来加以评估。[②] 然而，根据这种观点，实践理性的功能主要就是为这个清晰预想的目的愿意一个适宜的手段。

在这里，同样，“手段与目的”的范畴似乎也不适宜于描述行动，而且，康德本人不够一贯地把这种观点与其他观点结合起来，据此，我们无法就我们当作一个目的来追求的“幸福”获得任何确定的与可靠的概念。[③]

---

① 例如，《实践理性批判》，第22页＝第129页(＝第40页)。

② 同上书，第61页＝第181页(＝第107页)。

③ 《奠基》，第399页＝第19页。

因此，幸福被看作我们的种种欲求与偏好的全部满足，[①]而且，原先被当作达成幸福的*手段*的东西，如今就成了幸福的一个*要素*。在所有此类要素中，似乎得算上财富、知识，以及洞识、长寿、健康，[②]也就是说，我们欲求的对象与我们追求的目的。实践的理性不再主要地关心达成一个已知的目的的手段——这个目的就是幸福或持久的愉快。实践理性最为关心的是什么东西构成了我们所有人都当作自己的目的来追求的那个幸福：它必须致力于尽可能多地满足我们在一个有序生活中的种种需求，或者（就像康德所说的那样）使我们的种种自然偏好在一个叫作"幸福"的整体中和谐一致。[③] 在这样做时，实践理性将其自身展现为机智或理性的自爱，它有了一项任务，即规定幸福的种种成分，以及另一项任务， 86
即指定达成这些成分的手段：[④]它既表现为选择种种目的，也表现为选择种种手段。[⑤]

第二种观点比第一种观点更令人满意，尽管它并非没有自己特有的困难。理性存在者试图在一个有序的与系统的生活中实现他们多种多样的目的。把这个综全的（comprehensive）理性目的叫作"幸福"或许是令人失望的，但似乎也没有任何其他更令人满

① 《奠基》，第405页＝第26页。

② 《奠基》，第418页＝第42—43页。

③ 《纯然理性界限内的宗教》，第58页（＝第70页）。

④ 同上书，第45页脚注＝第52页脚注（＝第50页脚注）。

⑤ 《道德形而上学》，德性论，导论，三，第385页＝第230页。亦可参见《纯粹理性批判》，第A800页＝第B828页，康德在那里说，在自爱的教导中，把我们的偏好给我们提出的一切目的统一在一个唯一的目的亦即幸福中，并使达到幸福的种种手段协调一致。

意的措辞。然而，认为我们唯一欲求的对象与我们唯一追求的目的就是持久的愉快与免于痛苦，这种看法十分荒谬。理性自爱的原则与其说是一个“为持久的愉快情感使用手段”的原则，不如说是一个“把我们的种种目的整合成一个单一的综全整体”的原则，愉快的情感只是种种目的中的一个。

倘若我们正在写作一部行动哲学，整个解释就还需要更多的扩展与限定。由于康德主要关心的是行动中的理性要素，他就没有在“自发性”(spontaneity)与“创造性”(creativeness)要素上(实际上是任意性〔arbitrariness〕的要素)花太多功夫，但这些要素也出现在我们对幸福的探求之中，甚至也出现在——至少在较低的程度上——我们为种种特定的目的使用手段之中。据此认定康德忽视了或否定了这样一种要素，这完全是毫无道理的。许多迹象都表明，他并不信任一种算计得太好的生活方法——举个例子，对于一个冒险要多饮一杯波尔图葡萄酒的痛风病人，他怀有明显的同情[①]——而且，无论是在思维中，还是在艺术中，他总是支持创造性与自发性。实际上，他的整个哲学都可以被描述成一种关于自发性与自由的哲学。然而，我们当前仅仅关注实践理性的这样一种功能，即支配与组织我们的种种欲求的满足的功能。

如果说幸福仅仅关乎愉快的达成，那么，追求幸福就可以被描述为“自私的”(selfish)；但是，如果幸福也关乎我们的种种欲求的满足，追求幸福就可以被描述为“自我中心的”(self-centred)，而不

① 《奠基》，第 399 页＝第 19 页。

是自私的，因为，正如康德在任何时候都承认的，我们既有种种关乎他人的欲求，也有种种关乎自己的欲求。在这个层面上，“自我”在任何时候都是圆心，但圆周（可以说）却涵盖了许多事物，包括他人的幸福。康德非但不拒斥机智的或自爱的生活，他向来都坚持认为，每个人都有权追求他自己的幸福，只要这样做不会与道德法则相冲突。他甚至坚持认为，我们有一种间接的义务要这样做，因为苦难很容易把我们引向不道德的行动。

机智的或理性自爱的准则是：“**我要追求我自己的幸福**。”我们最好不要把这个准则诠释为一个处理“手段与目的”的准则（**我将使用手段以能确保最大的愉快的情感**），而是要把它诠释为一个整 87
合的准则（**我将致力于整个有序的与系统的生活中的种种欲求的满足**）。实际上，即便技巧的准则，也可以诠释为关乎作为一个有限整体的一个行动或策略的整合，而不是仅仅关乎为一个特定目的的手段应用。

无论我们如何诠释它，机智的准则通常都胜过技巧的诸准则，尽管它不能代替它们。我们可以拒斥“达成一个欲求目的的最有效的手段”，我们甚至可以拒斥一个欲求目的本身，只要这个手段与我们作为整体的幸福相冲突。按照这种方式，机智的准则就会是我们的支配性准则，而且，我们就会被说成是仅仅根据这样一些从属于机智准则的特定准则而行动。但是，我们依然不能**在真空中**(in vacuo)根据这个支配性的准则而行动：惟有当我们欲求一些特定的目的，并且试图使用一些特定的手段时，这个准则才会获得其内容。

§9. 对实践理性的否定

对我来说，否定实践理性在人类生活中发挥了这种作用，这显然是错误的。这种否定由于持有如下一种假定而貌似有些道理。理性纯粹是理论的：它向我们（尽管只是部分地）揭示出了我们必须在其中采取行动的处境；以及，我们在不同的处境的不同行动。但是，我们叫作“意志”的这个东西本身就是一种盲目的力量，甚至是种种盲目力量的一种结合体，它在我们已知的种种不同处境中以不同的方式展现其自身。理性对行动的刺激仅仅在于：它把这种处境与（可以这样说）行动的外部刺激呈现给我们。[①]

尽管康德本人似乎曾在某个地方缓和地赞同过这个假定[②]，但它无疑是错误的。这个假定并非经验观察的结果，而是一种独断论的偏见，甚至是一种形而上学的偏见，这种偏见对于那些以思考为主要工作的人们来说完全是自然而然的。在某些场合中，我们先思考再行动，但更多的时候，我们在行动中思考：行动并不后于理智，它本身就是理智的。一种盲目的力量，或者种种盲目力量的结合体，怎么可能以不同的方式理智地回应每种不同的已知处境？[③] 理性不仅表现为理解处境，或者认识到已完成的行动的性质，而是也表现为把行动当作某一种类的行动来意愿——当作适

① 参见上文§4。

② 《判断力批判》，第一版导言，Ⅰ，1—9。

③ 有人或许会反驳说，本能似乎就是如此行事的。然而，我们知道，它之所以是本能，而不是理性，恰恰就是因为它缺乏反思或理智。

应于处境的行动，当作使用最佳手段的行动，以及当作有助于行动者的幸福的行动。人类意愿的特性截然不同于动物行为，正如人类对处境的把握也截然不同于我们所推定的那种动物式的把握。

实用主义的论点似乎更有道理得多，即主张理性在任何时候
都是实践的，绝不仅仅是理论的。无疑为真的是，尽管理性在这一 88
刻是理论的，在另一刻又是实践的，但主张理性在任何时候都同时是理论的与实践的，这比前面两种观点都更好。[①]

§10. 道德

说人们有时候会根据道德的准则而行动，或者至少相信他们自己与他人会根据道德准则而行动，这种说法是有些根据的。在康德看来，道德的准则拥有一种形式的特性，这是我们已然讨论过的。[②]

---

① 本节中的一些要点，我受益于 H. H. 普莱斯教授(Professor H. H. Price)的来信。

② 参见第四章，特别是§3 和§4。

89

第九章　实践理性及其客观原则

§1. 主观原则与客观原则

到目前为止，就实践理性的诸原则事实上展现在人类行为之中，并且能够在这个意义上叫作“主观的”原则而言，我们已经考察过实践理性了。我们的观点是，理性是实践的，因为——即便不考虑道德性——它事实上确乎影响着人类行动：理性出现在技巧的与自爱的质料准则之中，人类行动经常都是被这些准则所规定的。否定理性是实践的就等于是在断言说，理性绝不会展现在人类技巧的运用之中，也绝不会展现在对幸福的追求之中，而这样一个断言显然是荒谬的。

另一方面，我们非常清楚，即便在这个层面上，理性也可能无法规定行动。我们或许会在一些突发激情的引导下行动，从而使一个欲求目的的达成落空，甚至摧毁我们整个生活中的幸福。我们的人类本性还远远不是这样的，即我们必定必然地依据种种技巧的与自爱的理性准则而行动。使用康德的专业术语，这些理性准则并不是“主观上必然的”；它们是“主观上偶然的”。[1]

---

① 《奠基》，第 413 页＝第 36 页。

也就是说，我们或许会根据它们而行动，但我们同样也可以不这样做。

绝不能认为，我们做出这种断言就是在抛弃我们先前的观点，即理性展现在一切人类行动之中。当我们为激情所推动时，我们仍然能够认识到我们的行动的性质，而且，我们会把自己的行动当作屈服于恐惧或愤怒（无论是何种情形）的一个实例来愿意：倘若我们不再这样做，我们的行动就会成为纯然动物性的行为，而不是人类行为。但是，在愚蠢的冲动行动中，理性的影响确实缩小了：我们将根据一个在其自身种种限制内尚属理性的准则而行动，但相对于我们所要追求的更为广阔视野下的目的来说是非理性的。我们不仅仅是在事后，而是在当时就能足够理性地认识到这种行动的非理性，惟其如此，我们才把这种愚蠢归咎于我们自己。倘若理性不是跟激情同时出现，我们的行为就纯然是不幸的，而不是愚蠢的。

我们能够把一个理性行动者设想得如此理性，以至于他绝不会做愚蠢的事情。在这样一个行动者身上，理性将充分支配种种激情。他绝不会允许激情的干扰，使他偏离依据种种技巧的与自爱的原则的行动。罔顾理性、屈服于激情，这有悖于他的理性本性，而且，我们可以说，对于他来讲，技巧的与自爱的准则将会是主
观上必然的，而不是——如同在我们自己身上那般——主观上偶 90
然的。一个充分理性的行动者不得不理性地行事。

这样一个观念——即便抛开理性行动者的自由所带来的种种难题——似乎是毫无价值的，因为，我们并不认识一些充分理性的行动者。然而，倘若我们要考虑那些**客观的**原则所具有的特性，这

个观念就是十分有用的；因为，正如我们在前文所看到的，[①]客观的原则是这样一些原则，一个理性行动者，只要理性充分支配了他的种种激情，就必然地会根据这些原则而行动。客观的原则对每一个理性行动者都有效，而主观的原则或准则本身并没有装作对任何人都有效，而是对根据它们而行动的人有效。

在前一章中，我们把种种技巧的与自爱的原则仅仅看作这样一些原则，即理性行动者有时候会根据这些原则行动，实践理性也展现在这些原则之中。但是，根据康德的看法，它们并不仅仅是准则：即便他们从不根据这些原则而行动，它们也依旧是一些客观的原则，尽管是一种特殊的客观原则。实际上——假如我们这样做是正确的，即把它们看作实践理性的展现——倘若它们并不对每个理性行动者都具有某种有效性，那就实在令人诧异。

康德把技巧的与自爱的原则看作这样一些原则，任何理性行动者，只要理性充分支配了种种激情，就必然地会根据这些原则而行动。这就等于是说，它们是一些客观的原则；而且，同样，用康德的话说，它们是客观上必然的，即便它们或许是主观上偶然的。[②] 它们的特殊之处在于：尽管它们是一些客观的原则，它们惟有服从于一个条件才是客观的。现在，我们必须考察这句话的意思。

---

① 第四章，§2。

② 对于一个充分理性的行动者来说，它们既是客观上必然的，也是主观上必然的；对于一个像人类这样不完全理性的行动者来说，它们是客观上必然的，但却是主观上偶然的。参见《奠基》，第412—413页＝第36页。

§2. 技巧的原则

我们首先来考虑技巧的原则，并坚持使用康德的“手段与目的”的术语。一个追求任何特定目的的理性行动者——只要理性支配了他的种种激情——必然地愿意尽其所能使用最有效的手段。实际上，人在能力上有所不同，从而会使用不同的手段；但是，倘若我们把行动者的能力看作他要在其中行动的处境的组成部分，我们就可以说，在相同的处境中，每个理性行动者（作为理性的）必然地愿意依据相同的准则而行动——也就是说，他必然地愿意为这个特定的目的使用最有效的手段，只要他确乎追求这个目的。

人们有可能会提出多种反驳，我们无法在此详细地加以考虑。有时候，一个理性行动者看上去会（非常理性地）选择一些并非最有效的手段，就好比一个登山者会选择最艰难的路径；但是，在这种情况下，他的目的就并不仅仅是登上山顶。有时候，他对手段的厌恶超过了他对目的的喜爱，并且因此会放弃整个计划。较高的机
智的原则又总是会胜过技巧的原则，更别提更高的道德原则。但 91
是，在其自身限制范围内，它对每个理性行动者都有条件地有效。

在种种特定的技巧准则的应用中，必定总是会有相当大的“纬度”或“活动空间”。即便是在相同的条件下，鲍比·琼斯（Bobby Jones）的一次铁杆击球也以某种方式与哈利·瓦尔登（Harry Vardon）的一次铁杆击球不一样。* “编写部落歌行的方法有六十

---

* 鲍比·琼斯与哈利·瓦尔登是20世纪早期著名的高尔夫球运动员。——译者

九种，其中的每一种都是正确的。”* 我看不出有任何根据可以主张说，康德期待他的种种原则被机械地与原封不动地适用于任何情况之中。相反，他的意思仿佛是说，一个准则的本质特性就是要在应用中做出判断，并且为“纬度”留下空间。[①] 他声称这一点主要与道德的准则有关；但是，鉴于他对艺术的处理，以及他对（作为与“创造”相对立的）模仿的明显蔑视，我们把他的这种看法延伸到技巧的准则之上的做法就是成义的。

一个理性行动者不仅在一切行动中都拥有一个准则，而且还为他自己设定一个目的，[②]只要我们能够把“目的”诠释得足以涵盖那些为了其自身的缘故而做出的行动，而不仅仅是为了它们产生的结果而做出的行动。[③] 一般的技巧原则——使用最有效的手段的原则——对任何理性行动者都是客观上有效的。特定的技术原则（它们仅仅是一般原则的应用）也是客观上有效的，但仅仅服从于“要追求某些特定目的”这一条件。这些原则的有条件特性并不减损它们的客观性。

把技术的原则说成是有条件的，还有另外一种意义。没有任何理性行动者（即便他追求要达成一个特定的目的）必然会（就他是理性的而言）使用一个会摧毁他的整个幸福的手段，无论这个手

---

* 这是英国著名小说家与诗人约瑟夫·鲁德亚德·吉卜林（Joseph Rudyard Kipling）的诗歌《在新石器时代》（*In The Neolithic Age*）中的诗句。——译者

① 《道德形而上学》，德性论，导论，七，第 390 页＝第 235 页；导论，十八，第 411 页。

② 《奠基》，第 427 页＝第 55 页；《道德形而上学》，德性论，导论，三，第 385 页＝第 229 页。

③ 这正是康德的假设，尽管他的话语常常令人觉得一个目的仅仅是一个产物或结果。

段何其有效。技巧的原则不仅以一个要追求的目的为条件，而且还要以它们与机智的或自爱的原则的相容性为条件。然而，这绝不是说，它们就不再是一些客观的原则。

§3. 自爱的原则

相同的考虑也适用于理性自爱的原则或机智的原则。根据康德的看法，一个理性行动者，只要理性充分支配了他的种种激情，就必然地追求他自己的幸福。由于人（作为属于感知世界的）是一种拥有种种需求的存在者，理性拥有一种它迄今“无法抗拒的职能”，这种职能服务于感性的种种兴趣，服务于追求今生的幸福，而且，如果可能的话，也追求来生的幸福。[①] 追求我们自己的幸福，这不仅是一个许多人都会据以行动的准则，它还是实践理性的一个客观的原则。

尽管这个原则对于一个理性行动者来说是客观上必然的，但它却并不由此就对一个（像人这样的）不完全理性的行动者来说也是主观上必然的。事实上，许多人都会因为激情与软弱毁掉他们 92
自己的幸福。这并不是在否定说，他们的不机智中没有哪怕些微的有理性。然而，不机智的行动毕竟只有较低的有理性，因为在他们身上，理性（可以这样说）没有考虑到所有摆在它面前的事实。

正如我们在前一章中所看到的，[②]康德以两种方式来诠释幸

① 《实践理性批判》，第 61 页＝第 181 页（＝第 108 页）。

② 第八章，§ 8。

福。倘若我们不把幸福看作整个一生中的一种最大的愉快情感，而是看作种种欲求的最大满足与种种目的的最大整合，那么，我们就会发现，他的看法在这里是更令人信服的。然而，我们不能以为他的意思是说，机智的行动者将必然地（就他是机智的而言）预先筹划他的整个一生。机智的作用并不是要摧毁自发性，而是要阻止一个当下正在发生的欲求永久性地妨碍其他种种欲求。

机智的哲学很可能被阐释得极不确切[①]，但这并不直接跟我们的意图有关。或许正是出于这个理由，康德本人趋于忽视这个问题。然而，我们必须承认，机智的准则允许它们的应用中有极大的纬度。尽管一切理性行动者（就他们是理性的而言）必然都愿意追求他们自己的幸福，但他们也会以截然不同的方式去寻找它。同一个体的种种欲求依据他们所处的环境及其经验的限制而是变化多端的；而且，一个先前的决定（例如，选择一个职业）造成他以一种生活方式去寻找他自己的幸福，但他同样很可能会以另一种方式找到它。

我们当前意图的本质要点是：种种特定的自爱原则（尽管是客观的）依旧是有条件的。它们首先是以特定行动者的特性与种种欲求为条件：我们不能合理地期望圣雄甘地（Mahatma Gandhi）在一种跟温斯顿·丘吉尔（Winston Churchill）相同的生活中找到幸福。其次——如果康德是正确的——自爱的诸原则以它们跟道德原则的相容性为条件。根据他的看法，一个理性行动者，只要理性

① 为解决“过于简化”的指控，更多的详细阐述是必需的。但是，我必须请读者来确定，他们认为哪些限定是必需的，要填充进去。我曾尝试在《善的意志》中处理其中的一些问题，尤其是在第八章。

已充分支配了他的种种激情，将必然拒绝把一片大陆拖向战争，无论这场浩劫何其能增进他自己的幸福。

需要补充的是，尽管（正如我们在前一节中所看到的那般）自爱的原则能够在一些特定情况中胜过技巧的原则，但这两种原则之间没有任何一般的不相容性。只要一个行动者是理性的，他就会追求掌握与使用那些对于他能够在其中发现其幸福的种种目的来说必不可少的技巧。①

§4. 道德的原则 93

到目前为止，我们已经认识到，实践理性的诸原则虽然是客观的，但它们同时也以一些特定的行动者的种种欲求与特性为条件。我们中的许多人（甚至是大部分人）都会满足于这样一些原则，然后把对其他一些原则的探究看作浪费时间。无论如何，必须要提出这样一个问题：是否能够有这样一些实践理性的原则存在，它们是客观的，却无须是有条件的。这样一些原则将会是无条件的或

① 我认为，德文的 Klugheit 更好地表达了这一点，我把它译作“机智”（prudence）或“自爱”（self-love）。康德在《奠基》第 416 页脚注（＝第 41 页脚注）中，把它定义成“为自己的持久利益把所有这些意图统一起来的洞识”。他也承认第二种“Klugheit”——也就是“Weltklugheit”（或世俗智慧）——它从属于第一种“Klugheit”，并且更加明确地与手段有关；因为，它被说成是影响他人，从而为自己的意图利用他人的技巧。（此处的“世俗智慧”，原文为 worldly wisdom，但并不等于德语的 Weltweisheit。在康德著作中，“世俗智慧”通常用于翻译 Weltweisheit，它可以看作 Philosophie 的德文对应词，并且作为一个与“神圣智慧”或神学相对的概念，与“哲学”完全同义。然而，此处的 Weltklugheit，毋宁译作“世俗机智”或“世俗明智”，其实就是为自己的世俗利益服务的理性。——译者）

绝对的；而且，在康德看来，这样一种设想无条件者（它似乎包含在我们关于有条件者的知识之中）的功能，属于他所谓的（在康德特殊的术语意义上）“理性的能力”。

这样一些无条件者的概念的术语名称就叫作“理念”（Idea）——或者更明确地说是“理性的理念”（Idea of Reason）。[①] 康德在任何时候都坚持认为，我们发现，设想这样一些理念（Ideas）是必需的，而且，它们一旦被正确地理解，就能在我们的思维中发挥十分有用的作用。然而，他主张说——而且，这是一个本质要点——至少对于思辨的理性来说，这些理念（Ideas）不能为我们提供任何实在的知识。惟有当概念指称一些被给予感官的对象时，人类存在者才能获得知识。由于一切给予感官的对象都是有条件的，以及无条件者不能被给予感官，因此，这些理性的理念（Ideas of Reason）并不指称任何可能的经验对象，并且不能给予我们知识。

然而，我们当前关心的并不是思辨理性，而是实践理性。我们正在讨论的不是实在之物的终极本性，而是一个理性行动者（倘若理性已充分支配了他的种种欲求）必然将据以行动的原则。我们刚才已经考察过的那些有条件的客观原则向我们暗示了一个无条件的客观原则的理念（Idea）；而且，这样一个实践的理念（Idea）很可能在行动中令人信服地发挥着一种“范导性的”（regulative，对立于“建构性的”〔constitutive〕）功能，类似于思辨的诸理念（Ideas）在我们的思维中的功能。它很可能为我们设定了一个理

① 我把“理念”（Idea）中的“I”大写，作为德文的“Idee”的翻译。当“idea”中的“I”小写时，它指的就是日常英语中的意思——通常是作为德文“Vorstellung”（表象）一词的翻译。

想，那是我们要持续不断地去努力接近的，即便它不是我们所能达到的。

一个无条件的客观原则将无视一切对特定行动者的种种欲求与特性的参考：它将无视对一切特定目的的参考，甚至无视对行动者自己的幸福这一综全目的的参考。正如我们已然看到的，[①]这样一种原则只能是一个原则的形式，或者一个形式的原则——可以这样说，它就是“拥有一个客观原则”的原则，并且因此是合理性的。康德把它描述为一个“合法则性”(law-abidingness)的原则，一个“依据普遍法则本身而行动”的原则。

这样一个原则显得像是全然空洞的，但我们必须警惕——正如康德本人十分清楚的那样[②]——不能无视那些舍此不能使一个 94
概念可理解的条件，然后想当然地认为，留下来的东西都是十分可理解的，并且将给予我们一些非常特殊的洞识。但是，无论何处的(正如在这一情形中)一个原则倘若是实践的而不是理论的，我们就能够在行动中填充这个空洞的形式。倘若一个理性行动者根据这样一个原则而行动是可能的，甚至仅仅是可设想的，那么，这个原则本身就不会是没有意义。

若不是因为我们对道德理想与道德标准有一种实践上的熟知，所有这些讨论就会完全是空中楼阁。除非道德是一个幻相，否则我们就必须说，一个道德上善的人并不仅仅是一个能够技巧娴熟地达成自己目的的人，或者是一个机智地把一整套目的协调到

① 第四章，§3。

② 《纯粹理性批判》，第 A674 页＝第 B702 页。

一个有序生活之中的人。一个道德上善的人是这样一个人，他根据一个对他自己与其他理性行动者同等有效的法则而行动，他也遵从种种技巧的与自爱的原则，只要这些原则与这样一个普遍法则相容。对于他来说，技巧的与自爱的原则不仅由于以其种种欲求为参照而是有条件的，还由于以一个绝对的与无条件的法则为参照而是有条件的。

毫无疑问，如今的许多人把这样一种道德信念看作纯然的幻相，能够通过多种精巧的假说来加以消解。抛开那些极端狂热者，他们把自己的理性仅仅用于否定行动中的理性，甚至否定思想中的理性，就算是一个温和的人也会为此感到极大的不安。由于他自己就是一个理性行动者，他会发现，理解如是一点没有丝毫的困难：一个理性行动者，只要理性已充分支配了他的种种激情，必然将依据种种技巧的与自爱的有条件的原则而行动。但是，他或许会追问，我们凭什么可以说，一个理性行动者，只要理性已充分支配他的种种激情，必然将依据道德的无条件的原则而行动。

困难的产生不仅是因为“一个无条件的原则”这个概念更加难以理解，而且还因为我们在行动时更多意识到的是出自技巧的与出自自爱的动机，而不是出自道德的动机。然而，倘若我们设想一个理性行动者身处一个由理性行动者组成的世界之中，倘若我们假定，在他身上，实践理性不会仅仅服务于他自己的种种偏好与他的幸福，那么，我们还能够说，他将必然根据什么原则而行动呢？我看不出，除了康德给出的答案之外，我们还能给出任何其他答案——也就是说，他必然将根据一个对每个理性存在者本身都有效的原则或法则而行动。诚然，除非我们熟知那个至少**看似是**道德行动的理想的东西，否则的话，这个答案对我们来说就没有任何意义。它之所以是有意义的，恰恰是因为，一代又一代的人们愈发认识到——尽管无疑是在诸多混淆之中——一个善人（无论他还做过其他什么事情）正是根据这个原则行动的，或者致力于根据这个原则而行动，并且惟此他才是一个善人。

因此，我们对实践理性的分析把我们带入到一个结果，这个结果与我们前面对日常道德内涵的分析结果是相同的。我们被引导着去设想一种特殊种类的实践理性，康德把它叫作“纯粹的实践理性”——理性不是为了满足欲求的缘故而发挥作用，而是独立于欲求而规定行动。这样一个纯粹实践理性将必然（只要它已充分支 95
配了欲求）依据一个无条件的与客观的原则而行动，这个原则似乎就展现在道德的行动之中——它是一个对每一个理性行动者本身（不顾他对种种特定目的的特定欲求）都有效的原则或法则。

§5. 有条件的与无条件的原则

我遵从康德的说法，把技巧的与自爱的原则叫作有条件的原则，把道德原则叫作无条件的原则，但增添某些限定是十分必要的。足够清楚的是：一些**特定的**技巧的原则，**惟有**当某个目的被欲求时，才是客观上有效的；一些**特定的**自爱的原则，**惟有**当行动者的特性就是“他愿意依据这些原则来寻求幸福”时，才是有效的。但是，这些特定的原则全都只是一个一般原则的应用，至于说是一般的技巧的原则，还是一般的自爱的原则，则视情况而定。“为一个欲求目的使用最有效的手段”，这个一般原则本身并不以对一个特定目的的欲求为条件：惟有它的应用才以此为条件。同时，“追求种种欲求的最大满足或种种目的的最大整合”这个一般原则本身也不以行动者的特定特性为条件：惟有它的应用才以此为条件。

另一方面，一般的技巧的原则（可以这样说）被纳入到一般的自爱的原则之中。自爱考虑的是一个更为综全的目的，并且将针对那个目的使用最有效的手段。在此，种种特定的技巧的原则毋宁说也是以自爱的原则为条件的。一般的技巧的原则同样也被纳入到道德的原则之中：一个善人将使用最有效的手段来达成他的种种道德目的，而且，惟有种种特定的技巧的原则才以道德的原则为条件。

同样，种种特定的自爱的原则也以道德的原则为条件，但我们却很难说，一般的自爱的原则是否也是如此。当然，根据康德的看法，一般的原则并不违背道德：善人有权，有时候甚至有一种间接的义务，去追求他自己的幸福。然而，在许多时候，一个善人（就他是善的而言）必然会预备好要牺牲掉他的整个幸福与他的整个生活，而且，如此就使得一般的自爱的原则（而不仅仅是其特定的应用）看起来像是以道德的原则为条件。

即便如此，似乎十分清楚的是，一般的技巧的与自爱的原则（倘若我们能够区分开这两种原则与它们的特定应用）并不以种种特定的人类欲求为条件，[①]尽管它们的应用确实以此为条件。目前来说，这两种一般原则似乎都具有一个无条件的特性，并且凭借

① 然而，它们由于人类（作为有限的存在者）具有种种欲求这个事实而是有条件的原则。

它们是客观的原则具有这一特性。

当我们转向无条件的道德的原则时，我们发现，其种种应用并 96
不以行动者对任何特定目的的欲求为条件，甚至也不以幸福为条件。然而，认为其种种应用在任何意义上都不以人类的种种欲求为条件，这种观点是错误的。康德主张，善人必然愿意（举个例子）根据“追求他人的幸福”这一原则而行动，而且，他们以何种方式去做这件事，必须（至少部分地）依赖于他人的种种欲求。康德或许会把“使他人幸福”的不同方式算作一个“活动空间”或“纬度”，在其中做决定的是机智，而不是道德；但即便如此，一个善人（作为一个善人）必然愿意展示出这样一种机智。

我并不打算把（一方面）道德与（另一方面）技巧和自爱之间的原本清楚的差异弄得含糊不清，强调这种差异正是康德的一个伟大贡献；但是，倘若我们有权对“种种原则”与“它们的应用”做出区分，那么，一般的技巧的与机智的原则就在某种意义上是无条件的；而且，即便无条件的道德原则的应用也必须在某种意义上是有条件的，尽管并不以行动者的种种欲求为条件。①

或可补充的是，我们之所以说一个原则高于另一个原则，是因为它采取了一种更为综全的视角。相比纯然的技巧所考虑的目的，自爱会考虑更多的目的；同时，道德考虑其他行动者与他们的种种欲求，而不仅仅是一个行动者凭借自爱所考虑的那些欲求与目的。而且，这个差异有助于我们理解较低的原则如何以较高的

---

① 另一方面，即便一般的技巧与自爱的原则也建立在这样一个假定之上，即我们之所以追求种种目的，是因为我们的种种感性欲求，而且，这些原则离开了这一假定就没有任何意义。一般的道德原则并不依赖于这样一个假定，也不以这个假定为条件。

原则为条件。

97 附录　康德对理性的看法

§1.“理性”的不同意义

第八章§2提到了“理性”的两种不同的传统意义，康德同时接受这两种意义。但是，除此之外，他还有自己的特殊用法，而且，倘若我们要充分理解他的论证，尤其是他在《奠基》第三章中的论证，就必须要(至少以一种简化的形式)把握他的特殊用法。

正如我们所见，“理性”在传统上被用于一般的思维能力，相对于纯然的感觉活动与想象活动。这种一般的理性能力——我们可以把它叫作“一般的理性”[①]——被认为在三种主要的活动中展示其自身，并且因此被赋予了三种不同能力的名称。首先，它设想或构思种种概念，并且因此叫作*知性*(understanding)。其次，它把概念应用于被给予的对象，并且因此叫作*判断力*(the power of judgement)。再次，它做出间接的推论，并且因此在狭义上叫作*理性*(reason)。

这些活动可以被描述为理性的*逻辑的*运用。宽泛地说，种种概念——只要我们追寻它们的起源——被认为是通过抽象活动从那些给予感觉的对象中派生出来，而且，它们也应用于那些被给予感觉的对象。但是，除此之外——而且，这也正是康德的特有学

① 或“理性本身”。

说——理性一般来说也被认为是要产生某些概念，作为其自己活动的一个结果，或者作为对其自己活动的意识的一个结果，这些概念无论以任何方式都不能从感觉中派生出来，不能从纯然被看作“感知的”(sensible)对象中派生出来。因此，这样一些概念是先天的——也就是说，它们不是从感觉中派生出来的。它们是康德一般地叫作“纯粹理性”的那个东西的产物。

这些概念给予我们关于种种对象的知识，或者声称给予我们这些知识，就此而言，我们可以把它们的运用描述为理性的实在的运用。

但是，我们在此陷入了种种可怕的难题，[①]其中的大多数都必须略过不谈。指出这些就足够了：产生这些先天的概念的能力叫作“纯粹知性”，而这些概念本身叫作“知性的诸范畴”。此外，通过一种作用于诸范畴之上的推论活动，我们就抵达了另一种先天的概念，它们叫作“理性的诸理念”(Ideas of reason)，而且，在一种特殊的、相比前面的用法更为狭窄的意义上，产生这些概念的理性就叫作“纯粹理性”。至于所有这些概念在判断中的应用，我们在此将加以忽略。

§2. 因果的范畴

倘若我们考虑一个范畴，它对于康德的道德哲学来说有着直接的重要性，那么，我们或许就能更加容易地理解这一特殊的康德学说。

① 其中一些难题是必要的，但是，由于在使用“知性”一词时仿佛把它等同于“理性”，康德也为我们增添了一些不必要的麻烦。

一般的理性——正如我们在一个假言的判断以及一个三段论中所看到的那般——必然地从种种根据推论出种种后果，而且，当它明确地或反思性地意识到了自己的运作活动，一般的理性就设想或产生了"根据与后果"的概念。这个"根据与后果"的概念当然不是给予感觉的概念。因此，它是一个**先天的**概念；它是纯粹知性所产生的；而且，它可以叫作知性的一个**纯粹的**范畴。

然而，根据康德的看法，当我们把它叫作知性的一个纯粹范畴时，我们就暗示说，讨论中的这个概念能够适用于（或者能够被思维成适用于）某些对象。正因为如此，我在前文中把它说成是一种"实在的"运用，相对于一种纯然"逻辑的"运用。我们能够把"根据与后果"的概念应用于种种对象——也就是说，应用于那些能够给予感觉（或者通过感觉被给予）的个别事物——而不是应用于种种命题，或者种种命题的组成部分吗？

康德并不相信，除了那些能够给予感觉的对象之外，我们还能知晓其他任何对象，而且，他坚持认为，当我们把"根据与后果"的纯粹范畴应用于种种对象时，我们就不再把它当作"根据与后果"
98 的纯粹范畴来使用，而是把它当作"原因与结果"的范畴（有时候被释义者叫作图型化的范畴）来使用。

这种转变背后的理由是如此难以理解，因此，对于我的那些并不熟悉《纯粹理性批判》的读者们，我建议，最好把这种转变当作理所当然的，略过我的这个概要解释，直接进入到§4。明白这一点就足够了：一个**原因**就是在时间中必然地先于其后果的一个根据，一个**结果**就是在时间中必然后于其根据的一个后果。除非凭借时间性的演替（temporal succession）与"根据与后果"的概念，否则我们就无法理解"原因与结果"。这也正是现代经验主义者为什么企图抛弃"原因与结果"的概念,或者把它化约成不可变的演替的理由之一。

§3. 规律演替的图型

根据康德的看法,倘若我们要把"根据与后果"的纯粹范畴应用于感知对象,那就只能通过一个假定才能做到这一点,这个假定就是:无论何处存在一个"B紧跟着A"的规律演替,那么,A就被当作根据,B就被当作后果。[①] 但看起来,我们没有权利认定感官世界之内必定存在着规律演替,就像我们没有权利认定其中的种种根据与后果一样。正是在这里,康德展示出了他最伟大的聪明才智,但(无论他是否成功)很少获得现代思想家的充分赞赏。康德论证说,倘若我们要区分"时间中的一种客观的演替"(an objective succession)与"我们自己的相继把握"(successive apprehensions)[②]——而且,我们所有人在实践上都是这样做的——我们就只能根据这样一个假定才能做到这一点:在一种客观的演替中,每一种继起的事件(succeeding event)在任何时候都必然地后于相同种类的先在的事件(preceding event)。[③] 说得再简单一些,种种事件中必须存

① 这个说法需要限定。

② 在围观一座房子时,我们相继地把握了一系列我们相信其实是同时存在的事件或存在物。然而,在观察一艘船入水的时候,我们相信自己相继地把握的东西——也就是说,这艘船的位置的改变——也是客观上相继发生的。我们总是能够把客观的演替从纯然主观的演替中区分出来,而且,没有这种区分就根本不会有人类经验。

③ 这并不意味着,在每个种种事件的客观演替中,较早的事件必然地是较晚的事件的原因:它或许是,或许不是,而且,检测标准(大致来说)就是规律性或重复性。但是,每个客观的演替都必须是有原因地被规定的。

在规律演替，只要它们被当作时间中的种种客观事件（而不仅仅被当作“把握”中的一种演替）而被区分出来。我们在规律演替中为“根据与后果”找到了我们的对象，康德相信，他已经证明了规律演替的必然性。然后，我们有了一个先在的事件作为一个根据，有了一个继起的事件作为一个后果；或者换句话说，我们有了一个原因和一个结果。

所有这些都过于笼统了，以至于难以令人信服，甚至根本就不清楚，而且也没法是精确的，因为它略过了许多困难与难题。此外，我们也无法孤立地处理一个范畴——我们的陈说实际上预设了“实体”的范畴。然而，我们可以看到——或者至少假设——“依据一个规则的必然演替”就是康德称作“图型”（schema）的东西，它
99 证义了我们把纯粹范畴应用于种种对象的做法，并且在与纯粹范畴的结合中给予我们图型化了的“原因与结果”的范畴。这个“原因与结果”的范畴必然地适用于一切时间中的客观事件，只要我们能够就像（康德认为他所能够的那样）把这个图型确立为对于时间中的种种客观事件的经验来说是必然的。

由于与后文的讨论高度相关，我要补充的是，倘若心灵以这种方式把它自己的种种范畴强加到它所知晓的种种对象之上，那么，它所能清楚知晓的实在之物，似乎就只能是显现于人类的种种条件之下的实在之物，而不是就其自身而言的实在之物。康德认为这一点已然确立起来了，因为根据他的看法，时间还有空间都仅仅是我们能够在其下直观实在之物的形式，是我们的感性强加到那些给予我们的感觉的东西之上的形式，并且因此是那种在现实中没有任何“如其实在所是的”（as it really is）对应物的形式。

§4. 自由的理念

倘若我们想要继续紧跟康德，我们就必须假定他已经（正如他声称他已经做到的那般）证明了“每个事件都必须有一个原因”(every event must have a cause)。“原因与结果”的范畴已然确立起来，但是，纯粹理性能够用它来做什么呢？

在其逻辑的运用中，理性不仅从种种根据中推论出种种后果，而且还（根据康德的看法）试图为种种假定的后果寻找根据。一个三段论的结论可以从它的前提中得出；但是，理性并不由此而感到满足，它进而要为前提寻找根据，以及这些根据的根据，并以此类推。理性至少必须设想“种种根据的总体性”的理念(Idea)，这种总体性（作为一个总体性）不再有其他根据，并且因此它自身是无根据的、无条件的或绝对的。

类似如此事情必定发生在“原因与结果”的范畴上。每个事件必定有一个原因，但这个原因本身（或者，至少就是康德所谓的其“原因性”〔causality〕，也就是说，其原因性的行动〔causal action〕[*]）也是一个事件，必须有一个其他原因，并且如此无限上溯(ad infinitum)。因此，理性必须为任何给定的事件设想“种种原因的总体性”，而这个种种原因的总体性，由于它是一个总体性，其本身不能再有原因。因此，我们就抵达了一个无条件的或无原因的原因的理念

---

* “原因性行动”是一个自身充当原因并且要导致一个结果的行动。康德按照因果关系来理解人类意志与（经验中的）行动的关系，意志活动本身是一个行动(action; Handelung)，它是经验中的行动的原因，经验中的行动则是意志活动的结果。所以，意志活动本身是一个原因性的行动。——译者

(Idea),一个产生种种结果的自发性行动,但它并不由任何外在于它本身的东西作为原因而如此行动。这样一个"无条件的绝对的自发性"的概念正是"自由"的先验理念(Idea),它是纯粹理性、而非纯粹知性的一个概念。

自由的理念(Idea)是纯粹理性不得不构思的一个概念;然而,倘若我们(正如许多人那样)认为,这个理念(Idea)能够给予我们有关任何实在之物的知识,我们就陷入了幻相。纯粹理性按照这种方式的想当然的实在运用是十分自然而然的,甚至是不可抵抗的,但它并不因此就不再是幻相的。我们的理性是推论性的(discursive);也就是说,惟有当理性能够把它的种种概念应用于那些给予感觉的对象时,它才能借助这些概念来认识对象。但是,一个原因的绝对自发性无法被给予感觉;而且,如果它能够被给予感觉,它本身就会是时间中的一个事件,这种事件必然地拥有一个先在的原因,并且因此不可以是自发性的。实际上,由于经验的一
100 切对象都必须是有条件的,由于理性的一切理念(Ideas)都是无条件的概念,那么,就没有任何理性的理念(Idea)拥有任何与之相应的经验对象。我们甚至都不能把一个理念(Idea)描述为一个不能有任何与之相应的对象的概念。

然而,如果(正如我们已然论证过的)这一点是正确的,即我们无法经验到"如其实在所是的"(as it really is)世界,那么,认为这样一个理念(Idea)或许指称的是"如其实在所是的"世界中的某物,而不是我们经验到的这个世界中的某物,就并不是不可思议的。但是,这在理性的理论运用中对我们毫无帮助,因为我们没有任何关于这个"如其所是的"(as it is)世界的知识,而是仅仅拥有关于"如其在经验中显现于我们的"(as it appears to us in experience)世界的

知识。对于“种种原因的一个绝对总体性”的理念(Idea)，其唯一的运用(对于理论理性来说)就是一种纯粹范导性的运用——也就是说，它不能帮助我们知晓任何对象(并且因此，它并没有康德所谓的“建构性的”运用)，但当我们已然发现一个原因时，它鼓励我们去寻求进一步的原因，并且如此无限上溯。

无论如何，倘若实践理性必然根据“它是自由的”这一假定而行动，倘若它由此依据“自由”的理念(Idea)而行动，那么，十分重要的一个结果是：这个理念(Idea)之中没有任何自相矛盾之处。正如我们已然说过的，这个理念(Idea)或许并不指称“如我们所经验到的”世界中的某物，而是指称“如其实在所是的”世界中的某物。对于行动的意图来说，或许就足够了。

即便从这个妄图以寥寥数页来概括《纯粹理性批判》的不完美的尝试之中，我们至少也能够看出，康德把“一个无条件的善”的理念(Idea)、“一个无条件的原则(或法则)”的理念(Idea)，以及“一个无条件的或定言的命令式”的理念(Idea)归于纯粹实践理性，这是具有一贯性的。

§5. 不同种类的概念

顺带补充一个为康德所承认的关于不同种类的概念的清单，或许是十分有用的：

(1) 取自经验的经验性的概念，例如“红色”与“猫”的概念。

(2) 任意的概念，例如“客迈拉”(chimera)的概念。*

---

* 客迈拉(Chimeras)，古希腊神话中的一种狮头、蟒尾、羊身的喷火怪兽。——译者

(3) 数学的概念,例如"三角形"的概念。他把这些概念看作一种特殊种类的任意的概念。

(4) 知性的范畴,例如"实体"(substance)与"因果"(cause and effect)的概念,它们必须应用于一切经验的对象。

(5) 理性的理念,例如"上帝""自由"与"不朽"的概念,它们无法应用于经验的对象。

§6. 直观的知性

理性的一个理念(Idea)乃是以我们关于有条件的某物的知识为基础的,并且是一个"其种种条件的总体性"的概念。康德把这样一些概念看作"一个系统整体"的概念,或者不同于一种纯然集合(aggregate)的一个"体系"(system)的概念。在一个体系中,整
101 体是其各个组成部分的无条件的条件,整体的理念(Idea)在逻辑上先于其各个组成部分,但在一个集合中,组成部分先于整体。[①]

我们不要把理性(按照康德的术语意义)思维成一种神秘的功能,或者把诸理念(Ideas)思维成惟有哲学家才能知晓的高深概念。一切人类思维都有一种自然的倾向,想要超出给定的组成部分,进入到一个更为广大的整体的观念,并且最终进入到最为广大的可能整体的观念,而各个组成部分在其中将会成为充分可理解的。

举个例子,在科学中,一个完备体系的理念(Idea)在我们的思

① 《伊曼努尔·康德的逻辑学》,导论,九,第 72 页;《纯粹理性批判》,第 A832—833 页=第 B860—861 页。

维中发生作用，就像一粒种子或一颗萌芽，尽管科学或许必须经过一条漫长的道路才能看清这个理念(Idea)。[①] 我们一旦把握到了这个理念(Idea)，以及与之相伴的作为一个整体的科学的意图与形式，那么，根据康德的看法，我们就能够通过一种先天的推理，把科学的各个必然环节规定为它的多个不同分支。

理性的一个理念(Idea)，尽管它是一个完备的系统整体的理念(Idea)，并且因此是某个个别事物的理念(Idea)，但却依旧是一个概念，而且，凭借一个概念而知晓的东西，在任何时候都少于凭借个别对象而知晓的东西。倘若凭借我们的理念(Idea)，我们想要知晓(而不仅仅是去设想)一个个别的对象，这个对象就必须被给予感觉，并且事实上，没有任何完备的与无条件的个别整体能够被给予感觉。这就为康德指示出一"理智"(intelligence)的思想，这个理智与我们自己的理智截然不同，在这个理智中，诸概念与那些给予感性直观的个别实在物之间没有任何分离。这样一个"理智"无须等候种种感性直观从外部被给予它。它将拥有康德所谓的"理智的直观"或一种"直观的知性"；它的思维，倘若我们可以把它叫作思维的话，将是直观的，而不是像我们的思维那般是推理的；而且，在其思维之中，它无须感觉的帮助就知晓一种个别的与理知的实在物。对于这样一个理智来说，将不再有思维与感觉之间的区分：其种种普遍的(universals〔普遍概念/共相〕)将同时也是个别的(individuals〔个别概念/殊相〕)，或者用黑格尔的话来说，

① 《纯粹理性批判》，第A834—835页＝第B862—863页。

将是具体的、而非抽象的。[①] 对于这个理智来说，就我们所能看到的而言，思想与行动之间将没有任何分别，因为其思维活动对于实在之物来说将会在本质上就是创造的；[②]但是，康德本人似乎没有明确地推出这一结论。

我们无从知晓这样一个理智是否可能，更遑论其是否现实。康德使用这样一个理智的概念，仅仅是为了通过比较，说出我们有限的人类知性的种种不可分离的限制。无论如何，他很可能相信，这样一种理智必须属于一个无限的存在者。

这样一种思辨似乎纯然只是幻想。然而，倘若我们只能知晓
102 一个时空中的世界，“当我向它的边缘前进，它却永远都在后退”，那么，在我们人类知性之中，就必须有一种奇妙的限制；而且，设想一个无限的知性，这个知性将立马把握整个实在，并且发现它（尽管对我们来说是不可理解的）是可理解的，这样做似乎完全是足够自然而然的。

无论如何，我提及这一学说仅仅是为了指出，根据他自己的原则，康德有时候似乎为人类理性提出了过多的主张。根据他所说的，理性仿佛可以彻底超越感性，[③]并且给我们留下这样一种印象，即根据他的见解，对于人类理性来说绝对善的就必须甚至在上帝眼中也是善的。[④] 根据他自己的前提，他是否有权这样说？我

---

① 康德没有使用这些术语，而是比较了“分析上普遍的”与“综合上普遍的”；《判断力批判》，第 77 节，第 407 页＝第 348—349 页。

② 这很可能也有助于解释，上帝如何能够除了无须种种感性直观的认识活动之外，而无须种种感性欲求而行动。

③ 《奠基》，第 452 页＝第 85—86 页。

④ 《奠基》，第 439 页＝第 70 页。

们的理性的诸理念（Ideas）不过是被远远推至无条件者的知性的诸范畴；而且，这些范畴，即便它们（在其纯粹形式之中）并不与时间相结合，也仅仅是一些依据某些规则来联结种种感性直观的原则，而且，对于关于一个直观的知性的知识，这些范畴根本就没有任何意义。[①] 更有甚者，尽管理性的诸理念（Ideas）毕竟能够被用于个别的对象，这也只能通过诸范畴的中介才能做到。[②] 无论康德何其天才，我们也难以看出，他如何才能达到一个绝对善性的理念（Idea），这种绝对善性不以某些方式与人类理性的种种限制发生关系。

---

① 《纯粹理性批判》，第 B145 页。

② 《判断力批判》，第 76 节，第 266 页（＝第 338 页）；《道德形而上学》，法权论，第 7 节，第 253 页。

103

第十章 善

§1. 一般的善[①]

实践理性除了拥有一些原则之外，还拥有一些对象，而且，根据康德的看法，这些对象就是善与恶。[②] 善被定义为“欲求能力(Begehrungsvermögen)依据理性的一个原则的一个必然对象”。然而，要获得一个恶的定义，我们就只能用“厌恶能力”(Verabscheuungsvermögen)来替换“欲求能力”。

此处提到的“理性的原则”当然是指客观的原则，而不是纯然的准则；否则的话，善与恶就不过是我们所愿意的或拒斥的东西。[③] 依据理性的一个原则而被规定的欲求能力无非就是一个理

---

① 我已在《康德的善的理念》(收录于《亚里士多德学会会刊》，1944—1945 年，第 i—xxv 页)中以更多的篇幅讨论了本章的主题。

② 《实践理性批判》，第 58 页＝第 177 页(＝第 101 页)。在《实践理性批判》的第 57 页＝第 176 页(＝第 100 页)中，康德(或许较为宽松地)说，实践理性的对象似乎仅仅是“通过自由而造成的一个结果”。

③ 亦可参见《奠基》第 413 页＝第 37 页中对“实践的善”的定义。《奠基》的第 412—413 页的整个段落可能都是关于一般的善，虽然康德专门讨论的是道德上的善。一个准则至多只能为我们提供“表面上的善”。

性的意志。[1] 因此，善就是一个理性的意志（就它充分支配了激情而言）必然会意愿的，而恶就是它必然会拒斥的。[2] 用更为专业的措辞，我们可以说，善就是一个理性的意志依据实践理性的一个客观原则的一个必然对象。

对康德来说，最为重要的是，善归于一个客观原则之下，并且因此归于一个概念之下。因此，我们能够说，某种类型的事物必定是善的：我们没有让直接的情感来评判每个个别的实例，如同我们在评估愉快，甚至在评估美丽的时候所做的那样。正如康德在《判断力批判》中所言，[3]“借助于理性而通过纯然概念使人喜欢的东西就是善的。”我们对善的把握伴随着一种情感上的满足——赞扬、尊崇、甚至（在道德善性的情形中）敬畏——但是，这种满足是我们的把握的结果，而不是它的根据；而且，这种把握本身借助于种种概念或原则，而且是实践理性的原则，不是理论理性 104
的原则。除非我们对行动有一种内在的熟知，否则的话，“善”这个词对我们来说就没有任何意义；而且，每个意愿（甚至每个愿望）都是对善性或恶性的一种含糊断言，尽管这种断言可能是错误的。

即便从他自己的视角来看，康德的定义也是有些不妥的。倘若我们当真以为，一个理性意志的对象不过就是它所产生的（或者致力于产生的）一个结果，就会否定“去行动”的善性，更会否定“去愿意”的善性：善性就会被局限于我们能够产生的种种事态。这根

---

① 《判断力批判》，第 4 节，第 209 页（＝第 13—14 页）。

② 这种必然性是康德所谓的客观的必然性：它在人类存在者那里并不是一种主观上的必然性。

③ 《判断力批判》，第 4 节，第 207 页（＝第 10 页）。

本就不是康德的观点，他远为更感兴趣的是意愿与行动的善性，以及意志本身的善性，而不是纯然产物的善性。

显然，我们必须对“对象”的意义加以扩展，以便能涵盖行动。这样做是合乎理性的，因为一个行动可以看作是（尽管这并非没有犯错的危险）由我们的意志在世界之中造成的一个变化。但这还是不够，因为根据康德的看法，意志本身必须被尊崇为至高无上地是善的。根据他的看法，一个根据客观原则而行动的意志就是一个善的意志；一个依据客观的原则而意愿的行动就是一个善的行动；而且，一个善的意志依据客观原则想要产生或使用东西就是一个善的事态。当然，即便如此，或许也过于简化了；而且，我们必须记住，为了成为善的，或者至少成为道德上善的，一个行动不能仅仅偶然地符合客观原则，它还必须是依据这些原则而被**愿意**的行动。然而，我们可以说，“成为善的”（to be good）就是要符合实践理性的客观原则。要充分地理解这一点，我们就必须看到，康德如何更为详细地制定出他的原则。

总而言之，我们必须记住，我们目前仅仅关心“一般的善”的概念。由于我们已经认识到三种客观原则，那么，就必须至少有三种不同的善，或者更好的说法是，有三种不同意义的善。现在，我们必须转而讨论它们。

§2. “有益”与“善于”

“为一个目的使用最有效的手段”的客观原则，为我们提供了对于别的某物来说“作为手段而为善”(good as means)的概念。[1]那些“作为手段而为善”的事物可以被描述为“有用的”(useful)或者对某物来说“有益的”(good for),正如像煤炭这样的自然产物对于燃烧来说是有益的,而像一把刀子这样的人工产物对于切割来说是有益的。作为手段而为善的行动也可以被描述为“娴熟的”(skilful),虽然这个术语显得过于狭窄,因为它不能涵盖行动中的诸如“坚定不移”(perseverance)这样的品质,坚定不移明显是作为手段而为善的。至少在某些情形之中,行动也可以被描述为对于某些东西来说“有益的”:举个例子,散步对于健康来说是有益的。当我们转而讨论那个展现在这些行动中的意志时,或者(更好的说法)当我们转而讨论那个愿意这些行动的人时,我们可以把他描述为“娴熟于”或“善于”某种事物。我们还可以说,他作为一个板球运动员是善的,作为一个士兵是善的,或者说得更简单些,他是一个好的(**善的**)板球运动员,是一个好的(**善的**)士兵,甚至是一个好的(**善** 105
的)囚犯。所有这些说法都表明,讨论中的善性仅仅在一个有限范围内有效。它不是一种无条件的善性,而是一种有条件的善性。

虽然这种意义上的善是有条件的与相对的,[2]但并不因此就不再是客观的。可以肯定,倘若我不想切割东西,一把刀子对我来说就不是有益的;但是,这并不能改变它对于切割来说是有益的这个事实,而且,任何懂得“切割”是什么意思的理性行动者都必然会这么看。

一些手段显然比另一些手段更加有效,就此而言,手段能够被

① 《奠基》,第 414 页=第 38 页。

② 《奠基》,第 438 页=第 68 页。

看作是更好的(更善的)或更坏的。因此,善性有各种程度之分。但是,我们由此无从知晓种种目的的善性;尽管事物(包括种种行动,甚至包括人)纯然作为手段拥有一种有限的善性或恶性,但它们还拥有一种截然不同的善性或恶性,即依据那些它们本身为其充当手段的目的而是善的或恶的。

§3. 我的善

我们或许期待,幸福的客观原则关心的是种种目的的善性,或者至少是种种目的的相对的善性。不幸的是,康德对于幸福的含糊多变的看法,在他的学说的这个方面造成了一种与之相应的含糊性。

康德当然把我的幸福看作我的财富、我的福祉、我的健康,看作人自然而然所要追求的善。他把幸福仅仅当作一种持久的愉快情感的状态,就此而言,其他的事物(包括种种行动)全部加起来都不过是达成这种状态的手段。既然如此,它们的善性就是作为手段的善性,而且,尽管幸福本身无疑被看作善的,但"善的"在此是否意指除了"愉快的"之外的其他任何事物,这一点似乎是疑窦丛生的。那些充当幸福的一个手段的事物的善性,与那些充当其他目的的一个手段的事物相比,唯一的区别在于:幸福是一个所有人事实上都会追求的目的,尽管他们经常由于无知、愚蠢或激情而无法获得幸福。①

① 然而,即便根据这种对幸福的看法,康德或许把持久的愉快情感看作一个目的,这是一个有限的理性存在者——抛开种种道德上的考虑——必然要追求的目的,只要理性已充分支配了激情。诚若如此,幸福就是一种客观的善。

倘若我们把追求幸福看作既需要选择一些目的也需要选择一些手段，并且实际上就是看作这样一种企图，即把我们种种不同的目的整合到一整个有序生活之中，那么，情况就完全不同了。这种看法在康德的后期著作中变得更加显著，但即便在《奠基》中也不是完全没有的。如果这种观点（如其确实所是的那般）是正确的，即一个理性行动者，只要充分支配了他的种种激情，就必然试图去整合他的多种目的，那么，幸福作为一个综全的目的就是“他的善”，在这个综全的目的中，种种分离的目的拥有它们作为要素的善性。它们不仅仅是幸福的手段，也是幸福中的要素，或者，就像人们有时候这样称呼它们的那般，是“构成性的手段”（constituent means）。这些目的的善性还（如其所是地）返还到这些目的的手段上，因此，它们能凭借这个行动者的善来加以评判。它们作为他 106
的种种特定目的的手段依旧抽象地是善的，但这些手段或许是这样的：他或许能够、或许不能通过使用它们找寻到他的幸福或他的善。

以这种方式，我们就抵达了“我的善”或“对我来说善”的概念。这不能被仅仅当作“我恰好认为对我来说善的”。我所认为的有可能是错的，而且，尽管这种善是相对于我的特性、欲求与需要而言的，但它并不由此就不再是客观的。另一方面，“我认为对我来说善”是规定“什么对我来说善”的一个因素。我认为某物对我来说是善的，这或许是由某些我难以理解的无意识的需要所导致的，但抛开这种情况，我总的来说不大可能从这样一些东西中找寻到我的善与我的幸福，即其他人（而不是我）认为对我来说善的那些东西。康德在任何时候都刻薄地反对那些以他们的方式为另一个人追求幸福，而不是以这个人自己的方式为他追求幸福的家伙。

许多事物都可以被描述为“于我而言”或“对我来说”善的，而且，我们在某种意义上可以在这些事物中找寻到“我的善”；但是，事物（与行动相对）惟有作为那些构成了我的幸福的目的的手段才恰当地显现为善的。在那些我们并不真的喜欢的事物中，这一点尤为明显：因此，大米布丁或许对我来说是善的，因为它是促进我的身体健康的一个手段；而且，甚至批评对我来说也是善的，因为它是促进我的灵魂健康的一个手段。在种种幸运的恩赐中，例如健康与财富、权力与威望，拥有或使用这些东西构成了我的善；而且，种种自然的恩赐，例如理智与判断这样的心灵的能力，或者动物性的勇气或自然的节制这样的脾性的性质，也同样如此。[①] 大致来说，我们是在种种活动之中、而不是在种种事物之中找寻我的善，在工作与游戏中、在爱与刺激中，在哲学与艺术中找寻我的善。不同的人将自然而然地从不同的活动中找寻他们的善，而且，十分明显的是，同一个人也会在不同的活动中找寻到或多或少的善。在这里，善性也有各种程度之分的。

说来有趣，我们并不习惯仅仅因为一个人善于整合自己的种种目的，或者善于确保他自己的幸福，就把他描述成一个善人。我们宁愿把他描述成一个有理智的、有能力的、机智的、甚至智慧的人。英语中似乎没有任何准确的词汇能够用来指称这种善性——或许，德文词“Klugheit”（机智）能够更好地概括它——但是，没有

① 参见《奠基》，第393—394页＝第11—12页。

任何理由怀疑，具有这种特性的人拥有一个“某种意义上善的”意志。[①]

更为狭义上的幸福，也就是持久的愉快情感，可以是一个理性行动者（*作为*理性的）必定必然地要追求的种种目的之一；但是，它当然不是唯一的目的，而且，经验趋于表明，我们越少刻意地去追求它，我们就越有可能达成它。另一方面，倘若一个人在一个有序生活中达成了他给他自己设定的全部目的，却不能经验到愉快的情感，我们就不能说他是幸福的。这样一种事态是不太可能的，而且，倘若可能的话，那就无疑表明，他患有某种严重的精神疾病。
在任何情况下，愉快都不仅仅是幸福中的一个要素，它是幸福的一 107
个标准，而且正因为如此，它如此经常地被当作幸福本身。

即便反复赘言，我也必须强调，我的幸福与我的幸福中的种种要素是一些客观的善，尽管它们都是相对于这个行动者而言的。我的善不止是某个看似对我来说善的东西。它甚至也不是某个看似对于任何戏剧性地把他自己置于我的位置的理性行动者来说善的东西。为了要看出我的善，另一个理性行动者确实必须把他自己戏剧性地置于我的位置上：他必须让他自己有意识地想象我的种种需求与我的种种欲求，并且必须要借助于这样一种知识来做出判断；他还必须记住，在这些事情中，自由，甚至任意的选择有着极大的纬度，个人的自由选择是规定幸福的可能性中的一个强有力的因素。但是，当知道了这一切之后，尽管这些事情充满了不确定性，依旧可以肯定的是，有一些活动，一个特定类型的行动者能

① 《奠基》，第 414 页＝第 38 页。

够把它们结合在一个有序生活之中，还有一些活动他不能。我能够在一些活动中找寻到我的善，在某些种类的生活中，而不是在其他种类的生活中找寻到我的善。所有一切中最为重要的，尽管我的善是相对于我的种种需要与种种欲求而言的，而且，在那种意义上是有条件的，但在另外一种意义上，我的善与你的善、我的幸福与你的幸福，都必须在任何不偏不倚的理性行动者的眼中被看作一种善，并且在这个意义上，可以被描述为一种无条件的善。[①] 我相信，康德完全接受这一点，但我认为，我们一旦获得这个观点，我们就避开了道德的视角；而且，从这种视角出发，当我的善与他人的善相冲突时，它就不再是一种善。在这个意义上，我的善就依旧是有条件的善。

§4. 道德上的善

实践理性的无条件的客观原则关心的是无条件的或道德上的善，并且实际上，我们最初是通过分析“道德上的善”才得以构思出这个概念的。

到目前为止，我们已经把一个行动者在两种有限的意义上考虑为善的：(1)他合乎理性地(亦即技巧娴熟地)满足他的种种欲求，并且因此达成他的种种目的，就此而言，他是善的；以及(2)他

① 这是第九章中的一个说法的另一个方面，即一般的自爱的原则——就像一般的技巧的原则那般——并不由于特定的行动者的欲求而是有条件的，即使其应用以这种该方式而是有条件的。亦可参见第九章§3中引用的段落，它告诉我们，理性具有一个不可抗拒的职能——追求幸福的职能。

合乎理性地(亦即智慧地或机智地)追求他自己的幸福,并且因此达成其种种欲求的最大满足,就此而言,他是善的。在所有这些中,合乎理性的行动的先行条件都是这个行动者自己的种种欲求与需要。但是,没有任何人(除非他一时被一种错误的哲学所腐蚀)假装说,这样一个合乎理性的行动者必然是一个善人。一个善人是这样一个人,他并不是为了满足其种种欲求的缘故,而是为了 108
合乎理性地行动的缘故,并且因此为了满足其理性的缘故而合乎理性地行动。正因为如此,康德才会——按照他那或许有些令人反感的术语——把善性的原则说成是一个"遵从普遍法则本身"的纯粹形式的原则:它并不把我的种种欲求与我的种种需要当作其先行条件来加以援用。但是,康德提出的这种主张确实符合日常的道德判断。问一个行动是否在道德上是善的,并不是要问它是否能够满足这个行动者的一个欲求,或者实现他的幸福理想;在我们知道前一个问题的答案之前,我们也不需要知道后一个问题的答案。康德或许过于强硬地提出这种看法,以至于它对于许多人来说都显得是悖理的,但这就是他努力想要教导的那个简单而明显的真理。

无论如何,至少对于人来说,在真空中合乎理性地行动是不可能的,而且,一个最为常见的反对康德的论证是:除非我们假设,除了"良善行动"或"合乎理性地行动"的纯然意志之外,还有其他事物是善的,否则的话,讨论道德上的善性就是毫无用处的。正因为如此,我才必须如此强硬地(甚至比康德本人更为详细地)主张,他当然承认我们刚才讨论过的其他一些客观的(尽管是有条件的)善。康德知道——没有人比他更加知道——一个善人必然愿意追求他人的幸福，同时也愿意追求他自己的幸福，但他的这个说法无疑是正确的，即他不会愿意为了他自身的缘故来追求他人的幸福。有一些目的，它们是理性为了其自身的缘故或者（用康德的话说）为了法则本身的缘故而必须设定的目的。[①] 而且，一个善的意志仅仅因为它造成了或者试图要造成这个行动者的幸福，甚至其他行动者的幸福就不再是善的了：它拥有一种远远高于纯然幸福的价值，而且，为了那种价值的缘故，甚至必须牺牲掉幸福与生活本身。

显而易见，道德上的善性并不是事物的特征，而是行动与（最重要的是）人格的特征。我们也不应为此感到惊讶，即只要一个行动者根据一个原则而行动，这个行动就是道德上善的行动。甚至对于技巧娴熟的行动与机智的行动来说，也是如此。我们对“一个技巧娴熟的行动”与“一个纯然的侥幸”做出区分；如果一个男人在他中了彩票的妻子身上找到了幸福，我们只能把他算作一个幸运儿，而不是一个智者。

§5. 善的目的论观点

有人依旧会认为，除了道德上的善以外，认识到作为“有用”（useful）的善，认识到作为幸福的善，或者作为幸福（即便是一个广

① 根据康德的看法，道德上善的行动是一个为了法则本身的缘故而做出的行动，但它并不纯然是作为一个叫作“法则”的抽象概念的手段而是善的；相反，它就自身而言就是善的，凭借体现在其中的客观的与无条件的原则而是善的，而不是凭借它所满足的种种欲求或者它所追求的种种目的而是善的。正如我们在第七章§3中所见，道德的兴趣是对行动本身的一种兴趣。

义的与亚里士多德意义上的幸福）中的一个要素的善，这还不够。或许的确如此，尽管亚里士多德本人也没有那么糟糕。当然，我并不妄称，康德提供了一种充足的行动哲学或善的哲学，而且，对我来说，他似乎过多地依赖于“手段与目的”的范畴。我所坚持的是，他并不像人们通常以为的那般不充足。

情况很可能会是这样的，诸如哲学、科学与艺术这样的事物的 109
价值，无论我们何其广义地诠释人类幸福，都无法凭借人类幸福来加以正确评估。正如康德所认识到的那般，这些活动拥有它们自己的标准，既不是幸福论的（edudaemonistic）标准，也不是道德的标准。然而，他很可能坚持认为，它们的善性（不同于它们的有效性、真理性或美丽）必须跟实践理性的一些客观原则有关，而且，它们拥有如是一种善性，这种善性是一种道德的生活中的要素，而不仅仅是一种幸福的生活中的要素。然而，在康德那里，还有另一种血统，可以被描述为一种亚里士多德式的或目的论的血统。在他的看法中，我们已经发现了这样一点，①即人身上的理性必须拥有一种特殊的功能与一个特殊的目的；而且，他似乎主张说，对于那些把人与一种纯然的动物区分开来的能力，培养与使用它们拥有一种不同于幸福的价值，因为它们是人类独有的种种目的的实现。当康德区分了“善人将为他自己追求的完善”与“他将为他人追求的幸福”之后，这一点就变得十分清楚了。② 惟有在一种道德语境之中，这种特殊的价值或善性才能被讲述出来，尽管其意蕴或许更

---

① 第二章，§8。亦可参见第十五章，§4—§6。

② 《道德形而上学》，德性论，导论，四、五、九，第 385—394 页＝第 230—240 页。

为深远。

这样一种目的论的观点在十八世纪很容易被接受。然而，由于达尔文提出了他的进化学说，这种观点在现在又很容易遭到拒斥。我们在此需要注意的仅仅是，尽管康德或许未加批判地在他的学说中使用了这种观点，但他的目的论学说不能以一种粗暴的方式加以诠释。尽管我们必须把某些事物看作仿佛是为了一个意图而被创造出来的，尽管我们不能以任何其他方式来理解他们，但这并不意味着，我们自称知道（甚至是认为）它们就是为了一个意图而被创造出来的。他把“自然中的合目的性”概念称作“范导性的”，而不是“建构性的”。[1] 即便现代机械论的动物学家有时候也会说得来仿佛各种各样的器官都有一个意图，尽管他们费尽心机地想要否定这种情况。

或许，“实践理性拥有一种功能或意图，满足这种功能或意图必须是善的”这个假定，就是康德整个道德哲学的根本假定，并且实际上几乎就是整个西方道德哲学的根本假定。或许，这个假定一旦被正确地理解，就是一个合法的、甚至必然的假定，就跟“我们在思维中必须信任我们自己的理性”这个假定一样。这一点（按照我的理解）跟那些伟大的东方哲学相反，它们把唯一的善看作一切活动的完全湮灭。轻率地谈论我们根本就不熟悉的观点是不太好的，但我们或许可以试验性地注意到，西方人似乎通常只在辛苦工作之后，自然而然地欲求休息的时候，才会表现出持有这样一种观点，甚至只是在运用实践理性去追求享乐的努力遭遇失败时才会

---

① 《判断力批判》，第 76 节，第 404 页（＝第 344 页）。

有这样一种反应，无论这种享乐是较高层次的艺术，还是较低层次的声色。康德本人相信，理性对于追求幸福来说只是一个不怎么样的工具，而且，它在这个意图中必定不可避免地遭遇失败；但是，他由此得出结论说，理性必定服务于某些比满足欲求更高的意图， 110
而不是我们应该彻底抛弃理性，转而支持本能，甚至支持无意识。

需要补充的是，即便某些人类活动拥有除了在人类幸福中充当构成性要素以外的别的某种善性，即便这种善性并不被看作道德上的善性（这或许已经是康德的观点），也根本不会减损道德善性的至高无上。人类活动特有的这种善性在如是意义上依旧是一种有条件的善性，即在一个具体处境中，它们除非与道德法则相容，否则就不能是善的。[①]

§6. 善的实在论观点

无论我们认为康德对善性的解释存在何种缺陷，他企图找出一些截然不同意义上的善，它们构成了一个共同概念之下的一个发展序列，这种尝试自有其魅力。同样不难理解的是，根据他的看法，较高的善何以有时必须胜过较低的善；因为，技巧的原则只考虑一个欲求与一个目的；机智的原则考虑一个行动者的一切欲求与一切目的；道德原则（无论它要做什么）考虑所有行动者的种种欲求与目的，至少就它们受到这个行动者的行动影响而言。

这种观点如今不怎么招人喜欢，而且，我们必须承认，即便对

① 参见第二章，§3 和 §4。

于那些并不为支持感觉或情感而拒斥理性的人们来说，康德想要按照实践理性及其种种原则来定义善的整个尝试，也像是一种“把马车放到马儿前面”的本末倒置的努力；而且，他们持有一种貌似合理的观点，即善并不因为它是（或者将会是）一个理性行动者所愿意的而是善的，而是相反，正是因为它是（或者将会是）善的才会被一个理性行动者所愿意。

这都是些麻烦的问题，而且，想要领会康德的哲学，只要承认善性与一个意志之间存在一种必然的与相互的联系，就足够了，这种联系就是，一个理性意志——倘若它充分支配了种种激情——必然会选择善的事情，而善的事情将必然为一个理性意志所选择。[①] 但是，这样一种观点可以按照不同的方式来加以诠释。

首先，有这样一种可能性，即“善”可以按照一个理性意志及其客观原则来定义，而且，我觉得这就是康德的观点，尽管他并没有把它完全说清楚。我认为，摩尔教授（Professor Moore）所谓的“自然主义谬误”（naturalistic fallacy）不能用于指责这种观点：至少说，这种观点并没有把“善”跟一个自然对象混为一谈，[②]因为实践理性的一个客观原则并不是一个自然对象。此外，从属意义上的
111 善性并不是任意的，而是依赖于种种事物的内在性质（包括行动者的种种欲求与需要）。主要的难题出现在道德的与无条件的善那里，只要我们觉得，它是这样一种善性，即一种并不仰赖种种事物的内在性质（包括理性行动者的种种欲求与需要）而绝对地拥有的

① 我省略了一些必要的限定，但我已经在《G. E. 摩尔的哲学》中提出了许多此类限定，参见第 608—611 页，以及第 615 页以下。

② 参见 G. E. 摩尔：《伦理学原理》（*Principia Ethica*），第 13 页。

善性。我不相信这就是康德的观点，因为，尽管他坚持主张善性与道德原则的形式特性，但他也十分清楚，每种形式都必须拥有一个质料。[①] 然而，有的人或许会认为，根据这种看法，善性就彻底消失了，或者被一个所谓的"理性意志"给吞没了，这个理性意志倘若不是完全空洞的，就是纯然任意的。

第二种可能性是，一个理性意志可以按照善性来定义。[②] 对我来说，这种观点作为对一个理性意志的解释来说并不充足，而且，它为一些反驳留有余地，我们必须要讨论的第三种可能性也面临着相同的反驳。

第三种可能性是，一个理性意志与善性都不能按照对方来定义，但是，我们能够认识到它们之间的一种必然的与相互的联系。这种观点有一种极大的魅力，并且试图（可以这样说）公正地对待等式的双方。但是，我们能够分开来理解这两种因素，并且，也是最重要的，对于理解它们之间的一种必然的与相互的联系的可能性，我们能够使之成为可理解的吗？我们之所以能够理解一个理性的意志，是因为我们拥有（并且实际上在某种意义上就是）一个理性的意志：如果我们无法理解我们自己活动的原则，那我们还能理解什么东西？对于善性，我们必须认真弄清楚我们把握它的方式。如果善性是通过感觉或情感来把握的，那么，想要理解我们对善性的种种判断如何能够宣称对任何人，而不是对我们自己有效，

① 例如，参见《奠基》，第 436 页＝第 66 页；第 454 页＝第 88 页。

② 《G. E. 摩尔的哲学》似乎提出了一种与此相似的看法（用"权利"代替"善性"），参见第 616 页。但是，他的看法或许更像是即将提及的第三种可能。

这似乎是很不容易的；[①]以及，想要理解我们如何能够有权说，某个种类的一切事物或一切行动都必须是善的，或者，善将必然被一个理性的意志所选择，这似乎是不可能的。另一方面，如果善性是通过一个并非派生自感觉或情感的概念来把握的，那么，除了从有关我们自己的心灵或者我们自己的意志的必然的运作活动的知识之中，我们如何能够获得这样一个先天的概念呢？如果我们把这个问题当作一个不恰当的问题抛在一旁，那么，对于这样一个概念，它是关于某些并非通过感觉或情感而知晓的实在性质的概念，一种我们只能说它是“其所是者”、它不是除了“其所是者”之外的任何东西的实在性质，我们能够赋予这个概念任何意义吗？最重要的，在这种情况下，我们如何能够有权说，某个种类的一切事物都必须拥有这种性质，或者说，一个理性的意志（作为理性的）必须拥有这种性质？根据这种观点，这些判断必须是一些先天的综合判断，而不是一些分析的判断；[②]而且，除非我们能够解释，接受这些判断的做法如何能够被证义，否则的话，接受它们就是十分困难的。

或许还有第四种可能性，一个理性的意志与善性只能在彼此
112 的关系中才是可定义的，就像“左”与“右”，或者“上”与“下”。这种观点无疑值得探索，而且，相比第二种与第三种观点，它至少与康德没那么相容；但是，即便这种观点，康德也很可能看作一种错误，因为它把善性看作是与一个理性意志相协调的，而不是从属于一

① 《奠基》，第442页＝第77页。

② 这种区分在第十二章的§2—§5中已经简要地讨论过了。

个理性意志的，或者从它那里派生出来的。

我并不希望独断地处理这个问题，对它的讨论从康德那个时代开始就已经获得了极大的发展。但是，我们至少能够说，他的观点并不把善性看作非实在的或任意的，他也不认为善性依赖于行动者一时的态度。正如我已然说过的，此处的难题主要是跟道德上的善或绝对的善有关。“善”这个词最重要的意义也正在于此，而且，对于康德的学说，在我们对其详细运作方式获得更多知识之前，我们并不真的有资格对它做出评价。

113

第十一章　命令式

§1. 一般的命令式

惟有当我们掌握了康德关于实践理性的主观原则与客观原则，以及这些原则与不同种类的善性之间的关系的理论之后，我们才能在恰当的视野中来看待康德对诸命令式的解释。若非如此，诸命令式就会在我们对康德哲学的看法中变得过于庞大，从而使其哲学遭到扭曲，以至于显得过于严苛且令人生畏。

我们已经看到，实践理性的客观原则无须也是主观的原则——也就是说，它们无须是我们据以行动的准则。我们实践经验的这个令人痛苦的悖论，产生自这样一个事实，即我们的种种偏好可以构成实践理性的"阻碍与妨害"。这种情况既发生在技巧的与自爱的客观原则那里，也发生在道德的客观原则那里。许多人都会在激情的引导下，按照一种他们明知会干扰一个欲求之实现的方式，甚至会损害他们的幸福的方式行动。他们还更为明显地在激情的引导下，按照一种他们明知为道德上恶的方式行动。一个显而易见的事实是，人并不在任何时候都会做一个理性行动者(只要理性充分支配了激情)必然会做的事情。

这个事实使得实践理性的一切客观原则（它们在任何时候都是某种善性的原则）对我们显现为一些职责的原则，并且因此显现为一些诫命或命令式。与我们内在的理性本性的必然法则不同，它们似乎完全是某种外在于我们的东西，或者异于我们的东西，它们限制、强迫或“强制”（necessitate）我们那仅仅部分理性的意志。

在这种关联中，区分“必然性”与“强制性”就是十分重要的。[1]一个完全善的或神圣的意志*必然地*（尽管是自发地）将其自身展现在一些善的行动之中。一个不完全善的意志（由于激情）在遵从善性的一个客观原则时将会感觉到抵触与困难，因此，这个原则似乎就成了施加给我们的意志的压力或限制。于是，这个原则（尽管被承认为客观上必然的）就不是主观上必然的；而且，善的行动（即便我们照做了）似乎也是*强制的*，而不是必然的。

说一个客观的原则显现为一个诫命或命令式，这使之貌似完 114
全是一种外在的强制。[2] 毫无疑问，这种对照是不准确的（而对照总是如此不准确）；因为，一个诫命完全是外在的，但实践理性的客观原则是我们自己的理性本性的展现。没有人比康德更坚持这一点，他在任何时候都拒斥这样一种观点，即道德可以是对国家的、甚至上帝的种种诫命的纯然服从。然而，职责与诫命之间有一种

---

① 《奠基》，第 413 页＝第 36 页。德语的“强制”是“Nötigung”，拉丁则是“necessitatio”。这个术语（跟其他许多术语一样不幸地）在阿伯特的译本中是含糊不清的，他把它译作“obligation”（职责）。

② H. G. 威尔斯先生（H. G. Wells）的《波利先生》（*Mr. Polly*）中有一个段落，很好地描述了道德上的强制性的貌似外在性的特征。正如康德所言，这种强制性在技巧的或自爱的原则中不甚显著。参见《奠基》，第 416 页＝第 41 页。

亲缘性，这种亲缘性表现在一种普遍的倾向中，即使用命令式的口吻来表达道德职责与其他职责。

§2. 命令式的定义

康德对一个“命令式”的定义是：

> “一个客观原则的观念，就这一原则对于一个意志来说是强制性的而言，就叫作(理性的)一个诫命，而且，这个诫命的公式就叫作一个命令式。”①

现在，这个定义不会带来多少困难，或者不会带来任何困难，但某些要点需要注意。

(1) 康德似乎没有用到“诫命”与“命令式”之间的区分，因此，这个区分可能会遭到忽视。②

(2) 一个实践理性没有遭到欲求的妨碍时只需要说“我愿意”，一个实践理性遭到欲求的妨碍时则必须说“我应当”。

(3) 因此，善性的诸原则在我们有限的人类条件之下就显现为职责的诸原则。可以肯定，即便讨论中的原则是一个技巧的或

---

① 《奠基》，第 413 页＝第 36 页。亦可参见《奠基》，第 414 页＝第 38 页：“诸命令式仅仅是一些公式，用以表达一般意愿的客观法则与这个或那个理性存在者，例如人类意志的主观的命令式之间的关系。”此处所说的这种“关系”就是“强制”或“限制”。

② 我们可以(如果我们愿意)把命令式看作那个对行动者显然是一个诫命的东西的哲学公式。

理性自爱的原则，而不是一个道德的原则，也是如此。人在追求幸福时，甚至在为目的采纳手段时，并不全然是理性的。

§3. 三种命令式

我们已经认识到了行动中的三种客观原则，以及三种与之相应的（或者三种意义上的）善：（1）有用的，或作为手段的善；（2）对我有益的，或我的善，以及（3）道德上善的。对于一个其意志并不必然符合这些客观原则的行动者来说，三种原则必定显现为三种命令式；而且，与这三种善的行动相对应的，还有三种在某种意义上负有职责的行动。①

如果实践理性的客观原则以一个目的为条件，那么，命令式就 115
是**假言的**。它采取的形式是："每个理性行动者，如果他愿意某个目的，都应当愿意对这一目的作为手段而为善的行动。"在这里，理性的诫命以这个目的为条件；而且，由于目的是多变的，理性意志所责令的行动也是多变的。

康德承认两种形式的假言命令式。如果目的仅仅是我们有可能愿意的东西，命令式就是一个**或然的**（problematic）命令式、一个技巧的命令式。如果目的是每个人都自然而然地愿意的，亦即幸福，命令式就是一个**实然的**（assertoric）命令式、一个机智的或理性自爱的命令式，也可以叫作一个"实用的"（prgamatic）

① 《奠基》，第 414 页以下＝第 38 页以下。

命令式。

如果实践理性的客观原则并不以任何目的为条件，这个行动就是为其自身的缘故所责令的，无须凭借任何其他目的就其自身而言就是善的。那么，这种命令式就是定言的(categorial)：也就是说，它并不以“某些特定目的被欲求”的假言为条件。它采取的一般形式是：“每个理性行动者都应当愿意就其自身而言善的行动。”[①]康德把这种命令式叫作定然的(apodeictic)命令式，而且，它就是道德的命令式。[②]

康德的术语并不全然令人满意，而且，不无道理的一个说法是，他或许过多地受到了一种同“或然判断”“实然判断”与“定然判断”之间假定比较的影响。在其他地方，[③]康德本人提出，一个或然的命令式在措辞上就是矛盾的，正确的表达应该是“技术的命令式”或“技巧的命令式”。他补充说，自爱的实用命令式也是一种技术的命令式，但它要求一个特殊的名称。他为此给出的两个理由是：(1)旧的理由——亦即，我们自己的幸福不能像技巧的诸目的那样被算作一个纯然任意的目的；以及(2)新的理由——亦即，自爱不仅关心达成一个预设目的的方法，还关心对那些构成了目的本身的东西的规定。

---

① 我们绝不能忘记，一个就其自身而言善的行动就是一个为了普遍法则本身的缘故而做出的行动。参见第七章，§3。

② 还要注意，康德有时候把“道德的”意义上的“实践的”一词，与“机智的”意义上的“实用的”一词对立起来。

③ 《判断力批判》，第一版导言，一，第8页脚注。

§4. 规则、建议与法则

不同种类的命令式实施不同种类的强制或限制。[①] 康德用他的术语标记了这一区别。他把“**技巧的规则**”与“**机智的建议**”跟“**道德性的诫命**(**或法则**)”对立起来。

技巧的诸规则或许清楚明确,但惟有当我们希望达成一个特定目的时,我们才会受制于这些规则。机智的或自爱的诸建议在许多方面都是更不确定的,但它们也更具有约束力。它们之所以更不确定,是因为不同的建议将对不同的个体有效;然而,要确定一个特定的个体将在何处找寻他的幸福,这是十分困难的,甚至是不可能的,而且,这部分地依赖于该个体相信什么东西对于他的幸 116
福来说是必需的。康德对如是一种做法的可能性趋于悲观,即凭借精巧算计的行为达成幸福。实际上,按照他的脾性,相比偏好的自发性,他似乎完全不喜欢机智的算计。然而,尽管机智的诸建议如此地不确定,它们也比技巧的诸规则更具有约束力,因为,破坏掉我们的幸福是纯然愚蠢的,而幸福绝不是一个任意选择的目的。

无论技巧的诸规则,还是机智的诸建议都不同于道德的诸诫命,严格说来,惟有这些诫命才有资格叫作“法则”。[②] “诫命”一词旨在表明,道德职责并不依赖于我们的种种偏好,甚至还有反对它

① 《奠基》,第416页＝第41页。

② 《奠基》,第416页＝第41页。康德在前面说——《奠基》的第413页(＝第36页)——**所有的**命令式都既是法则,也是诫命。就技巧的与自爱的一般原则(而不是它们的应用)是无条件的而言,这个说法或许能够得到辩护。参见第九章,§5。

们:这里不存在"劝诱"(cajolery)或"说服"(persuasion)。必须记住,"法则"这个词并不必然伴随着"诫命"的理念(idea);[①]正如康德所言,"法则"表达的是一个对每个理性行动者本身都有效的无条件的必然性(而不是强制性)。一个神圣的意志将必然地与自发地依据道德法则而行动,尽管在这个意志中,将没有任何对职责的意识。对于那些不完全理性的行动者来说,由于他们的不完善,道德法则才显现为一种职责或诫命;而且,这种职责依旧是无条件的:职责按照任何方式都不依赖于这样一个事实,即我们恰好追求一个特定的目的,甚至也不依赖于这样一个事实,即通过依据法则而行动,我们有可能会达成幸福。相反,即便法则反对我们的偏好,甚至有损于我们的幸福,法则也依旧是有效的。

否定这一点,就是彻底否定道德。倘若我们认为,道德正如人们日常所理解那般只是一种幻相,那我们就只管这样说;但是,我们至少要避免这种存留于日常道德术语中的糊涂思维,把它们诠释为仅仅指涉利己,甚至指涉纯然一时的与个人的情感。

§5. 职责与善性

康德的三种命令式责令三种(或三种意义上的)善的行动。[②]对他来说,职责与某些种类的善性是不可分离的,尽管或许也会有一种没有职责的善性,就像在一个神圣的意志中那般。因此,相比

① 参见第六章,§2。

② 《奠基》,第413页=第37页;第414页=第38页。

职责，善性是更为基础性的，职责仅仅是由于我们人性的不完善而产生的。抛开某些种类的善性，就没有任何种类的职责。

这个一般的原则在道德职责那里也是有效的。道德的命令式责令道德上的善性：它要求我们道德地行动——也就是说，正如我
们已然看到的，为了法则的缘故或者为了义务的缘故而行动。普 117
遍的伦理诫命就是：“为了义务的缘故依据义务而行动”。[①]

如果我们认为普遍的道德命令式是要责令为了义务的缘故而行动，那么，我们就必须认识到，当它被应用于一些特定的处境之中时，它也责令一些特定种类的行动，例如欠债还钱。这样一种应用如何是可能的，我们在此并不想去追问。假定有这样一种应用的可能性，康德认为，道德命令式要求我们为了义务的缘故偿还债务；也就是说，它不仅责令这样一种行动，而是责令要出自义务的道德动机而实施这种行动。实际上，根据他的看法，这也正是那个把纯然的法律——亦即国家法律——与道德区分开来的东西。

如果我们做了这样一个被责令的行动，但却没有道德上的动机，那么，我们就可以把它叫作一个“依据义务而做出的”(pflichtmässig〔合乎义务的〕)行动。我们在英语中找不到一个与之精确对应的形容词，[②]但我们或许可以把它叫作行动的“应做”(due)。如果行

---

① 《道德形而上学》，德性论，导论，七，第 391 页 = 第 236 页：“Handle pflichtmässig aus Pflicht”。康德甚至接受“成为神圣的”和“成为完善的”的诫命，尽管他在一般常识的意义上说，这是一个我们只能最大程度趋近的理想：这种义务是不完全的职责之一。参见《道德形而上学》，德性论，§ 21 和 § 22，第 446—447 页。

② 有时它被译作“正当的”(right)，但是，(1)“正当”的原始意义是“合适的”(fitting)，而不是“职责性的”；(2)它的日常意义是指“可允许的”，而不是“职责性的”；(3)它并非没有一些价值的含义，但后者在此应当被排除。

动是为了义务的缘故而做出的,我们就不仅仅把它描述成“应做的”(due),还要把它描述为“全乎义务的”(pflichtvoll〔全乎义务的〕);而且,惟有如此,它才是一个道德上善的行动。因此,根据康德的看法,道德命令式所责令的是这样一些行动,它们不仅仅是“应做的”,而且还是“全乎义务的”。

无论我们是否说,“一个人只要做了他应做的就是履行了他的义务”,这都仅仅是为口头表达上的方便起见。他在某种意义上已经履行了他的义务,即便并没有道德动机出现;但是,在另一种意义上,他还没有履行他的义务,因为他的行动不是全乎义务的,并且因此没有履行道德的命令式。

然而,当这样一种观点遭到明确的拒斥,即我们应当为了义务的缘故而行动,我们就进入到一种深刻的哲学差异之中。[①] 这种学说如今获得了如此强烈的支持,以至于我们很难在沉默中予以忽视。

§6. 道德地行动的义务

想要在此充分地处理这个问题是不可能的,但康德的观点面临着两种主要的反驳。

第一种反驳:由于我们无法随意地唤起种种动机,根据这些动机行动也就不能是我们的义务。根据这种观点,种种动机被看作
118 情感,而且,可以肯定,我们无法唤起善意的情感或激情,它们有时

① 参见大卫·罗斯爵士:《宗教与善》,第4—6页。

候被看作道德的动机。康德本人(就他把一个动机当作一种情感而言)把敬畏的情感看作人身上唯一的道德动机,但对他来说,敬畏是我们对义务的认识所产生的一种必然的情感上的衍生物或后果。因此,敬畏并不需要被“唤起”:如果缺少敬畏的情感,我就认识不到任何义务,而且,我就既不能是道德的,也不能是不道德的;我就是一个纯然的动物,而不是一个人。对于道德情感,正如他本人所言:“没有人不具有任何道德情感;因为如果对这种感受完全没有易感性,人在道德上就会死了。”①

然而,还有一种更为细致的反驳。我们被告知,出自一种义务感而做 A 就是出自一种“做 A 是我们的义务”的感觉而做 A。因此,道德的命令式(如果它要求我出自一种义务感而去做 A)断言,出自“做 A 是我的义务”的感觉而做 A 正是我的义务。但是,其中存在一个矛盾。该矛盾在于这样一个事实:尽管整句断言肯定的是“出自某个动机去做 A 是我的义务”,但目的从句肯定的只是“去做 A 是我的义务”,也就是说,完全脱离任何动机。如果我试图修改目的从句,使它与整个断言协调一致,我也只是以一种不同的、但却同样需要修改的方式重复了这一矛盾,并且因此陷入一个**无限回溯**之中。于是就成了,我有义务去做 A 是出自一种“出自一种‘出自一种……去做 A 是我的义务的感觉’的感觉而去做 A 是我的义务的感觉”的感觉而去做 A 是我的义务的感觉,并且如此**以至于无限**。

① 《道德形而上学》,德性论,导论,十二(1),第 400 页＝第 247 页。如果我们把法则本身或义务本身当作道德的动机——参见第五章的附录——我们在任何时候都能够根据义务的动机而行动,这一点就变得更为清楚了:我们只需要根据“不要做那些我们发现与道德法则不相容的事情”的原则而行动。

从一种康德式的视角来看，使用“义务感”这个说法是不幸的，这不仅是因为他坚决否定有任何此类感觉存在，而且还因为这个说法不仅暗示了一种情感，还暗示了一种判断；[①]而且，由于在道德上善的行动中，我们必须判定“去做 A 是我的义务”，那么，由此就很容易认定，道德动机必定关乎这个特定的义务。但无疑，尽管我的**意向**是要履行这个我们叫作“去做 A”的特定的义务，但我们的**动机**就是“履行我们的义务本身”。“我们应当为了义务的缘故而去做 A”与“我们应当为了这个义务的缘故而去做 A”，这两种说法是完全不同的。[②]“为了这个义务的缘故而去行动”似乎标志着对种种义务的一种个人喜好，这种喜好有别于（即便不是有悖于）道德的动机。

无论如何都十分清楚的是，那种基于一个所谓的“无限倒退”的反驳，假定了我们无法为了义务本身的缘故而行动。对我来说，这种假定似乎是错误的，[③]而且，它导致这样一个悖论，即我们没
119 有任何义务要道德地行动。这一点是难以置信的，即便这些反驳比它们实际所是的更强。不管怎样，倘若我们想要理解康德，我们就必须认识到，对他来说，一个最高的义务就是为了法则本身或义务本身的缘故而行动，而不是为了一个特定的法则或一个特定的义务的缘故而行动。换句话说，我们的最高义务就是道德地行动，倘若并非如此，我们就根本没有任何特定的义务。

① 《道德形而上学》，德性论，导论，十二（2），第 400 页＝第 247 页。

② 同理，“我们应当杀死这个德国士兵，因为他是**一个**德国士兵”与“我应当杀死他，因为他是**这个**德国士兵”也是两种截然不同的说法。

③ 如果我们无法为了义务本身的缘故而行动，那么，我们为什么还要追问我们的义务是什么？

第十二章　命令式如何可能？ 120

§1. 这个问题的意思

下一个要考虑的问题是："不同种类的命令式如何可能？"①这个问题本不应被误解，但却经常遭到误解。这个问题并不是一个心理学问题：它无关乎职责意识在个体身上或族类中逐渐发展起来的方式；它甚至无关乎种种命令式引发情感、并且因此刺激行动的方式，尽管在其他地方，康德详细讨论过定言命令式引发敬畏的方式。② 这个问题也不是一个形而上学的问题：它并不追问理性（尤其是纯粹理性）如何能够是经验的现象世界中的种种事件的原因。这样一个问题，康德明确表示是无法回答的，至少对于定言命令式来说是如此。③

这个问题可以被描述为一个逻辑的问题或认识论的问题，即

① 《奠基》，第 417 页＝第 41 页。

② 参见第五章，§2。

③ 《奠基》，第 458—459 页＝第 94 页；第 461 页＝第 98 页。他还说（《奠基》，第 417 页＝第 41 页），问题并不是"如何把完成命令式所责令的行动设想为可能的"，问题是"如何把表现在命令式中的一致的强制性（或职责）设想为可能的"。

便这些术语并不完全适合它。命令式是一些命题,尽管它们是实践的命题,而不是理论的命题。我们的任务是要指出,这些命题如何能够被证义,或者它们如何能够是有效的。这个问题及其答案在《纯粹理性批判》中找到了一些相似者,康德在那里试图回答这样一些问题:"纯粹数学如何可能?""纯粹物理学如何可能?"以及"形而上学如何可能?"

为了理解康德的答案,我们首先必须要弄清楚"分析的命题"与"综合的命题"之间的逻辑差异,尤其是康德所谓的"**先天的**综合命题"的逻辑特性。[①]

§2. 分析的命题

在一个分析命题中,谓词包含在主词概念之中,并且能够通过对这个主词概念的分析而被推导出来。

121 分析命题的一个例子是:"一切物体都是有广延的"。"是有广延的"不仅是一切物体的特征,而且也包含在"物体"本身的概念之中。你无法除开广延来设想一个物体。

在这种关系中,最为重要的是要防范一个过于常见的错误。**主词概念**(subject-concept)——也就是说,这个主词的概念(concept or notion)——绝不应该跟**主词**(subject)混为一谈,后者通常并不是

① 参见《纯粹理性批判》,第 A6 页以下=第 B10 页以下。在此,我遵从康德,在等同的意义上使用"命题"与"判断"。一些哲学家否认有这样一些作为判断的事物存在,另一些哲学家否认有这样一些作为命题的事物存在;但是,康德处理的是一个实在的问题,这个问题可以用其他一些术语来加以表达,但绝不会予以忽视而不使我们面临风险。

一个概念，而是一个事物或一类事物。显而易见，在每个真命题（无论是分析命题还是综合命题）中，谓词都必须在某种意义上包含在主词之中，它必须是主词的特征。然而，由此无法得出，在每个真命题中，谓词都必须包含在主词概念之中。这个概念（作为普遍者），相比被置于这个概念之下的特定者，或多或少在它自身中包含更多的东西。因此，当我们正确地说出“这个物体是由黄金制成的”时，“是黄金制成的”就可以——不太高兴地——被说成是固存于这个形体之中。但是，认定“是黄金制成的”包含在“物体”的概念，这是滑稽可笑的；在此，“物体”的概念（根据康德的看法）是指主词概念，而且，实际上，倘若种种概念在任何时候都是一般的，那就必定如此。

尽管存在如此明显的区别，主词概念与主词在哲学中（包括在康德的诠释者中）经常被混为一谈，不仅经常被初学者、也经常被大师们混为一谈。实际上，根据康德，莱布尼茨的整个理智体系都建立在这种基本错误之上。[①]

一切分析命题都是必然的与普遍的，并且因此是先天的。即便主词概念是一个经验性的概念（例如，“物体”的概念），这也是正确的。想要知道一个物体是什么，就是要知道它是有广延的，而且，这根本就无须诉诸任何其他经验。而且，假如我们拥有的是一

① 参见《纯粹理性批判》，第 A281 页＝第 B337 页。我切望已故的约瑟夫先生（Mr. Joseph）的讲义得以出版，这些讲义很好地讲出了这一点。根据莱布尼茨的理论，说“谓词在一个真命题的主词之中”（praedicatum inesse subjectverae propositionis）就等于是说“它以某些方式包含在这个主词的概念之中”。很容易看出，这一点何以必定导致一种单子论。

些复合概念，要解释种种分析的命题如何是可能的，这也根本没有任何困难。

当然，我们面临这样一个挑战，即表明我们在一个特定的分析命题中使用的任何特定概念，都有一些与之相应的实在对象。一个分析的命题（尽管这一点并不总是被人们认识到）声称是一个关于种种对象的陈述，而不仅仅是关于一个概念的陈述，这一点就像我们刚才给出的例子那般显而易见。

康德首先区分了分析的命题与综合的命题，而且，如果我们想要理解他，我们就必须采纳他所做出的这一区分。人们时常持有这样一种观点，即分析的命题乃是关于诸概念的命题，甚至是关于语词意义的命题，这种观点是对康德学说的扭曲。对他来说，“一个概念拥有某些组成部分”这样一个陈述，相比“一把提琴拥有某些组成部分”的陈述，并不更加是分析的：此处所发生的一切不过是说，一个可能的主词概念已经转变成了一个主词。这样一个陈述，即“我或者其他人用一个语词来意指一个特定种类的事物，或者把它当作某些其他语词的一个同义词来使用”，它在康德的意义
122 上显然根本就不是一个分析的陈述；而且，实际上，这样一种用法似乎是极其牵强的。当然，他的继承者们完全可以说，他在一种严格的意义上命名为“分析的”那些命题，事实上拥有一种截然不同的特性；但是，倘若我们继续使用“分析的”这个术语来称呼这些命题，那么，基于一些历史性的根据，这样做或许无非只能导致混淆，至少对于康德的诠释来说会是如此。

需要补充的是，分析的命题无须局限于这样一种命题，即那些断言主词与谓词的一种关系的命题。正如我们将会看到的，对于

康德来说，假言的诸命令式是一些分析的命题，尽管它们用一个“如果”分句来表达最为自然。然而，为了表明它们的分析特性，康德把它们转换成主谓形式。

§3. 综合的命题

在一个综合的命题中，谓词并不包含在主词概念之中，也无法通过对主词概念的分析而被推导出来。它或许可以（并且经常都是）从对主词的分析中——也就是说，对主词概念中所设想的一个事物或种种事物的分析中，这个事物或这些事物能够通过诸感觉而为我们所经验——被推导出来。

综合的命题的一个例子是：“一切物体都是有重量的”。根据康德的观点，“是有重量的”并不是物体概念的组成部分。假定一个所谓的“星光体”（astral body）或一个复活的肉身（resurrected body）是没有重量的，这并没有任何矛盾。

大部分综合命题是经验性的。[①] 它们是通过对主词概念中设想的那个事物的经验而被知晓的。我们之所以意识到物体是有重量的，是因为我们拥有对诸物体的经验。而且，如果我们并不十分深入地研究经验的本性，那么，想要理解这样一种综合的命题如何是可能的，就没有任何困难。

---

① 艾尔先生（Mr. Ayer）在《语言、真理和逻辑》（*Language, Truth and Logic*）第一版的第103页中，通过把综合命题定义为经验性的命题而回避了这个难题。“一个命题……如果它的有效性是通过经验的事实得到规定的，那就是综合的命题。”但是，这也就回避了许多重要的哲学问题。

§4. 先天的综合命题

根据康德的观点，有一些综合的命题是必然的与普遍的，并且因此是**先天的**——也就是说，它们并不是从经验中推导出来的。[①] 举个例子，命题“每个事件都必定有一个原因”就不是经验性的；而且，它也不是分析的，因为，“事件”的概念并不在其自身中包含着“是有原因的”概念。如此而言，它是一个**先天的**综合命题。

哲学最为艰难、也最为重要的任务就是要解释**先天的**综合命题如何是可能的——也就是说，它们如何能够是有效的，或者说它们如何能够被证义。
123 康德不仅主张我们知道某些先天的综合命题是有效的，他还主张说，倘若没有任何这样的命题是有效的，那么，我们就既不能理解经验如何是可能的，也不能理解经验性的综合命题如何是可能的。

§5. 种种困难

康德的区分中还存在一些不应忽视的困难——尤其是这一困难，即准确地规定什么东西包含在一个主词概念之中。[②] 现代逻辑学家或许会拒斥康德的某些或全部例子，并且试图用其他术语来陈述他的问题。但无论如何，这些区分在现代哲学中还远未曾

① 参见第一章，§3。

② 参见《康德的经验形而上学》，一，第82页以下。

消亡。[①]

纯粹逻辑上的困难超出了本次讨论的范围，但在理解一个分析命题与一个先天的综合命题之间的差异时，某些读者或许会感到尤为困难；在这两种命题中，都有断言主词与谓词之间的一种必然的联系。其差异大致就是：在一个分析的命题中，你无法设想主词而不同时设想谓词，无论何其模糊地设想；然而，在一个先天的综合命题中，你能够设想主词而不设想谓词。从一个例子中，或许可以更容易地把握这一点。在分析命题"每个结果都必定有一个原因"中，你无法设想一个结果而不设想它拥有一个原因；因为，一个"结果"无非就是"拥有一个原因的一个事件"。在先天的综合命题"每个事件都必定拥有一个原因"中，你能够设想一个事件而不设想它拥有一个原因；因为，一个"事件"只是时间中的某物的一个变化，或者时间中的某物的一次"成为"(coming to be)，但这是否必定必然地拥有一个原因，则是一个需要进一步考虑的问题。在分析的命题中，通过对主词概念本身的纯然分析就能够确立起一种必然的联系。在先天的综合命题中，正如实际上在所有综合的命题中一样，我们还需要某些其他证据(某些"第三项")才能确立起主词与谓词之间的必然联系。

§6. 技巧的命令式是分析命题

现在，我们可以回到"不同种类的命令式如何可能"这个问题

① 注意到这一点是颇有启发意义的，即十分相似的问题如何引起了 G. E. 摩尔教授的兴趣，而且，他有时候会用十分相似的术语来表述这些问题。参见《G. E. 摩尔的哲学》，第 660 页以下，尤其是第 663 页和第 667 页。

了。必须承认，康德对假言的诸命令式的处理过于简化，而且，对于一种行动哲学来说也过于概括了。他所做的一切，不过只是把它们清理出去，以便转至道德问题。

124 根据康德的观点，技巧的诸命令式的可能性无须专门的解释，因为它们全都是一些分析的命题。[①] 他似乎假定，目的在任何时候都是一个对象或结果，这个目的只有一种手段，而且，这个手段在任何时候都是行动者的一些可能行动。然后，我们就可以说，在“愿意一个目的”（而不是对该目的的纯然欲求或纯然期望）的概念中包含着“愿意这个目的的手段”的概念。因此，命题“愿意这个目的就是愿意这个手段”是一个理论的分析命题。[②]

对于这个理论的分析命题以何种方式成了一个假言的命令式，并且因此成了一个实践的分析命题，康德本人的描述是粗略的。我们必须尝试来填补鸿沟。首先，我们拥有实践理性的客观原则，即“任何愿意这个目的的理性行动者——只要理性对他的种种行动有着决定性的影响——都必然愿意他力所能及的手段。”这个命题（它依旧是分析命题）对我们显现为一个命令式，是因为理性（尽管出现在我们身上）并没有这样一种决定性的影响。因此，它就采取这样一种形式，即“如果任何理性行动者愿意这个目的，他就**应当**愿意这个手段”。所有这些都必须被置于其自身种种限制之下，机智的或道德的更为广阔的考虑则被排除在外。

有人或许会反对康德论证的这个更有条理的版本，认为其中

① 《奠基》，第 417＝第 42 页。

② 康德本人并不是从这个命题开始的；但是，他随后就给出了一个有着相同结果的更为复杂精细的命题，把它当作理由来解释实践理性的客观原则为什么是分析的。

存在一个矛盾。倘若愿意这个目的就要愿意这个手段，那么，如何能够说，一个行动者**应当**愿意这个手段呢？后一个说法是否暗示说，愿意这个目的却不愿意这个手段，这事实上是有可能的？

为了解决这个问题，我们或许应该说（康德本人随后也几乎马上就这样说）“完全地”愿意这个目的，而不是仅仅是说愿意这个目的。然而，把这个说法保留为目前这个样子或许更好；因为，它至少有助于表明康德所谓的（按照另一种关联）不完全理性的意志中的“矛盾”（contradiction），这种矛盾类似于思维中的一个矛盾，但把它叫作一种“对抗”（antagonism）或许更好些。正如我们已然看到的，这种对抗是由这样一个事实造成的，即一个客观上必然的原则并不由此就是主观上必然的。[①] 而且，确定无疑的是，我们能够既愿意又不愿意一个目的，这是十分真实的经验，例如，当我们的注意力在或大或小的程度上被分散转移了的时候。

所有这些假定都显现为：我们现实地拥有一个理性的意志，但在行动中，这个理性的意志会遭到康德所谓的“偏好”（inclination）的反对。或许，更好的说法是这样的：至少说，在偏好占据了优势的地方，一个理性的意愿就被一个缺少理性的意愿所克制。正是这样一种失败的可能性导致了种种命令式，而且，除非两种类型的意愿都在我们身上出现，或者至少有可能在我们身上出现，否则就根本没有任何命令式。

我们不能陷入这样一些困难之中。康德的基本假定无疑是： 125

---

① 参见《奠基》，第 424 页＝第 51 页。亦可参见第九章，§ 1。

实践理性(就像理论理性一样)不能与其自身相矛盾。[①] 一个理性行动者,就他是理性的而言,必然地愿意一贯地行动,正如他必然愿意一贯地思维一样;而且,如果他非理性到足以被诱惑着不这样做,他就应当这样做。

§7. 综合的命题是被预设的

到目前为止,我们仅仅有了技巧的命令式的一般原则。需要注意到的是,即便这个原则,也已然预设了一些综合命题的知识;它预设了"种种事件皆有原因"的知识,以及"我们有能力去造成种种事件"的知识;因为,愿意一个目的的一个手段,就是愿意一个欲求事件的原因。这些综合命题都是一些理论的命题;而且,如果我们想要把这个一般原则应用于种种特定情形,就还需要更多的综合命题。正如康德所言,[②]为规定一个拟定目的的手段需要这些命题。举个例子,就拿这样一个特定的命令式来说,即"如果我想要看得清楚些,我就应当戴上眼镜"。如果没有"戴上眼镜能够抵消我的视力缺陷"知识,这样一个命令式就不会被构想出来;而且,知晓这一知识就是要领会一个综合的命题。然而,康德坚持认为,就意愿活动而言,这个命令式本身依旧是一个分析的命题。

我认为,他想说的这样一个意思。倘若我们想要知晓我们所欲求的种种事件的可能原因,就需要所有各种综合的命题。这些

① 也就是说,它不能"在客观上"或者"作为理性"这样做。在主观上——也就是说,在受到情感和欲求的影响时——它能够与其自身相矛盾,或者至少反对其自身。

② 《奠基》,第 417 页=第 42 页。

命题都是纯粹理论的命题。但是，我们一旦有了这种理论知识，那个统治着理性行动的原则（从而就是技巧的假言的诸命令式的原则）无非就是这样一个命题：愿意这个目的——只要理性对行动拥有决定性的影响——就是要愿意这个手段。这是一个分析的命题；而且，就行动而言，也依旧是如此，无论为了明确一个特定处境中的一个特定的拟定目的需要何种特定的手段，有多少综合的命题是必需的。[①]

康德在《判断力批判》中说，一切技术的规则都只是纯粹理论的一些纯然推论或者结论。这些规则仅仅是就它们的表述（公式）而言，而不是就它们的内容而言有别于理论的知识。[②] 但是，他在多大程度上把这个观点看作是对《奠基》中的观点的修正，这一点并不十分清楚；但是，我们依旧必须要解释表述上的差异，而且，很难看出，如果不引入这个分析命题，即"愿意这个目的就是要愿意这个手段"，我们如何能够做出解释。

§8. 机智的命令式是分析的命题 126

对技巧的诸原则有效的相同解释，也适用于机智的或自爱的诸命令式。[③] 唯一新出现的困难是：在这里，我们的"目的"概念是

---

① 虽然这个必需的手段并不包含在一个目的的概念之中，但"意愿无论何种必需的手段"包含在"意愿一个目的"之中。

② 《判断力批判》，第一版导言，一，第 4 页；亦可参见导言，一，第 172 页（＝第 XIII 页）。

③ 《奠基》，第 417—419 页＝第 42—44 页。

如此的含糊不清。每个人都想要幸福,但没有人准确地知道(或者能够知道)他想要的幸福到底是什么。然而,就我们所能做到的而言,当我们已然(在一些综合的理论命题中)规定好了我们自己的幸福的手段时,我们就能够根据这样一个假定,即“实践理性(就像理论理性一样)必然地与其自身一致”,推出机智的或自爱的诸命令式。机智的诸命令式的一般原则与技巧的诸命令式的一般原则是一样的,亦即,愿意这个目的的一个理性行动者(只要他是理性的)就必然愿意这个手段,而且,如果他非理性到足以被诱惑着不这样做,他就应当这样做。无论为了在理论上规定我们幸福的手段需要何其多的综合命题,这个实践原则也依旧是分析的。

这听上去十分简单,但即便我们目的是幸福,被当作愉快情感的最大可能量,也依旧会有一个新的问题——把多种手段结合在一个有序生活之中的问题。在我们这个对技巧的命令式的过于简化的解释中,并不会产生这个问题。此外,尽管康德坚持把这个问题仅仅看作一个“手段与目的”的问题,但正如我们所看到的,他的话语透露了另一种观点,这种观点在他的后来的著作中才变得十分清晰——这个问题也关乎目的本身的构成成分。那么,还有其他什么根据可以说,目的的概念是含糊不清与“不确定”的呢?

显然,如果我们既关心对种种目的的选择,也关心对种种手段的选择,那么,机智的诸命令式就必须奠基在其他原则之上。或许,我们可以说,任何愿意一个总体目的的理性行动者——只要理性对他的种种行动拥有决定性的影响——都必然地既愿意那个目的的构成成分,也愿意它的手段。这个命题将是纯然分析的。但我们还是要考虑这个总体目的如何被规定。规定这个总体目的的问题可以被看作一个理论的问题——满足这个行动者的最大可能的欲求，或者实现这个行动者的最大可能的权力。即便这个问题仅仅凭借实验就能（无论何其不完善地）得到解决，甚至即便它必须把种种选择（它们在极大程度上是任意的）当作一个重要的要素来加以考虑，它也依旧是理论的。然而，还有一个进一步的实践假定——由于人（作为属于感知世界的）是一种拥有种种需要的存在者，理性拥有一个它迄今为止“无法拒绝的职能”，即服务于感性的诸兴趣的职能，以及追求今生的幸福，并且如果可能的话也追求来生的幸福的职能。[1] 康德的自爱的诸命令式并不纯然是从这样一个事实中推导出来的，即一切人都恰好追求幸福。它们是从这样 127
一个假定中推导出来的，即这是一个有限的理性行动者（**作为**理性的）必然会做的事情。惟其如此，这个原则才能是一个无条件的原则（除非它可以被一个更高的原则胜过）；而且，惟其如此，根据康德的理论，幸福才能是客观的与真纯的善。然而，不管怎样都十分明显的是，这个原则是一个分析的命题。

尽管他在这个论题上有些摇摆不定，甚至有些混淆，但康德坚持认为，幸福是想象力的一个不确定的理想，一个永远无法被理性精确规定的全部满足的理想，这是合理的。他跟享乐主义与功利主义的粗陋的“科学”原则相去甚远。他还坚持认为，出于这一理由，机智只能给我们建议、而不是诫命，纯然只是粗糙地把人们赖以能够获得快乐的那些平常方法加以一般化，这也是合理的。顺带一提，十分有趣的是，他个人（作为一位长者）认为，幸福最有可

① 《实践理性批判》，第 61 页＝第 152 页（＝第 108 页）。

能在饮食、节俭、礼貌与储蓄中被发现！这个相当可悲的结论表明，他把理性看作达成幸福(作为我们的唯一目的)的一个拙劣的工具，这或许也是合理的。

§9. 定言的诸命令式是先天的综合命题

康德的讨论中的主要要点已经为定言命令式提供了一个鲜明的对照。定言的诸命令式并不要求我们"愿意一个目的的手段"，并且因此并不以"愿意一个已然预设的目的"为条件：正因为如此，我们才说，它们是无条件的、绝对的与定言的。一个定言的命令式简单地与无条件地说："每个理性行动者都应当愿意如此这般"。因此，提供给假言的诸命令式的解释，不能以任何方式应用于它。[1]

倘若我们不熟悉这种对道德性的看似无条件的主张，那么，"一个定言的命令式"的概念可能就显得异想天开。然而，康德坚持认为，我们无论如何也不能诉诸经验来确立定言命令式。他十分清楚，看似定言的种种命令式或许都隐藏着一个个人利益的动机。所谓的道德行动或许有着一些隐秘的利己，把这种利己当作它的基础，正如如今的许多哲学家们所坚持认为的那样。我们有一项艰巨的任务，即确立起一个定言的命令式的可能性，而不仅仅是解释一种我们以为已然确立起来的可能性。[2] 无须赘言，即便后一项任务也不能诉诸经验来完成，因为，经验不能告诉我们"应

---

① 《奠基》，第 419 页＝第 44 页。

② 《奠基》，第 420 页＝第 45 页。因此，在《奠基》中，我们对于定言命令式的问题更像是"形而上学如何可能"的问题，而不是"数学如何可能"的问题。

当如何”，而是只能告诉我们“是什么”。一个定言的命令式并不是一个经验性的、而是一个**先天的**实践命题。

处理定言命令式的特殊困难是由这样一个事实所导致的，即尽管它是一个**先天的**命题，却不是分析的命题。康德在任何时候 128
都坚持认为，[①]通过纯然分析“理性的意志”或“理性的行动者”的概念，我们无法获得“以某种方式去愿意”的职责。悖论在于，我们把职责**直接地**或**立即**地跟“一个理性的意志本身”的概念联结起来（也就是说，我们并不通过这样一个假定间接地把它们联结起来，即某些目的已然被追求）；然而，这个职责并不包含在“理性意志”的概念之中。[②] 一个定言的命令式是一个实践的**先天的**综合命题，[③]而且，想要解释**先天的**综合命题如何是可能的，这在任何时候都是一项最为艰巨的事业。在一切**先天的**综合命题中，我们都需要一些“第三项”，以便确立起一个主词与一个谓词之间的一种必然联系，因为这个谓词并不包含在主词的概念之中。我们将发现，这个“第三项”就是自由的理念（Idea）。

这个问题必须留待稍后再来解决。因为，当前，我们必须满足于更为准确地规定定言命令式的特性，并且考察它的多个公式。

---

① 参见《奠基》，第 426 页＝第 54 页；第 440 页＝第 71 页。

② 参见《奠基》，第 420 页脚注＝第 46 页脚注。更符合康德的实际措辞的说法，参见第八章，§ 3。

③ 《奠基》，第 420 页＝第 45—46 页。

第三部　定言命令式的公式 129

第十三章　五个公式

§1. 五个公式

我们或许期望，康德满足于定言命令式的一个公式。然而，他提出了不少于五个不同的公式，这使我们感到尴尬，但十分奇怪的是，他说得仿佛只有三个公式。① 倘若我们想要看清自己正在前往何处，那么，最好从一开始就把所有这五个公式都列出来。为了便于参考，我提议给每个公式都加上一个序号（或者一个序号＋一个字母），以及一个基于其关键词的标题。我们采纳这套序号体系旨在说明不同公式之间的特殊联系，并且（尽可能地）符合只有三个主要公式的观点。

公式Ⅰ或**普遍法则公式**：

要只根据这样的准则行动，通过该准则，你能够同时愿意它成为一个普遍的法则。②

公式Ⅰa或自然法则公式：

要这样行动，仿佛你行动的准则要通过你的意志成为一个**普**

① 《奠基》，第436页＝第66页；第437页＝第67页。

② 《奠基》，第421页＝第47页。

遍的自然法则。[①]

公式Ⅱ或**就其自身而言的目的公式**：

要如此行动，在任何时候都要把无论你自己人格中的、还是每个其他人的人格中的人性当作一个目的来使用，而不是单单当作一个手段来使用。[②]

公式Ⅲ或**自律公式**：

要如此行动，你的意志能够同时把自己看作是在通过其准则制定普遍法则。[③]

公式Ⅲa 或**目的王国公式**：

要如此行动，仿佛你在任何时候都通过你的准则而是一个普遍的目的王国中的立法成员似的。[④]

130 §2. 五个公式之间的关系

我们惟有同时研究这五个公式，以及康德从它们中的一个到另一个的论证，才能理解这些公式之间的关系。然而，显而易见的是，公式Ⅰ与公式Ⅰa 之间有着一种紧密的联系，公式Ⅲ与公式Ⅲa 之间也是如此，尽管公式Ⅲa 与公式Ⅱ也有着一种紧密的联系。我们采纳的这种序号体系（以及该序号体系所暗含的分类）无非是

---

① 《奠基》，第 421 页＝第 47 页。

② 《奠基》，第 429 页＝第 57 页。

③ 《奠基》，第 434 页＝第 63 页。值得注意的是，无论公式Ⅰ、公式Ⅱ，还是公式Ⅲ，其中的“同时”一词都绝不能被忽视。

④ 《奠基》，第 438 页＝第 69 页。

方便起见，并不声称还有更多的意思。

还可以注意到的是，公式Ⅰ与公式Ⅲ乍看起来竟如此相似，以至于它们之间的差异有时候会遭到忽视。倘若忽视这一差异并不会明显地有悖于康德的意向，那么，我们就很可能会把公式Ⅲ等同于公式Ⅰ，并且认为，公式Ⅰ占有一个高于其他所有公式的特殊地位。然后，我们就可以把公式Ⅰa、公式Ⅱ与公式Ⅲa看作从属公式，旨在帮助我们应用公式Ⅰ，使道德的一般的与最高的原则（公式Ⅰ）更接近直观，并且因此更接近情感。按照这种思路来处理公式Ⅰa、公式Ⅱ与公式Ⅲa，至少能够从康德本人那里获得一些依据，[①]但我们绝不能走得太远，以至于彻底忽视了公式Ⅲ。在《实践理性批判》中，占据了头等地位的是公式Ⅲ，而不是公式Ⅰ。[②]

§3. 论证的意图与结构

表面上看，康德对五个公式的考察是为其自身的缘故而展开的，而且，清楚阐明定言命令式的不同方面与内涵这一任务，在他看来，是与一种道德的形而上学相适宜的。[③] 无论如何，我们绝不能认为，他忽视了他的论证整体。相反，通过把我们引向自律的原则与一个目的王国的原则，他正在为本书最后一个部分的论证预备好根据：他正在确立起一些原则，这些原则稍后将会跟“自由”的

---

① 《奠基》，第436—437页＝第66—67页。

② 《实践理性批判》，第7节，第30页＝第141页（＝第54页）：要这样行动，使得你的意志的准则在任何时候都能同时被视为一种普遍的立法的原则。

③ 参见第一章，§10与附录。

概念与“一个理知的世界”(an intelligible world)的概念联系起来。从这一视角出发,公式Ⅲ与公式Ⅲa 就是最重要的。它们(如其所是地)构成了《奠基》的论证赖以转向的主要枢纽。

需要记住的是,康德把他现阶段的论证看作分析的或回溯的——也就是说,看作一个从有条件者到其条件的论证。[①] 然而,这一点绝不能过于字面地加以理解:它很难准确地适用于这个论
131 证的每个步骤。因此,在从公式Ⅰ到公式Ⅱ的迁移中,我们是在从道德行动的形式迁移到它的质料,而公式Ⅲa 则同时把形式与质料结合起来。[②] 这样一种迁移并不仅仅是从有条件者到其条件的迁移。此外,康德准备直接地从一个定言的命令式的本质过渡到公式Ⅱ,[③]以及过渡到公式Ⅲ,[④]正如他对公式Ⅰa 所做的那样。[⑤] 因此,我们不能说,每个后续的公式跟它们先前的公式都处于条件与有条件者的关系之中。[⑥] 我们只能说,康德自始至终都在把“义务”的概念当作隐含在我们的种种道德判断之中的东西来接受,并试图分析它的种种条件与内涵。

§4. 诸公式的应用

当前讨论的目标是要把道德的最高原则准确地加以公式化。

---

① 参见《奠基》,第 392 页=第 9 页。

② 《奠基》,第 436 页=第 66 页。

③ 《奠基》,第 428—429 页=第 56—57 页。

④ 《奠基》,第 431—432 页=第 60 页。

⑤ 《奠基》,第 420—421 页=第 46—47 页。

⑥ 参见第一章,§7—§8。

我们并不致力于证义这一原则:一切证义的努力都留待以后再说。最重要的,我们并不追求要制定出一个道德体系,或者要表明这个最高原则如何将其自身清楚表述在一部道德法典之中。康德明确地拒斥这项任务,[①]它并不属于《奠基》,而是属于他后来的《道德形而上学》。

无论如何,康德在任何时候想到的都是善人现实的、具体的道德判断,而且,他试图通过给出一些例子来说明他的最高原则的应用。这样做是自然而合理的;但是,倘若我们全神贯注于他的解释的这个方面,我们就会获得一个十分具有误导性的印象。即便他的应用方法是全然错误的,他的诸公式也很可能是完全合理的。再者,甚至他的应用方法也不能根据这样一些例子来加以判断,即那些仅仅是为了示例起见而给出的例子。事实上,他的定言命令式在《道德形而上学》中的系统应用与《奠基》中给出的概略说明有着极大的不同。仅仅基于这样一个根据来拒斥康德的诸原则,即它们没有就道德判断为我们提供一些简单易懂的与绝无谬误的标准,这是一种荒谬的批评方法,而且,我们也绝不能妄想把这种批评方法应用于任何其他哲学家。

必须承认,康德自己的某些表述鼓励了此类批评。[②] 他作为一个哲学家的伟大力量就在于,他坚持不懈地追求任何公认的学说背后的那些更高的与更为一般的原则。他的弱点是这样一种倾向,即急于从他的那些较高的原则过渡到那些归属它们之下的经

① 《奠基》,第 392 页=第 9 页。

② 例如,《奠基》,第 403—404 页=第 24—25 页。

验学说——举个例子，以他的一个段落为证，他从一些构成了一切经验与一切物理学基础的一般原则过渡到牛顿的特殊学说。[①] 尽
132 管表现出了一种谨慎与常识(它们并不总是德国哲学家最为显著的特征，但一个苏格兰人则因其父系血统而情有可原)，康德在他的一些道德言谈中展现出了这种过于仓促应用的倾向。但无论如何，他的诸公式的价值是一回事，它们的应用方法则是另外一回事。

① 举个例子，参见《纯粹理性批判》，第 B225 页。

第十四章　普遍法则公式

§1. 公式Ⅰ

“要只根据这样的准则行动，通过该准则，你能够同时愿意它成为一个普遍的法则。”[①]

这一训令对我们来说已经十分熟悉了。作为日常道德判断之内涵的分析结果，我们已经发现了这一训令，尽管表现为一种消极的形式。[②] 在一个更高的哲学层面上，在对实践理性的、尤其是纯粹实践理性的种种客观原则与命令式的分析中，我们再次发现了它——尽管我们还没有使之完全清楚明晰。[③] 在这个分析中，我们仅仅关心这样一个问题：“一个无条件的客观原则到底是什么，以及一个定言的命令式到底是什么？”——我们显然不是在问：“一个定言的命令式所责令的是什么？”但无论如何，后一个问题的答案暗含在我们的讨论之中；因为，正如康德告诉我们的，[④]我们在

---

① 《奠基》，第 421 页＝第 47 页。

② 第六章，§5。

③ 尤其参见第九章，§4。

④ 《奠基》，第 420—421 页＝第 46—47 页。

揭示出一个定言的命令式到底是什么的时候，也就揭示出了它所责令的是什么。

一个无条件的客观原则就是这样一个原则，即每个理性行动，不顾他对种种特定的目的的特定欲求，只要理性充分支配了他的种种激情，他就必然会服从的原则，而且，倘若他非理性到足以被诱惑着不服从这个原则，他也应当服从这个原则。定言命令式把“服从这个无条件的原则”的职责或诫命公式化；而且，一个原则，排除它与种种特定目的的干系，就只能是一个原则的形式，或者一个形式的原则，或者普遍的法则本身。定言命令式吩咐我们去做的，就是为了法则本身的缘故而行动；而且，这就意味着，我们行动的准则(无论它是什么)要服从普遍的法则本身。[①] 因此，定言的命令式只有一个；我们可以把它叫作“定言命令式”(the categorical imperative)[*]。

现在，如果我们还记得，根据康德的观点，定言命令式也要求我们实施一些善的行动，它们并不作为某些其他目的的手段而是善的，或者作为满足某些特定欲求的手段而是善的，那么，这个公式似乎就不那么乏味了；因为，一个就其自身而言善的行动是这样一个行动，每个理性的行动者本身，只要理性完全支配了他的种种激情，就会实施这个行动。纯粹实践理性的这个无条件的原则就是就其自身而言善的行动的原则，尽管定言命令式把它表述为一

---

① 参见第四章，§ 4；第六章，§ 4。

* 此处的重点在于定冠词“the”，它标识的是那个作为原则的唯一的命令式。然而，这一特点在汉语中很难表述出来，故译作“定言命令式”，没有“的"，以作强调。正如前面的脚注中指出过的，与之有别的是“a categorical imperative”(一个定言的命令式)与“categorical imperatives”(定言的诸命令式)。——译者

个职责的原则——也就是说，就我们不完善的有理性而言，把它表述为一个我们应当服从的原则。而且，我们绝不能把普遍法则思 134
维成一个外在于行动的原则，或者思维成一个我们为其缘故要有所行动的其他什么目的。相反，它就是行动的原则，要在行动中体现出来的形式的原则，行动则凭借这个原则而是善的。[①]

§2. 独一的定言命令式

当康德谈到“定言命令式”并断言定言命令式只有一个时，他想到的是一切特定的定言的诸命令式的原则；正如假言命令式“如果你愿意任何目的，你就应当愿意手段”是一切假言的诸命令式的原则一样。[②] 特定的假言的诸命令式是这个假言命令式的应用；同样，特定的定言的诸命令式，例如“你不应当杀人”，则是定言命令式的应用。用康德的话说，它们把定言命令式当作它们的原则，从中被“推导出来”(abgeleitet)，但这无须意味着(并且事实上也并不意味着)它们是被“演绎出来的”。[③]

康德主张，设想一个定言的命令式就是要知晓它所责令的是

---

① 参见七章，§3；第十章，§4。

② 严格来说，这个原则无须表述为一个命令式的形式。这个命令式最终依赖于“愿意一个目的的理性存在者(作为理性的)必然会愿意手段”的原则。

③ 《奠基》，第421页＝第47页。阿伯特实际上把它译作“演绎”，但考察一下康德的用法就会知道，它很少是这个意思，甚至根本就不是这个意思，而且，它也不是日常德文中用来表达“演绎”的那个词。康德向来都反对推导出或派生出(abgeleitet)“源始者”(ursprünglich)，而没有“一个从另一个中演绎出来”的意思。这种用法适用于直观，参见《纯粹理性批判》，第B72页；适用于善，参见《实践理性批判》，第125页＝第267页(＝第226页)；适用于占有，参见《道德形而上学》，法权论，第6节，第251页。

什么,但设想一个假言的命令式却并不是要知晓它所责令的是什么。[①] 这种观点还需要一些限定。

设想一切假言的诸命令式的原则——如果你愿意任何目的,你就应该愿意手段——就是要知晓它所责令的是什么:康德本人主张,这是一个分析的实践命题。我们不知道它应用于哪些特定的假言的命令式。想要知道这些,我们还需要知道其他一些东西——也就是说,我们需要知道,我们追求的目的是什么,以及它的手段是什么。如果我们拥有了这种知识,我们就知道了为确立起一个特定的假言的命令式所必需的一切。

至于一切定言的诸命令式的原则,设想这一原则就是要知道它所责令的是什么,但这并不是要知道它应用于哪些特定的定言的命令式。到目前为止,定言命令式与假言命令式还没有多大区别。它们的区别在于这一点——在定言命令式中,有关我们所追求的目的的知识,以及这个目的的手段的知识,并不决定这个命令式如何被应用。[②] 定言命令式(不同于假言命令式)能够且必须独立于我们对一个特定目的的特定欲求而被应用。

135 康德或许认为,通过意志的一个行动,我们能够决定去过一种服从道德法则的生活,而不是去过一种利己的生活,并且能够由此已然服从定言命令式。但是,我们同样可以决定去过一种机智的生活,而不是一种冲动的生活,所以这里似乎没有任何实在的

① 《奠基》,第 420 页=第 46 页。

② 这种知识确实体现在质料的准则的中,这些准则是否符合定言命令式还必须加以判断;但是,我们的道德判断绝不是由这样一些已知的事实来规定的,即我们追求或欲求一个特定的目的。参见上文,§5。

区别。

§3. 普遍的法则

康德坚持出自普遍法则的缘故而行动的义务，这对于很多人来说都是难以接受的；但是，如果我们还记得，他在这里只关心道德职责的形式，我们就会看到，他的大量说法对于大多数（即便不是全部）并不把义务看作纯粹主观的，或者把义务看作利己之事的道德哲学来说都是共通的。他假定（正如我们所有人都必须假定的那般），除了我们自己以外，还有（或者至少可能有）其他理性行动者存在，而且他说，道德行动的原则必须对每个理性行动者来说都是一样的。没有任何理性行动者有资格让他自己，甚至让他的朋友们成为道德法则的例外。说终极的道德法则必须是普遍的，这就等于是说，每个特定的道德法则都必须是客观的与非个人的，它不能仅仅由我们的种种欲求所规定，它必须在一个人格与另一个人格之间不偏不倚。对于这一点，即便我们相信自己对善性（或职责）的不可分析的性质拥有一种直接的直观，以及对这样一种不可分析的性质必然地展示于其中的那种行动拥有一种直接的直观，也绝没有什么可吹毛求疵的。

或许，我们还可以补充说，道德法则的普遍性已经暗含了人格与人格之间的职责的交互性。① 它暗示说，我在道德上没有任何资格根据一个原则来对待你，却主张你要根据另一个原则来对待

① 参见《道德形而上学》，法权论，第8节，第256页。

我;或者说,倘若我能够要求你以一种方式来对待我,我就必须预备好要以相同的方式来对待你。这一点对于道德的重要性,无论如何夸张都不为过。而且,康德在后面的公式中,把这一点阐述得更为清楚明确。

康德的一个观点无需我们过多强调,即道德法则对每个理性行动者都有效,它之所以对有限的人类存在者显现为一个诫命,仅仅是因为他们并不是完全理性的。[①]

§4. 准则

康德学说的一个更为与众不同的特征是他引入了准则,把它们当作抽象的普遍道德法则与具体的个别行动之间的中介。康德绝不是在从事如是一项徒劳无功的努力,即从法则本身的贫乏形式中演绎出种种特定的道德法则,相反,他要求我们从一个已实施的或计划中的行动出发,并且考虑现实地展现于其中的原则到底是什么。讨论中的这个原则或准则是行动的质料的准则,[②]举个
136 例子,“当我需要钱时,我将靠一个还债的承诺去借钱,但我并不打算信守承诺。”[③]然后,我们必须追问,我们能否愿意这个行动不仅属于一个我们据以采取行动的原则,还是同时也属于一个对每个理性行动者都有效的原则。简单点说,我们的准则仅仅是一个我们据以选择要行动的原则,还是一个我们能够同时把它看作对一

① 第六章,§2。

② 第四章,§2—§4。

③ 《奠基》,第422页=第48页。

个理性行动者本身有效的原则？倘若我们根据对第二种情形回答“是”或“不是”来采纳或拒斥这个准则，我们就是在根据“我愿意服从普遍法则本身”这个形式的道德准则行动。[①]

这样一个程序无疑是符合常识的。道德的形式准则并不在真空中行动，而是要按照与机智的一般准则相同的方式，从我们拟定的种种质料的准则中加以拣选。[②] 在判定任何特定的情形时，最好都要考虑到具体的行动，把展现于其中的原则加以公式化，然后再追问这个原则能否被看作一个道德法则或一个道德规则。这样做比拿着一套现成的规则进入到每一个处境之中更加智慧。如果道德处境比较简单，后一种程序或许确实也足够行之有效，但是，我们并不总是能预先确定道德处境将会是简单的。而且，记住这一点是十分重要的，在评判一些道德法则（例如，“你不应当杀人”）的有效性，或者一些道德规则（例如，“杀人是一个士兵的义务”）的有效性时，[③]倘若我们考虑到一些具体的实例，将会做出最佳的判断。[④]

我们不需要再在这一点上劳心费神，即在全乎义务的行动（dutiful action）中，质料的准则（它同时包含了一些目标后果与达成它们的动机）与形式的准则是同时出现的。[⑤] 即便我们认为质料的准则与普遍法则不相容，从而拒斥了质料的准则，形式的准则也还在。或许，当康德使用这个奇怪的介词时——要只根据那个

---

① 参见第四章，§ 4。

② 第八章，§ 8 结尾，以及第三章，§ 4。

③ 第一章，§ 5。

④ 道德判断与所谓的“直观归纳”（intuitive induction）具有某些相似之处，例如在数学中发现的那种“直观归纳”，尽管它们之间依旧存在重大的差异。

⑤ 参见第三章，附录。

准则)行动,通过那个准则,你能够同时愿意它要成为一个普遍法则——他想要强调的正是形式的准则与质料的准则之间的(如其所是的)相互渗透(interpenetration)。

显然,一个行动是否在道德的形式准则中有其充足的规定根据,这在任何时候都是很难说的。甚至,一个行动的质料准则到底是什么,这也是很难说的,而且,在这一点上,存在极大的自我欺骗的可能性,这是纯正的善人必然要试图消除的东西。这个问题属于这样一个讨论,即对康德的公式赖以在细节中得到应用的方式的讨论。无论如何,注意到如是一点十分重要,为相同的行动考虑截然不同的准则,这样做既是合法的也是必要的。

我的意思是说,如果我持有一种狭隘的义务观,并且只想考虑
137 什么是“应做的”(due)[①],我们就会从准则中省略掉一切有关动机的问题。这是完全合法的,但真正有良知的人在评判他自己的种种行动时,将把他的准则当作既是对动机也是对行动的一般化。他会把“偿还债务”看作正确的,但把出自“虐待他的孩子”的动机而这样做看作错误的;而且,他会竭力减少自己内心中的任何苦痛情感,以免它影响自己的行动。

§5. 质料的准则

正是通过质料的准则,我们的道德判断才考虑到了种种环境。质料的准则的形式是:“当生活给予我们的痛苦多于愉快时,我就

① 第十一章,§5。

会投奔于自杀”,“当我处于困境之中时,我就会说谎”,以及诸如此类的。①* 实际上,这些例子很可能旨在标明动机,而不是标明行动所处的种种环境,但即便是在大多数道德行动中,明确环境也是必要的。因此,一个彻底道德的准则可能是这样的:“当我们看到一个人溺水,我就要救他出水。”如果我的准则是,“无论何时我看到任何人在水中,我都要救他出水”,那么,这将是一个疯癫的准则,而不是一个义务的准则。

同样,正是通过质料的准则,我们的道德判断才考虑到了种种目的与后果。“当我能够给任何人造成痛苦时,我就会这样做”,这是一个彻底不道德的准则。“当我能够给任何人造成愉快时,我就会这样做”,这个准则只要伴随着一个附加条件就是一个道德的准则,即所造成的愉快不会与道德法则不相容,就像(举个例子)因他人的痛苦而愉快。康德的如是说法无疑是正确的,即一个行动,仅仅因为它致力于种种所谓的善的后果,就像愉快、甚至他人的愉快这样的东西,还不是善的或负有职责的:我们必须考虑整个背景,这些所谓的善在这个整个背景中或许是真正的恶。而且,他的这个说法也是正确的,即原则上存在这样一些情况,在这些情况下,种种遥远的善的后果必须予以忽视。拒绝偿还债务,理由是这些钱花在你孩子的教育上将是更有益处的,这样做是错误的。但是,所有这些都不能改变一个事实,即一个质料的准则关心的是种种目的与后果,并且惟此才能得到评判。

---

① 第四章,§2近结尾处。

* 此处原文中漏印了标号,译者仔细翻看了本书的多个重印本皆是如此。因此,此处的标记点是译者根据脚注所引段落的内容推测而来的。——译者

引入质料的准则的另一个好处是，准则（无论何其明确）是抽象的与一般的，尽管行动是个别的与具体的。这意味着，在准则的应用中，存在一个纬度或者“活动空间”。实际上，倘若没有这样一个纬度，准则就必须作为不道德的而被拒斥；但是，准则一旦被接受为道德的，那么，认识到这一点（正如康德所做的那般）就是十分重要的，即常识依旧有一席之地。

§6. 道德判断的法规

有人或许会反对说，即便所有这些都是真的，也无助于解释某
138 些质料的准则如何才能被看作适于成为普遍法则的，而其他一些是不适于的。我们或许会被要求去做每一个理性行动者本身都会去做的事情，而且，这听上去确实也很不错；但是，我们如何才能发现，**什么事情**是每个理性行动者本身都会去做的呢？

从一种逻辑的或理论的立场来看，这种反驳是貌似合理的。我们无法从法则的纯然形式或普遍性中抽取出任何理论的命题。倘若我们被给予了一系列理论命题，我们确实就能够说出，哪些命题具有普遍性的形式，哪些命题则没有。然而，普遍性的逻辑形式不能告诉我们哪个普遍命题为真、哪个为假，尽管我们或许在处理种种分析命题时，能够干脆痛快地做出裁决。设两个命题，“所有理性存在者都应当说真话”与“所有理性存在者都应当说谎”，康德莫非是在断言，我们凭借纯然的内观（inspection）就能够说它们一个是错误的，另一个是正确的吗？他本人主张，这两个命题都不是分析命题。

从这一立场出发，似乎就是说，我们仿佛必须要退回到一种直接的直观，"说真话"是善的或负有职责的，是每个理性行动者本身都会做的。

在这一点上，除了偶尔说某些道德原则是"跃然眼前的"以外，[①]康德并没有清楚地予以说明；或许，他并不完全反对这样做，即承认某些可以叫作"直接的直观"的要素。但是，我们还必须注意到他的学说中的另一个独有特征——亦即，讨论中的命题不是理论的命题，而是实践的命题，并且必须被当作实践的命题来对待。实践的道德命题有一个特殊的"法规"：我们必须能够愿意我们行动的一个准则要成为一个普遍的法则。[②]

从行动的立场来看，康德的原则就会呈现出一种截然不同的色彩。在现实的实践中，这个原则的价值无论如何夸张也不为过。尝试置身于我们个人的准则之外，不偏不倚地与非个人地评估它们是否适于成为除了我们自己之外的其他人的行动原则，这是一切道德判断的必要条件，并且会以最不受欢迎的方式阐明我们自己的种种行动与我们自己的品性。还必须要记住的是，我们所有人，甚至十分年幼的孩子们，以及——可以推测——甚至怀疑论的哲学家们，对于哪些事情对于我们自己来说是不公平的与不正义的，都有着十分敏锐而准确的感觉。倘若人们愿意采纳这些原则，把它们普遍化，把它们应用到其他人身上，并且最重要的是，当它们如此普遍化后，根据它们而行动，那么，这个世界就会变得比原

① 例如，《道德形而上学》，德性论，第 8 节，第 427 页。亦可参见《奠基》，第 423—424 页＝第 50 页。

② 《奠基》，第 424 页＝第 50 页。

来更加美好(更善)。即便恶人也对正义与不正义怀有这种清楚的确信,尽管他们未能将其普遍化。即便是希特勒本人,倘若有外国人把任何不正义强加到他的国家或同胞身上,或许也会感到由衷的愤慨。

我们可以在哲学中消解掉一切此类确信;我们可以表明,它们纯然是一些幻相;但是,我们不能在实践中摆脱掉它们。然而,在提出一个我们自己的标准,并暗中地将其断言为一个客观的标准
139 时,我们就援引了康德的"一个普遍法则"的原则。正如康德坚持认为的,一个真正理性的意志无疑必须一贯地愿意,因为一个理性心灵必须一贯地思维。我们不能无矛盾地主张,一切理性行动者本身都要依据某些普遍原则来对待我们,但与此同时我们自己并不受制于这些原则。

§7. 意志中的矛盾

显然,"能够愿意"(able to will)这个说法是理解康德学说的主要线索,但不幸地是,诠释这个说法十分困难。它的意思似乎是说,"能够无矛盾地愿意"。我们已经发现,不完全理性的意志中会产生一种矛盾,即违背他们自己的假言的诸命令式而行动。[1] 现在,我们被告知,关于定言的诸命令式也会产生一种矛盾。[2] 到目前为止,康德是"善性的一贯论"(the coherence theory of goodness)的

① 第十二章,§6。

② 《奠基》,第424页=第51页。

一个支持者，这种理论自柏拉图以降获得了广泛的支持，但却很难使之足够准确。

愿意一个准则成为一个普遍法则，并且同时愿意我们为了我们自己的益处而成为一些任意的例外，这样一个意愿活动存在明显的矛盾。根据康德的观点，我们就会发现，这也正是我们在现实地违犯法则时所发生的矛盾。我们不会——根据他的观点，我们也不能——愿意我们的不道德的准则成为普遍法则。相反，我们认为法则是有效的；但是，我们对我们自己说，“这是一个十分特殊的场合”或者“我们是一个十分特殊的人格”，并且如此确立起一个对我们自己有利的例外。他补充说，尽管从理性的视角来看，这样做确实存在一个矛盾，但在行动中，这个矛盾毋宁是理性与偏好的一种对抗（antagonism），由于这种对抗，我们诡诈地把道德法则当作是一般的，而不是真正普遍的。无论如何，他坚持认为，我们认识到了定言命令式的有效性，并且仅仅允许我们自己（我们假装）对它有一些无足轻重的例外。

所有这些在实践上都是足够合理的，尽管我还可以补充说，这种对抗最好被描述为一个理性意愿与一个不太理性的意愿之间的对抗。但是，这就假设了——正如我在对我们自己的不正义的情形中所假定的那般——我们知道法则是什么：但这并没有解释我们如何有可能知道它。如果我们能够假定某些准则是法则的体现，那么，判定我们在这些准则的应用中的一贯性与不一贯性，就并不十分困难。但是，要看出某些准则的普遍化如何直接地暴露出了它们自相矛盾的特性，这是比较困难的。在下一章中，我们必须要考虑康德为解释这一点的进一步的努力。

§8. 理性意志的一贯性

然而，康德的学说还有另外一个方面，尽管这个方面在他后面
140 几个公式中才变得更加清楚明确。法则的形式是一个需要质料的形式，而且，这种质料是由理性行动者的种种偏好与目的构成的。有一种观点认为，某些质料能够、某些质料则不能适配于这一形式。我们纯粹理性的意志的理念（Idea）与我们受到种种感性欲求刺激的意志的关系，大致相当于诸范畴与我们的种种感性直观的关系。[1] 这一学说已经表达在如是说法之中，即我们必须能够愿意我们的**质料的**准则成为普遍的法则。

康德在《实践理性批判》中最为清楚地呈现出了他的学说的这一方面。[2] 在那里，他坚持认为，惟有当我们的种种行动是由一个形式的原则所规定的时，理性的意志才能获得一种和谐一致或一贯性（Einstimmigkeit）。对于这样一种观点，康德感到十分震惊，即理智的人要设想一些利己的准则，并且因此（由于这些准则要被普遍地据以行动）适于构成一个普遍的实践法则。采纳这样一些准则的结果，只能产生最大的不和谐；因为，在这种情况下，所有人的意志并没有同一个对象，而是每个人都拥有他们自己的对象，他们之间的任何和谐一致都纯粹是偶然的。逐利者们的和谐一致真正说来是一种不和谐，就像弗朗索瓦一世（Francis Ⅰ）说："我的兄

---

① 《奠基》，第 454 页＝第 88 页。本章附录将更多地谈及这一点。

② 《实践理性批判》，第 4 节，第 27 页以下＝第 137 页以下（＝第 49 页以下）；亦可参见《纯粹理性批判》，第 A811 页＝第 B839 页。

弟查理想要的(米兰),我也想要。”

康德的观点无疑是说,理性意志的一贯性只能基于对同一个普遍法则本身的服从,若非如此,就根本没有任何纯正的一贯性。[①] 这一原则更为明显地适用于外在立法,但根据康德的看法,它同等地适用于内在的立法,而且,或许还既适用于我们对我们自己的义务,也适用于我们对他人的义务。

诚若如此,我们在追求服从普遍法则本身时,就是在追求实现众多理性意志间的一贯性的那个条件。在规定哪个准则适于或不适于成为普遍法则时,康德在多大程度上考虑到了众多理性意志的可能的一贯性,这一点尚且不是十分清楚。这个问题属于另一个讨论,即关于我们的准则作为可能的自然法则的讨论。

§9. 作为仲裁者的理性意志

无论康德的观点中存在何种困难——也确乎存在许多困难——他的基本假定是:意志在行动中是理性的,正如理智在思维中是理性的。我们并不是在抽象思维中知晓什么事情是善的或负有职责的,而是凭借现实的或设想的意愿活动做到的。如果我们抛弃纯然的逐利,并采取普遍法则的立场,那么,意志在决定一个具体处境中应当做什么事情时就不会有任何困难。他并不打算引入任何新的道德原则,只想把那个现实运作于普通人的道德行动

---

① 亦可参见恩斯特·卡西尔(Ernst Cassirer):《康德的生平与学说》(*Kants Leben und Lehre*),第256页以下。

中的原则准确地加以公式化。①

141 康德或许夸大了理性意志在决定其行动过程中的轻松性与确定性，但指责他为我们提供了一个道德行动的机械标准似乎是不公平的，抱怨他未能做到这一点则似乎是不合理的。② 康德本人把他的原则比作一个罗盘；③但是，拥有一个罗盘并不能使我们免于弄清楚自己身在何处的必要性，甚至也不能使我们免于在朝着那个方向前进时要适应地形。我们不能过分依赖于一个纯然的隐喻，但看起来，对于如何最好地使用我们已经获得的这个罗盘，我们仿佛还应该知道更多的东西。

在某种程度上，我们所需要的这些信息是由康德的其他公式提供的。令人惊讶的是，他说得仿佛当前这个公式凭其自身就是充足的，而且，我们使用这个公式就在遵从严格的方法。④ 相反，我们会觉得这个公式凭其自身是不完备的。

§10. 可允许的与负有职责性的

还有一个进一步的诠释要点是需要注意的。人们普遍认为，康德的学说主张，无论何处我们能够愿意一个准则成为一个普遍法则，我们就应当根据那个准则而行动。这也就是说，一个准则的

① 《实践理性批判》，第 8 页脚注＝第 111 页脚注（＝第 14 页脚注）。

② 参见他对真理的普遍标准的拒斥，《纯粹理性批判》，第 A58 页以下＝第 B82 页以下。

③ 《奠基》，第 404 页＝第 24—25 页。

④ 《奠基》，第 436—437 页＝第 67 页。

可能的普遍性强加给我们一项积极的义务。然而，愿意“在我们的闲暇时间玩游戏”的准则成为普遍法则，这似乎并不太困难，尽管很少有人会认为，每个人都应当在他的闲暇时间玩游戏，即便他能够以其他方式获得更多的满足或更多的消遣。

十分清楚的是，根据康德的观点，根据那些不符合普遍性要求的准则而行动就是错误的行动。同样十分清楚的是，根据那些符合这一要求的准则而行动是可允许的（并且，在这个意义上是“正当的”）。但是，说他把“根据每个这样的准则而行动”看作一项积极的义务，根据何在？

人们会注意到，在《奠基》中，康德准备消极地表述定言命令式的第一个公式。[①] 即便在我们已然给出的这个变体中，[②]所使用的表述也不过是“要只根据……的准则去行动”。“只”这个词有着一种相当消极的味道，主要旨在排除那些并不满足这一要求的准则。确实，“只”这个词时常被忽略；[③]但与此相反，人们会发现，尽管一个善人有义务在任何时候都根据那些能够被愿意成为普遍法则的准则而行动，但这不能得出，在任何处境中，他都有职责要根据一个可以满足这一检测的特定准则而行动——如果还有其他合适的准则也同样满足检测，他就不必如此。

还需要注意的是，康德明确说过[④]，我们的准则作为一个法则的普遍有效性必须是我们的种种行动的限制条件。这个说法更常

① 《奠基》，第 402 页＝第 22 页；第 440 页＝第 71 页。

② 《奠基》，第 421 页＝第 47 页。

③ 《奠基》，第 436—437 页＝第 67 页。

④ 《奠基》，第 449 页＝第 92 页。

142 被用于“就其自身而言的目的公式”，[①]它指明了自由的一个限制条件，并且无疑是一个消极的条件。它完全符合如是学说，即每个人都有权（而不是有一项义务）去追求他自己的幸福，除非这跟道德法则不相容。[②]

如果这一诠释是正确的，那么，它就使康德的学说呈现出全然不同的面貌。定言命令式（目前来说）禁止了某些行动；但是，倘若行动不被禁止，我们就完全有权利随心所欲地依据我们的种种偏好行事。正如经常用到的一个例子，一个男青年，爱上了一个女青年，他就可以去追求她，并且跟她结婚，而无须追问这样做是否是他的义务。他必要的要考虑的一切不过只是，这样做是否会有任何阻碍。

有人会反对的是：无论如何，康德打算从这个公式中抽取出种种积极的义务，就像“发展天赋”与“帮助他人”这样的义务。我的回应是：即便在这里，康德至少也声称，这些义务乃是通过表明如是一点而被确立起来的，即愿意它们的反面将陷入自相矛盾。[③]此外，在这样一些情形中，我们的义务并不是要实施某些确定的行动，而是要采纳某些行动的准则，这些准则必须机智地加以应用。

依我所见，《道德形而上学》证实了我的诠释。在那里，我们被告知，依据定言的诸命令式，某些行动是可允许的或不可允许的，

---

① 《奠基》，第 431 页＝第 59 页。

② 亦可参见《奠基》中对“允许的”（erlaubt）一词的使用，第 439 页＝第 70 页。

③ 《奠基》，第 424 页＝第 50 页。

还有些行动或者它们的反面是负有职责的。[①] 有些积极的义务并不纯然只是一项禁止的反面，这样的义务似乎不止依赖于纯然的形式，而是也依赖于一些“同时是义务的目的”，并且因此依赖于质料。[②] 所有这些都跟“完全的义务”与“不完全的义务”之间的差异有关，也跟“法律的义务”与“伦理的义务”之间的差异有关。想要从康德学说的错综复杂中找出自己的道路十分不易，但如果不这样做，就没人有资格在对他的诠释中独断专行。

附录　心灵的自发性

§1. 理智的自发性

康德的伦理学说坚持认为，依据其自身的原则，纯粹实践理性
能够自发地整理与调节那些在根本上基于欲求的准则与行动。关 143
于那种展现在其他活动领域中的心灵自发性，康德还提出了一些
相似的学说，如果我们能够把握它们，那么，康德的伦理学说就能
获得最好的理解。

根据康德的观点，在知识的领域中，离开了想象力与知性的自发性，我们就既不能知晓任何对象，也不能知晓我们自己。纯然的感觉，作为被动接受的东西，以及在感官中被给予的东西，就其自身而言既不指涉对象，也不指涉一个自我；从种种印象(images)的

① 《道德形而上学》，法权论，导言，四，第221—222页。

② 同上书，德性论，导言，二，第382页以下＝第226页以下；第4节，第419页。

任何松散联系中，甚至从对连续的感觉的记忆中，既不会产生任何关于自我的知识，也不能产生任何有关对象的知识。想象力必须自发地把同一个时空中的种种感觉联结起来，并且在这样做的时候产生了先验图型（transcendental schemata），它们对应于知性中固有的某些联结的原则。[①] 知性依据一些原则而运作——例如，“根据与后果”的原则——当这些原则被有意识地设想，并且通过图型应用于种种感觉，就是诸范畴；而且，通过它们，我们经验到一个种种对象的世界，一个种种恒存实体的世界，其种种偶性的演替乃是因果性地被规定的。如果没有心灵的自发性活动，这种活动依据其自身的诸原则而运作，那就既不会有任何关于一个客观世界的知识，也不会有任何关于“知晓着的自我”（knowing self）的知识。

因此，在知识中，心灵必须依据其自身的种种原则而运行，正如在道德行动中，意志也必须依据其自身的种种原则而运行。[②] 然而，它们两者之间还是存在一个根本性的差异。在知识中，心灵所应用的东西不止是法则的纯然概念或普遍性本身。[③] 根据康德的观点，在对种种给予的感觉加以排序时，心灵还有一整套特殊的范畴供其差遣，而且，它面前还有时间与空间的形式，这些范畴通过这些形式才能得到应用。在行动中，意志仅仅以法则的形式或

① 第九章，附录，§3。

② 《奠基》，第454页＝第88页。康德指出，这个对比仅仅是一个“大致”的对比，他使用了“ungefähr”（大致上）一词，阿伯特则错误地将其译作“准确地”。

③ 康德本人倾向于淡化这一差异，他说，诸范畴本身无非就是指一般而言的法则的形式；但是，它们无疑是指法则的特殊形式。

普遍性原则而作用，并且因此，想要理解其原则如何才能应用于整理种种基于给定欲求的行动，也就更加困难了。[①]

两种情形之间还有一个差异。诸范畴是知性的一些概念；它们指涉种种感知的对象，离开这些感知的对象，它们就根本没有任何对象；而且，诸范畴（可以这样说）是由它们在经验中的现实应用而被证实的。最高的道德原则是理性的一个理念（Idea），它在感性经验中没有任何对象，并且因此不能由经验来加以证实：它属于——而且，这也正是康德的观点——另一个世界，而不是属于经验世界，虽然就我们依据它而行动而言，我们能够为它给出某种对象。

§2. 审美的自发性 144

康德还认识到另外一种自发性——在美的经验中的想象力的自发性。

在知识中，想象力服务于种种概念：它的工作就是要展示出种种概念之下的一些具体实例。正如想象力在把诸范畴与同一时空中的种种感觉联结起来时就产生了先验图型，它也在一个较低的层面上产生图型，即制作出一些图像（pictures）或印象（images）——它们或许是可触可见的——对应于“狗”的经验概念

① 然而，康德本人也把他的诸范畴发展为自由的诸范畴，而且，他似乎认为，与时空无涉是一种积极的优点；《实践理性批判》，第65—66页＝第186—188页（＝第115—117页）。

或“三角形”的数学概念。[①] 这些图型有时候被说得仿佛是一些“漂移的影像”，[②]但更准确地说，它们似乎是对建构这些印象所必需的方法的一种想象的把握，并且以这种方式既是十足可见的、又是十分动感的。在所有这些中，我们就有了知性与想象力的一种合作或和谐一致，想象力的工作在任何时候都对应于知性所构想的一些概念。

在审美经验中，康德认识到想象力的另一种活动，这种活动并不旨在建构一个概念之下的一些实例。在这里，概念是毫不相干的：一幅画像并不必然地因为它是一幅圣母像就是美的。康德美学理论的独有特征是：他把成功的审美活动也看作想象力与知性的一种合作，尽管无须一个特殊的概念。想象力的工作或许拥有一种“差异中的统一性”(unity in difference)，这对于“展现”一个概念来说很可能是必需的，但在此却独立于一个概念而被产生出来的，个别的印象乃是为其自身的缘故而被描绘出来的。想象力与知性之间的这种合作是否成功，不是诉诸任何概念来加以评判的，而是诉诸一种特殊的情感来加以评判的，这是一种审美的情感或美感。

在这里，我们也就有了“想象力的自由活动与知性的和谐一致”与“理性意志的自由活动与法则的理念(Idea)的和谐一致”之间的一种对比。根据这一对比，康德把美说成是道德的一个象

① 《纯粹理性批判》，第 A140—142 页＝第 B180—181 页。亦可参见《判断力批判》，第 57 节，附释一，第 341 页以下(＝第 239 页以下)，以及第 59 节，第 351 页以下(＝第 254 页以下)。

② 《纯粹理性批判》，第 A570 页＝第 B598 页。

征。想象力的自由被“表象”在美的鉴赏与知性的合法则性的和谐一致中——在这里，或许是指在其中被“感受”到；同时，在道德判断中，意志的自由被设想为意志依据理性的普遍法则而与其自身的一致。① 在某些方面，履行义务的道德满足感与美的审美感是相对应的。

无论如何，在这里，两种情形之间依旧还有一些根本性的差 145
异。审美判断乃是基于情感，但对于康德来说，说道德判断乃是基于情感，那简直太可怕了：事实刚好相反，因为道德情感必须基于道德判断，而道德判断依赖于普遍法则本身的概念，但审美判断根本就不依赖任何概念。②

因此，道德判断会存在一些困难，但这些困难不会在审美判断中出现。

① 《判断力批判》，第 59 节，第 354 页（＝第 259 页）。在前面的段落中，康德（在谈论审美判断时）说，它针对如此纯粹的一种满足的诸对象为它自己立法，正如理性针对欲求能力（Begehrungsvermögen）所做的一样。然而，这仅仅是“美作为道德的象征”的诸多方式之一。

② 正因为如此，在审美判断中，这种和谐一致是被“表象”出来的或被“感觉”到的，然而，在道德判断中，它是被“设想”的或者被“思维”的。

146

第十五章　自然法则公式

§1. 公式Ⅰa

要这样行动，仿佛你行动的准则要通过你的意志成为一个**普遍的自然法则**。[①]

这个公式与前一个公式之间的差异是十分显著的，也不应该被忽视。到目前为止，我们已经关注了一个普遍的自由法则——任何理性存在者，只要理性充分支配了激情，都会根据这个法则而行动。使这样一个法则在我们的想象力中鲜活起来的最佳的（哪怕不是唯一的）方法，就是向我们自己描绘一个世界，在这个世界中，每个人事实上都依据它而行动。这是一个非常感性的程序，康德现在把它推荐给我们。它也是普通人通常都会遵从的程序。[②] 举个例子，防火义务有时候会借助一个问题来加以强化，“如果每个人都拒绝这样做会怎么样？”提出这样一种问题就是要考虑一个准则，仿佛它要通过我们的意志成为一个普遍的自然法则。正如常

① 《奠基》，第421页＝第47页。

② 《实践理性批判》，第69页＝第192页（＝第122—123页）。

见的那般，康德在此贴近的是行动的逻辑，这种逻辑必须区别于抽象思辨的逻辑。

我们能够愿意我们行动的准则同时成为一个普遍的自由法则——这是在这样一个意义上，即我们能够愿意我们的行动成为一个对所有理性行动者都有效的原则的一个实例，而不仅仅是为了我们自己而任意地采纳的。然而，我们不能愿意我们的准则成为一个普遍的自然法则：这是一项超出我们能力的工程。[①] 因此，在这个新的公式中，康德十分恰当地说："**要这样行动，仿佛**……"

在使用这个公式的时候，我们在想象中把我们自己置于造物主的位置，并且假设我们正在制作一个自然世界，我们自己是这个世界的一个组成部分。[②] 在《实践理性批判》中[③]，康德以一种更为详细的方式来提出这个公式："**问一问你自己，你打算采取的行动如果应当按照你自己也是其一部分的自然的一条法则发生的话，你是否能够把它视为通过你的意志而可能的。**"

从《奠基》中给出的示例中可以清楚看出，在应用这个公式时，
我们假定了关于自然（尤其是人类本性）及其一般法则的经验知 147
识。这再次表明，以为康德提议要毫不考虑任何经验事实地应用道德法则，这是一种荒谬的观点。道德法则即便应用于人也依旧是**先天的**，但倘若我们想要在其下带入种种特定的情形，并且使之

① 我相信，这就是康德的观点——亦可参见《奠基》的第 436 页（＝第 66 页）与《纯粹理性批判》的第 A807 页（＝第 B835 页）——尽管有时候他不甚严格地说，仿佛我们能够愿意准则拥有一种自然法则的普遍性；例如，《奠基》，第 424 页＝第 50 页。

② 《纯然理性界限内的宗教》，序言，第 5 页（＝第Ⅷ页）。

③ 《实践理性批判》，第 69 页＝第 192 页（＝第 122 页）。

能够影响到人类意志，那么，我们就必须借助于经验来磨砺我们的判断力。[①]

《奠基》中的示例全都借助于公式Ⅰa来应用公式Ⅰ，尽管康德说得仿佛公式Ⅰ凭其自身就可以得到甚至更好的应用。[②] 在《实践理性批判》中[③]，他断言说，公式Ⅰ只能通过公式Ⅰa得到应用——正如一个纯粹范畴只能通过一个先验图型才能得到应用。[④]

倘若康德纯然把自然法则公式看作一个十分有用的（甚至看作一个必需的）实践工具，用以评估我们的种种准则之于道德法则的适合性，那就没有多少、甚至根本没有什么大惊小怪之处。其立场的弱点在于明显暗示说，通过这种方法，我们能够获得道德法则的一个纯粹理智的与非道德的标准——至少说，在他所谓的“完全的义务”的情形中是如此。

§2. 完全的与不完全的义务

康德非常重视“完全的义务”与“不完全的义务”之间的区别，但他似乎在任何地方都没有清楚定义这一区分，尽管他承认，他并不遵从学院派的惯常用法。[⑤] 根据这种惯常用法，如果一些义务

---

① 《奠基》，第389页＝第6页。亦可参见《奠基》，第412页＝第35页；第410页脚注＝第33页脚注；《道德形而上学》，法权论，导论，二，第216—217页。第一个引文段落表现出了一些康德混淆道德法则与道德的诸法则的迹象。参见第一章，§5。

② 《奠基》，第436—437页＝第67页。

③ 《实践理性批判》，第70页＝第193页（＝第123页）。

④ 参见第九章，附录，§3；第十四章，附录；本章的附录。

⑤ 《奠基》，第421页脚注＝第47页脚注。

能够被外在的法则强迫实施,那就是完全的义务,如果它们不能被如此强迫实施,那就是不完全的义务。[1] 这或许就意味着,完全的义务只能是一些“对他人的义务”。康德主张,我们也能够拥有一些“对我们自己的完全的义务”。

他在这里告诉我们,完全的义务不容许任何迎合偏好的例外,而且,这就会意味着,不完全的义务容许这样一些例外。康德会有这样一种观点,这是令人感到惊讶的,但他《道德形而上学》中的说法或许才是更加准确的,[2]他在那里指出,讨论中的这些例外其实是指一个准则对另一个准则的限制——例如,“善待邻人”的义务受到一个“善待我们的父母”的相似义务的限制。康德的观点显然是说,某些义务(例如,偿还债务)不会受到此类限制:我们没有资格根据“我们需要这些钱来帮助我们的父母”而拒绝偿还债务;而且,“偿还债务”必须被看作一项完全的义务。

必须欣然承认的是,在(一方面)诸如“偿还债务”这样的义务 148
与(另一方面)诸如“善待他人”这样的义务之间还有一个重要的区别;但是,我们或许怀疑,即便“偿还债务”的义务是否——援引康德在其他地方使用的术语[3]——在如是意义上是一项“无条件的”义务,即它不能被任何其他义务胜过。正如柏拉图早就指出过的,“把武器归还给一个已经成为杀人狂的人”,这不是什么义务。[4]

---

[1] 梅林(Mellin):《批判哲学词典》(*Wörterbuch der Kritischen Philosophie*),Ⅳ,第 562 页。

[2] 《道德形而上学》,德性论,导言,七,第 390 页=第 235—236 页。

[3] 《论俗语:这在理论上可能是正确的》,科学院版,第 8 卷,第 300 页脚注。

[4] 《理想国》,331c。

康德还用另一种方式来标记他的区分。在“完全的义务”的情形中，我们有责任要实施一个确定的行动——例如，精确地偿还我亏欠的5英镑9先令6便士。在“不完全的义务”的情形中，我们不得不仅仅根据一个准则而行动：尽管我们应当根据“善意”(benevolenie)准则而行动，但我们应当帮助谁，以及我们应当在多大程度上帮助他，则是留待我们自行决定的。因此，在“不完全的义务”的情形中，就有了一个“纬度”或者“活动空间”，这种义务也叫作“宽松的”或“值得赞扬的”义务，相对于“严紧的”“严格的”或“严厉的”的义务。[①] 后三个形容词，当它们被用于形容义务时，似乎就等同于“完全的”。

如果我们既有对我们自己的、也有对他人的完全的义务与不完全的义务，那么，种种义务凭此就可以划分成四个主要的种类。康德的这些示例的对象就是要表明，每个种类的义务都归属于自然法则公式之下。准则如果跟完全的义务相悖，甚至都不能被无矛盾地设想为自然法则。准则如果跟不完全的义务相悖，虽然能够被设想为自然法则，但却不能被无矛盾地愿意。

§3. 自然的因果法则

在最严格的意义上，康德通常把一个自然法则当成一个因果法则，而且，对于这样一个法则来说，“没有任何例外”是本质性的：相同的原因必定在任何时候都产生相同的结果。因此，人们或许

① 《奠基》，第424页=第50—51页。

会认为，当一个准则被设想为一个自然法则时，倘若我们能够在其中发现矛盾，这必定是因为它断言，相同的原因可以产生不同的结果。

或许在这个基础上，诠释康德对于自杀的讨论才是可能的。在这里，准则被认为是“如果生活给予我的痛苦多于愉快，我就愿意投奉于自杀”。[①] 这是一个自爱的原则，而且，我们假定了如是一种经验知识，即自爱——在此被有些奇怪地描述为一种感觉——拥有一种“规定（使命）”（Bestimmung**），要效力于促进生命。因此，倘若我们要把这个准则普遍化为一个自然法则，那么，我们就是在假定，自爱（它是生命〔存活〕的原因）在某些环境中要成为死亡的原因。简而言之，我们正在设想这样一个自然法则，它容许一些任意的例外，我们也因此陷入了一个矛盾之中。由此推论出，这个准则必定有悖于道德法则：它破坏了一个对我们自己的完全的义务。

康德说，无论是一个道德法则还是一个自然法则都不能有任 149
何任意的例外，这句话是对的；但是，想要通过这种方法来发现对一个自然法则的违反，并由此使我们有资格推出对一个道德法则的违反，这是不可能的。如果我们说食物（它通常造成生命〔存活〕）在某些特殊的环境中——例如，在某种疾病中——造成死亡，那么，我们断言，这不是对一个自然法则的违法。如果自爱（它通常造成生命〔存活〕）要在某些特殊的环境中造成死亡，也无须对因

① 《奠基》，第 421—422 页＝第 48 页。

** 德文的“Bestimmung”（规定）还有“命运”或“使命”的意思。——译者

果法则有任何破坏。[①] 实际上，我们可以一般地说，任何把自然的因果法则当作对道德法则的一个检测的企图都注定是要失败的。

然而，倘若我们看看有关其他种类的义务的讨论，就能十分清楚地看到，这并不是对这个论证的正确诠释。康德既不关心因果法则，也不关心要发现对它们的违反：他的论证，如果以这种方式来诠释，就完全是靠不住的。在每个案例中，他援引的都是一些目的论的考虑；而且，除非我们认识到，他心中所想的自然法则并不是因果法则，而是目的论的法则，否则，我们根本就不可能理解他的学说。

§4. 自然中的目的论法则

自然是法则统治下的种种现象的总和。现象是自然的质料；但它们赖以构成自然——而不是纯然的混乱——的形式就是法则的形式。这种法则主要是因果法则，它不仅涵盖了种种物理形体的机械因果，也涵盖了动物的本能行为，甚至——从某种视角来看——也涵盖了一切人类行动与经验。然而，因果法则并非康德在自然中所认识到的唯一法则。

即便是在对物理自然的理解中，我们也必须使用除了因果法

① 顺带一提，一个十分有趣的发现是，机灵绅士（ingenious gentleman）首先是如此来诠释这个段落的，即自杀之所以不可以成为一个自然法则，是因为那就（如其所是地）没人还能活下来去自杀了！这一诠释如此经常被重复，以至于几乎都成了正统；然而，它在这个段落中找不到任何证义（成义论证），而且据我所知，在其他任何段落中也找不到。

则以外的另一个概念——亦即，“意图”(purpose)或“目的”(end)的概念。对于有机物(organisms)的研究来说，这个概念似乎是必需的。这样说既不意味着有机物及其诸器官(organs)是有意识的意图的产物，也不意味着它们自身就拥有一个有意识的意图：这毋宁是说，我们必须把它们看作仿佛拥有一个意图的，并且看看，按照这种方式，我们是否能够更好地理解它们。[①] 对于理解人类本性来说，“意图”或“目的”的概念是更为必需的；因为，“为它自己设定种种意图”是人类本性的一个本质性的特征。正如我们稍后将会看到的，[②]甚至，道德性似乎要求我们要这样行动，仿佛自然本身就是合目的，并且拥有一个最终目的。

可以肯定，目的论的法则与因果法则并不构成相同意义上的 150
自然：甚至，把它们说成是自然法则或许都有些牵强。然而，在把自然法则当作应用道德法则的一个手段来使用时，康德走到了因果法则的背后，抵达了“法则本身”这个更为根本的抽象理念(idea)，它构成了自然的形式。至于他为什么用目的论的法则来表现法则本身，我们将稍后再来考虑。

§5. 自然的完善

想要理解康德学说的背景，我们必须记住，对于康德来说，对一个有机物持目的论的看法，这不仅是说它作为一个整体适宜于一个

① 它们似乎拥有康德所谓的“无意图的合目的性”——也就是说，没有一个有意识的意图。

② 参见第十八章，§8。

意图或目的，而且其每个器官也适宜于一个意图或目的，它们是整体的意图或目的中的一个要素。[①] 在《纯粹理性批判》中[②]，他宣称，理性在考虑活着的（有生命的）存在者时必定必然地接受这样一个原则，即没有任何器官、没有任何能力、没有任何冲动、实际上没有任何无论什么东西是多余的或者不适于其用途的，相反，每个事物都严格地适宜于它在生命中的意图（Bestimmung〔规定/使命〕）。根据瓦西安斯基（Wasianski）的记载[③]，从他晚年亲口讲述的一个故事中，可以看出他在情感上深受这种观点的影响。一个凉爽的夏日，虫子还不太多的时候，他发现，燕子会自己把一些幼鸟从巢穴中扔出去，以便有充足的食物来喂养剩下的幼鸟。起初，康德说，他不敢相信自己的眼睛；然后，伴随着强烈的情感，“我的心灵肃立起来——唯一能做的事情就是俯伏敬拜。”

无论他的这些观察是否正确，如今看来，他的整个态度似乎都是十分奇怪的。十八世纪对于自然的乐观主义因达尔文主义的降临而被击得粉碎，而且，我们趋于把自然看作“红牙血爪”，它既不关心物种，也不关心个体。然而，康德的种种生物学预设是否正确，并不是此处所要讨论的问题。真正重要的是——根据康德的观点，设想人类由目的论的法则所统治，就是假设族类与个体间的

---

① 参见第二章，§8。

② 《纯粹理性批判》，第 B425 页。

③ 《伊曼努尔·康德的最后岁月》（Immanuel Kant in seinem letzen Lebensjahren），第 411 页，收录于《伊曼努尔·康德》（*Immanuel Kant*），阿尔方斯·霍夫曼（Alfons Hoffmann）著，它还包括雅赫曼（Jachmann）与波罗夫斯基（Borowski）对康德的记载。（瓦西安斯基的传记著作的题名应该是 Immanuel Kant in seinen letzten Lebensjahren，此处引文中“seinen”写作“seinem”，当系笔误。——译者）

种种目的的一种完备的和谐一致。我们能够这样来考虑人类本性，**仿佛**存在着种种目的依据一个自然法则的这样一种系统的和谐一致；而且，我们可以追问，任何拟定的准则，如果被制定成一个自然法则，是否能与这样一种系统的和谐一致相适合。某些准则将摧毁这样一种系统的和谐一致，但其他一些准则只是不能促进它，而且，这似乎就是区分“完全的义务”与“不完全的义务”的基础。

§6. 诉诸目的论的法则

康德诉诸一种目的论的、而不是一种因果性的自然法则，乍看起来，这种做法似乎是任意的，但事实绝非如此。当我们被要求要 151
把一个拟定的准则设想为一个自然法则时，我们必须把它设想为一个目的论的自然法则；因为，它是一个**行动**的准则，而行动本身（撇开道德上的考虑不谈）在本质上就是合目的的。此外，我们被要求要首先把它设想为一个**人类**本性（自然性）的法则，即便我们要把它置于整个自然的背景之中；而且，人类本性必须被看作在本质上就是合目的的。显然，在康德看来，所有这些都过于理所当然了，以至于他未能清楚地加以陈述，并且因此易于误导他的读者。

当我们追问这样一个问题时，即“我们能否如此**愿意**一个拟定的准则，仿佛它由此将成为一个自然法则”，我们就是在追问：一个致力于人类本性中的种种意图的一种系统的和谐一致的意志是否可以一贯地把这个特定的准则当作一个人类本性的自然法则来愿意。离开了有关人类的种种需求、欲求与能力的经验性的知识，我们无疑就不能做到这一点，但康德的学说也并不认为，没有任何有关人类生活的种种事实的经验性的知识，道德法则就能够得到应用。

归根结底，我们必须清楚康德正在做什么。他正在提出这样一种学说，即种种人类意图与人类意志的理想的一贯性就是对道德行动的检测或标准，尽管还不是道德行动的本质。正因为如此，道德法则必须区别于自然法则。

从有关“好心”(kindness)与“善意”(benevolenie)的义务中，或许能最为清楚地看到这一区别。在这里，我们正致力于他人的幸福。个体的幸福可以看作是他的种种欲求的系统满足，以及他的种种目的的系统和谐。在正常的行动中，我们有义务要促进众个体的这种幸福，只要这不会跟其他人类似的幸福不一致。[①] 毫无疑问，在每种情形中，我的义务都是针对一个个体或者一个众个体组成的群体，但这必须服从于一个支配性的准则，即“促进总体的幸福”；而且，在这种意义上，我们就可以被说成是在致力于种种人类目的的系统和谐。但是，我们这样做，或许出自多种不同的理由。我们这样做，或许是出自纯粹自私的理由，因为这样做将最有助于我们自己的舒适。我们这样做，或许是因为我们恰好是好心肠的人，我们慷慨的情感恰好特别强烈。这样的行为或许是机智的；它甚至或许是令人钦佩的、值得赞赏的与讨人喜爱的；而且，对

① 在此，我省略的进一步的限定。

于道德来说，忽视这些辅助物将使之成为空想。① 然而，一个人仅仅由于他正在追求种种人类目的的系统和谐这一事实还不是道德上善的。对于道德善性来说，还有其他一些东西是必需的。一个善人并不仅仅为一种情感所驱动，无论它何其讨人喜爱：他所追求的是要服从一个对理性行动者本身有效的法则，即便是在缺乏慷慨的情感时，并且实际上即便是出现了自然的厌恶时，也约束着他与其他人的法则。无论如何，由于这种服从是唯一能够使人们的种种意图和谐一致的方法，我们就会认为，当一个准则普遍化为一个自然法则可以导致这样一种人类意图的和谐时，那个准则
就也适于被采纳为一个道德法则。当它如此而被采纳时，我们 152
实施一些善意的行动，就是因为这些行动就其自身而言就是善的，就是因为它们是我们的义务，而不仅仅是因为一个对其结果的欲求。

在自然法则的帮助下，我们能够决定我们应当要做什么；但是，对于我们应当秉持何种精神中去做，自然法则没有告诉我们任何东西。因此，正如我曾说过的，我们在此有了道德行动的一个检测，而不是其本质。

---

① 参见科学院版，第 19 卷，编号 6560。（原文为“Die moral ist chimaerisch, welche alle diese motiva auxiliaria ausschließt”，出自《康德对 A. G. 鲍姆嘉登的〈第一哲学的始基〉的注释》〔*Erläuterungen Kants zu A. G. Baumgartens Initia philosophiae practicae primae*〕，收录于科学院版《康德全集第 19 卷：手稿集 · 第 6 卷：道德哲学、法哲学与宗教哲学》〔*AA XIX：Handschriftlicher Nachlaß Moralphilosophie，Rechtsphilosophie und Religionsphilosophie*〕，此处引用的“编号 6560”在第 77 页。——译者）

§7. 好心

我们只要考虑一下康德的例证，就能把他的学说看得更加清楚。

关于好心或善意的义务，[①]康德假定了一个经验性的知识，即人们（由于他们的弱点）有时需要和欲求相互帮助。他没有从这一点出发从机智的角度论证说，如果我们希望自己获得帮助，我们就必须帮助他人；他也没有提出如是一种未必可靠的建议，即如果我们拒绝帮助他人，就没有人会帮助我们。他还承认，即便永远没有人会帮助任何其他人，人们还是可以达成他们的种种意图；相互拒绝帮助完全可以被设想为一个自然法则。然而，愿意这一点成为一个普遍法则，这样的意志将是缺乏一贯性的；因为，我们中的每个人偶尔都不得不为自己寻求帮助，并由此将愿意成为这个法则的一个例外，从而不会愿意它成为一个法则。

这种处理问题的方式过分强调个体行动者求助的需要，从而引发了一种错误的观点，即康德仅仅关心利己。然而，倘若我们还记得，我们也服从于种种人类需求，那么，可以肯定的是，我们的好心不太会跟傲慢屈尊混为一谈；而且，强调如是一点是十分重要的，即惟有当我们愿意把“不求回报的帮助他人”的原则看作一个同样地约束我们自己的法则时，我们才能合理地要求他人的帮助。

---

① 《奠基》，第 423 页＝第 49—50 页。

无论如何,正如康德在另一处讨论好心的地方所指出的[1],这个论证并不是基于“我们自己拥有这种需求”这个事实展开的:即便我们强大到根本无须其他人的帮助,它也是有效的。相反,这个论证乃是基于如是两个事实而展开的,即人类存在者需要互相帮助,以及惟有通过互相帮助才能达成他们种种意图的系统的和谐一致。[2]

§8. 偿还债务的承诺

关于遵守归还所借钱财的承诺,[3]康德假定了一个经验性的知识,即这样一些承诺的意图是要产生信任,从而摆脱财务上的困难;再者就是,对这样一些承诺的普遍破坏将使达成这一意图成为 153
不可能的。这里也是一样,康德没有从机智的角度去论证说,“如果我想要被相信,我就应当遵守我的承诺”,[4]他也没有提出如是一个未必可信的假设,即“如果我违背这一承诺,结果就是,我将再不能获得信任”。他的论证是这样的——倘若我的准则要成为一个普遍的自然法则,以至于每个人在陷入种种财务困难时都会做出相似的一些假承诺,这样做将会挫败这样一些假承诺的特有意图。这个法则将会自我取消,甚至都不能被设想成一个自然法则,更遑论被愿意。这里也是一样,必须要记住,根据康德的观点,一

① 《奠基》,第 398—399 页＝第 17—18 页。

② 参见《道德形而上学》,德性论,第 30 节,第 453 页。康德自己在那里说,“帮助那些需要帮助的人”是一项义务,因为我们必须相互把彼此看作是有需求的、在一个居住地为了相互帮助的意图自然而然地联合起来的同类。

③ 《奠基》,第 422 页＝第 48—49 页。

④ 《奠基》,第 402 页＝第 22—23 页。

个目的论的自然法则必须断言每个器官对其意图的适宜性，不能容许那些挫败其自身的意图。

目前来说，康德所说的东西是足够正确的，但它不能为道德判断提供一个令人满意的基础，除非我们进一步假定，遵守这样一些承诺，以及由此产生的相互信任，对于种种人类意图的系统的和谐一致来说，是一些本质性的要素。这正是康德提出一个假设，它表现在稍后的讨论之中，[①]而且，我认为，如果我们想要表明它并不是人为的，那么，我们就必须把它读入到当前的论证之中。此外，没有这样一种假设，我很可能就会发现，我们将不得不把盗贼的荣誉也看作一种德性。

有人或许会说，当我们讨论相互信任时，我们只不过是以其结果来评判行动，但即便这个行动并没有干扰相互信任，它也依旧是恶的。如果债主突然去世，没有留下任何借贷记录，这种情况就很有可能会发生。

在某种意义上，我们并不是以其结果来评判行动——这首先是因为，康德并没有假装说，我的行动的结果将是对信任的普遍损害；其次也是因为，康德并没有论证说，由于我恰好想要信任在众人间盛行，因此，我就不应当去违背一个承诺。这样一个论证将是机智的、而不是道德的。他正在做的事情是，秉持我们行动的原则并追问，这个原则如果被普遍化，能否与社会中的种种意图的一种

① 《奠基》，第 429—430 页＝第 58 页。他还提出了进一步的假定——参见《道德形而上学》，德性论，第 9 节，第 429 页——传达我们思想的能力以“说真话”为其本质性的与自然的目的；但是，这一假定属于对“说谎是对自己的一种罪行”的讨论，而不属于对“说谎是对我们对他人的义务的违背”的讨论。

系统的和谐一致相容。答案无疑是:“不能”。而且,即便在这个特定的行动中我或许免于被发现,答案也依旧是如此。

在另一种意义上,他也**确乎正在**考虑种种后果。他正致力于把这个行动当作“如其在根本上或者本质上所是者”来看待——也就是说,把它看作这样一个行动,它摧毁相互信任,摧毁一个特定领域中(并且最终在每个领域中)的种种意图的任何系统的和谐一致。这似乎是合法的,尽管人们很可能会说,他过多地强调对信任的摧毁,又过少地强调这样一个事实,“违背这样一个承诺”就其自身而言就是对种种意志之系统的和谐一致的风险重重的干扰,无 154
论这个行为是否被发现。第二个要点,当他处理作为“就其自身而言的诸目的”[*]的人时,阐述得更为清楚。或许,他强调行动的这个相对外在的方面是由于这样一个事实,即他心中所想的是一种能够被国家法律强制实施的契约,因为“对他人的完全的义务”在传统上被看作是属于国家法律的,而国家必然地必须对行动持一

* 此处“就其自身而言的诸目的”(ends in themselves),或单数的“就其自身而言的目的”(end in itself),分别对应于德文的 Zweck an sich 和 Zwecke an sich,在当代国内康德研究的实践中,它们一般被译作“目的自身”或“自在目的”。在《奠基》与康德的其他伦理学著作中,与之形成对照的概念是“相对的目的”(relative end;relativer Zweck)。而且,康德是在“意志的规定根据”这个特殊的意义上使用“目的”(end;Zweck)这个术语的。所谓“相对的目的”,就是欲求能力的一个客体,亦即行动主体想要实现的一个可能的事态,由于这个可能的事态成为他的意志的规定根据,依赖于主体对它的特殊性感,所以,一切此类目的全都是相对的;所谓“就其自身而言的目的”,就是每个理性行动者自身,更准确地说,就是每个理性行动者的实践理性,它不依赖于主体对其他任何东西的情感,单凭自身就能规定一个意志,这也意味着,它作为意志的规定根据(作为一个目的)不依赖于任何人的主观的情感态度。因此,译者在本书中将其译作“就其自身而言的目的”,这个译法虽然明显比“目的自身”和“自在目的”笨拙得多,但似乎能够比较清楚地表达它的意思,不容易引发不必要的混淆。同时,译者绝不否认“目的自身”和“自在目的”是很不错的译法。——译者

种外在的看法。

§9. 自杀

康德在考虑种种对我们自己的义务时，并没有凭借这样一个标准来检测准则，即如果这些准则要成为普遍的自然法则，它们就适合于产生众人之间的种种意图的一种系统的和谐一致。然而，他确乎参照"意图的和谐一致"来检测它们，即当准则被普遍化为一个自然法则时，该准则所提出的种种目的之间的一种和谐一致，康德把这叫作"自然的诸意图"。[①]

对于"自杀"这件事，当康德说自爱的"规定(使命)"(Bestimmung)是促进生命时，[②]他的意思是说，这是其意图或功能，而不仅仅是其结果。倘若我设想自己创造了人，并心怀这一目的赋予他自爱，我能否愿意(甚至能否设想)如是准则成为一个自然法则，即"自爱在某些环境中要导致死亡"？康德的回答是："不能"；但是，有人或许会猜想说，他之所以给出这个答案，是因为他已然假定了自杀是错误的。相同的本能，虽然正常情况下会导向生命(存活)，但在生活提供给我的东西除了持续不断的痛苦之外别无他物时，就会导向死亡，这为什么不应是天意(Providence)的一种仁慈安排呢？

---

① 例如，《奠基》，第 430 页＝第 59 页。亦可参见他在《伦理学讲义》(*Lectures on Ethics*)中"人性的本质目的"这一说法，例如，《讲义》(*Vorlesung*)，门泽尔(Menzer)，第 161 页；因费尔德(Infield)，第 136 页。

② 《奠基》，第 422 页＝第 48 页。

这正是康德的论证中最薄弱的地方。有人很可能会为反对他而主张，自爱的原则（他通常把该原则看作一个"理性服务于欲求"的理性原则）如果并不随着"愉快超过痛苦"或者"痛苦超过愉快"而在结果上有所不同，那么，它就会与其自身矛盾。在这里，康德把它叫作一种"感觉"，这很可能是指某种自我保全的本能。[①] 但是，这并不是人有别于牲畜的诸多能力之一，在那里，康德的论证方法是更为合理的；而且，除非我们持有一个关于"自然中的目的论的完善性"的夸大的理念（idea），实际上，除非我们让我们自己投奉于某些"神圣天意的工作"理论，否则的话，除了那些已然确信它的人们，这个论证只能带来很少的确信。

倘若我们坚持认为，"仅仅由于生活提供的痛苦多于愉快就要投奉于自杀"跟理性的功能不符，这个功能就是"致力于绝对的善"，那么，这个论证就会显得更为合理；因为，它从"引领道德生活"的义务出发，撤销了我们自己对舒适的兴趣。[②] 然而，对于我们当前的意图来说，最重要的事情并不是这个特定论证的合理性，155
而是该论证建立于其上的那个一般原则。

§10. 培养

关于发展种种天赋——尤其是那些使人有别于牲畜的天

① 当我们并不把理性的自爱原则当作一个自由的法则，而是当作一个自然的法则时，它就被化约到本能的层面。

② 参见《奠基》，第 429 页＝第 57 页；《道德形而上学》，德性论，第 6 节，第 422—423 页。亦可参见第十四章，§ 7。

赋——康德的论证拥有更强的根据。在这里，他的目的论更为明确，而且，他甚至几乎是以宗教话语来讨论这个问题的；因为，他说，一个理性存在者必定必然地愿意发展他的种种能力，这不止是因为它们服务于一切种种可能的意图，而且还因为——在第二版中——它们就是为了这些意图而**被赋予的**。他主张说，尽管设想（而不是愿意）这样一个自然法则并没有任何矛盾，即一切人都过着“食莲人”（lotus-eaters）的生活*，上述观点也依旧为真。抛开这种神学话语，倘若我设想我自己创造了一些人，他们拥有一切种种天赋，在这种情况下，如果我愿意“这些天赋绝不要得到发展或使用”成为一个自然法则，我当然觉得自己的意愿缺乏一贯性。这个论证跟如是一种论证相差千里，即我之所以应当发展我的种种天赋，是因为我将发现这样做对我是有利的或有好处的。

康德心中所想的这些能力包括肉身的种种能力，但它们主要是指那些把人区别于牲畜的能力——科学思维的能力、审美鉴赏的能力，以及最重要的，引领一种理性的或道德的生活的能力。[①]

---

* “食莲人”（lotus-eaters）出自古希腊神话史诗《奥德赛》，希腊文为“λωτοφάγοι（lōtophagoi）”，是奥德修斯在返乡途中遇到过的一个民族。“lotus”是否就是指“莲花”存在争议，或许正是因为这一点，王焕生先生在翻译《奥德赛》时，将其音译为“洛托斯花”。书中写道：“此后九天，我们继续被强烈的风暴颠簸在游鱼丰富的大海上，第十天来到洛托法戈伊人的国土，他们以花为食……洛托法戈伊人无意杀害我们的同伴，只是给他们一些洛托斯花品尝。当他们一吃了这种甜美的洛托斯花，就不想回来报告消息，也不想归返，只希望留在那里同洛托法戈伊人一起，享用洛托斯花，完全忘却回家乡。”参见〔古希腊〕荷马：《荷马史诗·奥德赛》，王焕生译，人民文学出版社 2003 年版，第 155 页（Ⅸ，81—97）。由于“食莲人”的这一特点，西方人常用它来比喻那种沉迷于享乐、不求上进之人，帕通在此也是取这个意思。——译者

① 《道德形而上学》，德性论，导言，五（1），第 386—387 页＝第 231—232 页；第 19 节，第 444—446 页。

在他关于"对我们自己的义务"的所有讨论中，都有一种显著的目的论的或亚里士多德式的伦理学的血统，但在有关发展和运用人有别于动物的种种能力上，这一点尤为突出。在这里，我们不能像处理对他人的义务那样，仅仅从人们天生拥有的一些意图出发，并追问这些意图如何能够结合在一种系统的和谐一致之中。我们必须论证说，人作为人拥有这样一种对自己的义务，即为了固存于其自身的意图而使用他的种种能力，并且最重要的，惟有凭借发展和使用这些能力他才是一个人。这是一种在如今不太受欢迎的学说，而且，如果想要恢复这种学说，就必须依据现代进化理论来对它加以重制；但是，把它当作愚蠢的东西清扫一空，或者——更为糟糕地——把它当作十八世纪背景下的愚蠢的东西清扫一空，这样做是缺乏历史洞识与哲学洞识的表现。

§11. 实践的理性与意图

惟有当他的自然法则从目的论的角度被诠释为关乎种种人类意图的和谐一致时，康德的学说才成为可理解的。他在那里所说的一切东西的背后是这样一个根本假定，即实践理性（实际上是纯粹实践理性）关心的是种种人类意图的实现，以及它们之间的一种系统的和谐一致的实现。在《道德形而上学》中，康德十分清楚地
提出了这一点：[1]"在人与自身及他人的关系中**能够**是目的的东 156
西，就**是**纯粹实践理性面前的目的；因为纯粹实践理性就是一种一

[1] 《道德形而上学》，德性论，导言，九，第 395 页＝第 242 页。

般的目的能力，所以就这些目的而言漠不关心，亦即对它们毫无兴趣，这是一个矛盾。”为讲透这一点，他补充说，实践理性要是对种种目的漠不关心，它就不会为种种行动规定准则(因为，这些行动在任何时候都包含一个目的)；并且因此，它就根本不会是实践的。

对于康德来说，主张实践理性应当致力于彻底的超然与终极的遗忘，这种观点是自相矛盾的与不道德的——是对行动逻辑的一种破坏。而且，公平地说，如果他的学说中有任何这样的观点，即意愿活动与思维活动一样是理性的，那么，为了理解他的学说，我们必须采取行动者的立场，而不是纯然旁观者的立场；或者，用他自己的话说，我们必须是世界公民(world citizens)，而不是旁观世界者(world-observers)。[①] 你如果没有至少尝试自己去道德地行动就无法做出任何道德判断，这就跟你如果没有自己去思维就无法做出任何判断一样。

§12. 道德行动的原则

现在，我们可以更为清楚地看出普遍法则公式与自然法则公

---

① 科学院版，第 15 卷，ii，编号 1170。(出自《人类学反思》〔*Reflexionen zur Anthropologie*〕，收录于科学院版《康德全集第 15 卷：手稿集 · 第 2 卷：人类学》〔*AA XV: Handschriftlicher Nachlaß, Anthropologie*〕，此处引用的“编号 1170”在第 517 页。康德在那里说：“人们对于兴趣，世间发生的事物所引发的兴趣，采取两种立场：尘世之子〔Erdensohn〕的立场与世界公民〔Weltbürger〕的立场。在第一种立场中，人们感兴趣的东西，除了盈利，以及那些与事物有关的东西之外，只要它们影响到我们的福祉，再无其他。在第二种立场中，人们对人性〔die Menschheit〕感兴趣，世界整体〔das Weltganze〕、事物的起源〔der Ursprung der Dinge〕、其内在价值〔ihr innerer Werth〕、最终目的〔die letzten Zweke〕，至少有兴趣带着偏好去评判它们。”——译者)

式结合起来指导种种行动的方式。

首先，善人必须放弃把利己的原则当作行为的唯一指导，必须使它从属于一个更为宽广的非个人的与不偏不倚的原则——合乎理性地与客观地行动的原则，或者用康德的话说，根据一个对一切理性行动者都有效的法则而行动。这是意志中的一个根本性的态度转变(change of attitude)，采取一种全新的精神(spirit)*，道德生活的特有本质与原则。这正是普遍法则公式所要表达的东西。

康德(或许过于轻率地)主张，一个采纳了这种态度的意志凭借其本性就能在现实的生活中清楚地找到摆在它面前的道路——他找到自己道路的方式，在某种程度上就像是一个献身于艺术的艺术家，或者一个摒弃了偏见的思想家，毫无保留地献身于他自己思想的冷静而自由的工作。无论如何，康德认识到，立法的空洞形式必须得到填充，人的种种合目的行动想要被置于法则之下，就必须考虑那些在他们身上起作用的原则或准则。

为了能做到这一点，我们就必须想象，这些准则将作为我们的意愿的结果而成为一些自然法则。我们能够检测它们对其他人的影响，考虑这些准则被普遍采纳之后将会促进、还是不能促进、还

---

* 此处的“态度”(attitude)与“精神”(spirit)都是帕通常用来翻译德文的“Gesinnung”(意念)的术语，他在对“Gesinnung”(意念)的翻译上表现出明显的犹豫不决，这或许是因为英文中并没有与之严格对应的语词。因此，这里的“态度转变”(change of attitude)与“采取一种精神”(adoption of a spirit)，实际都对应于康德所谓的“意念的转变”，即从恶的意念到善的意念的转变，康德又把它叫作“人的意念中的一场革命(一种向意念的圣洁性准则的转变)”。参见〔德〕康德：《纯然理性界限内的宗教(注释本)》(以下简称《宗教》)，李秋零译注，中国人民大学出版社2012年版，第32页(6：47)。康德对“意念”与“道德意念”的更为详细深入的讨论，也必须在《宗教》中才能找到。——译者

157

是实际上会摧毁众人间的种种意图的一种系统的和谐一致。我们能够检测它们对我们自己的影响,考虑它们作为普遍的自然法则将会促进、还是不能促进、还是实际上会摧毁个体身上的意图的一种和谐一致,因为个体被假定为其种种能力拥有一种能够被认识
157 到的自然意图,而且,如果意图的这种系统的和谐一致能够被实现,那么,这些能力(尤其是那些人类特有的能力)就必须得到促进,而不是被摧毁。

所有这些都仅仅只是康德观点的骨骼;但是,除非我们把握到这一基本的解剖学,否则的话,我们就决不能开始理解其学说的肉身。

因此,准则的检测就是——宽泛地说——意图有可能符合一个自然法则的一种系统的和谐一致。但是,这仅仅是对道德行动的一个检测,而不是其本质。然而,一窝蚂蚁或许也会有这样一种和谐一致,但其中不会有任何道德性。你能够设想,在一个完全由自爱统治的社会中,作为作用与反作用(行动与回应)的一个结果,拥有这样一种和谐一致,或者拥有某种与之相似的东西,但其中不会有任何道德性。在这样一个社会中,即便每个人都根据他恰好喜欢这种和谐一致,或者根据这将为他自己带来某些更为舒适的东西,致力于种种意图的和谐一致,也不会有任何道德性。惟有当这个社会的每个成员都不仅仅因为其自己的种种欲求(无论它们何其慷慨),而且因为他同时竭力要服从一个对一切理性行动者都有效的法则时,道德性才会表现在意图的这样一种和谐一致之中。这绝不是他唯一的动机,但必须是他的支配性的与统治性的动机。如果道德法则包含在“种种意图的系统的和谐一致”的概念之中,

那么，这个概念——不言而喻地——以及"我们能够为带来这样一种和谐一致的实存有所贡献"的理念，就同时是一个纯粹道德的意志的规定根据。[①]

需要补充的是，即便是种种完全的义务，康德也没有使用一种纯粹理智的检测。某些准则何以不能被设想成一些自然法则的理由在于：愿意符合这样一些准则，不仅无法促进种种意图的一种系统的和谐一致，还会阻挠与摧毁这样一种系统的和谐一致，而这种系统的和谐一致不仅对于"一个目的论的自然法则"的概念来说是必不可少的，而且也是"服从道德法则"的外在的（然则理想的）展现。

附录　作为道德法则的一个模型的自然法则

§1. 法则的形式

在《奠基》中，作为公式Ⅰ的补充内容，康德引入了公式Ⅰa，但为什么要这样做，他几乎没有给我们任何解释。在公式Ⅰ中，我们被告知，我们的种种准则应当符合法则本身的普遍性。然后，康德告诉我们，法则的普遍性构成了自然的形式。无论自然的质料是什么，它在本质上以如是一个事实为特征，即自然中的一切事件都 158
依据普遍的法则而发生——尤其是因果法则。无论自然的法则与自由的法则何其不同，自然活动与道德行动都在某种意义上具有

① 参见《实践理性批判》，第109—110页＝第244—245页（＝第196—197页）。

相同的形式——亦即“普遍法则”的形式。显然，康德据此假定，定言命令式所强加的普遍法则能够借助于“一个普遍的自然法则”得到解说；如此，我们就从公式Ⅰ过渡到了公式Ⅰa。[①]

这似乎是说，（一切行动都应该要符合的）普遍的自由法则与（一切现象都据以被规定的）普遍的自然法则之间存在某种类比。正是借助于这种类比，我们才能在我们的公式中用“普遍的自然法则”来替代“普遍法则”。《奠基》第二章结尾对论证做了一个十分有用的概括，这个概括明确地提到了这一类比。[②] 这种观点显然需要相当大的扩展，但康德在《奠基》中回避做出这种扩展，或许是因为这样做过于技术了。

§2. “展示”的问题

在《实践理性批判》中[③]，康德的问题表述得更为技术性。它是这样一个问题，即把一个概念应用于种种个别对象之上，或者“展示”[④]一个与概念相符的对象。惟有当我们能够在某种感性直观中展示出与概念相应的对象时，我们才能凭借我们的种种概念来认识对象。当我们展示出了一个概念的种种对象时，我们通常就被说成是展示了这个概念本身。

对于我们的种种经验概念来说，展示出它们的对象并没有任

① 《奠基》，第421页＝第47页。相同过渡也明显出现在《奠基》的第436页＝第66页。

② 《奠基》，第437页＝第67页。亦可参见《奠基》，第431页＝第60页，在那里，道德性行动与普遍法则的符合被说成是类似于一种自然秩序。

③ 《实践理性批判》，第67页以下＝第189页以下（＝第119页以下）。

④ “Darlegen”或“darstellen”，在拉丁语中是“exhibere”。

何困难。这些概念是从感性经验中抽象出来的，而且，我们能够在想象力中重构它们的对象——想象力在这样做时所遵循的程序，跟我们在现实地观看对象时，想象力把种种感觉联结起来时所遵循的程序，是完全一样的。想象力还能在纯粹直观中为我们任意的数学概念建构种种对象，也就是说，讲得粗率一些——这并非康德本人的表述——我们能够在想象中把它们凭空抠出来。[①] 意识到想象力的程序对于每个概念来说都是必需的，我们就有了康德所谓的概念的“图型”(schema)。[②] 倘若一个感觉对象或想象对象符合图型，该对象就被归入到概念之下。

展示知性的一个纯粹范畴的种种对象，例如“根据与后果”，则更为困难。然而，为了获得关于种种经验对象的知识，我们必须把它们联结在同一个意识之中，因此，我们在认识种种对象时，必须在想象中把它们联结在同一个时空之中。根据康德的观点，这意 159
味着，我们必须按照某些方式把种种感性直观联结起来——或者至少力求把它们联结起来——然后，想象力的必然程序在此赋予我们所谓的“先验图型”(transcendental schemata)，它们对应于不同的纯粹范畴。尤其是，它赋予我们“依据一个规则的必然演替”的先验图型；而且，在这个先验图型出现的地方(倘若我们意识到客体的变化，它就必定存在)，我们就有权去应用“根据与后果”的纯粹范畴，该范畴也因此变成了“原因与结果”的范畴。“依据一个规则的必然演替”就是一个先验图型，我们借助这个先验图型，展

① 参见《判断力批判》，第 62 节，第 365 页(=第 276 页)，一个数学的对象被说成是惟有通过“规定”空间才得以可能的。

② 亦可参见第十四章，附录，§ 2。

示出那些归入到知性范畴之下的种种对象。[①]

关于我们对“道德性的无条件的与绝对的法则”概念的困难在于，它是理性的一个理念(Idea)：因此，依据假定(ex hypothesi)，感性经验中没有任何与之相应的对象。[②] 我们想要将其置于道德法则之下的那些行动——从一种视角来看——仅仅是一些服从于自然法则的事件，而不是服从于自由法则的事件。它们无法适宜于“一个无条件的法则”的理念(Idea)，而且，我们没有任何可用的图型(无论是先验的图型还是其他什么图型)，我们无法展示理性的这样一个理念(Idea)的对象。[③]

§3. 象征的展示

然而，还有第二种可能的展示，它并不是借助于图型的直接展示，而是借助于象征的间接展示，这种展示正是我们把种种感性直观应用于理性的诸理念(Ideas)的方法，尽管没有任何感性直观适合它们。象征并不是一些直接地置于一个概念之下的对象，它们是我们为了把某种意义添加给一个概念而使用的一些对象。它们凭借一种类比而做到这一点。[④] 就此而言，它们不同于那些纯然任意的标记，例如字母表中的字母。

根据康德的观点，类比表达的并不是两个事物的一种不完全的相似性，而是全然不同的两种事物间的关系的一种完全的相似

① 亦可参见第九章，附录，§3。

② 亦可参见第九章，附录，§5。

③ 参见《纯粹理性批判》，第 A665 页＝第 B693 页。

④ 《判断力批判》，第 59 节，第 351 页以下(＝第 255 页以下)。

性。因此，A(促进一个孩子的幸福)与B(一位父亲的爱)的关系就如同C(人类福祉)与X的关系，其中，X就是上帝的某种我们称作“爱”的未知事物，尽管它不能相似于任何人类偏好。因此，“一位父亲对他的孩子的爱”就是一个象征，我们据以通过一种类比才能为我们自己表象“上帝对人类存在者的爱”。[1]

康德认为，我们关于上帝的知识——或者至少说，我们设想上帝的方式——在这种意义上全都是象征的。如果我们把种种人类偏好归之于“他”(上帝)，甚至把人类知性与人类意志归之于“他”(上帝)，那么，我们就陷入了神人同形同性论(anthropomorphism)。无论如何，通过把这些人类特征当作象征来使用，尽管我们无法知晓如其所是的上帝，但却能够依据我们所熟知的关系来设想“他”(上帝)与我们的关系；而且，这对于行动的意图来说或许是充足 160
的。[2] 对于人类来说，不可见者必须通过某种可见的或感知的东西来表象；而且，实际上，对于行动的意图来说，它必须(如其所是地)借助于一种类比而成为感知的。[3] 种种宗教礼仪与圣事，作为这样一些象征，才能是成义的。如果它们被当作就其自身而言具有价值的东西而被践行，那么，它们就成了纯然的迷信。[4]

对于我们来说，如果我们想借助一种类比，用象征或者间接的展示方法把种种行动展示为属于“道德法则”的理念之下的一些对

---

① 《未来形而上学导论》，第58节，第357页。

② 《判断力批判》，第59节，第352—353页(＝第257—258页)；《未来形而上学导论》，第58节，第358页；《纯然理性界限内的宗教》，第65页脚注(＝第82页脚注)。至于作为道德性的一种象征的美，亦可参见第十四章，附录，§2。

③ 《纯然理性界限内的宗教》，第192页(＝第299页)。

④ 同上书，第192页以下(＝第299页以下)。

象，这是否可能？

§4. 道德法则的"模型"

我已经指出，[①]"普遍的道德法则"与"普遍的自然法则"之间存在一种类比。前一节指出，更为正确的说法是，属于两种法则之下的两套对象之间存在一种类比，一套对象是道德意志，另一套对象是时间性的事件；而且，这一点就此而言得到了证实——康德谈到过"目的王国"与"自然王国"之间的类比。[②] 然而，我们并不需要在种种细节上浪费太多时间，尽管我们确实希望，康德能把他的学说阐述得更为充分一些。两种类型的法则在两种不同的体系中发挥着相似的作用，于是我们可以说，它们之间存在着一种类比。康德如此表述两种法则之间的关系，即自然法则可以叫作道德法则的一个"模型"(type)。[③]

"模型"一词在神学中的惯常用法或多或少跟康德对"象征"一词的用法相同：它是指某物通过模型得到了象征或者描绘。因此，

---

① 参见上文§1。

② 《奠基》，第439页＝第69页。在《奠基》的第437页(＝第67页)中，他先前有关类比的说法得到了更详细的阐述，但却更多是在断言两种法则之间的类比，而不是属于它们的两套对象之间的类比。

③ 《判断力批判》，第69页＝第192页(＝第122页)。在《判断力批判》的第70页＝第193页(＝第124页)，他还说，我们可以把感官世界(sensible world)的自然(nature)当作一个理智本性(intelligent nature)的模型(type)来使用，但他在此处的意思是指natura formaliter spectata(从形式方面看的自然)，它转而是法则本身的形式。这或许也跟康德的一个说法有关，他把"展示"说成是一种hypotyposis(生动描绘)，参见《判断力批判》，第59节，第352页(＝第255页)。ὑποτύπωσις(生动描绘)——拉丁文的adumbratio——是一种描绘或勾勒，参见亚里士多德：《尼各马可伦理学》，1098a21；柏拉图：《蒂迈欧篇》，76E。

以色列子民被说成是“上帝子民”的一个模型，巴斯卦羔羊*被说成是基督的一个模型。康德把“模型”一词用于自然法则，就是这种用法的一种自然而然的扩展。

自然法则（作为知性的一个概念）在任何时候都有一个图型或者多个图型，借助于这些图型，自然法则才应用于种种感知的对象，因果法则的特有图型就是“依据一个规则的必然演替”。自由的法则（自由理性的一个理念〔Idea〕）不能有任何图型，但我们惟有借助于图型才能直接地在直观中展示其种种对象。康德的观点是，我们能够间接地或象征地展示其种种对象：借助于道德法则与自然法则之间的类比，这两种法则共同享有普遍性的形式，我们能 161
够把自然法则统治下的种种事件当作一些被设想为属于自由法则

* 巴斯卦羔羊，即巴斯卦节（也叫逾越节）使用的羔羊。巴斯卦节是纪念古代以色列人摆脱埃及奴役的节日，根据习俗要宰杀羔羊，分吃羔羊的肉。基督教把耶稣称作“Agnus Dei”（上帝的羔羊），并且以羔羊的图像来象征耶稣，这是取其舍生取义，犹如把自己当作羔羊献祭给上帝，以除免世人的罪。这个类比由来已久，可以追溯到《圣经·新约》。例如，《若望福音》（约翰福音）记载，洗者约翰就把耶稣称作“天主的羔羊（上帝的羔羊）”。再如，保禄（保罗）在《格林多前书》（哥林多前书）中说：“你们应把旧酵母除净，好使你们成为新和的面团，正如你们原是无酵饼一样，因为我们的逾越节羔羊基督，已被祭杀作了牺牲。”又如，伯多禄（彼得）在《伯多禄前书》（彼得前书）中说：“你们不是用能朽坏的金银等物，由你们祖传的虚妄生活中被赎出来的，而是用宝血，即无玷无瑕的羔羊基督的宝血。”《默示录》（启示录）中更是多处将耶稣比作羔羊，例如，“愿赞颂、尊威、光荣和权力，归于坐在宝座上的那位和羔羊，至于无穷之世！”“救恩来自那坐在宝座上的我们的天主（上帝），并来自羔羊！”“我看见羔羊站在熙雍山（锡安山）上，同他在一起的，还有十四万四千人，他们的额上都刻着羔羊的名号和他父的名号。”“在城内我没有看见圣殿，因为上主全能的天主（上帝）和羔羊就是她的圣殿。那城也不需要太阳和月亮光照，因为有天主（上帝）的光荣照耀她；羔羊就是她的明灯。”参见《思高圣经》，若 1：29，1：36；格前 5：7；伯前 1：18—19；默 5：13，7：10，21：22—23。——译者

的对象来对待。[①] 如果我们能够做到这一点,我们就把自然法则当作道德法则的一个模型来使用了。

必须记住,在所有这些中,康德想到的是"感知的世界"与"理知的世界"、"现象的世界"与"本体的世界",以及"显象的世界"与"就其自身而言的事物的世界"之间的一种对照。此外,道德法则的理念(Idea)必须通过自然法则与知性的诸范畴得到应用,这绝不是偶然的。尽管知性连同其诸概念在任何时候都通过图型而指向种种感知的对象,但理性(在其逻辑的运用与其先验的运用中都一样)在任何时候都指向知性的诸概念,并且仅仅通过它们才能指向种种感知的对象。[②] 在康德的论述进程中,总是藏有很多我们未能看到的东西;但是,倘若不能充分领会其学说的丰富内涵,我们就不可能看出,自然中的种种事件能够被用于象征种种道德行动,以及自然中的秩序能够被用于象征道德秩序,这就跟如是一种象征的方式多少是相同的,即"一位父亲对他孩子的爱"能够被用于象征"上帝对人类的爱"。

§5. 自然的秩序

在现代,把自然秩序当作道德秩序的一个象征来使用,这样做会使我们感到更多的不安。正如我在前文中曾指出过的,这不仅是因为达尔文主义的影响,它把十八世纪的乐观主义砸得粉碎;而且也是因为,与牛顿的种种发现给他同时代的人与后继者们所传递的情感印象

① 《判断力批判》,第 69 页＝第 192 页(＝第 122 页)。

② 参见《纯粹理性批判》,第 A302 页＝第 B359 页;第 A664—666 页＝第 B692—694 页。

相比，现代物理学给现代心灵留下了一副截然不同的情感印象。我们已经敏锐地意识到——尤其是自 T. H. 赫胥黎（T. H. Huxley）著名的罗马尼斯讲演（Romanes lecture）以来——自然的秩序跟最野蛮的骚乱是相容的，跟群星的碰撞与世界的湮灭是相容的。我们相信，我们自己的行星终有一天会变得死气沉沉，整个宇宙也会逐渐消亡。所有这一切都使我们难以从自然中看出一个神圣意图的事功，或者对人类理想的任何关怀。一位现代诗人个性而苦涩地写道：

> “因为自然，无情而无智的自然，
> 既不在意、也不知晓
> 哪位陌生人的脚步会发现这片草地
> 闯入再离去，
> 也不会在清晨的露珠中发问
> 它们是属于我的，抑或不是。”*

相比之下，牛顿的种种发现似乎给人们留下这样一种感觉，即宇宙的秩序与和谐是一个神圣智慧的展现。这一点在艾迪生 162
（Addison）著名的赞美诗——《天上有广袤的苍穹》**——以及它对天体音乐有趣的否定（这或许是根据第二性的质的非实在性）中

* 这是英国著名古典诗人和诗人 A. E. 豪斯曼（A. E. Housman，1859—1936）的诗作《别在这里告诉我，这无须说明》中的句子，原诗英文标题为：“Tell me not here，it needs not saying”。——译者

** “The spacious firmament on high”，作者约瑟夫·艾迪生（Joseph Addison，1672—1719），英国著名的散文家、诗人、剧作家与政治家。——译者

得到了表现：

> “什么东西尽管处于肃穆的沉寂之中
> 却依旧环绕阴沉的地球运动？
> 什么东西尽管毫无实在的声音，也没有响动，
> 却在其璀璨天球中被发现？
> 它们在理性的耳中尽皆欢悦，
> 并且发出美妙的声音；
> 它们恒久歌唱，一如它们恒久闪耀，
> ‘创造我们的巨手乃是神灵。’”

惟有转向那个被引用太多的关于星空与道德法则的段落，我们才能看出，尽管康德粗暴地坚持认为法则，因果是自然中唯一的构成性法则，但他也深受这种关于物理宇宙的看法的影响；而且，实际上，无论他何其多地坚持这两种法则（自然法则与道德法则）的差异，在其情感经验中，这两种法则也是紧密相联的。这一点是由于他把牛顿与卢梭结合起来所导致的——卢梭首先开启了他的双眼，使他看到道德价值的真正本性（自然性）。“牛顿最早看到与简单性相结合的秩序与规律……自此以后，彗星就按照几何路线运动。卢梭最早发现了……人类深藏的本性，以及天意赖以证义的隐秘法则……自牛顿与卢梭以来，上帝被证义了。”①

① 《残篇》，载《哲学文库》，第 8 卷，第 329 页。这个注释很可能还更早些。

鉴于这样一种态度（对于康德，以及许多他的同时代人来说，这种态度是普遍常见的），把自然秩序当作道德秩序的一个象征来使用就可以理解了。鉴于这样一种态度，我们就能更加容易地理解，康德在没有对其根据做出任何说明的情况下，如何能够从自然的形式法则过渡到人类本性的目的论法则，把它当作我们的种种准则的正当与错误的基础。正如我已然提出的，他这样做之所以是成义的，是因为他所处理的是种种人类准则与人类特性，它们必须被看作合目的的。但是，他很容易就能发现对“种种人类意图的一种系统和谐”的合法诉求，因为他趋于把自然秩序本身看作一种系统的和谐，甚至看作一种意图的系统和谐，无论他何其反对把这样一些信念当作科学知识来对待。①

§6. 实践的展示

在理解康德的学说时，把象征当作展示概念的一种间接方法来使用的理论，以及那个时代对自然法则的情感态度，都必须纳入
到考虑之中。但是，在处理定言命令式时，我们既不关心象征的理 163
论上的应用，也不关心情感的象征表达。我们关心的是行动：“要这样行动，**仿佛**你行动的准则要**通过你的意志**成为一个普遍的自然法则似的。”这是对一个人所要采纳或拒斥的种种准则的检测，而这个人的动机在任何时候都（同时）服从于一个对一切理性行动者都有效的道德法则。问题在于，要规定（对于行动意图来说）哪

① 例如参见《纯粹理性批判》，第 A620 页以下＝第 B649 页以下；第 A691—692 页＝第 B719—720 页。

些准则要被看作道德的或者不道德的:实际上,就是要在行动中(而不仅仅是在理论中)展示出"服从道德法则"的一些例子或实例。这是一个关于实践的展示(而非理论的展示)的问题。①

康德的解决办法是,能够且应当在对道德法则的服从中被愿意(或者作为这样一种服从的实例而被象征性地"展现"在实践之中)的行动,其准则如果被设想为一个自然法则,就会促进众人间的种种意图的一种系统的和谐一致,或者至少不会摧毁这样一种系统的和谐一致。这是一个十分宽泛的陈述:它省略了理解系统的和谐一致的不同方式,后者要依据我们正在处理的是"对自己的义务"还是"对他人的义务"来理解;为了获得充分的确信,它显然还需要大量的细节工作;但就其自身而言,它至少并不是不合乎理性的,而且,也绝不是人们通常归之于康德的那种胡言乱言。诚然,即便我们可以认为,康德本人的制定出一种系统的道德哲学的尝试在许多方面都是有缺陷的,但是否有可能在别的任何基础上把它制定出来才是值得怀疑的。

此外,康德正确地指出,即便一个致力于种种意图的一种系统和谐的行动也并不由此就必然地是道德的。用他的术语来说,这样一些行动是道德法则的象征,而不是其例子;而且,对于经验性的知识或者科学知识而言,它们也只能是一些象征。为了获得纯正的善性,这些行动必须(同时)为了道德法则本身的缘故而被愿意。当这个动机出现时——而且,我们无法确保它真的就是这个动机——我们就能在行动中产生一些例子,它们(至少大致上)就是服从道德法

① 《实践理性批判》,第 71 页=第 194 页(=第 125 页)。

则的例子，并且因此——惟有在这种情况下——才能被说成是理性的一个理念(Idea)的具体展现，无论这多么地不充分。

根据康德的观点，按照这种方式，我们就避免了关于道德哲学的一些经验性的理论，这种理论(错误地)认定，种种行动仅仅依据"做了什么"而是善的。除了仅仅欲求要产生某些结果之外，道德上善的人还必须拥有另一种动机，哪怕这个可欲的结果是一般的幸福，或者众人间的种种意图的一种系统和谐。我们还要摆脱一些神秘主义的理论，这种理论把纯然是一个象征的东西当作一个图型，并且认定，道德动机源自于对一个不可见的上帝王国的种种非感性的直观。神秘主义理论带来的危险比较小，这部分是因为这些理论与道德法则的纯粹性相容，部分是因为它们与人类的自然思维相悖。另一方面，种种经验性的理论从根源上摧毁道德性；因为，它们 164
用一种在根本上基于偏好的纯然经验性的兴趣来替代义务。[①]

需要进一步强调的是，对于康德来说，始终一贯地，职责是派生性的，善性才是源始的。他从一个追求要服从道德法则本身的"善的意志"的概念开始，再把那种将必然地由这样一个善的与理性的意志来实施的行动介绍给我们。倘若我们如此非理性，以至于被诱惑着不这样行动，那么，这种行动对于我们来说就会显得是一些义务，但这之所以可能，仅仅是因为我们身上有一个善的意志；而且，除非我们能够说，我们已经为了义务的缘故，或者为了道德法则本身的缘故实施了我们的种种义务，否则的话，我们就不能说我们在道德地行动。

① 《纯粹理性批判》，第 70—71 页＝第 193—194 页(＝第 124—126 页)。

165 # 第十六章　就其自身而言的目的公式

§1. 公式Ⅱ

“**要如此行动，在任何时候都要把无论你自己人格中的、还是每个其他人的人格中的人性当作一个目的来使用，而不是单单当作一个手段来使用**。”①

这个新公式被说成是在责令对人格性本身的敬重。这对于第一公式来说是必要的补充，它禁止我们偏重某些人格——意指任意地与不公地对他们加以区别对待。一旦我们理解了这个新公式，它就会（像旧公式一样）获得日常道德判断的直接赞同。

严格来说，这个公式（就像所有其他公式一样）理应涵盖理性存在者本身；但是，由于我们唯一熟知的理性存在者就是人类，因此，我们被要求要把人当作人来敬重，或者把人当作理性存在者来敬重。这一点暗含在对“人性”这一术语的使用中——拥有理性，尤其是拥有一个理性意志这一本质性的人类特征。正是凭借这一特征，我们不得不把我们自己与他人绝不仅仅当作一个手段来对

① 《奠基》，第 429 页＝第 57 页。

待，而是在任何时候都要同时当作目的来对待。

“同时”与“仅仅”这两个词绝不能被忽视：对于康德的陈述来说，它们是绝对必需的。每当我们要邮寄一封信件时，我们都把邮差当作一个手段来使用，但我们并没有仅仅把他们当作一个手段来使用。我们相信我们期望他们要做的事情是符合他们自己的意志的，并且实际上是符合他们的义务的。这样一种考虑并不是由我们贴在信件上的邮票所引发的，也不是由我们所投递的那个信箱所引发的：这种考虑仅仅是由诸人格、而不是诸事物所引发的。我们由于这些考虑而限制了我们的行动，就此而言，我们把诸人格“同时”当作一个目的来对待，尽管我们还是要把他们当作一个手段来使用。

这个公式既适用于行动者对待他自己，也适用于对待他人。某些思想家会认为，一切义务都是社会性的，甚至我们“对我们自己的义务”也是“对一个我们作为成员而身处其中的社会的义务”。还有些思想家会认为，一切义务都是个人的，只要我们敬重我们自己的人格性，就会直接地推出我们“对他人的义务”。康德在这两种片面的观点中采取了中间道路，但他认为，除非我们拥有一个“对我们自己的义务”，否则我们就不会有任何“对他人的义务”。[①]

需要补充的是，对于“把诸人格当作手段来使用”，康德的意思是说，把他们当作满足偏好的手段或者达成一些基于偏好的目的 166
的手段来使用。[②] 在履行义务时牺牲掉我们的生命，这并不是把

① 《道德形而上学》，德性论，第 2 节，第 417—418 页。

② 《奠基》对此做出了明确的表述，参见第 436 页＝第 66 页。

我们自己纯然当作一个手段来使用。正如我们已然看到的,[①]即便把一个善的行动看作实现法则的一个手段,这也是错误的:善的行动就是法则的实现。认定在为了义务的缘故而死中,我把我的理性意志当作另外一个与纯然相对的目的的一个手段来使用,这将是一个更大的错误。道德牺牲是一个不能轻率处理的问题,但我们至少能够说,以义务的方式牺牲并不是把我的理性意志当作满足偏好的一个手段来使用:它毋宁是让我的种种偏好(甚至我的生命)从属于一个目的,这个目的的价值是任何感性满足的价值所不可比拟的——这个目的就是一个善的意志的展现,它是一个就其自身而言的目的。[②]

§2. 种种目的的本性

如果我们想要理解康德的公式,我们就必须考虑"目的"到底是什么意思;而且,在这样做的时候,我们必须更为仔细地查看意志的一个特殊方面,迄今为止,这个方面都被看作是理所当然的。我们已经详细讨论过意志的一个本质性的特征:一个理性行动者依据他对种种法则的观念——也就是说,依据种种原则——而愿意什么,或者设定他自己去行动。[③] 然而,还有另外一个本质性的特征有待考虑——亦即,一个理性行动者的意愿活动在任何时候

① 第七章,§3。

② 我已经在《善的意志》中讨论过这个问题,参见第397页以下。

③ 《奠基》,第427页=第55页,以及第412页=第36页。亦可参见第八章,§5。

都指向他给自己设定的一个目的。[①] 一切意愿活动都既拥有一个原则,也拥有一个目的或意图。

对于我们来说,"目的"概念是非常熟悉的,但要精确定义却也十分不易。"一个目的"通常都被当作意志试图要产生的一个结果,但还要进一步指出,这个结果的理念(idea)或者"产生这个结果"的理念(idea)规定了意志:一个目的对意志最为明显的规定,就是在诱使我们为产生该目的而采纳某些手段之中。在这个层面上,我们可以跟康德一样,把"目的"定义为一个自由意志(Willkür〔任性〕)的对象,该对象的理念(idea〔表象〕)规定了自由意志要采取一个行动,借以产生这个对象。[②]

在这里,一个对象的"理念"(idea〔表象〕)必须是一个概念:它不止是一个纯然的图像或感觉,就像一只兔子的气味或身影诱使一条狗要去捕杀它。人在合目的的行动中知道他正在做什么,而这一点意味着,我们必须拥有一个"要产生的对象"的概念,尽管自然而然地(或许必定)同时会有种种图像出现。因此,康德还说,一个目的就是一个概念的对象,只要这个概念被看作这个对象的原因(其可能性的实在根据)。[③] 或许,我们可以换个说法:在这里,如同在任何时候一样,我们的行动拥有一个准则或原则,"产生一 167
个被设想为某种类型对象"的原则。正如康德在其他地方所言,种

① 《奠基》,第 437 页＝第 67 页;《判断力批判》,第 58—59 页＝178 页(＝第 103 页);《道德形而上学》,德性论,导言,三,第 385 页＝第 229 页,以及导言,八,第 392 页＝第 238 页。

② 《道德形而上学》,德性论,导言,一,第 381 页＝第 224 页;导言,三,第 384 页＝第 229 页。

③ 《判断力批判》,第 10 节,第 220 页(＝第 32 页);导言,四,第 180 页(＝第 XXVIII 页)。

种目的在任何时候都是“意志依据种种原则的规定根据”[①]。更不用说,这既不会排除种种对象的图像,也不会排除对这个对象的欲求。

康德倾于把“目的”说得仿佛只能是行动的一个结果,就像一栋房子或一幅画,但它也可以是行动本身,就像“玩游戏”。[②] 此外,一个苹果的影像或思想是一个合目的的行动的起点,这个行动的目的是“吃苹果”,而不是苹果本身,因此,在这里,看起来仿佛行动本身才是我们的目的。即便我们的行动致力于产生某个事物,例如建造一栋房子,或许,我们的目的也不是这栋房子本身,而是占有这栋房子。但是,我们在此必须忽视这种复杂的问题。

对于我们当前的意图来说,重要的是“种种目的”与“种种原则”之间的联系。我们自由地愿意目的,但在愿意这个特定的目的时,我们必须依据一个特定的准则来愿意,因此,这个目的就可以被说成是我们的准则的根据,从而是依据一个原则来规定我们的意志的根据。目前,我们还只讨论过种种准则或主观的原则;但我们必须补充说——而且,这是一个绝对必不可少的要点——我们所选择的种种目的也是种种客观原则的根据,假言的诸命令式的根据。如果一个理性行动者愿意这个目的,他就应当愿意这个手段;而且,在这个意义上,种种目的就是依据种种原则来规定我们的理性意志的根据,这些原则是客观的,尽管是假言的。[③]

---

① 《实践理性批判》,第 59 页=第 178 页(=第 103 页)。

② 亦可参见第十章,§1。

③ 参见第九章,尤其是§1—§2。

这或许就是康德的部分意思，当他把“目的”——最为晦涩地——定义为充当意志的自我规定的一个客观根据的东西时。[①] 不管怎样，他紧接着指出，作为我们意志的任何产物的目的——质料的目的——仅仅只是相对的目的；它们的价值与行动者的特殊构造有关（或者，正如我要说的，它们是“对他们来说善的”）；最后，它们只能是假言的诸命令式的根据。它们不能是定言的诸命令式的根据，因为这些命令式并不以如是事实为条件，即我们恰好欲求要产生一个特定的结果。

§3. 就其自身而言的目的

到目前为止，我们还停留在相对熟悉的领域之上。我们必须要面对的全新问题是：种种目的与定言的诸命令式之间的关系。这样一种关系必定存在，因为每个定言的命令式都责令行动，每个行动都必须拥有一个目的。[②]

诚若如此，就必定有一些目的是由纯然的理性本身给予我们 168
的，而不是由服务于偏好的理性给予我们的。这些目的必定对于每个理性存在者都是有效的；它们必定是一些客观的目的，而不仅仅是一些主观的目的；它们必须是绝对的、而不是相对的；它们必须拥有一种绝对的价值，而不是一种相对的价值；它们是就其自身

① 《奠基》，第 427 页＝第 55 页。在此，他所谓的“客观的根据”很可能仅仅是指“对象中的根据”。

② 《道德形而上学》，德性论，导言，一，第 381 页＝第 224 页；导言，三，第 385 页＝第 229 页。

而言善的，而不是对于一个特定种类的行动者来说是善的。这就等于是说，它们必须是一些就其自身而言的目的。[①]

有人或许会认为，我们已然知晓这个问题的解决方法了。康德完全可以说，定言命令式所责令的种种目的，不过就是一些为了义务的缘故而被愿意的道德行动，他认识到这些行动是就其自身而言善的。他还完全可以说，这样一些行动试图要产生的种种结果——例如，我们自己在自然上的完善与道德上的完善，以及他人的幸福——必须加以扩展而被看作是一些客观的目的，至少说，在我们有义务要追求它们的那些背景中，它们必须被如此看待。用他自己的术语，这些目的都是一些同时是义务的目的。[②]

所有这些听起来还算是康德的学说，但在他眼中，这些还显然不够。这一部分是因为，道德行动的种种产物还不是绝对善的、在任何背景中与一切背景中都是善的；而且还因为，即便道德上善的种种行动（尽管就其自身而言就是善的）也不是绝对善的、在每个方面都是善的，以及是一切善的东西的条件，这样一种绝对善性仅仅属于一个善的意志。

一个行动之所以是道德上善的，是因为它是一个善的意志的展现，而且，定言命令式在依据一个普遍法则责令道德上善的行动时，就是在责令这样一个善的意志要被展现出来，而不是遭到纯然的偏好的阻挠。一个善的意志把它自己展现在行动中，就是定言命令式所责令的目的；而且，从一个定言的命令式的特有本性中就

---

① 《奠基》，第 427—428 页＝第 55 页。

② 《道德形而上学》，德性论，导言，三—四，第 384 页以下＝第 229 页以下。

必定会得出，我应当敬重包含我自己在内的一切道德行动者的理性意志，而不是把它们置于纯然的偏好之后。

康德的观点的另一个理由似乎是说，他正在寻找一个绝对的目的，正如种种相对的目的是假言的诸命令式的根据，按照相同的方式，这个绝对的目的本身就能够是定言的诸命令式的根据。倘若任何事物可以是定言的诸命令式的根据，它就符合康德对“目的”的定义；因为，它将是“依据种种原则规定我们的意志的一个根据”，在这种情况下，它们就不仅仅是一些客观的原则，还是一些对每个理性行动者本身都有效的定言的原则。[①]

在使用这种话语时，康德显然扩展了“目的”一词的意思。一个客观的与绝对的目的不能是我们的意志的一个产物；因为，没有任何我们意志的纯然产物能够拥有绝对的价值。因此，一个就其自身而言的目的必须是一个自存的目的，而不是由我们来产生的
某物。因为，它拥有绝对的价值，而我们已然知晓它必须是什 169
么——亦即，一个善的意志。[②] 康德认为，善的意志或理性意志出现在每个理性行动者身上，并且因此出现在每个人的身上，无论它何其多地被非理性压倒。因此，人（实际上是每个理性行动者本身）必须被说成是“作为一个就其自身而言的目的而实存的”，人绝不能仅仅被当作一个手段来使用，以实现某些只拥有纯然相对的

---

① 根据《奠基》的第 427 页（＝第 55 页）中的晦涩定义，它或许也能充当意志的自我规定一个客观根据。

② 康德通过排除偏好的对象、偏好自身，以及作为自然的一个产物而实存的纯然非理性的事物，重新确立了这一点。参见《奠基》，第 428 页＝第 56 页，也见《奠基》，第 400 页＝第 20 页。

价值的目的。

把一些既存的事物说成是一些目的，这似乎有些随性，但可以肯定的是，众人格的实存确实规定了一个理性的意志，并且（作为理性的）是以类似于通过采纳一个目的来规定一个理性意志的方式来规定的。此外，由于讨论中的种种既存事物拥有理性的意志，那么，促进他们的种种理性意愿，或者至少避免它们被压倒，就是可能的。当我们这样做了，不止出自纯然的偏好，而且是在理性的诫命之下这样做了，那么，我们就没有把理性行动者仅仅当作手段来对待，而是还把他们本身当作目的来对待，而"就其自身而言的目的"这个说法，就不再像它初看上去那般词不达意。毫无疑问，想要在理论上精确地说明这一观念是十分困难的，但我们可以暂时赞同康德说，一个理性人格的意志并不服从任何无法符合如是一个法则的意图，即从该人格用以影响他自己的意志中产生的一个法则。[①]

我们必须明确地区分出这种敬重他人意志的义务与一种对他人的纯然机智的迎合。我们促进他人的种种偏好与幸福，可能是因为这样做满足了我们自己的偏好，或者有助于我们自己的幸福：这样做就是在把他们当作一个手段。我们还可以机智地屈从于他们的压迫或威胁，并且在这样做时，我们对待他们的方式，就跟其他任何我们必须要克服的或者回避的障碍一样。原则上来说，出于我们自身安全的考虑而远离一个盗匪，这跟远离一场雪崩或者一只吃人的老虎没有任何区别。在机智地迎合他人时，我们把他

① 《实践理性批判》，第 87 页＝第 215 页（＝第 156 页）。

们当作满足我们自己的手段或者阻碍来对待，就像我们对待无生命的对象与动物那般。这样做跟把他们当作一些就其自身而言的目的来对待根本就不是一回事。

§4. 根据与目的

同样令人感到困惑的是，康德既把理性行动者看作定言的命令式所责令的一些客观目的，也把他们看作这样一些命令式的根据。

我们不难看出，一个行动的目的同时也是其根据，并且因此是包含在行动中的那个准则的根据。同样也不难看出，在技巧的假言的诸命令式中，被选择的目的就是这些命令式的根据，尽管这些命令式只是责令达成目的的手段，而不是目的自身。对于自爱的假言的诸命令式来说，其根据就是行动者的幸福，它同时也是被责令的目的——因为，我们认为这些命令式并不仅仅关心达成（在持 170
久愉快的意义上的）幸福的手段，而是也关心偏好为我们设定的种种目的的和谐一致。①

假如一个定言的命令式责令要把理性行动者当作就其自身而言的目的来对待，那么，我们在何种意义上能够说，理性行动者也是一个定言的命令式的根据呢？

这句话似乎可以有三种意义。首先，正是由于理性行动者的实存，一个定言的命令式才必须责令要敬重他们的理性意志。其

① 参见第八章，§8。它们在“就目的的选择而言的机智的规则”中，参见《道德形而上学》，德性论，导言，三，第385页＝第230页。

次，正是由于理性行动者带着种种意志而实存，他们的意志能够以不同的方式被阻挠或促进，我们才必须认识到一些特定的定言的诸命令式：我们不应当用欺骗或暴力来阻挠他们的意志，我们应当促进他们的幸福。再次，唯独由于理性行动者实存，才能有"一个定言的命令式"这种东西存在。因为行动者是理性的，所以他们的意志必然以普遍法则的方式展示其自身。因为他们是不完全理性的，所以这些普遍法则必定表现为一些定言的命令式。定言命令式的根据就在那些并不完全理性的理性行动者的意志之中。[①]

当康德说人就是一个可能的定言命令式的根据，并且是特定的定言的诸命令式的根据时，他想到的很可能就是前两种意义。但是，人为什么能够是这样一个根据的终极理由在于，他在第三种意义上是一个根据：正是因为定言命令式的根源就在他的理性意志之中，所以，他的理性意志才不应当被置于任何更为卑贱的目的之后，它本身就是定言命令式必须要求我们去促进、而不是去阻挠的一个目的。

§5. 公式Ⅱ的进路

康德进入公式Ⅱ的路径过于精细，而且，从他的论证中可以分

① 这一点符合康德的一个一般观点，即先天的原则的根据倘若不在种种对象之中，那么，它们的根据与来源就只能在理性之中，参见《纯粹理性批判》，第 A148—149 页＝第 B188 页。同样，定言的诸命令式（不像假言的诸命令式那般）的根据不能在种种对象之中，它们的根据与来源只能在实践理性之中。一个被如此奠基的命令式必定责令把理性意志当作目的来对待，理性意志也由此在一种派生的意义上成了根据。

辨出四种主要的思路。首先，从一个定言的命令式的本质、它所强加的种种目的，以及它建立于其上的种种根据出发的论证。这种论证，我们刚才已经考察过了。第二个论证对它加以补充，这个论证乃是基于理性行动者本身必须如何设想他们自己的方式——亦即，设想为有能力依据理性的自由法则而行动，并且因此不屈身为一个满足偏好的纯然手段的行动者。[1] 在最后的概括中，我们找到了第三个论证，它从“一个绝对善的意志及其对象”的观念开始，而不是从“一个定言的命令式的本质”开始，但除此之外，它大致上 171
与第一个论证有着相同的思路。[2] 紧接着就是第四个论证——或许是所有论证中最简单的——该论证坚称，公式Ⅱ已经包含在公式Ⅰ中，只要我们根据其合目的的方面来考察行动。[3]

这种论证上的多重性正是康德在方法上的典型特征，但由于这些论证多少有些复杂，我把它们留到附录中再来处理。冒着过于简化的风险，我们可以说，它们全都依赖于一个原则，这个原则就是：一个善的意志拥有一种独一无二的与绝对的价值。设若真是如此，把善的意志置于达成任何只具有较少价值的目的（例如，满足个人的种种偏好）所需的纯然手段之后，就必定是错误的。实际上，不仅要避免妨碍它在行动中的展现，而且还要在我们力所能及的范围内促进这种展现，这必须是一项义务。对于任何理性行动者来说，其理性只要充分支配了激情，这都是他们必然地会据以

① 《奠基》，第 429 页＝第 57 页，它的一个补充来自《奠基》，第 447—448 页＝第 80—81 页。

② 《奠基》，第 437 页＝第 67—68 页。

③ 《奠基》，第 437—438 页＝第 68 页；亦可参见《奠基》，第 431 页＝第 59 页。

行动的一个原则，而且也是这样一个原则，倘若他非理性到足以被诱惑着不这样做，那么，他也应当根据这个原则而行动。

还有另一个要点。正如康德十分清楚的，人类并不都是圣人，而且，出于这一理由，在许多时候，防止促进他们的种种目的，甚至阻挠他们的意志是必要的。这就必须为应用我们的原则引入种种限定，尤其是当我们必须要考虑国家的职能时。无论如何——此乃康德的一个根本确信——每个人身上都会出现一个善的意志，无论它何其多地会被自私自利所压倒，无论它何其少地会展现于行动之中。[①] 正是由于这一点，他依旧有权被敬重，而不是被当作一个纯然的工具或者一个纯然的事物来对待。[②] 作为一个拥有道德行动能力的存在者，一个人（无论何其不堪）依旧拥有一种无限的潜在价值；而且，他按照他自己的方式实施自我拯救的自由，只要不跟其他人相同的自由相冲突，就绝不能加以限制。除非我们把康德看作人类自由的宗徒（apostle）与普通人中的佼佼者，否则我们就绝不能正确地理解他。

§6. 义务的种类

跟公式Ⅰ一样，公式Ⅱ是一个最高的实践原则，意志的其他一切法则都可以从中推导出来。[③]

① 亦可参见第二十五章，§2，§10与§11。

② 《道德形而上学》，德性论，第39节，第463页。出于这一理由，康德主张，人绝不能应该遭受满是羞辱的惩罚。

③ 《奠基》，第429页＝第57页。

根据我们的讨论,很容易就可以看出,这一原则如何引发了“完全的义务”与“不完全的义务”之间的区分。如果我们从消极的方面来看待这一原则,它禁止我们把理性行动者仅仅当作一个手段来使用,并且因此不顾道德行动者的理性意志,纯然为了满足我们自己的种种偏好。这就是种种不完全的义务的基础,它禁止诸如谋杀、暴力,以及欺骗这样的错事,还有自杀与说谎。它构成了康德有关法律职责的哲学的根基。但是,我们还必须从积极的方 172
面来看待我们的原则:它要求我们根据那些促进理性行动者的种种目的的准则而行动。必须要记住,这里为自决留下了一个地盘或“活动空间”。对于康德来说,这一积极的诠释就是种种积极的与(不同于法律的)伦理的职责的基础。

把任何人格仅仅当作一个手段来对待,我们就违背了完全的义务。未能把一个人格当作一个目的来对待,我们就违背了不完全的义务,哪怕我们没有主动地把他仅仅当作一个手段来对待。

“对自己的义务”与“对他人的义务”之间是有差别的,这一点获得了普遍的承认,尽管在许多方面,想要解释这样一种差异都并不容易。针对不完全的义务,康德极大地推进了这一差异,他坚持认为,我们对自己的义务是要把我们自己在自然上的与道德上的完善、而不是我们的幸福当作一个目的来追求;同时,我们对他人的义务,是要把他们的幸福、而不是他们的完善当作一个目的来追求。然而,我们或许有义务把我们的幸福当作我们的道德福祉的一个手段来追求;同时,我们或许有义务在一种消极的意义上追求他人的道德福祉。我们不应诱导他们陷入那种很有可能给他们造成追悔莫及的痛苦的行动。①

§7. 康德的例证

正如我们所期待的，在一个专门处理种种目的的公式中，康德的示例更为清楚地——并且在一些案例中，更为令人满意地表明——表达出了目的论的内涵，我们在前一章中看到，这些内涵包含在他援引“一个普遍的自然法则”的做法中。

(1) 自杀。人由于生活中令人不快的前景超过了令人愉快的前景而投奉于自杀，这就是把趋乐避苦当作了他的最终目的；同时，他身上的实践理性（它有能力实现绝对的道德价值）被当作一个纯然的手段，被置于“避免不适”这个相对的目的之后。如果——抛开一切有关“对他人的义务”的问题——能够有一种“自杀”的权利，这种情况就只能基于如是一个根据才能被证义，即再也没有任何过上一种道德生活，并且展现出道德价值的可能性。当痛苦变得不可承受或者精神错乱时就会出现这样一种情况。仅仅根据纯然的“不适”，自杀是没办法被证义的，无论我们何其温厚地评判那些其不幸把他们带入到如此绝望的一种心灵状态之中*的人们。康德的原则在根本上来说是合情合理的，即便他或许——而且，我并不认为他真的——把它诠释得过分严苛。

---

① 《道德形而上学》，德性论，导言，八，第 394 页＝第 240 页。

* 此处的“心灵状态”依旧是译自“a state of mind”，帕通用它来翻译德文的 Gesinnung。因此，这里所说的“如此绝望的一种心灵状态”，不是对一个不幸的人的精神面貌的总体描绘，它就是指“一个想要自杀的意念”。——译者

(2) 承诺还债。凭借假承诺从他人那里骗取钱财,显而易见,我们这是在把他们当作纯然的手段、而不是当作目的来使用。正如康德所言,这一点在暴力犯罪中更为明显。康德的观点十分有趣:把他人当作一些就其自身而言的目的来对待,就是要按照这样一种方式来对待他们,即他们的理性意志能够与我们自己的一致,他们必须能够"在他们自己心中就怀有"我们对他们所做的那个行动的目的。

(3) 培养。关于"发展我们的种种才能"这一不完全的义务, 173
未能做到这一点,并没有主动地把我们自己仅仅当作一个手段来使用:我们依旧持守我们自己身上的人性,没有摧毁它,但我们未能主动地把我们自己身上的人性当作一个目的来加以促进。在这里,康德再次让我们假设,"发展我们身上的人性"乃是自然的意图——也就是说,尤其是要发展我们身上的那些使我们区别于牲畜的种种能力。[①] 在这个论证中,"人性"不仅涵盖了我们的理性意志,还涵盖了我们展现在艺术与科学中的理性能力,以及(实际上)还涵盖了我们肉身的种种能力,因为它们对于引导一种人性生活来说是必需的。[②]

(4) 善意。关于对他人的不完全的义务——这里主要说的是"善意"或"好心"的义务——康德承认,人的自然目的(这一点要跟自然的目的或意图区分开来)[③]就是幸福。如果我们想要积极地、

① 亦可参见《奠基》,第 438—439 页 = 第 58—59 页。

② 《道德形而上学》,德性论,导言,八,第 391—392 页 = 第 237—238 页;第 19 节,第 444—445 页。

③ 《判断力批判》,第 67 节,第 378 页(= 第 299 页)。

而不仅仅是消极地跟他人身上的人性(作为一个就其自身而言的目的)和谐一致——也就是说,如果我们想要积极地去促进它,而不仅仅是避免去侵犯它——我们就必须(尽可能地)把他人的自然目的当作我们自己的目的。这意味着,我们必须(尽可能地)促进他人的种种相对的目的。把他人当作一些就其自身而言的目的来对待,倘若这一理念要取得充分的成效,就必须尽可能地把他们的种种目的(他们的种种相对的与个人的目的)当作我们自己的目的。

"尽可能地"这个说法或许指明了两件事情:(1)我们没有能力同等地促进所有人的种种目的,这里所责令的一切只不过是说,要采纳一个必须结合自决来加以应用的准则;以及(2)惟有当他人并没有显而易见地在干蠢事,或者没有违背道德法则的情况下,我们才应当促进他们的种种目的。

§8. 康德观点的健全合理性

有人或许会如此反驳康德的原则:他最初告诉我们,一个理性行动者应当根据一些每个理性行动者都会据以行动的原则而行动(只要理性充分支配了激情);他现在又告诉我们,每个理性行动者都应当按照每个理性行动者都愿意被如此对待的那种方式(只要理性充分支配了激情)被对待。告诉我们这一点其实等于什么也没说。

这种观点首先是抱怨说,当康德着手要说出道德行动的**形式**时,他确实说出了道德行动的形式、而不是其质料。很难看出,在众多哲学家之间，为什么只有他要为坚持一贯性而受到责备。倘若我们并不对道德行动的形式感兴趣，那么，我们就没有理由要研究康德的道德哲学。

这种观点其次是忘记了，康德正在试图说出的是道德*行动*的 174
形式，是一个理性意志的最高原则。他正在试图清楚地把如是一个原则公式化，即善人们已然据以行动的原则（无论它被设想得多么模糊不清），以及我们应当要据以行动的原则。如果我们从行动者的视角出发、而不是从逻辑学家的视角出发来考虑他的原则，我们就会发现，这个原则清楚阐明了“我们应当做什么”与“我们不应当做什么”。善人与寻常人之间的差异无疑在于：前者认识到一切道德行动者所拥有的无限的与独一无二的价值，并且依据这一价值来对待他们，但后者却并不如此。在行动中采纳这一原则就构成了人的灵魂中的一场道德革命，就跟采纳普遍法则公式一样。[①]

有人或许会说，这不过就是为思想的含糊性所找到的一个托辞，用一种情感态度来代替一个哲学家应有的清楚分析。如果你并不知晓、也无法说出这一原则究竟是什么，那么，告诉我们要采纳一种态度、一种精神、一个行动的原则又有什么用？

答案是：我们确实知晓这个原则究竟是什么，尽管（就像我们所知晓的许多其他事物一样）要精确地将其公式化或许是极为困难的。康德已经尽其所能地将其公式化，而且，我十分怀疑，是否还有其他任何人能够将其更好地公式化。如果这种“缺乏准确性”的抱怨的意思是说，他的公式就其自身而言并没有包含其自身应

① 参见第十五章，§ 12。

用的标准，那么，这简直就是一个非常离谱的要求。没有任何道德原则，甚至没有任何道德法则或道德规则，能够脱离实践判断与实践洞识，机械地加以应用，或者凭借任何逻辑演绎的方法加以应用。如果康德认为有这样的原则——但我并不相信他真的会这样想——他就为此而当受指责；但是，我们不能在指责他的同时，接受这种思想，当作我们自己的批评的基础。

我们只能说，对于康德本人应用其诸原则的方法，还有一个广阔的讨论空间。然而，倘若没有仔细考察研究他的《道德形而上学》，这也是做不到的。在《奠基》中，他想要做的无非只是通过示例来表明，某些已被承认的德性与恶行如何能被置于其原则之下。在这一点上，他成功了——就此而言，即无须进入到对那些有可能构成行动背景的多种环境的详细讨论而取得成功是可能的。而且，他再次足够清楚地表明，人类的种种自然欲求、能力与意图，在他看来，都构成了那些必须被组织到道德原则的框架之内的材料。

我们实际上必须要承认，康德的诸原则的系统应用将带来比他所预期的更多的困难，[①]而且，想要把他的阐述建立于其上的预设前提加以公式化，这并不是一件容易的事情，更遑论对它加以证义。但是，这些考虑都属于另一项研究了。

175 §9. 公式Ⅱ的特殊特征

值得注意的是，就其自身而言的目的公式并没有任何附属公

① 《奠基》，第 392 页＝第 9 页。

式可供其应用，但普遍法则公式有一个附属公式（公式Ⅰa），在这个附属公式中，“自然法则”被当作道德法则之应用的一个“模型”。这种差异更多是一种表面上的差异，而不是实在的差异。“人性”的理念（Idea）——严格说来，应当是“人格性”的理念（Idea）或者一个“理性意志”的理念（Idea）——乃是通过如是一个“人”的概念得到应用的，即一个拥有种种独特的能力，以及种种个人的欲求与需要的理性动物；“人类种种意图理想的系统和谐”就是道德行动的检测，这一点甚至比先前说的更为清楚了。

在这种联系中，还需要注意的是，康德说出了如是一种可能性，即那些受到我的行动影响的人们本身就“包含着”我的行动的目的；而且还说，我要把其他理性行动者的目的（尽可能地）也当作我自己的目的。在此，我们再次有了一个极难理解的观念。显然，这并不仅仅是赞成与否的问题；但是，想要准确地表述这句话的意思，即“只要不同的行动者依据相同的普遍法则来愿意他们的行动，他们就会有一些相同的目的”，这并不容易。

在康德心中，就其自身而言的目的公式与自由密切相关。人们能够强迫我实施一些旨在达成某些目的的行动，但他们无法强迫我把任何目的采纳为我自己的目的。[①] 正因为如此，真正的伦理学关心的就是种种意图（并且因此关心种种动机），但法律理论仅仅关心种种外在的行动。也正是由于这一理由，康德才能从当前这个公式过渡到自律公式（公式Ⅲ）。

如果公式Ⅰ被认为是在相对孤立地处理种种准则——尽管这

① 《道德形而上学》，德性论，导言，一，第381页＝第224页。

一点是可疑的——那么,由于要求我们把单个的人格当作整体来考虑,公式Ⅱ就标志着一种实在的进展。然而,除非我们把单个的行动者更为明确地当作一个社会成员来考虑,否则的话,前面这种考虑本身就必定是不适宜的。这就是康德在公式Ⅲa中想要处理的问题,但他首先要经过公式Ⅲ。

附录 支持公式Ⅱ的论证

康德论证的主要思路可以整理如下:

§1. 出自定言命令式的本质的论证

首先,有一个出自定言命令式自身的本质的论证,该论证已经在前面第十六章的§3—§4考察过了。为了完备性起见,我们在此再概述一下。

176 如果有一种定言的命令式存在,它就必定责成我们一些客观的与绝对的目的。由于这些目的必须拥有绝对的价值,它们不能是一些我们企图要产生的相对目的:它们必须就是理性行动者,或者(对于种种实践意图来说)就是人。若非如此,就根本不会有任何绝对的价值,并且因此也根本不会有任何定言的命令式。因此,定言命令式必须要求我们把人当作绝对的目的,或者当作就其自身而言的目的来对待。[①]

还有一个观点跟上述结论共相作用,即人(被看作一些就其自

① 《奠基》,第428—429页=第55—57页。

身而言的目的)是根据,既是一个可能的定言命令式的(也就是说,是公式Ⅱ的)根据,也是特定的定言的诸命令式的根据。[①]

§2. 出自理性行动者的本性的论证

按照"根据"这个词的一种不同的意义,我们当前这个公式的根据被说成是"作为一个就其自身而言的目的而实存的理性本性"。[②] 康德似乎把这当作一个独立的论证起点;而且,它为一个全新的与含糊的论证所支持,这个论证可以被称作"出自理性行动者本身的本性的论证"。

他说,每个人都必然地把他自己的实存看作一个就其自身而言的目的;而且,由于每个其他人(基于对我也有效的相同的理性根据)也都会以相同的方式看待他的实存,那么,这就不仅仅是一个主观的原则,而且还是一个对每个人都有效的客观原则:事实上,它就是我们当前这个公式的基础或根据。

这个论证过于简要,以至于不好理解,而且,它看起来就像是一种与约翰·斯图尔特·密尔(John Stuart Mill)相称的谬论。人们很可能会认为,康德是在论证说,由于每个人都对他自己的福祉怀有一种自私自利的兴趣,因此,所有人都应当对所有人的福祉怀有一种兴趣。然而,我们必须要注意,康德断言说,其他人对于他们自己的实存所做出的判断的根据就是"对我们也有效的相同的理性根据"。对于这一断言的证义,我们(相对含糊地)被指示要去

① 《奠基》,第427—428页=第55页,以及第428—429页=第56—57页。

② 《奠基》,第429页=第57页。亦可参见《奠基》,第428页=第56页。

《奠基》第三章中寻求。我认为,他指的是论“自由的必然预设”的那个小节,该小节从如是一个说法开始,即把自由归之于我们自己的理性意志,这无论基于何种根据都是不够的:我们必须表明,自由为每个理性行动者本身所预设。[①]

如果这个关于自由的段落就是当前段落的关键,那么,康德意思就是说,当我把我自己看作一个就我自身而言的目的时,我就是在把我自己看作一个服从于道德法则的道德行动者,并且因此拥有无限的价值。鉴于我作为一个理性行动者的本性,我必须要如此看待我自己,而且,每个其他人也必须如此看待他们自己。因此,这个原则就是一个客观的原则,对一切理性行动者本身都有
177 效,并且应用于一切理性行动者本身。鉴于我的理性本性本身,我必须把一切人格(包括我自己)看作道德行动者——并且当作道德行动者来对待。[②]

如果这是正确的诠释,那么,它就类似于康德的一个观点,即每个人都把他自己看作服从于道德法则的,即便在违背道德法则时也是如此。[③] 或许,还有一层意思,**对于**它自己来说是一个目的的东西,也必须是一个**就其自身而言**的目的,并且因此必然地对每个人都是一个目的。[④]

---

① 《奠基》,第 447—448 页=第 80—81 页。

② 亦可参见《奠基》的第 428 页=第 26 页的表述,作为理性存在者的人格的本性已经表明了他们是一些就其自身而言的目的——也就是说,是某种不能仅仅当作手段来使用的东西。

③ 《奠基》,第 424 页=第 51 页。

④ 参见《奠基》,第 428 页=第 57 页。

§3. 出自一个善的意志的特性的论证

在其论证的最后概括中，康德——按照他的习惯——似乎开辟了新的根据。在这里，他既不是从一个定言的命令式的本质出发，也不是从一个理性行动者的本质性本性出发，而是从一个绝对善的意志出发，这是他整个道德哲学的根本基础。

每个理性意志都必须在其种种行动中给自己设定一个目的；但是，在考虑一个善的意志时，我们必须抽掉他想要产生的种种目的，因为一个善的意志（正如我们已然看到的）不能从这样一些目的的达成中派生出其绝对的善性。然而，康德假定，即便像这样在抽象中被考虑的一个善的意志，也依旧必须拥有一个目的——在"一个抽象的目的"的意义上——而且，这个目的还因此必须是一个既存的目的。这意味着，它仅仅在消极意义上是一个目的，违背一个善的意志的事情绝不能做，因而某些事物绝不能仅仅当作一个手段来对待。[①] 跟前面一样，他补充说，这个目的必须是一切可能的目的的主体——也就是说，一个善的或者理性的意志本身。基本的论点——我们有可能会认为，无须所有这些预备工作，这个论点凭其自身就可以成立——就是：一个绝对善的意志，甚至人类存在者展现出这样一个意志的能力，无法被置于一个（为达成任何只具有相对的价值的对象所需要的）手段之后而不陷入矛盾——也就是说，无法如此而不破坏一个理性且一贯的意愿活动。

① 在这种消极的表述中，他似乎忘记了不完全的义务。

§4. 出自普遍法则公式的论证

康德最后的与最为明显的论证是[①]:如果我们既考虑到人类行动中的形式的方面,也考虑到其合目的的方面,那么,公式Ⅱ就已然暗含在公式Ⅰ中了。这个论证也可以被看作是出自定言命令式的本质;因为,公式Ⅱ不过就是说出了定言命令式的本质。

178 我的种种质料的准则在任何时候都是"为一些目的而使用手段"的准则。公式Ⅰ要求我们,根据这些准则而行动,要服从于一个限制条件——它们必须对每个理性行动者都有效。由于这些法则都是自由的法则,每个理性行动者本身都能够**愿意**的法则,这就意味着,在我为一个目的使用手段时,每个理性行动者的意志都是一个限制条件;同时,这反过来意味着,我采纳准则要服从于一个限制条件,那就是不要把理性行动者仅仅当作手段来使用。

我将努力不那么术语化地讨论这个问题。公式Ⅰ要求我们仅仅根据如是一些准则而行动,它们对于所有人都能够是一些普遍的法则。由于这些法则是自由的法则,这意味着,在规定我的种种行动时,我必须考虑其他人的理性意志:我应当只按照如是一种方式行动,即他们作为理性存在者能够跟我一样按照相同的法则行动。因此,他们的理性意志限制了我们的种种行动,并且不能任意地为我所胜过。也就是说,我不应当把他们仅仅当作满足我的种种欲求的手段来使用。同样,我不应当我把自己的理性意志仅仅当作满足我的种种欲求的手段来使用。

---

① 《奠基》,第437—438页=第68页。

在这个论证中，康德既关注法则，也关注理性行动者的实存，把它们当作我的任意意志的限制条件。但是，我们还有一些不完全的义务（它们是一些积极的义务）这一事实表明，这种处理方式过于消极。如果一个善人的目标就是要为了其自身的缘故实现一个客观的与普遍的道德法则，那么，作为一个理性行动者，他必须要关心的就不止是避免阻挠其他人的一切行动（只要这些行动符合道德法则），而是还要积极地去促进它们。毫无疑问，我们更为直接地关心的是我们自己的种种准则的实现；但是，从一种道德的（并且因此是非个人的）视角来看，这并不是因为它们恰好是我们的准则，而是因为它们的实现更能为我们所掌握。善人关心善本身的实现，无论它是通过他自己、还是通过他人来实现的；而且，诚若如此，他就不能把他人的理性意志置于他自己的种种偏好之后，正如他不能把他自己的理性意志置于他的种种偏好之后一样。

§5. 总结

对于一个原本能陈述得相对简单的学说，康德在论证上的多重性，以及其思想的细微性，都很容易削弱其力度。按照多种不同方式，道德性可以被看作是对一个定言的命令式的服从，看作是一个善的意志的展现，看作是我们的理性本性在行动中的表现；而且，通过引入所有这些不同的方式，康德把他的论证复杂化了。但是，其本质要点可以表述如下：如果道德性（无论如何被看待）就是一个服从普遍法则的理性意志对偏好的支配，那么，把我们自己或者他人身上的一个理性意志仅仅当作满足偏好（或者达成理性仅仅服务于偏好而设定的种种目的）的一个手段来使用，就只能是不

179 道德的。这并没有排除掉对那些满足我们自己的与他人的种种偏好的相对目的的追求；实际上，在某些条件之下，它也积极责令对这样一些目的的追求；[①]但是，它确乎意味着，这些相对的目的必须为一个终极目的所限制，或者被置于这个终极目的之后——我们自己与他人身上的一个善的意志的实现。

① 参见《奠基》，第433页=第62页。

第十七章　自律公式 180

§1. 公式Ⅲ

要如此行动，你的意志能够同时把自己看作是在通过其准则制定普遍法则。[①]

这个公式乃是基于如是一个原则，即一个理性意志制定（或者给予它自己）它所要服从的种种法则——自律的原则。在《实践理性批判》中[②]，它被描述为“纯粹实践理性的基本法则”。在那里，它被表述如下：“**要这样行动，使得你的意志的准则在任何时候都能同时被视为一种普遍的立法的原则**”。

乍看上去，这个新公式似乎没有为公式Ⅰ增添任何东西。它要求我们仅仅根据这样一个准则而行动，即我们能够同时愿意这个准则要成为一个普遍法则，而公式Ⅰ已经指出，一个理性意志就是它自己的制法者或给法者。然而，公式Ⅰ强调的是道德法则的客观性，以及道德法则施加给一个不完全的理性意志之上的强制

---

① 《奠基》，第 434 页＝第 63 页。

② 《判断力批判》，第 30 页＝第 141 页（＝第 54 页）。在《奠基》的第 440 页（＝第 71 页）中，意志的自律被说成是“道德性的最高原则”。

性或强迫性。公式Ⅲ揭示出了原本仅仅暗含在公式Ⅰ中的东西。实际上，它并没有否定强制性或强迫性；因为，它是一个义务的公式。但是，它坚称，强制性或强迫性是由我们自己的理性意志所施加的。我们制定了我们所要服从的法则。意志并不仅仅服从法则：它如此服从法则，即必须被看作制定法则的意志，并且仅仅因为它制定了法则，才会服从于法则。[①] 自律就是无条件的或绝对的价值的来源，这种价值属于道德的人格，因为他们制定了种种法则，而不仅仅是服从它们。[②]

需要注意的是，我所说的“制定普遍法则”（making universal law），许多译者与其他人通常说的都是“普遍立法”（universal legislation）。其实根本就不是这么回事。“普遍的法则制定”（universal law-making）——或者更为字面地说是“普遍的予法”（universal law-giving）——并不是指“普遍立法”。“普遍的”一词修饰的是法则，而不是修饰制定——正如在英语中，“一个古代家具贩子”（an antique furniture dealer）并不是一个贩售家具的古代绅士，而是一个贩售古代家具的绅士。

181

§ 2. 公式Ⅲ的进路

按照他的习惯，康德以一系列不同的方法来抵达公式Ⅲ，却没有对它们作出明显的区分。他认为，公式Ⅲ出自公式Ⅰ与公式Ⅱ

① 《奠基》，第 431 页＝第 60 页。

② 《奠基》，第 439—440 页＝第 71 页。

的结合。[①] 但是，他也认为（正如我已然做过的），公式Ⅲ能够直接从公式Ⅰ中推导出来；[②]而且，它同样也能从公式Ⅱ中得出。[③] 然后，在另一个段落中，他说得仿佛这个推论是从公式Ⅰ到公式Ⅱ，再从公式Ⅱ到公式Ⅲ。[④] 最后，在其他一些时候，他提出要从一个定言命令式本身的本质中推导出公式Ⅲ。

倘若康德能够更为有条不紊地提出他的论证，这对于读者来说将是一个相当大的帮助。然而，我们必须记住，他所撰写的是一部关于道德哲学的论著，而不是一部关于数学的论著。任何聪明人，要是采用了一种现代措辞实践，把语词当作是一些数学符号，它们能够依据种种语法规则相互替代，而不考虑它们说的到底是什么，那么他就没法弄明白任何种类的道德哲学。我们必须记住，康德的眼睛在任何时候都紧盯着他所谈论的东西，他致力于揭示出一些在本质上包含在道德行动本身之中的不同方面。

真正重要的是要看出，在其讨论公式Ⅲ的段落中，康德为什么如此强调公式Ⅱ。

显然，主要的理由如下。在责令要敬重理性意志本身时，公式Ⅱ已经提出，道德法则必须来源于理性的意志：正如他所说的，理性意志既是定言命令式的根据，又是特定的定言的诸命令式的根据。[⑤] 但是，或许还有一个进一步的理由：为我们自己设定种种目

① 《奠基》，第 431 页＝第 60 页。亦可参见《奠基》，第 436 页＝第 66 页，虽然他在那里直接进入了目的王国。

② 《奠基》，第 434 页＝第 63 页。

③ 《奠基》，第 434 页＝第 64 页；第 435 页＝第 65 页。

④ 《奠基》，第 438 页＝第 68 页。

⑤ 参见第十四章，§ 4。

的就是自由的本质性标记。凭借强迫或威胁，我可以被迫采取一些行动，它们是旨在达成某些目的的手段；但是，他人绝不能强迫我把任何事物当作我的目的。[①] 如果我把任何事物当作了我的目的，我只能凭借我自己的自由意志做到这一点；而且，如果义务或者法则（如其所做地）责令我们采纳某些目的，尤其是说，如果它责令我们把一切理性人格当作就其自身而言的目的来对待，那么，总是出现在义务之中的强迫或者强制就必定是源自我自己的自由且理性的意志的。我必须就是我所服从的法则的来源与创作者。

因此，公式Ⅱ在责令我们追求一些目的时，含蓄地断言了意志在制定它所应当服从的法则中的自律。或者，倘若我们更喜欢的话，我们可以说，正是（公式Ⅰ中所表达的）法则的理念（Idea）与（公式Ⅱ中所表达的）一个就其自身而言的目的的理念（Idea）的结合，产生了自律的理念（Idea）——制定出我据以给我自己施加种种目的的普遍法则。

182 §3. 病理学兴趣的排除

在康德从一个定言命令式本身的本质中直接地推导出公式Ⅲ的尝试中，还有另外一种论证思路。[②]

因为道德命令式是定言的与无条件的，所以它的每个公式都必须**含蓄地**排除掉兴趣，也就是说，必须排除掉病理学兴趣

① 《道德形而上学》，德性论，导言，一，第 381 页＝第 224 页。

② 《奠基》，第 431—432 页＝第 60—61 页。

(pathological interest):它不像一个假言的命令式那样,以我们身上出现一个病理学兴趣为条件。公式Ⅲ则明确地排除了兴趣;因为,说一个道德意志是自律的意志,说这个意志制定了它自己的法则,这就等于是说,它并不是由任何兴趣所规定的。由兴趣所规定的,并且因此由欲求与偏好所规定的,就是他律的,就是服从于一个并非由我们自己制定的法则,并且因此最终服从于一个自然法则,它在此必须是一个经验心理学的法则,关于我们自己的种种需求的法则。[①]

因此,我们可以说:"如果有一种定言的命令式,那么,服从它的道德意志就绝不是由兴趣所规定的,从而必须是它自己制定了普遍的法则,这些法则是它无条件地必须要服从的"。这就是公式Ⅲ中明确提出的原则。

需要注意的是,尽管通过对"道德性"的概念的分析,以及对"一个定言的命令式"的概念的分析,自律的原则就能够确立起来,但根据康德的观点,它不能通过对"理性存在者"或"理性意志"的概念的分析而被确立起来。它依旧是一个综合的实践命题,而不是一个分析的实践命题。[②]

§4. 通过准则立法

康德的学说中还有另外一个方面,很容易遭到忽视。康德的意思不仅仅是说,每个人身上(无论何其含糊)都会有一个纯粹的

---

① 《奠基》,第 439 页=第 70 页。亦可参见第二十章,§ 8。

② 《奠基》,第 440 页=第 71—72 页。

实践理性，它必然地依据法则本身而愿意，并且把依据法则本身而愿意当作一个理想，据以选择或拒斥行动的准则。他的意思是说，一个理性行动者应当以这样一种方式行动，即他能够同时把他自己看作是在**通过其种种准则**制定普遍的法则。[①]

这一点有助于揭示出康德对于自发性或自由的看法。一方面，他坚持认为——按照一种几乎不可避免地会引发误解的方式——自由的、自律的与道德的意志在规定其义务时，必不会受到任何需求、任何欲求、任何病理学兴趣的影响。[②] 另一方面，他没有忘记，我们的种种感性动机，如果它们要影响行动的话，就必须被“纳入到”我们的准则之中；[③]他也没有忘记，如果我们想要拥有
183 道德的行动，我们的种种准则就必须反过来被纳入到我们关于法则本身的理性意愿之中。正因为如此，对于道德的人们来说，通过他们的种种准则来制定(或者给予)一些特定的道德法则，这是可能的。“法则本身”的理念(Idea)在纯粹实践理性中拥有其根源，但“制定一些特定的道德法则”构成了**人**作为一个理性动物的尊严与特权；因为，他借以立法的那些准则乃是基于其感性本性，而不仅仅是基于纯粹理性。[④]

常见的种种针对康德的批评——他的伦理学是纯粹形式的，

---

① 参照即便在公式Ⅰ中存在的介词“通过”(through)的奇怪使用，参见《奠基》，第421页=第47页。亦可参见《奠基》，第439页=第70页；第432页=第61页。

② 例如参见《奠基》，第441页=第72—73页。

③ 《纯然理性界限内的宗教》，第23—24页=第24—25页(=第12页)。亦可参见第四章，§2；第八章，§5。

④ 《奠基》，第438页=第68—69页。一个目的王国惟有按照准则或责成自己的规则才是可能的。

他忘记了每种形式都必须要有质料,他忽视了道德中的感性的与经验性的要素——全都源自对其学说的这一方面内容的一种奇怪的视而不见。即便有人注意到,康德实际上总是带入了种种感性的与质料上的考虑,他也倾向于说:"你看他是多么缺乏一贯性,构想出一种纯粹形式的伦理学是多么地不可能!"但在这一点上,康德并不缺乏一贯性。这种所谓的"缺乏一贯性",仅仅因为批评者首先把一种片面的观点强加给康德,然后从这种观点出发的一切推导都被看作纯然错误的。结果,康德的观点就被弄得来显得尤为可笑。我们一旦接受这样一个假定,即康德所指的就是他想表达的意思,他致力于分析种种道德行动中的形式的方面,而这些道德行动在任何时候都同时有一个形式与一个质料,那么,他整个学说就变得合理且可理解了,大量传统的困难也就逐渐消失了。他的理论依旧还会有一些困难,正如一切理论都会有的那般;但是,我们将不再必须面对一个解释上的困难,即康德为什么会持有一些无法设想能被任何具有健全理智与普通常识的人所相信的道德信念。

§5. 公式Ⅲ的应用

如果我们想要理解康德如何看待定言命令式的应用,那么,所有上述这些内容就都是十分重要的。它绝不能凭借思维在抽象中得到应用,而是必须凭借行动得到应用。

由于人类理性是推论性的(discursive),因此,每个原则(实际上,每个概念)都必须是抽象的:它所包含的东西,必须少于那些被置于其下的种种实例。[1] 对于种种理论的原则来说，只要它们能够有一些具体的实例，我们就能够凭借对自然的观察来应用它们。因此，尽管我们能够**先天地**说，每个事件都必须有一些原因，但我们不能**先天地**说，这个原因将会是什么；但是，通过研究现象世界中的规律序列，我们能够（如其所是地）填充我们的抽象公式。当我们在处理诸理念（Ideas）时，包括实践的诸理念（Ideas）时，我们无法使用这种程序方法；因为，根据假定（ex hypothesi），诸理念（Ideas）不能有任何可能被观察到的实例。然而，正如康德所明确承认的，**特殊的东西无法单凭普遍的东西从中被派生出来**（abgeleitet）。[2]

184 用康德的专业术语来说，我们不能直接地“展示”定言命令式的一个实例或者一些实例，但我们可以在行动中“象征性地”展示出这样一些实例，只要我们依据如是一些准则而行动，即通过这些准则，我们可以把我们自己同时看作是在制定一些普遍的法则。[3] 设若我们能够如此行动，即**仿佛**这些准则通过我们的行动成了目的论的自然法则，那么，这些准则就能够被看作我们所谓的道德法则的模型。只要我们以“这样一些准则适于成为普遍的法则”为根据，自由且自发地把它们采纳到行动之中，那么，我们由此就把它们制定为我们自己的与他人的一些特定的道德法则。这些特定的法则并不是凭借从一个空洞公式出发的演绎中被推导出来的：相反，它们是在活出一种善的生活中被颁布出来的。

① 《判断力批判》，第 77 节，第 406 页（＝第 348 页）。

② 同上书，第 77 节，第 406 页（＝第 348 页）。

③ 参见第十五章，附录，尤其是 § 6。

如果我们拿它跟艺术家们创造美的活动作一番比较,我们就能最好地理解这一点,因为美(就像善性一样)不能从任何空洞的公式中演绎出来。然而,我们绝不能忘记,善人(不同于艺术家)是在依据种种概念而意愿——"普遍法则"的概念与"一个普遍的与目的论的自然法则"的概念。

如果撇开"自由"这个形而上学的问题(这是我们在适当的时候必须要面对的问题),那么,除了那些我们已经处理过的困难之外,就再没有任何困难了;而且,没有必要再用更多的例子来示例这一原则。[①]

公式Ⅲ(就跟公式Ⅰ一样)必须参照"目的论的自然法则"加以应用;而且,当我们转到下一个原则(目的王国原则,及其与自然王国的类比)时,我们就会发现,这些法则关心的是一个完备的目的体系。因此,把我们下一个公式看作公式Ⅲ赖以得到应用的手段,这是自然而然的。出于这一理由,我把它叫作公式Ⅲa,而不是公式Ⅳ。这样做符合康德对不同公式的最后概括,在那里,"制定法则"的概念与"作为一个自然王国的目的王国"的概念被结合在一个公式中,他本人把这个公式描述为他的第三个公式。[②]

① 《奠基》,第 432 页脚注=第 61 页脚注。

② 《奠基》,第 436 页=第 66 页。

185 # 第十八章　目的王国公式

§1. 公式Ⅲa

“**要如此行动，仿佛你通过你自己的准则而是一个目的王国的一个制定法则的成员似的**。”①

这或许是公式Ⅲa的多个版本中的最简单的一个。然而，由于没有提及“自然王国”，它是不完备的，而这个“自然王国”，在康德进入其最后的概括之前，他（按照其任意的方式）都还没有引入。我们必须将其补充如下：

“**所有源自你自己的法则制定的准则都应当与一个可能的作为一个自然王国的目的王国相一致**。”②

在这个第二版的公式中，“目的王国”平行于公式Ⅰ中的“普遍法则”（外加公式Ⅱ中的“就其自身而言的目的”），而“自然王国”平行于公式Ⅰa中的“普遍的自然法则”。使用“王国”一词清楚表明，讨论中的法则并不是在孤立中加以考虑的，而是在这两种情形

---

① 《奠基》，第438页＝第69页。亦可参见《奠基》，第434页＝第63页；第439页＝第69页。

② 《奠基》，第436页＝第66页。

中都被当作一个法则体系的组成部分来加以考虑。

因此，公式Ⅲa是康德的诸公式中最为综全的一个。显然，它同时提到了道德行动的形式（普遍法则）与质料（就其自身而言的目的）。它表明，我们正在处理并不是一些孤立的法则或者孤立的目的，而是一个诸法则的体系或者一个诸目的的体系。它把自由的法则与自然的法则联系起来；而且——就像自律公式一样——它明确提到自由，道德上善的人带着自由，通过他的种种准则制定他自己的法则。

康德援引“单一性”“复多性”与“全体性”的范畴，把这些要点表述得更加专业——有的人会觉得，这过分掉书袋子了。公式Ⅲa被说成是道德行动的诸准则的一个“完备的规定”。[①] 在公式Ⅰ中，我们认识到，道德行动拥有一个形式（普遍法则的形式）。在公式Ⅱ中，我们认识到，作为其质料，它拥有许多对象——或者目的。最后，在公式Ⅲa中，我们获得了这样一个观念，即一切理性存在者都作为就其自身而言的目的结合在一个普遍法则之下的完备体系之中。[②] 这个公式把其他两个公式结合在其自身之中。[③]

在这种情况下，康德还在某种意义上把公式Ⅲa看作是次于公式Ⅰ的（并且很可能也是次于公式Ⅲ的），就不免令人感到奇怪 186
了。准确说来，他之所以看似采取了这样一种观点，是因为公式Ⅲa并没有将自身局限于道德性的形式，而是同时也引入了质

① 这就等于是说，它把形式与质料结合起来。

② 《奠基》，第436页＝第67页。对诸范畴的一种相似的处理，可参见《纯粹理性批判》，第B111页、第B114页。

③ 《奠基》，第436页＝第66页。

料——也就是说，引入了作为就其自身而言的目的，但同时也拥有他们自己的种种主观目的的人格。这样做，就给我们呈现出了如是一副引人入胜的世界景象，在这个世界中，一切自由行动者的种种目的（作为道德行动的一个结果）全都得以实现（只要这些目的与普遍法则之下的自由相容），并且因此使得幸福与德性相配。这就为道德性提供了一个强有力的动机，[①]但这也正是其危险所在；因为，我们或许仅仅是因为相信，在这个世界中，我们的许多兴趣都很可能会更容易地获得满足，所以才被诱惑着想要去实现这样一个世界。道德性所责令的种种行动必须是为了它们自身的缘故而被做出的，必须作为法则的具体体现，而不是作为促进我们自己的种种兴趣的一个手段。公式Ⅰ的优越性——更可能是公式Ⅲ的优越性——正是在于它坚持主张，行动凭借其动机、而不是凭借其种种对象或者结果才是道德上善的。现在，康德说得非常明白，道德法则责令要追求某些目的；但他依旧坚持认为，一个人仅仅凭借追求这些目的还不是道德上善的：如果他想要成为道德上善的，那就必须有一个除了利己或者满足种种自然冲动之外的动机。

在康德的形式主义中，即便是在它看似被推向悖论的边缘时，也几乎总是还有一个常识的内核。

康德不是没有认识到同时引入道德行动的质料的种种好处——我们要为其追求幸福的众人格，以及我们有意图要去建立起来的社会秩序。为了使我们的“道德法则”的理念（Idea）更加接

① 《奠基》，第439页＝第70页。

近直观，并且因此“通过某种类比”更加接近情感，这样做是必需的。[①] 但是，我们绝不能对如是一个真理视而不见，即道德行动中必须有一个道德的动机，而不仅仅是要追求一个正当的目的。

§2. 公式Ⅲa的进路

进入我们这个新公式是相对容易的。从康德前面的任何公式出发，我们都可以把它确立起来，但最简单的方式是从公式Ⅲ入手。

在公式Ⅲ中，每个理性行动都被责令，要把他自己看作通过其种种准则而是普遍法则的制定者，并且采取这一立场来批判他自己及其种种行动[②]。这就径直引发了一个“王国”的概念——也就是说，一个自我统治的社会，服从于种种共同的、自我强加的、但却客观的法则的一个理性行动者的关联体系。它之所以引发了一个“目的王国”的概念，是因为（正如公式Ⅱ所言）诸法则责令，每个成 187
员都要把他自己和一切他人同时当作一个目的，绝不能仅仅当作手段。

如果我们把“普遍法则原则”与“就其自身而言的目的原则”结合起来，那么，我们就必须设想一个“目的王国”；而且，一个“目的

① 《奠基》，第436页＝第66页；第437页＝第67页。关于类比的问题，可参见第十五章附录。自然法则公式似乎也符合这一断言——实际上，我们首先是从那里获得这个类比的——尽管它出现在《奠基》的第436页（＝第66页）中，被冠以“形式”之名，而非“质料”之名。

② 《奠基》，第433页＝第62页；亦可参见《奠基》，第438页＝第68—69页。正是从这一“立场”出发，我们才把我们自己看作自由的，参见《奠基》，第450页＝第83页。

王国”被说成是“可能的”——也就是说,依据我们前面的原则而是可设想的。[1] 这样一个王国与我们现实的社会很不一样,而且,它确乎仅仅是一个理想(Ideal)。

§3. 目的王国

一个理想就是凭借理性的一个理念来设想的一个整体或体系,[2]而“目的王国”就是我们应当要追求的一切目的的整体或体系。这些目的是否不仅仅包含了作为就其自身而言的目的的理性行动者,而是也包含了每个理性行动者可能会给他自己设定的那些个人目的?[3] 乍看起来,后一个断言似乎跟康德在同一时间(并且实际上是在同一个句子中)中所说的不一致——亦即,我们必须抽掉理性存在者的个人差异,抽掉他们的种种私人目的的一切内容。然而,他这样说的意思很可能是指,当我们作为一个目的王国中的制定法则的成员而行动时,我们的种种行动不能由个人差异或私人目的本身所规定:惟有当种种私人目的与普遍法则相容时,目的王国才会关心这些私人目的。[4]

---

① 《奠基》,第 433 页=第 62 页。

② 《纯粹理性批判》,第 A574 页=第 B602 页。

③ 《奠基》,第 433 页=第 62 页。

④ 他的说法之所以避免了不一致,是因为它们都基于如是一个前提,即“法则诉诸它们的普遍有效性规定了我们的种种目的”。也就是说,善人之所以追求那些普遍有效的目的,乃是由于普遍法则的允许或责令。如果准则都是致力于种种目的的行动的准则,如果善人仅仅根据这样一些准则而行动,即那些他能够同时愿意它们成为普遍法则的准则,那么,情况必定就是如此。

一个目的王国的体系受到种种自我强加的、客观的法则的统治，它是一个框架，我们自己的与他人的私人目的应当在这个框架中得到实现。由于其明显的空洞性，这样一个框架为人类意志的（在“任意的创造性”的意义上的）创造性留有空间。

§4. 王国还是领域

有一个术语问题是需要注意的。曾几何时，一位牛津的同事[1]劝我放弃“目的王国”（kingdom of ends）这个说法。其根据在于：严格说来，德文词“Reich”并不是指一个“王国”（kingdom），而是指一个“领域”（realm）。[2] 一个“Reich”可以是一个王国（Konigreich），可以是一个帝国（Kaiserreich），也可以是一个纯然的暴政，就像所谓的“第三帝国”（Third Reich）那般（幸运地是，它如今已经灭亡了）。

这些论证都十分有力，而且，在某些方面，“领域”（realm）确实
是更为准确的译法。另一方面，在不同的语言中找到精准的对应 188
词，这并不在任何时候都是可能的。严格来说，“领域”（realm）一词有些浮夸和古板，但“Reich”一词却并不是这样的。更糟糕的是，“领域”（realm）一词（就跟“圈子”〔sphere〕一词一样）易于被当作无色彩的，例如，我们可以说“幻想的领域”或“产业圈子”。然而，结论性的考虑在于，“Reich”一词在此明显是要使人联想到

① W. D. 福尔克（W. D. Falk）先生。

② 或者“共同财富”（commonwealth〔联邦〕）。

"Das Reich Gottes"(上帝的国)。如果德国人把"Reich"当作希腊文 βασιλεία(王国)的译文来使用,那么,我们说一个"目的王国"也没什么错。

§5. 最高元首

康德假定,目的王国或目的领域有一个最高元首。[①] 这个最高元首将是法则的创作者,但他并不像目的王国的众成员那样服从于该法则。惟有对于一个神圣的存在者来说,这才是可能的:一个神圣的存在者实际上并不凌驾于道德法则之上,因为凭借其理性本性,他必然地将会理性地行动;但是,他确实凌驾于一个限制其意志的法则之上,从而凌驾于义务与职责,并且在这个意义上并不服从于法则。[②] 因此,他必须是一个完全(而不止是部分)理性的存在者。这样一个存在者没有任何需求,因为,这些需求可以引发种种有悖于一个道德意志的欲求;而且,这就意味着,他必须是一个完全独立的(并且因此很可能是无限的)存在者。这样一个存在者的力量将会与其神圣的意志相适宜。

康德补充说,最高元首**不会**服从于任何他人的意志,由此暗示说,目的王国中的一个制定法则的成员将会服从于他人的意志。或许,他想到的就是"外在的强迫"(external compulsion),这种强迫被施加给人类社会中的那些有限的成员,因为他们被诱惑着去

① 《奠基》,第 433—434 页=第 63 页。

② 《实践理性批判》,第 32 页=第 144 页(=第 58 页)。

干扰他人的自由。

在此，没有任何论证或者辩护，“一个最高元首”的学说就被引入进来了。对该学说的辩护属于《实践理性批判》，尽管《奠基》的最后部分已经勾勒出了其形而上学背景的大致轮廓。根据康德的观点，“上帝实存”是纯粹实践理性的一个公设，而且，道德法则必定导致宗教——也就是说，导致把一切义务承认为神的诫命。他在这里引入这一学说，这很可能是因为，如果没有它，“一个自然王国”的概念就会是难以理解的。

§6. 尊严与价格

尽管目的王国的成员（由于有别于最高元首）服从于法则，但
无论如何，他们服从的是他们自己的理性意志所强加的法则。目 189
的王国惟有通过其成员的自律（或者意志的自由）才是可能的。[①]这种自律就是他们的绝对价值的根据，就是他们的“尊严”或者“特权”的根据，就是他们内在的价值（value or worth or worthiness）的根据。

“尊严”或“价值”是借取自斯多亚学派的术语，跟“价格”相对立。[②] 目的王国中的每个东西都要么拥有一个价格、要么拥有一份尊严，这个事实表明，康德在许多时候都打算把他的目的王国诠释得何其具体（实际上，是何其枯燥乏味）。

① 《奠基》，第 434 页＝第 63 页。

② 与 pretium（价格）相对立的 dignitas（尊严），可参见塞涅卡（Seneca），*Ep.*，71，37。

价格是交换价值：一个事物，倘若我们能够用其他什么等价物来取代它，它就拥有一个价格。尊严或价值高于一切价格，并且没有任何等价物能够取代它。[①]

关于这一学说的趣处（抛开我们已然十分熟悉的术语体系）是，康德区分了“市场价格”与我们或许可以（尽管会引发一些误导性的联想）将其称作一种“幻想价格”（Affektionspreis）的东西，后者意指一种幻想或想象的价值。根据康德的观点，市场价格是由人类的种种普遍的偏好与需求决定的：幻想价格则依赖于品味，而不是依赖于任何先行的需求。

如果上述两者都可以恰当地被叫作“价格”，如果拥有这样一种价格的事物能够有一个等价物，那么，在上述两种情形中，价格都是由供需决定的，它们之间没有任何实在的差异。但是，康德似乎在摸索一个事物的经济价值（惟有这种价值才拥有一个等价物，哪怕在艺术工作中也是如此）与其审美价值（严格说来，这种价值没有任何等价物，但在此却被康德看作“相对的价值”）之间的一种区分。或许，他的意思是说，音乐对于一个聋人来说没有任何价值，绘画对于一个盲人来说没有任何价值；实际上，任何艺术工作对于一个庸俗不堪的人来说都没有任何价值。这种区分把审美价值置于经济价值与道德价值之间的某个位置，而道德价值是绝对的与独一无二的、对一切理性行动者本身都有效的，是任何其他价值都无法比拟的。

惟有通过道德性，一个理性存在者才能成为一个目的王国中

---

① 《奠基》，第 434 页＝第 64 页。

的一个制定法则的成员，并且因此能够是一个就其自身而言的目的！由此出发，康德得出结论：惟有道德性（以及就其具有道德能力而言的人性）才能拥有尊严、价值（worthiness）或内在价值（inner worth），[①]并且因此能够是敬畏的一个对象。一切其他事物，甚至我们的审美活动，全都仅仅有条件地是善的——也就是说，在这样一个条件之下而是善的，即使用它们并不违背道德法则。[②]

值得注意的是，贯穿其讨论的始终，康德关心的都是种种人类活动的价值。作为拥有一种市场价格的东西的例子，他提到过技巧与勤奋，他想到的很可能是亚当·斯密（Adam Smith）的学说， 190
即劳动是可交换价值的真正尺度。[③] 拥有一种幻想价格的东西的例子，就是智慧、幽默与想象力。

§7. 自然的王国

到目前为止，我们一直在一个常识的层面上处理目的王国，因为我相信，康德希望我们在这个阶段如此处理它。摆在我们面前的理想是一个理性人格的共同体，为其自身的缘故服从于相同的道德法则，敬重每个他人的自由，并且以这种方式来努力实现一个

---

① 《奠基》，第 435 页＝第 64 页；第 440 页＝第 71 页。亦可参见《道德形而上学》，德性论，第 11 节，第 434 页以下；第 38—39 节，第 462 页以下。

② 《纯然理性界限内的宗教》，序言，第 4 页脚注（＝第Ⅳ—Ⅴ页脚注）。亦可参见第二章的 § 6 与第九章的 § 5。

③ 参见《道德形而上学》，法权论，第 31 节，一，第 289 页。

种种目的的和谐体系，这是其他任何方式都实现不了的。一个善人的义务就是要像这样一个理想的共同体中的制定法则的成员那般去行动。当康德（在更后面的地方[①]）告诉我们说，一个善人的准则应当符合这样一个可能的“作为一个自然王国的目的王国”时，他就以某种方式印证了这一常识的处理；但与此同时，一个“目的王国”和一个“自然王国”之间的区别，也使我们得以瞥见他自己的形而上学学说，并且引发了一些形而上学的问题，这些问题超出了日常意义上的道德哲学的限制，而且，严格说来，就这些问题毕竟能够在一本其范围蓄意受限的著作中被加以考虑而言，它们属于《奠基》的最后一章。[②]

当我们设想一个（从道德的视角来看能够是且应当是）完全符合道德法则的理性行动者的世界时，我们所设想的是一个道德的世界，它与自然世界、与我们在经验中所知晓的人们所组成的世界截然不同。因此，康德把它描述为一个“理知的世界”（intelligible world），在设想这个理知的世界时，我们抽掉了道德的种种阻碍，甚至抽掉了一切那些被当作职责的条件的目的。这样一个世界的概念是一个实践的理念（Idea），它能够且应当去影响感官的或者经验的世界：我们绝不能误以为这是在给出关于某些超感官对象的知识。[③]

康德把这个概念等同于一个目的王国的概念，因而，这个概念显得是从它在行动中的种种展现中抽象地获得的。他告诉我们

① 《奠基》，第 436 页＝第 66 页。
② 《奠基》，第 391 页＝第 8—9 页。
③ 《纯粹理性批判》，第 A808 页＝第 B836 页。

说，凭借理性意志的自律，一个理性行动者的世界，它首次被描述为一个理知的世界（mundus intelligibilis），作为一个目的王国才是“可能的”——在“可设想”的意义上[①]。倘若它在另外一种意义上是可能的——也就是说，倘若它是能够实现的——那就只能通过它跟一个自然王国的**类比**才能是可能的。[②]

我们已经遇到过一个相似的类比，那就是“普遍的道德法则”与“普遍的自然法则”之间的类比。[③] 然而，在那里，我们主要关心的是“实践的展示”的问题，即揭示出“服从道德法则”将在何种行动中展现出来的问题。康德的回答是——大致来说——讨论中的 191
行动是这样一些行动，其准则如果被设想为一些自然法则，就会促进众人间的种种意图的一种系统和谐，或者至少不会摧毁这样一种系统和谐。这一点，当我们在处理目的王国与自然王国时，也依旧是有效的。但是，在讨论两个王国时，康德似乎关心的是一个不同的、但却相关的问题：即便我们知道，对于追求要实现一个作为自然王国的目的王国的人们来说，何种行动是他们负有职责的，那么，这个理想惟有在其下才有可能得以实现的那些条件又是什么呢？

在我们考虑康德的回答之前，我们必须注意到，他强调“目的王国的道德法则”与“自然的机械法则”之间的显著差异。目的王国惟有彻底由其成员自我强加的法则所统治才是可能的，而自然本身则由外在的与机械的法则（首先是因果法则）所统治。然而，

① 参见《奠基》，第 433 页＝第 62 页，以及上文 § 2。

② 《奠基》，第 438 页＝第 69 页。

③ 参见第十五章，附录，尤其是 § 6。

自然作为一个整体(尽管被看作一个机器),就其把理性存在者当作其目的而言,也能被称作一个自然王国。惟有就自然能够被看作合目的,并且实际上被看作指向一个最终目的而言,目的王国与自然王国之间的类比才是有效的。这就印证了我们的如是一个论点,即唯有就自然的诸法则被当作是一些目的论的法则而言,它们才为道德法则提供了一个十分有用的类比。

把自然及其诸法则看作目的论的,这样做是极其武断的,除非我们能够在人类经验中为此找到一些基础。我已经指出过,对于康德及其同时代的人来说,牛顿的发现似乎揭示出宇宙之中有一个神圣的意图;而且,即便抛开这一点,康德在《判断力批判》中的核心学说之一就是:我们必须在自然中预设一种逻辑的合目的性;[①]也就是说,科学家必须预设,种种经验性的自然法则构成了一个理知的体系,而且,他必须如此行事,即仿佛自然在这种意义上要适配于人类知性。但是,康德的根本要点在于,当我们考察自然中的有机生命时,我们必须使用一个目的王国的理论理念(theoretical Idea),以便能解释那些现实存在的东西。另一方面,道德家把一个目的王国的实践理念(practical Idea)当作一个自然王国来使用,以便能把某些东西带入到实存之中,这些东西原本并不存在,但却能够在某种程度上作为我们的努力的一个结果而成为实在的东西。[②] 自然中的目的论的概念为我们提供了一个桥梁,把一个自然的世界(其中的每样事物都是机械的)与一个道德

① 《判断力批判》,第一版前言,五,第 23 页。

② 《奠基》,第 436 页脚注=第 66 页脚注。

的世界(其中的每件事情都是自由的)连接起来。

§8. 目的王国的实现

然而,我们所关心的既不是康德的体系的完备性,也不是其目的论学说中的微妙细节,而是在道德行动中实现目的王国的可能性。惟有当定言命令式指定给理性行动者的那些准则被普遍地遵 192
从时,这样一个王国才能成为现实的。[①] 显然,惟有一切理性行动者在任何时候都依据这样一些准则而行动,并且在这个意义上(如其所是地)构成了一个人类本性(自然性)的王国,这个目的王国才能成为现实的;但是,即便如此也还是不够的。惟有自然本身就是一个由目的论法则所统治的王国,并且被构造成要促进或保障我们的种种道德意愿的成功的,一个目的王国才能成为现实的。尽管他坚持认为,一个善的意志就其自身而言就是善的,但康德也认识到,善的意志在这世上的有效展现不仅依赖于他人的合作,而且还依赖于自然本身的合作。除非自然能够被看作是展现出了一个神圣的意图,并且因此被看作一个神圣元首之下的自然王国,否则的话,这种合作就是不可设想的。一个善人,当他致力于在这个世上实现一个目的王国时,他就是在如此行动,即仿佛自然是由一个全智的与仁慈的统治者创造出来并予以统治的,这是为实现一个整体的或完全的善(bonum consummatum),在其中,德性是胜利

① 《奠基》,第 438 页＝第 69 页。

者，并且被奖以其配享的幸福。[①]

道德性的悖论就在于致力于如是一个理想的绝对职责，即惟有当目的王国与自然王国结合在一个神圣元首之下时，这个理想才能得以实现。[②] 根据康德的观点，想要证明这样一个条件能够被满足，这远远超出了人类理性的力量。理论理性至多能做的就是表明，这样一个假设既不是自相矛盾的，也不能为我们经验的特性所排除。然而，这个假设对于纯粹实践理性来说是一个必需的“公设”，并且跟一种无条件地具有约束力的道德法则不可分离。[③]

有人或许会认为，康德（追随十八世纪的风尚）的观点过于粗糙，他说得仿佛神灵的主要职能就是为人类的德性成就添加一份纯粹外在的幸福；但是，无论我们如何表述它，事实依旧是，善人认为他自己有职责要去实现的种种事态，并不能单凭他自己的努力得到实现。根据康德的观点，道德生活的“崇高性”就在于达成这样一个理想的奋斗之中，这个理想超出了他单打独斗的能力，但却被一个善人自己理性的法则强加于他。无论其种种努力是否能戴上成功的桂冠，一个善的意志都保有其独一无二的与绝对的价值。

§9. 公式Ⅲa的应用

就跟其他公式一样，对于那些试图凭借一个理论证明过程来规定种种道德义务的人们来说，目的王国公式是毫无用处的，但

① 参见第二章，§7。

② 《奠基》，第439页＝第70页。

③ 《实践理性批判》，第122页＝第263页（＝第220页）。

是，对于那些愿意把它采纳为一个行动原则的人们来说，它是富有启发性的。在某种意义上，正如康德所承认的，目的王国公式是他 193
所有原则中最为人性的与最为动人的。战争能使哪怕最缺乏反思的人也能明白的一件事情就是，人们由于（没有任何利己的考虑）参与到一个伟大领袖领导下的一个伟大的共同事业之中，能够受到极大的触动与振奋。康德的学说必须借鉴这样一种经验来加以评判，而不是被当作一个纯粹逻辑分析的问题。

确实就是如此，但这不能豁免哲学家的义务，即致力于在理论中清楚阐明其实践理想，尽管这项任务必定十分困难。他在任何时候都必须谨记，即便如此简单的一些行动，例如挥动一根高尔夫球杆或者玩一场游戏，想要用言语对它们做出解释，都是一件何其困难的事情，而且，除非我们对这样一些行动拥有直接的经验，否则的话，这些解释将是何其没有意义的。对于描述道德生活或者道德理想的尝试来说则更是如此，而且，康德或许本应在最为抽象的层面上对这一问题予以更多的关注。无论如何，他也确实为我们提供了一些指导。他谈到，理性存在者服从于道德法则的自由意志（Willkür〔任性〕），无论是与其自身、还是与每个他人的自由都有一种彻底的系统统一，就此而言，他们在这个世上组成了一个 corpus mysticum（奥秘团体）。[①] 根据他的观点，种种意图或目的的这样一种系统统一，必须借鉴我们对一个个体意志中的意图的系统统一的经验，才能得到理解：我们必须设想一切理性存在者的行动都是如此发生的，即**仿佛**它们源自一个最高的意志，这个最高

① 《纯粹理性批判》，第 A808 页＝第 B836 页。

的意志在其自身之中或者在其自身之下把握到一切私人的意愿(Willkür〔任性〕)。[①] 而且,正如我们已然看到的,实际上,除非有这样一个单一的与最高的意志存在,否则的话,目的王国这个道德理想就无法实现。诸多不同意志之间如果要有着意图的完备统一,那么,最高的意志就必须是全能的、全知的、全在的与永恒的。[②]

在这里,我们所关心的并不是这其中的神学意蕴,但无疑显而易见的是,惟有当我们首先描述出一个个体意志中的系统统一之后,我们才能恰当地描述出诸多不同意志的系统统一。不幸的是,这项任务被康德忽视掉了,这或许是因为,他未能认识到一种关于行动本身的哲学的必要性。[③] 总的来讲,我们可以说,他对于"诸多不同个体意志的系统统一"的意义的分析是不完备的。许多哲学家都试图推进这一分析,无论他们做得是否令人满意,这些哲学家就属于我们通常所说的"理念论学派"(idealistic school)。

尽管有这样一个局限,但十分清楚的是,根据康德的观点,这种系统统一的抽象框架必须援引人们的种种现实的需求、欲求、力量与意图来加以填充。与此相反的一些常见的断言,只不过建立在一些误解之上,这些误解如今已经成了传统,并且根深蒂固。在与自然法则公式的联系中,我们已经看出,种种行动何以必须如此来加以评判,即依据它们促进了(或者至少没有摧毁)众人间的种种意图的一种系统的和谐一致;而且,我们还看出,致力于这样一

① 《纯粹理性批判》,第 A810 页=第 B838 页。

② 同上书,第 A815 页=第 B843 页。

③ 参见第一章,附录,结尾。

种诸意图的系统和谐的一个行动,并不由此就必然是道德的。[①] 194
一贯性只是对道德行动的检测,而不是其本质。

然而,还有另一个问题也是康德没有妥善处理的,这个问题就是,在行动中,一个善人必须在多大程度上修订其行为,以适应一个不完美的世界中的种种条件。他的所有公式都会引发这个问题,但目的王国公式最为显著地会引发这个问题。

有时候,他的言辞让人觉得,一个善人无论如何都不应修正他的行为,以适应出现在这个世上的现实的罪恶,而且,他的学说经常都是在如此严苛的意义上被诠释的。这样一种学说将明显是荒谬的,而且,任何人若是不辞辛劳想要研究康德理论的细节应用,那就应当注意到,康德实际上绝没有如此粗陋,他的政治哲学就更加不是如此。[②] 对于康德在这个方面的观点,相比它以往获得的,还需要更多仔细的考虑——实际上,仅仅这个问题就需要一本著作来加以讨论;但是,我们可以自信地说,相比人们通常所相信的,它有着远为更多的人情味。我们尤其绝不能忘记,对于康德来说,伦理学中有一个东西,他称其为应用我们的道德法则的一个"纬

① 参见第十五章,尤其是附录的§6。

② 抛开康德坚持主张惩罚这一条(惩罚在一个圣徒的共同体中没有任何位置),我们要注意如下几个要点。他承认,就其自身而言抽象地正确的事情或许(出于主观上方便的理由)在法律的眼中并不是正确的。他明确断言,在任何没有一个有序的公民社会的地方,我们都没有职责要以这样一种方式行事,即仿佛有这样一个社会似的。他宣称,一种制度(例如,一种世袭贵族制)或许在某个时代是可允许的,并且依据环境甚至是必需的。参见《道德形而上学》,法权论,第36—40节,第296页以下;第42节,第307页以下;附录,八(3),第369页。在他的《自然地理学》——导论,§5——他甚至说,公民社会的第一原理是一个普遍法则,而种种特定的法律则跟一个特定区域的土壤和居民有关。

度”或者“活动空间”，而且，他在任何时候都反对那些持相反意见的人。无论如何，有人很可能会说，这个问题应当在一个最高的层面上才能得到公平公正的处理，但在这个层面上，康德的处理是不妥当的，或许有时候甚至还是误导性的。

§10. 道德进步

然而，康德的分析在某些方面或许是不充足的，我们必须承认——假如我们愿意避免提出一些不可能的要求，那是我们不会对任何其他学者提出的要求——他成功地提出了道德性的最高原则，而且，与对对种种特定义务的纯然分类相比，这些原则处在一个截然不同的层次之上。没有这样一些最高原则，道德性如果还不至于被消解成纯然的偏见或情感的话，就必定会被化约成一种严苛的与教条的律法主义。康德体系的一大好处在于：它从一个真实的视角来看待道德法则的精神，而不是其字义。

倘若我们追问自己，康德的道德学说中是否还缺少什么东西，
195 那么，乍看起来，答案很可能是——正如十八世纪的哲学中经常所是的那般——这些学说过于严苛与静态，并且既不能解释道德进步，也不能解释这种进步必须在其下发生的那些条件。

足以肯定的是，在其伦理学著作中，康德很少关注这些事情，但即便在这一点上，《实践理性批判》与《道德形而上学》中关于方法论的简短章节，也给了我们一些关于其学说的提示。他有个习惯，每次只处理一个主题，但由此不能认定，他未能看出一个主题与另一个主题之间的关系。康德绝非对历史与道德进步不感兴趣

的人，他在这些事情上远远领先于他的时代，正如在其他许多事情上一样——已故的柯林武德教授（Professor Collingwood）*，一位泰斗而非康德主义者，他曾向我担保说，在他所知晓的有关历史哲学的这个主题的诸多见解中，康德的见解是最为健全合理的。康德对于道德进步的种种考察零星散见于他的诸多著作之中，但在其《普遍历史的理念》中，可以找到一个最为简单的、最为清楚的与最为简短的说明，它发表于 1784 年——也就是说，是在《奠基》出版的前一年。[①] 在这里，我们只需要注意两个要点。

首先，康德十分清楚，他称作“文明”（其中必须包含道德性）的那个东西，最初并不是在先天思维的基础上演化发展而来的，而是“与夺”（give and take）的结果。对于这种演化发展，他主要地归因于社会中的人们之间的冲突，他把这种冲突叫作他们的“非社会的社会性”（unsocial sociability）。按照这种方式，才首次迈出了从野蛮到文明的真正步伐：一切才能都逐渐地得到发展，鉴赏得以形成，然后，通过渐进的启蒙，才开始形成如是一种心灵态度（attitude of mind），它能够适时地把那种用于做出道德区分的粗野的自然秉性转变成种种确定的实践原则，并且因此最终能够把一种病理学上被迫的和谐相处转变成一个道德的整体。[②]

其次，康德同样也十分清楚，即便人们已经上升到了对道德原

---

* 罗宾·乔治·柯林武德（Robin George Collingwood，1889—1943），英国著名哲学家、历史学家与考古学家，代表作有《艺术原理》（*The Principles of Art*，1938）以及去世后出版的《历史的观念》（*The Idea of History*，1946）。——译者

① 收录于普鲁士科学院版第 8 卷。

② 《普遍历史的理念》（*Idee zu einer allgemeinen Geschichte*），命题四，第 20—21 页。

则的把握，道德洞识的进步也既不是机械的、更不是纯粹的理智推论的结果。他说，理性并不本能地运作，而是需要试验、实践与教导，以便逐渐地从一个层面的洞识进展到另一个层面的洞识。[1]

我们可以认为，他本应把他对这些要点的看法发展得更加详细，但我们绝不能认为，他对这些基本的真理视而不见。

§11. 康德的历史背景

正如康德所主张的，如果道德哲学家只是把道德判断与道德行动中业已预设的道德原则加以公式化、加以澄清与加以系统化，那么，我们就要追问，理解康德自己的学说所要诉诸的历史背景是什么。

196 这又是一个值得细究的问题，但我们恐怕只能简单谈一谈，康德的历史背景中的两个最为重大的要素，它们是：首先，抗议宗（新教）形式的基督宗教；以及其次，那些导致了美利坚革命与法兰西革命的诸多影响因素。

康德的整个道德哲学几乎都可以用他的一本晚期著作的标题来加以描述，那就是“纯然理性界限内的宗教”。对于他来说，宗教主要就是纯洁化了的基督宗教，这种纯洁化不仅除去了一个权威教会的信理，还除去了种种神迹与奥秘，以及那些（在他看来）代替了理性信念的历史信念。**他的普遍法则公式**（如其所为地坚持道德法则的精神，而不是其字义）就是他自己版本的基督教信理，即

---

① 《普遍历史的理念》，命题二，第 19 页。

我们凭借信德而获救，而非凭借善工而获救。他的就其自身而言的目的公式就是在以他自己的方式在表达一个基督教的观点，即个体的人类存在者拥有一种独一无二的与无限的价值，并且应该被当作这样的存在者来对待。他的作为一个自然王国的目的王国公式十分明确地就是以他自己的理性形式来承认一个不可见的和一个可见的教会，必须在尘世中展现出来的上帝之国。

美利坚革命与法兰西革命背后的影响因素（它们可以被概括为"启蒙"）可以被看作是宗教改革的一种延续，尽管法兰西革命更为血腥、也更为暴力地反对宗教，因为宗教改革在那里惨遭失败。这些影响最为显著地表现在康德对自由的热情坚持之中，他把自由当作一切进步与一切道德的基础。更为直接与更为明显的影响（自然而然地）表现在他的政治哲学之中，尤其是他对任何样态或形式的专制的憎恨之中。

有人或许会反对我刚才关于宗教的说法，认为基督教是一个爱的宗教，康德在这个方面没有把握住其特有本质。即便这是完全正确的，也无法改变一个事实，即基督教的其他核心学说都在康德那里找到了它们的哲学表述。但是，无须否认这个说法部分正确，人们可以猜想，无论是在康德那个时代还是在我们自己所处的时代，病态的、怯懦的与几乎毫无意义的多愁善感，时常在爱的神圣名义之下被灌输给我们，它们与 ἀγάπη* 的原初学说相去甚远；实际上，我们或许会觉得，康德比通常所认为的更加多得多地接近

---

* ἀγάπη(agape)是一个希腊文基督教术语，《圣经·新约》用它来特指上帝之爱，拉丁文中一般译作 caritas。——译者

原初的学说。

如今，许多人都认为，这样一些历史事实使得康德的学说从一开始就是无效的，因为它们由此表现为纯然只是把一些全然基于其他根据而达到的东西加以“理性化”了。即便在一个较高的层面上，也有许多卓越的思想家，他们对哲学的历史与背景感兴趣，并且因此把自己引向了这样一种观点，即任何时代的哲学都仅仅提出了一些预设，这些预设有意或无意地为那个时代所接受，但却与其他时代没有任何干系，也没有任何主张表达出了那个相当傲慢
197 地被称作“永恒”真理的东西。我们要保持谦虚，不要轻易主张真理是永恒的，这样做确实是正确的，而且，我们必须认识到，相比纯粹数学这样的研究，哲学确实更为密切地与其背景联系在一起。这就提出了一些难以解决的问题，我们也无法在此加以考虑。但是，说种种哲学学说除了是一个能力超群的心灵的产物之外，还聚焦于一个时代、甚至许多个时代的思想与经验，然后以此为根据，谴责或贬低它们，这是对真理的严重歪曲。这样一种观点过于荒谬，以致无益于讨论。除非我们是彻底的怀疑论者——在这种情况下，我们对任何事物都说不出任何东西——否则的话，我们就必须尽我们所能，根据其自身的优点来评判每一种哲学。如果我们要把什么东西评判为它的错误，我们就要恰当地从导致这一结果的纯然偶然环境中寻求解释。但是，这跟如是一种学说相去甚远，即只要一种理论有其历史背景就必定是错误的。

对于基督教的道德学说来说，这一点尤为正确。仅仅因为它们是由神圣启示给予的，就断言这些学说必定为真，这样做的一个坏处是，对于那些否认启示的人们来说，他们总是能够——凭借一

个明显的 non sequitur(无从推出)——推论说,这些学说必定是错误的。如果这些学说(正如刚才所论述的那般)纯然是人类思想、经验与历经多年的辛勤努力的结果,那么,这一点就其自身而言就担保了一个强有力的预设前提,即它们至少包含着真理的内核。毫无疑问,不同时代的(包括我们自己这个时代的)道德思想与宗教思想都很容易跟大量稀奇古怪的与偶然的胡说八道混杂在一起;但是,抛开这些胡说八道,抓住深藏其下的核心,并以此为起点发展推进人类的道德洞识,正是一个伟大思想家的标志。这也正是康德试图要去做的事情;而且,基于如是一个先天的根据,即种种学说只要是一个漫长而艰辛的历史演化的成果,对于严肃的考察来说就必定是毫无价值的,把康德的种种努力当作注定失败的东西而不予考虑,这样做完全是不合理的。

§12. 康德的个性

人们很容易通过其创作者的个性来评判一种哲学,而且,伴随着挖苦康德学说的风气盛行,还兴起了一种对其性格的相似嘲弄。不幸的是,尽管我们知道不少——或许知道得太多——他成为一个老人、甚至一个将死之人时的生活,但我们对他的青年时期知之甚少,对他的中年生活也不太了解。因此,在他那广为人们所接受的形象中,他是一个搞笑的人物、传统的哲学家,当树木开始遮蔽镇上的钟面就不能思考,决心不惜一切代价避免些微的排汗,一个恪守时间的与不可更改的规律作息统治着他每天的每个时刻,他是那个被他叫作“准则”的东西的奴隶,没有率性与热心,是一台理

智的机器，而不是一个人。就跟所有挖苦一样，这些话，至少在他
198 的老年时期，多少还是有些现实依据的；[①]实际上，倘若没有一个固定的规律作息，他根本就不可能完成海量的教学与写作，更别提思考了，那是他上了年纪（或者垂垂老矣）之后也还是要做的事情。

但是，我们必须记住，康德也曾有过青春时光，那时候，尽管他身材袖珍，还有些鸡胸，却以“der schöne Magister[*]”（俊美硕士）而著称。[②] 他喜爱跟女士们社交，她们也都喜爱他；而且，在他所参与的每一场派对中，他都凭借其优雅非常的（尽管有些干巴巴的）、时而尖酸刻薄的（但却绝不卖弄学问）的智慧使之活跃起来。直到垂暮之年，他也绝不愿意独自进餐，而是要有宾客环绕其餐桌，“绝不少于美惠女神的数量，也绝不多于缪斯女神的数量”。在他的课堂讲演中，他可以迷倒哥尼斯贝格的莽撞青年，并且显然可以随心所欲地让他们放声大笑，甚至（据说）也可以使他们放声哭泣。而且，在中壮年时期，当他被任命为全职教授时，那些自作聪明的人们依旧会摇头晃脑，说他在哲学上是一个半吊子。

即便他年老憔悴之时，他也没有丧失其单纯、善意与谦恭的品质。他曾因虚弱而摔倒在大街上无法起身，直到两位不知名的女士把他搀扶起来，他则把恰好随身携带的玫瑰献给了其中的一位。或许，最富有启发性的故事是，在他去世的前九天，一位医生赶来

---

① 这其中的许多事情，我尚未找到任何证据。例如，人们总是会说他在下午茶时吃太多糕点，而且，他在道德方面唯一的问题也就是这个。然而，据我所知，这根本就没有任何证据，而且，整个故事都令人感到惊讶，因为，众所周知康德每天就吃一顿饭，而这顿饭无疑不是下午茶。

* 在康德那个时代，Magister（硕士）在德意志相当于如今的博士学位。——译者

② 或许，这个称呼最好能够用苏格兰话译作“the bonny M. A.”（漂亮的文学硕士）。

探望他。这位老人，他的双目已经失明且不能清晰地说话，他如此虚弱以至于难以起身，但他竭尽最大的努力让自己用双腿保持站立，嘴里嘟囔着一些难以理解的言辞，诸如“姿态”“善意”与“感谢”。医生根本听不懂他在说什么，但康德的朋友瓦西安斯基解释说，他正试图向医生表示感激，因为尽管有那么多人找他，他还是来到了这里，而且，如果他的客人还没有落座的话，康德是绝不会坐下的。一开始，医生对此表示怀疑，但他很快就确信了这一点，并感动到几乎落泪，因为康德(聚集了他的全部力量)用最大的努力说:“人性的感觉还没有离我远去”。

这都是些小事，但却有助于揭示出康德的性格；而且，它们应该跟那些把康德表现得十分荒唐、甚至十分令人不悦的小事一样获得我们的注意。对康德生平的一种更为真实的看法表明，他本质上是一个人道而善良的人，尽管他矢志不渝地献身于哲学。而且，对康德伦理学的一种更为真实的看法表明，他不是一个严苛主义的哲学家，而是一个有人情味的哲学家。

第四部　定言命令式的证义

第十九章　问题

§1. 要回答的问题

如果我们想要理解康德证义定言命令式的尝试，我们就必须记住它在整个论证中的地位。在《奠基》的第一章中，康德是从对日常道德信念的分析开始的，并且由此出发论证说，道德行动的条件——至少对于有限的人类存在者来说——就是为其自身的缘故服从法则，或者服从一个定言命令式。在第二章中，他以五种不同的方式把定言命令式加以公式化。对于我们当前的意图来说，亦即对于《实践理性批判》来说，自律公式是最为重要的："要如此行动，你的意志能够同时把自己看作是在通过其准则制定普遍法则。"因此，自律（或者制定种种我们必须要服从的普遍法则）就是日常道德信念背后的原则，并且声称是道德行动的条件。现在，我们在《奠基》第三章中要面对的问题是：这个原则能够被证义吗？

尽管康德并不总是保持清楚的区分，但我们不能忘记，自律原则无须采取一个定言命令式的形式：它表达了道德法则的本质——也就是说，它是一个理性的行动者本身必然地将据以行动的原则,只要理性充分支配激情。正如我们将要看到的[①],康德试图把该原则**当作一个道德法则**来加以证义,并且唯此才把它**当作一个定言的命令式**来加以证义:如果它是一个充分理性的行动必然地将据以行动的原则,那么,它就必须——根据他的观点——也是一个不完全理性的行动者"应当"据以行动的原则,只要他被诱惑着不这样做。我们能够毫无困难地从行动的一个无条件的、客观的原则过渡到一个定言命令式。

由于自律公式说出了定言命令式的本质,我们的问题就成了:"一个定言命令式如何可能?"到目前为止,我们都在回避这个问
200 题,因为它非常困难。困难源自如是一个事实,即一个定言命令式(不同于一个假言命令式)是一个**先天**综合的实践命题。[②]

假言的诸命令式的可能性很容易理解,因为它建立在纯粹分析的命题之上,即"愿意这个目的就要愿意这个手段"。因此,任何理性行动者(就理性对其种种偏好拥有决定性的影响而言)都必然地会愿意他所选择的目的的手段,并且"应当"如此去做,只要他非理性到足以被诱惑着不这样做。但是,根据康德的观点,对"理性存在者"或"理性行动者"的概念的任何分析也不能给予我们一个定言命令式,以肯定每个理性行动者应当依据自律的原则而行动。[③] 在此,我们有了一个**先天的**命题,它不能从对主词概念的纯然分析中派生出来,并且因此是综合的命题。正如在一切**先天**综

① 参见第二十四章,§7。

② 参见第十二章,§9。

③ 《奠基》,第 440 页=第 71—72 页;第 420 页脚注=第 45—46 页脚注;第 449 页=第 82 页。

合命题中那样，我们需要一些“第三项”，以便确立起主词与谓词之间的必然联结。我们将会发现，这个“第三项”——宽泛地说——就是自由的理念(Idea)。

因此，我们在此必须要面对的问题，其实是一个一般性的问题(对于康德来说，它在任何时候都是哲学的基本问题)的特殊形式，即“先天综合命题如何可能?”康德在处理种种特殊问题时给出的回答是极其不同的——他绝不满足于纯然机械的解决办法——但我们可以说，这些回答在每种情形中都具有一个共同的特征：它试图通过追踪一个先天综合命题在心灵本身的本性中的起源，尤其是在理性自身的活动中的起源，来证义这个命题。康德把这样一种证义叫作“先验的演绎”；而且，它属于理性对自身的一种批判或批评。

我们当前所关心的先天综合命题都是些实践命题，它们说的不是“必须是什么”，而是“应当是什么”，因此，我们的讨论属于实践理性的一个批判。[①] 然而，它并不声称是一个充分的批判，而是仅仅致力于提出这种批判的主要特点，这些特点对于我们当前的意图来说是必需的。[②] 因此，这样一个概括的处理(就其本身来说)不得不是过分简化的，也因此会导致一些困难。要充分理解康德的学说，我们还需要他的其他著作中的一些知识。

从所有这些中可以清楚看到，相比前两章，《奠基》的第三章建立在一个截然不同的根基之上。第一章和第二章或许受到康德的

① 《奠基》，第 440 页＝第 72 页。

② 《奠基》，第 445 页＝第 77 页；第 391 页＝第 8—9 页。

学说的影响，但它们至少声称是要为我们日常的道德判断的内涵提供一个分析：无论我们如何看待作为一个整体的批判哲学，这个分析都很可能是成立的，而且，我认为它确实是成立的。在第三章中，我们必须要进入到康德自己的形而上学学说之中，进入到他对自由与必然的看法，以及他对“现象世界”与“本体世界”的区分之中。然而，即便在这里，认定此处提出的问题与涉及的困难是康德
201 哲学所特有的，那也是大错特错的。康德陈述问题——以及解决问题——的方式或许是他自己所特有的，但我们不能对一个事实视而不见，即他正在处理的是一些实在的问题，而不是一些人为的问题。

§2. 一个替代问题

我们能否证义“一个理性行动者本身应当依据自律原则而行动”这个命题？这是康德所要追问的问题，事实上也是他试图在其论证中要回答的问题。然而，不幸地是，他提出了一个看似截然不同的问题，使我们感到困惑不已，而且，鲜有迹象表明，他意识到了其中的差异。他的第二个问题是：我们能否证义“一个绝对善的意志必须是一个依据自律原则而行动的意志”这个先天综合命题？[1]

绝不能认为，一个绝对善的意志在此就是一个神圣的意志，并且因此不是一个被置于定言命令式之下的意志，尽管它必然地依

① 《奠基》，第 477 页＝第 79 页。在《奠基》的第 449—450 页（＝第 82 页）中，这两个问题似乎就联系起来了。

据自我强加的法则而行动；因为，在这种联系中，康德曾——不那么严格地——说过，一个绝对善的意志的原则必须是一个定言命令式。[①] 无论是一个绝对善的意志，还是一个理性行动者本身，都无须被置于一个定言命令式之下；但是，它们两者在人类的种种条件下——在其中，它们必须要面对激情的抵制——都同样被置于一个定言命令式之下；而且，康德依旧是在这些人类条件之下来关注它们的，尽管这一限定条件没有被反复重申。否则的话，他的问题就不会是“一个定言的命令式如何可能？”

足够令人感到奇怪的是，康德已经说过，对道德性的概念分析完全能够表明，自律的原则是道德性的唯一原则。[②] 诚若如此，很可能说，对“一个道德的意志”概念的分析必须同等地能够确立起自律的原则；而且，这就提出了“一个绝对善的意志”和“一个道德的意志”之间在内涵上的（倘若不是在外延上的）一个区别。此外，还有更多复杂的问题，我们并不需要去考虑它们。[③]

摆脱这些复杂问题的最简单的办法就是假定，康德把“一个理性的意志”和“一个绝对善的意志”看作是等同的，而且，我们或许能够基于他对善性的定义来坚持这一观点，只要这个定义得到适当的修订。[④] 毫无疑问，坚持一个善的意志只能是一个理性地行动的意志，这似乎是合理的；但是，我们在此再一次必须追问，这是一

① 《奠基》，第 444 页＝第 77 页。

② 《奠基》，第 440 页＝第 72 页。

③ 参见《奠基》，第 397 页（＝第 16 页），举个例子，义务的概念被说成是就其自身而言就包含了一个善的意志的概念，尽管受制于某些主观的限制和阻碍。

④ 参见第十章，§1。

个分析命题还是一个综合命题？如果它是一个综合的命题，那么，
202 它要如何被证义？如果它是一个分析的命题，那么，它就无疑必须建立在某种直接的洞识之上，而不是建立在一个任意的定义之上。

尽管一个绝对善的意志和自律原则之间的联结如此重要，但我们必须把康德的主要问题看作是关乎一个理性行动者本身和自律原则之间的关系的问题。他的立场显然是说，如果这个主要的问题能够得到令人满意的回答，那么，关于一个绝对善的意志的问题也就不会再造成更多的困难了。

康德坚持认为，自由的理念（Idea）对于把一个绝对善的意志和自律原则联结起来来说是必需的，[①]这清楚地表明了他本人的情感态度：正是在自由中，他发现了有限的人类存在者独一无二的价值与崇高性。我们绝不能认为，这必然会给他的论证引入一个非理性的和纯然主观的要素，但如是说法是合理的，即在这个方面，他的论证需要十分仔细的审阅。

§3. 一个先验演绎的意图

在某些情形中，惟有要**证义**一个**先天**综合命题已知的可能性时，一个先验的演绎才是必需的，但在其他一些情形中，它对于**确立**起一个**先天**综合命题来说也是必需的。因此，根据康德的观点，数学与物理学中的**先天**综合命题就已知是可能的，因为这些科学取得了成功：我们唯一的任务是要考虑它们**如何**可能。然而，就形

① 《奠基》，第 447 页＝第 79 页。

而上学而言，它给我们提供了如此多的自相矛盾的说法，以至于我们在开始追问其**先天**综合命题**如何**可能之前，必须先追问它们**是否**可能。

在《奠基》中，康德对道德哲学中的**先天**综合命题的处理，就更接近对形而上学中的那些命题的处理，而不是对数学或物理学中的那些命题的处理。他一而再、再而三地坚称，他并不是在坚持主张这些命题的真理性，更没有假装自己已经证明了它们。[①] 他所做的一切，不过就是通过一个回溯的或分析的论证来规定种种已被接受的道德信念的终极条件或预设前提。诚若如此，我们从这些终极条件出发前进地证义这些日常道德信念，就没法不陷入一个恶性循环，除非我们能够凭借一个先验演绎，以某种方式独立于把这些终极条件确立起来。[②] 因此，我们需要一个对自律原则的先验演绎。其意图是要**确立起**"道德判断或许有效"的可能性，而不纯然只是要**证义**一种被当作已然得到确立的可能性。目前来说，道德信念（以及它们奠基于其上的预设前提）是否只是一些幻相，这个问题依旧是悬而未决的。

康德无疑认为，《奠基》为我们提供了这样一个先验演绎。因此，他谈到了其演绎的正确性[③]；谈到了出自纯粹实践理性的自由 203
概念的演绎[④]；还谈到了他对道德性的最高原则的演绎。[⑤]

① 例如参见《奠基》，第 444—445 页＝第 77 页。

② 《奠基》，第 450 页＝第 83 页；第 453 页＝第 86—87 页。亦可参见第一章，§ 9。

③ 《奠基》，第 454 页＝第 88 页。

④ 《奠基》，第 447 页＝第 79 页。

⑤ 《奠基》，第 463 页＝第 100 页。

§4. 一种不同的看法

我们必须记住，康德的"演绎"(deduction)并不是指通常意义上的演绎，而是基于理性对其自身理性活动的洞识的一种"证义"(justification)。然而，《奠基》中的看法面临一些严重的异议。首先，道德法则似乎比它那所谓的证义更加确定：我们对"自己被置于种种道德职责之下"所拥有的确定性，至少不逊于我们对"自己是自由的"所拥有的确定性。其次，即便并非如此，说道德法则能够被它自身以外的任何东西来证义，这无疑是不可设想的。

康德似乎已经注意到了上述两种异议。甚至，《奠基》中也有一些迹象表明，他注意到了这些异议，尽管我刚才提出的诠释更为明显；但是，一种根本上不同的看法是在《实践理性批判》中才浮现出来的。

他的这两种看法之间的差异大致如下。在《奠基》中，他似乎认为，凭借一个独立的和必然的自由预设，道德法则既能够被证义，也能够被确立起来。相反，在《实践理性批判》中，正是我们对道德法则的意识引出了自由的概念；而且，在这样一种意识中，康德再没有发现什么困难了。"我们能够意识到纯粹的实践法则，就像我们意识到纯粹的理论原理一样。"[①]道德法则(如其所是地)是"纯粹理性的一个事实"，我们对这个事实拥有先天的知识，这个事

① 《实践理性批判》，第 30 页＝第 140 页(＝第 53 页)。

实定然地是确定的。[①] 惟有在道德法则的基础之上，我们才能证义“理性意志必定是自由的”这一预设前提；而且，道德法则甚至被描述为一个用于演绎自由的原则。我们明确地被告知，追求对道德法则的一个演绎是徒劳无益的，道德法则不需要任何演绎。[②]

然而，我们不需要夸大这两种看法之间的差异，或者认定《奠基》中的论证纯然是在浪费时间。即便我们认为，道德法则与定言命令式都定然地是确定的，自由也依旧是个问题；而且，如果自由纯然只是一个幻相，这就只能意味着，我们对道德职责和道德责任的信念必定也是一个幻相。因此，《奠基》与《实践理性批判》至少都必须表明，一个定言命令式如何通过否定独断的决定论而是可能的，这种独断的决定论将导致把自由证明为不可能的。我们要 204
考虑的正是这个隐藏在整个论证背后的问题，尽管康德直到其论证快要结束之前都没有把它清楚地说出来。[③] 我们必须保持一个开放的心灵，并继续根据这个论证的种种优点来评判它。

然而，倘若我们不再期待去证明道德法则的有效性，或者去证明我们服从道德法则的职责的有效性，这似乎是令人失望的。但是，正如康德即便在《奠基》中就已经认识到的[④]，这种失望源自一

① 《实践理性批判》，第 47 页＝第 163 页（＝第 81 页）。

② 同上书，第 47—48 页＝第 163—164 页（＝第 82—83 页）。然而，道德法则确实从一个事实中获得了某种“信誉”（Kreditiv）——显然，也就是我们用来接受道德法则的某些额外的和纯粹理论的根据——这个事实就是：它赋予了自由的理念（Idea）以积极的内容，而纯粹理论理性只能且必须消极地设想这个理念。

③ 《奠基》，第 455 页以下＝第 89 页以下。

④ 《奠基》，第 463 页＝第 99—100 页。

些错误的期待，源自对道德法则本身的彻底误解。形而上学家们不能从一些自身并非道德的原则出发来证明道德法则的有效性。如果康德曾认为他可以这样做，那他就是错误的；但是，在《奠基》中，他在多大程度上把自由看作一个非道德的原则，这是十分令人疑惑的。①

§5. 可能的种种误解

我们从一开始就必须弄清楚"一个定言命令式如何可能"这个问题的意思。这个问题可以按照不同的方式遭到误解。

我们正在追问的是：一个命题是不是有效的。日常的种种道德判断肯定我们应当——或者不应当——去做某些行动（或者某些种类的行动）。现在，我们并不关心这些判断在种种特定情形中的真假性。要点在于，就它们是一些道德的、而非机智的判断而言，它们并没有说，"如果我们恰好想要别的某物，我们就应当做什么事情"；它们所断言的是："无论我们恰好想要什么东西，我们都应当——或者不应当——去做什么事情"。因此，每个道德判断都预设了断言一个简单的、没有限定的，或者定言的"应当"的可能性。如果康德对这种断言的分析是合理的，那么，一切道德判断就都预设了一个终极命题，即每个理性行动者本身都应当依据自律原则而行动。现在，我们必须追问的是：在接受这个命题，并且根

① 参见《实践理性批判》，第 29 页＝第 140 页（＝第 52 页）。他暗示说，一个无条件道德的法则和自由的积极概念或许是一回事，但他的拼写很不仔细。科学院版第 29 页第 27 行的"diese"无疑应当是"dieses"。

据这个命题而行动时，我们是否就被证义为理性的行动者。这个命题是否只是纯然偏见的结果，或者说，它是否对每个理性行动者本身都有效？倘若这个命题不是有效的，那么，我们的一切道德判断就毫无例外地只是幻相：举个例子，我们不能说贝尔森(Belsen)[*]的施虐者们的行径是错误的，而是只能说，我们恰好不喜欢他们的行为，尤其是当这些行为被施加到我们自己身上时。

对于许多人来说，如果拒斥康德的命题意味着否定一切道德判断的话，那么，他的这个命题似乎就已经被证义了：它所能获得的证义，不逊于一个能够为真地被断言的理论命题，即"除非你如此认为，否则你就根本无法思维，也根本不会有任何真理这种东西"。但是，即便如此，即便我们以此为根据不再怀疑康德的命题是有效的，并且在那种意义上是"可能的"，我们还是要追问："它如何可能？"我们毫不怀疑数学的诸命题，但我们依旧要追问"这些命 205
题如何可能"，并给出一个答案。举个例子，如果我们能表明数学命题全都是分析命题，我们就提供了一个答案——尽管在康德看来，这是一个错误的答案。

我们正在追问的这个问题完全无关乎道德理念(moral ideas)的发展史。对于后一种研究，康德在任何时候都怀有最大的敬意；然而，尽管这种研究或许能解释我们如何获得了某些概念，但它们无助于证义我们对这些概念的接受。[1] 尽管今日也有一

---

* 贝尔森(Belsen)，指贝尔根–贝尔森集中营(Konzentrationslager Bergen-Belsen)，是纳粹德国时期最为臭名昭著的集中营之一。据统计，1943—1945 年期间，约有超过 10 万战俘与犯人惨死其中。——译者

① 参见《纯粹理性批判》，第 A86—87 页＝第 B118—119 页。

种趋势,即不假思索地认定,它们将表明我们的种种概念都是一些幻相。

我们仅仅关心这些命题的有效性,正如我们在追问“纯粹数学如何可能”时所做的一样。毫无疑问,理论命题与实践命题之间在有效性方面存在一些重要的差异;但是,如果我们回顾一下康德对“假言的诸命令式的可能性”的讨论,[①]我们就会看到,他在那里所处理的也是一个命题的有效性,并且足够清楚地指出,关于“一个定言命令式的可能性”的问题与关于“假言的诸命令式的可能性”的问题是相同种类的问题。

因此,认为我们关心的是一些心理学问题,这种看法是错误的。我们并不是在追问,一个定言的命令式如何能够凭借引发某些情绪(它们能够充当一个动机)来把它自己展现在行动中。可以肯定,在《实践理性批判》中,[②]康德确实试图解释,我们对自己服从于道德法则的意识如何能够引发敬重或敬畏的情感,它们正是道德行动中的情感方面,并且可以被看作道德行动的动机;但是,这个解释无关乎定言的诸命令式的可能性。还可以肯定,在他当前的论证中,康德所说的是那种附属于道德理念(moral Ideas)的“兴趣”(interest);但是,在《实践理性批判》中,他采取了一种截然不同的看法,并且坚持认为道德兴趣完全是不可解释的。

认为康德正在试图阐明一种思辨的理论,即关于一个定言命令式能够在现象世界中产生种种影响的方法的理论,那就是一个

① 第十二章,§6和§8。

② 《实践理性批判》,第77页以下=第196页以下(=第128页以下)。亦可参见第五章,§2。

更大的错误。毫无疑问，他必须要处理一些形而上学的问题，以便表明，我们的经验的特有本性不会排除自由的可能性。但是，这从属于他的主要任务，即表明我们有权凭借一个“第三项”——亦即自由的理念(Idea)[①]——来肯定主词和谓词之间的一种必然联结，以证义一个先天综合命题。

认为康德正在试图解释纯粹理性如何能够是实践的，或者自由如何能够可能，这完全是错误的。[②] 康德不仅没有回答这些问题，他甚至严厉地断言，这超出了人类理性的力量，从而是回答不了的。[③]

§6. 康德的方法 206

在这个重要的讨论中，正如在其他许多讨论中一样，康德的论证重复了多次，并且趋于在这个过程中进行修正。这几乎是不可避免的，因为《奠基》第三章被划分为五个小节，其中前三个都是预备性的；第四个小节对整个论证做了一个总结性的概述；然后，第五个小节既澄清了前面讨论过的东西，又补充了许多新的要点。既要小心紧跟康德的划分，同时还要努力避免某些赘述，为此我们

① 《奠基》，第 447 页＝第 79 页。

② 对我来说，即便是如已故的赫恩勒教授(Professor Hoernlé)这般优秀的学者，他在 *Personlalist*(Octorber，1939)中提出的批判也是建立在这一错误的之上的。(“赫恩勒教授”是指 R. F. 阿尔弗雷德·赫恩勒〔R. F. Alfred Hoernlé，1880—1943〕，帕通提到的批评，出自赫恩勒的一篇论文，题目是“康德的自由理论”〔Kant's Theory of Freedom〕。——译者)

③ 《奠基》，第 461 页＝第 97—98 页；第 458—459 页＝第 94 页。

给自己招来了一项十分艰难的工作。我们必须记住,他的方法是有意为之的:他期望我们在这个过程中获得更为充分的洞识。尽管这样做并非没有好处,但也给读者造成了相当大的困难,至少说,如果这个读者有一个数学的头脑,并且期待一种截然不同的论证的话。

第二十章　自由与自律

§1. 作为一个先驱的康德

就对自由的讨论而言，康德的著作是一个先驱。希腊人从未真正认真对待过这个主题，对它的讨论也没有超出有限的、关于法律责任的问题。真正的进展发生在中世纪哲学中，但这个问题是在神学话语中加以考虑的：人类自由如何能够同属神的全知与全能相协调？康德把自由问题从其法学背景与神学背景中分离出来，并且仅仅追问自由如何能够与贯彻于自然之中的、并且明显也贯彻于人类本性之中的因果法则相容。

由于康德是在开辟新天地，假如我们在他的学说中发现了某种粗糙和含糊，甚至是缺乏一贯性，我们也无须感到惊讶。这并不能剥夺他在如是方面的声誉，即如此尖锐地提出了这个问题，以至于从此以后都再不能被忽视。似乎很有可能的是，不仅是康德的专业术语，而且他对这个问题的看法也经历了一个相当大的发展过程：我们已经注意到，[①]在这个方面，《奠基》与《实践理性批判》

① 第十九章，§4。

有一个根本差异。对康德自由理论的一个充分的讨论本身就需要一整本书的篇幅，在此，我们只能借助于他的其他著作来理解《奠基》中的论证。

§2. 作为道德问题之关键的自由

康德的论证始于这样一个观点，即自由的概念是解释——他其实应该说“证义”——自律原则的关键。如果我们能够通过把自由概念追踪到它在实践理性中的起源之处来证义自由概念，那么，我们就能够表明一个(正如自律公式所表达的)定言命令式如何可能。然而，我们的第一项任务仅仅是要表明，一个自由的意志等同于一个自律的意志，并且因此等同于一个道德法则之下的意志。这种等同性必须通过说明自由到底是什么才能被确立起来；也就是说，为自由或一个自由的意志给出一个可接受的定义。

假定我们能够正确地定义一个自由的意志，那么，根据康德的观点“一个自由的意志等同于一个自律的意志”就是一个分析命题。[①] 这个命题能够通过分析“一个自由的意志”的概念而被确立起来，尽管在分析命题中，我们只是清楚阐明了原先就隐含其中的东西。

208 尽管一个自由的意志等同于一个自律的意志，但我们显然是通过不同的路径抵达这两个概念的。通过分析道德性的种种

① 《奠基》，第 447 页＝第 79 页；《实践理性批判》，第 28—29 页＝第 138—140 页(＝第 51—52 页)。

条件和预设前提，我们获得了“一个自律的意志”的概念。通过一个定义，该定义或许必须建立在对道德信念之外的某物的本性的洞识之上，我们获得了“一个自由的意志”的概念。《实践理性批判》看起来明确拒斥后一种观点，[①]尽管它并不是全无益处与合理性的。

§3. 作为原因性的意志

假定自由（倘若它是任何事物的特征）必须是一个意志的特征，康德从对意志的一个崭新的定义入手。迄今为止，我们已知意志是“一个理性存在者依据他对诸法则的观念而行动，亦即依据诸原则而行动的能力”。[②] 现在，我们被告知，“意志是属于活着的存在者的一种原因性，只要他们是理性的”[③]。意志被看作是一个理性存在者要在现象世界中、并且主要地是在物理世界中产生种种结果的能力。行动的能力通常都被看作是产生这样一些结果的能力。

然而，我们的意志也可以在我们自己的精神世界中，在内感觉的世界中造成种种变化——举个例子，当我们决定要思维一个特定的话题时。一个有能力这样做的理性存在者很可能也被看作是拥有一个意志的，即便他没有能力影响种种物理事件。这一点十分重要，因为，正如我们稍后将看到的，康德把我们自己的判断（而

① 《实践理性批判》，第 29—30 页＝第 140 页（＝第 53 页）。

② 《奠基》，第 412 页＝第 36 页。

③ 《奠基》，第 446 页＝第 78 页。

不仅仅是日常意义上的行动)看作是在自由的理念(Idea)之下发生的。[①]

康德还提出了这样一种可能性,即我们很可能愿意(而不是仅仅是期望)什么东西,但由于命运的一种特殊的不利,很可能无法产生任何外在的结果,或者至少不会产生预期的结果。[②] 他想到的或许是某些突发的不幸,例如中风瘫痪;但除此以外,我们发现自己事实上做的事情截然不同于我们愿意做的事情,这只不过一个过于常见的经验——网球场上的每一次漏接都可以算作这种经验的一个实例。或许,正是鉴于“意愿”和“实施”之间的这样一种区别,康德才把意志定义为“依据我们对某些法则的观念来**规定**我们自己去行动的能力”。[③] 然而,康德一般会忽略诸如此类的问题。它们并不属于道德哲学,而是属于行动哲学。对于道德哲学的意图来说,我们或许只拥有讨论那些正常情况的资格——也就是说,我们产生出了我们愿意要产生出来的结果。

如果意志就是一种依据我们对法则的观念而行动——或者设定我们自己去行动——的能力,那么,意愿就必须是一个意识活动,并且实际上在某种程度上是一个自我意识的活动。把理性存
209 在者设想为赋有一个意志的,就是把他们设想为拥有“他们对于种种行动的原因性的意识”。[④]

---

① 《奠基》,第 448 页=第 81 页;第 452 页=第 86 页。

② 《奠基》,第 394 页=第 12 页。

③ 《奠基》,第 427 页=第 55 页。

④ 《奠基》,第 449 页=第 81 页。

最后还有一个值得注意的要点。康德通常在两种意义上使用“原因性”这个词:(1)它可以意指“一种要产生种种结果的能力”;以及(2)它可以意指“原因性的行动(活动)”。当他说“意志是一种原因性”时,他的意思是说,意志是一种要产生种种结果的能力。* 当他把一个“作用因”(efficient cause)说成是被其他某物“规定为原因性”时①,他的意思是说,它被规定为有原因的行动——也就是说,它自身有原因地要去原因性地行动。意愿(willing)可以被描述为一个有原因的行动,但“意志”(the will)仅仅是原因性地去行动的能力——也就是说,去产生种种结果的能力。如果我们没能注意到这一歧义,我们就无法理解康德。

§4. 自由与自然的必然性

如果我们设想意志是自由的,那么,我们的意思首先必须是说,意志是一种要产生种种结果的能力,但它无须被自身以外的任何东西规定——或者有原因地——去这样做。自由是一种性质,属于一种特殊的原因性。或许,更简单的说法是,自由是一种特殊的原因性的行动的特征。它对立于“自然必然性”(natural necessity)或“自然的必然性”(the necessity of nature),后者是作为自然中的一切

---

* 由于“原因”这个词分析地包含了“与结果的关系”和“对结果的要求”,因此,“原因性的行动(活动)”在此是指:该行动(活动)作为一个原因要产生一个(或多个)结果。当康德说“意志是一种原因性”时,他的意思是,意志作为一个活动(行动)要产生一个结果,这个结果就是经验世界中的一个现实行动。在意志与这个行动的关系中,意志是原因,行动是结果。——译者

① 《奠基》,第 446 页=第 79 页。

原因性行动之特征的一种性质。[①] 我们可以简要地把这一对比仅仅说成是自由和必然之间的对比，但我们必须记住，毕竟还有其他种类的必然性存在——例如，逻辑的必然性。

这种作为自然中的原因性行动的特征的“必然性”是什么意思？我们举个粗糙的例子。如果一颗台球击中了另一颗原本不动的台球，就会造成第二颗台球的运动（是第二颗台球的原因）。但是，第一颗台球并不自发地造成第二颗台球去运动：它之所以造成第二颗台球去运动，仅仅是因为它自身被一根球杆击向第二颗台球。它确实造成了一个结果——亦即，造成了第二颗台球的运动；但是，其如此实施的原因性行动本身就是自身以外的别的某物造成的（以自身以外的别的某物为原因）——亦即，由一根球杆的一击造成的（以它为原因）。用康德的更为专业的术语来说，其原因性的行动是必然的——我们几乎可以说是强制的——而不是自由的。

如果“去行动”就是去产生种种结果，那么，一切行动都是有原因的行动。因此，我们就能省略“有原因的”这个定语，然后说，自然中的一切行动都是必然的。在自然中，根本就没有自发性，也没有自由——只有无穷无尽的因果链条。自然的必然性是有原因的：它是一种依据“每个事件都必定由前一个事件造成”的必然性。

自然的必然性不限于种种无机的对象。由于一种外部的影响，飞蛾才会扑向火光。甚至较为高等的动物，康德也认为，一条

---

① 《奠基》，第 446 页＝第 78 页。“行动”一词的意思在此是更为广泛的，而不特别局限于人类行动。

狗去追逐一只兔子，乃是由于看到的兔子的身影，或者嗅到了它的气味。这并不是说，一条狗纯然只是一台物质机器。我们可以像莱布尼茨那样，把它叫作一台精神的、而不是物质的自动机 210
(automaton)，因为它是被种种理念(ideas)所驱动的；但是，它服从于自然的机械论，而自然的机械论同时涵盖心理学的与纯粹物理学的法则。[①]

如果一个理性行动者的意志被设想为自由的，那么，这就必须意味着，我们把他的原因性的行动(或者更准确地说，他的种种意愿)看作是**并不由**种种外部的或异于其自身的原因**所规定的**。在这里，我们不仅必须把种种物理力量纳入到“外部原因”之中，还必须把从外面给予我们的感觉、这些感觉提供的诸印象，以及这些感觉和印象所激发出来的情绪也都纳入其中。绝不能忘记，根据康德的观点，内感官世界中的全部种种事件的演替，并且尤其是种种感觉、印象、情绪和欲求的演替，就跟石头和牲畜的运动一样，都受制于自然的必然性。[②]

这并不意味着，康德认为人类和动物之间毫无差别，正如这也并不意味着，他认为动物和事物之间毫无差别。如果我们纯粹从心理学的视角来看待问题，那么，动物不同于事物的地方就在于，它不仅为种种物理力量所驱动，也为种种理念(ideas)所驱动；而人不同于动物的地方就在于，他不仅为感官和想象力的诸理念(ideas)所驱动，也为理性所驱动。一个经验事实是，人有能力凭借

---

① 《实践理性批判》，第 96—97 页＝第 227—228 页(＝第 172—174 页)。

② 《纯粹理性批判》，第 A549—550 页＝第 B578—579 页；《实践理性批判》，第 95—97 页＝第 226—228 页(＝第 171—174 页)。

从长远看来十分有用者或十分有害者的概念，超然于种种直接的感性印象和冲动。还有一个经验事实是，甚至那个为种种行动指令法则的理性本身，反过来又是通过种种来自其他地方的影响得到规定的。因此，康德把一种 arbitrium brutum（动物性的任性）归之于动物，把一种 arbitrium liberum（自由的任性）归之于人类，不幸的是，这两个术语在英语中没有令人满意的对应词。[①] 我们或许不喜欢专业术语，我们甚至会怀疑，藏在专业术语背后的只是思维的混淆，但这就是康德的学说，没有任何疑问，而且，在这一学说中，他至少认识到了一些经验事实，忽视它们将是十分愚蠢的。

凭借人类的这一经验性的特征，理性才在规定他的种种行动中发挥了作用——这个事实同样也为休谟所承认[②]——康德有时（或许不太情愿地）把这一特征叫作"心理学上的"或"比较性的"自由；但是，他非常清楚，这一切都可以归入到"自然的必然性"的名目之下。人类或许依旧是一台精神自动机，即便他不仅为本能所驱动，而且也为一个向他揭示出了一些更为长远的欲求对象和达成它们的手段的理性所驱动：他所谓的"自由"可能更像是一个旋转烧烤叉，一旦上了发条就开始自行转动。[③] 被我们设想为属于一个意志的那种自由是某种截然不同的东西：惟有当意志是一种不被自身以外的任何东西所规定而要产生种种结果的能力时，这

① 《纯粹理性批判》，第 A802—803 页＝第 B830—831 页。我们在英语中能够为 arbitrium（Willkür〔任性〕）找到的最为接近的表达可能是"choice（抉择）"或"free choice（自由抉择）"，在后者中，arbitrium 是 liberum（自由的）。亦可参见下文 § 8。

② 参见 R. M. 基德夫人（R. M. Kydd）：《休谟论文中的理性与行为》（*Reason and Conduct in Hume's Treatise*），第 115 页。

③ 《实践理性批判》，第 96—97 页＝第 227—228 页（＝第 172—174 页）。

种自由才会出现。

被如此描述的自由(作为对立于必然性的自由)是一个消极的 211
概念,是理性从对必然性本身的反思中推导出来的一个理念(Idea)。我们可以把它叫作自由的“先验理念”,一个并不建立在任何道德考虑之上的纯粹理论的概念,并且就其自身而言是空洞的。[①] 然后,如果我们完全拒斥这个消极的概念,那么,想要证义自由的一个积极的概念将是不可能的。在《实践理性批判》中,康德声称,他并没有证明这个消极的概念有任何现实的对应物,而是仅仅证明了这个概念既不是自相矛盾的,也并不必然为我们的经验的自然所排除。[②]

§5. 自由的积极概念

康德如果想要表明自由等同于自律,那么,他就必须超出自由的消极意义,进入到一个积极的意义。他试图借助于“原因性”的概念来做到这一点,把意志定义为自由的原因性,也就是说,定义为一种自由的原因性行动的能力。他断言,原因性的概念暗含着法则的概念;而且,无论原因性——在这里,“原因性”一词很可能是在“有原因行动”的意义上被使用的——是由自然必然性所规定,还是自由的,前面这个断言都必定是有效的。[③]

① 参见第九章,附录,§4。

② 《纯粹理性批判》,第 A557—558 页＝第 B585—586 页。

③ 《奠基》,第 447 页＝第 78 页。亦可参见《实践理性批判》,第 89 页＝第 218 页(＝第 160 页);《纯然理性界限内的宗教》,第 35 页＝第 39 页(＝第 32 页)。

然而,这个至关重要的断言的所谓根据都是极不充分的。我们被告知,原因性的概念暗含着诸法则(Gesetze)的概念,依据这些法则,通过我们叫作"原因"的某物,别的某物——亦即"结果"——必定就被设定了(gesetzt)。因此,一种不以必然性为特征的、而是以自由为特征的原因性不能是无法则的,而是必须符合一些特殊种类的不变法则。否则,一个"自由的意志"就会是一个逻辑上的谬误(ein Unding)。

英语中的"被设定"(posited)一词始终有些含糊,而且,对于我们来说,"Gesetz"(法则)和"gesetzt"(被设定)之间联系,也没有什么神奇之处。根据康德的解释,他把法则说得像是一个把原因和结果联结起来的法则,并且因此是"相同原因必然拥有相同结果"的法则。很难看出,我们如何能够有资格从这一点出发推出一个自由的法则,该法则——绝不同于把原因和结果联结起来——对于那种就其自身而言的原因性行动来说是一个法则。[①] 正如我们迄今为止所看到的,自律的法则或原则按照任何方式都没有断言原因和结果间的一种必然联结。

还有一个更强的观点,即一个无法则的自由意志是荒谬的。然而,这样一种看法并不是从原因性和法则的任何必然联系中推导出来的。其理由在于,一个无法则的自由意志将仅仅受制于机遇,并且因此并不适于被描述为自由的。

如果康德的学说仅仅取决于当前的论证,我们就必须把它当

① 或许,康德心中所想的是他在《纯粹理性批判》中称作"特性"(character)的那个东西的解释(尤可参见第 A539 页=第 B567 页,以及第 A549 页以下=第 B577 页以下)。但是,我看不出它能证义当前的断言。

作谬误给抛弃掉。真是奇怪，该论证既无力，又多余。根本就不需要把自由意志和法则之间的联系建立在原因性的概念之上。前面 212
为意志给出特有定义是“一个理性存在者依据他对种种法则的观念，亦即依据种种原则而行动的能力”。诚若如此，一个无法则的自由意志根本就不是一个意志：它在措辞上就是一个矛盾（一个纯然的 Unding〔荒谬〕）。

正如我们将会看到的，康德的学说依赖于对理性的，尤其是实践理性的行动性（能动性）的洞识。当前的说法为康德希望要证义的东西提出了一个大致的解释，但支持它的是一个难以令人信服的论证，我们最好忽略这个论证。他并没有试图要证明意志是自由的，而是仅仅要指出，一个自由的意志——倘若有这样一个东西存在——必读如何被设想。我们不需要为如是观点劳心费神，即一个为自然必然性的诸法则所统治的意志不会是自由的；因为，凭借这样一些法则，无论它们是物理的还是心理的，有原因的行动本身从长远来看就必须是由行动者以外的别的某物所造成的，没有人会把这看作自由。如果一个自由的意志不能是无法则的，那么，其种种法则就必须是一种同自然的诸法则截然不同的法则。

§6. 自由与自律

我们如何才能把自然的诸法则与我们现在所谓的“自由的诸法则”区分开来？在自然中，一个作用因的有原因的行动本身就是由其他某物造成的（以其他某物为原因）：它并不是自发性的。这就意味着，依据康德的观点，自然中的统治有原因的行动的法则并不是自我强加的,而是由其他某物强加的。这也就是他所谓的"他律"(heteronomy)。因此,如果我们想要把自由的诸法则与自然的诸法则区分开来,那么,我们就只有认定自由的诸法则是自我强加的才能做到这一点。因此,一个自由意志的自发的原因性行动就必须依据自我强加的法则发生。但是,这恰好就是我们所谓的"自律"(autonomy);而且,一个自由意志必须被设想为"在自律原则之下行动"——也就是说,被设想为能够根据那些能够同时被愿意成为一些普遍法则的准则而行动。我们已然揭示出,这就是道德行动的原则,因此,我们才能够说,"一个自由的意志"和"一个道德的诸法则之下的意志"是同一回事。①

这个论证(至少说)有些急于求成。我们必须做出多个假定,这些假定中的每一个都需要加以仔细地考虑。我们必须假定:(1)自由意志必须拥有其自己特殊种类的法则;(2)由于一切法则都要么是自我强加的、要么是他者强加的,那么,自由的法则就必须是自我强加的;以及(3)自我强加的法则只能是"遵从法则本身"的法则。尽管从前面的讨论中能够获得一些帮助,但我们还是不能轻率地做出这些假定。

如果他能够(可以这样说)从另一头来处理这个论证,它将更加有望取得成功。如果我们可以表明,实践理性必须假定它自己有能力依据其自己的理性原则而行动,那么,我们或许就能证义如是一个主张,即实践理性在该定义要求的意义上是自由的,也是自

---

① 《奠基》,第447页=第79页。

律的。[①] 正如我们将会看到的，该论证更像是康德实际上所使用的论证，尽管在这个论证中，自由的理念(Idea)把定言命令式的主 213
词和谓词联结起来的作用并不十分显著。我们只能把当前的论证当作一个预备性的和不完备的讨论，康德只想用该论证来引出他的核心论证。

此外，即便在当前的段落中，自由的积极概念本身是否就是那个为康德的意图所必需的“第三项”，这一点并不完全清楚。我们被告知，自由提供了(schafft〔造就了〕)这个“第三项”，但又说“指示”了这个“第三项”(worauf uns die Freiheit weiset〔对此，自由指示给了我们〕)。有时候，康德说得仿佛这个“第三项”不是自由，而是理知的世界。然而，总的来说，这两个概念是如此的紧密相联，以至于他或许没有意识到它们之间的任何显著差别。

§7. 惟有一个善的意志才是自由的吗?

关于康德学说的意思，还有其他一些困难。他是否坚持认为，惟有一个道德上善的意志才是自由的，而一个道德上恶的意志则是被规定的?

有人或许认为，答案必须是肯定的，因为康德的确说过，一个自由的意志和一个服从道德法则的意志是同一回事。然而，这样想法其实是错误的。康德明确地在“一个道德法则之下的”意志和

① 参见第九章，§4。

“一个在任何时候都服从道德法则的意志”之间做了区分。[①] 道德法则之下的意志承认定言命令式，但却并不必然服从它。

抛开纯然语言上的问题，毫无疑问，康德相信，我们在对定言命令式的纯然承认中就假定了自由：“我应当”暗含着“我能够”。实际上，他用来示例其自由学说的那些例子，几乎在任何时候都是恶的道德行动，例如说谎和盗窃。[②] 恶人能够不这样行动。若非如此，说他不应当这样做就毫无意义，而且，因他所做的事情而指责他也毫无道理。无论其他哲学家们会怎么想，康德不会认为，我们要为我们的种种善的行动负责，却不必为我们的种种恶的行动负责：我们对它们两者都要负责。在《奠基》中，尽管他十分敏锐地宣称，我们并不为我们的种种偏好和冲动负责，但我们**确实**要为放纵它们影响我们的准则，以至于损害道德法则负责。[③]

在他的晚期著作中，康德提出了一种看法，似乎是对他当前立场的一个发展。在那里，他在 Wille（意志）和 arbitrium（Willkür〔任性〕）之间做出了区分。意志在术语意义上仅仅关乎法则，并且因此似乎等同于纯粹实践理性：它被说成既不是自由的，也不是不
214 自由的。[④] 另一方面，arbitrium（任性）仅仅是诸准则的来源，并且

---

① 《判断力批判》，第 87 节，第 448 页脚注（＝第 422 页脚注）。

② 《纯粹理性批判》，A554＝B582；《实践理性批判》，第 95 页＝第 226 页（＝第 171 页）。

③ 《奠基》，第 458 页＝第 93 页。

④ 《道德形而上学》，法权论，导言，四，第 226 页＝第 27 页。在这一点上，他可能忘记了，这样一个意志也可以是创造性的，但他的意思也或许是说，在人类身上，这个意志惟有与 arbitrium（任性）结合起来时才会如此。上帝的意志之所以是自由的，是因为它是自发性的，而不是预先规定的（上帝那里没有任何时间上的演替），参见《纯然理性界限内的宗教》，第 50 页脚注＝第 57 页脚注（＝第 58—59 页脚注）。

就此而言等同于主观方面的实践理性：惟有它才是自由的。我们在采纳种种准则时是自由的，而且，跑到我们的准则背后去进一步地追究我们的种种行动的规定根据，这样做是毫无用处的。[①]

绝不能从这一点出发而认为，康德刻意地退回到了无差别的自由(the liberty of indifference)。他坚持认为，我们不能把自由仅仅定义为一种选择"为了法则而行动"或"违背法则而行动"的能力，尽管经验就后者为我们提供了许多例子。[②]"选择要违背法则而行动"的能力并不是自由的一个必然的特征。他明显认为，一个理性存在者身上的这样一种能力(如其实际上所是的那般)是不可理喻的；而且，他甚至宣称这不是一种能力，而是一种无能。惟有在同理性内在的法则制定的关系中，自由才真正是一种能力。

所有这些都是高度抽象的和难以理解的，或许还是令人困惑的；但是，它们全都旨在表明，对于康德来说，就我们有能力服从道德法则而言，我们是自由的；而且，在他看来，这不仅仅是圣人才有的特征，而是一切人类的特征，并且实际上是一切理性行动者的特征；因为，没有自由，就不会有任何对义务的承认，道德上的失败也没有任何责任可言。

§8. 两种类型的他律

有人或许会反对康德把自然的必然性等同于他律，[③]以及他

---

① 《纯然理性界限内的宗教》，第 21 页脚注＝第 22 页脚注(＝第 7 页脚注)。

② 《道德形而上学》，法权论，导言，四，第 226—227 页＝第 28—29 页。

③ 《奠基》，第 446 页＝第 79 页。

对“无论何处行动的动机若不是纯粹道德的就会出现他律”的断言。[①] 如果非道德的(甚至不道德的)行动都是他律的实例,那么,我们是否能够否认,它们全都必须被归入自然的必然性?我们如何能够坚持认为,它们或许是自由的?

要回答这个问题,我们必须预先有一些准备。根据康德的观点,我们可以从两种不同的视角来看待种种行动。我们姑且把它们叫作“旁观者”的视角和“行动者”的视角。从旁观者的视角来看,一切行动(道德的和非道德的都一样)都是自然必然性的实例。从行动者的视角来看,相同的行动(无论道德的还是非道德的)都必须被看作自由的,因为他认识到,即便在实施种种非道德的行动时,他也可以服从道德法则,并且应当这样做。

康德并没有主张说,极少数道德上善的行动——如果确实有这样一种行动存在的话——完全是自由的,而其他一切行动则完全是被规定的。这样一种理论也并没有什么好推崇的。

对于这一点,有人或许会回应说,即便从一种视角来看,一切行动都可以被看作是被规定的,并且因此是他律的,也必定同样在某种意义上,从相同的一种视角来看——很可能就是从行动者的视角来看——非道德的行动都是他律的,但道德行动却不是。

215 这样一种观察是正义的(公正的),但也就意味着,康德(无论有意无意)在两种意义上使用“他律”这个术语。对于无灵魂的对象来说,“他律”意味着它们的有原因的行动(活动)完全是从外部来规定的。但是,从行动者视角来看,人类行动就不属于这种情

① 《奠基》,第 441 页=第 72 页。

况。在一切人类行动中，意志都是主动的(活动的)和自发性的：除了在道德上善的行动中，意志实际上并不为了法则本身的缘故而行动；但是，它被说成是超出了自身，并且在这些或那些对象的特性中去寻求规定它的法则。[①] 如果我们仔细地审视康德，我们就会看到，人类的 arbitrium(任性)或选择绝不是病理性地被规定的[②]，也绝不是由种种感性动机所强制的：它在任何时候都仅仅是被刺激或者被影响，而这恰恰就是它被称作 arbitrium liberum(自由的任性)或自由选择的主要理由。[③]

Arbitrium(任性)被归于动物，很可能是因为它们被种种感性印象所驱动，而不纯然只是被种种物理力量所驱动。然而，它们的 arbitrium(任性)不是 liberum(自由的)，而是 brutum(动物性的)，因为它们的行动是被规定的或被强制的，而不是仅仅受影响的或受刺激的。

从一种视角来看，人类行动完全是自由的；从另一种视角来看，又完全是被规定的。实际上，这种假定也存在一些巨大的困难。但是，这些困难并不是此处所要考虑的。我们正在尝试要揭示的仅仅是康德的学说到底是什么样的；而且，毫无任何疑问，对

① 《奠基》，第 441 页＝第 72 页。

② 参见《奠基》，第 458 页＝第 93 页。

③ 《纯粹理性批判》，第 A534 页＝第 B562 页；第 A802 页＝第 B830 页；《实践理性批判》，第 32 页＝第 144 页(＝第 57 页)；《道德形而上学》，德性论，导言，一，第 213 页＝第 12 页；《人类学》，第 9 节，第 144 页；《纯然理性界限内的宗教》，第 49 页脚注＝第 56—57 页脚注(＝第 58 页脚注)。这种自由不同于所谓的病理学的自由，对于后者来说，理性是凭借一些长远来看十分有用的或十分有害的概念来影响行动的。参见上文 § 4。

于康德来说——至少从一种视角来看——非道德行动的他律和自由是相容的。[①] 人类行动（无论是道德的还是不道德的行动）是一个世界，这个世界抛除了无灵魂的肉身之运动，甚至也抛除了动物性的行为；而且，这种区别要归因于实践理性在人类身上的出现。

§9. 自由的不同程度

我们可以拒绝把如是一种荒谬的观点归于康德，即“道德行动完全是自由的，而其他一切行动完全是被规定的”，但即便如此，还是会有一个问题：我们是否在我们的一切行动中都同等地是自由的？自由是否有不同的程度？

在这一点上，康德显得没有一个清楚的和前后一致的看法。有时候，他采取一种严苛的道德态度，这种态度适用于（如果毕竟有所适用的话）评判我们自己，而不是批评他人。从一种视角出发，我们可以把“说一个罪恶的谎言”评判为是由一个人不快的本性（自然性）、悲惨的境遇和过往生活所规定的。然而，从另一种视角出发，我们无论如何都要指责这个行动者：我们根据“过往完全可以抛弃”这一假定来评判他；在实施这个行动时，理性完全是自
216 由的和自足的，无论有何种感性阻碍；而且，在说谎的那一刻，罪责完全是他自己的。[②]

显然，自由在此并没有什么不同的程度：只要我们达到了自决

---

① 或许，我们必须自由地允许我们自己受到种种他律法则的影响。

② 《纯粹理性批判》，第 A554—555 页＝第 B582—583 页。亦可参见《实践理性批判》，第 99—100 页＝第 231 页（＝第 178—179 页）。

的年纪，我们全都完全是自由的。但是，与这种观点相伴的，还有一种截然不同的、但却更有人情味的观点。[①] 根据这种观点，种种行动纯正的道德性(它们的功绩与罪责)对于我们来说完全是隐而不见的。我们只能对康德所谓的一个人的经验性的特性做出评判；但是，这在多大程度上是纯粹的自由之结果，又在多大程度上必须被归于纯然的本性(自然性)，归于一个不幸的或有缺陷的脾性，没有任何人能够弄清楚；因此，也没有任何人能够做出完全正义的评判。[②]

在这里，自由的不同程度无疑就有了一种可能性。人们过于惯常地看到康德严苛的一面，忽视他更有人情味的一面，而这一面也同样与其核心学说相容。他始终有意识地区别于斯多亚派的学说，并且非常包容人类的无知，以及人类的软弱。可以肯定，对于康德来说，义务的诫命“是完全的”，甚至“是神圣的”；但是，我们绝不能忘记，尽管理想是绝对的，就程度而言，由于人类本性的脆弱性，那就只能是一项不完全的职责。我们有义务为追求这一理想而奋斗，而不是要(在今生)达成这一理想。[③] 如果我们可以持续地朝着我们的理想前进，我们就是已经履行了我们的义务。

---

① 《纯粹理性批判》，第 A551 页脚注＝第 B579 页脚注。

② 亦可参见《道德形而上学》，德性论，第 48 节，第 474 页。

③ 《道德形而上学》，德性论，第 21—22 节，第 446—447 页。

217 # 第二十一章　自由作为一个必然预设

§1. 自由与理性行动者

倘若我们迄今所描述的这种自由能够被确立起来，那么，根据康德的观点，通过对自由概念的一个纯然的分析，就可以推出自律的原则，也就是道德性的最高原则。然而，如果我们还想要证义道德原则，那么，仅仅定义自由，或者描述那种必然地出现在一个意志(如果该意志被看作是自由的)之中的特征，就是不够的。看起来，我们仿佛还必须表明，每个理性行动者都是(实际上必须是)在我们已经解释过的那种意义上是自由的；[①]而且，这项任务当然不能被看作是一项容易的任务。显而易见，任何东西如果缺少这一点，就无法为我们所追求的道德法则提供证义；因为，我们已然看出，道德法则必须对一切理性行动者都有效，并且仅仅由于人类是理性行动者就对他们有效。[②]

援引任何对人类本性(自然性)的所谓经验都是毫无用处的；

① 《奠基》，第 447 页＝第 80 页。

② 《奠基》，第 408 页＝第 30—31 页；第 411—412 页＝第 35 页。

因为，如果对自由的经验是可能的（但其实这不可能），那么，这种经验就只能为我们提供一个事实，而不是我们所追求的这样一种必然的联系。寻常人或许确实会说，他感觉到他自己在行动中是自由的，并且尤其是在道德行动中是自由的。但是，我们没有资格从纯然的感觉中推导出“是属人的”和“是自由的”之间的一种必然联系，更不能把我们的观察扩展到如此地步，以至于覆盖了一切此类理性行动者。此外，根据康德的观点，对于我们自己演替的心灵状态的经验向我们揭示出来的东西并不是自由，而是必然性。在这里，就跟在其他地方一样，一个先验演绎绝不能建立在经验之上，而是必须建立在理性对其自身必然活动的洞识之上。[①]

§2. 自由的预设

康德没有声称证明了一个理性行动者本身必定是自由的。在他看来，这样一种主张远远超出了我们人类的种种限制。然而，我们或许能够表明，一个理性行动者本身只能根据“他是自由的”这一**预设**而行动（只能在自由的理念〔Idea〕之下行动）。从行动者（而不是旁观者）的实践视角来看，这一点是充足的；因为，**将会对一个理论上已知为自由的存在者有效的那些法则，必定——为行动的诸意图——也对一个必须根据“他是自由的”这一预设而行动的存在者有效**。[②] 确立起这样一个必然的预设就足以证义道德法 218

① 参见《实践理性批判》，第 29 页＝第 143 页（＝第 52—53 页）。

② 《奠基》，第 448 页＝第 80 页脚注。

则，并且因此完成我们作为道德哲学家的任务。如果一个理性行动者必须根据“他是自由的”这一预设而行动，那么，他就必须根据“他被置于自律原则之下”这一预设而行动。

在所有这些中，康德贯彻了他的学说，即没有任何理念(Idea)能够给予我们有关一个现实的甚至只是可能的实在物的知识。理念(Idea)所能做的就是指令一个理性因其特有本性必须要服从的规则，并且提出一个理性必须以之为目标的理想。

§3. 理论理性及其预设

在这一点上，论证有了一个惊人的转向。康德不仅把他的论点建立在实践理性的本性之上，而且还建立在理论理性的本性之上。

“我们不可能把一个理性设想为在其种种判断上要有意识地受到来自外部的指导。”[①]如果一个理性存在者意识到了任何这样一种外部影响，那么，他就会把他的种种判断看作是被冲动规定的，而不是被理性规定的。理性必须——倘若它毕竟是理性的话——把它自己看作独立于种种外部影响而是其自己的诸原则的创作者。

这是一个强有力的论证，尽管它很少在有关自由的讨论中被用到。[②] 它最为显著地适用于一个作为论证结论的判断。如果每

① 《奠基》，第448页＝第81页。着重号系我添加。

② 参见A. E. 泰勒(A. E. Taylor)：《自由与人格性》(Freedom and Personality)，载《哲学》(*Philosophy*)，第14卷，第55页；《再谈自由与人格性》(Freedom and Personality Again)，载《哲学》，第17卷，第65页。

个判断都仅仅是由先前的精神事件所规定的，而不是由理性独立于时间性的演替、对诸前提和结论之间的一个联结的洞识所规定的，那么，有效推论与无效推论之间、推理与纯然的联想之间就没有了任何差别，而且，最终就不再有任何真理。在这种情况下，不仅决定论（determinnism）本身不可以再被接受为真的，为其辩护的种种论证也不可以被接受为有效的。

康德这样说似乎是正确的，即意识到其自身是理性的任何理性都必须把它自己看作是在依据其自身的一些理性的与客观的法则做出推理（或者，形成其自身的诸结论），而不是受到任何外在的原因或偏见的影响。这一点，即便理性是在对某个从外面给予它的事物（举个例子，所谓的感性材料）做出推理，也是如此。这也就是说，理性必须把它自己看作其自身种种原则的创作者，并且有能力独立于种种外部影响、依据这些原则而发生作用。这意味着（按照康德的术语），理性必须在推理行动中把它自己（同时在消极的与积极的意义上）看作自由的。

§4. 实践理性及其预设

如果康德的论证对理论理性有效，那么，它就同样也对实践理性有效——也就是说，对一个理性意志或者施加原因性的理性有 219
效。在这里也一样，一个理性行动者本身必须在行动中预设，他的理性意志就是其自身种种行动原则的来源，并且有能力依据这些原则而发生作用。换句话说，他必须在行动中预设，他的理性意志同时在消极的与积极的意义上是自由的——也就是说，摆脱了欲求的规定而是自由的,以及服从于其自身的种种理性原则而是自由的。这就等于是说,一个理性行动者只能根据"他是自由的"这一预设而行动:他必须在自由的理念(Idea)之下行动。这就是我们试图着手去确立的学说,从这一学说出发,自律原则就被说成是分析地推出的。

该学说无须纯然建立一个从理论理性到实践理论的推论之上——尽管康德或许认为,它就是如此。它还可以跟前面的论证一样,建立在相同种类的理性的自我意识之上。我们或许可以说,我们对理论理性的洞识同时也是对理性本身的一种洞识,并且因此必定同时涵盖了实践理性;但是,对理性本身的相同洞识,无疑可以在我们对实践理性的洞识中再次被发现,而且,如果我们的结论想要成义的话,实际上就必须再次被发现。

我并不想对此做出太多的讨论,但我相信,康德所说的远不止是我们在行动中必然地把我们自己设想为自由的。行动并不是先行于或继起于(甚至伴随着)思维的一件盲目的事情。行动和思维一样,是理智的(intelligent)和理性的(rational)。把人类行动区别于动物行为的东西,以至于把人类行动区别于生理运动或物理运动的东西,就是我们依据种种原则而愿意。我认为,康德要说的是,一个理性行动者只能根据自由预设而行动,正如他也只能根据该预设而思维:他必须这样来思维和行动,就仿佛他是自由的。自由预设既隐含在他的行动之中,也隐含在他的思维之中;而且,除非我们能够根据该预设而行动,否则的话,就根本没有行动这种东西,也根本没有意志这种东西。正如康德本人所提出的,"除非在自由理念(Idea)之下,否则一个理性存在者的意志就不能是他自

己的一个意志”。[①] 人类行动并不仅仅因为它伴随着一个自由的观念而不同于动物行为：如果人类行动毕竟与之不同，那么，它就凭借其自身是理性的而与之不同。一个理性行动者必须在自由的理念(Idea)之下愿意他的种种行动，正如他必须把他的种种行动当作一个特定原则或准则的一些实例来愿意。[②]

毫无疑问，如今的许多人都会同意，根本就没有行动或者意志这种东西，如果它们指的是理性行动与理性意志。正如康德所承认的，只要我们采取旁观者的视角，这种主张就能够是合理有效的。但是，如果我们从相同的外在视角——而且，如果不这样做，那就是任意武断的——来看待思维，那么，我们同样也不得不认为，根本就没有思维这种东西。即便是这个结论，也会有一些人愿意接受；但是，如果他们接受了，那么，试图凭借论证使别人接受它，似乎就是十分愚蠢的。

康德通过援引理论理性(以及实践理性)的自我意识，提出了一个相当有价值的论点；因为，我们不能轻率地在一种情形中接受它的决议，却在另一种情形中拒斥它。

§5. 理性的自我意识 220

康德的论证取决于那个可以被叫作“理性对其自身种种活动的自我意识”的东西。对于他来说，这样一种自我意识并不是对某

① 《奠基》，第448页=第81页。

② 参见第八章，§5。

些(人们有时候会这样叫它)神秘的纯粹自我(mysterious pure ego)的本性的神秘洞识。相反,它依赖于对那些展现在理性本身的活动中的原则的一种理性的理解。这些原则(无论何其不完善地)展现在我们每天的思想与行动之中;但是,根据康德的观点,我们能够(1)在设想这些原则时,把它们从其经验性的伴随物中抽取出来,并且(2)理解它们的内在必然性,以及理解它们作为整个活动(它们就是从这整个活动中被抽取出来的)的条件的必然性。也就是说,凭借我们自己的有理性,我们能够理解这些原则如何是理性本身的必然展现,以及它们对于我们的理论判断和实践判断来说如何是必然的(必需的)。

对于理论理性来说,这些原则暂且可以被看作康德所谓的知性的原则——尤其是经验的三种类比;[①]但是,在这些原则的背后,以及在应用于它们之上的诸范畴的背后,还有更为终极的普遍法则本身的概念。[②] 这是一个与理性终极的自我意识紧密结合在一起的(也相互关联的)概念,康德把它叫作统觉的先验统一。

如果理性的自我意识与对那些展现在其自身活动中的理性原则的意识是不可分离的,那么,对于实践的理性来说,这些原则又是什么呢?显然,讨论中的这些原则必定就是那个被我们叫作"实践理性的客观原则"的东西。[③] 一个理性行动者(作为理性的行动

① 必须同时考虑形式逻辑的诸原则与理性的诸理念(Ideas)。参见第二十四章,§8。

② 《奠基》,第454页=第88页。这就等同于所谓的客观性的原则或者一个一般而言的对象的概念。

③ 参见第九章。然而,我们还必须记住,对于康德来说——至少就他的后期著作而言——自由体现在依据准则而行动之中。

者)将必然地依据这些原则而行动,只要理性充分支配了激情。对于当前的意图来说,康德忽视了技巧的与自爱的客观原则,这要么是因为它们同他的论证不甚相干,要么是因为它们被看作纯然假言的,以及从属于欲求的。留给我们的只有道德性的无条件的客观原则,为了普遍法则本身的缘故而行动的原则。对于那些仅仅部分理性的行动者来说,这一原则必定显现为一个定言的命令式,并且尤其显现为自律的命令式。

诚若如此——而且,在《实践理性批判》中,康德认识到,它就是如此——我们就不能独立于理性行动者对定言命令式的认识而把一个必然的自由预设归于他们。如果自由的理念(Idea)和道德自律的理念(Idea)真正来说是有区别的,那么,推论就不该是从自由到自律,而是 vice versa(相反)。“我应当”暗含着“我能够”。义务暗含着自由。

康德的一个断言实际上是正确的,即理性本身(尤其是理论理 221
性)必须把自由归于它自身,以便能独立于来自外部的强制,依据其自身的种种原则而发生作用。这就给了我们一个根据可以猜想说,实践理性也必须把一种相似的自由归于它自己;但是,这种自由的本性,如果没有把握到行动的无条件的客观原则——也就是说,道德性的原则——那就不是理知的(可理解的)。做出这样的假设——正如康德或许在《奠基》中就做出过的假设——是错误的,即道德性可以凭借一个非道德的、无关乎任何道德考量而确立起来的自由概念被证义。我们对道德自律的基本原则的意识可以——依据《实践理性批判》——被称作“理性的一个事实”:它无法从一个从先行的理性材料(例如,对自由的意识)出发的论证中被抽取出来;因为,这种东西根本无法先行给予。[①]

§6. 这个论证的地位

如果说,以这些东西为根据,我们必须抛弃直接从理性本身的自我意识中推导出自由,并由此产生出对定言命令式的一种先验演绎的企图,那么,我们又该怎么办呢?难道我们只能说,康德的道德哲学(无论何其天才)终归失败了吗?

采取如此悲观的一种态度似乎是毫无必要的。正如康德所主张的,[②]如果他已经为一切道德判断的内涵做出了一个正确的分析,如果离开了定言命令式和自律原则,我们就必须抛弃对道德善性和有约束力的职责的信念,那么,这一点就其自身而言就证义了我们接受其学说——并且据以行动——的做法。无论我们何其不赞同一些特定的道德判断,对于我们来说,道德判断的事实性就跟理论判断的事实性一样难以抛弃。倘若一种哲学能够表明,只要你毕竟还要思维,就必须接受其种种原则的话,那么,它就有着强有力的根据;而且,倘若一种哲学能够表明,只要你毕竟还要做出道德判断,就必须接受其种种原则的话,那么,它就同样也有着强有力的根据。

---

① 《实践理性批判》,第31页=第143页(=55—56页)。康德依然坚称,自律的原则是一个先天综合命题,既不以纯粹直观为根据,也不以经验性的直观为根据。如果我们预设了意志的自由,它就会是分析的命题——或许是在这个意义上而言,即它将分析地被推出。然而,由于这是一个积极的概念,我们就还需要一种理智的直观,但这不是我们能够假装拥有的。

② 参见《实践理性批判》,第32页=第143页(=第56页)。

然而，康德并不想把他的论证仅仅建立在如是一个事实之上，即他的哲学为日常道德判断的内涵或条件给出了正确的解释。在他所做出的回溯中，每个步骤似乎都不仅包含着对有条件者与条件之间的关系的洞识，而且还包含着对那个表述了条件的判断的洞识。[①] 尤其是，他主张说，作为理性行动者，我们对一个真理拥有直接的洞识，即一个理性行动者本身将必然地依据一个对一切理性行动者都有效的普遍法则而行动。[②] 这一学说依旧取决于我 222
将其称作"理性的自我意识"的那个东西，而且，我们稍后还会回到这个话题。

自由的预设对于理性行动者来说依旧是一个必然的预设，尽管它现在建立在对定言命令式的认识之上。根据一些我们并不知道其是否为真的预设而行动是可能的；但是，根据一些我们知道其并不为真的预设而行动是不可能的。因此，自由的预设是需要辩护的；我们至少必须表明，自由的预设既不是自相矛盾的，也不会被经验所排除。这也正是康德现在为他自己提出的任务，尽管他由于引入了一大堆其相关性压根就不太清楚的考虑而把这项任务复杂化了。

---

① 参见第一章，§9。

② 参见第九章，§4。

223 # 第二十二章　理知的世界

§1. 枝节问题

现在,我们必须要关心的是,康德对感知的(或现象的)世界和理知的(或本体的)世界的区分。我们必须要这样做的主要理由是,如果没有这一区分,那么,根据康德的观点,我们就会被迫否定自由的可能性,并且因此不仅要拒斥他本人的伦理学说,还要拒斥道德的可能性。这似乎就是《实践理性批判》中的观点。然而,令人十分奇怪的是,在《奠基》中,直到他快要完成他的论证之前,他都没有清楚地做出这一区分;而且,或许是因为他——错误地——试图从自由的预设中推导出自律的命令式,所以,他采取了一种截然不同的方式来进入“理知的世界”这个问题。他提出了两个明显相互联系的困难:(1)他所谓的“道德兴趣”(moral interest)的问题;以及(2)恶性循环的问题。这些问题似乎至多只是一些枝节问题。

§2. 道德兴趣

他的第一个问题是:“我为什么要成为道德的?”假如作为一个

理性行动者，我必须根据自由的预设而行动，而且，假如从自由的预设出发就会得出（对于像人类这样有限的理性者来说）作为一个定言命令式的自律原则，那么，为什么我要让作为一个理性行动者的我自己屈从于这一原则？为什么我要用那些能够同时被愿意成为普遍法则的准则来限制我的行动？而且，为什么我要把如此至高的价值附加到这样一种行动之上，以至于相比之下，对愉快的主张变得微不足道？[①]

有人或许会说，对于这些问题，康德没有给出充足的回答。他意识到了这一反驳，但他的言语中没有清楚表明，他是否把它看作一个合理的批评。他不止一次指出，说“我被一些病理学的兴趣所驱使”是没有答案的：病理学的兴趣不能给予我们一个定言的命令式。然而，我必须对义务**怀有**一种兴趣，一种道德上的兴趣，而且，我必须能够理解这是如何发生的；因为，对于一个理性的行动者来说，“我应当”就等同于“我愿意”，而且，它之所以显得是“我应当”，这仅仅是因为激情的阻碍。[②] 他还说，说“我事实上就是怀有这样一种道德上的兴趣”是没有答案，因为这种兴趣（他在别的地方将 224
其等同于敬畏[③]）本身是从“道德法则是有约束力的”这一先决条件中推出的。

从后续的论证过程中，很难断定康德在多大程度上严肃地处理了这个反驳。他后来没有再明确地回到过这个论证，除了在这本著作的结尾处；而且，他似乎在那里说，这些问题真正来说属于

① 《奠基》，第 449 页＝第 82 页。

② 亦可参见《奠基》，第 414 页＝第 38 页。

③ 参见《奠基》，第 401 页脚注＝第 22 页脚注。

知性。“为什么我应当履行我的义务?”这个问题的唯一答案必须是:“因为那就是我的义务。”期待任何其他答案,都是在否定义务的本质,并且假定我们应当为了某些其他理由而履行我们所谓的义务,很可能就是出自利己。

我们确实可以说,一个理性行动者本身将必然地依据一个对一切理性行动者都同等有效的普遍法则而行动,而且,即便他不理性到足以被诱惑着不这样做,他也应当这样做。但这就是康德已然给出的答案,而且,该答案依赖于理性对其自身种种原则的终极洞识,超出这一点,我们无论是在思维中,还是在行动中,都不能再前进分毫。康德或许相信,他在为该答案做出些补充,即在如此行动中,一个理性行动者就在成为其真正的和理知的自我,或者至少说,在依据他对其真正的与理知的自我的理念(Idea)而行动。然而,尽管对于我们来说,这种思路在后来的理念论(idealism)中是十分熟悉的,但至少在康德那里并不十分明显。无论如何,更为令人满意的做法是,把康德的“我们在理知的世界中的成员身份”的学说看作是对已然详加阐释过的伦理学说的一种形而上学的辩护,而不是一种基于纯粹形而上学的根据来证明一种伦理学说的尝试。

§3. 所谓的恶性循环

还有第二个反驳,它与前一个反驳交织在一起。该反驳是:在援引自由的预设时,我们已经陷入了一个恶性循环。我曾论证说,我们之所以必定是自由的,乃是因为我们服从于一个定言的命令式；然后，我们继续论证说，我们之所以必须服从于一个定言的命令式，乃是因为我们是自由的。[①]

如果我们在一个回溯论证之后，紧接着进入相同的前进论证，那就不可避免地要导致这种循环。[②] 在当前情形中，正如康德所指出的，这个论证可以确立起“是在定言命令式之下”的概念和“是自由的”的概念之间的一种必然的和交互的联系；但是，它既无助于确立起定言命令式的有效性，也无助于确立起预设自由的必然性（必需性）。为什么我们不能拒斥这两者呢？

我们无须认定，康德对这个反驳过于认真了：它是那种想来就会有的反驳。[③] 然而，奇怪的是，他不应仅仅提到它，而是应该做得更多，并且应该明确地承认，惟有援引一个理知世界的学说，他 225
才能逃脱这种循环。显而易见的事实是，这个反驳全然歪曲了他的论证。他从没有从定言命令式出发来论证自由，但至少声称（无论何其错误地）要通过完全独立于种种道德考虑的、对自我意识的理性之本性的一种洞识来确立起自由的预设。或许，当他进入到这个反驳时，他才开始深入地看到，意志自由的预设并不真的依赖于种种道德考虑；但是，让一个人用他没有提出过的健全论证来做出回答，并且忽视这无关乎那个已经清楚陈述过的不健全的论证这一事实，无疑是极不寻常的。

---

① 《奠基》，第 449 页＝第 82 页；第 450 页＝第 83 页；第 453 页＝第 86—87 页。

② 参见第一章，§ 9。

③ 在康德那里，使用“es scheint”（它显得〔it appears〕）一词通常都表明，被讨论的东西具有幻相的特性。（德文中的动词 scheinen〔第三人称单数形式为 scheint〕虽然表示“显得”“看上去”“似乎”与“好像”的意思，但它与 Schein〔幻相〕十分接近，并且实际上就是 Schein〔幻相〕的动词形式。——译者）

§4. 摆脱循环的方法

现在，我们要引入两种立场的学说，作为摆脱我们这个所谓的恶性循环的方法。为了逃离这个恶性循环，我们必须追问："难道我们不是在把我们自己思维成自由的原因、依据我们自己的种种法则而作用时采取了一种视角，同时再把我们种种行动思维成在感知的世界中被观察到的种种事件时采取了另外一种视角吗？"①

此处的观点是说，有两种同等合法的视角，我们可以从这两种视角出发来看待我们自己。从一种视角出发，我们可以把我们自己看作属于一个理知的世界，并且因此看作自由的，但从另外一个视角出发，我们可以把我们自己和我们的种种行动看作属于自然世界的。这或许就是调和道德自由与因果必然性的一种方法，但它如何有助于我们摆脱我们这个循环呢？

除非我们能够宣称一种独立的、对我们作为理知的世界中的成员身份的洞识，否则我们无疑就没有任何希望能摆脱这个恶性循环。要宣称这种洞识，既不能依赖于自由的预设，也不能依赖于道德性的预设；因为，若不如此，我们就纯然只是为这个所谓的循环增添了另一个环节，该循环也依旧不可救药地是恶性的。正如我们所看到的，康德通过把他的注意力集中到理性的理论的功能之上，确实在某种程度上显得逃离了这个循环，并且由此试图确立起理性本身的一种必然的特征。但是，这严格来说就是他在证义

① 《奠基》，第450页＝第83—84页。

自由的预设时事实上已经做过的事情。此外，他是否有意想要把他的论证建立在对理论理性之活动的洞识之上，这一点无论如何都并不清楚。在其论证的结尾处，[①]他确实提出，一个理性存在者必须把作为理智(intelligence)的他自己(很可能是理论上的理智)看作属于理知世界的，并且因此在自由的理念(Idea)之下行动，服从自律的定言命令式。然而，紧接着[②]，他基于如是一个根据而宣称自己已经摆脱掉了这个循环，即当我们把我们自己思维成自由的时，我们就把我们自己转变成了理知的世界中的成员。

在随后的章节中，在一个声称要回答"一个定言的命令式如何可能"这个问题的章节中，我们发现了相同的犹豫不决。他再次从这一主张开始，即一个理性存在者必须把作为理智的他自己算作属于理知世界的，然后，他似乎推出，惟有如此，这个理性存在者才能把他自己看作施加原因性的，并且展现出了一个自由意志的。[③]然而，在其整个论证的结尾，他总结说，定言命令式之所是可能的，乃是由于自由的理念(Ideas)使我们成为理知世界中的一个成员。[④] 他到底是从"理知世界中的成员身份"推出了自由，还是 vice versa(相反)？或者说，他难道纯然只是确立起了理知的世界中的成员身份的概念与自由概念之间的一种普遍的与交互的联系，一种无助于打破所谓的恶性循环的联系吗？[⑤] 226

① 《奠基》，第 452 页＝第 86 页。

② 《奠基》，第 453 页＝第 87 页。

③ 《奠基》，第 453 页＝第 87 页。

④ 《奠基》，第 453 页＝第 88 页。

⑤ 参见上文§3。

这并不纯然只是一个浪费时间的技术问题。相反，它提出了一个根本性的原则问题。如果康德真的认为，他能够从理论理性入手，并且由此出发推出理知世界中的成员身份，然后，再由此出发推出自由，进而由此出发推出一个对道德法则之约束性特性的证义，那么——无论他何其远地逃离了一个恶性循环——他都陷入了一个根本性的错误。从纯粹形而上学的或认识论的考虑中演绎出道德职责，这显然是不可能的，这些考虑与道德性毫无关系。

关于自由的与关于理知世界中的成员身份的种种形而上学的考虑，对于捍卫一种被当作是独立地确立起来的道德原则来说绝对是必需的，但它们不能凭其自身把这个道德原则确立起来。无论他在《奠基》中持何种观点，当康德开始写作《实践理性批判》时，他本人已经充分地意识到了这一点。因此，我们的主要任务就必须是，考虑他的论证作为一个对自由的、并且因此对道德性的辩护在多大程度上是成功的。

§5. 两种立场

两种立场的学说首次把我们带入到了批判哲学的核心部分。在这里，我们必须面对一个困难，即想要充分理解康德现在试图要说明的东西，《纯粹理性批判》中的知识就是必不可少的。那本著作中的主要学说，以及一些无之就会使这些学说完全无法理解的论证，没办法在一本专注于伦理学的简短著作中阐述清楚。因此，康德——而且，任何试图理解他的释义者——必须对他的形而上学学说给出一个半通俗的和难以否认地不充分的阐释。[①] 他部分是通过基于其以往著作而提出一些独断的陈述，部分是通过提供一些支持其立场的相对简单的论证来做到这一点的。其结果没法完全令人满意，并且它对于自由的论证必须赖以被评判的整个哲 227
学来说必定只能充当一个导言。

宽泛地讲，康德根本学说（其哥白尼式的革命）就是如是一种尝试的结果，即解决一个十八世纪的人们共同持有的观点，该观点出现在莱布尼茨、甚至休谟等形形色色的思想家们那里，[②]尽管只有康德为详细解决其种种枝节付出了认真而持久的努力。这个观点就是：人类心灵为这个已知的世界**贡献了**某些东西。如果真是如此，如果人类心灵比这个世界更为简单，也更容易认识，那么，对人类心灵的哲学研究就能够向我们揭示出这个对我们来说已知的世界必定必然地拥有的某些根本特征。

据此，立刻就可以推出（尽管在康德之前，该结论没有被清楚地把握到），我们没有任何理由认为，这个对我们来说已知的世界就等于那个如其就自身而言所是的世界。一方面，我们所拥有的应该是这个如其显现在受到限制的和人性上有限的心灵中那样的世界，这个世界可以被描述为显象的世界或现象界。由于这个世界只能通过我们的种种感觉被揭示给我们，我们也可以把它叫作感知的世界。这个世界（ex hypothesi〔据假定〕）就是我们所能知晓的唯一世界；但是，我们还必须要设想（作为其根据而隐藏在这

① 《奠基》，第 451 页＝第 84 页。

② 参见普莱斯（Price）：《休谟的外在世界理论》（*Hume's Theory of the External World*），第 9 页。

个世界背后的)如其真正就自身而言所是的世界,那些如其就自身而言所是的事物的世界。这个世界可以被描述为就其自身而言的事物的世界(the world of things-in-themselves),或者也可以被描述为理知的世界或本体界。后一种描述无疑还需要更多的证义,但至少说,就我们被说成是要在我们的思想中设想这样一个世界而言,它并不是不恰当的,尽管这个世界绝不能通过我们的感觉而被知晓。实际上,根据康德的观点,由于一切知识都依赖于思维和感觉的结合,我们只能说,就其自身而言的事物的世界(尽管它能够且必须被设想)根本就不能为我们所知晓。

这样一种观点既假定了人类心灵全都按照同种方式发生作用,也假定了那个显现于他们的世界是同一个世界,无论它显现给不同人格时是多么地不同。

然而,第一个假定(无论多难证义)是每个哲学家在传达他们的思想时都必须要做出的假定。但是,为什么我们要假定,显现给不同观察者的不同的现象都奠基于同一个实在的世界,哪怕它绝不能如其真正所是地显现那般给他们?

那些主张除了 sensa(感觉)(或许还有 sensibilia〔可感之物〕)以外根本就没有任何实在性的人们,以及那些主张人类心灵必定知晓如其真正所是的实在之物的人们,不耐烦地把就其自身而言的事物的学说抛在一旁。康德的整个哲学就是一场反对这些人的持续论证,他把这些人的观点叫作先验实在论(transcendental realism)。不同于现象主义者(他们满足于把 sensa〔感觉〕看作唯一的实在之物),康德是一个经验实在论者,也就是说,他相信牛顿和常识,
228 认为空间中充满了恒久实体,它们因果性地相互作用;而且,他的

主要目标之一就是要证明,必定就是如此。但是,尽管他主张如其显现给人类观察者(他们同时拥有感觉和理智)那般的世界必定显现为一个时空中的物质的世界,但他把这个物质的世界本身仅仅看作一个显象:而且,他似乎理所当然地认为(而不是要清楚地论证),除了有一些全都按照同种方式运作的心灵存在以外,除非毕竟还有同一个实在的世界显现给他们——一个就其自身而言的世界、而不是一个如其在有限心灵的种种限制之下显现出来的世界,否则的话,这个世界就不会向我们显现为一个共同的世界。如果没有假定一个就其自身而言的世界,即便这个世界不能为我们所知晓,那么,至少说,现象主义者就难以证义他对唯我论(solipsism)的拒斥——如果他确实要拒斥它的话;而且,如果他预备要接受(在某种意义上)诸个体心灵的实存,那么,至少说,对于他来说,每个个体心灵似乎都必须有其自己的私人世界,没有这个私人世界,它就绝不能逃离一个共同的或公共的世界。

我们最好把感知的世界叫作现象界,因为,对于康德来说,它对于感觉和思维来说(而不是仅仅对于感觉来说)只是一个显象;而且,如果我们说希腊语,我们就会拿它跟本体界相比较。但是,如果我们更喜欢说英语,我们就可以把感知的世界拿来与理知的世界相比较,只要我们记住,感知的世界并不纯然只是感知的。

我们不能被这个术语引向一种思维上的错误,即认为,在康德看来有两个世界存在。对于他来说,只有唯一的一个世界:尽管我们所能知晓的只能是那个如其显现给我们那般的显象的世界,但我们所知晓的实际上也是如其显现给我们那般的一个实在的世界。实际上,我们必须设想这同一个世界(1)如其显现给我们的感性经验的样子,以及(2)就其自身而言的样子。[①] 正因为如此,康德才会说"两种立场"或"两种视角":(1)我们赖以把事物看作现象的视角,以及(2)我们赖以把事物设想为本体或就其自身而言的事物的视角。"视角"这个说法(正如人们有时候所认为的那般)并不旨在表明,要么现象、要么本体、要么它们两者是不实在的:它仅仅被用于防范一种假设,即认为有两个不同的与分离的世界存在。只有一个世界,但我们可以从两个不同的视角来看待它。

§6. 出自感官被动性的论证

为使未经教导的读者能够理解这一学说,康德用了一个论证来支持它,他认为,这个论证很容易在常识的层面,或者至少说在日常判断的层面被接受。[②] 这个论证没有在《纯粹理性批判》中被使用,而且它本身(至多)是有说服力的,而不是确信无疑的。它不仅没有公正地对待其学说的诸论证,也没有公正地对待该学说本身。我们可以把它叫作出自感官被动性的论证。

229 根据康德的观点,我们对一个客观世界的知识依赖于两种认识力量的合作:[③](1)一种主动的、借助于种种概念而思维的力量;以及(2)一种被动的感性能力——也就是说,一种接收那些如今被

① 《奠基》,第 457 页=第 92 页;《纯粹理性批判》,第 Bxxvi 页;第 A38 页=第 B55 页。

② 《奠基》,第 450—451 页=第 84—85 页。

③ 我略过了想象力,它无论对于"抓住"或"把握"种种感觉,还是对于把它们结合成种种印象来说都是至关重要的。有些人反对康德,主张感觉也必须是主动的,但他们忘记了,康德承认感觉的主动的一面(抓住在意识中被给予的东西),但把它归于想象力。

叫作 sensa（感觉）或感性材料的能力。康德本人把它们叫作“感觉”（Empfindungen），以指明它们是中性的（neutral）：[①]离开思维，它们既不能向我们揭示出种种物理对象的特征，也不能揭示出我们自己心灵的诸状态。尽管很多人对这种用法提出了反驳，但它或许并不比其他任何用法更像一个乞题（question-begging）。康德也把它们叫作诸理念（ideas）、诸表征（representations）或诸表象（presentations〔Vorstellungen〕），尽管这是对术语的一种更为广义的应用。

我们只能通过感觉来知晓种种物理对象。因此，我们认为——由于没有思维我们就不能知晓任何物理对象——我们所感觉到的棕色是一个便士的性质；而且，它的其他种种性质也是如此。无论我们在思维中多么地主动，我们都无法制造出我们的种种感觉：它们是被动地接收到的，并且在这个意义上是被给予的。作为天真的实在论者，我们发现，假定对象的诸性质就是那样直接地被给予我们的，这并没有任何困难；但是，一个小小的反思和一点小小的生理学知识就能够打乱这种确信。我们发现，我们的种种感觉是一个因果链条的结果，这个因果链条产生自物理对象，并且对我们的神经末梢、并且最终对我们的大脑造成种种改变。只要我们认识到这一点，那么，似乎就没有任何理由认定，我们的种种感觉所给予我们的是对象的诸性质，乃至在任何方面都与该对象相似。然而，由于我们只能通过种种感觉来知晓诸对象，那么，

① 严格来说，对于中性词“Empfindung”，我们并没有一个合适的译法。惟有当“Empfindung”同时把注意力引至主体状态中时，康德才把它等同于“Sensation”（感觉）。参见《人类学》，§15，第153页。

看来我们就根本无法知晓任何对象。我们称其为空间中的物理对象（包括我们自己的大脑）的东西就成了基于种种感觉的纯然精神建构物；而且，由于这一结果，生理科学似乎也就引决自裁了。

有人或许会反驳说，生理学不能合法地摧毁它自身建立于其上的那些根本假定。然而，这似乎恰恰就是他在做的事情，而且，这个困难需要一些哲学上的解决方法。有不同的解决方法。康德的解决方法是：在无限时空中延伸的物体的世界事实上是基于我们的种种感觉的一个精神建构物，但这些感觉本身必须奠基于一种我们绝不能知晓的实在物。惟有根据这一假定，以及根据"不同的心灵按照一些相同的原则而运作"的假定，我们才能有一个由彼此因果性的相互作用的诸物体（包括我们自己的大脑）组成的现象界摆在我们面前。

康德本人以更为简单得多的方式提出这一立场。他只是力劝说，种种感觉按照我们无法支配的方式进入到我们身上，因此，它们能够给予我们的那些关于诸对象的知识，只能是如诸对象**刺激**
230 我们那般的，而不是如它们就自身而言所是那般的。[①] 然而，这个论证被缩放了，除非我们清楚地区分：(1)种种感觉；(2)由种种感觉所揭示出来的、并且被认定为造成了这些感觉的那些物理对象，以及(3)如其就自身而言所是的事物，它是种种感觉的根据，并且因此是种种感觉所揭示出来的物理对象的根据。物理对象刺激我们的大脑，而且，物理对象和我们的大脑都是现象的对象；就其自身而言的事物——假如它真的刺激了任何东西——刺激我们的心

① 《奠基》，第 451 页＝第 84 页。

灵；但是，这并不是一种因果关系。就其自身而言的事物是我们的种种感觉的根据，而不是它们的原因；或者，更好的说法是，它是未知的实在物，由于我们人类的种种限制，在一个特定的时空领域中，向我们显现为一个坚硬的、棕色的、圆形的对象，我们把这个物理对象叫作一个便士。[①]

坚持认为，我们的种种感觉（由于它们不顾我们的任何主动性或选择而是被动地接收到的）必须是从某些其他来源中被给予的，并且必须揭示出了我们赖以受到某物（其知识必然依赖于种种感觉的有限心灵永远无从得知的某物）刺激的方式，这种主张本身不是一个确信无疑的论证。

另一方面，假定（至少作为一个假说）除了个体的自我之外还有某些实在物，它独立于我们对它的认知而是其所是者，这似乎是合理的。很难相信（即便并不是不可能的）这种实在物仅仅是由 sensa（感觉）构成的，甚至是由 sensa（感觉）和 sensibilia（可感之物）构成的。如果康德能够（如其所主张的那般）表明，占据了时空的诸物体（或者物理能量）不能是这样一种独立的实在物，那么，至少看起来，如其自身所是的实在物就不能为有限的人类心灵所知晓；这样一个假定之中，似乎也没有任何先行地就是不大可能的东西。

§7. 其他论证

如果我们要正确地理解康德的学说，那么，我们就必须考虑到

① 这并不是说，每个我们选择要将其看作不可区分的物理对象的事物，都必须有一个分离的就其自身而言的事物。

《纯粹理性批判》中的三种用以支持它的论证思路。前两种论证思路都依赖于一个观点,即人类心灵必定为它已知的实在物**提供了**什么东西。

第一种论证思路涉及空间和时间。正如牛顿所认为的,空间独立于那些身处其中的东西,就其自身不能是一个实在的事物。但是,正如莱布尼茨所(尽管带有相当多的限定)主张的,它同样也不能是诸物理事物的一种纯然性质。那么,唯一的选项就是,空间必须是我们的感性的一个形式——也就是说,它是一个形式,惟有在这个形式之下,我们的种种感觉(并且因此也包括由这些感觉所揭示出来的诸物理对象)才能被给予人类心灵。我们的心灵把空间强加给我们感觉到的东西,这多少就类似于蓝色的眼镜把蓝色强加给我们看到的东西。相同的考虑也适用于时间。

令人奇怪的是,康德把这个结论看作绝对结论性的。然而,如果他的主张是正确的,即只有上述三种可能性,那么,他的论证就有极大的合理性。

231 第二种论证思路依赖于思维的必然性,如果我们不仅要知晓sensa(感觉),而是还要知晓种种实在的对象,尤其是诸物理对象。为了做到这一点,我们就必须使用某些范畴,例如“实体与偶性”和“原因与结果”。这些范畴当然不是被给予我们的种种感官的,也不能凭借抽象从如此被给予的东西中派生出来。它们是由我们的思维的本性强加给那些对我们来说已知的对象的。[①]

如果上述两种论证思路都是合理的,而且,如果我们假定,我

① 更为充分的介绍,参见第九章,附录。

们在知晓中所关涉的是我们自己以外的、并非由我们创造出来的一个实在物，那么，我们无疑就没有任何理由假定，如其就自身而言所是的实在物以空间或时间为特征，或者服从于诸如“原因与结果”这样的范畴。另一方面，如其显现于我们那般的实在物则必须以此为特征，而且，我们绝对无从知晓一个并非以此为特征的实在物。

第三种论证思路走得更远，并且提出了一些理由，以否定如其就自身而言所是的实在性（实在之物）能够以此为特征。因为，如果我们假设说，我们所知晓的这个空间的与时间的、并且由因果法则所统治的世界就是如其就自身而言所是的实在物，那么，我们就不可避免地陷入一系列矛盾之中，康德把这些矛盾叫作“二论背反”（Antinomies）。惟有当我们假设说，我们借助于我们的诸范畴所知晓的这个世界并不是如其就自身而言所是的世界，它仅仅是如其必须显现于人类心灵那般的世界，如此，这些矛盾就消失了。

第三种论证思路无疑需要谨慎地接受，尽管针对它的许多所谓的驳斥都是基于对康德学说的种种误解。如果这个论证是合理的，那么，它就真的能够搞定康德的问题；而且，正如我们稍后将会看到的，它尤其关涉对自由的辩护。

顺带一提，最后这种类型的论证无疑假定说，如其就自身而言所是的实在物不能自相矛盾：矛盾只能是显象的特征。或许，康德甚至积极地假定说，实在物必须是某种一贯体系（coherent system）。他从来没有否定我们必须设想如其就自身而言所是的实在物，而且必须借助于那些不涉及时间的纯粹范畴来设想它:[1]实际上,我们根本没有其他思维的方法。但是,对于我们来说,没有感官和思维就没有任何知识,而且,对于我们来说,感觉到一种非时间的和非空间的实在物是不可能的。因此,我们无从得知,是否有(或者能否有)这样一种实在物。尽管我们必须凭借理性的一个理念(Idea)来设想这样一种实在物,但我们的观念不能被提升到知识的尊严(尊贵高度)。

§8. 结论

借助于上述这些论证,我们就能更好地理解康德所谓的"两种立场"是什么意思。

232 假如我们被问道:"这个世界全然由因果法则所统治吗?"答案是:"是的,毫无疑问"——如果我感兴趣的这样一种视角,它仅仅关心如其必须显现于人类心灵那样的世界。然而,如果我们感兴趣的是这样一种视角,它关心独立于人类认知能力、如其就自身而言所是的世界,那么,答案就必须是"当然不是"——或者,退一万步说,我们没有理由认为如此,而是有很多理由认为并非如此。上述两个答案是从不同视角给出的,惟有理解了这一点,它们才不再是矛盾的。假定上述两个答案都可以为真,这至少没有矛盾。

这种视角上的差异很难给出一个准确的对比,而且,就我所知道的而言,康德也没有给出任何对比。但是,人们或许会认为,对

① 参见第九章,附录,§3。

于一个有关活着的有机物的问题，物理学家、化学家，以及生物学家可能会给出看似矛盾的回答，但如果我们考虑到他们在视角上的差异，这个矛盾或许就消失了。同样，如果我们被问到诸物体(bodies)是不是坚实的(solid)，我们或许从一个肉眼可见的(macroscopic〔宏观的〕)视角给出一个答案，再从一个显微镜下的(microscopic〔微观的〕)视角给出另一个答案，这样做没有任何矛盾。

233 # 第二十三章　理知世界的成员

§1. 内感官与精神状态

现在，我们必须考虑康德的观点，即从一种视角来看，我们可以把我们自己看作属于理知的世界，并且因此在自由的法则之下的；但从另一种视角来看，我们可以把我们自己看作属于感知的世界，并且因此在自然的因果法则之下的。不幸地是，康德的自我知识学说是其哲学中最为含糊与困难的部分，而且，对于当前的意图来说，必须十分概括地加以处理。

由于一切知识都要求思维与感官的结合，因此，我们对自我的知识也必须基于康德所谓的“内感官”①，以便同诸外感官区分开来，后者是我们赖以意识到种种物理对象（包括我们自己的肉身）的感官。内感官可以等同于内观（introspection）能力，如今的人们有时候就这样称呼它。在任何某一时刻，我们都直接且立刻地意识到我们自己心灵的种种状态。心灵的这些状态或许（很可能在任何时候都）同时是认知的（cognitive）、激动的（affective）和意动

① 《奠基》，第451页＝第85页。

的(conative)。我们的种种思想、我们的种种情感、我们的种种偏好、我们的种种欲求、我们的种种决心,以及诸如此类的东西,还有(确切无疑地)我们对种种物理对象的理念(ideas)——所有这些全都属于内感官。①

内感官是最适合被描述为一种感官的(尽管不同于诸外感官,它没有特殊的感觉器官);因为,它在任何时候都是对某个在此处和此时被给予的个别事物的一种直接意识。从内感官中被给予的东西出发,我们能够在思想中重构我们的整个精神历史,这就像是从外感官中被给予的东西出发,我们能够在思想中重构物理宇宙的历史一样。我们对我们自己的知识就跟我们对这个世界的知识一样是经验性的,而且,它同样地基于直接地被给予的和被动地接收到的东西,而不是由我们对它的知晓(认识)所制定出来的。

如果我们接受康德先前的从感官的被动性出发的论证,那就可以得出,我们所能知晓的(认识到的)我们自己,仅仅是我们显现给人类心灵的样子,而不是就我们自身而言的我们自己。而且,由于我们只能知晓(认识到)我们在时间中一个接一个前后相继的精神状态,因此,如果我们接受"时间只能是我们的感性的一个形式"这一论证,那么,就可以得出相同的结论②

精神状态的演替(它们全都是我们通过内感官意识到的)可以 234
叫作现象的自我,如其显现的那般的自我。然而,必须要记住的是,这样一种演替单凭内感官自身是无从获知的;为此,我们还需

① 《纯粹理性批判》,第 A357—358 页＝第 B67 页＝第 Bxxxix 页脚注,以及第 A34 页＝第 B50 页;《道德形而上学》,法权论,导言,一,第 214 页＝第 13 页。

② 参见第二十二章,§6 和§7。

要想象力、记忆与思维。因为，根据康德的观点，思维必须借助于其自身的种种范畴而运作，现象的自我作为知识的一个对象必须被置于诸范畴之下，尤其是“原因与结果”的范畴，诸范畴涉及时间中的客观演替。[①]

因此，我们必须从一个视角把我们自己——也就是说，我们现象的自我——看作属于感官的世界的，并且因此服从于自然的因果法则。

§2. 本体的自我

目前，我们通过内感官而知晓的(认识到的)我们自己仅仅是一个诸显象的演替。康德主张(正如他对于外在经验所主张的那般)，我们必须假定别的某物是这些显象的根据。这个“别的某物”必须是“如其就自身而言所是的自我”(I-as-it-is-in-itself)[②]。这是必须要设想的；但是，由于(根据康德的诸原则)这个“如其就自身

① 参见第二十二章，§7。康德所设想的那种实体范畴应用于自我的方式存在一些争议。他说，我们无论是通过经验还是通过理性的推理都无从得知人类是否具有一个灵魂(意思是居住在人里面的、与肉体有别的、能够独立于肉体进行思维的精神实体)，或生命是否不止是物质的一种特性。“生命”在此是指“一个存在者依据其自身的表象而行动的能力”。同样，他也说作为一种理论能力的理性很可能是一种活着的肉体存在者的特性。参见《道德形而上学》，德性论，第3、4节，第418页=第19页；法权论，导论，第211页=第9页。亦可参见《实践理性批判》，第9页脚注=第112页脚注(=第16页脚注)。就“生命”而言，正如康德所主张的，如果精神生命中没有什么永恒的东西，如果现象的自我是按照实体和偶性的范畴而被认识的，那么，我们就很难看出，除了是一个永恒的物质肉体的一种特性之外，他还能如何看待精神状态。参见《纯粹理性批判》，第B275页以下。

② 《奠基》，第451页=第85页。

而言所是的自我”无法被感觉到，因此，它就跟“就其自身而言的事物”一样无法被知晓（被认识到）。我们可以把它叫作理知的或本体的自我，而且，我们必须把它看作属于非感官的（并且在这个意义上是理知的）或本体的世界的。

在这一点上，种种困难变得愈发尖锐，我们几乎能够听到实证主义者的叫嚣：“弄走这个小把戏。”此处还不是对康德的学说详加阐释的地方，更别提为之辩护；但是，可以注意到，在此处也是一样，康德的观点（虽然表述得比较奇怪）跟那些可以被描述为“常识”——或者“偏见”——的假定有相似之处。除了种种理念（ideas）、种种情感、种种欲求，以及种种意愿的漫长精神历史（它是作为我的现象自我而被知晓的）以外，难道不是还必须有一个知晓这一历史的，以及拥有这些理念（ideas）、这些情感和这些欲求的“我”吗？如果这是一种迷信，它至少也是一个难以回避的迷信。

然而，我们必须承认，康德在《奠基》中对这一主题的处理必然地是不太充分的，甚至远远没有他在其他著作中说得那么清楚。我们所能尝试的一切，就是（如果可能的话）澄清我们此刻正在讨论的这个段落中的一些说法。

§3. 心灵刺激自身 235

根据康德的观点，如果人通过内感官知晓（认识）他自己，那么，他就只能“通过他的意识受到刺激的这种方式”来知晓（认识）他自己。再一次，我们在此有了一个假定，即由于心灵在感官中是被动的，那么，它就必须受到某物的刺激。在处理外感官的诸对象时，我们认定，我们的心灵必定受到我们的自我之外的一个就其自身而言的事物的刺激。在自我知识中，我们遭遇到一个奇怪的悖论，即心灵必定以某种方式受到它自己的刺激。

康德为解释这一悖论所做出的努力晦涩难懂。[①] 他把日常意义上的“注意”当作他所说的意思的一个例子；[②]而且，很容易看出，“注意到某物”确实刺激到了我们的心灵意识，并且为现象的自我带来一种不同的内容。实际上，我们的一切思维和我们的一切意愿可以说都在做相同的事情。

有人或许会反对说，我们现在正在从悖论的领域进入到彻头彻尾的矛盾的领域。我们曾说过，我们一切思想和意愿都是心灵的一些状态，我们通过内感官才知晓（认识到）心灵的这些状态。那么，我们如何才能同时也把它们看作这样一些活动，即它们通过刺激意识使得现象的自我成为它所是者？

这里无疑存在一个困难，但它岂不是由康德任意地创造出来的吗？举个例子，我们可以考虑一位历史学家，看起来——从一个视角——他仿佛作为一个无时间的旁观者置身于战争之上，按照他所理解的一个因果序列来给每个历史事件安排位置。如果我们转而考虑他在编纂自己的史书时到底做了什么，这件事同样也就显现为相同因果序列中的一个历史事件，而且，无论以任何方式都

① 参见《纯粹理性批判》，第 B155 页以下。

② 《纯粹理性批判》，第 B156—157 页脚注。“注意”要么指向外在对象，要么指向心灵的状态。关于内观的难题之一在于，出现于其中的“注意”的努力，倾向于改变我们试图内观的意识。

没有不同于任何其他历史事件。但是，我们在说这话的时候，我们自己似乎同样也成了置身于战争之上的——只是发现，在反思我们的判断时，我们的判断就反过来成了某种被评判为与其对象处于相同层面的东西。每个人都（如其所是地）是他自己生活的历史学家，而且，看起来，康德这样说仿佛是正确的，即我们必须从两种不同的视角来看待我们自己。

我们当作一个对象来知晓（认识）的对象在任何时候都是现象的自我，但对它的知晓（认识）似乎是某种不同的东西；而且，当我们转过来把这种知晓活动（认识）看作一个特定时间中的事件时，我们乃是借助于一个全新的知晓活动（认识）在这样做，这个全新的知晓活动（认识）似乎（如其所是地）超乎种种事件，也超乎时间。并且因此，它在一种无限回溯中继续前行，在这种无限回溯中，我们绝不能摆脱那个自身并不作为一个事件而已知的知晓活动（认识），尽管它在我们的意识中制造了一个变化，该变化能够被知晓（被认识）为作为一个精神状态的进一步的反思。

这种奇怪的对比贯穿于我们的一切思维之中，并且在任何时候都能够从两种不同的视角来加以考虑。科学家在沉思自然的时候总是像一个上帝；然而，从另一种视角出发，他的一切科学都只是自然的一个组成部分。心理学家在沉思人类本性和人类思想的 236
时候，仿佛惟有他自己是一个神圣的法官；然而，从另一种视角出发，他的心理也刚好就是人类思想的另一个断片。

奇怪的是，尽管我们能够回过头来沉思我们自己的思维，如此，它就不再继续思维，而是变成了纯然的思想。它不再思维，而是一个被思维的对象，并且不同于那个正在思维它的思维。按照秦梯利(Gentile)的术语*,它就不再是 pensiero pensante(思维着的思维),而是变成了 pensiero pensato(被思维的思维)。

因此,我们的思维显得是一种刺激我们的意识的活动,并且因此是一种能够通过内感官(与一个新的思维一起)而被知晓(被认识)的心灵状态的根据;但是,作为通过内感官而被知晓的东西,它已经成了心灵的一个状态,而不再是一个活动——它成了一个已知的对象,而非自身就是一个思维的行动。

或许,它并没有看上去那么令人惊讶。我们能够在自己目力所及的范围内看到任何东西,唯独不能看到我们观看事物所处的那个位置。如果我们稍微退后一步,我们也能看到这个位置,但我们这样做时,就处在又一个我们无法看到的位置上了。

§4. 精神活动的知识

有人或许觉得,所有这些中必定有某种错误的东西。有人或许会说,康德的看法可能只有在有关种种外在事物的知识方面才是可理解的,在有关自我知识的方面则纯然是幻想的。我们借助于一个较为粗糙的类比来处理这个问题。

根据康德的观点我们在外感官中把某种半透明的屏幕置于我们面前,种种印象从屏幕的另一面投射到屏幕上,并且能够被我们看到。我们必须假定,某物把这些印象投射到了屏幕之上,就像是

* 乔瓦尼·秦梯利(Giovanni Gentile,1875—1944),意大利新黑格尔主义哲学家、教育家和臭名昭著的法西斯主义政治家。——译者

某种电影放映机；但是，由于我们不能走到屏幕的另一面去，那么，坚称我们绝不能知晓（认识到）那实在地所是的东西，这样做就是足够合理的。在自我知识的情形中，处境是截然不同的；因为，在那里，电影放映机（或者无论别的任何东西）和我位于屏幕的同一面，而且，实际上，我被假定为转动（电影放映机的）手柄的那个人格。既然如此，又如何能够坚称，我依旧只能知晓（认识）那个显现在屏幕上的东西，并且对那个作为其根据的实在物不能有任何知识呢？[①]

即便没有类比的帮助，我们也可以提出相同的论点。如果我的活动“刺激”我的意识，并且凭此成为心灵的一个状态（该状态是通过内感官而被知晓的）的根据，那么，我无疑就必须同时知晓（认识到）作为我自己的活动的某物和作为由此导致的心灵状态的某物。

康德并没有忽视这一点。他说，一个理性行动者身上的**纯粹的**活动**直接地**进入到意识之中，而不是通过刺激诸感官进入到意识之中。[②]

这看起来有那么一点像是亚历山大教授（Professoer Alexander）所谓的“享有”（enjoyment），而不是“沉思”（contemplation）。它似
乎是一种特殊种类的自明性（self-evident），对于这种自明性，我们 237
希望有一个更为充分的解释。[③] 康德赋予这种觉知性（awareness）

---

① 为了完善这个类比，或许我还应该补充说，除非我从自己这边有所作为，否则的话，从远侧投到屏幕上的东西依然是不可见的。但是，这一点是令人怀疑的，因为康德主张说，具有外感官而没有内感官（从而没有对时间的意识）——例如，在一些动物的情形中——也是有可能的。

② 《奠基》，第 451 页＝第 85 页。

③ 参见第一章，§ 9。

的名称是“纯粹统觉”(pure apperception)。[①]

康德并不相信,这种纯粹统觉凭其自身就能给予我们关于我们自己的知识。在一切关于对象的知识中(包括关于作为对象的我们自己的知识中)都必须同时有感官和思维在场,同时有被动性与主动性(活动性)。思维是诸观念的来源,感官是诸直观的来源。思维活动的自我意识仅仅是一种对它据以发生作用的那些原则(或者观念)的意识。我们能够凭借抽象把这些原则分离出来,但那时我们所拥有的就不是心理学,而是逻辑学,即对思维活动本身必然地必须据以发生作用的那些无时间的原则的一种觉知(awareness)。如果我们企图知晓(认识)任何个体的事物,我们都必须把经验性的要素带进来,这些要素在任何时候都出现在现实的思维之中;但是,只要我们这样做了,我们就把感官(尤其是内感官)带进来了;所以,关于作为个体的我们自己的知识(以及关于作为个别事件的我们的思维的知识)在任何时候都是对如其在时间中显现给我们那般的自我的意识。

看起来,“知晓着的自我”(进行认识的自我)以一种奇怪的方式不同于那个已知为时间中种种精神状态的一个演替的自我。尽管它们只是从不同视角来看待的相同的自我,但第一个自我似乎是第二个自我奠基于其上的那种实在物。[②] 然而,当我们试图去知晓(认识)那个“知晓着的自我”(进行认识的自我)时,我们是在

---

① 《纯粹理性批判》,第 A115—116 页＝第 B153 页;《人类学》,第 7 节,第 141—142 页。

② 现象的自我的内容也部分地奠基于一种自我之外的实在性,也就是一个就其自身而言的事物。

白费力气，并且在任何时候都只能把握到一些新的精神状态而已。同样，如果我们试图去看我们自己的双眼，我们是在白费力气，并且在任何时候都只能看到别的什么东西。无论如何，我们必须把我们的自我设想为一种依据某些（我们能够理解其必然性的）原则把种种被给予的 sensa（感觉）和印象绑定在一起的力量。正因为如此，康德才会说，统觉的综合统一就是一切知性应用附着于其上的最高点。[1]

在所有这些中，我们必须记住，康德关心的是自我为了要知晓（认识）——也就是去经验——物理世界与其自身的精神历史所必须拥有的那种统一性或同一性。这个问题不能跟另一个截然不同的问题混为一谈——即揭示出自我为了作为一个自我而被知晓（被认识到）所必须拥有的那种统一性或同一性。[2]

康德并没有把知晓着的自我（进行认识的自我）设想为一个永恒实体，而是把它设想为一种主动性（活动性），一种依据某些必然原则的综合的纯粹活动[3]。这样做的一个困难是：纯粹活动（纯然被设想为抽掉了其一切感性伴随物的活动）必须设想为无时间的，并且必须仅仅展现于（甚至等同于）我们能够理解其必然性的那些 238
无时间的综合原则。我们要把一种活动设想为无时间的，这个提

[1] 《纯粹理性批判》，第 B134 页脚注。康德的诠释的核心缺陷在于，他总是假设统觉的分析统一是最高的点——同样是不以任何东西为根据的——并且，他把这种分析统一等同于“我就是”的同义反复的命题。

[2] 参见本人的论文《自我同一性》，收录于《心灵》，第 38 卷（N. S.），第 151 期，尤其是第 328—329 页。

[3] 康德用“纯粹活动”意指没有和感觉混合的活动。

议如今是哪怕有些不情愿也不得不接受的。[①]

另一方面，我们现实的经验性的思维是前后相继的，并且已知为前后相继的——正如康德所承认；[②]它对于我们显现为时间中的种种精神状态的一种演替（前后相继）。但是，根据康德的观点，一切经验性的思维中都有某些必然的统一性原则，它们自身是无时间性的，尽管它们前后相继地在时间中展现出来，那是因为它们（如其所是地）被嵌入到经验材料之中的。如果我们从这个角度进入这个问题，难么难点就是：很难看出，为什么这样一些原则（加上一个基本原则，即我们的一切思维中必须有一种必然的综合统一）本身就应该被看作一些无时间的活动。

对此悖论，我们必须稍后再来讨论。[③]

§5. 理性的活动

凭借无论何种可以直接地进入到意识之中的纯粹活动，人类必须把他自己解释为属于这样一个世界，康德在此把不仅把它描述为理知的（intelligent）世界，而且还描述为“理智的”（intellectual）世界——也就是说，这个世界既是理智的，也是理知的，或者，它之所以是理知的，正因为它是理智的。[④] 这是一个巨大的进步；但是，我们在考虑它之前，必须先弄清楚康德想到的这种特定的纯粹活

① 参见《纯粹理性批判》，第 A37 页＝第 B54 页。

② 《纯粹理性批判》，第 A210 页＝第 B255 页。

③ 第二十六章，§ 8。

④ 《奠基》，第 451 页＝第 85 页。亦可参见第二十五章。

动。他所强调的这种纯粹活动是理性的理论的活动，就跟他先前对自由的讨论一样；[①]但是，这一次，理论理性在其特殊的批判意义上被当作一种理念的能力(a power of Ideas)。[②]

康德为什么把理论理性涉及无条件者的诸理念(Ideas)的这种特殊功能单挑出来呢？

理性在其最一般的意义上作为最高的认识能力拥有其自身的诸原则，[③]康德似乎凭借传统逻辑学所认识到的在判断与三段论的诸形式中发现了它们，但是它们能够以一种更为令人信服的方式来加以描述。[④] 在这种一般的意义上，理性必须把它自身视作其自己的诸原则的创作者，并且把它自身视作依据这些原则而运作的，这也正是我们说"它必须根据自由的预设而运作"的根据。[⑤]

根据康德的观点，这些原则(它们展现于判断的诸形式中)规定了一切对象(只要它们作为对象而被知晓)都必须拥有的某些必然特征。[⑥] 然后，它们被称作知性的诸范畴(categories of the understanding)，在此，"知性"一词在其特殊的批判意义上被使用。239
知性必须把自己的活动设想为自发性的，并且因此必须在自由的预设下运作；但是，尽管其诸范畴是纯粹理性活动的产物，并且不是通过抽象从那些被给予感官的东西中派生而来的，但它们在康

① 第二十一章，§3。

② 第九章，附录，§4 和§5。

③ 第八章，§2。

④ 参见《康德的经验形而上学》，第1卷，第553—554页；尤可参见赖克(Reich)：《康德的判断表是否完整》(*Die Vollständigkeit der kantischen Urteilstafel*)。

⑤ 《奠基》，第448页＝第81页。

⑥ 第九章，附录，§2；第二十二章，§7。

德眼中似乎由于当前的论证而有着某些缺陷。这种缺陷无关乎它们的起源，而是关乎它们的应用：它们仅仅服务于把感觉的诸理念(sensuous ideas)置于诸规则之下，并由此把它们结合在一个意识之中。[①] 对于讨论中的诸规则，我们以“每个事件都必须有一个原因”为例，该原则应用于(且仅应用于)时间中的种种感知的事件。

《纯粹理性批判》的研究者们对这一切都十分熟悉，我们在此也只能独断地对它们做出说明。

因此，无论何其主动或自发，无论何其不同于感官(感官是被动的)，知性无论如何都与感官紧密结合在一起，并且旨在知晓种种感知的对象。理性却没有任何这样的限制。在其特殊的批判意义上，理性表现出如此纯粹的自发性，以至于凭借其诸理念(Ideas)，理性超出了任何感性能够当作一个对象提供给它的东西。理性设想无条件者，并且能够表明，如果我们把感知的世界思维成无条件者，那么，我们就不得不陷入种种矛盾之中。对于这些矛盾，理性通过把感知的世界当作有条件者来对待，并且把无条件者归于理知的世界来加以解决；而且，理性由此肯定了感知世界与理知世界的(我们在知性的层面上必须要做出的)区分。在这样做时，理性就履行了其最高职能，并且能够为知性设定种种限制。[②]

并不十分清楚的是，通过聚焦于纯粹理性的这一特殊功能，康德获得了什么东西：实际上，他本人马上就说得仿佛他的论证乃是给予最为一般意义上的理性，按照这种意义，理性对立于我们的种

---

① 《奠基》，第 452 页＝第 85 页。

② 《奠基》，第 452 页＝第 85 页；《纯粹理性批判》，第 Bxx—xxi 页(包括脚注)。亦可参见第九章，附录，§ 4；第二十二章，§ 7。

种较低的能力，无疑包括感官的能力，或许还包括想象力的能力。或许，他受到这样一个事实的影响，即无条件者的理念（Idea）迫使我们超出经验的种种限制，强迫我们认定，无条件者必须在就其自身而言的诸事物中才能被发现。[①] 或许，在这个方面，理性最为明显地表现为一种完全有别于感官的能力。[②] 或许，一个进一步的根据是：作为一种诸理念的能力（a power of Ideas）的理论理性最为接近纯粹实践理性，并且因此使得从理论的东西到实践的东西的段落更加容易理解。但是，不考虑所有这些东西，该论证（如果毕竟是有效的）似乎对就其一切形式而言的理论理性都是有效的；因为，一切理性都必须假定它自己是一种依据其自身的诸原则而自发活动的能力，无论它针对的是何种对象。

§6. 理知世界的成员 240

康德的结论是：一个理性存在者必须把他**作为理智**的自己看作属于理知世界的，而不是属于感知世界的。[③] 必须要记住，这仅仅是思维的一个必然预设，而不是一个知识主张。还应该注意的是，自我（无论在此处还是在别的地方[④]）似乎被看作属于感知世界的，这不仅因为它是通过内感官而被知晓的，而且还因为它能够被动地获得种种感觉。

---

① 《纯粹理性批判》，第 Bxxi 页。

② 参见第九章，附录，§6。

③ 《奠基》，第 452 页＝第 86 页。

④ 《奠基》，第 451 页＝第 85 页。

因此，一个理性存在者拥有两种看待他自己的立场。从这两种立场出发，他都能知晓一些使用他自己的能力的法则——要注意对法则的这种强调——从而知晓他的一切行动的法则。[1] 他把他自己看作属于感知的世界的，就此而言，这些法则是自然的因果法则。他预设他自己属于理知的世界，就此而言，这些法则是理性的原则，它们并不是经验性的，而是独立于自然的。

如果我们把自己局限在诸法则或者诸原则之上，那么，康德的论点似乎是完全合理的。难点在于所谓的“理知世界的成员”(membership of the intelligible world)，要是我们不止把这设想为被置于理性的诸原则之下的某物。从这个“成员”出发，康德接着(无论是通过推论还是进一步的洞识)坚称，他的学说同等地适用于一个被假定为凭借其理性行使原因性的理性存在者。人作为理性存在者必须设想他自己依据理性的种种独立原则而愿意，也以相同的方式思维。正如我们已然看到的，这就意味着，他必须把他自己设想为在自由的诸法则之下行动，并且因此在自律的原则与道德的定言命令式之下行动。

我们只需要补充，作为同时属于感知世界与理知世界的，作为理性行动者的我们必然地要据以行动的原则，对于我们来说，就显得是一些我们应当据以行动的命令式。在此，自我似乎不仅作为内在经验的一个对象，而且也作为拥有种种较低能力的——在这种情况下，指的是相对于一个理性意志的情感和欲求——而被算作属于感官世界的。

---

① 在此，康德似乎已经从理论活动过渡到实践活动，并且显然是通过推理的方式。

§7. 理性的诸原则

康德的论证还有很多其他要点需要补充，而且，在考虑这些东西之前，我们必须尝试去评估其价值。但是，无论我们对于这整个论证有着何种想法，他都在一个强有力的根据上坚称，一个理性存在者必须认定他自己既能够依据一些有别于因果法则的理性原则思维，也能够如此行动。认为我们可以（如其所是地）从逻辑思维 241
的诸原则推论出道德性的诸原则，这实际上是一个错误；而且，如果康德的学说想要获得支持，那就无疑必须拥有一种对行动的诸原则的洞识，正如对思维的诸原则的洞识一样。然而，如果相似的预设出现在一切思维本身之中，那么，道德行动的预设就获得了强有力的肯定。

尤其是，一些科学家或心理学家断言，所有这种关于理性的道德原则的谈论都必定是荒谬的，因为人类行为恰如行星运动一般是由因果法则所规定的，对于他们，我们有了一个可能的回答。康德的回答是，从一种视角出发，这种论点是正确的，但还有另外一种视角；此外，即便科学家在断言决定论为真时，也必然要采取这个第二种视角。因为，决定论者本人也要假定，他自己的断言是依据理性的诸原则而做出的，而不仅仅是从一个由种种 sensa（感觉）、情感和欲求组成的因果序列中得出的一个结果。惟有根据这一假设，他的断言才有权主张为真；而且，如果这种假设对于思考者来说是合法的，那么，对于道德行动者来说，它就不能被独断地当作必然不合法的东西而被抛在一旁。

242

第二十四章　一个定言的命令式如何可能？

§1. 演绎

现在，我们已经进入到康德的这个预备性阐释的结尾，而且，我们很自然地期待，康德会给出他对定言命令式的先验演绎。我们即将要研究的这个小节的标题也强化了我们的期待。它被命名为："一个定言的命令式如何可能？"[①]

康德（按照他的习惯）给了我们一个预备性的阐释，并紧随其后又给了我们一个可以叫作"权威性的"阐释，这时，他期待我们借助于这个预备性的阐释来解读这个权威性的阐释；而且，有时候这个权威性的解读倘若单凭自身是难以理解的。[②] 当前，我们遇到的就是这种情况。他为自己先前的论证给出了这样一个简要的、近乎敷衍的概括，以至于我们不免感到有些虎头蛇尾。然而，他确实补充了一个看似新颖的要点，而且，他（如通常一样）通过援引日

---

① 《奠基》，第 453 页＝第 87 页。

② 这种处理方式的一个例子是第一版《纯粹理性批判》中对范畴的先验演绎的第二个和权威性的阐释，参见第 A115 页以下。

常道德判断为确证来继续他的整个论证。

§2. 补充的论证

他的新论点表述得有些含糊,[①]但是,其目标明显是把他先前的论证都整合起来。把自由等同于自律,在如此定义自由之后,他还坚持认为,一个理性存在者必须在自由的预设之下思维与行动。他坚称,这一预设既不是自相矛盾的,也不会为经验所排除,只要我们把握到从两种视角出发考虑实在物的必然性。一个理性行动者必须从一个视角出发把他们自己看作属于理知的世界,并且在自由的理念(Idea)之下行动。从另一个视角出发,他必须把他的种种行动看作属于感知的世界,并且看作服从于自然的因果法则。如果我仅仅是理知的世界中的一个成员,我的种种行动就符合自律的原则。如果我仅仅是感知的世界中的一个成员,我的种种行动就符合自然的他律。

如果两种视角是同等的和地位相当的,我们就很难看出自己 243
将会被带往何方。康德的新论证似乎旨在表明,一个视角必须从属于另一个视角。**理知的世界是感知的世界及其种种法则的根据**。[②] 因此,我在自律原则之下行动的自由意志(它属于理知的世界)也依然能够是那些在自然的因果法则之下的种种行动(它们属于感知的世界)的根据。我的自由意志和我的那些被规定的行动

① 我将在附录中处理这个含糊的问题。

② 《奠基》,第453页=第87页。亦可参见《奠基》,第461页=第97页。那里的说法是,显象必须从属于就其自身而言的事物的特性。

之间的关系一点也不稀奇，它只不过是我们必须要设想的理知的世界与感知的世界的这个种关系下的一个特殊的属。

§3. 结论

康德论证的其余部分遵从惯常套路。[①]

我必须把我自己设想为一个属于感知世界的存在者，鉴于这一事实，我还必须承认，我自己（作为理智）"服从于理知世界的法则，也就是说，服从于理性的法则[②]，理性在自由的理念（Idea）下包含了理知世界的法则。"这个法则等同于自律的原则，而且，我们的一切行动都必然地与之相符，只要我们仅仅是理知的世界中的一个成员。然而，我必须还要把我们自己看作感知的世界中的一个成员，并且因此受到种种欲求和偏好的刺激与阻碍。由此得出，我必须把自律的原则看作一个针对我自己的命令式，并且必须把符合这一原则的那些行动看作义务。

这种学说对我们来说一点也不新鲜[③]，但我相信——尽管有些犹豫不决——康德认为，惟有当我已经看出，理知的世界就是感知的世界及其诸法则的根据，并且因此，一个理性的意志能够是——从一种视角来看——那些原因性地被规定的行动的根据，我们才能充分理解这一学说。

---

① 《奠基》，第 453 页＝第 88 页。

② 像某些译者一样，我们可能会忽略"（……的）法则"（the law of）一词。

③ 参见《奠基》，第 414 页＝第 37—38 页；同时，亦可参照《奠基》，第 455 页＝第 89 页。

很可能，就康德似乎在这个段落中把理知的世界中的法则等
同于理性的或自由的法则而言，他似乎提出了一个新的要点。但
是，我们绝不能认为，他把“理知的世界必然地以积极意义上的自
由为特征”当作一个知识来主张。他并不是在论证说，由于我们把
我们自己设想为属于理知的世界，并且因此服从于其已知的种种
法则，我们也就因此必须把我们自己设想为处于自由的法则之下。
离开了我们对自己理性的种种必然原则的知识，我们就无从得知
这个理知世界的任何法则。[①] 我们最多可以说，我们知道——或
者至少认为——这个理知的世界不能被置于自然法则之下，但这 244
样一个观念纯粹是消极的。康德或许真的认为，理知的世界也是
一个理智的世界，我们能够成义地**相信**理知的世界（intelligible
world）也就是一个理智的世界（intellectual world），但这（至少主
要地）是基于我们的道德洞识，并且因此不能被用来证义一种伦理
学说。

§4. 演绎的失败

似乎足够清楚的是，康德的论证作为一个对道德性的最高原则的演绎已经失败了。当然，根据“演绎”一词的日常意义，这里根本就谈不上一个演绎的问题：我们不能凭借推论从自由的预设中

① 在其纯粹活动性的方面，一个理性行动者必须把他自己看作属于理智的世界（intellectual world）的，**然而，对于这个理智的世界，他没有任何进一步的知识**，参见《奠基》，第 451 页＝第 85 页。亦可参见《实践理性批判》，第 43 页＝第 157—158 页（＝第 74 页）。

推导出道德性，更不能凭借推论从“我们是一个理知的世界中的成员”这一预设中推导出预设自由——积极意义上的自由——的必要性。即便使用康德意义上的“证义”(justification)，我们也不能凭借道德性自身以外的任何东西来证义道德性：在一个理性行动者的运作活动中，除了道德性的原则之外，再没有更高的原则。

这个反驳本身就是致命的，但无论如何，我们对于所谓的“预设自由的必要性”没有任何独立的洞识。我认为，康德提出，自由(如是意义上的自由，即一种符合理性的诸原则的能力)是一切思维的一个必然预设，这确实是富有创见的与健全合理的。这一点可以为在行动中预设一种相似的自由的做法提供辩护，但它不足以证义这种预设。对预设意志自由的证义不能仅仅依赖于我们对道德行动的原则的洞识，道德行动的原则也因此不能从意志自由的预设中推导出来。

即便自由的预设能够独立于道德洞识而被确立起来，我们所面临的种种困难也不会被克服。我们正试图要表明的是，一个理性行动者本身将必然地依据自律原则而行动，并且应当如此行动，只要他非理性到足以被诱惑着不这样做。这是一个先天综合命题，我们也因此需要一个“第三项”来证义我们的说法，即“是一个理性行动者”和“只根据那些能够同时被愿意成为普遍法则的准则而行动”之间必须有一种必然的联系。如果这样说会令人有些诧异，即一个纯然的理念(Idea)，譬如自由的理念(Idea)，能够为此意图而作为一个“第三项”发挥出令人满意的作用，那么，康德的断言就是成义的，即从一种实践的视角出发，对一个在自由理念(Idea)之下行动的存在者来说有效的法则，就必定也对一个已知事实上自由的存在者来说有效。但是，即便果真就是如此，他想在“自由的理念(Idea)”和“依据一个自我强加的普遍法则的行动”之间确立起一种必不可少的联系的企图，也有着(正如我们所看到的[①])一些十分明显的弱点。如果我们想要为他辩护，那么，我们就必须要表明，这些弱点可以被克服，但它们是否有可能被克服掉是令人怀疑的。

然而，最大的困难还是如是一个断言，即一个理性存在者必须 245
如此这般在自由的预设之下思维与行动。即便我们并不怀疑——而且，我看也没有任何理由怀疑——这个断言的真理性，我们还是必须要追问：其逻辑特性是什么？在此，我们是有了一个新的**先天**综合命题吗？如果是，那么，我们原先的困难就只不过是被延后了，而且，我们还必须要去寻找另一个“第三项”，以便把这个新命题的主词与谓词连结起来。鉴于已经给出过的理由，我们几乎不可能在我们的“理知世界的成员身份的理念(Idea)”中找到这个第三项；而且，即便我们可以在那里找到它，我们岂不是提供了又一个新的**先天**综合命题，我们岂不是有职责要寻求另一个“第三项”，以便把“一个理性存在者”与“理知世界中的成员身份的理念(Idea)”连接起来？看起来，除非我们能够(在某些步骤上)获得对一个理性存在者本身的必然活动的洞识，否则这种进程就会无限继续；而且，在那种情况下，我们最终就必须依赖于一个在某种意义上自明的命题。[②]

① 第二十章，§5。

② 参见第一章，§9。

§5. 对自律原则的直接洞识

如果我们承认，对一个理性存在者本身的必然活动的直接洞识是可能的，那么，我们是否真的还需要康德的复杂机制来确立自律原则呢？正如他本人所言，[①]人类心灵并不总是一开始就能找到通往其目标的最短路径。我们难道不是对自律原则本身拥有直接的洞识吗？而且，这不就是康德的论证所假定的吗？

如果我们考虑一下理论理性，那么，一个理性存在者必须对理性思维的原则拥有直接的洞识，而且必须把他自己设想为有能力依据这些原则而思维的。此外，他必须把这些原则设想为对一切理性存在者本身都有效：无论这些原则详细说来到底是什么，它们都必须被设想为拥有普遍有效性。除非我们接受这一点，否则的话，一切理性的论述，以及（实际上）任何能够被恰当地叫作"思维"的东西就都终结了。[②]

相同的学说同等地适用于实践理性。一个理性行动者必须对理性行动的诸原则拥有直接的洞识，并且必须把他自己设想为有能力依据这些原则而行动的。此外，他必须把这些实践原则设想为对于一切理性存在者本身都有效的：它们也必须被设想为具有普遍有效性。然而，这就等于是说，一个理性存在者本身必然愿意

① 《自然》，第476页脚注。

② 根据康德的理论，我们可以设想一种直观的知性，它跟我们自己的知性截然不同，但是，我们至少必须认定，理性思维的诸原则必须对一切人类理性存在者都有效，即便它并不对一切有限的理性存在者都有效。参见第九章，附录，§6。

依据一个对一切理性存在者本身都普遍地和无条件地有效的原则而行动。这个命题与康德通过分析日常道德判断的内涵所揭示出来的自律原则是一回事；理性行动的这些原则（就跟理性思想一样）不是从外部强加给一个理性存在者的，而是他自己的理性活动 246
的必然原则，并且在这个意义上是自我强加的。

如果这一论点在理论理性方面得到了承认，却在实践理性方面遭到否认，那么，举证责任无疑归于那些至少看似做出了这一任意区分的人们。

如果康德的自律原则能够表明自己是一切道德判断的必要条件，从而也是一切道德行动的必要条件，那么，我们或许会赞同这一原则。然而，如果我们能够合法地主张，作为自身就是理性行动者的存在者，我们对这个原则的必然性（在就其自身而言被考虑时）拥有一种直接的洞识，那么，该原则就会极大地增强。

§6. 自律原则是分析的吗？

即便我们主张自己作为理性行动者对自律原则拥有一种直接的洞识，我们还是必须要面对一个问题，即该原则本身是综合的还是分析的。

尽管康德多次做出相反的断言，但我们不能不加考虑地拒斥一种可能性，即自律原则或许是一个分析的命题。当然，“一个理性行动者本身必然会理性地行动”这一命题似乎是分析的。但或许并不那么清楚的是，我们是否必须把如是一个命题也看作分析的，即“理性地行动就是依据一个对一切理性行动者本身都有无条件地有效的原则而行动”。

当然,后一个命题似乎依赖于对“理性活动本身”的概念的直接洞识,而且,如果这足以构成一个分析的命题的话,那么,它就必须是一个分析的命题。然而,如果有人主张说,出现在每个分析命题中的主词概念都必须是纯粹任意的,那么,我们就必须与康德一起坚持认为,我们的这个命题不是分析的,而是综合的,而且(由于它陈述了一种必然性)它必须是先天的:它并不依赖于对一个任意概念的分析,而是最终依赖于对一个(如同我们自己所是的这种)理性存在者的必然活动的直接洞识。

整个问题又引发了一些在此处无法加以讨论的逻辑问题。我们只能说,如果这是一个分析的命题,那么,它就是一个关于实在物的分析命题。[①]

绝不能含糊其辞的真正本质性的要点是,作为最后一招,康德主张对一个理性存在者本身的必然活动的一种特殊的和直接的洞识,无论那个表现了这种洞识的命题具有何种逻辑特性。在这个方面,正如他本人在其他地方所承认的,我们对实践理性的诸原则的洞识与我们对理论理性的诸原则的洞识有着相同的根源。实际上,我们对纯粹实践理性的意识与我们对纯粹理论理性的意识一样,都源自我们对一个理性存在者本身在行动中与思维中必须要遵从的那些必然的与无条件的原则的意识。[②]

247 我几乎不需要补充,倘若没有对日常道德行动与日常道德判

① 参见第十二章,§2。

② 《实践理性批判》,第30页=第140页(=第53页)。

断的个人经验(personal experience)——如果我们可以如此称呼它——那么,我们就无法获得对一个理性存在者本身必须据以行动的那些原则的直接洞识。我们已经逐渐地把这些原则从它们的种种经验性的伴随物中分离出来;但是,当我们成功地使它们解脱出来之后,我们就会在其中发现一种必然性与可理解性(理知性),任何纯然的经验概括都不会有这种特征。在这个方面,与理论理性的对比也是完全一样的。

§7. 自律的命令式

到目前为止,我们仅仅把自律原则看作一个理性行动者将必然地据以行动的原则,只要理性充分支配了他的种种激情。有人或许会提出,我们还是必须要解释,该原则如何能够是一个命令式,是一个理性行动者应当据以行动的原则,只要他非理性到足以被诱惑着不这样做。或许,正是就其"作为一个定言的命令式"这一特殊特性而言,康德才把该原则描述为一个先天综合命题?

这个问题的答案是否定的。我们一旦接受,自律的原则就是一个理性行动者本身将必然地据以行动的原则,那么,我们就不再需要其他先天综合命题以断言,它对于那些不完全理性的行动者来说也是一个定言的命令式。

康德的整个论证程序都支持这种观点,它还可以从康德对假言的诸命令式的处理中得到证实。康德确立起如是原则之后,即"一个理性行动者,如果他愿意这个目的,那么,他本身必定必然地愿意这个手段”，他发现，把该原则转化为一个假言的命令式，这没有任何困难——或许，他本应发现更多的困难。他把这一点当作理所当然的，即“如果有任何事情是一个理性行动者本身必然要作的，那么，它也就是一个理性行动者应当要做的，只要他被诱惑着不这样做”。在定言命令式中，也有完全相同的假定，从“一个道德原则”到“一个定言的命令式”过渡的段落不需要任何其他证义，尽管“理知世界是感知世界的根据”这个论点可以为其提供辩护。

如果说，一个假言的命令式是一个分析的命题，这是因为该命令式建立在一个分析的原则之上；以及如果说，一个定言的命令式是一个**先天的**综合命题，这是因为该命令式建立在一个其自身就是一个**先天的**综合命题的原则之上。

§8. 理性的客观原则

康德对定言命令式的证义最终被化约成这样——即一个理性行动者本身对自律原则拥有直接的洞识，该原则是一个理性行动者（带着对其种种激情的充分支配）将必然地据以行动的原则。正
248 是从这个基本的论点出发，才推出了定言命令式。该论点为理论理性的一种相似的、对其自身必然原则的洞识所支持，而且，整个这个学说声称是唯一能够使日常道德判断变得可理解的学说。如果该学说能够制定成一个完备的体系，那么，后一个主张就会获得强有力的证实，尽管这种证实本身绝不是某种证明。[①]

① 《奠基》，第 392 页＝第 9 页。

这种对直接洞识的终极主张，我们无须感到惊讶：该主张既符合康德的一个一般看法，即理性对于自己来说必须是透明的，也符合他的一个道德观点，即寻常人的普通理性就是行为的一个充足的指导。

对于实践理性来说，我们对其必然性拥有直接洞识的那些原则，就是以我们的五个定言命令式的公式（尤其是自律原则）为基础的原则。对于理论理性来说，想要明确这些原则并不是一件容易的事情。我相信，它们涵盖了思维的必然且普遍的形式，康德部分地将这些形式等同于判断表和三段论表（他本人做出了些许修订）。它们还包括知性的诸原则（尽管这些原则由于涉及时间和空间而被复杂化了），并且很可能还包括统觉的必然综合统一的最高原则。最后，它们还包括理性的诸理念（Ideas），即康德自己的术语意义上的理性的诸原则，尽管这份原则的清单无须就此穷尽。[1]

援引《纯粹理性批判》中的复杂学说来加以确证，这对于那些没有读过这本著作的人们来说没有任何分量，只能鼓励那些读过的人们产生怀疑；我也压根不认为，康德在这个艰难领域的先驱性劳作并不需要最为重大的修订。但是，如果我们考虑到理性的一个理念（Idea）——即一个体系的理念（the Idea of a system）——我希望，我们至少可以看出他的总体学说是合情合理的。

作为一个思维者，每个理性存在者本身必定都必然地——并且知道，他必定必然地——致力于一个完备的体系：[2]他们既不能

① 《奠基》，第 452 页＝第 85—86 页。

② 参见第九章，附录，§ 6。

停留在种种矛盾和不一致中，也不能让他自己满足于一些松散的目的，尽管他可能会由于一些实践上的根据而这样做。“一个理性思维者本身”，这个必然的理想能够建立在除了理论理性对其自身必然活动的洞识以外的其他任何东西之上吗？

作为一个**行动者**，每个理性存在者本身必定都必然地——并且知道，他必定必然地——致力于一个完备的体系：他不能满足于一些有限的目的，或者欲求和欲求之间的、人与人之间的、国家与国家之间的抵触和冲突。这样一个体系必须是一些其目的乃是基于人的种种欲求的行动的体系，但这个体系是一个理性意志的目标，而不是任何欲求的对象或者种种欲求的集合体。“一个理性行动者本身”，这个必然的理想能够建立在除了实践理性对其自身必然活动的洞识以外的其他任何东西之上吗？康德的五个公式无非
249 就是对这样一个必然的——也就是说，客观上必然的——行动体系的一种哲学分析，它始于作为其形式的普遍法则，终于要在时间中实现的“一个目的王国”的完备理想。

理论理性与实践理性之间的这种比较或许没有被阐述得十分确切，而且，它们之间的差异或许与其相似性一样富有启发性。我想指出的一切就是，这是一个没有经过应有的考虑就不能轻易拒斥的思路。除非我们接受（即便不在理论上，也要在实践上）“理性的一个客观原则”这个理想，否则的话，从长远来看就会导致疯狂。除非我们接受“实践理性的诸客观原则”这个理想，否则的话，从长远来看就会导致罪恶的疯狂；而且，近期的种种事件表明，或许并没有我们想象的那么长远。

§9. 理性与无条件者

在《奠基》的最后部分，还提出了一个进一步的要点。根据康德的观点，理性必须设想一种无条件的道德法则，并且力争实现它，该法则对于人类存在者来说必须是一种无条件的或定言的命令式。[①] 若非如此，对于我们来说，就根本没有什么无条件的或绝对的善。

作为理性行动者，我们全都能理解，如果我们愿意目的 Z，那么，我们就应当愿意手段 Y。这赋予我们一项有条件的职责与一种有条件的善，一种作为手段的善。但是，作为理性行动者，我们不能满足于仅仅追求那些作为手段而为善的东西：除非我们能够追求一种无条件的与就其自身而言善的东西，否则的话，实践理性就不能得到满足；而且，若非如此，我们的一切对手段的追求就完全是徒劳无功的。

康德再次看出实践理性与理论理性的一个紧密的相似性。理论理性的功能（当它发现自己所面对的是——如其在经验中所面对的是——有条件者时）就是要去设想无条件者，并且去追求无条件者。

举个例子，我们假定每个事件都是必然的，我们通过揭示出其原因来理解其必然性。按照这种方式，我们通过揭示出其条件来解释一个有条件者。但是，想要理解原因的必然性，我们就必须揭

① 《奠基》，第 463 页＝第 99—100 页。

示出该原因的原因，并且如此 ad infinitum（至于无限）。然而，无论我们走得多远，我们都绝不能抵达除了一个有条件的必然性以外的任何东西，但这个有条件的必然性，相比我们由之开始的那个有条件的必然性，并不更令人类理性满意。理论理性必须设想种种原因的总体性，这个总体性（因为它是种种原因的总体性）本身不能是有原因的。正如我们已然看到的[①]，正是这个理念（Idea）给予我们“一个无原因的原因”或“一个自由因”的（无论何其空洞的）观念。按照相同的方式，如果毕竟有任何必然性存在的话，理论理性就必须设想每种有条件的必然性的种种条件的总体性，这个总体性本身必定是一种无条件的必然性。“道德法则是无条件必然的法则”的观念不过就是理性（在此是实践的理性）在设想——并且追求要实现——一种无条件的必然性中的活动性的另一个例子罢了。

250 如果我们认定，我们只能通过说出其条件才能理解一种必然性，那么，我们显然就无法理解一种无条件的必然性：通过说出其条件来解释它，使我们径直陷入矛盾。因此，康德（带着一个相当不必要的表面矛盾）宣称，道德法则的无条件的必然性是不可领会的，但我们能够领会其不可领会性。更为正确的说法是：我们把它理解为理性的一个必然理想就十分足够了，尽管我们无法在声称通过揭示出其条件来理解它的同时而不陷入自相矛盾。

那些追问我们为什么要履行我们的义务的人就陷入了这种矛盾。他们假定，惟有当我们想要别的什么东西时，我们才要履行我

① 第九章，附录，§4。

们的义务，例如今生的或者来世的幸福。一言以蔽之，他们所追问的是，我们在其下要服从一个无条件的命令式的那个条件是什么。这要么纯粹就是在否认能够有一种无条件的命令式存在，要么就表明他们根本不理解一个定言的命令式到底是什么。

"一个种种条件的总体性"或"一种无条件的必然性"这个理论的理念（Idea）不能给予我们任何知识；因为，没有任何此类对象能够在经验中被给予我们。然而，我们能够依据我们对"一个无条件的道德法则"的理念（Idea）而行动，而且，我们凭此能够在时间中实现一种无条件的与绝对的善。

附录　康德的补充论证

我所谓的这个康德的补充论证由三个命题组成，[①]其中，第二个命题被认为是从第一个命题中得出的，第三个命题则被认为是从第二个命题中得出的。

命题 A：*理知的世界包含着感知的世界的根据*。

很可能，康德在此想到的是如是学说，即"就其自身而言的事物"（thing-in-itself）是感知世界的根据，就它是感知世界中的*质料*（sensa〔感觉〕）的根据而言。这一点是在从感觉的被动性出发的论证中被揭示出来的。[②] 但是，他或许还想到了《实践理性批判》中的学说，亦即"就其自身而言的我"（I-in-itself）是感知世界的*形*

① 《奠基》，第 453 页＝第 87—88 页。亦可参见上文第二十四章，§ 2。

② 第二十二章，§ 6。

式的根据:感性是空间与时间的形式的根据,知性则是诸范畴的根据。我们绝不能忘记,在经验中,心灵必须为世界贡献某些东西,世界凭借这些东西才能被知晓。[①]

命题 B:因此,理知的世界还包含了感知的世界的法则的根据。

251 除非我们同时考虑到上文提到的两种学说,否则的话,这个新的断言就是误导性的。根据康德的观点,"就其自身而言的我"——或者知晓者(knower)的知性与感性——是感知世界的终极的、必然的、普遍的与形式的诸法则的根据,尤其是"每个事件都必定有一个原因"这个终极法则,就感知世界的诸法则都是经验性的法则而言,它们被说成是在就其自身而言的事物那里拥有其根据;因为,就其自身而言的事物就是 sensa(感觉)的根据,在 sensa(感觉)的基础上,科学把这些经验性的法则公式化。然而,尽管经验性的法则既不是,也不能是从一些终极的先天法则中演绎出来的,但它们不管怎样都是这些先天法则的明确化:举个例子,除非依据"每个事件都必须有一个原因"这个预设,否则的话,我们就无法揭示出"缺乏维生素 C 会导致败血症"的道理。[②]

命题 C:因此,理知的世界是(并且必须被认为是[③])直接地[④]

---

① 第二十二章,§7。

② 作为一个体系的种种特定的经验性法则的本性,在《判断力批判》中才充分制定出来。尤其参见第一版前言,三,第 15 页以下。

③ 严格来说,所有这些显然只是一个"必须被认为是什么"的问题:在这里,我们仅仅关心诸理念(Ideas),而不是关于事实的知识。

④ 这意味着,这些法则并不是通过一个已被欲求的目的这个中介来统治我的意志,正如假言的诸命令式所做的那般。

统治着我的意志的那些法则（它们完全属于理知的世界）的来源。

这个说法是如此显而易见地无法从前两个命题中得出，以至于我们很难看出，康德心中所想的是怎样一种精简压缩过的论证。假定理知世界是感知世界中的诸法则的根据，我们也无法推出，它也是直接地统治着我的意志的那些法则的来源；因为，正如他明确说过的，我的意志并不属于感知世界，而是属于理知世界。

我们可以尝试根据这三个命题前面那个段落来重构他的论证。他刚刚重述了他的预备性阐释，并且肯定，就我们把我们自己看作属于理知世界的而言，我们必须把我们的一切行动都设想为是完全符合自律原则的；然而，就我们把我们自己看作属于感知世界的而言，我们必须把我们的种种行动设想为完全被置于他律的原则之下的。[1] 因此，他把如是观点当作已然确立起来的，即我的意志——从一种视角来看——必须被设想为由理知世界的诸法则所统治的，他不需要一个新的推论来把它重新确立起来。他必须要做的事情，就是回应如是一个反驳：无论把我的意志设想为属于理知世界并且由其种种法则所统治的，还是把我的种种行动设想为由感知世界中的一些截然不同的法则——亦即因果法则——所统治的，都是不可能的。他的回答是：这种双重观念没有任何独特之处和值得惊讶的地方，因为——完全抛开我的意志不谈——理知世界在任何时候都必须被设想为感知世界与统治它的诸法 252

[1] 这就等同于那种统治着种种欲求与偏好的法则——也就是说，等同于一种心理学的，而非物理学的因果关系的法则。而这反过来就等同于幸福的原则。如此的难点在于：幸福的原则无法成为对人类本性的种种心理学法则的一个完备的解释；因为，人类事实上经常按照与满足幸福相冲突的方式行动。

则——尤其是因果法则——的根据。尽管认识到这两种法则十分困难，但“我的意志”和“我的种种行动”之间的关系，不过只是“理知世界”和“感知世界”之间的这个（必须被设想为成立的）“种”关系下的一个“属”。

如果这个重构被看作是过于冒险的，那么，大家要注意到的是，前两个命题（它们断言，理知世界是感知世界及其诸法则的根据）被强调为种型（special type），它们并不是为了第三个和最困难的命题而被使用的。如果简单忽略第三个命题，这个论证似乎就更加顺畅得多；但是，对我来说，我的诠释的总体意义是为接下来的内容的假设前提。

第二十五章　其他一些问题

§1. 其他有待考虑的问题

到目前为止，对于康德证义定言命令式的尝试，我们仅仅考虑了它的那个可以叫作逻辑特性的部分。如果他的演绎被化约为对自律的原则拥有直接洞识的主张，该原则对一切理性行动者本身都有效，并且既是道德善性的根据，也是定言命令式的根据，那么，这似乎就有些令人失望了。即便如此，鉴于有些哲学家主张凭借直接的洞识就能够知晓愉快是唯一的善，或者知晓某种事物是善的、某种行动是正当的，跟他们相比，康德的立场并不更为糟糕。实际上，他处于更好的立场之上；因为，享乐主义的主张——独断地说——不仅是矛盾的，而且是错误的；然而，主张对某种事物的善性、或某种行动的正当性拥有一系列独立的和不相关的直观，这并不令人满意，除非我们能够把握某些简单的理知原则，凭借这些原则，这些直观能够相互发生关系，并且被应用于不同的善和不同的职责显得相互冲突的种种特定的处境之中。

然而，康德的伦理学说之中还有其他一些困难，尤其是该学说与他的形而上学之间的联系,它与情感的关系,以及最为重要的,它对理论洞识和实践洞识之间的差异的坚持。如果不涉及对这些话题的讨论,我们的讨论就是不完备的。

§2. 真实的自我

人们或许会认为,康德说定言命令式符合我作为理知世界中的一个成员的真实自我的意志,以此来证义定言命令式,而这也正是我为什么应当服从它的原因。[①] 如果当前的论证中确实有这个意思,那么,它无疑没有获得强调:康德强调的是道德意志的有理性,而不是其推定的形而上学的实在性(真实性)。可以肯定,康德在援引日常道德判断时[②],他主张说,即便一个恶人也希望成为一个善人,而且,这个恶人在这样做时,他就把自己转移到了感知秩序之外的另一种事物的秩序之中,并且以此把他自己移植到理知世界之中,他意识到他自己身上有一个善的意志,这个善的意志构成了他的恶的意志的法则;但是,即便在这里,似乎也并不意味着,
254 他之所以要服从他的理性意志,乃是因为该意志是他的真实的意志,而不是因为它是他的善的或理性的意志。按照他更为哲学的解释,[③]对于纯粹的理性意志的实在性(真实性),他远没有赋予那么重的分量。相反,他说,除了我的那个感性地受到刺激的意志以外,还有一个相同的、作为一个纯粹意志的意志的理念(Idea),它

---

① 亦可参见第二十二章,§2。

② 《奠基》,第454—455页=第88—89页。

③ 《奠基》,第453页=第88页。

属于理知世界。[1]

在另一个段落中，康德把一个人的理智和他的理性意志等同于他的“本真的”自我。[2] 这是必须的，正是因为拥有理智，人类才有别于其他动物，并且使他成为一个自我。惟有作为一个理性行动者，人类才能服从于定言命令式（或者，实际上也服从于任何其他命令式），但不甚清楚的是，当康德说“人类之所以受制于定言命令式，乃是因为他是理知世界中的一个成员”时，他的意思是否不止于此。

然而，其中的一个段落确实表明，康德通过赋予理性的自我一种特殊的形而上学的地位，至少增强了对自我的有理性的诉求。[3] 他坚称，道德法则之所以对于作为人类的我们来说有效，乃是因为它源自作为理智的我们的意志，也就是说，源自我们本真的自我；而且，他继续说——全部加上了强调——属于纯然显象的东西都必然被理性置于如其就自身而言所是的事物（物自身）之后。

这句话的意思多少有些含糊不清，但它看起来像是在说，理智是实在的，种种欲求只是纯然的显象。并且因此，一个理性行动者愿意把他的种种欲求置于其理智之后。

现代人很少援用这种对道德性的形而上学的论证，而且，对于他们来说，种种欲求之所以应当受到支配，无疑是因为它们会导致

---

① 这个理念和我的感性地受到刺激的意志之间的关系，类似于诸范畴和感性直观之间的关系。

② 《奠基》，第 457 页＝第 92—93 页；第 458 页＝第 93 页；第 461 页＝第 96—97 页：Das eigentliche Selbst。

③ 《奠基》，第 460—461 页。

非理性的行动，而不是因为它们本身是非实在的。

我们可以正确地主张——正如康德所主张的——由于人类是一种理性的存在者，只要他把自己的理性仅仅奉献给追求愉快、甚至追求幸福，那么，他在任何时候都不会得到满足，并且始终与他自己相冲突。他的理性拥有另外一种更为本质的功能，因此，他本真的自我无法在一种追逐私利的生活中得到实现，而这样一种生活必定不可避免地产生一种挫败感。这个论点，如果是正确的（我相信它是），似乎就无须形而上学的支持，尽管它或许需要形而上学的辩护。

§3. 理性与欲求的冲突

对我们来说，道德法则必定显现为一个命令式，因为我们是这样一种理性存在者，即我们的理性意志会跟欲求相冲突。按照某些方式，这样一种冲突是难以理解的：按照另一些方式，我们就太能理解它了。康德把那个被看作理知世界中的一个成员的自我与那个被看作感知世界中的一个成员的自我区分开来，试图以此使这种冲突更容易理解。

255 如果我们把这当作一种形而上学的理论（而不仅仅当作一种我们有权据以行动的理念〔Idea〕），这似乎也不能使理性与欲求的冲突更容易理解。很难看出，“如其所是的自我”（self as it is）与“如其显现的自我”（self as it appears）之间如何能够有一种冲突。很难看出，“如其所是的自我”如何能够以任何方式被“如其显现的自我”所刺激。总而言之，很难看出，如果一个理性意志属于一个理智的与非感知的世界，那么，种种欲求对它来说如何能够要么是一种帮助，要么是一种阻碍。

诚若如此，理知世界与感知世界之间的区分就无助于我们理解自律的诸原则何以必须对我们显现为一种定言的命令式：实际上，它把若非如此就更加容易理解的事情弄得更加难懂了。

这个反驳乃是由于我们在诠释上的粗暴，把一个实践的理念(Idea)当作一个思辨的理论来对待，但该反驳在康德的时代就产生了，而且，或许我们只需要注意到康德的回复就可以了。[①] 他说，自然既不会帮助，也不会妨碍自由；但是，自然作为一个显象能够帮助或阻碍自由的诸结果，因为它们也是感官的世界中的诸显象。[②]

§4. 伦理学与形而上学

康德的伦理学——尽管偶有疏漏——并不是建立在他的形而上学的基础之上：更为正确的说法是，他的形而上学(就我们认为形而上学关心的是一种超感官的实在性而言)则首先是建立在他

① 《判断力批判》，导论，九，第195—196页脚注(=第LV页脚注)。

② 为完备性起见，我们必须加上他的其余回答，但它们引发的问题或许比它们解决的还多。他说，即便自由的原因性(也就是说，纯粹的与实践的理性的原因性)本身就是一个隶属于自由的自然原因的原因性(也就是说，主体作为一个人类存在者的原因性，因而被看作一个显象)。这个被设想为处在自由理念(Idea)之下的理知的主体以一种公认地不可解释的方式包含着规定后一种原因性的根据。他用一个圆括号中的插入语来进一步指出——而且，我们可以对照上文§2——理知的东西(被设想为自然的超感性基底)与构成了作为一个显象的自然的一系列因果事件之间的一种相似的关系。

的伦理学的基础之上。对于这个话题,《奠基》中无论存在何种混淆或错误,它们都在《实践理性批判》中得到了极大程度上的清理。

即便在《奠基》中,借助于在一切理性活动中预设自由的必然性来证义自律原则的这个多少有些犹豫的企图,也并不完全是在援引一些非道德的考虑。对于康德来说,自由在本质上是一个道德理想。一种低微的理性受造物的景象引起了他的惊赞和钦敬,该受造物依据他自己的原则,在无处不在的铁律统治下的无边的物理宇宙中,自由地思维与自由地行动。这副景象只不过是"为其自身的缘故的法则"的理念(Idea)的具体体现;但是,康德对这副景象的情感态度(至少部分地)压制了他对自由的个人激情,这种激情也表现在他的政治思考与宗教思考之中。然而,清楚(而且稍
256 后对康德本人也变得更清楚)的是,预设意志自由的必然性(必要性)依赖于对道德性的客观原则的直接洞识。一旦看到这一点,他的伦理学就变得显而易见地独立于其形而上学,并且必须根据其自身的优劣来加以评判。

对上帝和不朽的信念,康德基于他的伦理学来加以证义,但这超出了本书的范围。它们并没有改变其伦理学的内容,它们也既不能对善的意志的最高价值有所增添,也不能对定言命令式的约束性本性有所增添。然而,正如康德所承认的[①],如果人类能够相信,道德生活不止是一项道德事业(在这项事业中,他和他的人类同伴能够在一种盲目而冷漠的宇宙中团结起来直到人类种族的永久覆灭),那么,这种信念就是对道德奋斗的一种伟大的激励,也是

---

① 《奠基》,第 462—463 页=第 99 页。

对人文精神的一种强大的支持。人类无法对如是一种可能性无动于衷，即他朝向道德完善的微薄努力（不管表面上看来如何）符合宇宙的意图，而且，他可以参与到一个神圣领袖领导下的一项永恒事业之中。时至今日，依旧有一些人（他们是幸运的）能够真诚地宣称，他们能够凭借纯粹理论理性知晓，这不止是一种可能性，而是一种实在性。大多数根本就没有接触过现代精神的人都会十分赞同康德，认为他们可以主张说，这是基于他们的种种道德确信的一种合理性的信仰；但是，对于这一话题的讨论属于康德的宗教哲学，而不属于他的伦理学。

还有一些人会认为，康德对一个无时间的与理知世界的信念摧毁了道德性，因为它使得道德奋斗成了非实在的（不真实的）。如果我们认为，他提出了一种关于两个完全不同的世界的科学理论，那么，情况就确实如此。然而，如果我们认为，他只是教导我们说，我们作为人类的任务就是在时间中展示出理性的种种永恒原则，根据这些原则，我们可以理性地相信，这个神秘的宇宙是受到统治的。而且，实际上，跟那些拥有一个神学心灵的、嘲讽它的人们的观点相比，就他们把上帝的活动性看作无时间的、把时间性的宇宙看作一个无时间的意志的展现而言，康德的观点并没有什么不同之处。

§5. 道德兴趣

没有任何人类存在者——这是足够明显的——会凭借如是一个纯粹理智上的认识来确信道德职责，即一个充分理性的行动者将必然地依据一个无条件地对一切理性行动者本身有效的普遍法则而行动。我们不该为此感到惊讶，它也不该被当作拒斥康德哲学的一个根据。即便这个纯粹理智上的体系理想对于一个从不思考的人来说没有任何意义，并且对一个不大爱思考的人来说没有太多的意义，但它也仍然就因为如此就是思维的一个必然理想。如果康德对道德理想的分析对于我们毕竟是有意义的，那么，我们
257 就必须不止有能力高度抽象地思维，我们还必须拥有一些对道德行动的经验。

或许，正是这个哲学分析下的道德理想明显的单薄性，使得康德如此执着于"我们如何能够对道德性感兴趣"的问题。[①] 他在本书的结尾处返回到这个问题，[②]并且宣称，我们除了能够解释"自由如何可能"或"理性如何能够是实践的"之外，再不能对此做出更多的解释了。[③]

根据康德的观点，一个"兴趣"在任何时候都属于那些部分理性、部分感性的存在者。他把所谓的"道德兴趣"等同于敬畏的情感，[④]而且，他在把定言命令式确立起来之后，就要转而考虑道德性中的情感要素，这其实是十分自然的。似乎有些奇怪（也必定看似奇怪）的是，以如此抽象的方式分析出来的一种道德性，竟然能引发如此强烈的一种情感。人们在对定言命令式的服从中**感受到了**他的人格价值（personal worth），并且在同这种人格价值的比较

---

① 《奠基》，第 449—450 页＝第 82—83 页。

② 《奠基》，第 459—460 页＝第 95—96 页。

③ 参见第二十五章，§7。

④ 《奠基》，第 401 页脚注＝第 22 页脚注。

中把纯然的愉快评价为啥也不是的，这又是为何？[①] 甚至，康德或许回到他关于一个定言命令式的可能性这个主要问题的第二种形式——该形式关心的是一个绝对善的意志，而不是一个理性的行动者。[②] 或者，至少说，他或许是在追问：有一些情感伴随着如是判断而产生，即"在对定言命令式的服从中展现出了一个绝对善的意志"，但我们如何能够解释这些情感？

在这个段落中，他把这种情感看作对履行义务的一种愉快或满足，尽管这无疑只是对敬畏的一个不充足的解释。他后来几乎没有再对他已然说过的东西做出多少补充，[③]或许除了把如是一点说得更清楚些，即我们必须要考虑一个纯然的理念（Idea）与一种情感之间的关系，而不是两个事件之间的关系，而且，如果对任何事物的解释都是要说出其原因，那么，只有后一种关系才能被"解释"。他否认我们有可能先天地理解一个纯然的思想如何能够产生一种愉快或痛苦的情感——该观点在《实践理性批判》中得到了相当大的修正。[④]

想要从对诸如一个作为技巧的事物的哲学解释出发来理解那些由技巧的卓越展现所激发的情感，这是不可能的；同样，对技艺（艺术）的哲学解释就更是如此。康德坚持认为，如果我们想要感受到道德善性的最高价值，那么，我们就必须在思想中把它从一切

① 《奠基》，第 449—450 页＝第 82 页。
② 参见第十九章，§ 2。
③ 参见第五章，尤其是附录。
④ 《实践理性批判》，第 73 页＝第 198 页（＝第 130 页）。

关于一个人自己在今生与来世的好处中分离出来；[①]但是，必须要补充的是，对于像人这样的部分感性、部分理性的存在者来说，惟有当他们看到或想象到那种展现在个别人类身上的善性，并且使之更为接近直观时，这种情感才能被十分强烈地激发出来。[②]

258 §6. 兴趣与职责

康德再次(正如他经常做的那样)提醒我们，不要以为道德法则之所以对我们具有约束性，乃是因为它激发了我们的兴趣，或者刺激了我们的情感。相反，它之所以激发了我们的兴趣和刺激了我们的情感，乃是因为它具有约束性，而且被承认具有约束性。

这是一个真理，但却被如今的一些人给忽视了，他们要求我们为了道德给我们带来的更高满足感而成为道德的。我们一旦不再相信道德法则具有约束性，并且不再相信在对道德法则的服从中存在最高的善性，那么，这些所谓的更高满足感就会消失得无影无踪。除此之外，要求人们为了他们能够从道德中捞到的好处而追求道德——无论这种好处采取“承诺上帝将会奖赏他们”的旧形式，还是采取“承诺他们会在自己当前的生活中发现更高的幸福”的新形式——这在任何时候都是对道德性的否定。其中，更旧的形式更为合理，因为它把我们的奖赏延迟到来生，更不容易由于种种明显的事实而陷入矛盾之中。这种形式并没有那么远离一种道德的立场，

① 《奠基》，第 411 页脚注＝第 34 页脚注。

② 《奠基》，第 436 页＝第 66 页；第 437 页＝第 67 页。

并且对人类内心提出了更强的要求，因为它要求我们面对（至少在一段时间内）努力和磨难，舍此我们无法成就伟大的事业。然而，劝诱或威胁人们要成为善的，这在任何时候都含蓄地断言，善性的价值低于愉快或满足的情感。除非（独立于我们的种种情绪之外）有一种无条件的善性和一种无条件的职责，否则的话，就根本没有什么道德性——只剩下机智这种不太值得尊重的品质。

§7. 实践的洞识

康德学说中最为困难的（但也最有价值的）要素依旧有待考虑，但要把这一点清楚无误地表述出来是很困难的。理论洞识与实践洞识之间有一种差异，但我们现在关心的只是实践洞识的特殊特征。

到目前为止，我已经处理了两种洞识之间的相似之处，还没有处理它们之间的差异。在它们两者之中，我们都必须逐渐地从它们的经验性的内容中把那些作用于日常判断的原则分离出来，并且同时把握住这些原则就其自身而言的必然性，以及它们作为自己体现于其中的诸判断的条件的必然性。在它们两者之中，康德都把对原则的领会归于理性的自我意识。[1] 但是，在道德洞识中，讨论中的自我意识是一种实践理性的自我意识；它不仅仅是自我意识的思维，同时也是一个理性意志的自我意识的态度。

这种意志态度必定既出现在日常道德判断之中，也出现在哲 259

① 参见第二十一章，§5。

学的判断之中。因此，即便一个恶人也被说成是意识到了他自己身上有一个善的意志，这个善的意志构成了他的恶的意志的法则。自律原则自身就揭示出了这种自我意识；一个理性行动者知道，他（被看作一个理性行动者时）必然在任何时候都作为一个目的王国中的一个制定法则的成员而行动。道德上的“我应当”（I ought）在任何时候都是一个意识到他自己是一个理性行动者的人格的一个必然的“我愿意”（I will）。康德说，哪怕是恶人，“他相信他自己要成为这个更善的人格”——至少说，当他采取了这种视角，把他自己看作自由的，并且看作理知世界中的一个成员时，他就会这样想。[①]

可以肯定，出现在我们心中的这个“善的意志”的思想被说成是一个理念（Idea）。[②] 一个理念（Idea）不是时空中的任何现实对象的概念；而且，正如我们已然看到的，康德是最不可能主张他自己或其他人拥有一个善的意志或神圣意志的人。[③] 然而，这并不意味着，我们在此所拥有的不过是一个从一切现实的意愿中分离出来的理论观念。每个理念（Idea）（尽管它不是诸现实对象的构成部分）都是范导性的，也就是说，它是一个现实地（无论何其无力地）应用于那个设想它的理性存在者的思维之中的原则。而且，“一个善的意志”的理念（Idea）是一个实践的理念（Idea），对于我们现实的意志来说是一个范导性的理念（Idea），并且（无论何其无力）应用于持有它的理性行动者的意愿之中。如果我们意识不到一个善的意志（如其所是地）在我们心中的激励，如果这个理念

① 《奠基》，第 454—455 页＝第 89 页。

② 《奠基》，第 454 页＝第 88 页。

③ 第三章，§ 5。

(Idea)哪怕对我们的种种希冀全无分毫影响，那么，道德性对于我们来说就没有任何意义。我们就成了牲畜，而不是人类，在这样一种背景之下谈论义务就是荒谬的。

对于康德的道德观念来说，这个观点是基础性的。恶人即便在违背法则的时候，也承认它的权威性。[①] 我们全都承认定言命令式的有效性，即便我们在狡黠地把它的普遍性化约为纯然的一般性，并且伪称我们只是在种种环境的压迫下容许了一个不大要紧的例外时，也是如此。[②] 我们对道德法则的敬畏感(如果消除这种情感，我们就不再是人类)是从对我们的意志从属于法则的意识中产生的。[③] 所有这些说法都必须被认为是在暗示，一个善的意志多多少少都会出现在我们心中。

§8. 现代理智论

不幸地是，康德的这一学说如今很少被严肃地对待。在我看来，这种广泛的忽视很大程度上是因为现代人倾向于拆分事物，而不是把它们看作一个整体。分析比综合更为流行。

因此，“道德中有理性”的现代辩护者似乎也把理性看作一种纯粹理智的能力，其功能(就它并不仅仅关乎推理而言)就是要间接地把握一定数量的分离的与孤立的真理——举个例子，关于“某 260
种事物为善”或“某种行动为正当”的真理。因此，当理性从意愿中

① 《奠基》，第 455 页＝第 89 页。

② 《奠基》，第 424 页＝第 51 页。

③ 《奠基》，第 401 页脚注＝第 21 页脚注。亦可参见第五章，§2—§3。

被分离出来，就很难再相信，理性有能力把握这种真理，因为这种真理与情感态度和意愿态度结合在一起的方式，截然不同于数学真理和逻辑真理。这样一种把握被宣称为（并且因此是绝无谬误的）真理的这一事实，并不能使它们更容易被一个过度在意道德判断中的相对因素的时代所消化；而且，还有一种广泛传播的、但并非不甚合理的倾向，即主张纯粹理智的把握对于种种激情不能产生任何影响。

这种倾向的进一步发展就是对理性的广泛厌恶。这种情况甚至在理论事务中更为显著，一旦理论理性的综合活动遭到忽视或否认，那么，这种情况实际上就是不可避免的。然而，它在道德事务中依旧是更为显著的，在这个领域，未经稀释的相对主义已经从学术研究进入到日常交流的闲谈之中。道德判断趋于被纯然看作个人情感的表达，或者喜好与不喜好的表达，而所谓的道德行动则被看作纯然的风俗或习惯，或者充其量是建立在精明的利己之上的。

因此，被康德描述为“独断论”和“怀疑论”的两种观点在今天也一如既往地盛行，尽管怀疑论更为主流。如果我们把人类的整个人格性拆分成一些分离的与不相干的能力，一方是理论理性，还有一个叫作意志的神秘实体，后者在思维活动发生之后盲目地运作，并且产生种种可以算作继起思维的行动，那么，就必定会产生独断论和怀疑论这两种观点。很容易就可以看出，这样一个实体根本就不能是一个意志，无疑更不是一个自由的或理性的意志：只要它运作了，其种种运作就是某些先在的理智活动或把握的结果。那么，否认这样一个实体，把这个所谓的意志化约成种种冲动（它们的起源或许是在无意识中)的一个复合体,几乎就是不可避免的了。后一种理论依旧是理智论的:它形成于一种旁观者的视角——这是大多数哲学家(甚至大多数心理学家)从他们专业的特有本性出发而趋于采取的视角——而不是一种行动者的视角。

在比较这些观点时,我提出了我自己对现代性运动的诠释,并且是一个概括的诠释。我并不是在断言说,我们明确地被教以"种种分离的和不相干的能力"学说:我的抱怨毋宁是说,它似乎被当作是理所当然的,而且,意志的有理性没有获得充足的讨论。康德虽然明确地拒绝任何要建构一种行动哲学的尝试,但他对实践理性的这种建立在不同层面上的解释至少是一种努力,以考虑种种人类意愿按照何种方式自身就是理性的。除非一众哲学家们跟他一样认识到,意愿活动既是理性的、也是思维的,否则的话,就很难看出我们如何才能拥有任何令人满意的道德哲学。

§9. 康德的目的论 261

康德对这个问题的处理或许有些潦草,他的解决方案或许不甚充分,但如果我们接受他的观点,即意志活动本身就是一种理性活动,那么,我们就可以看到,技巧娴熟的行动、机智的行动与道德的行动之间的关系;我们就可以理解无疑伴随着道德判断的种种情感要素;最重要的,我们就可以认识到,义务既不是一个神秘的东西,也不是一个幻相,而是一个理知的观念,并且是我们实践经验的整个背景中的一个必然理想。

我们采纳康德对于意愿活动的看法时,无须投奉于"实在的与理性的自我具有一种特殊的形而上学地位”的主张，[①]尽管它确实引发了一些关于自由的可能性的形而上学的问题。另一方面，如果我们把有理性看作人类及其意志的有别于他物的特性，那么，我们就确实投奉于如是一种学说，即实际上作为一个理性存在者的共同体中的成员，而不是作为一个孤立的个体，人类的目的就是要在思维与行动中实现其有理性。

有人或许会反驳说，对种种自然欲求的压抑同样会导致挫败感，而且，这些东西无论是在生活中还是在实践理性中都必须占有一席之地。此话不假，但它跟康德的批判没有关系。康德在任何时候都拒斥一种“僧侣式的”苦行主义，这种苦行主义以“自我折磨和肉身受刑”为业，并且最终只能产生一种对德性诫命的隐秘仇恨。康德所说的“伦理的训练”仅仅是在种种自然欲求威胁到道德性时，在必要的程度上抵制它们，成为它们的主人；而且，这样做使人变得顽强，也使人在意识到自己重获自由时感到欣喜。[②] 我的“纯粹道德的意志”的理念(Idea)与我的那个受到种种感性刺激的意志之间的关系，在某种程度上跟诸范畴与我的种种直观的关系是一样的[③]——也就是说，它是一个组织原则，而不是一个压制原则。此外，我们在应用道德法则时必须牢记康德的目的论原则：[④]人类本性中的任何东西都有其适宜的功能与意图，而且，根据康德和柏拉图的看法，惟有在一个理性意志的统治之下，它才能发挥其

① 参见上文§2。

② 《道德形而上学》，德性论，第53节，第485页。

③ 《奠基》，第454页＝第88页。

④ 第十五章，§6。

适宜功能。我们也绝不能忘记，一个理性意志必须使它自己不仅关心我的种种欲求，还要关心他人的种种欲求，惟有在一切人都致力于服从相同的道德法则这个条件之下，人类种种意图的一种和谐一致才是可能的。[①] 康德在任何时候都认为，人有权（甚至有一项间接的义务）追求幸福，只要他在追求幸福的时候不会违反道德法则；他还在任何时候都认为，惟有当一切人都把他们对幸福的追求置于履行他们的义务之后，幸福才能最为广泛地达成——尽管如此一来，幸福就在某种程度上依赖于其他一些人类无法控制的考量。对于他来说，一个理性意志的实现并不反对种种人类力量 262
与人类欲求的最充分可能的实现，反而是后者的条件。

§10. 实践理性的自我意识

当我们清除掉了误解，就可以看出，康德对定言命令式的证义并非基于纯粹理论的论证或洞识，也不是基于情感经验（更别提一种神秘经验），而是基于一种可以叫作实践理性的必然的自我意识的东西。这一论点是否真的有任何意义，还是说，我们不过是在把一些美好的措辞当作幌子，在其掩饰之下，一些亲切的渴望能够作为严肃的哲学理论通过审查？[②]

如果我们想要公正地对待康德的观点，那么，我们就必须在一个理性的自我意识占据了核心位置的完整的哲学背景中来看待

① 《实践理性批判》，第 28 页＝第 137—138 页（＝第 50—51 页）。

② 参见《奠基》，第 453 页＝第 87 页。

它。根据他的观点，构想任何概念（或者至少任何复合概念）就是要意识到我们自己精神活动（包括想象力的活动）的图样或模式。因此，构想一个经验性的概念就是要意识到把感官材料结合到一个物理对象之上时所遵循的图样或模式。构想一个几何概念就是要意识到在构建一个几何图形时所遵循的图样或模式。构想一个诸如"根据与后果"的逻辑概念就是要意识到理性本身的必然活动的模式。构想一个诸如"原因与结果"的范畴就是要意识到想象力的一种把某一时空中的诸对象联结起来的必然活动的模式，并且意识到它们与"根据与后果"的概念相对应。构想理性的一个理念（Idea）就是要意识到理性超出有条件者、达到诸条件的总体性，从而达到无条件者的必然活动的模式。①

我们拥有一种相似的对实践理性之活动的意识或自我意识。在我们的种种准则中，我们意识到"愿意我们的种种行动拥有某种特性"或者"愿意我们的种种行动符合一种模式或一个规则"；而且，该意识是一种实践理性的自我意识，而不仅仅是一种理论意志，被额外添加给一个盲目的与无意识的意愿。在我们的技巧与机智的诸命令式中，我们拥有一种相似的对实践理性的一种必然活动的模式或规则的自我意识，一个理性行动者必然遵从这个模式或规则，只要他充分支配了激情，而且，即便他非理性到足以被诱惑着不这样做，他也应当遵从这个模式或规则。但是，在所有这些中，这个模式或规则服从于一个条件，该条件就是：要追求一个特定的目的。在道德原则中，我们拥有一种相似的对实践理性的

① 参见第九章，附录；第二十三章，§5。

必然活动的模式或规则的自我意识，但在这种情形中，这个原则就不再服从于“我们恰好正在追求一个特定目的”这一条件。

所有这些都过于概括，以至于不太精确，而且，它忽略了许多必要的限定条件，但足以向一位拥有善的意志的读者指明康德思 263
想中的一般思路，只要这位读者更为焦急地想要理解它，而不是想要否定它。

核心要点（也是核心难点）是：关于实践理性的客观原则，我们依旧假定拥有一种对实践理性的必然活动的自我意识，而不仅仅是一种理论的意识，被额外添加到一个盲目的与无意识的意志之上。然而，我们不能假定（就像我们在一个准则中 ex hypothesi〔据推测地〕所做的那样）这些客观原则事实上得到了遵从。因此，实践理性必然的自我意识就显得是一种用词不当。当情况十分明显地并非如此时，我们如何能够说，一个善的意志必定出现在作为理性行动者的人类心中。

§11. 思维与行动

要是我们对如是看法感到不满，即道德判断只是一种纯粹理论的活动，在根本上与逻辑判断或数学判断没什么区别，那么，想要弄清楚道德判断（尤其是哲学的道德判断）与道德行动之间的关系就成了一件极其艰难的事情。我已经提出，我们以某些方式对道德原则的哲学把握类似于我们对逻辑原则的哲学把握。后者必须出现在我的思维之中，但（尤其是在我们已然把逻辑原则公式化之前）道德原则在我们的行动中有多么地模糊不清与不完善，逻辑原则在我们的思维中或许就有多么地模糊不清与不完善。这一点对于康德所谓的“理性的诸理念”(Ideas of reason)来说尤为正确，理性给我们设置了一个理想，即追求每个有条件者的条件，直至我们完成了诸条件的总体，这个总体本身必须是无条件者。这个理论的理想与道德理想一样，是没有能力完全达成的，而道德理想也是理性的一个理想，尽管它已是一个实践的理想。然而，这两个理想(只要抽象地加以公式化)都是理性必然的理想，而不仅仅是一个现实地在理性思维或理性行动中(哪怕不甚完善地)运作的原则。

然而，区别在于：在设想我们理论理性的理念(Idea)时，我们是在自我思维；被思维的思维在种类上并不有悖于那个思维它的思维；所以，主张对这个理念(Idea)的必然性拥有直接的洞识，这似乎没有太多的难处。然而，如果在设想实践理性的一个理念(Idea)时，我们仅仅是在思维，那么，我们正在思维的东西，似乎就是某种在种类上不同于思维它的思维的东西；所以，主张对实践理念(practical Idea)的必然性拥有直接的洞识，似乎存在更多的难处。这个难处是否是因为我们的一个无可救药的习惯——在思维行动时，把它看作仿佛是某种本质上非理智的东西，一个纯然被思维的对象，而不是实践理性的一个活动？我们难道不是应当否认思维与行动之间的分离，难道不是应当说，对道德理想的必然性的把握不止是纯然的理想，而是以某种方式在其自身中就包含了意志的一个活动？简而言之，这种把握难道不是应当被恰当地描述
264 为对实践理性之必然活动的自我意识——一种既是意愿的又是理论的自我意识，它实际上甚至也必须存在于我们的道德行动之中？

这样一种看法当然处境困难，并且难以用言辞准确表述，但我们的道德判断经验表明，其中表达了某种不止是理论的东西，还表达了意志的某些态度。道德判断的这个方面——某种时常被认为是道德判断的东西的这个方面——乃是由一些实证主义者(posivists)指认出来的，[①]尽管他们并没有继续追问，这种意志态度到底是理性的还是非理性的：他们似乎假定，无论何种东西，如果不是纯粹理论的，那就必然地必须是非理性的，对于我来说，这个假定还需要一些证义。

我可能制造了太多的难点，而且，此处或许这样说就足够了，除非我们意识到我们自己心中的某种道德意愿，否则的话，我们就不能期望能把握道德原则的必然性，甚至不能期待能做出道德判断。有件事情至少是确定的。一个道德哲学家没法凭借论辩使人成为善的。他所能做的一切是把善人赖以思维与行动的原则分离出来，这些原则并不那么像某些现代理智论者所伪称的那般晦涩难懂；而且，他能够主张——正如几乎所有道德哲学家所能主张的那般——他对这些原则的必然性拥有直接的洞识。康德进一步主张说，这种洞识在理性方面就是它对自身必然的实践活动的洞识，而且，当我们把理性的本性看作一种(不仅是在思维中，而且还在行动中)自我意识的活动时，这种洞识就是理知的(可理解的)。

如果这种看法是正确的，对于一个追问自己“他为什么要变得道德”的人，我们所能对他说的一切就是：“我们能够以一种或多或

① 参见《G. E. 摩尔的哲学》，第71页以下，G. L. 斯蒂文森(G. L. Stevenson)的一篇有趣的论文。

少清楚而系统的形式给你设定某些原则，它们是善人赖以被评判为善人的原则，并且在某种程度上代代相传；但是，如果你想要确信，根据这些原则而行动是你的义务，以及这些行动是一种卓越的善，并且是人类尊严的一个来源，那么，你自己就必须根据它们而行动。没有道德地行动，你就不能达到道德的洞识，这就好比，没有正确地思维，你就不能达到逻辑的洞识。实际上，在两种情形中，你都必须做出一个决定，并且为信仰冒险。你必须把你自己奉献给你想要理解的活动，而且，无论是关于道德性还是关于逻辑（或者，实际上无论是关于科学还是关于艺术），情况都是如此。切不可荒谬地认为，没有任何个人的经验，你就能够理解和评判道德生活，这是一个错误，对于任何其他种类的人类活动，你都绝不能怀有这种幻想。”无论理论上的事情如何，这就是实践的回答，而且，它似乎符合康德的学说。

对于许多人来说，这种看法似乎都显得无理而荒谬，是一种道德论偏见的产物；但是，他们至少应当追问，他们的谴责是否源自一种理智论的偏见，这种偏见或许跟一种道德论的偏见同样具有误导性。

265 §12. 一些实践上的反驳

对于这种观点中的种种理论上的难点，我在这里不打算做出充分的讨论，但我们不妨来看一些实践层面上的反驳。

有人或许认为，几乎任何种类的生活都可以被评判为善的生活，只要是自由选择的生活，并且持之以恒，因此，这种寻求道德洞识的方法将导致一些纯粹任意的判断。然而，这种观点惟有在一些限制条件之下才是正确的，并且主要关乎“什么东西对于个体来说为善”：我主张的道德生活是就其自身而言善的，而不仅仅是对我来说善的——即便它（在狭义上）对我来说并不是善的，也是就其自身而言善的。

有人或许会认为，正因遵循这种思路，大量虚伪的道德已然得到了提倡，以及可以得到提倡。这没什么好惊讶的，因为，人类把握道德原则就是很迟钝，并且用胡说八道把它们弄得乱七八糟；然而，提倡它们的力量或许依赖于纯正的道德原则与胡说八道的混合，但胡说八道可以由进一步的生活与进一步的思想所治愈。康德道德哲学的根本原则不是“我们要盲目的生活”，而是“我们要理智地生活”。

最后，有人或许会认为，光靠理论是不够的：道德决定必须获得上帝恩典的助力。诚若如此，它就属于宗教哲学，而不是道德哲学；而且，在任何情况下，道德决定都是本质性的，并且凭其自身就能引领我们走向远方。

266

第二十六章　捍卫自由

§1. 自由与必然的二律背反

无论我们是把自律原则看作是从自由的预设中得出的，还是把自由的预设看作是从我们对一个定言的命令式的认识中得出的，都有必要反对一种指控以捍卫自由，这种指控就是：自由与我们明知其遍及自然中的因果必然性不相容。迄今为止，这个基础性的问题一直深居幕后；而且，惟有当康德解释了一个定言的命令式如何可能之后，他才明确地转而处理调和精神的自由与那统治着现象世界的因果必然性这项任务。[①]

相比先前的论证，这个新的论证相对更容易。自由与必然似乎同样是必然的，前者对于行动来说是必然的，后者对于科学来说是必然的；但它们似乎是矛盾的。由于我们不能放弃它们中的任何一个，我们必须认定它们之间没有实在的矛盾；而且，我们必须尝试去看出，这个表面上的矛盾是否能够被消除；否则的话，它们两者之间，我们就只能放弃自由。

① 《奠基》，第 455 页以下＝第 89 页以下。

如果我们能够表明，自由与必然能够（实际上必须）被设想为在人身上兼而有之，那么，这个矛盾就能够被消除。如果在两种情形中都在相同的意义上（或者在相同的关系中）设想人，那么，想要主张人能够同时是自由的与因果性地被规定的就显然是不可能的。惟有当人能够在两种意义上或者在两种关系中（也就是说，作为就其自身而言的事物和作为现象）被设想时，自由与必然才能得到调和。通过确立起这种双重立场（或者双重视角）来解决这个二律背反，从而**捍卫**实践理性与道德信念，使它们免于一切可能的攻击，这其实是思辨理性的任务。实践理性合法地向理论理性要求这项服务，并且在这样做的时候，并不会超出其适当限度。

§2. 二律背反的解决

康德为这个二律背反提供的解决方案，[①]正是我们在尝试摆脱该论证中所谓的恶性循环时已然发现的方案。[②]

假设**一个如其就自身而言所是的事物**独立于相同事物**作为一** 267
个显象所要服从的那些法则，或者属于感官世界的那些法则，这并没有任何矛盾。人必须同时从这两种视角来看待他自己。他必须把他自己（**作为**理智）看作独立于统治着他的感官印象的那些因果法则的：他的推理活动必须由截然不同的另外一些根据来规定。

① 《奠基》，第457—458页＝第92—93页。

② 第二十二章，§3和§4。

同样——在此,尽管我们并不清楚,康德把这看作一个推论,还是归因于独立的洞识——他必须把他自己看作一个理智,拥有一个意志,并且因此在现象世界中实施原因性;而且,那个必须被看作种种印象、情感、欲求与行动的一个时间性序列的他自己,为因果法则所统治,但他在此也必须把他理性的意愿活动看作是由一些截然不同于因果法则的根据所规定的。因此,他必须从两种不同的视角来看待他自己:他必须把他自己(作为一个理性存在者和一个理性行动者)看作一个就其自身而言的事物,以及一个处于自由的诸法则下的理知世界中的成员;但是,他还必须把他自己(作为一个感性地受到刺激的存在者和内感官的一个对象)看作完全由因果法则统治的感官世界中的一个显象。我们一旦理解了人必须从这两种视角来看待他自己,这个假定的矛盾就消失不见了。

§3. 两种立场

康德说,我们必须从这两种立场来看待我们自己,这个看法似乎是正确的。对于这两种立场,我已经在一个粗浅的层面,把它们描述为“行动者他自己的立场”与“旁观者的立场”。相比康德对理论理性与实践理性的解释,这个描述显得过于简单了。这两种立场毋宁是“有意识地思维着的和行动着的自我”的立场,以及“自我被看作某种被思维的和被活动的东西”的立场。这两种立场似乎都必然地出现在任何我们能够叫作“自我知识”的东西之中。

“思维着的与行动着的自我”的立场似乎以一种奇怪的方式处

于诸显象之外，甚至处于时间之外。[①] 然而，这种看法本身就十分不令人满意。正如康德本人所承认的，我们不但能够把我们的思维与行动当作时间中的事件来认识，而且，我们的思维与行动除了要在一个时间点发生意外，还通过一段时间发生。[②]

即便在我们的思维中，我们似乎也借助于一些无时间的原则来测量时间，但我们总是从时间中的一个特定时间点出发测量的，而且，这个时间点还在持续不断地改变。我们对未来的看法就不同于我们对过去的看法。

我们的行动正是基于这样一种看法和这样一种测量，但它似乎更为紧密地与时间结合在一起；因为，无论其诸原则何其无时间性，其特有本质（如其所是地）就是要从永恒中被投入时间，进而去 268
影响那些在一个特定时刻发生在我们眼前的。

这种双重立场（我们似乎必然地从它们出发来看待我们自己）是难以描述的，但倘若认为根本没有任何双重立场，认为康德的问题是人为的，这种看法无疑是不明智的。然而，当我们开始考虑康德证义这种双重立场，并且把它置于一个更为一般的原则之下来处理的尝试时，主要的麻烦就出现了。

康德坚持认为的是，这种特殊的双重视角仅仅是一个更为一般的立场的一个特定情形，而我们必然从这个更为一般的立场出发来看待每种关于对象的知识。每个事物都必须被设想为“一个就其自身而言的事物”和“一个于我们而言的显象”。一切作为显

① 参见第二十三章，§3—§4。亦可参见《奠基》，第458页＝第93页，一个“显象”之外的立场。

② 《纯粹理性批判》，第A210页＝第B255页。

象的事物都必须由感知世界的因果法则所统治,但相同的事物作为就它们自身而言的事物则免于受制于这些法则。

§4. 自由如何可能?

我们无疑自然而然地就会认为,康德(在提出这一学说时)是在为我们提供一种关于理知世界的理论,以解释自由如何可能。针对这样一种理论,有两种主要的与明显的反驳。首先,他似乎主张关于理知世界的知识,但他无权作此主张;其次,即便这种知识获得承认,他的理论实际上也只是为自由提供了一个贫乏的解释。

对于理知世界(被看作就其自身而言的诸事物的总体)的知识,我们或许可以(根据他的前提)赞同,理知世界不能被设想为时间性的,也不能被设想为服从于因果法则,这种法则本质上是时间性的。但是,他似乎走得比这更远。甚至把如其就自身而言所是的世界叫作一个"理知的"世界也不可避免地充满歧义,如果他仅仅用"理知的"来意指尽管我们必须设想这个世界,但它却不能进入到我们的诸感官之中。然而,他已然把它描述为一个"理智的"世界,[①]并且因此很可能是一个积极意义上的理智的世界。似乎鲜有人怀疑的是,他把理知世界设想为"就其自身而言的理性存在者的全体"。[②] 正如他在当前段落中告诉我们的,[③]人对于理知世界所能知晓的东西无非只是——在这个世界中,惟有理性(并且实

① 《奠基》,第451页=第85页。

② 《奠基》,第458页=第94页。

③ 《奠基》,第457页=第93页。

际上是独立于感性的纯粹理性)才是法则的来源;而且,还可以补充的是,理知世界中的诸法则之所以定言地适用于人,仅仅是因为他在那个世界之中才是其本真的自我。[①]

所有这些都表明,康德对于理知世界掌握了数量惊人的知识,并且预备把他当前对自由的捍卫(甚至他对定言命令式的证义)建立在这种知识之上。很难看出,他为什么允许他自己使用这种他明知具有误导性的语言。

然而,为了论证的缘故,我们假设,我们知道终极的实在就得 269
是一个由那些参与到无时间的活动之中的理性存在者所组成的社会。那么,以何种方式,我们才能在一个更好的立场上来处理自由的问题?想要理解一个由无时间的存在者们所组成的社会如何能够是时空中的一个由因果法则所统治的变动不居的社会的根据,这公认地是不可能的。甚至,无时间的活动对于我们来说是不可设想的,因此,一种自由的无时间的活动也同样是不可设想的,也根本不可能解释我们此时此地依据道德法则的行动。然而,我们试图要去捍卫的,恰恰就是这种自由。

详细阐述针对这样一种理论的其他批评是不必要的:它们能够在几乎任何一本关于康德的著作中找到。对康德的唯一辩护(如果毕竟有一个辩护的话)就是,尽管他的语言公认地具有误导性,但他根本就没有提供这样一种理论。至少值得一提的是,他本人明确否定解释自由如何可能的可能性。[②]

---

① 针对这种理论的反驳,可参见第二十四章,§9。

② 《奠基》,第458—459页=第94页。

§5. 现象与本体

在尝试诠释康德时，我们必须严肃地对待他的一个主张，即现象与本体的区分(或者感知世界与理知世界的区分)要按照一种消极的意义来理解。他认为，尽管我们不得不把就其自身而言的事物设想为实在物，设想为显象的根据，但就其自身而言的事物并不是我们的诸感官的一个对象，从而不能为我们所知晓。如果我们认为，就其自身而言的事物能够借助于我们的种种观念而被知晓，那么，根据康德的观点，这就等于是说我们能够凭借某种直观来知晓它，但这种直观并不(像我们所拥有的那种直观)是感性的与被动的，而是理智的与主动的。然后，我们就在一种积极的意义上把“本体”当作一个能够借助于一种非感性的直观而被知晓的对象；而且，这样做在任何时候都是不合法的。

基于这一区分，在一些释义者们看来，就其自身而言的事物对于康德的体系来说并非是必不可少的；我们不能知晓的东西，我们就不能在任何意义上把它看作实在的。康德是一个实在论者，他绝不能接受这种看法。对于他来说，诸显象在任何时候都是一个实在物的诸显象；而且，他在任何时候都把就其自身而言的事物看作就其自身而言实在的、但却不为我们所知晓的，对于这一点，我看不出任何怀疑的理由。①

① 《纯粹理性批判》，第 Bxx 页。亦可参见《康德的经验形而上学》，第五十六章，§3。

这种看法的种种困难——例如,“实在的”一词在这个语境中的意思——并非我们在此要关心的东西。需要注意的是,一个本体的概念是通过从我们的那些被置于时空形式下的感性直观中做出彻底的抽象而达到的。[①] 当这种抽象的方法被应用于一般的经验对象时,就给我们留下了一个一般的对象或者一个一般的事物的纯粹概念。当这种抽象的方法被应用于(正如康德对它的应用那般)一些特定类别的对象时,就给我们留下了不同的本体概念,而这些东西乍看起来似乎就同那些就其自身而言的事物没有什么关系。

在康德那里,还有许多此类处理的例子。因此,当我们从原因 270
范畴中抽象掉时间性的参照物时,留给我们的就是 causa noumenon(作为一个本体的原因)的概念,也就是说,一个根据的概念。当我们抽象掉人的感知特征时,留给我们的就是 homo noumenon(作为本体的人),它——至少经常地——被等同于人性或人格性。这种趋势在康德后期著作中变得尤为显著。举个例子,法律上的占有就被描述为 possessio noumenon(作为本体的占有),因为这个概念抽象掉了种种经验性的条件,它们属于在物理上占据或使用时空中的某些对象。[②]

如果我们抽象掉道德行动的感知的与时间性的特征,留给我们的还有什么?所有留给我们的东西就只是一个无时间的普遍的道德法则,它被看作行动的根据(而不是原因)。当我们以这种方

① 参见《奠基》,第 462 页=第 98 页,一个理知世界的理念。

② 《道德形而上学》,法权论,§6 和§10,第 251 页=第 259 页。

式来设想一个道德行动时，就该行动能够在这样一个无时间的法则中拥有其根据而言，我们就是在把它看作自由的行动。这个行动没有在与一些时间性的先在者的关系中被考虑，而是在与其理性根据的关系中被考虑。

这似乎是一个更为令人满意的设想自由的道德行动的方式：它并不包含任何这样一种不可理解的理论，即一个道德行动实际上是一个不可知晓的"就其自身而言的我"的无时间性的活动。在这里，我们有了一个视角，并且必须从这个视角出发来看待种种行动——而且，相同的情况也适用于种种思维。但是，这种视角是否与另一种视角有任何关系，即那种赖以把诸对象设想为奠基于不可知晓的就其自身而言的诸事物的视角。

十分容易地就能看出，释义者们何以会认为就其自身而言的事物是多余的，何以会认为康德不需要更多的东西，除了奠基于一个普遍的道德法则之上的行动概念之外。但是，同样也很容易地就能看出，康德为什么——我或许有些独断——拒斥这样一种论点。对于他来说，如果感知世界就是唯一的实在物，那么，我们就没有资格以这种方式设想行动；因果的诸法则，作为必然应用于我们的种种被观察到的行动之上的法则，将排除掉这样一种可能性。

然而，如果一切感知对象都必须被设想为奠基于一个不可知晓的实在物之上的，它并不为因果所统治，那么，并且惟其如此，我们才有资格提出一个作为理性行动者的我们必须据以行动的预设前提，这个预设前提就是：我们的种种行动能够依据一个普遍的与无时间的道德法则而被愿意。而且，惟有根据相同的假说，我们才有资格——正如我们确实所做的那般——根据一个预设前提去思维，这个预设前提就是：我们的种种判断和推论能够依据理论理性的无时间的诸原则而被做出。

因此，如果康德是要把一个人思维成依据无时间的道德法则而自由地行动的，并且在这个意义上是理知世界的一个成员，那么，他就必须同时把那个世界思维成如其就自身而言所是的诸事物的世界，而不是如其显现于我们的诸感官那般的诸事物的世界。但是，这并不意味着，我们能够知晓那个如其就自身而言所是的世界。更不意味着，我们能够理解一个理知世界或者理智世界（被看作一个就其自身而言的事物）如何能够通过其无时间的活动展现在种种时间性的行动之中。

我们还必须要记住，对于康德来说，自由是一个*实践*的理念 271
（Idea），而且，它一个是截然不同于一种思辨的实在性理论的东西。他必须要表明的一切就是：没有任何理论上的理由表明，我们为什么没有资格——正如定言命令式所责令的——依据一个普遍的道德法则而行动。对于这一点，他论证说，除非感知的世界（及其因果法则）是唯一的实在物，否则我们就不可以排除这种行动的可能性。如果他能够证义如是看法，即感知的世界并不被设想为唯一的实在物，那么，他就无须再做更多的事情。

§6. 理知世界的思想

有人或许会反驳说，所有这些都只是一个片面辩护（special

pleading〔乞殊〕)*，并且因此，诉诸对其学说的一个含糊的概括来稀释康德的种种粗糙说法，这是不合法的。

对此，回答是：康德本人直接地稀释了(或者，毋宁是更为精确地制定了)他的学说，而且，他是沿着已然提出的思路这样做的。这是他处理"实践理性的种种限制"这个问题的第一种进路，人们通常认为，《奠基》的整个最后一章关心的就是这个问题。鉴于他的阐释难以理解，该主题又充满争议，这个段落需要十分仔细的研究。①

他坚持认为，实践理性在设想理知的世界，并且认为它自己进入到了这个理知世界之中时，并没有超出其种种限制。如果实践理性想要直观或者感觉它自己进入到这个理知世界之中，它才超出了自己的种种限制。换句话说，实践理性绝不能主张知晓这个理知世界，或者知晓它自己属于这个理知的世界。

设想或思维自己进入到这个理知世界之中只是一种消极的思想——该思想就是：感官世界并没有赋予一个理性意志以种种法则。② 自我属于理知世界的思想惟有在这一点上才成了积极的：我们不仅消极地把我们自己设想为豁免于感官世界的诸法则的，而且也把我们自己设想为拥有一种积极的能力或力量，我们把这种力量叫作一个意志，要作为原因在感官世界中造成种种事件的

* 此处"片面辩护"或"乞殊"(special pleading)是非形式谬误中的一种，指在没有正当理由或充分依据的情况下，论证某个特定情况是普遍规则的一个例外。——译者

① 《奠基》，第 458 页＝第 93—94 页；亦可参见《奠基》，第 462 页＝第 98 页。

② 在此，理知的世界在消极的意义上被设想为一个本体——也就是说，它对于我们的感性直观来说并非已知的，从而也没有被置于感官世界的因果法则之下。

理性力量。康德如何看待这种积极的力量？他十分谨慎地坚称，它只能是依据一个普遍的道德原则而行动的力量。如果我们走得再远些，并且试图从这个理知世界中获得某些动机，获得意志的某些对象，那么，实践理性就在超出它的种种限制，并且主张知悉了某些它一无所知的东西。这样做就会排除掉这样一种可能性，即我们能够知晓我们实在的自我得是理知的世界中的某种无时间的理智活动，能够为了这一理由而把我们自己看作为定言命令式所制约的。

如果我不想放弃“作为理智的我自己”的意识——也就是说，272
意识到我自己依据种种理性原则思维与行动——那么，就此而言，我必须把种种思想与行动设想为并不由纯然依据因果法则的感觉所规定的。为了做到这一点，我必须把我自己设想为一个非感知世界中的一个成员。因此，我的这个“非感知的”——或者，如康德一般，把它叫作“理知的”——世界的概念，就被说成仅仅是一个**立场**，理性看到，它自己不得不在诸显象之外采取这样一个立场，**以便把它自己设想为实践的**。

这并不是说，理知世界就是非实在的。“理知世界”这个概念与“感知世界”的概念一样只是一个立场。[①] 此外，说理知世界的概念仅仅是一个立场，这并不是说，理知世界本身仅仅是一个立场。相反，除非理知世界是实在的（尽管于我们而言是未知的），否则的话，正如我们已然解释过的，我们的主张，即从这一立场出发

① 《奠基》，第 452 页＝第 86 页。

来行动、并且评判我们的种种行动,就没法被证义。[1]

康德承认,把我自己思维成一个依据一个普遍的道德法则而行动的理性行动者,这种思想携带有(除了统治感官世界的秩序与法则之外的)另一种秩序与另一种法则的理念(Idea):它使得设想理知世界,并且把它设想为(被看作就其自身而言的事物的)理性存在者的全体对我们来说成为必要的。

由此出发,十分清楚的是,康德远没有抛弃就其自身而言的事物。同样清楚的是,他的这个"被看作就其自身而言的事物的理性存在者的全体"的概念(就像他对上帝和不朽的信念一般)乃是基于他的伦理学:[2]它不是一个独立的与形而上学的观念——更不是形而上学知识——能够使伦理学从中被演绎出来。

接下来是一个艰难的段落,[3]康德在其中否决了一切关于理知世界的知识。除了依据这样一个世界的纯粹形式的条件而思维外,一点也没有伪称能够做得更多。但是,这个形式的条件是什么?这个形式的条件无非就是道德性本身的原则,仅仅根据那些作为普遍法则而有效的准则行动的原则,或者换句话说,唯其与自由相容的自律原则。

我们所知晓的东西仅仅是一个理性行动者本身必然地将据以行动的终极的普遍法则。除非我们区分理知世界与感知世界,并且假定一个理性行动者——从一个视角出发——是理知世界中的

---

① 参见上文§3。

② 然而,这个概念从《判断力批判》提出的讨论中获得了支持。

③ 《奠基》,第458页=第94页。

一个成员，否则的话，我们就无法设想他如此行动。但是，这个形式的原则没有给予我们关于任何对象的知识，更别提关于一个理知世界的知识。相反，能够给与我们关于一个确定对象的知识的一切法则都是自然的因果法则；而且，这些法则仅仅统治感知世界，并且构成了康德所说的“他律”。

§7. 自由没有解释 273

康德明确地排除了任何解释自由如何可能的尝试。[1] 解释任何事物都是要把它置于自然的诸法则之下，尤其是置于因果法则之下。说得再简单些，解释任何事情都是要说出其原因。显然，我们无法通过表明自由以其自身以外的某物为原因而被造成来解释它；而且，实际上，自由的理念(Idea)ex hypothesi(据假定)并不是一个可能经验的对象的概念，从而并不是自然中的任何被归入因果法则的对象的概念。

解释自由如何可能与解释纯粹理性如何能够是实践的——也就是说，纯粹理性如何能够在现象世界中拥有种种结果——是同一回事。要做到这一点，我们就必须要直观纯粹理性，还要设想其形式的法则。这就假定说，我们能够(如我们知晓现象世界那般)凭借直观来知晓理知的世界；而且，实际上，就是要这样来对待理知的世界，仿佛它就是个现象世界，仿佛它处在现象世界的诸法则之下。实际上，尝试这样一种任务就超出了实践哲学的种种限制。

① 《奠基》，第458—459页＝第94—95页。

我们所能做的一切就是**捍卫**自由，使之免于攻击，方法是表明自由必须被设想为属于作为理性的、并且因此作为理知世界的一个成员、而不是作为感知世界的一个成员的人。一旦我们理解了两种立场是必需的，从它们中的一个出发，我们必须设想就其自身而言的诸事物是现象的隐秘根据，那么，认为人既是自由的、又是被规定的，作为理知世界的一个成员是自由的，作为感知世界的一个成员是被规定的，就没有任何矛盾。

还要注意的是，这个段落与《实践理性批判》的学说十分接近。除了坚持**捍卫**自由以外，自由的理念（Idea）乃是基于对道德法则的意识。自由的理念（Idea）被说成是在意识到一个理性意志乃是一种规定他自己依据理性的诸法则而行动之中仅仅作为理性的一个必然预设而有效的。

§8. 无时间的行动

我已经尽我所能，通过严格遵守康德为他自己设定的种种限制，表明其学说的合理性。一个理性行动者本身将必然地依据对一切理性行动者普遍有效的那些原则而行动，而且，如果（由于他身上还有种种非理性的要素）他被诱惑着不这样做，就把这样一些原则看作命令式。他还将必然地把他自己预设为自由地依据这样一些原则而行动。这全部都是通过我们的道德意识而产生的，而
274 且，它对于我们的思维、对于我们的行动都同样为真。康德的学说还主张，除了诸物理法则所统治的能量或运动之外，世界之内还有更多的东西，一个理性行动不止是这样一种能量或运动，甚至也不

止是一系列依据心理学的因果法则而前后相继的精神事件。在这里，康德关于就其自身而言的事物的形而上学学说不能得到充足的阐述，更不能得到辩护；但是，证义“有这样一种不止如此的事物存在”的看法，至少是一种有理有据的尝试。[①] 它为我们提供了一个答案，以回应那些（根据他们自己对实在物的本性的特殊洞识）冒失地准备否定自由之可能性的独断论者。[②] 我们在任何时候都能公正地对这样一个人说：“霍拉旭，天地之间有许多事情，是你们的哲学所没有梦想到的呢。”*

此外，理性的诸原则与我们变动不居的种种思想和行动之间的关系，并不是一种时间性演替的关系，或者原因与结果的关系。毫无疑问，我们必须在思维出结论之前先思维其诸前提，但论证的有效性独立于这一时间性的演替：一个论证之所以是合理的，是因为它符合种种无时间性的原则。同样，我们在道德地行动之前，必须同时设想现实的处境、一个拟定行动的准则，以及道德法则，[③] 但一个行动之所以不是道德的，是因为它遵从一个先前的思维行动，或者以之为原因；它之所以是道德的，是因为它依据种种无时间性的原则而被愿意。

---

① 《奠基》，第 462 页＝第 98 页。

② 《奠基》，第 459 页＝第 95 页。

* 此话出自莎士比亚的《哈姆莱特》第一幕第五场。译文出自朱生豪先生的译本，仅根据英文作了些微修改。——译者

③ 我们还必须在根据道德法则而行动时设想道德法则，但同样地，我们在推论中必须把握住我们据以得出结论的那些原则。无论思维还是行动（尽管它们都是演替的）都是以一种高于演替的奇怪方式发生的；而且，在诸原则对于有意识的反思来说变得清楚明白之前，无论思维还是行动都在其活动自身中对这些原则拥有一个模糊的把握。

不幸地是，因为时间性行动中的这种无时间的要素，康德——而且，这一点在《纯粹理性批判》中尤为显著[①]——说得仿佛我们在理知世界中的种种行动都是无时间的。在这样做时，他就给了批评者们一个把柄，他们也充分利用了这个把柄。我们必须记住，这种观点是在一个特殊的时代提出的，那个时代的思想家们比如今的思想家们更愿意用上帝无时间的活动来解释种种事件。不管怎样，这样一种学说无疑有悖于康德自己的原则：他一贯拒绝在理知世界中“涌动”或“游荡”，这种学说则是一个例子。[②] 该项反驳不仅仅是说，它无法解释我们的种种时间性的行动：对于这一点，康德当然是承认的。该项反驳毋宁是说，无时间的活动本身就是不可设想的，至少对于我们来说是如此；而且，根据康德自己的原则，如果我们毕竟能够捍卫它的话，那么，它就只能被当作一个神话来捍卫。我们所能设想的东西只能是无时间的原则，我们作为理性存在者依据这些原则思维与行动，而且实际上，没有人比康德本人更加坚持这一点。

另一方面，想要公平地对待康德就要记住，他拒绝“两个自我”学说，尽管我们易于把这种学说归之于他，但由于他所使用的言
275 辞，这么做也并非是不自然的。如果我们想要从他那里抽取出任何令人满意的学说，我们就必须坚持，根本没有两个自我，而是只有从两种视角出发来考虑的同一个自我。同样地，根本就没有两种行动——一种是时间性的行动，另一种是无时间的行动，只有一

① 《纯粹理性批判》，第 A539 页以下＝第 B567 页以下。

② 《奠基》，第 462 页＝第 98 页。德文是“herumschwärmen”。

个同时拥有时间性的与无时间的面向的行动。他所要提出的真理是：一个行动可以是一个时间性的事件，但也奠基于一个无时间的原则。[①]

§9. 作恶的自由

到目前为止，自由就是依据自律的原则而行动的自由。但是，正如我们已然看到的，康德认为，人在作恶时也是自由的。倘若并非如此，人就不应为他的种种恶行负责；而且，如果服从道德法则对他来说是不可能的，那么，他也没法把道德法则看作一个命令式。正如康德所言，人并不为他的种种欲求负责；但是，他要为纵欲负责，要为允许他的种种欲求去影响他的种种准则，以至于损害道德法则而负责。[②]

这种看法完全符合常识。对于康德哲学来说，它的难点在于：不道德的行动的根据必须以某种方式就在作为理知世界的成员的理性行动者身上。每个分离的、对于经验来说已知的理性行动者都必须有一个就其自身而言的我（I-in-itself），每个就其自身而言的我都以某种方式在其自身中不仅包含了一个纯粹理性的意志，而且还包含了某种在其种种行动中被展现出来的非理性。按照这种方式，非理性就被引入到了理知世界之中。

然而，这个难点涉及恶的起源，而且，康德或许有权辩解说，

① 《实践理性批判》，第99页＝第230页（＝第177页）："因为理性在事情取决于我们的理知实存的法则（道德法则）时不承认任何时间区别。"

② 《奠基》，第458页＝第93页。

这个东西没有理知的根据。[①] 任何人对于恶所能说出的一切只是:它必定源自一个理性意志中的非理性;但是,康德的理论似乎把这个论点弄得更加难以理解,而不是更加容易理解。

如果我们在作恶中是自由的,那么,我们就不止在我们依据理性的客观原则而行动中是自由,而且在我们根据主观原则(或准则)而行动中(甚至当它们违背道德法则时)也是自由的。这正是康德的一个明确的看法,尤其是在其后期著作中。[②] 他主张说,没有任何欲求或兴趣能够影响我们的种种行动,除非一个自由选择的行动把它采纳到我们的准则之中。[③]

这样一种看法似乎把我们带回到一个十分接近“无差别的自
276 由”(the liberty of indifference)的境地,尽管康德否认自由能够以
这种方式而被定义。[④] 无论如何,他承认两种意义上的自由,即便这一点并不是十分清楚,但至少作为这个问题的第一种进路似乎是必需的。一方面,自由似乎仅仅是这样一种力量,即带着对我们行动于其中的种种环境的一种充分知识而理性地行动。另一方面,如果这就是全部,那么,我们在多大程度上能够理性地行动就很可能完全是由我们自身以外的别的什么东西所规定的;而且,这似乎就是对自由的否定。那么,看起来,我们仿佛就必须同时理性地与非理性地行动,或者至少同时更为理性地与更为非理性地行

① 《纯然理性界限内的宗教》,第 43 页=第 49 页(=第 46—47 页);第 21 页=第 21—22 页(=第 7—8 页)。

② 同上书,第 21 页脚注=第 22 页脚注(=第 7 页脚注)。

③ 同上书,第 24 页=第 25 页(=第 12 页)。

④ 《道德形而上学》,法权论,导论,四,第 226 页=第 28 页。

动：若非如此，我们对于自己的行动就没什么可负责的，而且，说"我们应当追求一系列特定的行动"就显然没有任何意义。诚若如此，那么，采纳任何准则或行动原则就都是自由地行动，我们也无法再深入到其背后。然而，依旧为真的是，惟有理性的行动——依据准则的行动——才能是自由的；而且，我们绝不能忘记，每个准则都有一些有理性，哪怕这种有理性惟有在与一系列环境（它们似乎是被任意地限制的）发生关系时才能体现出来。[①]难以理解的是，为什么即便限制我们自己的有理性的范围，我们还是要把我们自己看作自由的，然而事实依旧是，我们就是这样做的。实际上，除非我们这样做，否则的话，可负责性与职责似乎就全都消失了。

尽管康德承认即便在作恶中也有自由，但他并没有因此就不再把一个自由的意志看作一种要产生种种结果的力量，但却无须被它自身以外的任何东西规定着去这样做；而且，尽管我们的意志经常被说成是受到种种欲求的影响的（而不是被种种欲求所规定的），但这种影响显然惟有通过我们的自由选择才是可能的。

这种观点看起来似乎否认了有不同程度的自由，但在其他一些段落则有着相反的暗示。[②] 无疑，相比康德已然做出的，这个话题还需要更多的讨论。

---

① 参见第九章，§1。

② 参见第二十章，§9。

§10. 自由与必然

尽管从一种视角来看，一切行动都是自由的，但我们绝不能忘记，从另一种视角来看，一切行动——道德的与不道德的行动——也都是被规定的。

我相信，康德的一个说法是合理的，即我们能够且确实(甚至必须)采取这两种视角。我们甚至认为，他坚持认为，相比第二种视角，第一种视角必定以某种方式拥有对实在性的一种更深的洞识，这也必定是正确的：它至少在寻求某种东西，没有这种东西，就既不会有行动，也不会有思维，甚至不会有决定论的思想。然而，除了一种精细复杂的形而上学之外，这种信念从哪里都不能获得支持。批判哲学就是为提供这样一种形而上学所做出的卓越努
277 力，然而，如果我们认为，该学说的意思是说，在两个不同种类的世界之中有两种不同种类的行动，那么，把自由放进理知世界之中、把必然性放进一个现象世界之中的尝试就会失败。

我们是否有可能采取两种视角而不至于使它们相互影响，这也是一个问题。

有不同程度的自由，这种可能性必定意味着，还有不同程度的决定论，或者至少意味着，一个理性意志可以在较大或较小程度上以某种方式受到自然的影响，而不完全依赖于一个自由选择。实际上，康德坚持认为，他称作"我们作为一个现象的经验特性"的东西，奠基于我们作为一个就其自身而言的事物的理知特性之上；但是，他还认为，关于我们的经验特性，没有人能够测量它们有多少

可以归于纯然的自然。[①]

另一方面，同样难以置信的是，一个自由的意志能够以任何方式影响或者扭转种种事件的进程。根据康德的观点，如果我们对一个人的本性（自然性）及其环境拥有足够多的知识，那么，我们就可以十分确定地计算他未来的行为，就像计算日食或月食一样确定。[②] 在这种计算中，我们无疑必须考虑这个人的"经验性的"特性；而且，经验性的特性奠基于理知的特性之上，就此而言，他还是可以被说成是影响了种种事件，只不过是按照一种只要有充足的知识就能够预测的方式。但是，甚至他的经验性的特性本身也必须被看作他出生以前发生的种种事件的结果；而且，诚若如此，就很难看出，自由还有任何东西剩得下来。每个个体的理知特性，作为他出生以前发生的种种事件的根据，为他的经验性的特性预备了道路，这种观点无疑令人感到匪夷所思。

§11. 捍卫自由

在当前这本著作的篇幅限制内，想要充分地讨论康德如何捍卫自由是不可能的。这不过只是他的广阔的形而上学结构中的一个部分，他曾在对理论理性的讨论中清理了该种形而上学的根据，但它本身主要地基于康德的伦理学，并且对于他来说，是一桩关乎信仰的事情，而不是一桩关乎知识的事情。我仅仅试图指出进入

---

① 《纯粹理性批判》，第 A539 页＝第 B567 页；第 A551 页脚注＝第 B579 页脚注。

② 《实践理性批判》，第 99 页＝第 230 页（＝第 177 页）；《纯粹理性批判》，第 A549—550 页＝第 B577—578 页。

这一问题的方法，清除一些错误的观念，提出某些难点，并且最重要的是要表明，康德的伦理学非但不是从自由的理念（Idea）中演绎出来的，它本身反而是自由的理念（Idea）建立于其上的根据。因此，康德的伦理学独立于他的形而上学，而且，无论我们对他的形而上学持何种态度，都有权要求我们接受，或者至少予以考虑。但是，他的一个主张无疑是正确的，如果没有自由的预设，那么，按
278 照普通人对道德性的（无论何其模糊的）理解，就根本没有道德性可言。捍卫自由对于捍卫道德性来说是必需的，而且，如果康德的捍卫并不被看作是成功的，那么，他也至少向我们表明了问题的特性，或许甚至还提出了一些有可能使问题得到解决的思路。

附录

道德法则*
或曰
康德的《道德形而上学的奠基》

* 本书原名为 *The Moral Law or Kant's Ground work of the Metaphysics of Morals*，系帕通翻译康德的《道德形而上学的奠基》的英文版。本书根据哈钦森大学图书馆，1948 年英文版译出。——译者

序　　言 7

尽管康德的《道德形而上学的奠基》(以下简称《奠基》)有着如此唬人的一个标题,但却是诸多真正伟大而短小的著作中的一部:它为人类思想带来的巨大影响,近乎荒唐地与其篇幅不成比例。在道德哲学中,它与柏拉图的《理想国》与亚里士多德的《伦理学》齐名;而且,或许还——无疑,部分地是因为经历过基督教理想的传播,以及人类种族在过去两千年间的漫长经验——在某些方面表现出一种更深的洞识,甚至超过了这两部著作。对于所有那些不会对"以善抗恶"的斗争无动于衷的人们来说,其主要论题——道德性的最高原则——都是至关重要的。这部著作(如其所是地)写于十八世纪末,它使用的术语与我们今天的用法不太一样;但是,鉴于一种多少有些枯燥的经验主义在哲学中独领风骚,我们再没有任何时候比当下更为急需这部著作中所传达的信息了。正如康德本人所论,一种彻底经验性的哲学不能对道德说出任何东西:在这样一个特殊的时代,当不受管束的冲动或彻头彻尾的利己与道德原则之间的深渊在实践中以如此悲剧性的方式展示出来时,经验性的哲学只能鼓励我们接受自己种种情感的指导,或者至多接受一种开明自爱的指导。面对所有这一切,康德为行动中的合理性提供了一个辩护:他提醒我们说,无论道德应用何其多地随着环境的不同而变化多端，一个善人总是根据这样一个假定而行动，即有一个无条件的与客观的道德标准，这个标准（凭借他们作为人类存在者的有理性）对于一切人都是有效的。他声称，对于所有那些并不满足于把他们自己看作（他们对其没有任何理智支配的）种种本能性运动之牺牲品的人们来说，为确立起这样一个道德标准，值得做出严肃的考虑。即便这些人并不赞同康德的学说，但毫无疑问，他们对康德的学说研究得越多，从中能看出的东西也就越多。

不幸的是，本国（指英国）大多数读者——恐怕也包括许多哲
学教师——对德语都不够精通，以至于无法轻松地阅读原文。总
的来说，康德远没有黑格尔那般幸运，没能遇到好的译者，而且，康
德的英语研究者们很容易产生一种印象，认为他是个笨蛋。实际
8 上，他绝对不是个笨蛋，尽管他确实对他的读者们怀有过高的期
望：例如，康德期望他们马上就能从他的长句子中辨识出为数众多
的代词所指代的名词。我保留了他的句子结构，它们（如其所是
地）犹如凿自岩石般生硬，但我们也不打算给出一个字对字的翻
译。任何翻译都必定在某种程度上是一个面纱，但它未必就是不
合身的。我尽力让他的思想略为轻松地、甚至——如果可能的
话——略为优雅地穿上英语的衣裙。在从事这项工作时，与寻常
的观点相反，最令我印象深刻的竟然是他的写作何其出色。而且，
我希望，此次英译至少能够使他心灵的生趣、他压抑着的理智上的
兴奋、他在道德上的诚挚、他言辞上的愉快，甚至（如果有的话）他
特有的幽默感跃然纸上，这种幽默感是如此的干冷，很可能直接出
自苏格兰本身。

我在译文前面写了一篇论证分析，并且增添了一些注释。我希望，对于那些开始从事道德哲学研究、但却经验不足的读者们来说，所有这些东西能够有所帮助，而且，倘若我不时强调了一些显而易见的东西，我相信，那些经验丰富的读者们也会原谅我。至于那些与整个批判哲学有关的更为严肃的难点，我就必须请读者关注我们的释义《定言命令式》(*The Categorical Imperative*)，以及——关于康德哲学的纯粹理论的方面——《康德的经验形而上学》(*Kant's Metaphysics of Experience*)。

为便于参考，便于把握论证的结构，我还在本文中插入了一些小标题。不过，为了与康德自己的标题相区分，我把这些小标题都放进了方括号中。还要注意的是，康德自己的插入语都在圆括号中。那些被放在破折号之间的插入语，全都是我自己调整的，旨在使论证的主线更加容易把握。

标记为“i”—“xiv”与“1”—“128”的页边码是《奠基》第二版的页码，[*]这个版本是康德生前出版的最佳版本，而且，我在自己的参考引用中随处可见地使用这套页码。不幸地是，我没有在《定言命令式》中使用它们，而且，由于它们尚未被广泛使用(尽管它们理
当如此)，我还在页边给出了柏林的王家普鲁士科学院版本的页 9
码。这套页码编号是从第387页开始的，因此不至于引发混淆。[**]

我唯一用到的两个缩写是T.C.I(《定言命令式》)与K.M.E

[*] 为方便读者阅读参考，本书以小括号加数字的形式放在页边作为页边码。——译者

[**] 为了以示区分。这套原书页码在本书中以中括号加数字的形式放在页边作为页边码。——译者

(《康德的经验形而上学》),它们是刚才提到过的我的两本关于康德的著作。

最后,我必须向许多朋友与学生表达我的感谢,我因为翻译上的小问题给他们平添了很多麻烦,但我尤其要感谢的是 H. W. 卡西尔博士(Dr. H. W. Cassirer),他确保了我的译本能够——否则就不能——免于漏洞百出;感谢 W. H. 沃尔什(W. H. Walsh)先生,他通读了校样;以及,感谢 M. J. 莱韦特(M. J. Levett)女士,她卓越的英语语感使我免于陷入某种条顿语风(Teutonisms),一个德文译者很容易陷入其中。最重要的,我必须感谢我的妻子,她在十分艰难的时日中几乎是以超人的努力打印出了全部稿件,这无疑是受到了"为了义务的缘故"的义务动机的激励。

H. J. 帕通

基督圣体学院,牛津

1947 年 8 月

论证分析

序　　言

第i—ii页——哲学的不同分支

哲学的三个主要分支是逻辑学、物理学与伦理学。其中，逻辑学是形式的：它从我们思维的种种对象（或质料）中抽掉一切差异，并且仅仅考虑思维本身的必然法则（或形式）。逻辑学没有从我们关于种种对象的感性经验中借取任何东西，因此，它必须被看作一种全然非经验性的或先天的科学。物理学处理自然的诸法则，伦理学处理自由的道德行动的诸法则。因此，这两种哲学科学处理的是彼此截然不同的两种思维对象。

不同于逻辑学，物理学与伦理学都必须有一个经验性的部分（一个基于感性经验的部分）与一个非经验性的或先天的部分（一个并不基于感性经验的部分）；因为，物理的诸法则必须应用于作为一个经验对象的自然，伦理法则必须作用于受到种种欲求与本能刺激的人类意志，这些欲求与本能只能凭借经验来知晓。

对于今日的一个哲学家来说，他必须要论证这些科学有一个先天的部分，而不是论证它们有一个经验性的部分；而且，实际上，许多哲学家都会彻底否定第一种可能性。尽管如此,如果我们在一种宽泛的意义上把物理学看作自然哲学,那么,它似乎就是依据某些原则来进行的,而这些原则并不止是一些建立在感觉中给予我们的那些材料之上的纯然概括。康德把对这些原则加以公式化并予以证义,看作物理学中的**先天的**或纯粹的部分(或者,看作**一种自然的形而上学**)。在这些原则中,他收入了(举个例子)"每个事件都必须有一个原因"的原则,但这个原则绝不能通过经验得到证明(尽管可以通过经验得到证实)。他主张说,这一原则讲明了一个条件,没有这个条件,自然的经验就是不可能的,并且因此物理科学本身也是不可能的。

从"人事实上做了什么"的经验出发,我们无法证明他们应当
14 做什么,这一点应该是十分明显的;因为,我们必须承认,他们常常都会做他们不应当做的事情——倘若我们承认,有这样一种事物存在,它是一种道德上的"应当",或者是一项道德义务。因此,如果有一些人应当据以行动的道德原则存在,那么,关于这些原则的知识就必须是**先天的**知识:这种知识不能建立在感性经验之上。伦理学中的**先天的**或纯粹的部分,关心的是对道德原则加以**公式化**并予以**证义**——关心的是诸如"应当""义务""善与恶""正当与错误"这样一些术语。伦理学中的这个**先天的**部分可以叫作一种**道德的形而上学**(尽管在其他一些时候,康德把"证义"——不同于"公式化"——留给一种**实践理性的批判**)。为了种种特定的人类义务的详细知识,我们需要关于人类本性(自然性)的知识(而且,实际上还需要许多其他东西)。这属于伦理学中的经验性的部分,并且被康德叫作"**实践的人类学**",尽管他对这一术语的使用根本

就不够清楚。

康德的先天知识学说主要地依赖于如是一个假定，即“心灵”——或者如他所称呼的那般，“理性”——积极地依据种种它所能够知晓与理解的原则发挥作用。他主张说，这样一些理性的原则不仅能在思维本身中得到展示（那是逻辑学所研究的），而且还能在科学知识与道德行动中得到展示。我们可以把这些理性的原则分离出来，而且，就理性存在者追求要理性地思维这个世界，并且理性地在这个世界中行动而言，我们能够理解它们对于任何理性存在者来说如何是必然的。如果我们相信，理性根本没有它自己的活动与原则，心灵纯然是一堆感觉和欲求，那么，对于我们来说，就根本不能有任何先天的知识；但是，如果我们不考虑另一方面的论证，就很难有资格断言这一点。

第 iii—ix 页——对纯粹伦理学的需要

如果先天的与经验性的伦理学的区分是合理的，那么，分开处理每个部分就是可取的。把它们混合起来的结果势必是理智上的混淆，但还可能会导致道德上的堕落。如果行动要成为道德上善的，他们就必须为了义务的缘故而做出，而且，惟有伦理学中的先天的或纯粹的部分才能向我们表明，义务的本性究竟是什么。通过把伦理学中的不同部分混合在一起，我们很容易把义务与利己混淆起来，这样做势必会在实践中产生灾难性的结果。

第 ix—xi 页——意愿本身的哲学

伦理学中先天的部分不可同一种关于意愿本身的哲学相混淆，因为它并不处理一切意愿，而是处理一种特定种类的意愿——亦即，处理道德上善的意愿。

第 xi—xiii 页——《奠基》的目标

《奠基》的目标并不是要就伦理学中**先天的**部分为我们提供一个完备的阐释——也就是说，一个完备的道德形而上学。毋宁说，它的目标是要为这样一种道德形而上学奠定基础，从而把真正困难的部分分离出来。即便是关于这些基础，《奠基》也没有装作是完备的：我们为了这一意图，还需要一个完整的“实践理性批判”。然而，在实践的问题中对这样一种理性批判的需要，并没有在理论的问题中那般紧迫，因为相比在思辨中，日常人类理性在道德中是一个更为可靠的指导；而且，康德力求避免一种完备的批判所具有的复杂性。

此处本质要点在于，《奠基》有着如是一个有限的、但却十分重要的目标，即确立起**道德性的最高原则**。它排除了一切有关这一原则的**应用**的问题（尽管它偶尔也为实施这样一些应用的方式给出一些示例）。因此，在这本书中，我们不应期待对道德原则的任何详尽解释，我们也不应指责康德未能提供这样一种解释——我们更不能就他在这一主题上必定作何想法生造出一套理论。如果我们想要知道他如何应用他的最高原则，我们就必须阅读他被忽视的《道德形而上学》。在《奠基》本身中，唯一需要考虑的问题是，康德究竟是成功地确立起了道德性的最高原则，还是失败了。

第 xiv 页——《奠基》的方法

康德的方法是要从一个暂时的假定出发，即我们的日常道德判断可以合法地主张为真。然后，他追问，倘若这些主张想要证
16 义的话，它们必须要拥有的**条件**都是些什么？

这就是他称之为“**分析的**（或回溯的）论证”的方法，而且，他希

望通过这种方法揭示出一系列条件，直到他抵达一切道德判断的终极条件——道德性的最高原则。他试图在第一章与第二章中这样做。但在第三章中，他的方法是不同的。在那里，他从理性对其自身活动的洞识出发，并且试图由此推导出道德性的最高原则。这就是他称之为“综合的（或前进的）论证”的方法。如果它是成功的，那么，我们就可以倒转前两章中的论证：从理性对其自身活动的原则的洞识出发，我们可以抵达道德的最高原则，再从这里进入到我们由以开始的那些日常的道德判断。按照这种方式，我们应该就能够证义我们暂时的假定，即日常的道德判断可以合法地主张为真。

第一章试图凭借一种分析的论证，引导我们从日常的道德判断进入到对道德性的第一原则的哲学陈述。把一种同种种范例一起工作的且混合经验性的与先天的东西的“通俗的”哲学中种种混淆去除掉以后，第二章着手（依然凭借一种分析的论证）以不同的方式把道德性的最高原则加以公式化：它属于一种道德的形而上学。第三章试图（按照一种综合的方法）通过把道德性的第一原则从它在纯粹实践理性中的来源中推导出来，以此对该原则加以证义。

17 # 第一章　道德哲学的进路

第 1—3 页——善的意志

唯一无限度或者无限制善的东西就是一个善的意志。也就是说，惟独善的意志才在一切情境中都是善的，并且在那种意义上是一种绝对的或者无条件的善。我们也可以把它描述为唯一独立于它与其他事物的关系、就其自身而言善的东西。

这并不意味着，善的意志就是唯一善的。相反，还有很多事物在很多方面都是善的。然而，这些东西并不在一切情境中都是善的，而且，如果它们为一个恶的意志所用，就全都会成为彻底恶的。因此，它们仅仅是一些有条件的善——也就是说，在某些条件下是善的，而不是绝对善的或者就其自身而言善的。

第 3—4 页——善的意志及其结果

一个善的意志的善性并不是从它所产生的结果的善性中派生而来。其产物的有条件的善性不能是惟独属于一个善的意志的那种无条件善性的来源。再者，即便在某处，由于某些不幸，一个善的意志不能产生被它当作目标的结果，它也将持续地具有其无与伦比的善性。

从这一点中并不能得出，对于康德来说，一个善的意志并不把产生种种结果当作其目标。相反，他坚持认为，一个善的意志（而且，实际上是任何种类的意志）必须把产生种种结果当作目标。

第 4—8 页——理性的功能

日常的道德意识支持如是一种见解，惟有一个善的意志才是

一种无条件的善。实际上，这也正是我们一切日常的道德判断的
预设前提（或条件）。然而，这一主张似乎是荒诞可笑的，而且，我 18
们必须通过考虑理性在行动中的功能来寻求进一步的确证。

为了做到这一点，我们必须预设，有机生命中的每个官能都有一种与之适宜的意图或功能。这一点也适用于精神生活；而且，在人类存在者身上，理性（如其所是地）是支配行动的官能，正如本能是支配动物身上的行动的官能。如果理性在行动中的功能纯然只是要达成幸福，那么，对于这样一个意图来说，本能将会是一个远为更好的指导。因此，如果我们假定理性（如同其他官能一般）必须适宜于其意图，那么，其意图就不能纯然只是要产生一个仅仅作为幸福的手段而为善的意志，而是要产生一个就其自身而言善的意志。

这样一种自然的合目的性（或者目的论）的观点，在今日并不那么容易被接受。我们只需要注意到，康德确乎持有这一信念（尽管绝不是以一种简单的形式），而且，这一信念对于他的伦理学说来，比人们通常所认为的更为根本。我们尤其要注意到，对于他来说，理性在行动中有两种主要的功能，第一种功能必须从属于第二种功能。第一种功能就是要确保个体自身的幸福（一种有条件的善），而第二种功能就是展示出一种就其自身而言的善（一种无条件的善）。

第 8 页——善的意志与义务

在人类的种种条件之下，我们必须为反抗无序的冲动和欲求而斗争，而一个善的意志就展现在*为了义务的缘故*而行动之中。因此，如果想要理解人类的善性，我们就必须考察义务的概念。虽

然种种在反抗那些由无序的冲动置于其道路上的善性障碍的斗争中彰显得尤为分明，但绝不能认为，善性本身就存在于对种种障碍的克服之中。相反，一个完全善的意志没有任何有待克服的障碍，而且，义务的概念（它包含着对种种障碍的克服）也并不适用于这样一个完善的意志。

第 8—13 页——义务的动机

一个人类行动之所以是道德上善的，并不是因为它是出自直接的偏好而做出的——更不是因为它是出自利己而做出的——而
19 是因为它是为了义务的缘故而做出的。这就是康德关于义务的第一个命题，尽管他并没有以这种一般形式来陈述它。

如果一个行动仅仅是出自利己而做出的，那么，这个行动——即便它符合义务，并且在这种意义上是正当的——通常不会被看作道德上善的行动。然而，我们倾向于把道德上的善性归之于仅仅出自一些直接偏好而做出的正当行动——例如，出自一种同情或者慷慨的直接冲动。为了检验这一点，我们必须把我们的种种动机**孤立出来**：我们首先必须考虑一个仅仅出自偏好、**而不是**出自义务而做出的行动，再考虑一个单纯出自义务、**而不是**出自偏好而做出的行动。然后，如果我们这样做了，我们就会发现——采取最有利于直接偏好的情况——一个单纯出自自然的同情而做出的行动或许是正当的与值得赞扬的，但无论如何，它没有异乎寻常的道德价值。然而，仅仅出自义务而做出的相同行动却具有异乎寻常的道德价值。如果一个人忙于处理自己的种种麻烦，但却为了义务的缘故而帮助他人，并不是由于他的自然偏好而被驱使着这样做，那么，在他帮助他人的行动中，善性就展示得格外分明。

如果康德的学说的意思是说，善的行动中若是有一种自然偏好出现（或者，甚至在做出这些行动时有一种满足感）就会贬损它们的道德价值，那么，他的学说就是荒谬的。他在语言上的含糊不清为这种诠释增色不少，使之几乎被普遍接受。例如，他说，如果一个人不是出自偏好，而是出自义务而行善，他就表现出了道德价值。但是，我们必须要记住，他在此是要**在孤立中**比较两种动机，以便找出它们中的哪一个才是道德价值的来源。如果他说，一个人并不是在出自偏好而行善中，而是在为了义务的缘故而行善中才表现出他的道德价值，那么，他就可以避免这种含糊不清。赋予一个行动道德价值的是义务的动机，而不是偏好的动机。

这两种动机能否出现在同一个道德行动之中，以及其中一种动机是否能够支持另一种动机，这些问题甚至都没有在这个段落中被提出，也根本没有在《奠基》中得到讨论。康德在这一主题上的假定是，如果一个行动要成为道德上善的，那么，义务的动机（尽管同时也可能有其他动机出现）必须单凭自身就足以规定这个行动。更有甚者，他有一个从未曾动摇过的信念，即慷慨的偏好对于 20
实施善的行动来说是一种帮助，出于这一理由，培养慷慨的偏好是一种义务，而且，倘若没有它们，这个世界就会缺乏一种伟大的道德装饰。

还应该注意到的是，康德远没有贬低幸福，他主张说，我们至少有一种间接的义务，要追求我们自己的幸福。

第 13—14 页——义务的形式原则

康德的第二个命题是这样的：一个出自义务而做出的行动具有其道德价值，并不是出自它所达成的或者企图要达成的结果，而是出自一种形式的原则或准则——即“履行我们的义务、无论这个义务是什么”的原则。

这是以一种更为技术的口吻重述第一个命题。我们已然看出，一个善的意志无法从被它当作目标的那些结果的有条件的善性中派生出其无条件的善性，这一点对于道德上善的行动来说也是一样的，在这种行动中，一个为了义务的缘故而行动的善的意志得以展现出来。现在，我们必须要做的事情，就是用康德称之为“准则”(maxims)的东西来陈述我们的学说。

一个准则就是一个我们据以行动的原则。它是一个纯粹个人的原则——而不是印在一本书籍上的格言(准则)——而且，准则可以是善的，也可以是恶的。康德把准则叫作一个“主观的”原则，并以此来意指一个理性行动者(或者行动的主体)据以**做出**行动的原则——一个展现在那些事实上被实施的行动之中的原则。另一方面，一个“客观的”原则就是每个理性行动**都必然地**据以行动的原则——只要理性充分支配了他的种种行动，并且因此是这样一个原则，即便他如此非理性，以至于被诱惑着不这样行动，他也**应当**根据这个原则行动。惟有当我们依据客观的原则行动时，它们才会**同时**变成主观的原则，但无论我们是否依据它们而行动，它们也都依旧是客观的原则。

我们并不需要以言辞将我们行动的原则公式化，但是，如果我们知道自己正在做什么，并且愿意我们的行动成为一个特定**种类**的行动，那么，我们的行动就有了一个准则或主观的原则。因此，一个准则在任何时候都是某种**一般的**原则，我们在其下意愿一个特定的行动。因此，如果我决心以自杀来避免不幸，我就被说成是在依据如是一个原则或准则行动，即“无论何时生命给予的痛苦多于愉快，我就会杀死我自己”。

一切此类准则都是质料的准则：它们把一个特定的行动连同其 21
动机与预期结果一般化。由于一个行动的道德善性无法从其预期结果中派生出来，它就显然也无法从这种质料的准则中派生出来。

那种能赋予种种行动以道德价值的准则，就是“履行我们的义务，无论它是什么”的准则或原则。这样一种准则并无任何特定的质料：它不是一个要满足特定欲求或者要达成特定结果的准则。用康德的话说，它是一个形式的准则。为了义务的缘故而行动，就是根据一个“不顾欲求能力的一切对象”的形式的准则而行动。一个善人采纳或拒斥（任何拟定的行动）质料的准则，依据的是它同支配性的与形式的准则和谐一致还是相互冲突，这个支配性的与形式的准则就是：出自其自身缘故而履行义务。惟有这样一种“全乎义务的”(dutiful)行动才能是道德上善的。

第 14—17 页——对法则的敬畏*

第三个命题据称是从前两个命题得出的。它是这样的：义务就是出自对法则的敬畏而行动的必然性。

除非我们能够对前两个命题做出更多的解读，并且比现在已然清楚陈述的更多，否则的话，这个命题就无法从中推导出来：无

---

* 帕通用 reverence 来翻译德文的 Achtung，康德实际上也把 Achtung 等同于拉丁文的 reverentia，因此，单从字面上来说，帕通的译法并无不妥。国内学界一般把 Achtung 译作“敬重”，但帕通相信，并且明确指出，相比 respect 或德文的 Respekt，Achtung 包含了一个“fear”（恐惧）的要素。因此，将帕通的 reverence 译作“敬畏”是更合适的，也可以彰显出他与国内学者对 Achtung 的不同理解。帕通的相关解释，参见其《定言命令式》，第五章，§1，第 63—64 页。——译者

论“敬畏”还是“法则”似乎都是我们在前两个命题中没有遇到过的术语。再者，这个命题本身根本就不清楚。或许，这样说会更好，根据“出自义务自身缘故而履行一个人的义务”这一准则而行动，就是出自对法则的敬畏而行动。

想要跟上康德的论证，这一点也不容易。他似乎主张，如果一个道德上善的行动的准则就是一个**形式的**准则（而不是一个满足我们的种种欲求的质料的准则），那么，该准则就必定是一个合乎理性地行动的准则——也就是说，它是这样一个准则，即根据一个独立于他们的种种特定欲求而对一切理性存在者本身有效的法则而行动。由于我们人性的弱点，对于我们来说，这样一个法则就必定显现为一个义务的法则、一个诫令或强迫服从的法则。这样一个法则（被看作是**强加于**我们的法则）必定会激起一种与恐惧类似的情感。另一方面，由于被看作自我强加的（因为，它是由我们自己的理性本性所强加的）法则，它就必定会激起一种与偏好或爱慕类似的情感。这种复杂的情感就是敬畏（或者敬重）——它是一种
22 无与伦比的情感，这种情感不是由任何感觉的刺激所产生的，而是由如是一种思想所产生的，即我的意志独立于任何感觉的影响而服从于这样一个普遍的法则。就一个善的行动的动机要在情感中被发现而言，我们必须说，一个道德上善的行动就是一个出自对法则的敬畏而做出的行动，而且，正是这一点赋予其无与伦比的与无条件的价值。

第 17—20 页——定言命令式

善人应该要敬畏与服从的法则似乎是一种十分奇怪的法则。这种法则不依赖于我们对种种特定后果的欲求，并且就其自身而

言甚至也不指定任何特定的行动：它所强加给我们的一切，就只是出自其自身缘故的“合法则性”(law-abidingness)——“种种行动对普遍法则的符合本身”。对于许多人来说，这种观念即便不是令人反感的，也似乎必定是空洞的，而且，我们无疑已经从日常的道德判断转向哲学抽象的最高程度，达到一切纯正的道德性所共有的形式，无论它究竟是什么。然而，康德不是仅仅想要告诉我们有关道德性所能够说出的与必须说出的最少的东西吗？一个人之所以是道德上善的，不是因为追求其种种欲求的满足或者其自身幸福的达成(尽管他可以做这两件事情)，而是因为追求要服从一个对一切人都有效的法则，以及遵从一个并不是由他自己的种种欲求所规定的客观标准。

由于源自我们种种冲动与欲求的那些障碍，对于我们来说，这个法则显现为一个我们应当为其自身的缘故而服从的法则，并且因此显现为康德所谓的“一个定言的命令式”。在此，我们获得了对定言命令式的第一次陈述(尽管是以一种消极的形式)：“除非以这样一种方式，即我也能够愿意我的准则成为一个普遍法则，否则我就绝不应行动。”这就是道德性的最高原则——它是一切特定的道德行动和一切日常的道德判断的终极条件——的第一个表述。一切道德法则在如是一种意义上都必须从这个原则中“派生出来”，即该原则是“原始的”，而其他一切法则都是“派生性的”或者依赖性的。然而，正如这个公式本身所表明的那般，从法则本身的空洞形式中演绎出种种特定的道德法则，这根本就没有问题。相反，我们必须要做的，不过就是考察我们所思忖的种种行动的质料的准则，依据我们能够或者不能够愿意它们成为一些普遍的法则——也就是说，成为对一切人都有效的法则，而不是成为我们自己的特权——来接受它们或者拒斥它们。

23 对于这种方法在所思忖的行动中的应用，康德给出了一个“说谎”的例子，从这个例子中可以明显看出，他相信，他的原则应用起来比它事实上所是的更加容易。无论如何，他已然说出了道德行动的最高条件，而且，他显著地区分了道德行动与纯然机智的或冲动的行动，这种区分在根本上是合理的。

第 20—22 页——日常实践理性

普通的善人没有在抽象中将这个道德原则公式化，但他确实在做出种种特定的道德判断时使用这一原则。实际上，在种种特定的事务中(尽管不是在思辨中)，日常的人类理性几乎是一个比哲学更好的指导。那么，把道德问题留给普通人，把道德哲学看作哲学专家的职业(或游戏)，这难道不是可取的吗？

第 22—24 页——对哲学的需要

普通人之所以需要哲学，是因为愉快的主张诱使他成为一个自欺者，并且诡辩地反对道德性的那些显得十分严苛的要求。这就引发了康德所谓的一种自然的**辩证**——它是这样一种趋势，即沉溺于一些貌似合理的自相矛盾的论证，并且以这种方式来摧毁义务的主张。这对于实践中的道德性来说是灾难性的，并且由于是灾难性的，以至于日常的人类理性最终不得不寻求一些解决困难的方法。这种解决办法惟有在哲学中才能找到，并且尤其是在实践理性的一种批判中才能找到，这种批判将在理性自身中追查道德原则的来源。

第二章　道德形而上学大纲 24

第 25—30 页——例子的使用

尽管我们从日常的道德判断中抽取出了道德性的最高原则，但这并不意味着，通过对经验中给予我们的种种道德上善的行动的例子的归纳，我们就已经抵达了这一最高原则。这样一种经验性的方式是“通俗的”哲学的特征，这种哲学依赖于例子和示例。我们绝不能确定，现实的事实中有任何“全乎义务的”行动（其规定动机为义务的行动）的例子存在。我们正在讨论的东西，并不是人们事实上所做的事情，而是他们应当去做的事情。

即便我们拥有全乎义务的行动的经验，但这对于我们的意图来说依旧是不够的。我们必须要表明的是，有一种法则，它对一切理性存在者本身有效，并且凭借他们的有理性就一切人都有效——它是理性存在者本身应当要遵从的一种法则，只要他们被诱惑着不这样做。这一点绝不可能凭借对现实的人类行为的任何经验而被确立起来。

此外，道德上善的行动的种种例子，不仅绝不能充当道德原则的一个替代品，它们也绝不能为道德法则提供一个能够建立于其上的根据。惟有当我们已经拥有了种种道德原则，我们才能把一个行动评判为道德善性的一个例子。道德性不是一件盲目模仿的事情，例子最多只能鼓励我们去履行我们自己的义务：它们能够表明全乎义务的行动是可能的，而且，它们能够把全乎义务的行动更加鲜活地呈现在我们的心灵之中。

第 30—34 页——通俗的哲学

通俗的哲学(没有严格地区分伦理学中先天的部分和经验性
25 的部分)为我们提供了一个令人作呕的大杂烩,在这个大杂烩中,**先天的**要素和经验性的要素无药可救地搅和在一起。道德的诸原则和利己的诸原则被混为一谈,这样一来的结果就是,在一种错误的指导下,原本旨在增强种种道德主张的努力,反而削弱了它们。

第 34—36 页——回顾诸结论

道德的诸原则必须完全**先天地**加以把握。把它们与种种经验性的利己考虑以及诸如此类的东西混为一谈,这不仅是一种思维上的混淆,而且还是道德进步的道路上的一个障碍。因此,在尝试应用道德的诸原则之前,我们必须致力于在一种纯粹的道德形而上学(它派生出了种种经验性的考虑)中准确地把它们公式化。

第 36—39 页——一般的命令式

现在,我们必须尝试要解释诸如“善的”和“应当”这些措辞是什么意思,尤其要解释一个“命令式”是什么意思。有不同种类的命令式存在,但我们必须首先处理**一般而言的**命令式(或者一切种类的命令式的共同之处):我们并不仅仅关心道德的命令式(尽管我们心中尤其会想到这种命令式)。这是首次阅读时的一个困难来源,尤其是“善的”这个词,当它被用于不同种类的命令式时,有着截然不同的意义。

我们从“一个理性的行动者”的观念开始。一个理性行动者拥有依据他对诸法则的理念(idea)而行动的力量——也就是说,依据**诸原则**而行动的力量。当我们说“他拥有一个**意志**”时,我们说的就是这个意思。“实践理性”则是这样一个意志的另一个名称。

我们已经看到，理性行动者的种种行动拥有一个主观的原则或准则，而且，在那些仅仅不完全理性的存在者身上，这样一些主观原则必定有别于客观的原则——也就是说，有别于那些一个理性行动者必然会据以行动的原则，只要理性充分支配了激情。一个行动者根据一些主观的原则而行动，就此而言，他的意志与他的诸行动可以在某种意义上被描述为“善的”。

像人类这样不完全理性的存在者并不在任何时候都依据种种客观原则而行动：他们或许会这样做，或许不会。更加术语化地表 26
达这一点就是：对于人类来说，客观上必然的诸行动在主观上却是偶然的。

对于不完全理性的存在者来说，客观的诸原则看起来几乎是制约了意志，或者（按照康德的术语）强制意志——也就是说，它们似乎是从外面强加给意志的，而不是意志的必然展现（如它们在一个全然理性的行动者那里那样）。在这个方面，对于一个理性意志来说，“是必然的”与“是强制性的”之间存在一种显著的差异。

当一个客观的原则被设想为强制性的（而不仅仅是必然的），它就可以被描述为一个诫命。这样一个诫命的公式就可以叫作一个命令式（尽管康德并没有在实践中显著地区分“一个诫命”和“一个命令式”）。

一切命令式（而不仅仅是那些道德的命令式）使用“我应当”这一措辞来表述。“我应当”可以说是从主体的方面表达了强制的关系，这种强制关系在一个被承认为客观的原则和一个不完全理性的意志之间生效。当我说“我应当”要做些什么时，我的意思是说，我认识到这种行动是由一个对任何理性行动者本身都有效的客观原则所强加的或强制的。

由于命令式是那些被看作强制性的客观原则,而且,依据客观的诸原则的行动就是(在某些意义上)善的行动,因此,一切命令式都诫令我们要去做善的行动(而不纯然只是那些——就像某些哲学家所主张那样——负有职责的行动或者正当的行动)。

一个完全理性的与全然善的行动者*必然地*依据一些客观原则而行动,而相同的原则对于我们来说是一些命令式,而且,他这样做将展现出一种善性,正如我们服从这些命令式时所展现出来的一样。但是,对于他来说,这些客观的原则将不会是一些命令式:它们将是必然的、但却不是强制性的,而且,遵从它们的意志可以被描述为一个“神圣的”意志。在我们说“我应当”的地方,这样一个行动者会说“我愿意”。他根本就不会有任何义务,他也不会感受到对道德法则的敬畏(而是感受到某种近似于爱的东西)。

康德在一个重要的脚注中(虽然多少有些含糊地)解释了他用诸如“偏好”与“兴趣”这些术语来意指什么,而且,他区分了“病理
27 学的”(或者感性的)兴趣与“实践的”(或者道德的)兴趣。对此,可见于第 121—123 页的分析。

第 39—44 页——诸命令式的分类

有三种不同的命令式。由于命令式是一些被看作强制性的客观原则,那就必定同样有三种相应的客观原则与三种相应的(或者三种意义上的)“善”。

某些客观原则以一个追求某些目的的意志为*条件*——也就是说,它们将必然地被一个充分理性的行动者所遵从,只要他愿意这个目的。这些原则产生了一些*假言*的命令式,它们拥有“如果我愿

意这个目的，我就应当如此这般做”的一般形式。它们要求我们做出一些行动，这些行动作为一个目的的手段而是善的，而这个目的是我们已然愿意的(或者有可能愿意的)。

如果这个目的仅仅是我们有可能愿意的目的，那么，这些命令式就是或然的或者技术的命令式。它们可以叫作技巧的命令式，而且，它们所责令的行动在“技巧娴熟”与“十分有用”的意义上是善的。

如果这个目的是每个理性行动者因其特有本性就愿意的目的，那么，这些命令式就是实然的或者实用的命令式。每个理性行动者因其特有本性而愿意的目的就是他自己的幸福，而且，一个实用的命令式所责令的那些行动是“机智的”，并且在这个意义上是善的。

某些客观原则是无条件的：它们将必然地被一个充分理性的行动者所遵从，但不是基于对某些其他目的的先行意愿。这些原则产生了一些定言的命令式，它们拥有“我应当如此这般做”(无须任何“如果”作为先在条件)的一般形式。它们可以叫作“定然的”——也就是说，是无条件的与绝对的，并且在这个意义上是必然的。这些命令式就是道德的无条件的命令式，而且，它们所责令的行动是道德上善的——就其自身而言善的，而不是仅仅作为某些其他目的的手段而是善的。

不同种类的命令式实施不同种类的强制。这种差异可以通过如此描述它们来加以标记，即技巧的诸规则、机智的诸建议、道德的诸诫命(或者诸法则)。惟有诸诫命或诸法则才是绝对有约束力的。

第44—50页——诸命令式如何可能？

现在，我们必须考虑这些命令式如何是“可能的”——也就是说，它们如何能够得以证义。要证义它们就是要表明，它们要求我们据以行动的原则对于任何理性存在者本身来说都是有效的，并且在这个意义上是客观的。康德总是假定，一个充分理性的行动者本身将必然地据以行动的一个原则同时也是一个不完全理性的行动者应当据以行动的原则，只要他被诱惑着不这样做。

为了理解这个论证，我们必须掌握分析命题与综合命题之间的区别。

在一个分析的命题中，谓词包含在主词概念之中，并且能够通过对这个主词概念的分析而被推导出来。因此，“每个结果都必定有一个原因”就是一个分析命题；因为，设想一个结果而不设想它拥有一个原因是不可能的。因此，为了证义一个分析命题，我们根本就无须超出这个主词概念。在一个综合的命题中，谓词并不包含在主词概念中，并且无法从对这个主词概念的分析中被推导出来。因此，“每个事件都必定有一个原因”就是一个综合命题；因为，设想一个事件而不设想它拥有一个原因是可能的。为了证义任何综合命题，我们都必须超出这个主词的概念，并且揭示出一些“第三项”，这个第三项将使我们有权把这个谓词归于这个主词。

任何充分理性的行动者只要愿意一个目的，就必然地愿意这个目的的手段。这是一个分析命题；因为，愿意（而不仅仅是期望）一个目的就是愿意一个行动，这个行动就是达成这个目的的手段。因此，任何理性行动者如果愿意一个目的，就也应当愿意达成这个目的的手段，只要他足够非理性以至于被诱惑着不这样做。因此，证义**技巧的诸命令式**并不存在任何困难。

需要注意的是，在找出何种行动是达成我们目的的手段时，我
们使用了综合命题：我们必须揭示出哪些原因将产生某些被欲求
的结果，而且，通过对结果概念本身的纯然分析，不可能揭示出任
何结果的原因。然而，这些综合命题仅仅是一些理论命题：当我们
知道了何种原因将产生被欲求的结果，那个规定着我们作为理性
存在者的意志的原则就成了分析命题，即任何充分理性的行动者 29
只要愿意一个目的，就必然地愿意达成这个目的的已知手段。

当我们开始考虑**机智的诸命令式**时，我们就遇到了一个特殊的困难。尽管幸福是一个我们所有人事实上都追求的目的，但我们对幸福的概念却不幸是含糊的与不确定的：我们并不清楚地知道我们的目的是什么。有时候，康德本人就把对幸福的追求说得好像仅仅是寻求一个实现贯穿整个生命历程中的最大可能量的愉快感的手段。还有些时候，他承认，幸福既包含着对种种目的的选择与协调，也包含着对达成它们的手段的选择与协调。然而，撇开这些困难，机智的诸命令式按照与技巧的诸命令式相同的方式得以证义。它们依赖于一个分析命题，即任何充分理性的行动者只要愿意一个目的，就必然地愿意达成这个目的的已知手段。

在**道德的或定言的诸命令式**的情形中，这种证义是不可能的；因为，当我们通过说“我应当如此这般”而认识到一项道德义务时，这并不依赖于“其他某些目的已然被愿意”这一预设。想要证义一个定言的命令式，我们就必须表明，一个充分理性的行动者将必然地以某种方式行动——这不是因为他恰好想要其他某种东西，而是仅仅因为他是一个理性行动者。然而，这样一个谓词并不包含

在“理性行动者”的概念之中，并且无法通过对这个概念的分析被推导出来。这个命题不是分析的，而是综合的；然而，它是关于一个理性行动者本身将*必然地*做什么的断言。这样一个断言绝不能通过对种种例子的经验得以证义，我们也不能（正如我们所看到的）确定我们拥有任何此类经验。这个命题不仅是综合命题，而且也是*先天的*命题，而且，证义这样一个命题的困难可能十分艰巨。这项任务必须被推迟到后面再来解决。

第51—52页——普遍法则公式

我们的第一个难题是要将定言命令式*公式化*——也就是说，讲出它所诫令或者责令的是什么。这个论题表面上是出于其自身的缘故而被追究的，而且，我们得到了一连串的公式；但是，在所有这一切上，这个针对最高原则或者道德性（自律原则）的分析论证仍然在继续进行；而且，我们稍后将发现，正是自律原则使我们能够把道德性与自由的理念（Idea）联系起来，正如最后一章所详加阐明的那般。

正如我们已然看到的，一个定言的命令式仅仅要求我们依据普遍法则本身而行动——也就是说，它要求我们根据一个对一切理性存在者本身都有效的原则而行动，而不仅仅根据一个惟有当我恰好想要其他某些目的时才会有效的原则而行动。因此，它要求我们依据一个预谋行动的*质料*的准则能够或者不能同时被愿意成为一个普遍法则来采纳或者拒斥该准则。我们可以用这个公式来表达这一点：“要只根据这样一个准则而行动，即通过这个准则，你能够同时愿意它变成一个普遍法则。”

因此，定言命令式只有一个。我们可以不那么严格地把各种各样特定的道德法则描述为定言的诸命令式——例如“你不应杀人”的法则——而那个独一的、一般的定言命令式则应用于它们之中。这些法则把独一的定言命令式当作它们的原则，全都从中“推导出来”。在《奠基》中，康德似乎认为，它们能够单凭这个公式本身被推导出来，但在《实践理性批判》中，他主张说，对于这一意图，我们需要利用紧随其后的公式。

第 52 页——自然法则公式

“要这样行动，仿佛你行动的准则要通过你的意志成为一个普遍的自然法则。”

这个公式虽然从属于前一个公式，却跟它全然不同：它诉诸一个自然法则、而不是自由法则，而且，它也是康德本人在他的诸例证中所使用的公式。除了说——在第 81 页处——道德的普遍法则与自然的普遍法则之间存在一种**类比**之外，他没有为这样做给出任何解释。这个主题是一个高度专业的主题，并且在《实践理性批判》中得到了进一步的阐述，但为此必须提及我自己的著作《定言命令式》，尤其是在第 157—164 页。

一个自然法则主要地是一个因果法则。然而，当康德让我们把自己的诸准则当作**仿佛**是一些自然法则时，他把它们当作一些合目的的（或者目的论的）法则来对待。他已然假设，自然——或者至少是人类本性（自然性）————是目的论的自然，或者用他 31
稍后的话说，是一个自然的王国、而不是一个纯然的机械。

不考虑这些难题和困扰，康德的学说还是很简单的。他主张说，一个人是道德上善的，不是因其出自激情或者利己而行动，而是因其根据既对其他人也对他本人有效的非个人原则而行动。这就是道德性的本质；但是，如果我们想要检测一个拟定行动的准则，我们就必须追问，如果这个准则普遍地被采纳，它能够促进个人的与人类种族的种种意图的一种系统和谐吗？惟其确乎能够时，我们才能说，它适于被愿意成为一个普遍的道德法则。

如果没有对人类本性的经验性知识，那么，这样一种检测的应用就显然是不可能的，而且，康德在他的诸例证中把这一点看作理所当然的。

第 52—57 页——**诸例证**

义务可以划分为“对自己的诸义务”与“对他人的诸义务”，进而再分为“完全的诸义务”与“不完全的诸义务”。这就给了我们四种主要的义务类型，而且，康德为了表明他的公式能够应用于所有这四种类型的义务，于是他就每种类型都为我们给出了一个例证。

一个完全的义务是这样一种义务，它不允许为了偏好的诸兴趣而有任何的例外。在这个题目之下给出的例证，就是“禁止自杀”与“禁止为了借贷而做出虚假承诺”。我们无权因为自己有一种强烈的偏好要去自杀而投奉于此，我们也无权因为自己恰好更喜欢一个人而向他还债，却不向另一个人还债。在不完全的诸义务的情形中，立场就截然不同了：我们不仅不得不采纳“发展我们的种种才能”与“帮助他人”的准则；而且，我们在一定范围内有权任意地决定要发展我们的何种才能，以及我们要帮助哪些人。在这里，纯然的偏好拥有某种“纬度”或“活动空间”。

在“对自己的诸义务”的情形中，康德假定，我们的种种能力都在生命中有一种自然的功能或者意图。“不要妨碍这样一些意图”是一项完全的义务；而且，“促进这样一些意图”也是一项积极的、但却是不完全的义务。

在“对他人的诸义务”的情形中,我们有一项完全的义务,即**不** 32
要妨碍众人的种种意图的一种可能的系统和谐的实现;而且,我们有一项积极的、但却是不完全的义务,即促进这样一种系统和谐的实现。

在《奠基》这样一本著作中,附加给这些原则的种种限定条件必然是要省略的。

第 57—59 页——道德判断的法规

道德判断的一般法规是:我们应能够**愿意**自己行动的准则成为一个普遍的(**自由**)法则。当我们把自己的准则当作可能的(目的论的)**自然**法则来考虑时,我们就发现,其中一些准则甚至都无法**被设想为**这样一种法则:举个例子,一个法则,即自爱(倘若自爱被认为是归于一个自然法则之下的,它就成了某种类似于自我保全的情感——或者本能——的东西)既促进生命又摧毁生命,这个法则就是不可设想的。在这种情形中,这个准则就跟完全的或严格的义务相抵触。其他一些准则,尽管并非不能设想为一些可能的(目的论的)自然法则,但却无法作为这样一种法则而恰然地被**愿意**:在意愿中将会存在缺乏一贯性或恰然性,举个例子,“人要拥有种种才能,但却绝不要使用它们”。这样一些准则与不完全的义务相抵触。

无论我们对康德论证中的细节持有何种看法——而且,他反对自杀的论证尤为薄弱——我们都必须向我们自己追问,有关人类本性的一种目的论的观点对于伦理学来说是不是必需的,就像关于人类肉身的目的论的观点对于医学来说是必需的那般?还可以观察到的是，根据康德的观点，道德问题不止是有关我们能够**思维什么**的问题，更是我们能够**愿意什么**的问题，而且，恶的行动不止包含一种理论性的矛盾，还包含偏好与一个理性意志的抵触，这个理性意志被认定为在某种意义上现实地出现在我们身上的意志。

第 59—63 页——对纯粹伦理学的需要

康德再次强调了他前面有关这一主题的种种论点。

第 63—67 页——就其自身而言的目的公式

33 以如此方式行动，即你在任何时候都绝不把人性，无论你自己人格中的、还是任何其他人的人格中的人性，仅仅当作一个手段来对待，而是要在任何时候都同时当作一个目的来对待。

这个公式带来了一切行动的第二个方面；对于一切理性行动来说，除了要拥有一个原则，还必须给它自己设定一个目的。目的——就像诸原则一般——或许是纯然**主观的**：它们或许是由一个个人任意地采纳的目的。主观的或相对的目的是一个特定的行动者企图要产生的目的，正如我们所见，这种目的仅仅是**假言的**诸命令式的根据，而且，它们的价值是相对的与有条件的。倘若还存在着一些由理性给予我们的**客观的**目的，这些目的是一个充分理性的行动者在一切环境中都必然会追求的目的，那么，这些目的就会拥有一种绝对的与无条件的价值。它们还是一个不完全的理性行动者**应当**去追求的目的，只要他们非理性到足以被诱惑着不这样做。

这样一些目的不能是我们的种种行动的产物，因为——正如我们一直都知道的那样——我们行动的产物中没有任何东西能够拥有一种无条件的与绝对的价值。它们必须是一些既存的目的；

而且，它们的纯然实存就把追求它们的义务强加给我们（只要我们有能力这样做）。也就是说，它们将是一个**定言的**命令式的**根据**，这多少就跟那些纯然主观的目的是假言的诸命令式的根据一样。这样一些目的可以被描述为是一些就其自身而言的目的——而不是仅仅相对于一些特定理性行动者的目的。

惟有那些理性的行动者或者**人格**（person）才能是就其自身而言的目的。由于惟有他们才能拥有一种无条件的与绝对的价值，那么，把他们单单当作达成一个（其价值仅仅是相对的）目的的手段来使用就是错误的。没有这样一些就其自身而言的目的，就根本不会有任何无条件善的东西，不会有任何行动的最高原则，并且因此——对于人类存在者来说——也不会有任何定言的命令式。因此，跟我们的第一公式一样，就其自身而言的目的公式乃是从定言命令式的特有本质中得出的——只要我们记住，一切行动都必须既有一个目的、又有一个原则。

康德补充说，基于一些对每个理性行动者本身都有效的根据，每个理性行动者都必然地以这种方式来设想他自己的实存。然而，这样一种证义依赖于他对自由理念（Idea）的解释，但这个解释要留在后面再来完成。

就像第一个公式一样，当这个新公式被应用于人的特殊本性时，必定会产生的一些特定的定言命令式。

第 67—68 页——诸例证

同样一组例子甚至更为清楚地把种种目的论的预设给呈现出来了，这些预设对于定言命令式能够赖以得到应用的任何检测来说都是必需的。我们有一项完全的义务，即不要把我们自己或者他人仅仅当作一个满足我们偏好的手段来使用。我们有一项不完全的、但却是积极的义务，即促进我们自己与他人的种种自然目的——也就是说，追求我们自己的完善与他人的幸福。

正如康德本人在一个段落中所指出的，我们只关心极为一般的义务类型。指责康德没有处理所有那些很可能对于处理种种特殊问题来说必需的限定条件，这是十分不公平的。

第 69—71 页——自律公式

> 要这样行动，即你的意志能够同时把它自己看作是在通过其准则制定普遍的法则。

这个公式乍看起来似乎只是对普遍法则公式的纯然复述。然而，它的优势在于明确了如是一种学说，即定言命令式要求我们不仅要遵从普遍法则，还要遵从一个我们自己作为理性行动者所制定的普遍法则——而且还是一个我们自己通过我们的准则来加以详述的普遍法则。对于康德来说，这个公式是对道德性的最高原则最为重要的阐述，因为它径直导向自由的理念（Idea）。我们之所以要服从道德法则，仅仅是因为它是我们自己作为理性行动者的本性的必然表达。

自律公式——尽管这个论证讲述得有些含糊——是从普遍法则公式与就其自身而言的目的公式的结合中派生出来的。我们不止看到，我们不得不由于其普遍性（其对于一切理性行动者的客观有效性）而服从法则；我们还看到，作为主体的理性行动者就是这种定言命令式的**根据**。诚若如此，我们不得不服从的法则必定就是我们自己意志的产物（就我们是理性行动者而言）——也就是说，它依赖于“**每个理性存在者的意志都是一个制定普遍法则的意**

志”的理念(Idea)。

康德稍后把他的观点说得更加简洁——在第 83 页——他在 35
那里说，一个理性存在者，“准确说来，正是其准则适于被当作普遍法则这一点，把他标记为一个就其自身而言的目的。”如果一个理性行动者真的是一个就其自身而言的目的，那么，他就必定是他不得不服从的那些法则的创作者，而且，正是这一点赋予他自己最高的价值。

第 71—74 页——兴趣的排除

一个定言的命令式排除了兴趣：它单单只是说“我应当这样做”，而**不是**说“如果我恰好想要那个，我就应当这样做”。这一点包含在我们前面的那些公式之中，这纯然是由于一个事实，即它们是一个被承认为“定言的”的命令式的诸公式。现在，自律公式使之更为清楚明确。一个意志服从于一些法则，或许是因为一些兴趣(正如我们在假言的诸命令式中所看到的那般)。一个不因任何兴趣而服从法则的意志，就只能服从于它自己制定的那些法则。惟有当我们把意志设想为“制定其自己的诸法则”的，我们才能理解一个命令式如何能够排除兴趣，并且由此而是定言的。自律公式最大的优点是：通过表达出“一个理性意志制定了它不得不服从的那些法则”，定言命令式的本质特性第一次被充分地说清楚了。因此，自律公式直接地来自定言命令式本身的特性。

一切想要借助任何种类的兴趣来解释道德职责的那些哲学家们，都会使一个定言的命令式成为不可设想的，并且彻底否定道德性。他们全都可以说是提出了一种**他律**的学说——也就是说，他们把意志描绘成仅仅受缚于这样一个法则，该法则的来源在某些对象或目的之中，而不是在这个意志自身之中。这样一种理论只能产生出一些假言的、并且因此是非道德的命令式。

第 74—77 页——目的王国公式

要这样行动，仿佛你要通过你的诸准则成为一个目的王国的一个立法成员。

这个公式直接源自于自律公式。理性行动者全都服从于他们自己制定的普遍法则，就此而言，他们构成了一个王国——也就是
36 说，一个国家或者联合体。这些法则要求他们把彼此当作就其自身而言的目的来对待，就此而言，如此构建起来的王国就是一个目的王国。其中的种种目的不仅涵盖那些作为就其自身而言的目的的人格，而且也涵盖他们中的每一个人格依据普遍法则给他自己设定的种种个人的目的。在最后一章，这个“目的王国”的概念就与一个“理知的世界”的理念(Idea)联系起来了。

我们必须区分这样一个目的王国的“成员”(全都是有限理性的行动者)与其“最高元首”(一个无限理性的行动者)。作为这样一个王国的立法成员，理性行动者拥有一个叫作“尊严”的东西——也就是说，一种固有的、无条件的、不可比拟的价值或者价值性。

第 77—79 页——德性的尊严

一个事物，倘若能够找到任何替代品或等价物，就拥有一个价格。倘若一个事物不允许任何等价物，就拥有尊严或者价值性。

惟有道德性或者德性——以及人性，就其能够具有道德性而言——拥有尊严。在这个方面，那些拥有经济价值(一种市场价格)的事物，甚至那些拥有一种审美价值(一种玩赏价格)的事物，

都无法与之相媲美。一个善人的这种不可比拟的价值乃是源自他是一个目的王国中的一个立法成员。

第 79—81 页——回顾诸公式

在最后的回顾中，只有三个公式被提及：(1)自然法则公式，(2)就其自身而言的目的公式，以及(3)目的王国公式。第一个公式被说成是关乎一个道德准则的形式——也就是说，关乎普遍法则；第二个公式关乎其质料——也就是说，关乎其诸目的；然后，第三个公式把形式与质料结合起来。此外，普遍法则公式也被提及了，作为最严格的检测来应用(这很可能是因为它主要关乎道德行动的动机)。其他公式的意图是要使义务的理念(Idea)更接近直观(或者想象)。

目的王国公式被给出了一个新版本："一切作为从我们自己的法则制定出发的准则都应当同一个可能的作为一个自然王国的目
的王国和谐一致"。前文没有提到过自然王国，而且，这个自然王 37
国与目的王国的关系，似乎同普遍的自然法则与普遍的自由法则的关系是一样的。当康德把自然看作是为道德性提供了一个类比时，有一点就变得十分清楚了，即自然被看作目的论的自然。

在这里，自律公式就与目的王国公式合并起来了。

第 81—87 页——回顾整个论证

最后的回顾从头到尾概述了整个论证——从"一个善的意志"概念开始，论至"德性的尊严"概念和"人作为能够有德者的尊严"。从一个公式到另一个公式的过渡则被简化了，并且以某些方式得到了改进。然而，最为显著的补充是给出了对自然王国的解释。惟有当**一切人**都服从定言命令式时，目的王国才能得以实现，但即便如此也还是不够的：除非自然本身也跟我们的种种道德努力合作，否则的话，这个理想绝不能被达成。无论是从人们身上，还是从自然之中，我们都无法确信这种合作，但即便如此，那个要求我们要像一个目的王国的立法成员那样行动的命令式，也依旧是定言的。我们应当追求这个理想，无论我们能否期待其结果有所保障，而且，对这个道德理想的这种无兴趣的追求立刻就成了人的尊严之来源，以及他据以被评判的标准。

第 87—88 页——意志的自律

我们已经从一个分析的论证中获知，意志自律的原则（并且因此也包括一个定言的命令式，它责令依据这样一种自律而行动）是种种道德判断之有效性的一个必需的（必然的）条件。然而，如果我们还想确立起自律原则的有效性，我们就必须超出我们对种种道德行动的判断，进入到对纯粹实践理性的一种批判中。

第 88—89 页——意志的他律

任何拒斥自律原则的道德哲学都必定会退回到一种他律的原
38 则：它必定会使统治着人类行动的法则依赖于意志之外的某些对象，而不是依赖于意志自身。这样一种观点只能产生一些假言的、并且因此是非道德的命令式。

第 89—90 页——他律的诸原则的分类

他律的诸原则要么是经验性的，要么是理性的。倘若它们是经验性的，其原则就在任何时候都是对幸福的追求，它们中的一些以愉快与痛苦的自然情感为基础，而另一些则以一种假定的道德情感或者道德感为基础。倘若它们是理性的，其原则就在任何时候都是对完善性的追求，这种完善性要么是通过我们自己的意志被达到的，要么就被假定为已然既存于上帝的意志之中，上帝的意志则把某些任务强加给我们的意志。

第 90—91 页——经验性的他律原则

由于一切经验性的诸原则都基于感觉，并且因此缺乏普遍性，它们十分不适于充当道德法则的一个基础。然而，“追求我们自己的幸福”原则是最令人反感的。只要我们自己的幸福与道德法则相容，我们就有权（甚至有一种间接的义务）去追求它；但是，“要成为幸福的”是一回事，“要成为善的”却是另一回事；而且，混淆这两者就是抹煞德性与恶习之间的确切分别。

道德感学说至少有一个优点，即发现一种直接的对德性的满足感，而不止是对德性的种种所谓的愉快结果的满足感。康德在任何时候都承认道德情感的实在性，但他坚持认为，道德情感是我们认识法则的一个后果：它本身不能为我们自己提供任何统一的标准，更不能为他人立法。道德感学说归根结底只能被归类到那些把愉快或幸福看作唯一善的东西的学说之中，因此它也在对一种特定种类的情感的满足中去找寻善。

第 91—93 页——理性的他律原则

“把完善性当作一个我们要去达成的目的”，这个理性的原则
在前面提出的他律的道德原则中是最好的。因此，它至少诉诸理
性来做出决定。然而，它仅仅要求我们致力于那种适合于我们的 39
最大实在性，就此而言，它完全是含糊不清的；而且，倘若它包含了道德上的完善性，那就显然是循环的。康德本人也主张说，道德法则要求我们培养我们的自然完善性（运用我们的种种才能）与我们的道德完善性（为了义务的缘故而履行义务）。他的反驳针对的是

如是一种观点,即我们要为了实现我们自己的完善的缘故而服从道德法则。

“成为道德的就是要服从上帝的完善意志”,这个目的论的原则必须彻底加以拒斥。如果我们假定上帝是善的,这只能是因为我们已然知晓道德善性是什么,但我们的理论也就成了一种恶性循环。另一方面,如果我们从我们对上帝意志的概念中排除掉善性,并且把“他”仅仅设想为全能的,那么,我们就把道德建立在对一个任意的、但却不可抗拒的意志的恐惧的基础之上。这样一种道德体系直接地与道德性相抵触。尽管在康德看来,道德性必定导向宗教,但它却不能从宗教中派生出来。

第 93—95 页——他律的失败

所有这些学说都假定,道德法则必须从意志的某些对象中派生出来,而不是从意志自身中派生出来。因此,由于是他律的,它们就不能给我们任何道德的或定言的命令式,并且把道德上善的行动看作仅仅作为一个预期结果的手段而是善的,而不是就其自身而言善的。因此,它们摧毁了对道德行动的一切直接的兴趣,并且把人置于一个自然法则之下、而不是置于一个自由的法则之下。

第 95—96 页——这个论证的地位

康德声称要做的一切,不过就是通过一个分析的论证来表明,自律的原则是我们一切道德判断的必需的(必然的)条件。如果真的有道德这种东西存在,如果我们的道德判断并不纯然只是一些荒诞妄想,那么,自律的原则就必须被接受。许多思想家或许都会把这当作是对该原则的充足证明,但康德并不把这样一个论证看作一个证明。他甚至都没有断言这个原则的真理性,更没有假装要去证明它。

自律原则与相应的定言命令式是一些**先天**综合命题：它们断
言一个理性行动者——只要他对激情有充分的支配——将必然地 40
仅仅根据这样一些准则来行动，凭借这些准则，他能够把他自己看作是在制定普遍的法则，而且，即便他非理性到足以被诱惑着不这样行动，他也应当如此行动。这样一个命题要求纯粹实践理性的一种综合运用，而且，如果没有对理性自身的这种能力的一个批判，我们就不能冒险行使这种运用。

41 第三章　实践理性批判大纲

第 97—99 页——自由与自律

当我们考虑**意志**(或者实践的理性)时,我们可以把它定义为一种原因性(一种原因性的行动〔活动〕的力量),这种原因性属于活着的存在者,只要他们是理性的。把这样一个意志描述为**自由的**,那就是说,它能够原因性地行动(活动),**无须**自身以外的某物作为原因来造成它如此行动(活动)。非理性的存在者能够原果性地活动,只能是因为它们以自身以外的某物作为原因来造成它如此行动,而且,这也就是所谓的"自然的**必然性**",同"自由"完全相反:如果一个台球作为原因造成了另一个台球运动,它之所以能够如此,仅仅是因为其他某物作为原因造成了它自身的运动。

到目前为止,我们对自由的描述是消极的。但一个无法则的意志将是自相矛盾的,而且,我们必须如此做出积极的描述,即一个自由的意志将在诸法则之下行动(活动),但是,这些法则不可以由其自身以外的其他某物强加给它;因为,倘若如此,它们就只是一些具有自然必然性的法则。如果自由的诸法则不能是他者强加的,那么(倘若我们可以使用这样一种表述),它们就必须是自我强加的。也就是说,自由将等同于自律;而且,由于自律是道德的原则,一个自由的意志将会是一个道德的诸法则之下的意志。

如果我们可以预设自由,那么,自律(并且因此道德性)就可以从对自由概念的纯然分析中得出。然而,正如我们所看到的,自律的原则是一个先天的综合命题,并且因此只能凭借一个第三项才能被证义，这个第三项要能够把该命题的主词与谓词联结起来。自由的积极概念为我们提供了（或者向我们指示了）这个第三项；倘若我们想要指明，这个第三项是什么，以及从纯粹实践理性的概念中演绎出自由，我们就还需要进一步的预备工作。

第 99—100 页——自由作为一个必然预设 42

如果道德是从自由中派生出来的，以及，如果——正如我们所坚持的——道德必定对一切理性存在者本身都有效，那么看起来，我们仿佛就必须要证明，一个理性存在者本身的意志必然地是自由的。但这绝不能通过任何对纯然人类的行动之经验得到证明，实际上，从哲学理论的视角也根本无法得到证明。然而，对于行动的种种意图来说，如果我们可以表明，一个理性存在者能够仅仅在自由的**预设**之下行动，那就足够了；因为，诚若如此，那些同自由紧密结合在一起的道德法则对他来说就将是有效的，正如他**已被知晓为**是自由的那般。

理性本身必定必然地在如是一个预设之下发挥作用，即它既消极地是自由的，也积极地是自由的：它必须预设自己不为种种外部的影响所规定，它是其自己的诸原则的来源。倘若一个理性主体认为他的种种判断不是被理性的诸原则，而是被外在的冲动力所规定的，他就不能把这些判断看作他自己的判断。这对于实践理性来说也必定同样为真：一个理性行动者必须把他自己看作是有能力根据他自己的理性原则而行动的，并且惟其如此，他才能把他的意志看作他自己的意志。也就是说，从一种实践的视角来看，每个理性行动者都必须预设他的意志是自由的。自由是一切行动及一切思维的一个必然预设。

第 101—105 页——道德兴趣与恶性循环

我们已经论证过，理性存在者在行动中必须预设他们自己的自由，而且，从这一预设出发必然得出自律的原则，并且因此得出与之相应的定言命令式。以这种方式，相比我们前面所做的，我们至少就更为准确地阐明了道德的原则。但是，我为什么应该仅仅作为理性存在者而使我自己(并且也使其他理性存在者)服从于这一原则？我为什么给道德行动赋予这样一种最高的价值，并且在其中感受到一种人格的价值，而愉快同这种价值相比简直微不足道？我为什么应该出于为其自身的缘故而对道德上的卓越怀有一种兴趣？对于这些困难的问题，我真的已经给出了令人信服的回答了吗？

43 毫无疑问，我们事实上确乎对道德上的卓越怀有一种兴趣，但这种兴趣之所以会产生，是因为我们假定道德法则具有约束力。我们尚未看出，道德法则如何能够具有约束力。我似乎陷入了一个恶性循环：我们已然论证说，我们必须假定我们自己是自由的，这是因为我们处在道德法则之下，然后，我们又论证说，我们必定处在道德法则之下，这是因为我们已经假定我们自己是自由的。如此远不足以向我们提供任何对道德法则的证义。

第 105—110 页——两种立场

为了逃脱这样一个恶性循环，我们必须问我们自己，我们难道不是有两种截然不同的立场(或者视角)，可以从这两种立场来看待我们的种种行动吗？

这个“两种立场”的学说是康德的批判哲学中的一个本质性的部分，它到目前为止都还暗藏于背景之中。在处理这一学说时，他必须面对一个困难：他不能假定他的读者都很熟悉《纯粹理性批判》中的繁复论证，也无法在一篇伦理学的短文中重述这些繁复论证。因此，他只能求助于一些颇为初级的考察，这些考察就其本身来说没法十分令人信服。

一切被给予我们的感官的理念(ideas)都不是按照我们自己任意的意愿进入到我们心中的。我们假定这些理念是从诸对象中进入到我们心中的，但凭借以这种方式被给予我们的诸理念(ideas)，我们只能以对象刺激我们自己的方式来认识这些对象：这些对象就其自身而言究竟是什么，我们无从得知。这就导致了一个区别，即“作为显现于我们的事物”(things as they appear to us)与“作为就其自身而言所是的事物”(things as they are in themselves)之间的区别——又或者，“**诸显象**”(appearances)与“**就其自身而言的诸事物**”(things in themselves)之间的区别。惟有诸显象才能为我们所知晓；但是，在诸显象的背后，我们还必须假定就其自身而言的诸事物，尽管这些事物绝不能作为“它们就其自身而言所是者”为我们所知，而是只能如“它们刺激我们”那般为我们所知。这就为我们提供了“一个**感知的**世界”(一个给予感官的或者至少通过感官被给予的世界)与“一个**理知的**世界”(一个我们能够设想、但却绝不能知晓的世界，因为一切人类知识都要求感觉与设想的一种结合)之间的一个粗略的——仅仅是粗略的——区别。

这一区别也适用于人对其自身的知识。通过内感官(或内 44
观)，他能够知晓的仅仅是他显现出来的自我，但在这一显象背后，他必须假定有一个作为它就其自身而言所是的 Ego(我)。他是通过内感官而被知晓的，而且，实际上，他能够被动地接收种种感觉，就此而言,人必须把他自己看作是属于感知世界(sensible world)的。然而,就他或许拥有脱离感官的纯粹活动性的能力而言,他必须把他自己看作属于理知世界(intelligible world)的。在这里,理知世界被描述为一个"理智的"(intellectual)世界——这个世界之所以是理知的,是因为它是理智的——尽管又补充说,对于这个世界,我们无法知晓任何更多的东西。

现在,人现实地在他自己身上发现了一种与感官分离的纯粹活动。他在自己身上发现了一种理性的力量。在此,需要注意,康德首次(正如他以往所做的那般)诉诸理论理性,尽管他如今是在他自己特殊的批判意义上来看待理性的。我们拥有一种自发性的力量即"知性",这种力量(无疑是连同其他一些要素)从其自身中产生出这样一些概念(或者诸范畴),例如"原因"与"结果",并且用这些概念把感官的诸理念(ideas)置于种种规则之下。因此,尽管知性具有纯正的自发性,它依旧要与感官结合起来,而且,脱离感官,知性根本就无法思维任何东西。另一方面,"理性"是一种"诸理念"(Ideas)的力量——也就是说,它产生了一些概念(无条件的概念),这些概念彻底超乎感官,并且不能在感官中给出任何例子。不像知性,理性表现出一种纯粹的自发性,这种自发性是完全独立于感官的。

凭借这种自发性,人必须把他自己设想为(作为理智〔*qua* intelligence〕)属于理知世界的,并且设想为服从于那些惟独在理性中才有其来源的法则的。他也是感性的,并且借助于内感官才被他自己所知晓,就此而言,他必须把他自己看作是属于感知世界的,并且看作是服从于自然的诸法则的。这就是一个有限的理性存在者必须由此出发来看待他自己的两种立场。

这一学说同样也适用于纯粹的实践理性。因为，从一种立场出发，人（作为有限的理性存在者）必须把他自己看作是属于理知世界的，他必须把他的意志看作是摆脱了种种感性原因的规定的，并且看作顺从于那些惟独在理性中才有其根据的法则的。这就等于是说，除非在自由的理念（Idea）之下，他绝不能设想其自身意志的原因性行动。因此，他（作为一个理性存在者）必须仅仅根据自由的预设而行动，并且由此可以得出，正如我们所看到的，仅仅根 45
据自律的原则与定言命令式而行动。

现在，恶性循环的怀疑就消除了。从一个立场出发，即把他自己设想为自由的，并且设想为理知世界中的一个成员的理性行动者的立场出发，人必须承认自律的原则。当他同时把他自己思维成理知世界与感知世界中的一个成员，他就必须承认自律的原则为一个定言的命令式。

在这一切中，康德并没有完全清楚地指明，他的推论是从理知世界推出自由，还是相反。很有可能是说，我们之所以把我们自己设想为在行动中是自由的，并且因此设想为理知世界中的成员，仅仅是因为我们已经承认自律的原则与定言命令式；而且，实际上，这似乎就是康德本人在《纯粹理性批判》中的看法。然而，他在纯粹理论理性与纯粹实践理性之间做出的比较是十分有趣的；而且，我们必须记住，正如纯粹理论理性设想无条件者的诸理念（Ideas）那般，纯粹实践理性也力图在行动中实现一个无条件的法则的理念（Idea）。

第 110—112 页——一个定言的命令式如何可能？

作为一个有限的理性行动者，人必须从两种立场来看待他自己——首先把他自己看作理知世界中的一个成员，其次把他自己看作感知世界中的一个成员。如果我仅仅是理知世界中的一个成员，那么，我的一切行动就必然符合自律的原则；如果我仅仅是感知的世界中的一个组成部分，那么，它们就必然完全服从于自然法则。在此处，我们不幸遇到了一个新的论证，这个论证在表述上完全是令人困惑的，并且难以诠释。**理知世界包含着感知世界的根据，也包含着其诸法则的根据**。从这一前提（它本身还需要极大的扩展）出发，康德似乎推论说，那个统治我作为理知世界中的一个成员的意志的法则，哪怕我事实上（从另一个视角看来）也是感知世界中的一个成员，也应当统治我的意志。

这看起来像是一个从理知世界中的高级实在性、并且因此也就是理性意志的高级实在性出发的形而上学论证，但康德似乎直
46 接否定了这种诠释。他告诉我们，定言的“我应当”是一个**先天的**综合命题；而且，把这个“我应当”同一个像我自己这般不完全理性的行动者联结起来的第三项，就是“同一个意志”的理念（Idea），但它被看作一个属于理知世界的纯粹意志。这个**理念**（*Idea*）显然就是本章第一节结尾所说的那个由自由指示给我们的第三项：实际上，它被描述为一个更为准确的自由理念（Idea）——也就是说，一个自由的意志的理念（Idea）。其功能被说得大致类似于诸范畴在那些从我们对自然的经验来说所必需的先天综合命题中所发挥的功能。

这一学说诉诸我们日常的道德意识而得以证实，这种道德意

识甚至也出现在一个恶人的身上。真正来说，道德上的“我应当”，对于被看作理知世界中的一个成员的人来说就是“我愿意”。它之所以被设想为一种“我应当”，是因为他也把自己看作感知世界中的一个成员——并且因此受制于种种感性欲求的阻碍。

第 113—115 页——自由与必然的二律背反

康德的论证明显地引发了自由与必然的难题。这一难题构成了一个康德所谓的“二律背反”——也就是说，我们面临一些相互冲突的命题，它们中的每一个似乎都是一个无可反驳的论证的必然结论。

“自由”的概念是理性的一个理念，没有它，就不会有任何道德判断，正如“自然的必然性”的概念（或者“原因”与“结果”的概念）是知性的一个范畴，没有它，就不会有任何自然的知识。然而，这两个概念明显是互不相容的。根据第一个概念，我们的行动必须是自由的；同时，根据第二个概念，我们的行动（作为已知的自然世界中的诸事件）必定为因果法则所统治。理性必须表明，两个概念之间没有任何真正的矛盾，不然就得为支持自然的必然性而放弃自由，因为自然的必然性至少有一个优势，那就是在经验中得到了证实。

第 115—118 页——两种立场 47

如果我们在相同的意义上与相同的关系中把我们自己设想为自由的与被规定的，那么，解决这一矛盾就是不可能的。我们必须表明，这一矛盾产生自我们在两种截然不同的意义上和关系中设想我们自己，从这种双重立场出发，这两种特征就不仅能够，而且必须结合在相同的主体中。倘若实践哲学（或道德哲学）想要摆脱种种毁灭性的外部攻击，那么，思辨的哲学就要义不容辞地承担起这一任务。

讨论中的两种立场都是我们已经遇到过的问题。人必须——从不同的视角出发——既把他自己看作理知世界中的一个成员，也把他自己看作感知世界中的一个组成部分。一旦把握住了这一点，矛盾就消失了。人能够（并且实际上必须）把作为理知世界中的一个成员的自己看作自由的，同时把作为感知世界中的一个组成部分的自己看作被规定的；作为感知世界中的一个显象（appearance），他服从于那些并不适用于他作为一个就其自身而言的事物（a thing in itself）的法则，这种假设也不再有任何矛盾。因此，人并不把他自己看作是要为他的种种欲求与偏好负责的，但是，他的确把他自己看作是要为沉溺于这些欲求与偏好，以至于损害道德法则负责的。

在这个段落中，康德说得仿佛我们知道这个理知世界是由理性所统治的。对于这个不太谨慎的说法，他马上就着手加以限定。

第 118—120 页——没有任何关于理知世界的知识

在如此设想这个理知世界时，并且因此思维它自己进入到这个理知世界之中时，实践理性并没有逾越其诸限制：惟有在它宣称知晓了这个理知世界，并且因此直观到它自己进入到这个理知世界之中时，它才逾越了其诸限制（因为，一切人的知识都既需要感性直观，也需要诸概念）。

我们关于这个理知世界的思想是消极的——也就是说，它只是关于一个世界的思想，它不能通过感觉被知晓。然而，它不仅能够使我们消极地把意志设想为自由的（摆脱了种种感性原因的规

定)，还能积极地把它设想为自由的(根据它自己自律的原则而自
由地去行动)。没有这个理知世界的概念，我们就必须把我们的意
志看作完全由种种感性的原因所规定的，因此，如果我们要把我们 48
的意志看作理性的，以至于看作自由的，这个概念(或者视角)就是
必需的。必须承认，当我们思维我们自己进入到这个理知的世界
时，我们的思想就携带有一种截然不同于感官世界(the world of
sense)的秩序和法则的理念(Idea)：对于我们来说，把这个理知世
界设想为理性存在者的总体，他们被看作是就其自身而言的目的
(ends in themselves)，就成了必然的。然而，这并不是在主张一种
有关这个理知世界的知识：它纯然只是主张要把它设想为是与道
德的形式条件——自律的原则——相容的。

第 120—121 页——自由没有任何解释

如果理性伪称要解释自由如何可能，或者换句话说，伪称要解释纯粹理性如何能够是实践的，那么，它就会逾越其诸限制。

我们唯一能够解释的事物就是经验的对象，而要解释它们，就是把它们置于自然法则(因果法则)之下。然而，自由只是一个理念(Idea)：它不能为我们提供一些能够通过经验而被知晓，并且能够被置于因果法则之下的例子。我们显然不能通过指出其原因来解释一个自由的行动，而这就意味着，我们根本就无法解释它。我们所能做的一切，就是**捍卫**自由免遭这样一些人的攻击，他们声称自己知晓自由是不可能的。这样做时那些人就十分正确地把自然法则应用于被看作一个显象的人身上；但是，当他们需要把人(作为理智)看作一个就其自身而言的事物时，他们却依旧把他看作一个显象。坚持仅仅从一种视角来看待人的做法，无疑排除了一种

可能性,即同时把他看作自由的与被规定的;但是,如果他们愿意反思一下,就其自身而言的事物必定在显象的背后充当其根据,以及统治就其自身而言的事物的法则与统治其显象的法则无须是相同的法则,那么这个表面上的矛盾就会消除。

第 121—123 页——道德兴趣没有任何解释

说我们无法解释自由如何可能,这就等于是说我们无法解释“对道德法则怀有兴趣”如何可能。

49 一个兴趣,惟有通过情感与理性的结合才能被引发。一个感性冲动,惟有当它被理性所设想时,才成为一个兴趣,所以,只有在有限的理性行动者(他们也是感性的)身上才能发现种种兴趣。兴趣可以被看作人类行动的动机,但我们必须记住,有两种兴趣。如果诸兴趣乃是基于对某些经验对象的情感和欲求,那么,我们就被说成是对适于达成该对象的行动拥有一种间接的(或者病理学的)兴趣。如果诸兴趣是由道德法则的理念(Idea)所引发的,那么,我们就可以被说成是对依据善理念(Idea)而行动拥有一种直接的(或实践的)兴趣。

我们对道德行动怀有兴趣的基础,就是所谓的“道德情感”。这种情感是认识到道德法则之约束特性的结果,而不是——正如人们通常认为的——我们的种种道德判断的标尺。

这就意味着,纯粹理性凭借其道德法则的理念(Idea)就必须是一种道德情感的原因,这种情感可以被看作道德行动的感性动机。在这里,我们就拥有了一种特殊种类的原因性——一个纯然理念(Idea)的原因性——而且,想要先天地知晓“何种原因将产生何种结果”,这在任何时候都是不可能的。为了规定任何结果的原因，我们都必须依靠经验；但是，经验只能在两个经验对象之间揭示出“原因与结果”的关系；而且，在这种情况下，原因并不是一个经验对象，而是（相反）一个纯然的理念（Idea），它在经验中没有任何对象。因此，想要解释道德兴趣——也就是说，解释我们为什么要对我们的准则作为一个法则的普遍性怀有一种兴趣——这是不可能的。顺带一提，这一学说显得并不自洽，而且，《实践理性批判》采取了一种截然不同的看法。

真正重要的要点是，道德法则之所以有效，并不仅仅因为它使我们感兴趣。相反，它之所以使我们感兴趣，是因为我们认识到它是有效的。

康德得出结论说，道德法则之所以是有效的，是因为它源自作为理智的我们自己的意志，并且因此源自我们真正的自我：“**但是，纯然属于显象的东西必然被理性置于就其自身而言的事物的特性之下**”。

这看起来像是对道德性的一个形而上学的论证，一个基于理
知世界的高级实在性、并且因此基于理性意志的论证。在“**定言命** 50
令式如何可能？”一节中，似乎也提出过这种类型的论证（尽管直接被否决了）。然而，总的来说，康德的形而上学依赖于他的伦理学，而不是 vice versa（相反）。

第 124—126 页——该论证的总回顾

现在，我们必须转向我们的主要问题：“一个定言的命令式如何可能？”我们已经指出，惟有根据自由这个预设前提，它才是可能的，而且，这个预设前提对于理性行动者本身来说是必需的，就此而言，我们已经回答了这个问题。从这个预设前提出发，可以推出

自律的原则，从而推出定言命令式；而且，这对于行动来说已经足够了——对于使我们确信定言命令式作为一个行动原则的有效性来说已经足够了。我们还指出，预设自由而不与那贯穿于自然世界中的必然性相矛盾，这不仅是可能的，而且，对于一个理性行动者来说（他意识到自己拥有理性，并且拥有一个把自由的预设当作其一切行动之条件的意志）还是客观上必需的。然而，我们无法解释自由如何可能，无法解释纯粹理性如何凭其自身就是实践的，或者我们如何能够对我们的准则作为一些普遍法则的纯然有效性怀有一种道德的兴趣。

我们只能通过指出种种事物乃是某些原因的结果来解释这些事物，但这种解释在此被排除掉了。康德十分谨慎地坚称，把理知世界当作所需解释的基础来使用是不可能的。然而，人们恰好如此经常地指控康德就是这样做的，因此，他在此处的说法值得我们予以十分密切的关注。我拥有一个理知世界的必然理念（Idea），但它仅仅是一个理念（Idea）：我们对于这个世界没有任何知识，因为我们（凭借直观）无从**获悉**（也不能获悉）这样一个世界。我对它的理念（Idea）仅仅标志着一个我们的种种感官无法进入的世界——超越了感官世界的一个“更多的某物”：如果我们不能设想这个“更多的某物”，那么，我们就必须得说，一切行动都是由种种感性动机所规定的。甚至，设想理知世界之理念（Idea）或理想的那个**纯粹理性**（而且，它还把自己设想为这样一个理知世界中的一个成员），我们对它也依旧只有一个**理念**（Idea）：我们只对其形式（自律的原则）拥有一个概念，以及一个与之相应的概念，即纯粹理性仅仅凭借其形式而导致种种行动（成为种种行动的原因）。在这
51

里，一切感性的动机都被移除了，而且，一个纯然的理念(Idea)自身就会是道德行动的动机。然而，想要先天地理解这一点，则彻底超出了我们的能力。

第126—127页——道德探究的终极限制

有了"理智的世界"这一理念(Idea)，它就是"更多的某物"与除了"感知的世界"以外的某物，我们就抵达了一切道德探究的终极限制。无论如何，敲定这一限制具有最为重大的实践意义。除非我们看出感官世界并非全部的实在性，否则的话，理性就绝不能免于尝试去揭示出一些经验性的兴趣来充当道德性的一个基础——这种做法对于道德本身来说是致命的。而且，除非我们看出我们对这个超乎感官世界的"更多的某物"不能有任何知识，否则的话，理性绝不能免于在虚空中——已知为"理知世界"的一个超验概念的空间——振翅，并且因此迷失在头脑中的纯然幻影之中。惟有当我们已经规定好道德探究的限制，才能同时摆脱经验性的与神秘主义的道德理论。

尽管我们在抵达感知世界的限制时，一切知识就都终结了，但作为一切理智之全体的那个"理知世界"的理念(Idea)将充当一个理性的信念；而且，它可以凭借一个普遍的目的王国的光辉理想，引发对道德法则的一种鲜活的兴趣。

第127—128页——结束语

在结束语中，康德对于"理性"在其自己的术语意义中的特性给出了一些提示。理性无法满足于纯然偶然的东西，它在任何时候都要追求有关必然者的知识。但是，除非通过找出必然者的条件，否则它就无法把握必然者。除非这个条件本身就是必然的，否则理性就依旧无法得到满足。因此，它必须追求这个条件的条件，并且如此 ad infinitum（以至于无限）。因此，它不得不设想"诸条件之总体"的理念（Idea）——如果它确实是一个总体，那就是一个不能有任何其他条件的总体；如果毕竟有任何必然的东西存在，这个总体就必须无条件地是必然的。然而，这样一个"无条件必然者"的理念（Idea）不能给我们任何知识，因为它没有与之相应的感知对象。

52 我们已经看出，纯粹实践理性同样必须要设想一个行动的法则，它无条件地是必然的，并且因此（对于不完全理性的行动者来说）是一个定言的命令式。如果我们只能通过发现其条件才能领会一种必然性，那么，一种无条件的必然性就必须是不可领会的。因此，康德——带着一个不必要的表面矛盾——得出结论，定言命令式的无条件的必然性必须是不可领会的，但我们能够领会其不可领会性。

所有这一切在实践上的要点就在于：追问我们为什么要履行自己的义务（或服从定言命令式），并且期待这样一个回答，即我们之所以要这样做，是因为别的什么东西——我们自己在此世或来世中的某些兴趣或满足——这是十分荒谬的。如果这样一个回答能够被给出，那就意味着，没有任何命令式是定言的，而义务也只是一个纯然的幻相。

道德形而上学的奠基* 53

序　　言 55

[哲学的不同分支] [4:387] (i)

古希腊哲学被划分为三门科学：**物理学**、**伦理学**与**逻辑学**。** 这种划分完全符合学科的本性，并且无须再加以改进——大概，除

---

* 本部分根据 H. J. 帕通的英译本译出，并同时参考科学院版与迈纳版德文本，以及李秋零翻译的中译本和杨云飞、邓晓芒翻译的中译本。——译者

** 此处“古希腊哲学”主要是指斯多亚学派，有学者指出：“在一切古代哲学家中，对于成为彻底系统性的，斯多亚主义提出了最大的要求。可以说，斯多亚学者发明了作为‘体系’的哲学的概念……尽管他们在这一点上后于柏拉图学园后期学者色诺克拉底(Xenokrates)，此人很可能最早认可把该学科划分成三个部分——逻辑学、物理学、伦理学……大多数斯多亚学者又把它们系统地划分成一些种论题与属论题，并对这些论题的排序予以了小心仔细的关注。”参见 *The Hellenistic Philosophers. Vol. 1: Translations of the Principal Sources, with Philosophical Commentary*, trans. & eds. A. A. Long & D. N. Sedley (Cambridge University Press, 1987), p. 260n。第欧根尼·拉尔修(Diogenes Laërtius)的《名哲言行录》中记载：“斯多亚学派讲，关于哲学的逻各斯有三个部分，即物理学(φυσικόν)、伦理学(ἠθικόν)与逻辑学(λογικόν)。基提翁的芝诺在《论逻各斯》中首先这样划分，然后，克律希珀斯在《论逻各斯》第 1 卷和《自然哲学》第 1 卷，阿波罗多洛斯和希洛斯在《学说引论》第 1 卷，欧德洛谟斯在《伦理学原理》，巴比伦的第欧根尼，以及珀塞多尼俄斯都这样划分。阿波罗多洛斯将这样的部分称之为诸论题(τόπους)，克律希珀斯和欧德洛谟斯称之为诸种(εἴδη)，而其他人称之为诸属(γένη)。他们将哲学比作一个动物：逻辑学类似于骨骼与肌腱，伦理学类似于血肉，而自然哲学类似于灵魂。他们还将哲学比作蛋：逻辑学是外(壳)，伦理学是这中间(的蛋白)，而自然哲学是最里面(的蛋黄)。他们也将哲学比作丰产的田地：逻辑学是环绕四周的篱笆，伦理学是(接下页)

了加上这种划分建立于其上的原则。通过这样做,我们一方面可以保障其完备性,另一方面能够正确地规定其细分部分。

一切理性的知识要么是**质料**的,并涉及一些对象;要么是**形式的**,并仅仅涉及知性本身与理性本身的形式——以及思维本身的种种普遍规则,而不考虑它在其种种对象中的差异。形式的哲学
(ii) 被叫作逻辑学;而质料的哲学,它必须同种种确定的对象有关,以及同它们所要服从的种种法则有关,则相应地被划分成两种,因为讨论中的法则要么是**自然**的法则、要么是**自由**的法则。第一种法则的科学被叫作**物理学**,第二种法则的科学则被叫作**伦理学**。前者还被叫作自然哲学[*],后者则被叫作道德哲学[**]。

逻辑学没有经验性的部分[1]——也就是说,没有这样一个部

(接上页)果实,而自然哲学是土地或果树。他们还将哲学比作一座城邦,它被城墙很好地围绕起来,并按照逻各斯而治理。"参见 *The Hellenistic Philosophers. Vol. 2: Greek and Lation Texts with Notes and Bibliography*, trans. & eds. A. A. Long & D. N. Sedley (Cambridge University Press, 1987), pp. 163—164。此处引文,系中国社会科学院大学李涛老师根据希腊文译出,特此感谢。——译者

* 此处"自然哲学"(natural philosophy),德文为 Naturlehre(自然学说)。帕通这样处理并无大碍,但严格说来,Naturlehre(自然学说)与 Naturphilosophie(自然哲学)在字面上是有别的。——译者

** 此处"道德哲学"(moral philosophy),德文为 Sittenlehre(道德学说)。帕通这样处理并无大碍,尽管 Sittenlehre(道德学说)与 Moralphilosophie(道德哲学)在字面上是有别的。然而,需要注意的是,Sittenlehre 是由德文的 Sitten(道德)和 Lehre(学说)组成的。其中,Sitten(其单数形式为 Sitte)是德语原生词中的"道德"或"伦理"。尽管康德在其著作中也同时使用希腊词源的 Ethik(伦理)与拉丁词源的 Moral(道德),但他主要还是用 Sitte 来讨论他的道德哲学(以及法权哲学)。例如,本书名称《道德形而上学的奠基》,原文即为"Grundlegung zur Metaphysik der Sitten"。一般来说,除了把 Ethik 专门译作"伦理"之外,国内学者在翻译与使用康德著作时大多都没有刻意区分 Sitte 与 Moral,把它们都译作"道德"。然而,也有一些不同意见。例如,邓安庆老师一贯主张把 Sitte 译作"伦理",而不是"道德"。还有学者主张把三个词都作区别翻译。例如,倪梁康老师曾主张将 Sitte 译作"伦常",曾晓平老师曾主张译作"人伦"。事实上,吾师秋零先生一度曾考虑译作"规范",但最终没有采纳这个译法。——译者

分，在其中，思维的种种普遍且必然的法则建立在种种取自经验的根据之上。若非如此，它就不会是逻辑学——也就是说，它就不会是知性与理性的一个法规，对一切思维都有效，并且能够被证明。与此相反，自然哲学与道德哲学各自都有一个经验性的部分*，因为前者必须为作为一个经验对象的自然制定其法则，而后者必须为人的意志（就其受到自然的刺激而言）制定其法则——第一套法
则是每一事物据以发生的法则，第二套法则是每一事物据以应当 [4:388] (iii)
发生的法则，尽管它们还要考虑如是一些条件，即应当发生的事物在其下时常没有发生的条件。

一切哲学，就其建立在经验的基础之上而言，都可以叫作**经验性的**哲学。如果它完全依赖于种种先天的原则来阐明其学说，它就可以叫作**纯粹的**哲学。后者倘若是全然形式的，就叫作**逻辑学**；
但是，如果它局限于知性的一些确定的对象之上，那么，它就可以 56
叫作**形而上学**。

以这种方式，就产生了一种双重形而上学的理念（Idea）**——**一种自然的形而上学与一种道德的形而上学**。因此，物理学将会

* 此处“自然哲学”（natural philosophy），德文为 die natürliche Weltweisheit（自然的世俗智慧）；此处的“道德哲学”（moral philosophy），德文为 die sittliche Weltweisheit（道德的世俗智慧）。在康德那个时代，Weltweisheit（世俗智慧）与“哲学”大致上是同义词，拉丁文写作 sapientia saecularis。从字面上讲，Weltweisheit（世俗智慧）是一个相对于 die heilige Weisheit（神圣智慧）的概念，前者是指完全基于人类理性的知识，后者是指基于上帝的神圣启示的知识。这种区分继承自中世纪学者对哲学与神学的区分，但在康德那个时代，Weltweisheit（世俗智慧）具有强烈的理性主义与启蒙主义色彩。因此，帕通这样处理虽并无大碍，但毕竟削弱了这个术语的时代色彩。——译者

** 此处“理念”（Idea），德文为 Idee。需要注意的是，帕通用大写的 Idea（理念）来翻译德文的 Idee（理念），又用小写的 idea（理念）来翻译德文的 Vorstellung（表象）。在本书中，为了尊重并突出帕通对 Idee（理念）与 Vorstellung（表象）的特定理解，译者将它们全都译作“理念”，并以括注大小写的方式来加以区分，在此恳请读者注意。——译者

有它经验性的部分,但它还会有一个理性的部分;以及,伦理学也同样如此——尽管在这里,经验性的部分可能被特别地叫作**实践的人类学***,而理性的部分则可能被恰当地叫作**道德学**。

---

* 此处"实践的人类学"(practical anthropology),德文为 die praktische Anthropologie(实践的人类学)。在吾师秋零先生的译本中,die praktische Anthropologie 被译作"实用人类学"。吾师如此处理,取的是 praktisch 的日常意义。他的意思大概是说,鉴于康德把 die praktische Anthropologie 说成是伦理学中的"经验性的部分",那么,此处的 praktisch 就并非严格意义上的"实践的",亦即并非纯粹实践的。因此,他"感觉'实践人类学'有些别扭。"当然,如此翻译的一个弊端就是极易与康德 1798 年出版的《实用人类学》(*Anthropologie in pragmatischer Hinsicht*〔就实用的方面而言的人类学〕)相混淆。相应地,在杨云飞老师的译本中,die praktische Anthropologie 还是被译作"实践人类学"。在康德那个时代,人类学是指研究人类本性的经验学说,或者借用康德的术语,是研究纯然作为显象的人的内在特征的学说。因此,正如帕通在《定言命令式》中所指出的,它其实更接近我们今天所说的心理学。然而,对于"实践人类学"究竟具体是指什么,最好是参考康德同时代的学者的解释。例如,斯密德(C. C. E. Schmid)就指出,康德的"人类学"是指"经验性的人类学说"(die empirische Menschenlehre),并且分为两个部分:"1. 理论的(人类学),或经验性的灵魂学说,属于一般而言的经验性的自然学说。2. 实践的(人类学)、应用的或经验性的道德哲学,真正的德性学说——是在同人类意志、其种种偏好、欲望的关系中,在同实行道德法则的种种阻碍的关系中对道德法则的考察。它一方面依赖于纯粹道德的原则,或者道德的形而上学,另一方面依赖于理论心理学的学说。"参见 C. C. E. Schmid,*Wörterbuch zum leichtern Gebrauch der kantischen Schriften. Zweite vermehrte Ausgabe*(Jena:Cröker,1788),S. 46—47。再如,同时代的梅林(G. S. A. Mellin)也认为:"人类学的第二个部分(在这个词的广义上)就是从人类欲求能力的特有特征和处境出发的,从人的欲望、偏好、欲求与激情,以及从实行道德法则的种种阻碍出发的道德应用,处理的是德性与恶习。它是伦理学的经验性的部分,能够叫作实践的人类学、真正的德性学说、应用的道德(Sitten oder Moral)哲学。"参见 G. S. A. Mellin,*Encyclopädisches Wörterbuch der Kritischen Philosophie*. Bd. 1(Züllichau und Leipzig:Friedrich Frommann,1797),S. 279。此外,维利希(A. F. M. Willich)曾用英语写过一本批判哲学的释义著作,其解释与斯密德的解释基本相同:"实践的(人类学),应用的或经验性的道德哲学;伦理学——在同人类意志、其种种偏好、动机的关系中,在同实行法则的种种阻碍的关系中对道德法则的考察。"参见 A. F. M. Willich,*Elements of the Critical Philosophy*(London:T. N. Longman,1798),p. 140。基于这些解释,(接下页)

［对纯粹伦理学的需要］

一切行业、手艺与技艺都因劳动分工而获益——也就是说，一个人不再去做每件事情，而是每个人都让自己局限于一项特定的任务，在其技术上与他人的任务截然不同，以至于他能够最为完善与更加容易地完成它。无论何处种种任务如果没有被如此区别与划分，无论何处如果每个人都是万事通，那里的行业就依然陷于彻底蛮荒的状态。如果我们被问道：纯粹哲学在其所有组成部门中难道不是都需要其自己特殊的手艺人吗？以及，那些习惯于依据公众的口味，按照各种各样他们自己也搞不清楚的比例，把经验性 (iv)

（接上页）很容易看出（并且有必要向读者指出），此处的“实践的人类学”与后来出版的《实用人类学》（就实用的方面而言的人类学）并不是一回事。实际上，“实践的”（praktisch）与“实用的”（in pragmatischer Hinsicht）根本就不是一组相关概念，而是代表了区分人类学的不同的两种方式。其中，“实践的”（praktisch）是一个相对于“理论的”（theoretisch）的概念，它们代表了人类学的两个主要部分。然而，“实用的”（in pragmatischer Hinsicht〔就实用的方面而言的〕）却是一个相对于“生理学的”（就生理学的方面而言）的概念，它们代表了人类学研究的两种视角。正如康德所言：“生理学的人类知识关涉对大自然使人成为什么的研究，实用的人类学知识则关涉人作为自由行动的存在者使自己成为，或者能够并且应当使自己成为什么的研究。”参见〔德〕康德：《实用人类学（注释本）》，李秋零译，中国人民大学出版社 2013 年版，第 1 页（7：119）。在《实用人类学》中，康德的一个不曾言明的论敌是 18 世纪德国著名人类学家恩斯特·普拉特纳（Ernst Platner，1744—1818）。普拉特纳曾于 1772 年出版了《为医生和世俗智者写的人类学》（*Anthropologie für Aerzte und Weltweise*）一书，它是 18 世纪最重要的与最负盛名的人类学著作之一。但在康德眼中，它只是一本“生理学的”或“就生理学方面而言的”的著作。康德似乎部分地受到这本著作的刺激，才决定要把自己的“一个人类学的私人讲座”变成“一个正式的学科”。因为，他对普拉特纳的工作感到不满，认为他从生理学视角出发的人类学研究“完全删掉了对身体的器官与思想发生联系的方式进行的细腻研究”，并且深信“这种研究永远是徒劳无功的”。参见 Immanuel Kant, *Kant's Gesammelte Schriften*. Bd. X（Berlin und Leipzig：Walter de Gruyter，1922），S. 145。此处译文，直接援引自吾师秋零先生所译《康德往来书信全集》中康德 1774 年 2 月 1 日致马库斯·赫茨（Marcus Herz）的书信，尚未正式出版。——译者的东西与理性的东西混合起来加以散布的人们——那些自封的“创造性的思想家”，他们反对专注于纯粹理性的部分的“苦思冥想者”——如果这些人受到警告，不许同时从事两项在其技术上截然
(v) 不同的工作，它们中的每一种或许都需要一种特殊的才能，把这两种才能结合在一个人格中只会产生蹩脚汉，那么，这对于整个学术行业来说难道不是更好吗？这一点很可能就其自身而言绝非是一个不值得考察的主题。然而，我只想要追问：科学的本性难道不是在任何时候都要求把经验性的部分一丝不苟地从理性的部分中分离出来，以及（经验性的）物理学本身要以一种自然的形而上学为先导，而实践的人类学则要以一种道德的形而上学为先导吗？——如
[4:389] 果我们想要知晓，纯粹理性在这两种学问中能够取得多大的成就，以及它凭自身能够从何种来源中汲取它自己的先天教导，那么，每种形而上学都必须要一丝不苟地清除掉任何经验性的东西。至于后一项事业[2]究竟是由所有道德家（他们的名字是“军旅”*）去做，

* 这句话的英译为“whose name is legion”，德文为“deren Namen Legion heißt”，意思是说，道德家（moralists，德文为Sittenlehrern，意指“道德教师”）人数众多。“他们的名字是‘军旅’”算是个成语，出自《圣经·新约》中一个故事。根据《玛窦福音》（8：28—34）、《马尔谷福音》（5：1—20）和《路加福音》（8：26—39）的记载，耶稣曾为一个人驱魔，这个人身上可能附有上千个邪魔，耶稣问邪魔叫什么名字，邪魔回答说：“我的名字叫‘军旅’（拉丁文：Legio nomen mihi est）”。其中，“军旅”一词译自拉丁文的legio，它本是古罗马军制中的一个组织单位，一个“军旅”大约由3000—6000人组成。在这个故事中，邪魔以“军旅”为名，就是比喻其数量众多。因此，康德说“道德家的名字是‘军旅’”，也是比喻他们数量众多。吾师秋零先生将这句话译作“其名称极多”，参见〔德〕康德：《道德形而上学的奠基（注释版）》，李秋零译，第3页；杨云飞老师将其译作“他们号称‘匹夫’”，参见〔德〕康德：《道德形而上学奠基》，杨云飞、邓晓芒译，第4页。这两种译法都是错误的，显然没有考虑到其典故。实际上，译者一开始也没能注意到这个问题，幸得中国人民大学韩东晖教授提点，在此表达感谢。——译者

还是仅仅由一些对这一主题怀有使命感的人去做，我们暂且不予解答。

由于我在这里的目标严格来说指向道德哲学，因此，我把自己 57
要提出的问题仅仅限制在这一点上——我们难道不认为，有朝一日制定出一种纯粹的道德哲学，它彻底清除掉了任何只能是经验 (vi)
性的与适用于人类学的东西，这是一件极有必要的事情？[3] 从义务的普通理念（Idea）中[4]，以及从道德法则中可以明显地看出，必须有这样一种哲学。每个人都必须承认，如果一个法则要在道德上有效，就必须带有绝对的必然性——也就是说，作为职责的根据而有效，“你不应当说谎”的诫命不可仅仅对某个人有效，而其他理性存在者则没有职责要遵守它——而且，一切其他真正的道德法则也是如此；因此，在这里，职责的根据就必定既不能在人的本性中、也不能在人被放置于其间的这个世界的种种环境中去寻找，而是只能**先天地**在纯粹理性的概念中去寻找；而且，任何其他建立在纯然经验的种种原则之上的规诫（precept）[*]——甚至一个可以在某种意义上被当作“普遍的”的规诫，只要它最小的部分（或许仅仅是在其动机中[**]）建立在种种经验性的根据之上[5]——确实能够被叫

---

* 此处“规诫”（precept），德文为 Vorschrift。本书将其译作“规诫”并无深意，仅仅是为了跟“规范”（Norm，norm）、“诫命”（Gebot，command）、“规则”（Regel，rule）与“法则”（Gesetz，law）等术语相区分。——译者

** 此处“动机”（motive），德文为 Bewegungsgrund（活动根据）。国内学界一般将其译作“动因”，以便跟另一个重要的术语“Triebfeder”（动机）相区分，译者对此是完全赞同的。但是，由于帕通把 Triebfeder 译作 impulsion，为了突出强调他的特定理解，译者经过慎重考虑，决定按照一般习惯将 motive 译作“动机”，将 impulsion 译作“冲动力”。这样做可能会给熟悉康德的读者造成一些困扰，译者在此恳请他们留意术语的对应关系，并请求谅解。——译者

作一个实践的规则，但却绝不能被叫作一个道德的法则。

(vii) 因此，在作为一个整体的实践知识中，不仅道德法则（连同其种种原则）在本质上不同于其余一切包含着一些经验性要素的知识，而且，整个道德哲学完全都基于其纯粹的部分。当它被应用于人类的时候，它并不从对人类的熟识中（在人类学中）借取丝毫的东西，而是把他当作一个理性存在者[6]，赋予他种种先天的法则。这些法则公认地还需要一种为经验所磨砺的判断力，这部分是为了对它们应用于其中的种种情形做出区分，部分是为了使它们获准进入人类意志，并且影响实践*；因为，由于人如此多地受到种种偏好的刺激[7]，他能够有一个纯粹实践理性的理念（Idea），但他并没有能力如此容易地在他的生活行为中 in concreto（具体地）实现这一理念（Idea）。

因此，一种道德的形而上学不可或缺地是必需的，这不仅是为了（从思辨的动机出发）研究那些**先天地**出现在理性中的实践原则
[4:390] 的来源，而且是因为只要这一做出正确道德判断的指导线索、这一
(viii) 终极规范（norm）处于缺乏状态，道德本身就依旧暴露于形形色色

---

* 此处后半句是意译，帕通的译文是“partly to procure for them admittance to the will of man and influence over practice”。意思是说，使法则获得对人类意志的准入权，并影响实践。这句话的德文是“um...theils ihnen Eingang in den Willen des Menschen und Nachdruck zur Ausübung zu verschaffen”。这是康德首次在《奠基》中使用“Eingang verschaffen”（提供入口）这个说法，这是值得我们注意的，因为它涉及后文一个关键段落的理解。单就此处这句话而言，其字面意思是：把“Eingang”（入口）提供给“ihnen (Gesetze)”（法则），以便使法则能够进入到“den Willen des Menschen”（人的意志）与“Nachdruck zur Ausübung”（实施的坚定性）中。康德采用这个说法想要表达的是，使个人（在主观上）能够更加容易地认识到或把握到法则，把客观的法则同时采纳为主观的准则，并且坚定不移地按照法则的要求去行动。——译者

的败坏之中。因为,任何行动如果要在道德上是善的,那么,这个
行动仅仅符合道德法则是不够的——它还必须出自道德法则的缘 58
故而被做出:无论何处若非如此,行动与道德法则的符合就仅仅是过于偶然的与极不牢靠的,因为,虽然非道德的根据时而会作用于产生与法则相符的行动,但也十分经常地产生违背它的行动。如今,道德法则就其纯粹性与纯正性而言(而且,在行动的领域中,这恰恰就是最为要紧的东西)除了在一种纯粹哲学之中,不能到任何别的地方去寻找。因此,纯粹哲学(也就是说,形而上学[8])必须首先被予以考虑,而且,如果没有它,就根本不会有任何道德哲学。实际上,把这些纯粹的原则与经验性的原则混合起来的一种哲学配不上"哲学"之名(因为哲学之所以有别于日常的理性知识,恰恰是由于它在一门分离的科学中来阐明后者仅仅是在同其他事物的
混淆中来把握的东西)。它更配不上"道德哲学"之名,因为由于这 (ix)
种混淆,它甚至损害了道德本身的纯粹性,并且违逆其自身的恰当意图。

[意愿本身的哲学]

绝不能妄想,在大名鼎鼎的沃尔夫置于其道德哲学之前的预备知识中——也就是在他所谓的"普遍的实践哲学"*中[9]——我们已经有了此处所需要的东西,从而无须再开辟一个全新的领地。

---

* 此处"普遍的实践哲学"(Universal Practical Philosophy),德文为 die allgemeine praktische Weltweisheit(普遍的实践的世俗智慧),指的是克里斯蒂安·沃尔夫(Christian Wolff,1679—1754)的伦理学思想,同时也是他在 1738—1739 年出版的一本著作的主标题的德译,原书名为 *Philosophia practica universalis, mathematica methodo conscripta*(《普遍的实践哲学:依据数学方法编写》)。——译者

正因为它理应是一种普遍的实践哲学，它考虑的不是一个特殊种
类的意志——不是这样一个意志，它完全为先天的原则所规定，脱
离任何经验性的动机，并且因此能够被称作一个纯粹的意志——
而是要考虑意愿本身，以及在这种一般的意义上从属于它的一切
活动与条件。由于这一点，它有别于一种道德的形而上学，就跟一
(x) 般逻辑学有别于先验哲学一样，前者阐明思维本身的种种活动与
规则，后者则阐述纯粹思维的种种特殊的活动与规则——也就是
说，种种对象赖以完全先天地被知晓的那种思维；[10] 因为，一种道
德的形而上学必须研究一种可能的纯粹意志的理念(Idea)与诸原
[4:391] 则，而不是人类意愿本身的种种活动与条件，它们绝大部分是从心
理学中汲取出来的。如是一个事实，即这种“普遍的实践哲学”也
59 讨论(尽管十分没有道理)道德法则与义务，并不足以反驳我所说
的话。因为，这门科学的创作者们在这一点上也依然忠于他们对
它的理念(Idea)：他们没有把那些(依其本身)完全先天地仅仅被
理性所设想的与纯正道德的动机，与知性通过对种种经验的纯然
比较而提升为一般概念的那些经验性的动机区别开来。相反，没
(xi) 有考虑这些动机在其来源中的差异，他们仅仅从它们相对的强或
弱(把它们全都看作同质的)的方面来考虑，并根据这一基础来建
构他们的职责概念。这种概念绝不是道德的，而是只能期待它拥
有如是一种哲学的特性(character)，即一种从不对一切实践概念
的来源做出判定的哲学，无论它们是仅仅后天地产生的还是先天
地产生的。

[《奠基》的目标]

我事先发表这部《奠基》，并打算(我确实会这样做)在日后出

版一部《道德的形而上学》。因为，除了对**纯粹的实践理性**的一个批判之外，严格来说，这样一种形而上学没有任何其他基础，就像是除了我已经出版过的对纯粹思辨理性的批判之外，形而上学[11]也没有任何其他基础。然而，一方面，前一种批判相比后一种批判并不那么极其必需，因为人类理性（在道德的事情上）甚至在最为日常的理智中也很容易达到极高的准确性与严密性，与此相反，在其理论的，但却是纯粹的活动中，却彻头彻尾是辩证的；[12] 以及，另 (xii)
一方面，如果想要完成对实践理性的一个批判，在我看来，我们就要能同时表明实践理性与理论理性在一个共同原则之下的统一，因为归根结底只能有同一个理性，它们仅仅就其应用而言才能被区分开来。然而，我发现，我自己还无法使我的著作达到如此完备的地步，以至于不会引入一些种类迥异的考虑，并且因此把读者给弄糊涂。正因为如此，我采取了“**道德形而上学的奠基**”这一标题，而没有把它叫作“**纯粹实践理性的批判**”。

但第三点，由于一种道德的形而上学（尽管它有着吓唬人的标题）能够有一种较高的通俗性，并且适于日常的理智，我认为，单独 60
地发表这部关于其基础的预备性著作是十分有用的，如此，我日后就无须再把这些事情中无法避免的诸多细节嵌入到更容易理解的 [4:392] (xiii)
学说之中。

当前这部《奠基》的唯一目标就是要找寻出**道德性的最高原则**，并把它确立起来。这一点凭其自身就是这样一项事业，它凭其特有意图就构成了一个整体，并且必须跟任何其他研究分离开来。把这一原则应用于整个体系，无疑将会极大地阐明我对这一核心问题的回复，这一问题是如此重要，但迄今为止却远远没有得到令人满意的讨论;而且,它在所有方面展示出来的充分性将给予它强有力的肯定。尽管如此,我必须放弃这一好处(它无论如何都只是更讨我自己喜欢,而不是有助于他人),因为一个原则在使用上的便利及其看似具有的充分性,无法为其正确性提供完全可靠的证明。它们反而会唤起某种偏见,不肯对它自身以全部的严格性、而不对其后果予以任何考虑地加以考察与衡量。

[《奠基》的方法]

如果我们分析地从普通知识进入到对其最高原则的阐明,然后,再回过头来综合地从对这一原则及其起源的考察进入到我们从中发现其应用的普通知识,那么,我相信,我在本书中所采取的方法就是效果最好的方法。因此,章节的划分如下:

1. 第一章:从日常理性的道德知识过渡到哲学的道德知识。
2. 第二章:从通俗的道德哲学过渡到道德的形而上学。
3. 第三章:从道德的形而上学过渡到纯粹实践理性的批判。

61 [4:393] (1)

第一章

从日常理性的道德知识过渡到哲学的道德知识

[善的意志]

除了一个**善的意志**之外,在这个世界之中、甚至在它之外,根本不可能设想任何东西能够被当成无限度善的。理智、智慧、判断,以及任何其他我们愿意命名为才能的东西,或者勇气、决心与坚定不移的意图,作为**脾性**的诸性质,毫无疑问在许多方面都是善的与可欲的；但是，如果那个必须运用这些自然的恩赐，并且出于这一理由可以用“特性”一词来形容其特有性质的意志不是善的，那么，它们就也可以是极其恶的与有害的。**幸运的恩赐**也完全是一样的。权力、财富、荣誉、甚至健康，以及全部福祉与对一个人的境况的满意，它们有“**幸福**”这一名称，除非一个善的意志出现，使它们对心灵的影响——并且因此也对整个行动原则的影响——可以得到矫正，并且适于普遍的目的，否则的话，它们就会产生大胆，
并且往往还因此产生放肆；更别提一个理性的与无偏见的旁观者，(2)
他思量一个享有连绵不断的兴旺富足的存在者，但这个存在者却丝毫也没有一个纯粹的与善的意志的荣光，那么，这个旁观者绝不会感到赞同。因此，一个善的意志似乎就构成了我们配享幸福的一个不可或缺的条件。

甚至，一些性质有助于这一善的意志本身，能使其任务更加容易得多。[13] 然而，它们并没有内在的无条件的价值，而是预设了一个善的意志，这一意志为它们正当地受到的尊崇设定了一个限制[14]，不允许我们把它们看作绝对善的。对激动(affections)与激情(passions)的节制[15]、自我支配与冷静的反思不仅在许多方面都是善的，甚至，它们似乎构成了一个人格的**内在**价值的组成部分。然而，它们还远不足以被恰当地描述为无限度善的(无论它们如何
无条件地为古人所赞许)。因为，没有一个善的意志的种种原则，62
它们就可以变成极端恶的；而且，一个恶棍的冷静不仅使他更加危(3)
险，还直接使他在我们眼中比他没有这种冷静时我们对他的看法更为可恶。

[善的意志及其结果]

一个善的意志并不因为它所造成的或完成的东西而是善的——并不因为它适宜于达成一些预定目的而是善的:它仅仅凭借其意愿就是善的——也就是说,就其自身而言善的。就其自身而言来加以考虑,它被评价为无可比拟地远高于它纯然为了满足某些偏好或者(若您愿意,也可以说)一切偏好的总和所能带来的东西。甚至,由于命运的某些特殊的不利,或者由于像继母般的自然吝啬的赠予,这种意志完全缺乏执行其种种意图的能力;甚至,它用尽最大的努力也仍然没能完成任何事情,只剩下一个善的意志(当然,并不是作为一种纯然的愿望,而是在我们的能力范围之内用尽了一切手段);即便在这种时候,它也依旧出于其自身的缘故,作为某种就其自身而言就具有充分价值的东西,闪耀着一种如宝石般的光芒。它无论十分有用还是毫无成效,都不能对这种价值有所增添,也不能对它有所减损。它的十分有用将(如其所是地)纯然只是镶嵌,能够使我们在自己的日常往来中把它操作得更
(4) 好,或者吸引那些算不得专家的人们的注意力,而不是把它推荐给专家们,或者规定它的价值。

[理性的功能]

然而,在一个纯然的意志之绝对价值的理念(Idea)(对它的评估不会考虑一切十分有用的结果)中竟有某种如此奇怪的东西,即便它甚至从日常理性那里收获到全部的赞同,也依旧必定会引发一种怀疑:或许,其隐秘的基础纯然只是某种好高骛远的空想,而且,我们或许误解了自然如是安排的意图,即把理性当作我们意志
[4:395] 的统治者而赋予它。因此,我们将从这一视角出发,把理念(Idea)

呈送考察。

在一个有机存在者的自然构造(natural constitution)中*——也就是说,一个为生命(活着)的意图而设计的存在者——我们以此为原则,即在这个存在者身上,除非哪个官能对于一个目的来说是最为匹配的与最为适合它的,否则的话,为此目的就找不到任何官能。现在,假定对于一个具有理性和一个意志的存在者来说,自 63
然的真正意图就是他的**保全**、他的**福利**、一言以蔽之就是他的**幸福**,如果是那样的话,通过在受造物中选择理性来实施这一意图,自然就做出了一个十分糟糕的安排。因为,他必须着眼于这一既定目的来实施的一切行动,以及他的行为的整个规则,本能(instinct)都已然为他规划得更为精确,而且,相比理性能够为讨论中的这一目的所做的,本能也能够远为更加可靠地维护这一目

---

* 此处"自然构造"(natural constitution),德文为Naturanlagen(自然禀赋)。其中,constitution(构造)对应于Anlage(禀赋),但后者的意义要丰富得多,经常被康德用于不同的语境。Anlage与动词anlegen有关,后者的字面意思是"铺设",进而派生出创建、建造、创作、编制、装配、穿戴的意思。因此,Anlage可以是一个设施、设备,也可以是一个装备、装置、附件。在此处语境中,Anlage既是指在生理学意义上构成一个有机生物的各个官能,也包含该有机生物所具备的种种能力,它们就像是一个有机生物所具有的各种装置、设备。因此,国内学界一般将其译作"禀赋",尽管这个译法不能涵盖Anlage的其他许多意义,但至少能够涵盖有机生物的官能与能力。在此,康德意思是说,生物的每个官能都有其作用,是为了一个特殊的目的而被创造出来的,也必须最为适宜于这个目的的实现。因此,假如我们自以为某个官能是用来服务于某个目的的,但该官能其实并不那么适宜于这个目的,我们的判断就是错误的,该官能也并不是为这个目的才被创造出来的,它一定服务于别的什么目的。以此为基础,康德想要论证,理性被赋予人类的真正意图并不是用于追求幸福。无论如何,帕通在此把Analge译作constitution(构造),其实是想明确前者在此处语境中的具体意义,因此也并没有什么不妥。然而,在本书中(以及在康德的其他著作中),Anlage并不在任何语境中都是这个意思,帕通对它的翻译也并不统一,在此恳请读者的注意。——译者

的。倘若这一受宠的受造物竟也同时被授予了理性，那么，理性就必定仅仅在如是方面服务于他，即为了思虑其本性中的这一幸福禀赋(the happy disposition)*，为了赞赏它、为了享受它，以及为了感谢赋予它的那个仁慈的“原因”——而不是为了使他的“欲求能力”**服从于一个如此软弱的与有缺陷的指导，或者为了无能地干预自然的意图。

一言以蔽之，自然将阻挠理性闯入一种**实践的应用**，不让它以为(凭借其微弱的见识)能够为它自己的幸福与达成幸福的手段想出一个计划。自然不仅将自己承担其对种种目的的选择，而且也自己承担起对种种手段的选择，并以其智慧的预警措施把这两者都仅仅托付给本能。

事实上，我们也发现，一个有教养的理性越是关心享受生活与

---

* 此处“幸福禀赋”(the happy disposition)，德文为 die glückliche Anlage(幸福的禀赋)。根据语境，这一“幸福禀赋”是前文“自然构造”(natural constitution)或 Naturanlagen(自然禀赋)中的一个，并且就是“本能”，它的功能是指导人追求幸福。需要恳请读者注意的是，帕通在此用 disposition 来翻译 Analge(禀赋)，但它与前面的 constitution(构造)其实是同一个词，意思也完全一样。然而，比较麻烦的是，在本书中，帕通还经常用 disposition 来翻译其他术语，这很容易给读者带来困扰。还有必要向读者交待的是，在近年来英语学界的实践中，disposition 一般都用来翻译康德伦理学中另一个重要术语 Gesinnung(意念)。因此，译者没有对本书中 disposition 作统一处理，而是必须根据其所对应的德文做出不同的翻译。——译者

** 此处“欲求能力”的英译为 power of appetition，帕通用它来翻译康德的 Begehrungsvermögen(欲求能力)，亦可见于第 81 页脚注(边码[4:413]脚注；带小括号的边码 38 脚注)、第 95 页(边码[4:427]；带小括号的边码 64)。但是，他偶尔又把 Begehrungsvermögen(欲求能力)译作 faculty of desire，参见第 68 页(边码[4:400]；带小括号的边码 13)、第 69 页脚注(边码[4:400]脚注；带小括号的边码 15 脚注)。这两个译法在其各自的语境中没有任何明显的差异，帕通也并未交待如此区别翻译的原因。因此，译者认为，很可能，帕通只是先后为 Begehrungsvermögen(欲求能力)的提供了两个译法，但在本书定稿时没有统一。在本书中，译者将其一律译作“欲求能力”。——译者

幸福这一目标，人离真正的满意就越发遥远。正因为如此，在许多
人心里，尤其是那些对理性的这种运用做出过最多尝试的人们心
里（如果他们足够坦白而能够承认），都引发了某种程度的**厌理** (6)
症*——也就是说，对理性的一种憎恨；[16] 因为，当他们把自己所得
到的一切好处衡量一番，我说的不是那些能够从一切为日常嗜好
发明出来的技艺中获得的好处，甚至也不是从科学（对他们来说，
这似乎还是一种心灵嗜好的最终依仗）中获得的好处，他们发现，
他们只是给自己头上招来了更多的麻烦，而不是在幸福的道路上 [4:396]
有所收获。因此，他们开始嫉妒、而不是鄙视那些更为平凡的人，
他们更接近纯然自然本能的指导，而且，他们不允许他们的理性对
自己的行为产生太多的影响。到了这一步，我们就必须承认，那些
企图要节制——甚至彻底消除——对理性据称在生活的幸福与满
意方面所提供的种种好处的骄傲自满的颂扬的人们，这些人的判
断绝不是失望不满，或者对那统治世界的善性不知感恩。相反，这 64

* 此处“厌理症”（misology），德文为 Misologie，均源自古希腊文的 μισολογία（misología）。μισολογία（misología）由 μισέω（miséō）和 λόγος（lógos）构成，其中，μισέω（miséō）是“我厌恶”“我憎恨”的意思。柏拉图在《裴洞篇》中通过跟“厌恶人类（misanthropy；μισανθρωπία）”的比较来定义“厌理症”，他以苏格拉底的口吻说：“厌恶论证（厌理症）是跟厌恶人类出于类似的原因的。厌恶人类是由于并无充分认识就盲目信任某人。你认为这人是完全真实、可靠、可信的，后来却发现他下流、虚伪。然后你又对另外一个人得到同样的认识。这样久而久之，先是把某人看成推心置腹的朋友，然后是连续不断的争吵，于是对人人都发生厌恶，认为人人都没有真心。”（89d—e）随后，苏格拉底正面说出了什么是“厌理症”：“假定有某种论证是真实、可靠、可以学习的，如果有人由于见到有些论证似乎有时正确有时错误，却并不责备自己，责备自己缺乏技能，而是一生气就把责任干脆归给那些论证，把它们厌恶、辱骂一辈子，放弃认识实在真相的机会——那就糟了”。（90c—d）参见〔古希腊〕柏拉图：《柏拉图对话集》，王太庆译，商务印书馆 2019 年版，第 255—256 页。——译者

些判断把实存的另外一种远为更有价值的意图的理念(Idea)当作其隐藏的根据,理性则被设计得十分适宜于这一意图、而不是适宜于幸福,因此,人的种种私人意图中的绝大多数都必须把这一意图当作最高条件而从属于它。

因为,在意志的种种对象与我们一切需要的满足方面,理性不
(7) 足以可靠地为指导意志提供服务(它甚至还在某种程度上使之倍
增)——对于这种意图来说,一种根深蒂固的自然本能将更为确切
地指导我们;而且,由于理性无论如何都毕竟作为一种实践力量而
被赋予我们——也就是说,作为一种影响**意志**的力量;那么,其真
正功能就必定是要产生一个**就其自身而言善的**意志,而不是作为
某些进一步的目的之**手段**而为善的意志;因为,在如是一个世界之
中,即自然(在分配它的种种禀赋方面)在其他地方都已然在按照
一种合目的的方式工作,那么,理性对于这一功能来说就是绝对必
需的。因此,这样一个意志无须是唯一的与完备的善,[17] 但它必定
是最高的善与其余一切善的条件,甚至是我们对幸福的一切要求
的条件。在那种情况下,我们可以很容易地使我们的如是一项观
察与自然的智慧和解,即为第一个且无条件的意图所需要的那种
对理性的培养(至少在今生)在许多方面都限制了第二个意图——
亦即幸福——的达成,这一意图在任何时候都是有条件的;而且,
实际上,它甚至可以把幸福减少到近乎零,而不会使自然进程有悖
于其意图;因为,理性认识到自己最高的实践功能在于确立一个善
的意志,它在达成这一意图中只能有一种特殊的满意[18]——即为
(8) 实现一个转而仅仅由理性所规定的意图而满意,哪怕这样做时常
都涉及对偏好的种种意图的干扰。

［善的意志与义务］

现在，我们必须详细阐明一个概念，即一个就其自身而言值得 [4:397]
尊崇的与脱离任何进一步的目的而为善的意志。这个概念已然出
现在一种自然健全的知性之中，它与其说需要被教导，不如说只是
需要被澄清，在评价我们行动的全部价值时，这个概念总是占据最
高位置，并且构成了其余一切价值的条件。因此，我们将讨论义务 65
的概念，它包含一个善的意志，但却暴露于某些主观的限制与障碍
之下。这些东西远不足以遮蔽一个善的意志或者掩盖它，反而通
过比较使之得以彰显，并且使之更为明亮地闪耀光芒。[19]

［义务的动机］

在这里，我将忽略所有那些已然被认为有悖于义务的行动，无
论它们为了这一目的或者那一目的何其有用；因为，关于这些行
动，根本就不存在它们是否能够**为了义务的缘故**而做出的问题，因
为它们直接地反对义务。我还要对这样一些行动置之不理，它们
事实上符合义务，人们虽然对这些行动**没有直接的偏好**，但却因为
其他一些偏好的驱使而实施它们。因为，在那里，符合义务的行动 (9)
究竟是**出自义务**而做出的，还是出自一些利己的意图而做出的，很
容易就可以确定。如果行动符合义务，并且除此以外，主体对这个
行动还有一种**直接的**偏好，这一区别就很难被觉察出来了。举个
例子，[20] 一个杂货商不应向没有经验的顾客漫天要价，这当然是符
合义务的；而且，在生意兴隆的地方，一个明智的店主也会克制住
不要这样做，并向每个人都保持一个固定的与一般的价格，以便一
个小孩也能像其他任何人那般从他那里买到东西。因此，人们被
诚实地侍奉，但这远不足以使我们相信，这个店主以这种方式行

事,乃是出自义务或者出自公平交易的原则;他的利益要求他这样做。我们不能假定,他除此以外还对他的顾客有一种直接的偏好,引导他(仿佛出于爱)在价格上不给任何人以超过其他人的优待。因此,这个行动既不是出自义务,也不是出自直接的偏好而做出的,而是仅仅出自利己的意图而做出的。

另一方面,保全我们的生命是一项义务,除此之外,每个人还有一种直接的偏好要这样做。但正因为如此,大多数人通常都为这一意图怀有焦虑不安的担忧,这没有任何内在价值,他们行动的准则[21]
[4:398] 也没有任何道德内容。他们保护自己的生命是**符合义务的**,但却
(10) 不是**出自义务的动机**的。相反,如果种种失望与毫无希望的痛苦
66 完全夺走了生活的滋味;如果一个悲惨之人,有着坚强的灵魂,对自己的命运怀有更多的愤怒,而不是怯懦或沮丧,渴望死亡但却依旧保全他的生命,对生活毫无爱恋,并非出自偏好或者恐惧而保全它,而是出自义务而保全它;那么,他的准则就确乎有了一种道德内容。

力所能及地帮助他人是一项义务,除此之外,有许多这样的精神(spirits)*,他们有着如此富有同情的脾气,毫无任何其他的虚荣的或者利己的动机,他们在向周遭之人传播幸福中找寻到一种内在的愉快,并且从他人因其工作所感受到的满意中获得喜悦。然而,我坚持认为,在这种情况下,这样一种行动,无论它何其正当与何其可亲,依旧没有任何纯正的道德价值。它和其他偏好建立

---

* 此处"精神"(spirits),德文为 Seelen,或许译作"灵魂"更准确。但无论译作"精神"还是"灵魂",在此都是指拥有这样一个精神或灵魂的人或存在者。帕通用 spirit 来翻译 Seele 其实并没有什么不妥,但由于他有时又用 spirit(精神)来翻译康德的 Gesinnung(意念),故恳请读者注意。——译者

在相同的根基之上[22]——举个例子，对荣誉的偏好，如果它足够幸运，恰巧碰到某种有益的和正当的、因而可荣耀的事物，这值得赞扬与鼓励，但不值得尊崇；因为，其准则缺乏道德上的内容，也就是说，这样一些行动的实施不能出自偏好，而是要**出自义务**。那么，假定这一“人类之友”(friend of man)[*]的心灵(mind)[**]被他自己的种种悲痛所笼罩，泯灭了对他人命运的一切同情，但他依旧有力(11)
量去帮助那些穷困之人，尽管他不再被他人的需要所打动，因为他自己的事情已经够多了；而且，假定说，如果不再有任何偏好激发他，他却从这种死一般的麻木中挣脱出来，没有任何偏好、惟独为了义务的缘故实施行动；那么，他的行动才第一次有了纯正的道德价值。更进一步：如果自然没有在这个人或那个人的内心中植入多少同情；如果他(即便在其他种种方面是一个忠实的伙伴)在脾性上冷淡无情，并且对他人的苦难冷漠无感，这或许是因为，他被赋予了在自己的苦难中保持耐心与坚强忍耐的特殊恩赐，他假定其他人身上也差不多，或者甚至要求如此；如果这样一个人(他真正来说并不是

---

* 此处“人类之友”(friend of man)，德文为 Menschenfreund，其实就是博爱者、泛爱众者、乐善好施者或慈善家的意思。源自古希腊文的 φιλανθρωπία(philanthropia)，字面意思就是“热爱人类”或“与人类为友”。这个术语在哲学上的使用可以追溯到普鲁塔克，但应该是在弗朗西斯·培根(Francis Bacon)的影响下才成为近现代学者比较常用的一个术语。英文的 friend of man(人类之友)与德文的 Menschenfreund 都可以看作是对 φιλανθρωπία(philanthropia)的翻译。当然，英文中也经常使用 philanthropy(博爱)与 philanthropist(博爱者)，德文中也经常使用 Philanthropie(博爱)与 Philanthrop(博爱者)。——译者

** 此处“心灵”(mind)，德文为 Gemüth，在此指一个人的心境。帕通用 mind 来翻译 Gemüth 并没有什么不妥，但由于他有时又用 mind(精神)来翻译康德的 Gesinnung(意念)，故恳请读者注意。——译者

自然最糟糕的产物）根本就没有被她（自然）制成一个博爱者（philanthropist）*，他难道就无法在他自己身上找到一个源泉，从中可以发现一种价值，这种价值远远高于一种性情温和的脾性所能具有的任何价值吗？他当然会。正是在这一点上，品格（character）的价值开始显现——这是一种道德价值，并且是超乎一切比较的最
[4:399] 高价值——也就是说，他行善并不是出自偏好，而是出自义务。

67 保障我们自己的幸福是（至少间接地是）一项义务；因为，在诸
(12) 多忧患的压迫之下与诸多无法满足的需求的包围之中，我们对自己状况的不满，很可能会变成一种**逾越义务**的巨大的**诱惑**。但是，在这里，即便不考虑义务，一切人都已然使他们自己有了对幸福的最强大的与最深沉的偏好，因为正是在幸福的理念（Idea）之中，有种种偏好结合起来的总和。[23] 然而，幸福的规诫（prescription）通常都如此构成**，即它会极大地干扰一些偏好，于是，人还是无法在"幸福"的名下，就一切偏好之满足的总和形成任何确定的与有保障的观念（conception）***。因此，一个单一的偏好，在它所许诺的

* 此处"博爱者"（philanthropist），德文依旧为 Menschenfreund。两处译法不统一，或许是因为帕通定稿时因疏忽未能统一，但也可能是帕通有意区别翻译，以避免"人类之友"（friend of man）的字面意义过于宽泛。无论如何，此处的"博爱者"与前面的"人类之友"完全同义。——译者

** 此处"规诫"（prescription），德文依旧为 Vorshcrift，与前面的 percept 无异，这很可能只是因为，帕通先后为 Vorschrift（规诫）提供了两个译法，但在定稿时未能统一。在本书中，译者一律将其译作"规诫"。——译者

*** 此处"观念"（conception），德文为 Begriff。大多数时候，帕通将其译作 concept 或 notion，偶尔译作"conception"，但在汉语中译作"概念"更合适。尽管用 conception 来翻译 Begriff 并没有十分不妥，但由于帕通有时用 conception（观念）来翻译康德的 Vorstellung（表象），故恳请读者注意。——译者

东西与得到满足的时间方面确定的偏好，能够胜过一个游移不定的理念(Idea)，这没有什么可奇怪的；一个人，举个例子，一个痛风患者，可以选择去享受他所喜好者，并忍受他所能忍受者——根据权衡，在这里，他至少没有因为对那种应系于其健康良况的福分怀有一些很可能毫无根据的期望，扼杀当前时刻的享受。但是，即便在这种情况下，如果对幸福的普遍偏好未能规定他的意志，如果良好健康(至少对他来说)并没有如此必需地进入到他的算计之中，那么，在这里(就跟在其他情况下一样)留下来的就是一个法则——促进其幸福的法则，不是出自偏好，而是出自义务——而且，在这里，(13)
他的行为才第一次有了一种实在的道德价值。

毫无疑问，我们也应该在这个意义上来理解那些出自经书的段落(the passages from Scripture)，它们诫令我们要爱我们的邻人，甚至要爱我们的仇敌。* 因为，出于偏好的爱无法被诫令；但

---

* 此处"出自经书的段落"(the passages from Scripture)，德文为 Schriftstellen(经书段落)。其中，"经书"(Scripture；Schrift)特指基督教的《圣经》。在此，康德所引用的"爱邻人"与"爱仇敌"的例子都是出自《圣经》道德诫命。其中，"爱邻人"可见于《玛窦福音》《马尔谷福音》《路加福音》中耶稣的训导，例如："应孝敬父母，应爱你的近人，如爱你自己。"(《玛窦福音》，19：19)"耶稣对他说：'你应全心，全灵，全意，爱上主你的天主。'这是最大也是第一条诫命。第二条与此相似：你应当爱近人，如你自己。全部法律和先知，都系于这两条诫命。"(《玛窦福音》，22：37—40；参见《马尔谷福音》，12：29—31，33；《路德福音》，10：27)"爱仇敌"可见于《玛窦福音》《路加福音》中耶稣的训导，例如："你们一向听说过：'你应爱你的近人，恨你的仇人！'我却对你们说：你们当爱你们的仇人，当为迫害你们的人祈祷，好使你们成为你们在天之父的子女，因为他使太阳上升，光照恶人，也光照善人；降雨给义人，也给不义的人。"(《玛窦福音》，5：43—46)"但是，我给你们这些听众说：应爱你们的仇人，善待恼恨你们的人……但是，你们当爱你们的仇人，善待他们；借出，不要再有所希望：如此，你们的赏报必定丰厚，且要成为至高者的子女，因为他对待忘恩的和恶人，是仁慈的。"(《路德福音》，6：27，35)——译者

是，出自义务的友善——即便没有偏好来驱使我们，而且，甚至有自然的与无法抑制的不情愿来横加阻拦——乃是**实践的**，而非**病理学的**爱，寓居于意志之中，而不是在感觉的倾向之中，在行动的原则之中、而不是柔情的怜悯之中；正是这种实践的爱，惟其能成为诫命的一个对象。

［义务的形式原则］

我们的第二个命题[24]是这样的：一个出自义务而实施的行动
68 具有其道德价值，**并不在于**这个行动所要达成的**意图**，而是在于它
[4:400] 据以被决定的那个准则；因此，其道德价值不依赖于这个行动的对象的实现，而是单纯依赖于这个行动的实施（不顾欲求能力的一切对象[25]）所遵循**意愿的原则**。我们在行动中可能会有的种种意图，以及被当作结果的这个意志的种种目的与动机，它们都不能赋予行动以无条件的与道德的价值，这一点从前文中已清楚可知。因此，如果我们不能在意志与行动所期望的结果的关系中发现这种
(14) 价值，又能在哪里找到它呢？除了在**意志的原则**之中，不顾这样一个行动能够带来的种种目的，这种价值在哪里都不能被发现；因为，意志身处其**先天的**原则（它是形式的）与其**后天的**动机（它是质料的）之间，可以说身处一个分岔口，当一个行动出自义务而被实施时，它将必须为意愿的形式原则所规定，那时，正如我们所见，每种质料的原则都被剥离了。

［对法则的敬畏］

第三个命题，作为出自前两个命题的一个推断，我将如此表述它：**义务就是出自对法则的敬畏**（reverence）**而行动的必然**

性*。对于一个作为我拟定实施的行动之结果的对象，我能对它
怀有一种偏好，**但绝不能怀有敬畏**，这恰恰是因为它纯然只是一个
意志的结果，而不是一个意志的活动。同样，对于偏好本身来说，
无论是我自己的偏好还是其他人的偏好，我都无法怀有敬畏：我顶
多在第一种情形中赞同它，并且有时候在第二种情形中喜爱
它——也就是说，把它看作对我的益处来说有利的。惟有某种单
纯作为根据、而绝不是作为一个结果跟我的意志联结起来的东
西——某种并不服务于我的偏好，而是压倒它，或者至少在我的选 (15)
择中完全对它不予考虑的东西——并且因此惟有那出于其自身的
缘故的纯然法则，才能是敬畏的一个对象，从而是一条诫命。现

---

* 此处（以及在本书其他地方）"敬畏"（reverence），德文为 Achtung，国内学界一般译作"敬重"。英文的 reverence 直接来自拉丁文的 reverentia，康德也常用 reverentia 来括注 Achtung。参见〔德〕康德：《道德形而上学（注释本）》，张荣、李秋零译注，中国人民大学出版社 2013 年版，第 185 页（6：402）、第 214 页（6：436）、第 244 页（6：468）。因此，从选词上看，帕通的翻译并没有什么不妥。而且，早在一个世纪以前，J. W. 森普尔（J. W. Semple）就在他的译本中——这即便不是《奠基》的第一个英译本，也是第一个有影响力的译本——将 Achtung 译作 reverence。参见 *The Metaphysic of Ethics*, trans. J. W. Semple（Edinburgh：Thomas Clark，1836），p. 10。然而，在帕通的译本出现之前，英语学界最常用的是托马斯·金斯米尔·阿伯特（Thomas Kingsmill Abbott）的译本。在这个译本中，阿伯特将 Achtung 译作 respect，这个译法直到今天在英语学界的研究中也十分流行。参见 *Kant's Critique of Practical Reason and other Works on the Theory of Ethics*, trans. Thomas Kingsmill Abbott（London：Green & Co.，1879），p. 22。因此，帕通选择用 reverence 来翻译 Achtung 就有了特殊的意义，他实际上是在反对阿伯特及其追随者的译法。根据帕通的解释，除了康德本人用 Achtung 来翻译拉丁文的 reverentia 之外，他还赋予 Achtung 一种"恐惧"（fear）的要素，使之类似于"惊惧"（awe）。参见《定言命令式：康德道德哲学研究》，第五章，§1。既然如此，按照国内学界的习惯，把帕通的 reverence 译作"敬重"，显然就是不太合适的。故而，译者将其译作"敬畏"。而且，这并不代表译者对 Achtung 的理解，只是为了尽可能如实表达出帕通的理解。——译者

在，一个出自义务而实施的行动必须彻底排除偏好的影响，并且把意志的每个对象也跟偏好一起排除掉；因此，在客观上除了法则，
69 以及在主观上除了对这种实践法则的纯粹敬畏，并且因此就是“即便损害我的一切偏好也要服从这一法则”的准则①，就再没有任何
[4:401] 东西能够规定这个意志了。

因此，一个行动的道德价值并不依赖于从这个行动中所期待的那个结果，从而也不依赖于如是一种行动原则，即任何需要从这一期待结果中借取其动机的行动的原则。因为，一切这样的结果（惬意的状态，甚至对他人幸福的促进）都同样可以由其他种种原因带来，故而它们的产生并不需要一个理性存在者的意志，然而，最高的与无条件的善惟独却只能在这样的意志中才能被发现。因此，除了就其自身而言的法则的理念(idea)*——就它是规定意志的根据，而不是一个期待的结果而言——这一理念(idea)公认地
(16) 只能出现在一个理性存在者身上，再没有任何东西能够构成我们

① 一个准则就是意愿的一个主观原则：一个客观原则（也就是说，如果理性对欲求能力持有充分的支配力，就也会在客观上充当一切理性存在者的一个实践原则的东西）就是一个实践的法则。

* 此处“理念”(idea)，德文为 Vorstellung(表象)，而不是 Idee。帕通用大写的 Idea(理念)来翻译 Idee(理念)，并且在大多数情况下，用小写的 idea 来翻译 Vorstellung(表象)，但也例外的情形。Vorstellung(表象〔名词〕)来自动词 vorstellen(表象〔动词〕)，后者由 vor(在……前)与 stellen(放置、安放)构成，加起来就是“放到……面前”的意思。在康德哲学中，作为一个认识论概念，vorstellen(表象〔动词〕)就是“把无论何种东西放到心灵或意识的面前”。相应地，Vorstellung(表象〔名词〕)就是“无论何种被放到心灵或意识面前的东西”。因此，Vorstellung(表象)其实是一个比较宽泛的概念，它包含几乎一切我们所能意识到的东西，无论是直观的经验对象，还是抽象的概念、规则或原则。在本书中，为了尊重并突出帕通对 Vorstellung(表象)的特定理解，译者仍将其译作“理念”，并括注小写的 idea，以便与大写的 Idea(理念)相区分。此处译文中，所谓“就其自身而言的法则的理念”，无非就是主体对“就其自身而言的法则”的意识。——译者

叫作“道德”的那种卓越的善，这种善已然出现在根据这一理念(idea)而行动的人格身上，但不可纯然从结果中去等候它。①

［定言命令式］

但是，何种法则竟能够如此，即对它的思维(不考虑由之所期 [4:402]
待的结果)必须规定意志，以至于这个意志将被称作绝对善的与无 70
限度善的？由于我已经从意志那里剥除了每一种有可能作为服从任何特定法则的一个后果而为它引起的诱因，所以，除了种种行动对普遍法则的符合本身，再没有任何东西留下来，惟有这种符合本身才必须充当这个意志的原则。那也就是说，除非以这样一种方式，即我也能够愿意我的准则成为一个普遍法则，否则我就绝不应行动。在这里，惟独对普遍法则的符合本身(不以任何制定种种特

① 有人可能会极力反对我说，我不过是想在“敬畏”一词的掩盖之下，在一种隐晦的情感中寻求庇护，而不是通过一个理性的概念，对问题做出一个清楚明白的回答。然而，尽管敬畏是一种情感，但却并不是一种通过外在影响而接受的情感，而是通过一个理性概念而自我产生的情感，并且因此同第一种情感殊为不同，第一种情感全都可以化约为偏好或恐惧。我直接地认作对我来说是法则的东西，我是怀着敬畏认识到的，敬畏仅仅意味着我的意志服从于法则的意识，无须施予我种种感官的外部影响这一中介。通过法则对意志的直接规定以及对这种规定的意识就叫作“敬畏”，因此，敬畏被看作是法则对主体的结果，而不是法则的原因。敬畏准确来说就是一种摧毁我的自爱的价值理念(idea)。因此，有某种既不被视作偏好的一个对象、也不被视作恐惧的一个对象的东西，尽管它同时与它们两者相似。敬畏的对象仅仅是法则——我们强加给我们自己的、但却就其自身而言必然的法则。被认为是法则，因为我们服从它，而不征求自爱的意见；被认为是自我强加的，因为它是我们的意志的一个后果。在第一个方面，它[26]类
似于恐惧，在第二个方面，它类似于偏好。对一个人格的全部敬畏准确来说仅仅是对法 (17)
则的敬畏，那个人格就法则为我们提供了一个范例。由于我们把发展我们的才能看作一项义务，[27]我们也就在一个有才能的人身上看到一个法则的范例(通过实践成为与他相似之人的法则)，而这一点就是那个构成了我们对他的敬畏的东西。一切所谓道德上的兴趣，都单单就在对法则的敬畏中。

定行动的法则作为其基础）才是那个充当意志的原则的东西，而且，倘若义务不至于在任何地方都只是一个空洞的妄念与荒诞的概念，就必须充当意志的原则。日常的人类理性在其实践判断中也完全同意这一点，并且总是把上述原则置于它的眼前。

(18) 举个例子，回答这样一个问题。如果我陷入了艰难困境，我可
以做一个承诺却不打算遵守吗？在这里，我很容易就可以区分出
这个问题可能具有的两种意义——做一个假承诺，这是机智的、还
是正当的？毫无疑问，第一种情形经常都会发生。我确乎可以看
出，以此为托词，使我们从当前窘境中脱困，这对于我来说是不够
的：我们必须要考虑，相比我现在摆脱掉的这点麻烦，这个谎言是
否不会在日后为我增添更大得多的麻烦，以及——由于（以我一切
自以为的**精明**）预见后果并不十分容易，以至于我无法确定不会有
这样的机会，即一旦我丧失信誉，相比我现在想要避免的祸害，将
带来远为多得多的不利——根据一个一般的准则行事，即“除非打
算遵守、否则不要承诺”，并使之成为我的习惯，这样做是否是一种
更为机智的行动。然而，我马上就清楚地认识到，这样一个准则在
任何时候都仅仅建立在对后果的恐惧之上。“出自义务的讲真话”
与“出自对种种麻烦后果的担忧而讲真话”完全不是一回事；因为，
在第一种情形中，行动的概念在自身中就已经包含了一个于我而
(19) 言的法则，但在第二种情形中，我却必须首先环顾其他地方，以便
[4:403] 看出于我而言何种结果与之密切相连。如果我背离义务的原则，
这当然确定无疑地是恶的；但是，如果我背弃我的机智准则，这经
常都能对我极其有利，哪怕人们公认坚守这个准则更为靠谱。然
而，倘若我试图以最快的方式、但却正确无误地学会如何来解决

“一个扯谎的承诺是否符合义务”这个问题，那么，我就必须问我自 71
己：“我的准则（‘借助一个假承诺来摆脱困境’这一准则）如果被视作一个普遍的法则（一个同时对我自己与他人有效的法则），我真的会为此感到满意吗？而且，我真的会对自己说，每个人如果发现自己处于困境之中，除了做一个假承诺之外，他无法以其他任何方式使自己摆脱困境，那么，他就可以这样做吗？”于是，我马上就意识到，我确实能够愿意说谎，但我无论如何都不能愿意一个说谎的普遍法则；因为，由于这样一个法则，真正来说就再也不会有任何承诺，因为向他人表达一个未来行动的意志将成为徒劳无益的，他们不会相信我的表达，或者说，他们（如果他们确实如此十分轻率的话）将偿我以相同的报酬；[28] 结果，我的准则（只要被当成一个普遍法则）终将毁灭它自身。

因此，我根本无须高瞻远瞩的巧思就能够发现，为了拥有一个善的意志，我必须要做些什么。即便对世间事务的进程毫无经验，即便没有能力为发生在其中的一切机遇做好准备，我也只问我自己，“你能够愿意你的准则也成为一个普遍法则吗？”如果你不能，就要拒斥这个准则，而且，那不是因为你、甚至他人预期的损失，而是因为它无法作为一个原则适于一种可能的对普遍法则的制定。对于这样一种制定，理性强迫我予以直接的敬畏，其根据何在（这是哲学家可以研究的）我尚未有任何**洞识**[29]，尽管我确实至少理解到这么多：敬畏是对一种价值的评鉴，它远远胜过一切由偏好所诫令的东西的价值，而且，出于对实践法则的纯粹敬畏而行动，这样做于我而言的必然性，就是那个构成了义务的东西，任何别的动机在它面前都必须让道，因为它就是一个**就其自身而言**善的意志的条件，其价值超过其他一切东西。

［日常实践理性］

现在，我们就在对日常人类理性的道德知识的研究中抵达了它的第一原则。诚然，人类理性并未抽象地以其普遍形式来设想这一原则；但是，它确实在任何时候都现实地把这一原则摆在自己眼前，并且确实把它当作判断的一个规范来使用。在这里，很容易
[4:404] (21) 就可以指出，人类理性如何手持这一罗盘，在但凡出现的一切情形
72 中，都能够很好地区分什么是善的或者恶的、正当的或者错误的——假如说，没有丝毫企图要给理性教导任何新的东西，我们纯然只是让它注意到（正如苏格拉底所做的那般）它自己的原则；以及，因此，为了知晓人必须要做些什么才能成为正直的与善的，并且实际上成为智慧的与有德的，何以根本就不需要科学或者哲学。甚至，很可能事先就可以推断出，熟知每个人有职责要去做些什么，从而有职责要知道些什么，这是每个人都要做的事，哪怕是最普通的人。然而，我们无法不感到钦佩有加地观察到如是一点，即在普通人的心灵中，实践判断的力量拥有超过理论判断力量的巨大优势。在理论的判断中，如果日常理性冒险脱离经验的法则与感官的知觉，就会陷入全然的不可理解与自相矛盾之中，或者至少会陷入一种不确定的、含糊不清的与摇摆不定的混沌之中。然而，在实践的方面，当日常心灵从其实践的诸法则中排除了一切感性的动机，判断力才首次表现出它就其自身而言拥有何种优势。然后，日常理智就变得敏锐起来——要么跟良知搞鬼，或者跟那些被
(22) 叫作“正当的”的东西有关的主张搞鬼，要么就尝试为其自身的教导而真诚地规定多种行动的价值；而且，最重要的是在后一种情形

中，他能够有望一击中的，就像任何一位哲学家能够向他自己承诺的那般。实际上，在这一点上，它甚至比一个哲学家还更为确定，因为他没有任何不同于日常理智的原则，但却很容易把他的判断同一大堆外来的、毫不相干的考量混为一谈，并且导致它急转偏离直线道路。因此，在道德问题上遵从日常理性的判断，并且（至多）仅仅为了更为充分地与更可理解地提出道德体系，以及以一种更加便于使用（尽管更多地是便于争论）的形式提出道德体系——而不是为了引导日常人类理智脱离其快乐的简单质朴，借助于哲学把它安置在一条崭新的探究与教导之路上——才引入哲学，这难道不是更可取的吗？

［对哲学的需要］

清白无辜是一个美好的东西，只是它不幸不能很好地保持，并 [4:405]
且容易被误导。因此，智慧本身——它在任何情形中都更多地在 73
于做与不做，而不是知晓——确实也需要科学，不是为了从它那儿
学习什么，而是要为其自身的种种规诫赢得承认与经久耐用*。(23)
人在他自己身上感觉到一股强大的抗衡力，以反对义务的一切诫命，理性向他把这些诫命呈现为如此值得尊崇的——那种抗衡力

---

* 此处后半句是意译，帕通的译文是"but in order to win acceptance and durability for its own prescription"，德文原文为"[um]… sondern ihrer Vorschrift Eingang und Dauerhaftigkeit zu verschaffen"，这是全书中第二次出现"Eingang verschffen"（提供入口）。这句话的字面意思是：而是为了把"Eingang"（入口）与"Dauerhaftigkeit"（坚定持久性）提供给"ihrer Vorschrift"（其规诫/智慧的规诫）。在此，"把入口提供给智慧的规诫"这句话的意思是说，科学能够使智慧的规诫更加易于把握与践行；同理，"把坚定持久性提供给智慧的规诫"就等于是说，科学能够使人们坚持不懈地践行智慧的规诫。——译者

就是他的种种需要与偏好，他在“幸福”这一名目之下把握其全部的满足。但是，没有向偏好承诺任何东西，理性无情地，并且因此（可以说）不顾与忽视那些动荡不安的与看似公正的主张（它们拒绝被任何诫命的压制）颁布其种种诫命。由此就生产出一种**自然的辩证**——也就是说，一种对义务的这些严格法则吹毛求疵的癖好(disposition)*，一种怀疑它们的有效性，或者至少怀疑它们的纯粹性与严格性的癖好，并且使它们（在可能的时候）更为适于我们的种种愿望与偏好；也就是说，败坏其特有基础，并摧毁其全部尊严——这是一个甚至日常的人类理性最终也不能赞同的结果。

如此，**普通的人类理性**并不是被对思辨的任何需要（只要它满足于单纯健全的理性，就绝不能再指责它）所迫，而是基于一些实践的根据本身，才要离开它自己的范围，迈进**实践哲学**的领地。它
(24) 试图要在那里获得这样一些信息与准确的教导，有关它自己的原

---

* 此处“癖好”(disposition)，德文为 Hang（倾向），但在此处就是“癖好”或“偏好”的意思。在日常语言中，Hang（癖好，倾向）与 Neigung（偏好）同义，常常是可互换的。但是，在康德后来的著作中，尤其是在《纯然理性界限内的宗教》与《道德形而上学》中，Hang（倾向）有其特殊的意义，并且与 Neigung（偏好）并不是一回事。正如前面的译者注中已经提到过，Hang（倾向）是对某个可能的事物或事态的易感性，它是 Begierde（欲求）或 Neigung（偏好）的可能性，或者说是潜在的、尚未成为现实的 Begierde（欲求）或 Neigung（偏好），并且因此更适合于译作“倾向”。但是，从此处的语境来看，康德显然不是在这种严格的意义上使用 Hang 这个术语的，而是在一种相对宽泛的、更为日常的意义上使用它的。因此，Hang 在此处应该被看作 Neigung（偏好）的同义词，故译者（采取吾师秋零先生的意见）将其译作“癖好”，以避免与 Neigung（及其英语对应词 inclination）混淆。此外，我恳请读者注意的是，此处的 disposition（癖好）作为 Hang 的英译，跟前面出现过的“幸福的禀赋”(happy disposition)中的“禀赋”(disposition)根本就不是一个意思。——译者

则的来源，以及这一原则不同于那些基于需要和偏好的准则的正确功能，以便逃离这些敌对的主张带来的尴尬窘境，并且免于丧失其一切纯正的道德原则的风险，这种风险乃是由于它很容易陷入其中的那种含糊不清。因此，日常的理性如果在其实践应用中得到培养，就会不知不觉地产生出一种辩证，迫使它在哲学中寻求帮助，正如在其理论应用中所发生的一样；因此，在第一种情形中跟在第二种情形中一样，除了对我们的理性的一种批判之外，它在其他任何地方都不能找到安宁。

第二章 74 [4:406] (25)

从通俗的道德哲学过渡到道德的形而上学

[例子的使用]

如果说，到目前为止，我们已经从我们实践理性的日常应用中得出了我们的义务概念，那还绝不能推出，我们已经把它当作一个经验概念来对待了。相反，倘若我们把注意力放在我们对人类行为的经验之上，我们就会遭遇到频频发生的与——正如我们自己所承认的那般——合法的抱怨，说我们无法为出于纯粹义务而行动的“精神”(spirit) * 举出任何例子，而且，尽管有太多行动依据义

* “精神”(spirit)，德文为 Gesinnung。吾师秋零先生在《道德形而上学的奠基》与《纯然理性界限内的宗教》中将其译作“意念”，在《实践理性批判》《判断力批判》与《道德形而上学》中将其译作“意向”，杨云飞老师在其译本中译作“意向”。然而，Gesinnung（意念）与 Absicht（意图）或 Intention（意向）是有别的，因为后者在任何时候都（接下页）

务的诫命而做出，但它是否真的为了义务的缘故而做出，并且因此而具有一种道德上的价值，这依旧十分可疑。因此，在一切时代，都总会有一些哲学家绝对地否定人类行动中有这种精神(spirit)出现，并且把一切事情都归因于一种或多或少有些精致的自爱。然而，他们在这样做时，却并不怀疑道德概念的严格性。相反，他们怀着深深的惋惜谈论人类本性的脆弱与不纯，人类本性在他们
(26) 看来是高贵的，足以把如此值得敬畏的一个理念(Idea)当作他们的规则(rule)*，但同时也过于软弱，以至于无法遵从之：理性本应服务于为人类本性制定法则，他们却仅仅把理性用来照料种种偏好的兴趣，要么是单个地照料这些兴趣，要么就是——充其量——

(接上页)跟一个特定对象有关，但 Gesinnung(意念)仅仅与准则的采纳有关。根据《杜登词典》的解释，Gesinnung 是指“姿态，一个人对其他人或一个事物采取的基本立场；一个人精神上的与道德上的基本态度。”因此，正如康德所言，Gesinnung(意念)作为“采纳准则的原初的主观根据，只能是一个唯一的意念(Gesinnung)，并且普遍地指向自由的全部应用”。参见〔德〕康德：《纯然理性界限内的宗教(注释本)》，李秋零译，中国人民大学出版社 2011 年版，第 9 页(6：25)。康德明确说，Gesinnung(意念)是“任性”(Willkür)的一个“属性”(Beschaffenheit)，参见〔德〕康德：《纯然理性界限内的宗教(注释本)》，第 9 页(6：25)。然而，任性(Willkür)本身也不是一个东西(实体)，而是理性存在者(作为一个实体)的一种属性，因为它是理性存在者的一种能力。因此，鉴于任性(Willkür)实际上就是理性存在者采纳一个特定动机，并且据此给自己规定一个准则的能力，那么，Gesinnung(意念)无非就是任性(Willkür)总是采纳某种类型的(善的或恶的)准则的基本态度，所以就有了善的意志与恶的意念的区分。然而，在本书中，需要注意的是，帕通并不总是把 Gesinnung(意念)译作 spirit(精神)，他有时也译作 disposition，而且，后一个译法也比较符合当代英语学界的实践。无论如何，下文中出现 Gesinnung(意念)的其他译法时，译者会做出说明，以免误导读者。——译者

* 此处“规则”(rule)，德文实为 Vorschrift(规诫)。帕通通常要么把 Vorschrift(规诫)译作 precept，要么译作 prescription，而 rule 则主要被用来翻译 Regel(规则)。此处将 Vorschrift(规诫)译作 rule(规则)，似乎没有特别的原因，或许只是定稿时因疏忽未能统一。——译者

在它们最大的相互兼容中照料它们。

在现实的事实中,经验绝不可能完全确定地确立起哪怕一个 [4:407]
这样的案例,在这个案例中,一个在其他方面正当的行动,其准则
惟独取决于一些道德的根据,并且取决于关于我们的义务的思
想*。确实,有时候,在经历过最尖锐的自我考察之后,我们发现,
倘若没有义务的道德动机,就没有任何东西可以强大到足以触动
我们去做这个或者那个善的行动,以及去做出如此伟大的牺牲;但
是,我们无法确定地由此推出,并不是一些自爱的隐秘冲动(在义 75
务理念〔Idea〕的纯然外观之下)实际上在充当那个真正规定我们
的意志的原因。我们乐于用一种更为高贵的虚假主张来奉承我们
自己,但事实上,我们从没有(即便通过最严格的自我考察)弄清我
们的种种隐秘冲动力(impulsion)的底细**;因为,如果讨论中的问
题是道德价值,那么,我们关心的就不是那些我们所看到的行动,
而是它们的内在原则,但那是我们无法看到的。

---

* 此处“思想”(thought),德文为 Vorstellung(表象)。因此,这句话的字面意思是“取决于对其义务的表象”,它表达的是“取决于对该行动是一项义务的意识”。帕通在此没有像在大多数地方那样把 Vorstellung(表象)译作小写的 idea(理念),故恳请读者注意。——译者

** 此处“冲动力”(impulsion),德文为 Triebfeder,国内学界一般译作“动机”,并以此同另一重要术语 Bewegungsgrund(动因;活动根据)相区别。Triebfeder 的字面意思是“动力弹簧”或“驱动装置”,但它无论是在日常语言中还是在康德的术语中,都是指那种在心理上决定意志与行动的力量(或者说是决定意志与行动的心理力量),并且因此特指那种基于情感的行动驱动力,也就是我们汉语中所说的“动机”。或许,正是为了突出 Triebfeder 的心理色彩与情感色彩,帕通特意的将其译作 impulsion(冲动力)。因此,为了突出帕通的理解,译者在本书中将 motive 译作“动机”,它对应于 Bewegungsgrund,将 impulsion 译作“冲动力”,它对应于 Triebfeder(驱动装置)。此外,还必须恳请读者注意的是,在本书中,“冲动”(impulse)与“冲动力”(impulsion)也不太一样,前者对应于 Antrieb(冲动),并且主要是指一种心理(情感)活动或现象。——译者

(27) 此外，为了取悦这样一些人，他们把一切道德都嘲笑为人类想象力（它出于自负而拔高自己）的一种纯然幻影，我们所能做的无非就是承认，义务的概念必定仅仅出自经验（恰如我们出于懒惰而愿意说服我们自己说，其他一切概念也莫不如此）；因为，通过这样做，我们就为他们预备了一场确定无疑的胜利。出于对人性的爱，我愿意承认，我们的大多数行动都是符合义务的；但是，如果我们更为仔细地看看我们的图谋与努力，那么，我们就在任何地方都会遇到那个“可爱的自我”（the dear self）*，它在任何时候都可以被发现；而且，我们种种行动的意图正是基于这样一个自我——而不是基于义务的严格诫命，它通常都会要求自我否定。我们无须真的成为德性的一个敌人，而是仅仅需要成为一个不动情感的观察者，拒绝把对善性的最为鲜活的愿望径直当作它的实现，以至于在某些时刻（尤其是随着年岁的增长，以及一种判断力既由于经验而变得更为精明，又在观察中变得更为锐利），对于在这个世界之中是否可以现实地遇到任何纯正的德性，变得满是犹疑。于是，再没有任何东西能够保护我们不至于完全背离我们的义务理念（Idea），或者能够在灵魂中保持对其法则的一种有根据的敬畏，除了如是一种清晰的确信：即便从未曾有过源自这样一些纯粹来源的行动，
[4:408] (28) 此处所讨论的议题也根本就不是这个事情或者那个事情是否已然发生过；相反，该议题仅仅是理性凭借其自身与独立于一切显象而

---

* 此处“可爱的自我”（the dear self），德文为 das liebe Selbst。“可爱的自我”是比喻自爱的动机，康德在此意思是说，尽管表面上看，我们的大多数行为是否符合义务的，但如果我们深入考察其动机，你就会发现它们中的许多都是出自自爱，而不是出自义务。——译者

诫令什么事情应当发生；因此，对于这个世界或许迄今为止都尚未
给出过例子的那些行动——那些把任何事情都建立在经验之上的
人们，很可能会怀疑这些行动的可实践性——即便如此也是理性
所无情诫令的行动；而且，举个例子，即便直到现在也不曾有一个
忠实的朋友存在过，也不能减少对每个人在友谊中的纯粹忠实的
要求，因为这项义务（先行于一切经验）作为一般的义务[30] 被包含 76
在一个理性的理念（Idea）之中，这个理性的理念（Idea）以一些**先天**
的根据来规定意志。

可以补充的是，除非我们想要否定有关道德概念的一切真理，
以及它同一个可能对象的一切关系，否则的话，我们就不能反对其
法则具有如此广泛的意义，以至于不仅对人有效，而是对**一切理性**
存在者本身都有效——不仅仅受制于种种偶然的条件与例外，而
是**带有绝对的必然性**。[31] 因此，清楚得很，没有任何经验能够给我
们一个机会，哪怕使我们能够推出这样一种无可置疑的法则的可
能性。因为，我有什么权利把那个或许仅仅在人性的偶然条件下 (29)
有效的东西，当作每个理性本性的一个普遍规诫，使之成为无限
制的敬畏的一个对象呢？而且，那些规定**我们的**意志的法则如
何能够被当作规定一个理性存在者本身的意志的法则——并且
仅仅因此就规定我们的意志——倘若这些法则仅仅是经验性
的，并不完全**先天地**在纯粹的、但却是实践的理性中拥有它们的
来源？

更为重要的是，我们为道德做出的最糟糕的侍奉，莫过于把它从种种例子中推导出来。每个例子，如果呈现给我，它本身必须首先受到道德原则的评判，以便决定它是否适于充当一个原初的例

子——也就是说，充当一个范例：它绝不能为道德概念提供最初的来源。即便是福音书中的那位神圣者(the Holy One)*，也必须首先同我们的道德完善的理想相比较，然后，我们才能认识到他是如此这般。这位神圣者还如此说他自己："你们为什么把我(你们所看到者)称作善的？除了一位之外，没有谁是善的(善的原型)，那
[4:409] 位就是上帝(你们所看不到者)"。** 但是，我们从哪里获得了作为至善的上帝的概念呢？惟有从道德完善的理念(Idea)中获得，[32]那是理性先天地追踪到的，并且同一个自由的意志不可分离地联结在一起。模仿在道德中根本就没有任何位置，而且，例子服务于我们仅仅是为鼓励——也就是说，它们确凿无疑地设定了法则所诫令的事情的可行性；它们使法则更为一般地加以表述的事情成为看得见的；但是，它们绝不能使我们有资格对它们的真实原型置之不理，这个真实原型居于理性之中，并且让我们以这些例子为范例而行事。

[通俗的哲学]

77 如果说，没有任何纯正的道德最高原则不是独立于一切经验而仅仅奠基于纯粹理性，那么，由于我们的知识要与日常的知识区

---

* 此处"神圣者"(the Holy One)，德文为 der Heilige，指的是耶稣。——译者

** 此处引文出自《圣经·新约》。汉译原文为："正在耶稣出来行路时，跑来了一个人，跪在他面前，问他说：'善师，为承受永生，我该作什么？'耶稣对他说：'你为什么称我善？除了天主(上帝)一个外，没有谁是善的。诫命你都知道：不可杀人，不可奸淫，不可偷盗，不可做假见证，不可欺诈，应孝敬你的父母。'他回答耶稣说：'师傅！这一切我从小就都遵守了。'耶稣定睛看他，就喜爱他，对他说：'你还缺少一样：你去，变卖你所有的一切，施舍给穷人，你必有宝藏在天上，然后来，背着十字架，跟随我！'因了这话，那人就面带愁容，忧郁地走了，因为他有许多产业。"参见《马尔谷福音》，10：18；亦可参见《路加福音》，18：19。——译者

别开来，并且被描述为哲学的知识，就此而言，我认为，甚至提出如是一个问题也是不必要的，即一般地（in abstracto〔在抽象中〕）阐明这些连同其所对应的原则也都是先天有效的概念，这是否是一件好事。然而，在我们这个时代，这也许是很有必要的。因为，如果我们收集选票，看一看哪种知识更受偏爱，是从每种经验性的事物中分离出来的纯粹理性的知识——也就是说，一种道德的形而上学——还是通俗的实践哲学，那么，我们马上就能猜出大多数选票将会投给哪一边。

如果我们先前已经上升至纯粹理性的诸原则，并且已然在这方面做得使我们完全满意，那么，再下到通俗哲学的层面，这无疑是最值得赞许的。这种做法可以被说成是，先把道德哲学奠基在形而上学之上，[33] 在它已然确立起来之后，再赋予它一种通俗的特 (31)
性，为它赢得接受。* 但是，我们的诸原则的全部正确性都取决于第一项研究，在这种研究中致力于通俗性是糊涂透顶的。这不仅是说，这种做法绝不能声称享有一种真正的哲学通俗性所特有的那种极其罕见的功绩，因为我们一旦放弃思维的一切深刻性，我们就再没有任何技巧能够使我们自己对于大众来说成为可理解的：其结果就是弄出一锅令人作呕的大杂烩，这锅大杂烩由种种二手的观察与半理性的原则组成，但头脑空洞之人却用这锅大杂烩来

* 此处后半句话是意译，帕通的译文是“winning acceptance for it by giving it a popular character after it has been established”，德文为“ihr aber, wenn sie fest steht, nachher durch Popularität Eingang verschaffen”，这是全书中第三次出现“Eingang verschffen”（提供入口）。这句话字面意思是说，在道德学说站稳之后，再通过通俗性为道德学说提供入口。其实就是说，通过把道德学说讲述得更加通俗易懂，而使之更容易被人们把握与践行。——译者

款待他们自己,因为在每日生活的叽叽喳喳之中,它确实是某种可
用之物。另一方面,富有洞识的人们则为这锅大杂烩感到困扰,并
心怀不满地挪开他们的目光,那无论如何都不是他们所能救得了
的。尽管哲学家们完全能看透这一欺骗,他们不时呼吁我们远离
[4:410] 这一自诩的通俗性,以便仅仅在达到确定的洞识之后,再来赢取获
得纯正通俗性的权利,但却很少有人倾听。

我们唯一需要做的,只是查看一下以这种受欢迎的方式来处
理道德性的尝试。在这样一种奇妙的杂糅中,我们时而会遇到人
类本性的特定特性(但与此相伴随的,还有一个理性本性本身的理
念〔Idea〕),时而会遇到完善性,时而会遇到幸福;在这里遇到道德
(32) 情感,在那里遇到对上帝的畏惧;有这种东西,还有那种东西。但
是,这些作者从未曾想到去追问,道德的原则究竟是否应该在我们
78 对人类本性的认识中去找寻(那是我们只能从经验中获取的);他
们也不会想到,如果并非如此——如果这些原则要完全*先天地*、
并且摆脱种种经验性的要素,在纯粹理性的诸概念中被找到,并
且绝不能在其他任何地方找到哪怕最少的一点点——他们最好
就要采取如是一项计划,即把这种研究当作纯粹的实践哲学,或
者当作(如果我们可以使用一个备受诋毁的名称)一种道德的形
而上学[①],将其完全分离出来,使之单凭自身达到充分的完备性;

① 如果我们愿意,我们可以把纯粹的道德哲学(形而上学)与应用的(也就是说,应用于人类本性)道德哲学区别开来——正如纯粹数学区别于应用数学,以及纯粹逻辑区别于应用逻辑。通过这一术语,我马上就想到,道德的诸原则并非奠基于人类本性的种种特质之上,而是必须由它们自身*先天地*确立起来;然而,对于人类本性来说,正如也对于每种理性的本性来说一样,从这样一些原则出发,派生出种种实践的规则,也必定是可能的。

并且恳求那些需要通俗性的公众，心怀希望地等待这项事业的成果。

尽管如此，这样一门完全孤立的道德形而上学，没有跟任何人 (33)
类学、神学、物理学或者超物理学（hyperphysics）相混淆，更缺少一些隐秘的性质（它们或许可以叫作亚物理学的〔hypophysical〕）；它不仅是关于义务的一切理论知识的，并且准确来说是关于义务的一切确定知识的一个不可或缺的 substratum（基底），并同时对于道德规诫的现实执行来说也是极其重要的一个 desideratum（急需之物）。* 不与那些额外添加的经验性诱因的异己要素相混淆，义务的，以及一般而言的道德法则的纯粹思想（thought）**，仅仅通过理性的途径（它由此首次了解到，它因其自身就既是实践的、也是理论的）就能对人的内心拥有如此强有力的影响，远远超过其他一 [4:411]

* 帕通在此使用了两个拉丁文术语：(1)此处 substratum（基底），德文为 Substrat，但其实就是 substratum 的德式拼写，英文则直接沿用拉丁文拼写。substratum 的动词原形是 substerno，它是由前缀 sub 和 sterno 构成。其中，sub 是指"在……下面"，sterno 的本意是"伸展开来"或"铺开"的意思，并且由此引申出"散布""传播""铺路""趴下""匍匐前进"等意思。因此，substerno 就是"在下面铺开"或者"铺在下面"的意思，substratum 则是指"铺在下面的东西"或者"处于底层的东西"，通常是指"建筑物的基底"，并引申出"某物的原因或根据"的意思。(2)此处 desideratum（急需之物），德文为 Desiderat，同前面一样，其实就是 desideratum 的德式拼写，英文则直接沿用拉丁文拼写。desideratum 是动词 desiderare 的被动过去分词，desiderare 是"去欲求（某物）"，因此，desideratum 就是指"被欲求的某物"的意思。在这里，康德的意思显然是说，现实地执行道德规诫也急需一种道德的形而上学。——译者

** 此处"思想"（thought），德文为 Vorstellung（表象）。因此，这句话应该是"对义务的，以及一般而言的道德法则的纯粹表象"。康德意思就是说，意识到这样一项纯粹义务，这样一种纯粹的道德法则——"纯粹"本身就是说，它没有同任何经验性的东西混杂起来——这种意识本身，就能够规定人的意识与行动。——译者

切冲动力(impulsion)①,远远超过一切能够从经验领域征集到的冲动力,以至于理性在对它自己的尊严的意识中[34],蔑视这些冲动
79 力,并且能够逐渐地变成它们的主人。与此相反,一种混合的道德哲学,由出自情感与偏好的种种冲动力,同时加上理性的诸概念复
(34) 合而成,它必定使心灵在如是一些动机之间摇摆不定,这些动机无法被置于任何单一原则之下,并且只能纯然偶然地引导我们向善,但也时常引导我们向恶。

[回顾诸结论]

从这些考虑出发,如下结论就出现了。一切道德概念都完全**先天地**在理性中拥有其位置与起源,而且,实际上,无论是在最为日常的人类理性中,还是在最高思辨的理性中都是如此:它们无法从任何经验性的(因而是纯然偶然的)知识中抽象出来。正是在它们起源的这种纯粹性中,才能找到它们充任最高实践原则的配当性,而且,给它们添加任何经验性的东西,都只是同样多地减去了它们纯正的影响,以及相应行动的绝对价值。[36] 从纯粹理性中汲取

① 我有一封来自已故的、杰出的苏尔策教授(Professor Sulzer)的书信,[35] 他在信中问我,到底是什么东西,使得道德教导如此收效甚微、但却使之在理性的眼中令人信服。由于我努力使之完备,我的回答来得太晚。然而,它不过就是:教师们自己没有使他们的种种概念成为纯粹的——因为他们在四处搜罗那些使人受道德的诱惑这个方面做得实在太好——通过努力使他们的良药真的有效,他们败坏了自己的良药。因为,最为日常的观察表明,如果一个正直的行动被表象为是以一种坚定的心灵,完全无视这个世界或那个世界中的任何好处,甚至是在苦难与魅惑的最大的引诱之下做出的,那么,它就把如是一种行动远远地甩在了身后,即哪怕只在最低程度上受到一种外在冲动力之刺激的任何相似行动,并使之黯然失色:它升华灵魂,并激起一种我们也可以如此行动的愿望。甚至半大不小的孩子也感受到这种印象,而义务绝不应以其他任何方式被呈现于他们。

出这些概念与法则，把它们阐明为纯粹的与无混淆的，并且实际上
还要规定这一全部实践的（但却纯粹的）理性知识的范围——也就
是说，规定纯粹实践理性的全部力量——这不仅在理论方面是一
个极其必要的要求，而且还具有极大的实践重要性。我们绝不应 (35)
当——如同思辨哲学[37]会允许的，甚至有时候发现有必要的那
般——使这些原则依赖于人类理性的特殊本性。因为，道德法则
必须对每一个理性存在者本身有效，我们毋宁应当从一个理性存 [4:412]
在者本身的一般概念中推导出我们的种种原则，[38]并以此为基础，
首先独立地把全部伦理学——它为了**应用于**人，还要求人类
学——当作纯粹的哲学加以详细阐明，也就是说，完全当作形而上
学加以详细阐明[39]（在这一完全抽象的知识中，我们能够做得很
好）。我们清楚地知道，若不拥有这样一种形而上学，我都不说在
一切符合义务的东西中为思辨的判断精确地规定义务的道德要素
是徒劳无功的——而是说，即便在日常的与实践的使用之中，尤其
是在道德教导之中，想要把道德建立在它们纯正的原则之上，并由
此带来纯粹的道德意念（disposition）*，并且为整个世界的最高善 80
而把它们灌输到人们的心灵之中，这是不可能的。

在我们的这一任务中，我们必须通过各个自然阶段而进步，不 (36)
仅是要从日常的道德判断（在此，这些判断配得上极大的尊重）前
进到哲学的判断，正如我们已经做过的那般，[40]而且还要从通俗的哲
学（除了借助于一些例子所能摸索达到的地方，通俗的哲学不能走

---

* 此处“意念”（disposition），德文为 Gesinnung（意念）。这是当代英语学界的一个常用译法，故在此处将其译作“意念”。——译者

得更远)前进到形而上学。(它不再让自己为任何经验性的东西所阻拦,并且实际上——由于它必须勘测这种知识的完备总体[41]——径直走向诸理念〔Ideas〕,在那里,例子本身就失灵了。)为了这一意图,我们必须追踪——并且必须详细描绘出——实践理性的力量,从那些规定它的一般规则开始,一直追踪到义务概念从其中产生的那个地方。[42]

[一般的命令式]

自然中的每个事物都依据种种法则而运作。惟有一个理性存在者才拥有依据他对种种法则的理念(idea)*——也就是说,依据种种原则——而行动的力量,并且惟其如此,他才拥有一个意志。由于从诸法则中推导出行动需要理性,[43] 那么,意志无非就是实践理性。如果理性无错谬地规定意志,那么,在这种存在者那里,那些被认作客观上必然的行动,也就被认作主观上必然的行动——也就是说,那么,意志就是这样一种力量,仅仅选择理性独立于偏
(37) 好而认作实践上必然的东西,也就是说,善的东西。但是,如果理性单凭自身不足以规定意志;如果意志还受到种种主观条件(某些冲动力)的影响,这些主观条件并不在任何时候都与种种客观条件
[4:413] 和谐一致;总而言之,如果意志就其自身而言并不完全符合理性(正如在人那里现实发生的那般),那么,那些被认作客观上必然的

* 此处"理念"(idea),德文为Vorstellung(表象),跟大多数时候一样。康德在此的意思就是说,理性存在者在行动(活动)方面有别于自然事物的地方就在于,他能够先表象一个"我要如何行动"(我应当如何行动)的法则,或者就是先产生对这样一个法则的意识——即便不是那么清楚明确,但总是有一个意识的——然后,再依据这个法则而行动,而不是无知无识地任凭自然法则而运动。所谓的"意志",简单来说,其实就是对这样一个行动法则的意识。——译者

行动就成了主观上偶然的，而且，依据种种客观法则对这样一个意志的规定就成了**强制**(necessitation)[*]。也就是说，诸客观法则跟一个彻头彻尾不善的意志之间的关系，被设想为一个理性存在者的意志(尽管它被理性的诸原则所规定[44])并不必然凭借自己的本性而要遵从这些原则。

一个客观原则的观念[**]，就这一原则对于一个意志来说是强 81
制性的而言，就叫作(理性的)一个诫命(command)[***]，而且，这个诫

---

* 此处"强制"(necessitation)，德文为 Nötigung(强制)。需要注意的是，康德在此处(以及在后面)说的"强制"，无论如何都不是实然强制，而是一种应然强制，因为这里仅涉及实践中的意志的自我约束。应然强制并不意味着行动必然地如此发生，在理性意愿与感性冲动的冲突之中——这是我们日常生活中也频繁发生的。"我"虽然在理性上愿意如此行动，但同时又在当下的感性冲动中不愿意如此行动。于是，这个理性上"愿意如此行动"的意志，就仿佛是我自己对自己的一个要求，成了"你应当如此行动"，而且，它甚至成了"即便你根本做不到，你也应当如此行动"。所以，"强制"是在这两种意义上说的：(1)无论你当下的感性冲动是否配合你的理性意志，你都应当如此行动；(2)即便你实际上完全没有做到，也不代表你就不应当这样做，而是你依旧应当如此行动。——译者

** 此处"观念"(conception)，德文为 Vorstellung(表象)，正如我们多次强调的，它在绝大多数时候被帕通译作小写的 idea(理念)。此处很可能只是一个疏忽，在定稿时没有统一。这句话的英译是"The conception of an objective principle"，德文是"die Vorstellung eines objectiven Princips"，即"一个客观原则的表象"，其实就是主体对一个客观上有效的(对每个可能的理性存在者都有效的)法则的意识。——译者

*** 此处"诫命"(command)，德文为 Gebot(诫命)。无论英文的 command，还是德文的 Gebot，都首先是一个犹太-基督宗教的宗教术语，它原本意指《圣经》中的上帝的诫命。以著名的"十诫"为例，上帝的诫命采取的都是"你应当如此行动"(消极形式为"你不应当如此行动")的句式，例如："你应当记住安息日，守为圣日""你应当孝敬你的父亲和你的母亲"和"你不应当杀人"。参见《思高圣经·出谷纪》，20：1—17。当然，康德在此是借用了这个术语，用来表示人的理性意志对自己行动的要求。正如前面的脚注所说，由于理性意志与感性冲动难以避免的冲突，理性上"愿意如此"行动就成了"应当如此"的要求。所以，康德把它说成是一个"理性的诫命"。——译者

命的公式(formula)就叫作一个**命令式**(Imperative)*。

一切命令式都可以表达为一个"**应当**"(Sollen)。这个说法标志着理性的一个客观法则跟如是一个意志的关系(强制的关系),即一个由于其主观性状而并不必然为这一法则所规定的意志。它们说,去做某件事或者不要做某件事将会是善的;只是它们要把这
(38) 一点告诉一个意志,而这个意志并不在任何时候都由于它已经被告知做这件事是善的就会去做这件事。实践上**善的**,就是凭借理性的诸概念来规定意志,因而不是凭借种种主观原因,而是客观地规定意志——也就是说,基于一些对每个理性存在者本身都有效的根据。它有别于**令人愉快的东西**,后者不是作为一个对每个人都有效的理性原则,而是仅仅经由感官的中介,凭借种种纯粹主观的原因来影响意志,那些主观的原因仅仅对这个人或者那个人的

---

* 此处"命令式"(imperative),德文为 Imperativ(命令式),均出自拉丁文的 imperativus。Imperativus 的本意是"命令",但在这里是一个语法术语,指的是"采取命令形式的句式",也就是我们常说的祈使句。"命令式"大多采取第二人称形式,表达为"你应当做什么"或"你应当如此行动"。与之相对的是 Indikativ(直陈式),它表达为"某物是什么"。因此,鉴于我们在知识中区分理论命题与实践命题,在此我们还可以补充说,Indikativ(直陈式)是理论命题的一般句式,Imperativ(命令式)则是实践命题的一般句式。由于"意志"在任何时候都是"你要如此行动"的意志,因此,康德把 Indikativ(直陈式)当作意志(或一般意愿)的公式来使用,以达到哲学上的清晰。在一个理论命题或 Indikativ(直陈式)中,主词是"某物",谓词是"什么",系词是"是"。相应地,在一个实践命题或 Imperativ(命令式)中,主词是"你",谓词是"如此行动",系词是"应当"。所以,康德会使用一些逻辑学术语来讨论道德哲学。例如,他频繁使用"规定"(determinate; Bestimmen)这个词,其本意就是:在一个判断中,把谓词添加给主词,形成一个由系词联结的命题。因此,康德会把一个意志活动描述为"规定"。因为,在一个意志活动中,我们仿佛把一个谓词"如此行动"添加给主词"你",并由此形成一个"你应当如此行动"的实践命题或命令式。——译者

种种感觉有效。①

因此，一个完全善的意志也同样要服从客观的法则（善的法 [4:414] (39)
则），但它不能因此就被设想为是被强制着要遵照法则而行动，因为（依据其主观性状）它自行就能够仅仅由善的概念来规定*。因此，对于属神的意志来说，以及一般而言对于一个神圣的意志来说，根本就没有任何命令式："我应当"在这里是不合适的，因为"我愿意"自行地就已然同法则和谐一致。所以，诸命令式仅仅是一些公式，用以表达意愿的诸客观法则跟这个或者那个理性存在者的意志——例如，人类意志——主观上的不完善性之间的关系。

［诸命令式的分类］ 82

一切命令式要么假言地（hypothetically）诫令、要么定言地（categorically）诫令。假言的诸命令式（hypothetical imperatives）

---

① 欲求能力对种种感觉的依赖性就叫作一个偏好（inclination〔Neigung〕），并且因此，一个偏好总是指示出一种需求（need〔Bedürfniß〕）。一个偶然地可规定的意志对理性的诸原则的依赖性就叫作一种兴趣（interest〔Interesse〕）。因此，惟有在一个有所依赖的意志那里才能发现一种兴趣，这个有所依赖的意志就其自身而言并不总是符合理性：对于一个属神的意志来说，我们无法把任何兴趣归之于它。但是，即便人类意志也能够对某物感兴趣，却并不因此就出自兴趣而行动。第一种表述意指行动中的种种实践的兴趣；第二种表述意指对行动之对象的病理学的兴趣。第一种兴趣仅仅表示意志对理性因其自身而有的种种原则的依赖性；第二种兴趣则表示理性服务于偏好而有的种种原则的依赖性——也就是说，理性在那里纯然只是为了满足偏好的需求才提供了一个实践的规则。[45] 在前一种情形中，使我们感兴趣的是这个行动；在第二种情形中，使我们感兴趣的是行动的对象（就这个对象是令我愉快的而言）。我们在第一章中就已经看到，在一个为了义务的缘故而做出的行动中，我们必须为之感兴趣的不是对象，而是行动本身，以及行动的理性原则（亦即法则）。

* 此处"概念"（concept），德文为 Vorstellung（表象）。此处"善的概念"，英译为"the concept of the good"，德文为"die Vorstellung des Guten"，实际上就是对"善"的意识，具体来说是对"如此行动是善的"的意识。没有译作小写的 idea（理念），也有如上文那般译作 conception（观念），这可能也是因为帕通在定稿时未能统一。——译者

把一个可能的行动当作一个达成我们所愿意的(或者我们可能愿意的)某种其他东西的手段而宣布它是实践上必然的。一个定言的命令式(a categorical imperative)则把一个行动表象(represent)* 为独立于它跟另一个目的之间的关系而是客观上必然的。

每一个实践法则都把一个可能的行动表象为善的,并且因此
(40) 对如是一个主体来说是必然的,即一个其种种行动可以被理性规定的主体。因此,一切命令式都是规定这样一个行动的公式,依据一个在某种意义上善的意志的原则,这个行动是必然的。如果这个行动仅仅作为**其他什么东西**的一个手段而是善的,那么,这个命令式就是**假言的**(hypothetical);如果这个行动被表象为**就其自身而言**善的,并且因此被表象为(凭借其[46] 原则)对于一个自行符合理性的意志来说是必然的,那么,这个命令式就是**定言的**(categorical)。

因此,一个命令式告诉我,我的哪个可能的行动将会是善的;而且,它为一个意志构想出一个实践规则,这个意志并不因为一个行动是善的就马上去执行这个行动——无论是因为这个主体并不总是知晓它是善的,还是因为(即便他确乎知晓这一点)他很可能根据一些有悖于实践理性的客观原则的准则而行动。

因此,一个假言的命令式仅仅是说,对于某些意图或者其他意图来说,无论这些意图是是**可能的**、还是**现实的**,一个行动对于它们

---

* 此处"表象"(represent)是动词,德文为 vorstellen(表象)。帕通的译法符合当代英语学界的习惯,故将其译作"表象"。正如前面已经分析过的,vorstellen 就是"把某物放到心灵或意识的面前"的活动,无论这个"某物"是直观的对象(作为显象),还是抽象的概念或原则。——译者

来说是善的。在第一种情形中，它就是一个或然的(problematic) [4:415]
实践原则；在第二种情形中，它就是一个实然的(assertoric)实践原则。一个定言的命令式，它把一个行动宣布为就其自身而言客观上必然的，无须涉及某些意图——也就是说，甚至无须任何其他的目的——就可算作一个定然的(apodeictic)实践原则。

每种只能通过理性存在者的努力才得以可能的东西，都能被 (41)
设想为某些意志的一个可能意图；所以，鉴于行动被思维成对于实现一些能够由它造成的可能意图来说是必需的，那么，行动的原则事实上就是无限多的。一切科学都有一个实践的部分，它由一些课题与命令式组成，这些课题假设了一些我们可能会有的目的，而这些命令式则告诉我们这些目的如何能够达成。因此，后者一般来说可以叫作技巧的诸命令式(imperatives of skill)*。在这里，
绝不存在这个目的的有理性与善性的问题，而是只存在为达到它 83
必须要做些什么的问题。一个医生为完全治愈他的病人所需要的处方，同一个投毒者为确保能杀死他所需要的处方，就它们全都服务于完满地达成其意图而言，具有同等的价值。在少年时期，由于我们不知道有哪些目的将会在生命历程中将它们自己呈现给我们，所以，父母首先要做的就是让他们的孩子学习各种各样的东西；他们周到地提供为达成各种各样任意的目的而当作手段来使

---

* 此处"技巧的诸命令式"(imperatives of skill)，德文为 Imperative der Geschicklichkeit。或许可以叫作"熟巧性的命令式"或"灵巧性的命令式"，因为其突出特点在于"巧"(Geschick)。顺便也恳请读者注意 skilful(技巧的)和 technical(技术)的区别：前者对应于 Geschicklich(灵巧的)，后者对应于德文的 technisch(技术的)；前者重在"巧"，后者重在"技"。——译者

用的技巧，他们并不确定这些目的中的任何一个不会[47] 在未来成为他们的被监护人的一个现实的意图，然而，他很可能会采纳其中一个目的，这总归是有可能的。他们对这件事情是如此上心，以至于通常都因此忽视了要塑造与纠正他们的孩子对自己有可能采纳
(42) 为目的的那些事物之价值的判断。

然而，有一个目的，它能够被预设为在一切理性存在者那里(他们是有所依赖的存在者，诸命令式适用于他们，就此而言)都是现实的；并且因此有一个意图，他们不仅能够拥有这个意图，而且我们可以确定无疑地假定他们全都凭借一种自然的必然性而确乎拥有这个意图——那就是幸福的意图。一个假言的命令式，它肯定一个行动在实践上的必需性(必然性)*，作为促进幸福的一个手段，这个命令式就是实然的。我们不仅可以把它表象为对于一个不确定的、纯然可能的意图来说是必需的(必然的)，还可以把它表象为对于如是一个意图来说是必需的(必然的)，即一个我们能够先天地加以预设、并且确定无疑地会在每个人身上出现的意图，

---

* 此处“必需性”(necessity)，德文为 Notwendigkeit(必然性)，它在汉语中既有必然性、也有必需性的意思，一般统一译作“必然性”。然而，实践的必然性有着不同于理论的(或自然的)必然性的意味。理论的(或自然的)必然性关乎一个理论命题的“必然如此”，实践的必然性则关乎一个实践命题的“必然地应当如此”。在这种“必然地应当如此”中，表达的是一个行动(作为手段)对于达成一个意图(作为目的)来说是必需的、是必不可少的——尽管一个人有可能即便怀有这一意图，也不愿意采取为此而必需的(或必然地应当去做的)行动，他有可能因此不能达成其意图，也可能由于其他因素的影响，阴差阳错地达成了其意图，但这都不能改变这个行动与该意图的必然关系。这个意思并不难理解，但诸如“一个必然的行动”这样的表述，毕竟极易误导读者，以至于把这种实践上的必需性，混淆为一种理论上的必然性。因此，译者在必要的时候，将 necessity (Notwendigkeit)译作“必需性”，并括注“必然性”；以及在必要的时候，将 necessary (Notwendig)译作“必需的”，并括注“必然的”，以避免不必要的误导。——译者

因为这个意图属于他们的特有存在。现在，为我们自己的最大福祉 [4:416]
选择手段的技巧，就能在最狭窄的意义上叫作机智①(prudence)。[48]
因此，一个关乎为我们自己的幸福选择手段的命令式——也就是
说，一个机智的规诫——依旧是假言的：一个行动并没有被绝对地 (43)
诫令，而是仅仅作为一个其他的意图的手段而被诫令。

最后，有一种命令式，不以任何进一步的、要通过某一行为来达成的意图为基础，也不以任何这样的意图为条件，就直接地责令
这一行为。这种命令式就是定言的。它不关心这个行动的质料及 84
其种种推定结果，而是关心它的形式，关心它由之而被推出的那个原则；而且，行动中本质上善的东西就在于内心的意念(mental disposition)*，而不管其后果如何。这种命令式就可以叫作道德的命令式(the imperative of morality)。

由于对意志的强制中的一种不相似性(dissimilarity)**，依据这三种原则的意愿被显著地区别开来。为了使这种不相似性显而

---

① "机智"(Klugheit)一词在双重意义上被使用：在第一种意义上，它能够享有"世俗智慧"(Weltklugheit〔世俗机智〕)的名称；在第二种意义上，它能够享有"个人智慧"(Privatklugheit〔私人机智〕)的名称。第一种机智是一个人影响他人、以便为他自己的意图而使用他们的技巧。第二种机智是把一切这些目的联合在他自己的持久利益之中的睿智。[49] 真正来说，前者的价值本身能够被追踪到后者那里；而且，对于那在第一种意义上机智的、但却在第二种意义上不机智的人，我们最好还是说，他是聪明而狡猾的，但在整体上却并不机智。

* 此处"内心的意念"(mental disposition)，德文就是 Gesinnung(意念)。为突出强调帕通的理解，故译作"内心的意念"。但必须恳请读者注意的是，此处"内心的意念"与边码[4:406]处的"精神"(spirit)，以及边码[4:412]处的"意念"(disposition)，并无分别。——译者

** 此处"不相似性"(dissimilarity)，德文为 Ungleichheit(不同性)。其实就是说，依据前面三种命令式——技巧的命令式、机智的命令式与道德的命令式——意志受到强制的方式是不同的。——译者

易见，我认为，如果我们说过，它们要么是技巧的规则(rules)、要么是机智的建议(counsels)、要么是道德的诫命(commands)(法则〔laws〕)，*那么，我们就应该依据它们的秩序最为适宜地为这种三种原则命名。因为，惟有法则才带有一种无条件的(但却是客观的，并且因此普遍有效的)必然性的概念；而且，诫命就是那些必须
(44) 要服从的法则——也就是说，即便违背偏好也必须遵从的法则。实际上，建议确乎包含必然性，但这种必然性惟有在一个主观的与偶然的条件之下才有效——也就是说，如果这个人或者那个人把这个东西或者那个东西算作属于他的幸福的才有效。与此相反，一个定言的命令式不受任何条件的限制，并且作为绝对(尽管是在实践上)[50] 必然的，能够十分准确地被叫作一个诫命。我们还可以
[4:417] 把第一种命令式叫作技术的(technical，关乎技艺〔art〕)；把第二种命令式叫作实用的(pragmatic)①(关乎福祉)；把第三种命令式叫作道德的(关乎自由的行为本身[51]——也就是说，关乎道德)。

[诸命令式如何可能?]

现在，问题就产生了："所有这些命令式如何可能?"这个问题

---

* 此处"技巧的规则"(rules of skill)，德文为 Regeln der Geschicklichkeit(技巧的规则)；"机智的建议"(counsels of prudence)，德文为 Ratschläge der Klugheit(机智的建议)；"道德的诫命"(commands of morality)，德文为 Gebote der Sittlichkeit(道德的诫命)；"道德的法则"(laws of morality)，德文为 Gesetze der Sittlichkeit(道德的法则)。——译者

① 对我来说，"实用的"一词的真正意义似乎能够以这种方式得到最为精确的定义。因为，那些诏令(Sanctions)(确切地说)如果不是作为一些必需的法律从各国的自然法权中产生，而是从对公共福利的深谋远虑中产生，就叫作实用的。[53] 如果一部历史教人机智——也就是说，如果它教导今时今日的世界如何比其他时代的世界更好地(或者至少同样好地)照料其自己的利益——它就是以实用的方式撰写的。(此处"诏令"〔Sanctions〕，德文为 Sanctionen〔诏令〕，具体内容详见尾注 53。——译者)

并不是要追问，我们如何能够设想一个由命令式所诫令的行动之实施，而仅仅是要追问，我们如何能够设想命令式在给我们设定一个任务时所表达的那种对意志的强制。[52] 一个技巧的命令式如何
可能，这并不需要特殊的讨论。谁愿意这个目的，就也愿意（就理 (45)
性对他的种种行动具有决定性的影响而言）那些不可或缺地必需 85
的（必然的）、并且是他力所能及的手段。就意愿而言，这个命题是分析的：因为，在我把一个对象当作结果的意愿之中，我自己的原因性（causality）已然被设想[54] 为一个行动着的原因（acting cause）*——也就是说，对手段的使用；而且，从"意愿一个目的"的概念中，这种命令式纯然只是抽取出了对这一目的来说必需的（必然的）诸行动（为了规定一个拟定目的的手段，需要一些综合的命题，但这些命题并不涉及实施意志行动的理由，而是涉及产生这个对象的原因）。为了根据一个确定的原则把一条线段分成两个相等的部分，我必须从这个线段的两端划出两条相交的弧线——这一点公认地是数学仅仅在综合命题中所教导的；但是，如果我知

---

* 此处"原因性"（causality），原文为德式拉丁词 Causalität（原因性），相当于 Ursächlichkeit（原因性）。国内学界一般将其译作"原因性"，因为这个概念分析地包含了对结果的要求，但它在字面上只有"原因"的意思，没有"结果"的意思。Causalität 是由形容词 causal（构成原因的）加上后缀-ität 构成的，表述某物具有充当其他某物（作为结果）的原因这一性质。在实践活动中，意志（或意愿）就是理性存在者特有的一种原因性，因为它充当经验世界中的一个行动的原因，而且，意志（或意愿）在任何时候都是一个"我要如此行动"的表象。因此，在这里，康德意思是说：在一个意愿中，如果我把一个对象当作结果，那么，这个"我要如此行动"的意愿，就是实现这个结果的手段，"我"对该对象的欲求则充当这个意愿（这个实践命题或命令式）的规定根据（目的）。因此，康德说，我自己的原因性被设想为一个行动着的原因（handelnde Ursache），这就是说，我的意志已经被设想为一个要求行动的意志。——译者

道，上述结果只能通过这样一个行动产生，那么，“如果我充分地愿意这个结果，我就要愿意它所要求的行动”这个命题就是分析的；因为，把某物设想为一个以某种方式通过我而可能的结果，这跟把我自己设想为以相同的方式针对这个结果在行动完全是一回事。

如果找到一个确定的幸福概念只是一件十分容易的事情，那
(46) 么，机智的命令式就会跟技巧的命令式完全一致，并且将同样是分
析的。因为，在此处就跟在彼处一样，可以说：“谁愿意这个目的，
就也愿意（必然地，如果他合乎理性的话）他力所能及的唯一手
[4:418] 段。”然而，不幸地是，幸福的概念是如此不确定的一个概念，以至
于尽管每个人都想要获得幸福，他却绝不能明确地，并且让自己一
以贯之地说出，他想要的与愿意的东西究竟是什么。之所以如此
的理由在于：属于幸福概念的一切要素都无一例外地是经验性
的——也就是说，它们都必须借取自经验；但尽管如此，幸福的理
念（Idea）还需要一个绝对的整体，我的当前状态与每个未来状态
中的福祉的一个最大值。现在，对于最有才智的、并且同时最有力
量的（但却毕竟有限的）存在者来说，在此要形成一个关于他真正
愿意什么东西的确定概念，也是不可能的。他想要的是财富吗？
他难道不是为此给自己头上招来了何其多的忧虑、嫉妒与纠缠吗？
他想要的知识与洞识吗？这很可能只能给他一双如此锐利的眼
睛，使得那些当前对他尚且隐匿的、但却不可避免的灾祸显得愈加
86 (47) 令人害怕，或者为那些已然给他带来足够多麻烦的欲求再增添更
多得多的需求。他想要的是长寿吗？谁能担保，长寿不是一种漫
长的苦难？那至少是健康吗？身体虚弱通常都使人免于放纵，完
全的健康却会使人深陷其中！——如此等等。简而言之，他没有

任何原则能够赖以完全确定地决定什么东西能够使他真正幸福，因为他为此就需要全知。因此，我们无法根据一些确定的原则行动而成为幸福的，而是只能根据一些经验性的建议行动，举个例子，特定饮食、勤俭节约、彬彬有礼、谨言慎行等等——经验表明，通常来说，这些东西最能有助于福祉。由此可以得出，严格说来，机智的诸命令式根本就不诫令什么——也就是说，不能客观地把一些行动展示为实践上**必需的**（**必然的**）；它们与其被当作理性的一些诫命（praecepta），不如被当作理性的一些劝荐（consilia）；确定地和普遍地规定何种行动将促进一个理性存在者的幸福，这个问题完全无法解决；因此，在这个方面，根本就不可能有任何命令式能够在严格的意义上诫令我们去做那些将使我们幸福的事情，因为幸福并不是理性的一个理想，而是想象力的一个理想——这
个理想纯然依赖于一些经验性的根据，期待它们可以规定一个行 [4:419]
动，凭借这个行动我们可以达到一连串（事实上无限多的）后果的 (48)
总体，这是徒劳无功的。尽管如此，如果我们假定，幸福的手段可以确定无疑地被发现，那么，这个机智的命令式就会是一个分析的实践命题；因为，它不同于技巧的命令式之处仅仅在于——在后者那里，目的只是纯然可能的，但在前者那里，目的是既定的。尽管有这样一种差异，由于它们两者都仅仅是诫令某物的手段，这个某物被假定为愿意的一个目的，所以，在这两种情形中，诫令愿意这个目的的人都要愿意这个手段，这种命令式是分析的。因此，关于一个机智的命令式的可能性，同样没有任何困难。

与此相反，“**道德**的命令式如何可能？”这是唯一需要解决的问题；因为，它绝不是假言的，因此，我们无法把它所肯定的那种客观

必然性建立在任何预设前提之上，就像我们能够对假言的诸命令式所做的那样。在此，我们唯一绝不能忘记的是，想要凭借**一个例**
87 **子**、并且因此经验地解决“到底是否有这样一种命令式”的问题，这是不可能的：更有甚者，我们必须怀疑，一切看似定言的命令式都有可能暗中依旧是假言的。举个例子，说“你不应当做任何虚假的承诺”。我们假定，这一禁绝的必需性（必然性），绝不纯然是为避
(49) 免其他某些灾祸的劝告——正如人们有可能会说的那样，“你不应当作一个不诚实的承诺，以免你在这个谎言被揭穿时毁掉自己的信用”。相反，我们主张说，这样一种行动必须被认作就其自身而言善的，而且，这个禁止的命令式因此就是定言的。即便如此，我们也无法通过一个例子确定无疑地指出，在这里，意志惟独是由法则所规定的，没有任何其他的动机，哪怕它或许看似如此；因为，对耻辱的恐惧，或许还有对其他种种风险的隐秘畏惧，可以无意识地影响意志，这在任何时候都是有可能的。谁能凭经验证明，一个原因并没有出现？经验只能表明，它没有被知觉到。然而，在这样一种情形中，所谓的道德命令式（它本身显得是定言的与无条件的）事实上却只是一个实用的规诫，呼唤我们注意自己的利益，并且只是嘱咐我们把自己的利益纳入考虑之中。

因此，我们将必须完全先天地研究一种**定言**的命令式的可能
[4:420] 性，因为我们在此并不享有如是一种优势，即拥有其已然在经验中被给予的实在性，并且因此仅仅有责任去解释、而不是去确立其可能性。[55] 然而，眼下可以看出许多东西——惟有定言命令式才声称
(50) 是一种实践的**法则**，其余一切命令式可以被叫作意志的**原则**，却不能叫作法则；因为，一个纯然为实现一个任意的意图所必需的（必

然的）行动，能够被认作就其自身而言偶然的，而且，如果我们抛弃这一意图，我们就能在任何时候摆脱这个规诫；然而，一个无条件的诫命却不允许意志去做违反其裁决的事情，并且因此带有我们要求一个法则要具有的那种必然性。

其次，关于这种定言命令式或道德法则，我们（把握其可能性）的困难的理由是十分严峻的。在这里，我们有了一个**先天**综合命题；[①]而且，由于在理论知识中把握这种命题有着如此多的困难，88
所以很容易就可以得出，这种困难在实践知识中也不会更少。

［普遍法则公式］

在这一任务中，我们首先想要询问，一个定言命令式的纯然概 (51)
念是否不会为我们提供一个公式，这个公式包含着那个能够是一个定言命令式的唯一命题；因为，即便我们知晓这样一个绝对诫命的要旨，其可能性的问题将依旧需要一种特殊的与棘手的努力，我们把这一努力推迟到最后一章。

当我设想一个一般而言的**假言的**命令式时，我预先不知道它将包含些什么——直到其条件被给出。但是，如果我设想一个**定言的**命令式，我马上就知道它包含些什么。因为，由于除了法则之

---

① 无须预设一个取自某些偏好的条件，我们**先天地**、并且因此必然地把一个行动跟意志联结起来（尽管仅仅只是在客观上如此——也就是说，仅仅服从于如是一个理念（Idea），即一种有力量充分支配一切要去行动的主观冲动的理性）。在这里，我们有了一个实践命题，在其中，一个行动并非是从其他某些已然预设的意愿中分析地推导出来的[56]（因为，我们并不拥有任何这样的完善意志[57]），而是相反，它直接地[58]跟"一个理性存在者的意志"的概念联结起来，作为某个并不包含在这一概念之中的事物。

[4:421] 外,这种命令式仅仅包含我们的准则①要符合[59]这个法则的那种必
然性,但这个法则(正如我们所见)不包含任何限制它的条件,那
(52) 么,除了一个法则本身的普遍性之外,就再没有剩下任何东西是这
个准则必须要去符合的;而且,这个命令式真正断言为必然的,惟
独就是这种符合性。

因此,只有一个独一的定言命令式,它就是:“**要只根据这样一个准则而行动,即通过**[61]**这个准则,你能够同时愿意它成为一个普遍法则**。”

现在,如果一切义务的命令式都能够把这个唯一的命令式当作它们的原则从中被推导出来,那么,即便我们尚不确定我们叫作义务的这个东西是否不是一个空洞的概念,我们至少也能表明,我们由此所理解的东西到底是什么,以及这个概念到底意指什么。

89 [自然法则公式]

由于那统治着种种结果之产生的法则的普遍性构成了那个在其最一般的意义上真正叫作自然的东西(作为关于其形式的自然)[62]——也就是说,事物就其为种种普遍的法则所规定而言的实存——义务的普遍的命令式也可以这样说:“**要这样行动,仿佛你行动的准则要通过你的意志成为一个普遍的自然法则**。”

[示例]

现在,我将列举一些义务,遵从它们惯常的划分,将其分为“对

① 一个**准则**就是行动的一个主观原则,并且必须区别于一个**客观的原则**——亦即一个实践的法则。前者包含一个由理性依据主体的种种条件(时常是他的无知,或者是他的种种偏好):它因此是主体据以**行动**的一个原则。另一方面,一个法则就是一个对每个理性存在者都有效的客观原则;而且,它是一个我们据以**应当去行动**的原则——也就是说,一个命令式。[60]

自己的义务”和“对他人的义务”，以及“完全的义务”和“不完全的 (53)
义务”。①

1. 一个人由于经历了一系列绝望至极的不幸而对生活（生
命）感到厌倦，但他依旧拥有理性，可以问他自己，“夺走他自己的生 [4:422]
命”是否有违他对自己的义务？现在，他应用这一检测：“我的行动的准则真的能够成为一个普遍的自然法则吗？”他的准则是：“如果生活（生命）的延续以更多的灾祸相胁，而不是允诺快乐，那么，出于自爱，我把‘缩短我的生命’当作我的原则。”唯一还要问的是，这个自爱的原则能否成为一个普遍的自然法则？那么，马上就可以看出，如果有一种自然体系，依据该体系的法则，其功能（*Bestimmung*〔使
命〕）是要激励生命延长的同一种情感实际上要摧毁生命，那么，这 (54)
个自然体系自身就是矛盾的，从而也不能作为一个自然体系而持存。[65] 因此，该准则就不可能作为一个普遍的自然法则而生效，并且因此全然同一切义务的最高原则相抵触。

2. 另一个人，他发现自己因需要而被迫借钱。他清楚地知道，他没有能力还钱；但是，他也看出，除非他做出一个在规定时间内还钱的坚定承诺，否则他就无法举债。他倾向于做出这样一个
承诺；但是，他依旧有足够的良心来追问：“以这种方式来摆脱种种 90
困境，岂不是不合法的与违背义务的吗？”然而，假如他确乎决心要

---

① 要注意的是，我把我对种种义务的划分完全留给未来的一部《道德形而上学》，因此，我当前的划分只是随意提出的（纯然是为了安排我的这些例子）。此外，在这里，我把一个“完全的义务”理解为不允许为偏好的兴趣而有任何例外的义务[63]，而且，我认识到在种种**完全的义务**的中，不止有外在的义务，而且还有内在的义务。[64] 这有悖于学院中所接受的用法，但我并不打算在这里予以证义，因为对于我的意图来说，这是否会被容许都是一回事。

这样做,他行动的准则就会是这样的:"无论何时,如果我相信自己缺少钱财,我将借钱并承诺还债,哪怕我明知道自己绝对还不了。"现在,这个自爱的或个人利益的原则或许跟我们自己整个未来的福祉相容;可惟独还有这样一个问题:"这样做正当吗?"因此,我把这种自爱的需要转化为一个普遍的法则,并且如此表述我的问题:"如果我的准则成为一个普遍法则,事情将会如何?"那么,我径直就看出,该准则绝不能被当作一个普遍的法则,并且绝不能是自洽
(55) 的,而是必定必然地与它自身相矛盾。因为,这个法则,即"每个人都相信自己在困境中可以做出任何他并不打算要遵守的承诺",其普遍性将使"做出承诺"(以及做出承诺的意图)本身成为不可能的,因为没有任何人会相信他被承诺了任何事情,而是会把这种言辞当作空洞的假话而予以嘲笑。

3. 第三个人在他自己身上发现了一种才能,对这种才能的培养将使他成为一个对于各种意图来说都十分有用的人。但是,他看到自己身处舒适的环境之中,而且,他更喜欢沉溺于愉快,而不是为增进和提高他的这些幸运的自然禀赋给自己平添烦扰。然而,他还要问他自己:"我的这个'荒废我的自然恩赐'的准则,除了就其自身而言与我对放纵的癖好一致以外,是否还与那个叫作义务的东西一致?"那么,他看出,即便(就像南太平洋岛民那样)每个人都让他的才能荒废,并且决心把他的生活(生命)仅仅奉献给懒散、放纵、生育,一言以蔽之,奉献给享乐,一个自然体系实际上在任何时候都可以在这样一个普遍法则之下持存。只是,他不可能
(56) **愿意**这个准则成为一个普遍的自然法则,或者作为这样一个法则由一种自然本能植入到我们身上。因为,作为一个理性存在者,他

必然地愿意他的种种力量得到发展，因为它们是为一切各种可能的目的而服务于他，并且被赋予他的。

4. 还有**第四个人**，他本人富裕兴旺，但他看到，其他人必须同种种艰难困苦做斗争（而且，他很容易地就可以帮助到他们）；然后，他想："那关我什么事？让每个人获得上天所愿赐予的快乐，或
者获得他所能给予自己的快乐；我不会夺走他的任何东西；我甚至 91
不会嫉妒他；只是我没有愿望要为他的福祉做出贡献，或者在危难中对他予以支持。"现在，如果这样一种态度要成为一个普遍的自然法则，人类诚然可以十分融洽地相处——无疑比如是一种状态更好，即每个人都空谈同情与善意，甚至（偶尔）不遗余力地实践它们，但另一方面，只要他能够弄虚作假，把人的种种权利拿来做交易，或者以其他种种方式来侵犯它们。但是，一个普遍的自然法则与该准则和谐持存，尽管这是有可能的，但**愿意**这样一个原则要作为一个自然法则而在任何地方都生效，这是不可能的。因为，一个做出这种决定的意志将会跟它自身相抵触，因为在有可能发生的许多处境中，人都需要来自他人的爱与同情，[66] 而且，在这些处境中，由于这样一个源自其自身意志的自然法则，他将会剥夺自己获
得他想要的帮助的一切希望。 (57)

［道德判断的法规］

这只是诸多现实的义务中的一些——或者我们至少把它们看作是如此——它们从上述单一原则中推导出来，这一点跃然眼前。
我们必须**能够愿意**我们行动的一个准则成为一个普遍法则——这 [4:424]
就是行动的一切道德判断的一般法规。一些行动是如此构成的，它们的准则甚至都不能无矛盾地被设想为一个普遍的自然法则，

更遑论作为那“**应当**成为如此这般的东西”而被**愿意**。在其他情形中，我们没有发现这种内在的不可能性，但愿意它们的准则要被提升至一个自然法则的普遍性，这依旧是不可能的，因为这样一个意志与它自身相矛盾。很容易就可以看出，第一种行动与严格的或狭义的(严厉的)义务相抵触，第二种行动则仅仅与广义的(值得赞扬的)义务相抵触；[67] 于是，通过这些例子，一切义务——就职责的类型(而不是合乎义务的行动之对象)而言[68]——都在它们对我们的单一原则的依赖性中被充分地展示出来了。

现在，如果我们在无论何时逾越一个义务时都注意一下我们
(58) 自己，我们就会发现，我们事实上并不愿意我们的准则成为一个普
遍的法则——因为，这对于我们来说是不可能的——相反，它的对
立面应该普遍地保持为一个法则：我们只是擅自让我们自己成为
92 一个例外(或者，哪怕仅此一次)，为了我们偏好的利益。所以，如
果我们从同一个视角——理性的视角——来权衡一切，我们就会发现自己意志中的一个矛盾，即某一个原则要作为一个普遍法则成为客观上必然的，但却在主观上并不普遍地生效，而是要允许一些例外。然而，由于我们首先是从一个完全符合理性的意志的视角出发来考虑我们的行动，然后再从一个受到偏好刺激的意志的视角出发来考虑完全相同的行动，那么，这里实际上就没有任何矛盾，而是只有偏好与理性规诫的一种对抗(antagonismus)，由于这种对抗，原则的普遍性(universalitas)就转变为一种纯然的一般性(generalitas)，以至于理性的实践原则就与我们的准则半路相逢了。然而，这个过程(尽管它无法在我们自己不偏不倚的判断中证义)证明，我们事实上承认定言命令式的有效性，并且(怀着对它的

全部敬重)只允许我们自己有少数(如我们所假装的那般)微不足 (59)
道的与明显迫不得已的例外。

因此,我们至少已经表明了这一点——如果义务是一个有意 [4:425]
义的概念,并且是一个对于我们的行动有实在的立法权威的概念,
那就只能表现在定言的诸命令式中,而不是表现在假言的诸命令
式中。与此同时——而且,这就已经很多了——我们已经清楚地、
并且对于任何类型的应用来说都确切地阐明了定言命令式的内
容,那是一切义务的原则(如果归根结底还是有这样一种原则存
在)都必须要包含的东西。但是,我们还没有进展到这个地步,以
至于可以先天地证明,实际上有一个这种命令式存在——有一个
凭其自身就能绝对地和无须其他动机发布诫命的实践法则,而且,
遵从这个法则就是义务。

[对纯粹伦理学的需要]

为了获得这一证明起见,最重要的就是要警惕,我们不应梦想
从对**人类本性的特殊描述**中推导出这种原则的实在性。因为,义
务必须是行动的一种实践的、无条件的必然性;因此,它必须对一
切理性存在者都有效(归根结底,命令式只能应用于他们),而且, 93
惟独因此,它才能对一切人类意志来说都是一个法则。另一方面,
从人性的特殊禀性之中,从某些情感与倾向之中,甚至(如果可能 (60)
的话)从人类理性特有的与并不必然对每个理性存在者的意志
都有效的一些特殊癖好之中推导出来的无论任何东西——所有
这种东西确实能提供一个个人的准则,但却不能提供一个法则:
它能给我们一个主观的原则——一个我们有一种倾向与偏好要
据以行动的原则——但不能给我们一个哪怕我们的每种倾向、

偏好与自然癖好都反对，我们也*受命*要据以行动的客观法则；那些在主观上要服从这个诫命的原因越少、反对服从它的原因越多——然而，由此丝毫也不削弱法则所实施的那种强制性，或者减损其有效性——它的崇高性与内在价值就越是多地在一个义务中展现出来[69]。

正是在这里，我们看到哲学事实上被置于一个不牢靠的立场之上，这个立场在天上无处悬挂、在地上无所依傍，却被认定为稳固的。正是在这里，她必须要表明她的纯粹性，表明她是自己法则的创作者——而不是一些与生俱来的感觉或者天知道何种监护本性悄声耳语给她的种种法则的传声筒，所有这些法则加在一起（尽
[4:426] 管它们或许总归要比什么都没有强些）也绝不能给我们提供一些
由理性颁布的原则。这些原则必须完全彻底地有一个*先天*的起
(61) 源，并且同时从这个起源中派生出它们的君主权威——它们对人
的种种偏好无所期待，而是把一切都寄望于法则的至高无上性和应予它的敬畏，否则就判决人以自我轻视和内心厌恶。

因此，作为对道德原则的一种补充，[70] 任何经验性的东西都不仅完全不适于这一意图，甚至还对道德的纯粹性极其有害；因为，在道德中，一个绝对善的意志的真正价值（一种上升到一切价格之上的价值）准确来说就在于这一点——行动的原则摆脱了一切惟有经验才能提供的那些偶然根据的影响。对于那种在经验性的动机和法律中去寻求道德原则的敷衍的或者实际上卑
94 贱的态度，我们无论多么强烈地或者多么经常地予以警告都不
为过；因为，人类理性在疲倦的时候，乐于依偎在这个枕垫上，并且在一场甜蜜幻相的梦境中（这种梦境使人类理性拥抱一朵浮云，把

它错当成朱诺*)[71]，把家世上截然不同的肢体拼凑而成的一些私生杂种强塞进道德的位置，看起来像是任何你所喜欢的东西，但对于那曾经看见过德性真容的人来说，却惟独不像德性。①

因此，我们的问题就是："一切理性存在者在任何时候都如此判 (62)
断他们的行动，即诉诸他们自己能够愿意那些行动的准则充当普遍的法则，这是一个必然的法则吗？"如果有这样一种法则，它就必定已然（完全**先天地**）同一个理性存在者本身的意志的概念联系起来。[72] 但是，为了揭示出这种联系，我们就必须（无论我们可能多么恼怒）再迈出一步——也就是说，迈向形而上学，尽管是迈向一个截然不同于思辨哲学的领域，亦即道德的形而上学。[73] 在实践哲学中，我 [4:427]
们所关心的并不是要就"**发生了**什么事情"获得一些理由，而是要就"**应当要发生**什么事情"获得一些法则，哪怕它从不曾发生——也就是说，客观的实践法则。而且，在这里，我们无须安排对这样一些问题之理由的探询：为什么某种东西令人感到愉悦或者不愉悦；纯然感官的愉快如何不同于鉴赏，以及后者是否不同于理性的一种普遍赞同；[74] 愉快与不快的情感建立在什么东西之上；从这些情感中如何

---

* 朱诺（Juno；Iuno），古罗马神话中的天后，是众神之王朱庇特（Jupiter；Iuppiter）的妻子，相当于古希腊神话中的赫拉（Hera；῞Ηρᾱ）。康德在此借用了古希腊-古罗马的一个神话故事：传说天后朱诺十分美丽，引来了众多男性的青睐，尤其是拉皮斯人（Lapiths；Λαπίθαι）的国王伊克西翁（Ixion；Ἰξίων）更是对她爱慕有加。伊克西翁曾经在宴会上色眯眯地看着朱诺，并且还私下对朱诺说了些轻薄话语。这些事情被朱庇特看在眼里，他把一朵云彩化作朱诺的模样来试探伊克西翁，伊克西翁果然扑了过去，意图行猥琐之事。朱庇特为此十分愤怒，他把伊克西翁捆绑在一个燃烧的车轮上，作为对他的惩罚。——译者

① 看见过德性的真容，无非就是剥开同感性之物的一切混杂，以及剥开报酬或者自爱的一切虚假装饰来表现道德。那么，每个人倘若尚不曾完全丧失掉理性的一切抽象能力，只要稍稍运用他的理性就能觉知到，她多么地能使其他一切对种种偏好显得很有魅力的东西黯然失色。

产生出种种欲求与偏好；以及从欲求与偏好中又如何（跟理性的合
(63) 作）产生出种种准则。这一切都属于经验性的心理学，它将构成自然学说的第二个组成部分，只要我们就这一学说奠基于种种经验性的法则之上而言，把它看作自然哲学。[75] 然而，在这里，我们正在讨论的是客观的实践法则，所以，一个意志与它自身的关系仅仅是由理性所规定的。那么，任何跟经验性的东西有关的事物都自行消失了；因为，如果理性单凭自身就规定行为（而且，我们现在希望要研究的正是这一点的可能性），它就必然地必须先天地这样做。

95 ［就其自身而言的目的公式］

意志被设想为一种依据某些法则的理念(idea)来规定自己去行动的力量。* 而且，这样一种力量惟有在理性存在者身上才能发现。现在，那个作为意志之自我规定的一个主观的[76] 根据而服务于意志的东西**，就是一个目的；而且，如果这个目的是单独地由理性给予的，它就必定对一切理性存在者都同等有效。另一方面，那个仅仅包含着一个其结果是一个目的的行动之可能性根据的东西，就叫作一个手段。[77] 一个欲求的主观根据就是一种冲动力（*Triefeder*）；一个意愿的客观根据就是一个动机（*Bewegungsgrund*）。因此，就

---

* 此处“理念”(idea)，德文为 Vorstellung(表象)，与其他大多数地方一样。康德的意思其实就是说，人（以及一般而言的理性存在者）总是先意识到一个法则，即一个“我（以及每个可能的理性行动者）都应当如此行动”的意识，然后再根据这一意识而行动。所谓的“意志”(Wille)，无非就是这种意识及其决定我们去行动的力量。——译者

** 此处“主观的根据”(subjective ground)，德文为 objektiver Grund(客观的根据)，本应译作 objective ground，原话是“Nun ist das，was dem Willen zum objectiven Grunde seiner Selbstbestimmung dient，der Zweck”（现在，意志用来作为其自我规定的客观根据的东西，就是目的）。但是，帕通怀疑此处 objektiver Grund(客观的根据)是一个笔误，认为它应该是 subjektiver Grund（主观的根据）。其理由可参见第 140 页注释 76。——译者

有了“主观的诸目的”（它们乃是基于种种冲动力）与“客观的诸目的”（它们依赖于那些对每个理性存在者都有效的动机）的区别。(64)
实践的原则如果抽离了一切主观的目的，那就是形式的（formal）；另一方面，如果它们是基于这样一些目的，从而是基于某些冲动力的，那就是质料的（material）。[78] 一个理性存在者任意地当作其行动结果来采纳的那些目的（质料的目的）在任何情形中都只是相对的目的；因为，惟有它们与主体欲求能力的特殊特征的关系才能赋予这些目的价值。因此，这种价值不能提供任何普遍的原则，不能提供任何对一切理性存在者、并且还对每一个意愿都有效的与必然的原则[79]——也就是说，不能提供任何实践的法则。所以，一切这些相对的目的都只能是假言的诸命令式的根据。[4:428]

然而，假设有某种东西，它的实存就其自身而言就有一种绝对的价值，它作为一个就其自身而言的目的就可以是规定种种法则的一个根据；那么，在其中，并且惟独在其中，才会有一种可能的定言命令式——也就是说，一种实践的法则——的根据。

现在我说，人（以及一般而言每个理性的存在者）作为一个就其自身而言的目的而实存，而不仅仅作为这个意志或者那个意志任意使用的一个手段而实存：他必须在他的一切行动中（无论这些行动指向他自己，还是指向其他理性存在者）始终被同时视作一个目的。偏好的一切对象都只有一种有条件的价值；因为，如果没有 (65)
这些偏好，以及奠基于这些偏好之上的种种需求，[80] 它们的对象就会是毫无价值的。种种偏好本身（作为种种需求的来源）远不至于拥有一种绝对的价值，使它们出自其自身的缘故而是可欲的，相反，完全摆脱它们才必定是每个理性存在者的普遍愿望。[81] 因此，96
一切能够由我们的行动产生的对象的价值在任何时候都是有条件

的。其实存依赖于自然(而不是我们的意志)的存在者(如果它们是非理性的存在者),依旧只有一种作为手段的相对价值,并且因此叫作**事物**(things)*。另一方面,理性存在者叫作**人格**(persons)**,

* 此处"事物"(things),德文为Sachen(事物)。——译者

** 此处"人格"(persons),德文为Personen(单数形式为Person),均出自拉丁文的persona。需要注意的是,康德著作中的"人格"并非现代心理学意义上的"人格",后者其实是指(作为显象的)人的内在特征的"人格性"(personality;Persönlichkeit),亦即某个人格所具有的心理特征。然而,哲学上的(也是传统意义上的)"人格"(person)是指有理性的存在者(rational being;vernünftiges Wesen)或有理性的实体(rational substance;rationale Substanz)。究其词源,拉丁文的persona或希腊文的πρόσωπον(prosopon)原本都只是古代戏剧中使用的一种脸形面具,其字面意思就是"容貌"或"面容",用于代表戏剧舞台上的一个角色,该角色可以是一个神灵半神、妖魔、灵兽或凡人。后来,在拉丁文的日常语言中,persona(人格)就成了人与神灵鬼怪的一个共名,并且由此也影响到了西方许多国家的语言。同时,在西方语言中,无论是拉丁文的homo、德文的Mensch,还是英文的human都是一个物种概念,不能涵盖一切类人的理性存在者。但是,"人格"却并不特指人类存在者——康德也没有把道德法则的适用范围局限于人类——而是广泛适用于一切可能的理性存在者。例如,在古罗马人的世界观里,神灵、半神、妖魔、灵兽都是人格;在基督教时代的世界观里,上帝、天使、魔鬼都是人格;即便在现代人的世界观里,一种可能的外星人,以及某种可能的、因科技手段而获得了与人相当的智慧的动物,也都适于被称作人格。"人格"成为一个哲学术语始于基督教,大约从公元二世纪开始,拉丁基督教的学者引入persona(人格)来讨论上帝的"圣三一"(sancta trinitas)问题。例如,德尔图良说,上帝是"一个实体、三个人格"(una substantia tres personae)。后来,奥古斯丁把"圣三一"解释为"一个本质、三个实体"(una essentia,tres substantiae),但依旧强调,"三个实体"是三个有理性的实体,所以是三个人格。波爱修斯为"人格"给出了一个经典定义:"拥有理性本性的不可分的实体"(naturae rationablilis indiuidua substantia)。参见Boethius,*Tractates*,*De Consolatione Philosophiae*,Cambridge:Harvard University Press,1918,p. 85。此后,在整个中世纪与近代,在现代心理学与社会学兴起以前,这个定义一直比较稳定。例如,坎特伯雷的安瑟伦、托马斯·阿奎那、波那文图拉与约翰·邓斯·司各脱都从这个定义出发来讨论上帝"三位一体"(三人格一本质)。同样,近代学者如约翰·洛克、大卫·休谟等人,也都把"人格"(person)定义为"思维的存在者"(thinking being)。因此,康德把"理性存在者"叫作"人格"实际上一点也不奇怪。人格(作为理性存在者)有别于自然中的其他事物的本质特征在于,他由于富有理性,能够在认识活动(知性活动)与实践活动(意志活动)中充当主体。尤其是在实践活动(意志活动)中,人格的活动(行动)是由其自己的理性意志决定的,并且因此是由他自己决定的——人格是自己行动的原因。因此,"人格"这种特殊的存在者,一方面因其特有本性而被看作理应享有种种道德与法律上的权利(自由权),另一方面也因此被看作是必须为自己的意志行动承担责任的存在者。所以,"人格"也是一个重要的法学概念。——译者

因为他们的本性就已然把他们标明为一些就其自身而言的目的——也就是说,标明为某种不应仅仅被当作一个手段来使用的东西——从而在那个范围内为一切任意对待他们的做法强加了一种限制(并且是敬畏的一个对象)。因此,人格就不仅仅是一些主观的目的,他们的实存不是作为我们行动的一个结果才对我们来说具有一种价值:他们是一些客观的目的——也就是说,其实存就其自身而言就是一个目的的东西,并且是这样一个目的,我们不能用任何其他目的来取代它的位置,其他目的单单作为手段为它服务;因为,若非如此,就根本没有任何具有绝对价值的东西可以在任何地方被发现。但是,如果一切价值都是有条件的——也就是 (66)
说,偶然的——那么,对于理性来说,就根本没有任何最高原则可以被发现。

那么,如果要有一个最高的实践原则,并且——就人类意志而言——要有一个定言的命令式,[82] 它就必定是这样的,从这样一个某物的理念(idea)出发,它由于是一个就其自身而言的目的而必然地对每个人来说都是一个目的,构成了意志的一个客观的原则,并且因此能够充当一个实践的法则。这个原则的根据 [4:429]
就是:理性本性作为一个就其自身而言的目的而实存。这正是一个人必然地用来设想他自己的实存的方式:因此,就此而言,它是人类行动的一个主观的原则。但是,它也是每个其他理性存在者按照那对我也有效的相同的理性根据来设想他的实存的方式;①因此,它同时是一个客观的原则,从这个原则中(作为一个

① 我把这个命题当作一个公设来提出。其根据将在最后一章被发现。[85]

最高的实践原则）为意志推导出一切法则，这必定是可能的。因此，这个实践的命令式将会是这样的：*以如此方式行动，即你在任何时候都绝不把人性，*[83] *无论你自己人格中的、还是任何其他人的*
(67) *人格中的人性，仅仅*[84] *当作一个手段来对待，而是要在任何时候都同时当作一个目的来对待*。现在，我们将考虑，这是否能够在实践中实行。

［示例］

我们沿用前面的例子。

97 首先，关于对我们自己的必然义务的概念，这个思量要自杀的人将问道："我的行动能够与*作为一个就其自身而言的目的*的人性的理念（Idea）相容吗？"如果他确实为了逃离一种满是痛苦的处境而带走他自己，他就把一个人格纯然当作*一个手段*来使用，以维持一种可容忍的事态，直到他生命的终结。但是，人不是一个事物——不是某种可以*纯然*当作一个手段来使用的东西：他必须在任何时候都在他的一切行动中被看作一个就其自身而言的目的。因此，我不能以摧残、糟践或者杀害来处置我的人格中的人。（对这个原则更为准确的规定，以避免对例子的一切误解——例如，为自救而截肢，或者为保全我的生命而将其暴露于危险之中，以及此类等等——在这里，我必须弃而不谈：该问题应属于道德学。）

其次，就对他人的必然的或严格的义务而言，那个有心要对他人做假承诺的人将马上看出，他正打算把另一个人*纯然当作*
(68) *一个手段*来使用，以达成一个他并不共享的目的。因为，我试图通过这样一个承诺为我自己的意图来使用的这个人，他不可能

同意我跟他打交道的方式，并且因此无法使他自己共享这个行动的目的。这种同对他人的义务原则的不相容，如果引入那些 [4:430] 侵犯他人自由与财产的例子，就更加明显地跃入眼帘了。因为，如此一来，侵犯人的种种权利之人打算把他人的人格纯然当作一个手段来使用，而不顾及他们（作为理性存在者）在任何时候都应该同时被当作目的来对待——也就是说，仅仅作为这样一种存在者来对待，即他们自己必定能够共享相同行动之目的的存在者。①

再次，关于对我们自己的偶然的（可嘉的）义务，一个行动单是不要与我们作为一个就其自身而言的目的的人格中的人性相冲 (69) 突，这是不够的：它还必须**与这个目的和谐一致**。现在，人性中有一些追求更大完善性的能力，它们构成了我们人格中的人性的自 98 然意图的组成部分。[88] 忽视这些能力公认地能够与作为一个就其自身而言的目的的人性的**维持**相容，但却不能与这一目的的**促进**相容。

第四，关于对他人的可嘉的义务，一切人都追求的自然目的就是他们自己的幸福。现在，如果每个人都不为他人的幸福贡献任

① 任何人都不要以为，俗语如"quod tibi non vis fieri，etc."（"己所不欲"云云）[86]，能够充当一个标准或者原则。因为，它纯然是我们的原则的派生物，尽管受制于多种不同的限制：它不能是一个普遍的法则[87]，因为它既不包含对我们自己的义务的根据，也不包含对善待他人的义务（因为，许多人都会乐于同意，只要他可以被免除为他人提供帮助，他人也不必帮助他），最后也不包含对他人的严格义务；因此，在此基础上，罪犯将能同那要惩罚他的法官抗辩，等等。（此处"quod tibi non vis fieri，etc"〔"己所不欲"云云〕，实际上只有半句话，完整的表达是"Quod tibi non vis fieri，alteri ne feceris"〔你不愿对自己做的，也不要对别人做〕，差不多就是"己所不欲，勿施于人"的意思。——译者）

何东西，但同时不要蓄意地损害他人的幸福，人性无疑也可以持存。然而，这纯然只是消极地、而不是积极地与作为一个就其自身而言的目的的人性相一致，除非每个人还致力于（就其所能而言）要促成他人的种种目的。因为，一个主体如果是一个就其自身而言的目的，其种种目的就必定（如果这个观念要在我身上产生充分的效果）也是（尽可能地）我的目的。

［自律公式］

人性（以及一般而言每个理性的行动者）是一个就其自身而言的目的，这个原则（它是每个人行动的自由之最高限制条件）并不是从经验中借取来的；首先，因为它是普遍的，如其所是地应用于一切理性存在者本身，而且，没有任何经验适于规定普遍性；其次，因为人性在这一原则中没有（在主观上）被设想为人的一个目的——也就是说，被设想为一个恰好（作为一个事实）被当作一个目的的对象——而是被设想为一个客观的目的——无论我们将会有何种目的，这个目的都必定（作为一个法则）构成了一切主观目的的最高限制条件，并且因此必定源自纯粹的理性。也就是说，颁布每个实践法则的根据在客观上都在于规则，以及那（依据我们的第一原则）使这个规则能够成为一个法则（并且实际上是一个自然法则）的普遍性形式；然而，它在主观上却在于目的；但是（依据我们的第二原则）一切目的的主体都要在每个作为一个就其自身而言的目的的理性存在者身上被发现。现在，由此出发，就得出了我们的第三个意志的实践原则——作为意志与普遍的实践理性相符的最高条件——亦即如是一个理念（Idea），即每个理性存在者的意志都是一个制定普遍法则的意志*。

通过这个原则，一切无法与意志自己颁布的普遍法则相符的准则就都被否决了。因此，意志就不是纯然服从法则，而是这样服 (71)
从法则，即它必须被看作是在为它自己制定法则，并且正因为如此 99
才首先要服从法则（它能够把它自己看作法则的创作者）。

［兴趣的排除］

上面这些以公式表述的命令式——即责令行动与类似于一种自然秩序的普遍法则相符的命令式，以及责令理性存在者就其自身而言作为目的的普遍至上性的命令式——纯然由于它们被表象为定言的这一事实，就从它们的君主权威中排除了同作为一个动机的兴趣的任何混杂。然而，它们只是被假定为定言的，因为，如果我们想要解释义务的概念，就不得不做出这种假定。有一些定言地发布诫命的实践命题存在，这一点本身无法被证明，就像它总的来说在本章中也无法被证明一样；但是，有一件事情是该当做到

---

* 此处"一个制定普遍法则的意志"(a will which makes universal law)，德文为 ein allgemeiner gesetzgebender Wille(一个普遍的立法的意志)。需要说明的是，康德的 allgemeine Gesetzgebung，国内学界一般译作"普遍立法"，而且，事实上，英语学界也常译作 universal legislation(普遍的立法)或 universal law-giving(普遍的予法)。但是，帕通认为，allgemein(普遍的)修饰的是 Gesetz(法则)，而不是修饰 Gebung(给出；制定)。因此，他主张译作 making universal law(制定普遍法则)，译者在此恳请读者注意。参见《定言命令式》，第十七章，§1，第 180 页。此外，making law(制定法则)或 Gesetzgebung(立法)首先是一个法学概念，这并不会由于没有使用 legislation(立法)而改变。康德在此实际上使用了一个类比，即把意志的自我规定(意志不以自身以外的任何其他目的为根据来规定自己去行动)比作一个立法活动，并且通过这一类比突出强调意志的自律——即意志对于自己来说是一个法则，并且仅仅服从自己的法则。正是因为"制定法则"或"立法"是一个法学概念，它才会——正如康德将会在下文中指出的——引出一个 Kingdom(王国)或 Reich(王国)的概念。——译者

的——亦即去表明，在这种命令式本身中，凭借一些内在于它的规定，表达出了要为了义务的缘故的意愿中弃绝一切兴趣，[89] 作为区
[4:432] 分一个定言的命令式与一个假言的命令式的明确标记。这一点在该原则的当前这第三个公式中——亦即，在“每个理性存在者的意志都是**一个制定普遍法则的意志**”的理念（Idea）中——就做到了。

我们一旦设想这样一种意志，那么，这件事情就变得很清楚
(72) 了，即一个**服从于法则的**意志也许会由于一些兴趣而受到这个法则的约束，但尽管如此，一个其本身就是一个最高立法者的意志却不可能如这般依赖于任何兴趣；因为，一个以这种方式有所依赖的意志本身就还需要另一个法则，以把自爱的兴趣制约在一个条件之下，即这种兴趣本身要作为一个普遍法则而有效。[90]

因此，每个人类意志都是一个凭借其一切准则颁布普遍法则的意志①，这个原则——倘若它在其他各个方面都是正确的——将会在这件事上十分适合于成为一个定言命令式：正是由于制定普遍法则的理念（Idea），它**不以任何兴趣为基础**，并且因此在一切
100 可能的命令式中，惟有它才能是**无条件的**。或者，更好地是——把这个命题颠倒过来——如果有一个定言的命令式（也就是说，有一个每个理性存在者的意志的法则）存在，它诫令我们在任何时候都
(73) 只根据我们的如是一个意志去行动，这个意志能够同时把它自己看作是在制定普遍法则；因为，惟有那样，我们所服从的这个实践原则与命令式才是无条件的，因为它完全不可能建立在任何兴

① 我可以免于提出一些例子来示例这一原则，因为那些最初用来示例定言命令式及其公式的例子，全都能够在此服务于这一意图。

趣上。

现在，倘若我们回顾以往一切为揭示出道德原则而付出的努力，就无须再为它们为何全都注定要失败而感到惊讶。它们的作者把人看作受到其义务的约束的，但他们从未曾想到，他仅仅服从于**他自己制定的**，但却是**普遍的**法则，他不得不仅仅依据这样一个意志而行动，那是他自己的意志，但却因其自然意图[91]而拥有制定普遍法则的功能。因为，如果他们仅仅把人思维成服从于一个法则的（无论它有可能是什么法则），那么，该法则就必须携带有某些兴趣，[4:433] 以便吸引或者强迫，因为它并不作为一个法则来源于**他自己的意志**：为了符合这个法则，他的意志必须被**某种其他东西**强制着去按照某种方式行动。这个绝对不可避免的结论意味着，一切企图找到义务的一个最高原则的劳作都不可挽回地迷失了；因为，他们所揭示出来的东西绝不是义务，而只是出自某种兴趣而行动的必然性。这种兴趣可能是我们自己的，也可能是别人的；但是，根据这样一种见解，这种命令式注定在任何时候都是一个有条件的命令式，并且 (74) 不可能充当一个道德法则。因此，我将把我的原则叫作意志**自律***

---

* 此处“意志自律”(the Autonomy of the will)，德文为 die Autonomie des Willens。其中，无论是英文的 autonomy，还是德文的 Autonomie，都源自古希腊文的 αὐτονομία (autonomía)，它是 αὐτόνομος(autónomos)的名词形式。αὐτόνομος(autónomos)由 αὐτο-(auto-)和 νόμος(nómos)组成，αὐτο-(auto-)相当于德文的 selbst 或英文的 self，即“某人自身”或“自我”的意思，νόμos(nómos)则是“法则”的意思。因此，αὐτονομία(autonomía)就是“自法”(自律)，并且既有“自我立法”的意思，也有“只服从自我的立法”或“自我支配”的意思。所以，“意志自律”就是说，意志既是立法的、也是服从自我立法的，它同时包含这两个方面的要求。需要注意的是，“自律”在汉语中主要是指“自我支配”或“自我约束”，但它无论是在康德的语境中，还是在其他西方哲学的著作中，都首先是指“自我立法”。——译者

的原则，以便同其他一切、我因此归类于他律*的原则形成对比。

[目的王国公式]

每个理性存在者都必须把他自己看作是在通过其意志的一切准则制定普遍的法则，并且必须从这种视角出发来评判他自己及其行动，这种理性存在者的概念导向了一个密切相关的与丰富多产的概念——亦即一个目的王国(a kingdom of ends)的概念。**

* 此处"他律"(heteronomy)，德文为 Heteronomie，它似乎并不直接起源于古希腊文，尽管它确实是依据古希腊文构词的。其中，hetero-来自古希腊文的 ἕτερος (héteros)，意思是"他人""他者"或者"另一个"。因此，heteronomy 或 Heteronomie 的意思就是"他法"(他律)，并且既有"他者立法"的意思，也有"服从他者的立法"或"为他者支配"的意思。而且，"他律"作为一个相对于"自律"的概念，正是由于康德的著作才流行起来的。——译者

** 此处"目的王国"(a kingdom of ends)，德文为 ein Reich der Zwecke(目的王国)。很早就有学者指出，德文的 Reich 不应译作 kingdom(王国)，而是应该译作 realm(领域)，这种观点有一定的道理。对此，帕通在《定言命令式》中提出了质疑，并简单提出了几个理由。参见《定言命令式》，第十八章，§ 4，第 187—188 页。当然，kingdom(王国)一词有它的局限性，因为严格说来，它意指一个其君主头衔为 king(国王)的国家，不能涵盖帝国(empire)、公爵国(duchy)等其他国家形式。但是，就汉语翻译而言，跟"领域"相比，"王国"确实具有更强的政治色彩，而这恰恰是 Reich 一词所应有的。康德本人所在的普鲁士王国，德文就叫作 Königreich Preußen(普鲁士王国)。1871—1943 年，德国的正式国号是 Deutches Reich(德意志国)；1943—1945 年，改为 Großdeutsches Reich(大德意志国)。尽管康德纯然是在类比的意义上使用 Reich 一词，但他利用的正是该词的政治色彩，亦即把理性存在者的意志自律比作一个君主立宪体制下的民主立法活动。此外，近期还有研究表明，康德的"目的王国"受到了莱布尼茨的"恩典王国"的影响。直接证据是康德在《蒙哥维斯版道德学Ⅱ》(*Moral Mrongovius II*)中的一个说法："人必须把他自己看作一个目的王国或理性存在者的王国中的一个立法成员。——莱布尼茨也把目的王国称作恩典王国的道德原则。"参见《康德全集》，第 29 卷第 1 分册，德古意特出版社，1980 年，第 610－611 页。莱布尼茨的"恩典王国"是一个源自基督教神权政治思想的概念，甚至可以在思想上追溯到古代以色列神权政治观念。——译者

我把一个“**王国**”理解为不同理性存在者在一些共同法则之下
的一种系统联合。现在，由于法则依据其普遍有效性来规定种种
目的，那么，我们就能够——如果我们从诸理性存在者之间抽离掉 101
种种个人差异，并且还要抽离掉他们的种种私人目的的一切内
容——设想一个一切目的系统联结的整体（既是一个作为就其自
身而言的目的的理性存在者组成的整体，又是每个人给他自己设
定的种种个人目的组成的整体）；[92] 也就是说，我们能够设想一个
目的王国，它依据上述诸原则而是可能的。

因为，理性存在者全都处在这个法则之下，即他们中的每一个
都把他自己和其他一切理性存在者**绝不仅仅当作一个手段**来对
待，而是在任何时候都**同时当作一个就其自身而言的目的**来对待。(75)
但是，这样一来，就产生了理性存在者在一些共同的客观法则之下
的一种系统联合——也就是说，一个目的王国。由于这些法则导
向这样一些存在者互为目的与手段的关系，这个王国就可以叫作
一个目的王国（它当然只是一个理想）。

如果一个理性存在者，尽管他制定了目的王国的普遍法则，但他自己也服从于这些法则，那么，这个理性存在者就是作为一个**成员**（member）而属于这个目的王国的。如果他作为法则的制定者，他自己不服从任何其他理性存在者的意志，他就是作为其**元首**（head）而属于这个目的王国的。[93]

一个理性存在者在任何时候都必须把他自己看作是在一个通 [4:434]
过意志的自由而可能的目的王国中制定法则——无论是作为成
员、还是作为元首。他不能单单凭借其意志的准则，而是惟有当他
是一个完全独立的存在者，没有需求，带有一种适宜于其意志的无

限制的力量时，才能保持元首的地位。

因此，道德性就在于一切行动与法则制定的关系之中，一个目的王国惟有凭借这种关系才是可能的。这种法则制定必须在每个
(76) 理性存在者本身中发现，并且必须能够从他的意志中产生出来。因此，他的意志的原则就是，除非根据一个也能够成为一个普遍法则的准则，否则就绝不实施行动，并且因此，**这个意志能够把它自身同时看作是在凭借其准则制定普遍法则的**。如果准则不是已然凭借其特有本性而跟那些作为普遍法则制定者的理性存在者的这个客观原则和谐一致，那么，根据这个原则而行动的必然性就是实践上强制的——也就是**义务**。义务并不适用于一个目的王国的元首，但它确实适用于每个成员，并且在同等程度上适用于一切成员。

102 根据这个原则——也就是义务——而行动在实践上的必然性，绝不是基于种种情感、冲动与偏好，而是基于理性存在者相互之间的关系，在这种关系中，一个理性存在者的意志必须在任何时候都被看作是在制定普遍法则，因为若非如此，他就不可以被设想为一个就其自身而言的目的。因此，理性把每个意志（被认作是在制定普遍的法则）的准则同每个其他意志联系起来，并且还要同每个对我们自己的行动联系起来：它之所以如此，不是因为任何其他
(77) 的动机或者未来的利益，而是出自如是一个理念（Idea），即一个理性存在者除了服从那些同时也是他自己颁布的法则之外，不服从任何法则的**尊严**。

［德性的尊严］

在目的王国中，每种事物要么拥有一个**价格**，要么拥有一种**尊**

严。如果它拥有一个价格，那么，其他某物就能够作为**等价物**取代它；如果它被提升到一切价格之上，并且因此不容有任何等价物，那么，它就具有一种尊严。

那些同普遍的人类偏好与需求有关的东西都拥有一个市场价格；那些（甚至无须预设一种需求）符合某种品味的东西——也就是说，符合对我们神智力量无意图的游戏的一种满足[94]——则拥 [4:435]
有一种玩赏价格（*Affektiospreis*〔情感价格〕）；但是，那个构成了任何事物在其下才能是一个就其自身而言的目的的唯一条件，并不纯然拥有一种相对的价值——也就是说，一个价格——而是拥有一种固有的价值，亦即**尊严**。

现在，道德性就是一个理性存在者在其下能够是一个就其自身而言的目的的唯一条件；因为，惟有通过这个条件，才有可能成为一个目的王国中的立法成员。因此，道德性，以及就其能够具有道德性而言的人性，就是唯一具有尊严的东西。工作中的技巧与勤奋拥有一种市场价格；智慧、鲜活的想象，以及幽默 (78)
拥有一种玩赏价格；但是，基于原则（而不是基于本能）的信守承诺与善意拥有一种固有的价值。倘若缺少这些东西，那么，自然和艺术中都同样不包含任何能够取代它们的东西；[95] 因为，它们的价值并不在由它们所导致的那些结果中，并不在它们所产生的好处与收益中，而是在心灵的种种态度（the attitudes of mind）中*——也就是说，在意志的诸准则中——即便这些准则并不能

* 此处“心灵的种种态度”（the attitudes of mind），德文为Geinnungen（意念），它与边码[4:406]处的“精神”（spirit），边码[4:412]处的“意念”（disposition），以及边码[4:416]处的“内心的意念”（mental disposition）并无分别。——译者

从成果中获益，它们也甘于以这种方式把它们自己展现在行动之中。这样一些行动也无须由任何主观的禀性(disposition)[*]或者
103 品味来推荐，以便获得直接的喜爱与赞成；它们也无须任何对它们的直接倾向或者情感；它们把要实施它们的那个意志展现为一个直接敬畏的对象；除了理性之外，不需要任何东西来把它们**强加**给意志，不会**哄骗**意志去实施它们——后一种情形无论如何都与义务的情形相矛盾。这种评估这样一种内心态度(mental attitude)[**]的价值揭示为尊严，并且将其无限地置于一切价格之上，若是把这种内心态度纳入估量和比较，它就不得不(如其所是地)损害其圣洁性。

那么，究竟是什么东西使一个道德上善的心灵态度(attitude of mind)[***]——或者德性——有资格提出如此高的主张呢？那无

---

* 此处“禀性”(disposition)，德文为 Disposition(素质)，而不是 Gesinnung(意念)。英文的 disposition 和德文的 Disposition 都来自拉丁文的 dispositio，其本意是指“安排”“分派”或“处置”，引申为“某物的组织构造”与“某人的心理构造”。因此，单从字面意思上讲，disposition(以及德文的 Disposition)可能更接近德文的 Anlage(禀赋)。然而，在此处语境中，Disposition 的意思并不那么严格，大致就是指人的性情、喜好等心理特征。因此，考虑到 Disposition 被理解为人的某种构造性的特征，故将其译作“禀性”。然而，必须恳请读者注意的是，在当代英语学界的实践中，disposition 通常被用来翻译 Gesinnung(意念)。而且，此处 disposition(禀性)与上文边码[4:395]处的“幸福的禀赋”(happy disposition)、边码[4:405]处的“癖好”(disposition)不是一个词，因为前者实际上是 Anlage(禀赋)，后者实际上是 Hang(癖好；倾向)。——译者

** 此处“内心态度”(mental attitude)，德文为 Denkungsart(思维方式；思维技艺)。因此，边码[4:416]处的“内心的意念”(mental disposition)，以及前面的“心灵的种种态度”(the attitudes of mind)不是一回事，因为它们均对应于德文的 Gesinnung(意念)。——译者

*** 此处 attitude of mind(心灵的态度)与前文一样，德文为 Gesinnung(意念)。——译者

非就是**共享**(share)*，这种心灵态度使得一个理性存在者得以共 (79)
享普遍法则的制定，而且，还使他适于成为一个可能的目的王国的一个成员。为此，他凭借自己的真正本性就被标记为一个就其自身而言的目的，并且因此被标记为一个目的王国中的法则制定者——被标记为对于一切自然法则来说都是自由的，仅仅服从他给自己制定的那些法则，并且由于这些法则，他的准则能够在对普遍法则（他自己同时也要服从的法则）的制定中拥有它们自己的部
分。因为，除了法则为它规定的价值以外，没有任何东西能够拥有 [4:436]
一种价值。但是，出于这个理由，那规定了一切价值的法则制定必须拥有一种尊严——也就是说，一种无条件的与不可比拟的价值——对这种尊严的评赏，“敬畏”一词（那是一个理性存在者必然会给出的）是唯一相称的表述。因此，**自律**就是人类存在者的本性与每个理性本性之尊严的根据。

［回顾诸公式］

上述三种表现道德原则的方式归根结底只是完全相同的法则的多个公式，它们中的一个凭其自身就包含了其他两个公式的一种结合。尽管如此，它们之间有一种差异，虽然这种差异是主观上实践的、而不是客观上实践的：也就是说，其意图是要使理性的一
个理念(Idea)（依据某种类比）更接近直观，并且因此更接近情感。(80)
简而言之，一切准则都有：

1. 一种**形式**，这种形式就在于它们的普遍性；而且，在这个方
面，道德命令式的公式表现为：“种种准则必须这样来选择，仿佛它 104

---

* 此处“共享”(share)，德文为 Antheil（参与）。——译者

们必须作为普遍的自然法则而生效”；

2. 一种质料——也就是说，一个目的；而且，在这个方面，这个公式说：“一个理性存在者，凭借其特有本性就是一个目的，并且因此是一个就其自身而言的目的，必须充当每个准则的一个条件，以限制一切纯然相对的与任意的目的”；

3. 如下公式对一切准则的一个完备的规定[96]，即：“一切作为从我们自己的法则制定出发的准则都应当同一个可能的作为一个自然王国的目的王国和谐一致”①。这个进程可以被说成是通过这样一些范畴发生的，即意志形式的单一性（其普遍性）；其质料（其诸对象——也就是其诸目的）的复多性；以及其诸目的体系的
(81) 总体性或完备性。[97] 然而，更好地是，在道德判断中，我们总是依据最严格的方法进行，并且把定言命令式的普遍公式* 当作我们的

① 目的论把自然视作一个目的王国；伦理学把一个可能的目的王国视作一个自然王国。在第一种情形中，目的王国是一个理论性的理念（Idea），被用于解释那些实存着的东西。在第二种情形中，一个实践的理念（Idea）被用于使这样一些东西实存，即那些并不实存的、但却能够通过我们的行为而成为现实的东西——而且，实际上，是要依据这个理念（Idea）使它实存。

* 此处“普遍公式”（universal formula），德文为 allgemeine Formel。这个译法，主要是如何理解这里的 allgemein，存在争议。首先，allgemein 可以译作“普遍的”，并且由此使人直接联想到康德在边码[4：421]处给出的第一个公式，即所谓的“普遍法则公式”。如此，allgemein 就可以看作该公式的名称，而帕通大概就是如此理解的。此外，杨云飞老师的理解应该也是如此，故在其译本中译作“普遍性公式”。参见〔德〕康德：《道德形而上学奠基》，杨云飞译、邓晓芒校，第 74 页。其次，allgemein 也可以译作“总的”或者“一般的”，亦即把 allgemeine Formel 理解为一个“总公式”。如此理解有两个依据：(1)该公式是普遍法则公式的一个变体，康德在《奠基》中把它看作“道德性的最高原则”，也是“唯一的定言命令式”；(2)在此处，康德把它说成是一个“最严格的方法”。因此，吾师秋零先生在他的译本中就将其译作“总公式”。参见〔德〕康德：《道德形而上学的奠基（注释本）》，李秋零译注，第 59 页。——译者

基础："根据那个能够同时被制定为一个普遍法则的准则而行动"。[4:437]然而，如果我们还想确保对道德法则的接受*，那么，把同一个行动置于上述三个概念之下，并且因此（尽我们所能地）使普遍公

---

* 这句话是意译，帕通的译文是"If，however，we wish also to secure acceptance for the moral law..."，德文为"Will man aber dem sittlichen Gesetze zugleich Eingang verschaffen..."。这是全书中第四次出现"Eingang verschffen"（提供入口），也是它最重要的一次出现，对它前几次出现的分析，也全都是为此处做铺垫。这句话是《奠基》翻译中的一个难点，大致可以译作："人们若同时想要给道德法则提供入口"。这句话理解起来并不太容易，因为它不太符合汉语的表达习惯，并且事实上也不太符合英语的表达习惯。因此，帕通提供了一个意译，我们也可以看出，他把"给道德法则提供入口"理解为"确保对道德法则的接受"。类似地，吾师秋零先生在他的译本中也提供了一个意译，他认为，"为道德法则创造打开入口"或"为它创造进入的通道"，这无非就是要"倡导道德法则"。参见〔德〕康德：《道德形而上学的奠基（注释本）》，李秋零译注，第59页。在这个问题上，杨云飞老师采取了比较保守的做法，将这句话译作："但是，如果人们同时想给德性法则提供一个入口"。参见〔德〕康德：《道德形而上学奠基》，杨云飞译、邓晓芒校，第75页。这种译法比较稳妥，能够比较清楚地反映出原文的字义，如果硬说有什么问题，大概就是，这种硬译毕竟无法充分表达出原句的蕴意。无论如何，结合"Eingang verschffen"（提供入口）在《奠基》中前三次出现时候的语境和意思，我们虽然无法提供一个完美的译法，但毕竟可以把它想要表达的意思解释出来。首先，从字面上讲，这句话的意思是说，要给"道德法则"（dem sittlichen Gesetze）提供一个"入口"（Eingang），使道德法则可以进入到人们这里，使原本离我们很远的法则，可以离我们更近。因此，这句话的意思其实就是说，通过"把同一个行动置于上述三个概念之下"，使我们能够更加容易的把握和践行道德法则的要求。除此以外，比较容易引起争议就是如何理解"把同一个行动置于上述三个概念之下"。对此，译者只能提出一种个人的理解。在我看来，普遍法则公式是一个严格的方法，而其他"三种表现道德原则的方式"——自然法则公式、目的公式与意志立法的理念——则各自援引了一个类比概念，从而使道德原则更加容易把握。这三个类比概念就是：自然法则（Naturgesetz）、目的（Zweck）与立法（Gesetzgebung）。康德分别利用这三个概念（"依据一种类比"）更为生动形象地解释了道德法则所应具有的普遍性（形式）、规定根据（质料），及其以何种特殊的方式被规定，亦即"自律"（作为一个完备的规定）。如果同时援引这三个概念，就会导致一个目的王国的理念——反过来说，缺少它们中的任何一个，设想目的王国都是不可能的。——译者

式[98] 更接近直观*，这是十分有用的。

［回顾整个论证］

现在，我们可以在我们一开始出发的地方——亦即，一个无条件善的意志的概念——结束了。如果一个意志不能是恶的——也就是说，如果其准则（当它被制定成一个普遍法则时）绝不会同其自身抵触——那么，**这个意志就是绝对善的**。因此，该原则也就成了这个意志的最高法则："根据你能够同时愿意其普遍性犹如一个法则的那些准则而行动。"这就是一个意志据以绝不会同它自身抵触的独一原则，而且，这样一个命令式就是定言的。因为，作为种种行动的一个法则，这个意志的有效性类似于种种现存事物（依据

105 种种普遍法则的）普遍的相互联结——这种联结构成了自然本身[99] 的形式方面——所以，我们还可以把定言命令式表述如下："**根据这样的准则行动，该准则能够同时把它自己看作一个普遍的自然法则的对象（客体）**[100]"。按照这种方式，我们就为一个绝对善

(82) 的意志提供了公式。

理性本身凭借"它给自己设定一个目的"这一事实，将其自身从一切其他事物中分离出来。因此，一个目的就是每个善的意志的质料。但是，"一个绝对善的意志"的理念（Idea）——没有任何限定条件（亦即，它要达到这个或者那个目的）而为善——必须完

---

* 这句话的英译"so, as far as we can, to bring the universal formula nearer to intuition"，德文为"sie dadurch, so viel sich thun läßt, der Anschauung zu nähern"（由此，它尽可能多地使自己接近直观）。按理说，原文中的 sie 是指代前文中出现的 Handlung（行动）。但是，帕通认为，这样是说不通的，因为"行动"本来就是直观的。所以，他认为，sie 应该是指"普遍法则"或者"理性的理念"，并且大胆在英译中把 sie 译作 universal formula。参见尾注 98。——译者

全抽掉每一种必须要促成的目的(某种使每个意志仅仅成为相对善的东西)。因此,在这里,这个目的绝不能被设想为一个要促成的目的,而是必须被设想为一个自我实存的目的。因此,它必须仅仅消极地被设想[101]——也就是说,被设想为一个我们绝不能与之相悖而行动的目的,并且因此被设想为这样一个目的,即我们在自己的一切意愿中都绝不能仅仅当作一个手段,而是必须在任何时候都同时被当作一个目的。现在,除了是一切可能目的的主体本身之外,这个目的不能是别的任何东西,因为这个主体同时也是一个或许绝对善的意志的主体;因为,这样一个意志不能被置于任何其他目的之外而没有矛盾。于是,"对每一个理性存在者(无论是你自己还是其他人)都要如此行动,他要在你的准则中同时被当作一个就其自身而言的目的"这一原则,归根结底与"根据一个同时在其自身中包含着自己对每个理性存在者都普遍有效的准则而行动"这个原则是一回事。因为,说"在对每个目的使用手段时,我都 [4:438]
应该用如是一个条件制约我的准则,即该准则还要作为每个主体 (83)
的一个法则而普遍有效",这就等于是说——诸目的的一个主体,亦即一个理性存在者本身,必须被当作一切行动准则的根据,绝不仅仅被当作一个手段,而是要被当作一个制约着对每种手段之使用的最高条件——也就是说,在任何时候被当作一个目的。

现在,从这一点出发就无可争议地得出:每个理性存在者(作为一个就其自身而言的目的)对于无论何种他所要服从的法则,都可以把他自己也看作这个普遍法则的制定者;因为,准确说来,正是其准则适于被当作普遍法则这一点,把他标记为一个就其自身而言的目的。同样可以得出,他高于一切纯然的自然事物之上的

106 这种尊严（或者特权）带有如是一种必然性，即在任何时候都从把他自己——以及每个其他理性存在者——当作一个法则制定者的（正因为如此他们叫作人格）视角出发来选择他的准则的必然性。正是以这种方式，一个理性存在者的世界（mundus intelligibilis［理知的世界］）就作为一个目的王国而是可能的*——也就是说，通过作为其成员的众人格制定他们自己的法则而得以可能。据此，每个理性存在者都必须如此行动，仿佛他们要通过其准则在任

* 此处“一个理性存在者的世界”（a world of rational beings），德文为 eine Welt vernünftiger Wesen（一个理性存在者的世界），康德括注了拉丁文 mundus intelligibilis（理知的世界）——这其实就明确了 mundus intelligibilis（理知的世界）在《奠基》中的特定意义。mundus intelligibilis（理知的世界）是一个出自拉丁文柏拉图著作的术语，对应的古希腊文应该是 νοητός τόπος（noētos topos〔可思的处所〕）或 νοητός γένος（noētos genos〔可思的属〕），原意是指一切可思不可见的理念（ideas；ἰδέας）所处的领域。柏拉图认为，它比一切可见不可思的事物（πολλὰ）所处的领域更加实在。因此，mundus intelligibilis（理知的世界）不仅是可知晓的、可理解的，更重要的是，它还是一个同 mundus sensibilis（感知的世界）或希腊文的 ὁρατός τόπος（horatos topos〔可见的处所〕）与 ὁρατός γένος（horatos genos〔可见的属〕）相对立的概念，从而（严格来说）是指一个不可见的与不可感知的、但却可知晓的与可理解的世界。或许正是为了强调这一比较意义，汉语学界才习惯把 mundus intelligibilis 译作“理知的世界”。柏拉图有关“两个世界”或“两个处所”的讨论，可参见《理想国》，507b—c，508b—c，509d 等处。康德在许多著作中都使用 mundus intelligibilis（理知的世界）这个术语，以及与之对应的德式拉丁文 die intelligibele Welt（理知的世界）和德文 die verständliche Welt（知性世界）。然而，需要注意的是，康德并不是在柏拉图的意义上使用这个术语的，而是仅仅在他自己的特殊的认识论与形而上学背景，以及特殊的语境中使用的。单就此处文本而言，康德把“一个理性存在者的世界”说成是一个 mundus intelligibilis（理知的世界），是因为他在此（由于讨论的需要）仅仅抽象地把人（以及其他任何类型的理性存在者）看作“理性存在者”，而不考虑它们同时作为自然存在者的种种特征。因为，惟有从这种视角来看待人，他们才适于被看作一个并不必然完全受制于自然法则的存在者，而是还可以被看作一个就其自身而言的目的，进而使“一个理性存在者的世界”可以被看作“一个目的王国”（ein Reich der Zwecke）。——译者

何时候都是这个普遍的目的王国中的一个立法成员似的。这样一种准则的形式原则就是“要如此行动，仿佛你的准则必须同时（对 (84)
一切理性行动者）充当一个普遍的法则。”因此，一个目的王国惟有按照与一个自然王国的类比才是可能的；然而，目的王国惟有通过种种准则才是可能的——也就是说，一些自我强加的规则——而自然王国惟有通过一些关于种种从外部强制的原因的法则才是可能的。尽管存在这种差异，就其同作为其诸目的的理性存在者有关而言——并且出于这个目的——我们把作为一个整体的自然（即便它被看作一个机器）命名为一个“自然王国”。[102] 现在，通过那些为定言命令式向一切理性存在者指定为一个规则的准则，倘若这些准则被普遍地遵守，一个目的王国就会现实地得以实存。然而，即便一个理性存在者他自己要严格地遵守这样一个准则，但他无法指望每个其他理性存在者也都基于这一根据而恪守该准则，他也无法确信，这个自然王国及其合目的秩序将同他（作为一个目的王国的配当成员）携手合作，走向一个凭借他自己而得以可能的目的王国——或者，换句话说，将有助于他对幸福的期望。[103] [4:439]
但尽管如此，“根据为一个纯然可能的目的王国制定普遍法则的一个成员的准则而行动”，这个法则依旧充分有力，因为其诫命是定言的。而且，我们恰恰就是在这里遭遇到一个悖论，没有任何其他 (85)
目的或者好处要达成，纯然的人性的尊严，也就是说，人身上的理性本身的尊严——并且因此，对一个纯然理念（Idea）的敬畏——应该为意志充任一个不可变通的规诫；而且，正是“免于对那些兴趣的动机的依赖”构成了一个准则的崇高性，以及每个理性主体成为目的王国中的一个立法成员的配当性；因为，若非如此，他就必

须被看作仅仅服从于自然法则的——服从于他自己的种种需求的
107 法则。即便无论是自然王国、还是目的王国都被思维成统一在一个元首之下，并且因此后一个王国不再是一个纯然的理念（Idea），而是获得了真正的实在性，该理念实际上也由此获添了一个强有力的动机，但却绝不能增加其固有价值；因为，即便如此，这个唯一的与绝对的立法者本人也依旧必然被设想为，他惟独依据无兴趣的行为来评判理性存在者的价值，那些行为是他们仅仅凭借这个理念（Idea）为自己指定的。事物的本质并不随着它们的外在关系而改变；而且，无论何处有某种（不考虑这些关系）凭其自身就构成了人的绝对价值的东西，那么，无论是谁——甚至最高的存在者——也必须依据这个东西来评判人。因此，道德性就在于种种行动与意志自律的关系——也就是说，与凭借其种种准则的一种
(86) 可能的普遍法则之制定的关系。一个与意志自律相容的行动是被允许的；一个不能与之和谐一致的行动是被禁止的。一个其准则必然地与自律的法则相符的意志就是一个神圣的（或者绝对善的）意志。一个并不绝对善的意志对自律原则的依赖性（也就是说，道德上的强制）就是职责。因此，职责与一个神圣的存在者无涉。出于职责而行动的客观必然性，就叫作义务。

现在，从刚才说的东西中，我们就可以很容易地解释如下情况是如何发生的：尽管在义务的概念中，我们想到的是对法则的服从，然而，我们同时也把某种崇高性与尊严归之于这个履行其一切
[4:440] 义务的人格。因为，他并非就其服从法则而言具有崇高性，而是相反，就其（对于这个相同法则）同时也是法则的创作者，并且仅仅以此为根据才隶属于法则而言具有崇高性。我们还在前面指

出[104]，我们的一个能够赋予行动道德价值的动机，何以既不是畏惧，也不是偏好，而惟独是对法则的敬畏。我们自己的意志，倘
若它仅仅在如是一个条件之下去行动，即能够凭借其准则来制 (87)
定普遍的法则——我们所能拥有的这个理想意志就是敬畏的真正对象；而且，人的尊严准确来说就在于他能够制定普遍法则，尽管仅仅是在如是一个条件之下，即使他自己也服从于他所制定的法则。

意志的自律 108

作为道德性的最高原则

意志的自律是意志的一种性质，使得意志对它自己来说是一个法则（独立于每一种属于意愿的种种对象的性质）。因此，自律的原则就是“除了以这种方式做选择之外，绝不以其他方式做选择，即你的选择的诸准则也作为普遍法则出现在相同的意愿中。”这个实践的规则是一个命令式——也就是说，每个理性存在者的意志都必然地把这个规则当作一个条件而受其约束——这一点无法通过对包含于其中的种种概念的纯然分析获得证明，因为它是一个综合的命题。为了证明，我们必须要超出有关诸对象的知识，并且进入到对主体的一种批判——也就是说，对纯粹的实践理性的批判——因为，这个综合的命题（由于定然地诫令）必定能够完
全**先天地**被知晓。这项任务不属于本章。然而，通过对“道德性” (88)
这个概念的纯然分析[105]，我们就能够很好地表明，上述自律原则就是伦理学的独一原则。因为，分析发现，道德原则必须是一个定言的命令式，而且，这种命令式反过来所诫令的东西，不多不少无非

就是这种自律。

[4:441] 意志的他律

作为一切虚假的道德原则的来源

如果除了其准则为自己制定普遍法则的这种适合性之外，意志到其他**任何地方**去寻求规定它的法则——因此，如果意志超出它自身，到其任何对象的特性中去寻求这个法则——那么，其结果就在任何时候都是**他律的**。在那种情况下，意志就没有给予它自己法则，而是对象凭借它与意志的关系给予它法则。这种关系无论是基于偏好、还是基于理性的种种理念(ideas)，都只能导致一些假言的命令式："我应当做某事，**因为**我愿意**其他某物**。"与此相反，道德的(并且因此是定言的)命令式说："我应当愿意如此这般，即
(89) 便我没有愿意其他某物。"举个例子，第一种命令式说："我不应当说谎，如果我想要保住我的名誉"；而第二种命令式说："我不应该说谎，哪怕这样做不会给我带来丝毫的羞耻"。因此，第二种命令
109 式必须抽掉一切对象，抽到这种程度——它们根本就不应对意志有**任何影响**[106]，以至于实践理性(意志)并不纯然管理一种异己的兴趣，而是单单要展示其自身的作为最高的法则制定者的君主权威。因此，举个例子，我为什么应当促进他人幸福的理由[107]，就不是因为实现他们的幸福对我们自己有什么要紧(无论是基于直接的偏好，还是基于一些通过理性而间接获得的满足)，而是仅仅因为一个排除了他人幸福的准则，无法作为一个普遍法则出现在同一个意愿之中。

分类

关于建立在把他律当作其基本概念的假定之上的一切可能的道德原则

在这里，如同在其他任何地方一样，在人类理性成功地发现唯一正确的道路之前，它在其纯粹应用中——只要它缺乏一种批判——追求过每种可能的错误道路。

一切能够从这种视角出发而被采纳的原则都要么是经验性的
原则、要么是理性的原则。第一种原则（出自幸福的原则）要么是 (90)
基于自然情感，要么是基于道德情感。第二种原则（出自完善性的 [4:442]
原则）要么是基于“完善性”的理性概念，把它当作我们意志的一个
可能结果，要么是基于一种“自我实存的完善性”（上帝的意志）的
概念，把它当作我们意志的一个规定性原因。

［经验性的他律原则］

经验性的原则在任何时候都不适合于充当道德法则的一个根
据。如果这些法则的基础是从人类本性的特殊构造中取得的，或
者是从它置身于其中的偶然环境中取得的，那么，这些法则就会丧
失掉本应对一切理性存在者都无一例外地有效的那种普遍性——
它们由此所强加的那种无条件的实践必然性。然而，个人幸福的
原则是最令人反感的，这不仅因为它是错误的，还因为其“福祉总
是调整它自己以适应善举”的矫饰与经验相矛盾；不仅因为它没有
为确立起道德性贡献无论任何东西，因为“使一个人幸福”截然不
同于“使他成为善的”，而且，使他在追求自己的好处方面“成为机 110
智的或精明的”也截然不同于“使他成为有德的”；还因为它把道德

性建立在一些感性动机之上，这些动机反而会削弱道德性，并且完
(91) 全摧毁其崇高性，因为德性的诸动机被置于与恶习的诸动机相同的分类中，而且，我们仅仅被教导要在算计上成为更棒的，德性与恶习的确切差异则完全被抹煞掉了。另一方面，道德情感，这种所谓的特殊感觉①（无论那些不能思维的、即便当问题仅仅系于普遍法则时也希望从情感获得帮助的人们，他们诉诸这种特殊感觉的做法是何其肤浅；以及，无论那些因其本性就在彼此之间有着无穷多差异的情感，它们在为善与恶提供一个统一尺度上何其无能——更别提，一个人凭借其情感根本就无法对他人做出有效的判断）——道
[4:443] 德情感在这个方面仍然更接近道德性及其尊严：它光荣德性，把德性受到的赞许与敬意直接归因于她，而不是（仿佛要）当面告诉她说，我们爱慕她不是为了她的美，而是仅仅为了我们自己的好处。

［理性的他律原则］

(92) 在道德性的那些理性的基础中——那些源自理性的基础——有"完善性"的本体论概念[109]（无论何其空洞，无论何其不确定，并且因此对于在"可能的实在性"这一无边场域中揭示出那适宜于我们的最大实在性来说毫无用处；以及，在明确地把此处所讨论的这种实在性与其他每种实在性区分开来的企图中，无论它何其多地

---

① 我把道德情感分类为幸福的原则，因为每种经验性的原则都纯然从某种东西所提供的满足出发承诺对我们的福祉有所贡献，无论这种满足是没有任何对好处的考虑而直接给予的，还是针对这种好处而被给予的。同样，我们必须同哈奇森（Hutcheson）[108]一道，把对他人幸福的同情原则分类为他所采纳的道德感原则。（弗兰西斯·哈奇森〔Francis Hutcheson，1694—1746〕，18 世纪著名的爱尔兰哲学家，苏格兰启蒙运动的奠基者之一，道德感学派的重要代表人物，其伦理学思想深刻影响了亚当·斯密与大卫·休谟。——译者）

表现一种不可避免的、要在一个循环中打转的癖好，并且无法避免偷偷摸摸地预设了它必须要解释的道德性），无论如何，这个概念好过于把道德性从一个属神的与最完善的意志中推导出来的神学概念[110]；这不仅是因为，我们无法直观上帝的完善性，而且还只能把它从我们自己的种种概念中推导出来，而道德性是这些概念中最为显赫的；而且是因为，如果不这样做（而且，如果这样做了，就 111
将会给出一个粗糙的循环解释），我们依旧会留有“上帝的意志”这个概念——从对荣誉与统治的情欲这种特征出发，同权力与报复这些可怕的理念(ideas)结合起来，得出了这个概念——它将不可避免地构成道德体系的一个直接反对道德性的基础。

然而，如果我必须在“道德感”概念与一般而言的“完善性”概念之间做出选择[111]（它们至少都不会摧毁道德性，尽管它们都完全没有能力作为基础来支撑它），我会选择后者；因为，由于它至少使问 (93)
题的解决从感性中脱离出来，把它带到纯粹理性的法庭面前，尽管它在那里没有做出任何决定，但却把（一个就其自身而言善的意志）这个不确定的理念(Idea)保持为未经篡改的，以待更准确的规定。

［他律的失败］

此外，我相信，我能免于对所有这些体系做一个冗长的反驳。这种反驳是如此容易，而且，甚至那些其职位要求他们表态支持这些理论中的这种或者那种（因为他们的听众不大愿意忍受延缓判断）的人们大概也十分明白，花时间去反驳这些理论纯然是多此一举。但是，在这里，对我们来说更为有趣的是要知道，这些原则从未把他律以外的任何东西当作道德性的第一基础，并且因此必然地错失其目标。

[4:444] 无论在何处,意志的一个对象如果必须被当作一个基础,赖以在其上来制定一个规定意志的规则,那么,这个规则就是他律;这个命令式就是有条件的,它是这样的:“**如果**(或者**因为**)你愿意这个对象,你就应当去如此这般行动”;所以,它绝不能给出一个道德的——也就是说,一个定言的——诫命。然而,这个规定意志的对
(94) 象——无论是凭借偏好,如同在个人幸福的原则中那般;还是凭借那一般地指向我们种种可能意愿之对象的理性,如同在完善性的原则中那般——这个意志都绝不能凭借对一个行动的思想来**直接地**规定其自身*,而是仅仅凭借行动的预期结果对这个意志施加
112 的冲动力来规定自身:“**我应当去做某事,因为我愿意别的某物**。”而且,其基础还必须是作为一个主体的我身上的另一个法则,凭借这个法则,我必然地愿意这个“别的某物”——这个法则相应地还需要一个命令式,把种种限制强加给这个准则。[112] 这个冲动力被认定是(依据主体的自然构造)凭借一个“通过其自身的种种力量来达成的结果”的理念(idea)被施加给主体的,这些力量属于主体的本性——要么属于其感性(他的种种偏好与品味),要么属于其知性与理性,它们在一个对象上的运作,伴随着因凭借其本性的特殊构造而产生的满意——并且因此,严格来说,正是本性制定了法则。这个法则(作为一个自然法则)不仅必须通过经验而被知晓与

---

* 此处“思想”(thought),德文为“Vorstellung”(表象)。这句话的英译是“the thought of an action”,德文为“die Vorstellung der Handlung”(行动的表象),其实就是一个“我要如此行动”的意识。康德意思是说,善的意志是仅仅凭借一个“我要如此行动”的意识本身来规定自身的。相反,如果意志以其他任何东西为根据来充当“我要如此行动”的根据,即为了自身以外的任何其他对象而愿意“如此行动”,那就是他律。——译者

证明，并且因此就其自身而言就是偶然的，从而不适合于充当行动
的一个定然的规则（而一个道德法则必须是定然的），而且**在任何**
时候都纯然是意志的他律：这个意志没有赋予自己法则，而是一个 (95)
异己的冲动力通过一个中介赋予它法则，这个中介就是主体自己
易于获得这种冲动力的本性。

［这个论证的地位］

因此，一个绝对善的意志（其原则必须是一个定言的命令式）将（在一切对象的方面都是不确定的）仅仅包含**意愿**的**形式**，而那就是自律。换句话说，每个善的意志的准则使它自己成为一个普遍法则的那种适合性本身，就是每个理性存在者的意志自发地强加给它自己，而不会把它建立在任何冲动或兴趣之上的独一法则。

这样一个先天综合命题如何是可能的，以及它为什么是必然
的——对这个问题的解决不再处于一种道德的形而上学的界限之 [4:445]
内；我们在这里也没有断言这个命题的真理性，更没有假装我们有
能力提出一个证明。我们仅仅凭借阐明一种广泛流行的道德性概
念就已然表明，意志的自律不可避免地与之密切相关，甚至就是它
的基础。因此，任何人如果认真把道德性当回事，而不仅仅把它当
作一个毫无真理性的虚幻理念（Idea），都必定会同时承认我们已然 (96)
提出的原则。因此，本章（与第一章一样）纯然只是分析的。为了证
明道德性并不纯然只是大脑中的幻影——就得出一个结论，如果定
言命令式（以及与之相伴的意志自律）是真实的，并且作为一种先天 113
的原则是绝对必然的——我们就需要**纯粹实践理性的一种可能的**
综合应用。[113] 对于这样一种运用，如果不把对这种理性能力本身的一
个批判放在它前面，我们就不能冒险进行——这种批判的主要特征，

就其足以满足我们的意图而言，我们必须在最后一章中加以概述。

114 [4:446] (97)

第三章
从道德的形而上学过渡到纯粹实践理性的批判

自由的概念是解释意志自律的关键

意志是一种原因性[*]，属于诸活着的存在者，只要他们是理性的。因此，**自由**就是这种原因性所具有的性质[**]，即能够独立于种

[*] 此处“原因性”(causality)，德文为 Causalität(原因性)，正如前面的译者注中曾指出过的，尽管它一般被译作“原因性”，但就其字面意思来说，仅仅是指“某物在与他物的关系中充当原因”这一性质。“原因性”(Causalität)和“隶属性”(Dependenz)是一个不可分割的关系范畴，亦作“原因”(Ursache)和“结果”(Wirkung)，因为它们总是在相互关系中同时出现的。因此，说“意志是一种原因性”，就已经预设了一个“意志的结果”，这个结果就是经验世界中的一个现实的行动。正如康德在前文中指出的，意志是“依据对某些法则的表象来规定自己去行动的力量”，它既是对“我要如此行动”的意识，也是对“我要如此行动”的要求。人根据自己的意志在经验世界中做出一个现实的行动，其意志就必须被看作这个行动的原因。所以，意志是一种原因性，并且是理性存在者才能充当的原因性，因为无理性的事物只能依据自然法则而运动。——译者

[**] 此处“性质”(property)，德文为 Eigenschaft，亦可译作“属性”。这句话的意思是说，自由是意志的一种属性，并且表现在意志与行动的关系(因果关系)中。而且，康德马上对这种属性做了解释，即意志能够不受自身以外的任何东西的规定而发生作用——也就是说，意志是行动的原因，但无须再有其他东西充当意志的原因。因此，自由其实无非就是“自身无原因的原因性”，或者就意志是理性存在者的一个活动，并且是一个规定行动的活动而言，自由无非就是“自身不被动的动因”。然而，译者额外想要恳请读者注意的是：自由不是一个东西，或者(用更专业的属于)不是一个实体(Substanz)，它只是意志的一个属性；同时，意志也不是一个实体，它其实是一种能力，并且无非就是实践理性。只有人(或其他任何理性存在者)才是实体，意志在任何时候都是人(或其他任何理性存在者)的意志，自由也同样在任何时候都是人(或其他任何理性存在者)的自由。因此，不存在脱离一个人(或其他任何理性存在者)的意志和自由。——译者

种异己原因的规定而起作用*；正如自然的必然性是一种性质，以一切非理性存在者的原因性为特征——受到种种异己原因的影响而被规定去活动的性质。

自由的上述定义是消极的，从而作为把握其本质的一种方式，这个定义是没有成效的；但是，从它那里产生了一个积极的概念，它（作为积极的）是更丰富的与更富有成效的。原因性概念带有法则（Gesetze），依据这个法则，由于我们把某物叫作原因，那么，别 (98)
的某物——亦即结果——就必须被设定（gesetzt）。因此，意志的自由（尽管它不是一种符合自然法则的性质）出于这一理由就不是无法则的：相反，它必定是一种符合种种不可改变的法则的原因性，尽管是一种特殊的法则；因为，若非如此，一个自由的意志就会是自相矛盾的。正如我们已然所见，自然的必然性是种种作用因的一种他律；因为，每个结果都仅仅依据如是一个法则才是可能的，即别的某物规定了因果行动的作用因。那么，除了自律——也 [4:447]
就是说，意志所具有的“对它自己来说是一个法则”这一性质**——以外，意志的自由还能是什么东西呢？然而，“意志在其一切行动中都对它自己来说是一个法则”这个命题仅仅表达了这样一个原则：除了这个准则之外，不根据其他准则行动，该准则能够同时把它自己看作一个普遍法则的对象（客体）[114]。这恰恰就是

* 这就是自由的消极定义，或者说是一个否定的定义，即表明自由不是什么。此处说“能够独立于种种异己原因的规定而起作用”，其实就是说，意志的自由就是它并不由种种异己的原因所规定。——译者

** 这就是自由的积极定义，或者说是一个肯定的定义，即正面表明自由是什么。康德认为，那就只能是“意志对它自己来说是一个法则”这一性质，也就是自律。——译者

定言命令式的公式与道德性的原则。因此,一个自由的意志与一个在道德法则之下的意志就是同一回事。[115]

115 因此,如果意志的自由被预设了,那么,道德(连同其原则)就可以从对自由概念的纯然分析中得出。然而,道德的原则依旧是一个综合命题,亦即:"一个绝对善的意志就是,该意志的准则以其
(99) 被看作一个普遍法则的自身为内容";因为,我们不能通过分析"一个绝对善的意志"这个概念来揭示出其准则的这一特征。这样一个综合命题之所以是可能的,仅仅是因为两种认识[116]通过它们同一个第三项的联系而相互结合起来,它们二者都可以在这个第三项中被发现。**积极的**自由概念提供了这个第三项,它不能是(像在种种物理原因的情形中那般)是感知的世界(sensible world)*的本性(在"感知的世界"的概念中,"作为原因的某物"的概念与"作为结果的**别的某物**"的概念就它们的相互关系而言是同时出现的)。自由指示给我们的,以及我们**先天地**对其拥有一个理念(Idea)的这个第三项到底是什么,我们尚不能在这里径直指出,[117]而且,我们也无法让那从纯粹实践理性出发的对自由概念的演绎成为可理解的:我们还需要做一些准备。

---

* 此处"感知的世界"(sensible world),德文为 Sinnenwelt(感知世界),拉丁文为 mundus sensibilis(感知的世界),以及柏拉图所说的 ὁρατός τόπος(horatos topos〔可见的处所〕)或 ὁρατός γένος(horatos genos〔可见的属〕)。"感知的世界"是一个对立于 mundus intelligibilis(理知的世界)的概念,其本意是指一切可见的、可感的事物的总体。根据康德的认识论,感知的世界就是一个通过感官呈现于主体的心灵或意识之中世界,也就是作为显象的世界或现象界,它全然处于自然法则的支配之下,其中不能发现任何独立于自然的原因性。——译者

自由必须被预设为一切理性存在者的意志的一种性质

根据无论何种理由，把自由归于我们的意志都是不够的，除非我们有很充分的理由把相同的自由同样地归于一切理性存在者。因为，由于道德对于仅仅作为理性存在者的我们来说是一种法则，(100) 那么，它就必定对一切理性存在者都同等地有效；而且，由于它必须仅仅从自由的性质中被推导出来，那么，我们就必须证明，自由也是一切理性存在者的意志的一种性质。从人类本性的某些误以为的经验出发来证明自由是不够的（尽管这样做无论如何也是绝对不可能的，而且，自由也只能先天地加以证明）[118]：我们必须证 [4:448] 明，它普遍地属于那些被赋予一个意志的理性存在者的活动性(activity)*。现在，我断言，每个若非在自由的理念(Idea)之下就无法行动的存在者，惟此才——从一种实践的视角来看——确乎是自由的；也就是说，一切不可分离地跟自由相结合的法则对他来说都是有效的，正如他的意志可以根据一些对理论哲学来说也有效的理由而被宣布为就其自身而言就是自由的。① 而且，我坚持 116

* 此处“活动性”(activity)，德文为 Thätigkeit（活动性），在马克思主义的语境中也常译作“能动性”。因为，理性存在者的 Thätigkeit（活动性）不仅是一种活动能力或运动能力，而且是分析地包含了“自发性”的概念，亦即一种自发的活动能力。“自由”正是理性存在者的这种活动能力所特有的性质。——译者

① 如果自由纯然被当作一个被一切理性存在者预设在他们的行动之中的理念(Idea)，那么，这种方法对于我们的意图来说是充足的，而且，我们采纳这种方法也是为了避免必须从一种理论的视角来证明自由的职责。因为，即便后一个问题悬而未决，相同的法则，作为约束一个真正自由的存在者的法则，也会同等地对一个只会在“他自己的自由”这个理念之下行动的存在者有效。以这种方式，我们能够使我们自己从理论施加的负担中解脱出来。[119]

(101) 认为,对于每个拥有一个意志的理性存在者,我们都必须给予自由的理念(Idea),作为他唯一在其下能够行动的理念(Idea)。因为,在这样一个存在者身上,我们设想一种实践的理性——也就是说,这种理性把原因性施加到其种种对象之上。但是,我们不可能把一种理性设想为在其种种判断中有意识地从外部接受指导的[120];因为,在那种情况下,主体就会把其判断力的规定归于一种冲动(impulsion)*,而不是归于他的理性。理性必须把它自己看作自己的诸原则的创作者,独立于种种异己的影响。因此,作为实践的理性,[121] 或者作为一个理性存在者的意志,它必须被它自己看作自由的;也就是说,一个理性存在者的意志惟有在自由的理念(Idea)之下才能是他自己的一个意志,而且,这样一个意志因此就必须——从一种实践的视角来看——被归于一切理性存在者。

依附于道德的诸理念的兴趣

[道德兴趣与恶性循环]

我们最终已经把道德的确定概念追踪到了自由的理念
[4:449] (Idea),但是,我们完全无法证明自由是我们自己身上的与人类本
(102) 性中的某种现实的东西:我们只是看出,倘若我们要把一个存在者设想为理性的,并且设想为被赋予了一种同其种种行动有关的原因性的意识——也就是说,被赋予了一个意志——那么,我们就必须预设自由。因此,我们发现,基于完全相同的根据,我们必须把

* 此处"冲动"(impulsion),德文为 Antrieb(冲动),而不是像其他大多数地方一样是 Triebfeder(动机),故而也没有将其译作"冲动力"。出现这个例外,很可能只是因帕通在定稿时的疏忽而未能统一。——译者

如是一种性质归于每个赋有理性和一个意志的存在者，即在他自己的自由这个理念(Idea)之下规定自己去行动。[122]

从对这个理念(Idea)的预设出发[123]，就产生出(正如我们更远所见的)对一些行动法则的意识，这些法则是行动的主观原则——也就是说，是一些准则——它们在任何时候都必须以这样一种方式被采纳，即也能够作为一些原则而在客观上有效——也就是说，普遍地有效——并且因此能够充任我们自己颁布的普遍法则。但是，我为什么单单作为一个理性存在者就应该让我自己服从于这 117
个法则，并且在这样做时，也让每个其他富有理性的存在者也服从于它呢？我愿意承认，没有任何兴趣**强迫**我这样做，因为这样就不会产生一个定言的命令式；但尽管如此，我们必定必然地对它**怀有**一种兴趣，并且明白这是如何发生的；因为，这种“我应当”准确来说就是一个对每个理性存在者都必然有效的“我愿意”——只要他身上的理性没有任何阻碍而是实践的。对于如是一种存在者来说，即那些(如我们一般)也受到感性刺激的——也就是说，受到一种截然不同的动机刺激的——并且并不在任何时候都如同理性凭其自身将会的那般去行动的存在者，这种必然性就表现为一种“我 (103)
应当”，而且，这种主观的必然性就有别于客观的必然性。[124]

看起来，在我们的自由理念(Idea)中，仿佛我们事实上只是把道德法则当作理所当然的——也就是说，当作意志自律的特有原则——并且不能为其实在性与客观必然性给出一个独立的证明。在这种情况下，我们虽然依旧取得了一个相当大的收获，因为我们至少相比过去更为准确地阐明了这个纯正的原则。然而，对于其有效性，以及在实践上使我们自己服从于它的必然性，我们还没有取得任何进展。我们的准则作为一个普遍法则的有效性为什么必须成为限制我们行动的一个条件？我们要把我们附于这种行动方式的价值——这种价值被认作是如此伟大的，以至于没有任何兴趣比之更高——建立在什么东西之上？而且，人惟独在其中才相信自己感受到了他自己的人格价值，与
[4:450] 这种价值相比，一种令人愉快的或者满是痛苦的状态的价值根本算不得什么，这种情况是如何发生的？对于这些问题，我们还没有能力给出任何充足的回答。

我们确实发现，我们自己能够对一种人格特征怀有兴趣，这种
(104) 人格特征不带有对纯然状况的任何兴趣，[125] 而是仅仅使我们适合于分享这样一些状况，倘若它们由理性来分配的话。那也就是说，“配享幸福”这个纯然事实，无须持有“分享幸福”这一动机，单凭自身就能使我们感兴趣。然而，这样一个判断事实上纯然只是我们已然假定属于道德法则的那种重要性的一个结果（只要我们通过我们的自由理念〔Idea〕而使我们自己脱离每种经验性的兴趣）。但是，在此基础上，对于“我们应当使我们自己摆脱经验性的兴趣”
118 的原则——也就是说，我们应当在我们的行动中把我们自己看作是自由的，并且尽管如此认为，我们自己是受到某些法则的束缚的，以便惟独在我们自己的人格中发现一种价值，这种价值能够补偿我们在每种能够使我们的状况有价值的东西上的损失——我们尚未能有任何洞识。我们没有看出这是如何可能的，从而也没有**看出道德法则如何能够具有约束性**。

我们必须坦率地承认，这其中表现出一种循环，这种循环（如其看似的那般）没有方法可以逃脱。在种种作用因的秩序中，我们把我们自己当作自由的，以至于我们可以把我们自己设想为在种种目的的秩序中处于道德法则之下的；然后，我们再把我们自己思维成服从于道德法则的，以此为根据，我们就已经把我们的意志描述为自由的。自由，以及意志对其自身种种法则的颁布，这两者实际上都是自律——并且因此是可以互换的概念[126]——但正是出于 (105)
这一理由，它们中的一个不能被用于解释另一个，或者为另一个提供根据。它至多能够为一些逻辑上的意图而被使用，以便能把相同对象的看似不同的理念（ideas）置于一个单一概念之下（就像等值的不同分数能够被化约成它们最简单的表达式一样）。

［两种立场］

然而，我们依旧有转圜的余地。我们可以询问，难道我们不是在借助于自由把我们自己设想为一些**先天地**活动着的原因时采取了一种立场，在我们参照我们的种种行动（作为我们眼前所见的结果）来思量我们自己时采取了另一种立场吗？

有一种观察，无须任何精细的反思就是可能的，并且（我们可以假定）最为日常的理智也能够做出这项观察——但无疑是以其自己的方式，即通过它已知为“情感”的那种判断力的一些含糊区 [4:451]
分来做出。这项观察就是——一切撇开我们的意愿就来到我们眼前的理念（idea）（就像对种种感觉的理念〔idea〕那般）之所以能够使我们知晓一些对象，都仅仅是因为这些对象在刺激我们自身：至于它们就其自身而言是些什么，这依旧是未知的。因此，这样一些理念（ideas），即便知性在注意力和清晰性上付出最大的努力，也只 (106)

能充当诸显象的知识，绝不能充当就其自身而言的事物（things in themselves）[*]的知识。一旦做出这种区分（它或许纯然是由于注意到如是一个差异而做出的，即那些从外面给予我们、我们自己则是被动接受的诸理念〔ideas〕，同那些完全从我们自己产生的、并且因此展现出了我们自己的活动性〔activity〕的诸理念〔ideas〕之间
119 的差异），就自行得出，在诸显象的背后，我们必须承认与假定别的某种不是显象的东西——亦即，就其自身而言的事物——尽管由于我们绝不能获悉这些东西，而是只能以它们刺激我们的方式来获悉它们，我们必须屈从于如是一个事实，即我们绝不能向它们走得更近，并且绝不能知晓它们就其自身而言到底是什么。这就必定为我们产生一种（尽管有些粗糙的）区分，即感知的世界与理知的世界（intelligible world）[**]的区分，前者依据形形色色的观察者在感性上的差异也可以是变化多端的，然而，后者（它是前者的根据）在任何时候都保持为相同的。甚至对于他自己——就人通过内感觉而被他自己所知悉而言[127]——他也不能主张自己知晓他就其自身而言是什么样子的。因为，由于他（可以这么说）并没有创

---

* 此处“就其自身而言的事物”（things in themselves），德文为 Dinge an sich（单数形式为 Ding an sich），国内学界一般译作“物自身”“物自体”或“自在之物”。——译者

** 此处“理知的世界”（intelligible world），德文为 Verstandeswelt（知性世界），康德用它来翻译拉丁文的 mundus intelligibilis（理知的世界）。然而，除了 Verstandeswelt（知性世界）之外，康德在下文中还会使用 die intelligibele Welt（理知的世界），但它只是一个援用了德式拉丁词 intelligibel 的术语，与 Verstandeswelt（知性世界）的意思是完全一致的，因为康德在相同的意义上使用拉丁文的 intellectus（理智）、德式拉丁文的 intellekt（理智），以及德文的 Verstand（知性）。康德通常交替使用 Verstandeswelt（知性世界）与 die intelligibele Welt（理知的世界），这很可能是为了避免因措辞上的重复所导致的行文不美。因此，帕通把它们一律译作 intelligible world（理知的世界），为尊重起见，译者不打算在翻译上对它们做出区别，但它们在下文中出现时，均会括注德文。——译者

制他自己，而且，由于他不能先天地，而是只能经验性地获得他的自我概念，那么，即便是有关他自己的信息，他也要通过感官来获得——也就是说，通过内感官来获得——并且因此只能通过他自己本性的纯然显象来获得，并且通过它的意识受到刺激的方式来 (107)
获得，这是自然而然的。然而，超乎他自己作为一个（如其所是地）由纯然的诸显象组成的主体[128] 这一特性之外，他必须假定还有别的某种东西是其根据——亦即其 Ego（自我）*，如其或许就其自身而言被构成的那般；并且因此，针对纯然的知觉与接受感觉的能力[129]，他必须把他自己算作是属于感知的世界的，但是针对那无论何种他身上可以是纯粹活动性的东西（无论何种并非通过诸感觉的刺激，而是直接地进入到意识之中的东西）[130]，他必须把他自己算作是属于理智的世界（intellectual world）**的，然而，对于这个世界，他并不知晓更多东西。

---

* 此处"Ego（自我）"，德文为 Ich（我）。——译者

** 此处"理智的世界（intellectual world）"，德文为 die intellektuelle Welt，这是一个跟"理知的世界"（die intelligibele Welt）略为不同的术语。理智的世界（intellectual world）是指一个由 Intelligenzen（理智，准确地说，Intelligenz 在此是指"理智实体"或"有理智的存在者"）组成的世界，正如康德在下文中所言："他（理性存在者）作为理智（als Intelligenz）的自己（并且因此不是在其种种低级能力的方面）看作是属于理知的世界的、而不是感知的世界的。"相应地，"理知的世界"（die intelligibele Welt）字面上是指一个不可直观、不可感知，但却可知晓、可理解的世界——当然，在康德的语境中，它其实仅仅是理性上可设想的，还不能在严格意义上说是可知晓的。理知的世界（mundus intelligibilis）与理智的世界（die intellektuelle Welt）当然是指同一个世界，或者说，它们指的是同一个对象。但它们毕竟有些微不同的意义：理知的世界（mundus intelligibilis）是一个从人类认识能力出发、从我们思维该世界的方式出发的概念，而理智的世界（die intellektuelle Welt）则是一个从那个世界的成员出发来定义的概念。——译者

一个思维着的人必定就每种可以呈现于他的事物达到这样一
[4:452] 种结论。这个结论很可能甚至在最为日常的理智中也可以发现，
这种理智(众所周知地)在任何时候都趋于在感觉对象背后去看出
某种进一步的东西，某种不可见的与自发活动的东西；但是，他紧
接着就败坏了这个东西，通过直接地把这个不可见的某物感性
化——也就是说，他想要使之成为直观的一个对象，并且因此丝毫
也没有凭借这一做法而变得更加智慧。

现在，人现实地在他自己身上发现一种力量，这种力量把他跟
一切其他事物区分开来——甚至把他跟那个就他受到对象刺激而
(108) 言的自己区分开来。这种力量就是**理性**。[131] 作为纯粹的自发性，
120 理性在如下方面甚至还高于**知性**。知性——尽管它也是自发性的
活动，而且，并不(像感官那般)局限于那些惟有当我们受到种种事
物的刺激时才会产生的(并且因此是被动的)诸理念(ideas)——凭
其自身的活动性，除了那些其唯一用处就是**把种种感性的理念**
(ideas)置于规则之下，并且把它们联合在一个意识之中的概念之
外，无法产生任何概念：没有这种感性的应用，知性就根本没有任
何东西可思维。另一方面，理性——在那些叫作“理念”(Idea)东
西中——表现出一种如此纯粹的自发性，以至于它远远超出了任
何感性所能提供的东西：在把感知的世界与理知的世界
(Verstandeswelt)彼此区分开来，并且因此为知性本身划定种种限
制时，它就展现出了其最高的功能。[132]

因此之故，一个理性存在者必须把他**作为理智**(qua

intelligence)* 的自己(并且因此不是在其种种低级能力的方面)看作是属于理知的世界(Verstandeswelt)的、而不是感知的世界的。因此,他有两种视角,他可以从这两种视角来看待他自己,而且,从这两种视角出发,他能够知晓那些统治着其种种力量之应用的、并且因此统治着其一切行动的法则。他首先能够把他自己——就他属于感知的世界而言——看作是处于自然法则(他律)之下的;然 (109)
后,其次——就他属于"理知的世界"(die intelligibele Welt)** 而言——看作是处于那些(独立于自然的)并非经验性的,而是仅仅在理性中才有其根据的法则之下的。

作为一个理性存在者,并且因此属于理知的世界(die intelligibele Welt),除了在自由的理念(Idea)之下,人绝不能设想他自己意志的原因性;因为,独立于感知的世界中的种种原因的规定的(而且,这正是理性必须在任何时候都归于它自身的东西)就是自由的。自由的理念(Idea)不可分离地系于自律的概念,而后者又不可分离地系于道德的普遍原则——这个原则在理念 [4:453]
(Idea)[133] 中构成了理性的存在者的一切行动的根据,正如自然法则构成了一切显象的根据。

* 作为理智(qua intelligence),德文为 als Intelligenz。在此,"理智"(Intelligenz)是指理智实体或有理智的存在者,相当于康德常说的 das vernünftige Wesen(理性存在者)。——译者

** 此处"理知的世界"(intelligible world),德文为 die intelligibele Welt(理知的世界),而不是 Verstandeswelt(知性世界),这也是 die intelligibele Welt(理知的世界)第一次在《奠基》中出现。但是,正如前面的译者注中曾指出过的,die intelligibele Welt(理知的世界)与 Verstandeswelt(知性世界)并无分别,它们可以看作是 mundus intelligibilis(理知的世界)的两种译法,帕通把它们一律译作 intelligible world(理知的世界)。——译者

现在，我们在前面提出的那种怀疑就消除了——亦即在我们从自由到自律、从自律到道德法则的推理中，可能会有一个隐藏的循环；我们或许实际上只是因为道德法则才假定了自由的理念(Idea)，以便随后再从自由中推出道德法则；并且因此，我们根本
121 就没能给道德法则指派任何根据，而是纯然凭借诉诸一个原则来假定它，一个心地善良的灵魂乐于承认我们拥有的原则，但我们绝
(110) 不能把它当作一个可证明的命题来提出。现在，我们看到，如果我们把我们自己思维成自由的，我们就把我们自己当作成员转移到了理知的世界(Verstandeswelt)，并且认识到了意志的自律连同其后果——道德性；然而，如果我们把我们自己思维成身处职责之下的，我们就把我们自己看作属于感知的世界的，但同时也属于理知世界(Verstandeswelt)的。

一个定言的命令式如何是可能的?

一个理性存在者把他自己(作为理智)算作属于理知的世界(Verstandeswelt)的，并且他仅仅作为作用因属于理知的世界(Verstandeswelt)才把其原因性命名为“意志”。然而，另一方面，他意识到自己也是感知的世界的一个组成部分，在其中，他的种种行动乃是作为这一原因性的纯然显象而被体验到的。然而，这些行动的可能性却无法凭借这样一种原因性而成为理知的(intelligible)，因为我们对这一原因性没有任何直接的认识；而是相反，这些行动(作为属于感知的世界的行动)必须被理解为是由其他种种显象所规定的——亦即，由种种欲求与偏好所规定的。因此，如果我仅仅是理知世界中的一个成员，那么，我的一切行动

就完全符合一个纯粹意志的自律原则；如果我仅仅是感知的世界中的一个组成部分，那么，它们就必须被当成完全符合那个统治着种种欲求与偏好的自然法则的——也就是说，符合自然的他律。
（在第一种情况下，它们就会奠基于道德性的最高原则之上；在第 (111)
二种情况下，则奠基于幸福的最高原则之上。）**但是**，**由于这个理知的世界**（Verstandeswelt）**包含着感知的世界的根据**，**并且因此包含着其诸法则的根据**，并且由于它因此直接地针对我的意志[134] 立法（我的意志完全属于理知的世界[Verstandeswelt]）[135]，也必须被设想为如此立法的，于是得出——尽管我从另一个视角把我自己看
作一个属于感知的世界的存在者，但我必须要认识到，我（作为理 [4:454]
智）服从于理知世界的法则——也就是服从于把这一法则包含在自由的理念（Idea）中的理性，并且因此服从于意志的自律。所以，我们必须把理知世界的诸法则看作于我而言的诸命令式，并且把那些符合这些原则的行动看作诸义务。

而且，按照这种方式，定言的诸命令式之所以是可能的，就是 122
因为自由的理念（Idea）使我成为理知世界（die intelligibele Welt）的一个成员。既然如此，如果我仅仅是理知世界中的一个成员，我的一切行动**就会**始终如一地符合意志的自律；但是，由于我同时把我自己直观为感知世界中的一个成员，它们就“**应当**”如此符合。这种**定言的**“应当”向我们呈现为一个**先天的**综合命题，因为，我的那个受到种种感性欲求之刺激的意志被添加上了同一个意志的理念（Idea）[136]，但这同一个意志却被视作一个属于理
知世界（Verstandeswelt）的纯粹意志，并且因其自身就是活动的意 (112)
志——对于理性来说，这个意志就包含了前一个意志的最高条件。

这大致上就像是知性的诸概念那般，知性的诸概念（它们单凭自身不能标明任何东西，而只是标明一般而言的法则的形式）被添加给感知的世界的种种直观，并且因此使得我们的一切自然知识都建立于其上的那些**先天的**综合命题得以可能。

日常人类理性的实践应用证实了这种演绎的正确性。如果以
“心意正直”“信守善的诸准则”“同情与善待一切人”为例（即便这
些东西同利益与舒适上的巨大牺牲结合在一起），那么，没有任何
人，即便是最顽固的恶棍——只要他习惯于以其他方式使用理
性——不希望他也有可能是一个拥有这种精神（spirit）的人*。他
没有能力在他自己的人格中实现这样一目标——尽管这仅仅是由
于他的种种欲求与冲动；但是，与此同时，他希望从这些偏好中解
脱出来，它们是压在他自己身上的重担。凭借这样一个期望，他表
明：拥有一个从感性冲动中解脱出来的意志，他就在思想中把自己
传送到种种事物的一种秩序之中，这个秩序同他的种种欲求在感
性领域中的秩序截然不同；因为，从这种期望的实现中，他不能期
待有任何感性的欲求得到满足，从而不能期待如是一种状态，即他
[113] 的任何现实的或者仅仅可设想的偏好得到了满足（因为，由于这
样一种期待，那个引发这种期望的理念〔Idea〕就会丧失其优越
[4:455] 性）；他所能期待的一切就只是他自己人格的一种更大的内在价
值。如果他把自己转移至“理知世界的一个成员”（ein Glied die
Verstandeswelt）的立场，他就相信自己变成了这种更善的人格。

* 此句英译为“that he too might be a man of like spirit”，德文为“daß er auch so gesinnt sein möchte”（他也可能拥有这种意念）。其中，名词“精神”（spirit）对应于德文形容词 gesinnt（有……的意念），实际上也是对应于 Gesinnung（意念）。——译者

自由的理念(Idea)——也就是说,不依赖于感知的世界中的种种 123
原因之规定的理念(Idea)——迫使他不由自主地要这样做;而且,
从这种立场中,他就意识到对一个善的意志的拥有,这个意志(据
他自己所承认的)就构成了恶的意志(这种意志属于作为感知的世
界中的一个成员的他)的法则——他即便在逾越这一法则时也意
识到其权威性。因此,对于作为理知世界(die intelligibele Welt)
的一个成员的人来说,道德上的“我应当”就是一个“我愿意”;而
且,仅仅就他同时把自己设想为感知的世界中的一个成员而言,它
才被设想为“我应当”。

实践哲学的终极限制

[自由与必然的二律背反]

一切人都把他们自己思维成拥有一个自由的意志。由此,就
得出了一切有关“某些行动虽然**不曾做出**,但却**应当要做**”的判断。
这一自由不是任何经验概念,它也不能是经验概念,因为,对于在
自由的预设之下被看作“必然的”[137] 的那些要求,即便经验表现出
这些要求的对立面,自由的概念也依旧是有效的。另一方面,每件 (114)
发生的事情都万无一失地依据自然法则被规定,这也是必然的;而
且,这一自然的必然性同样也不是任何经验概念,这恰恰是因为它
带有必然性的概念,并且因此带有**先天**知识的概念。然而,自然的
概念由经验所证实,而且,倘若经验——也就是说,感知的诸对象
依据普遍法则的融贯知识——要得以可能,就不可避免地必须预
设自然的概念。因此,自由仅仅是理性的一个理念(Idea),其客观
实在性就其自身而言是可疑的,然而,自然却是**知性的一个概念**,

它在那些出自经验的例子中证明了、并且必定必然地证明了其实在性。

由此，就产生了理性的一个辩证[138]，因为把自由归于意志，这似乎跟自然的必然性是不相容的；而且，尽管理性在这个分岔路口发现，对于**思辨的诸意图**来说，自然必然性的道路相比自由的道路要更加通畅和有用得多，但对于**行动的诸意图**来说，自由的小径却
[4:456] 是我们能够在我们的行为中使用理性的唯一道路。因此，以论证
(115) 消除自由，无论是对于最为精妙的哲学，还是对于最为日常的人类
124 理性来说都是不可能的。因此，理性必须假设，在人类行动的“自由”与“自然的必然性”（它们两者被归于同一人类行动）之间，不会发现任何真正的矛盾之处；因为，人类行动既不能抛弃自然的概念，也不能抛弃自由的概念。

尽管如此，我们至少必须以一种令人信服的方式摆脱这个表面上的矛盾——虽然我们绝不能够领会自由如何是可能的。因为，如果自由的思想(the thought of freedom)*是自相矛盾的或者同自然——作为一个同样必然的概念——不相容的，那么，自由就必须为了自然的必然性起见而被完全抛弃。

［两种立场］

如果主体相信他自己是自由，但却在把他自己称作“自由的”时，以及在主张他自己服从于自然法则时，他是**在相同的意义上**，或者**准确来说是在相同的关系中**设想他自己，那么，想要逃离这种

* 此处“思想”(thought)，德文为 Gedanke（思想），而不是 Vorstellung（表象）。因此，同上文边码[4:406]、[4:410]、[4:444]处的“思想”不是一回事，在此恳请读者注意。——译者

矛盾就是不可能的。因此，思辨哲学有一项不可回避的任务，即至少要指明这一点——它的这个关于矛盾的幻相乃是基于我们设想人的方式，当我们把他叫作“自由的”时，我们是在一种意义上或一种关系中设想他，而当我们把他（作为自然的一个组成部分）看作 (116)
是服从于自然的诸法则的时，我是在另一种意义上或者关系中看待他；而且，两种特征不仅**能够**很好地共处，而且必须被设想为**必然地结合在**同一个主体身上；因为，若非如此，我们就不能解释，我们为什么要用一个理念（Idea）来给理性添麻烦——即便它能够**无矛盾地**同一个截然不同的与得到充分证实的概念结合起来——使我们卷入一项使理性在其理论运用方面陷入令人恼火的窘境之中的工作。这项义务仅仅由思辨的哲学承担，以便为实践的哲学扫清道路。因此，哲学家们是要消除这个表面上的矛盾，还是任其原封不动，这是由不得他们自行决定的；因为，在后一种情况中，有关这一话题的理论就成了 *bonum vacans*（无主的财产），[139] 使得宿命论者能够合法地据为己有，并且能够把一切道德性逐出其自诩己有的财产中，这些财产本是他无权持有的。

然而，在这一点上，我们还不能说，实践哲学的界限开始出现了。因为，解决掉这一争执并不是实践哲学所拥有的一个组成部分：实践哲学只是要求思辨理性结束这场使它卷入到一些理论问 [4:457]
题中的纠纷，以便使实践理性获得和平与安定，免于遭受一些能够 125
把它引入这样一种争议的外部攻击，即一种有关他试图要占据的那块领土的争议。

(117) 即便日常人类理性对意志之自由的合法所有权也奠基在一种意识之上——以及一种已被接受的预设——即理性独立于如是一些原因的纯粹主观的规定，这些原因全部加起来就构成了一切属于感觉的、并且被归入“感性”这个一般名目之下的东西。如果人把他自己设想为赋有一个意志的、并且因此赋有原因性的“理智”，那么，同他在把他自己设想为感知的世界中的一个现象（那是他现实地所是者）、并且让他的原因性服从于那种依据自然法则的外在规定时相比，他在把他自己看作“理智”时，也就把他自己置于种种事物的另一种秩序之中，并且置于同一些种类上截然不同的规定性原因的关系之中。那么，他马上就意识到，这两者能够（并且实际上必定）同时发生；因为，主张一个作为**显象**（属于感知的世界）的事物服从于某些法则，但它作为一个**就其自身而言的事物**或者存在者却独立于这些法则，这种主张并没有丝毫的矛盾。他必须以这种双重的方式来表象与设想他自己，就第一个方面而言，他表象与设想他自己的方式依赖于他意识到他自己是一个通过诸感官受到刺激的对象；至于第二个方面，他表象与设想他自己的方式依赖于他意识到他自己是“理智”——也就是说，在他对理性的使用中独立于种种感性的印象（并且因此属于理智的世界）。

(118) 因此，就得出：人主张他自己拥有一个意志，这个意志不把任何纯然属于其种种欲求与偏好的东西归咎于它自身；以及，另一方面，他把“种种行动通过其行动性（agency）能够全然不顾一切欲求和感性的引诱而实施”设想为可能的，并且实际上设想为必然的。[*] 这样一些行动的原因性就在作为“理智”的人身上，并且就在那些符合一个理知的世界中的诸原则的种种结果与行动的法则之中。对于那个世界，他所能知晓[140] 的无非只是——在其中，惟独理性（并且实际上是独立于感性的纯粹理性）才是法则的来源；还有，在那个世界中，他真正的自我只是“理智”（然而，作为一个人类存在者，他又纯然是他自己的显象），所以这些法则直接地[141] 和定言地适用于他。由此得出，来自种种欲求[**]与冲动（并且因此来自整个感知的自然世界）的引诱无法损害那些统治着其作为“理智”的意志的法则。实际上，他既不为前者负责，也不把它们 [4:458] 126
归咎于其真正的自我——也就是说，归咎于他的意志；但是，如果

* 此句英译为“on the other hand, that he conceives as possible through its agency, and indeed as necessary, actions which can be done only by disregarding all desires and incitements of sense”，德文为“der Mensch … dagegen Handlungen durch sich als möglich, ja gar als nothwendig denkt, die nur mit Hintansetzung aller Begierden und sinnlichen Anreizungen geschehen können”（人……相反，把只能不顾一切欲求和感性的诱惑而发生的行动设想为凭借自身而可能的、甚至必然的）。值得注意的是，帕通没有把 durch sich（凭借自身）译作 through itself，而是引入了一个 agency（行动性）的概念，译作 through its agency（通过其行动性）。agency（行动性）是当代英语学界康德伦理学研究中的一个常用术语，源自拉丁文的 agens（做，行动，驱动），德文也用 Agens 来表示“行动者”或“作用因”。agency（行动性）与 activity（活动性）或德文的 Tätigkeit（活动性）相比，更加强调主体性。尽管在康德（以及其他许多哲学家）的实践哲学著作中，activity（活动性）或 Tätigkeit（活动性）通常都特指惟有理性存在者才具有的自发性活动能力这一性质（或属性），但这两个术语本身也可以涵盖非自发性的、自然运动意义上的活动性。相比之下，agency（行动性）是一个比 activity（活动性）或 Tätigkeit（活动性）更为狭义的概念，它排他性地意指理性存在者特有的那种自发性的活动性。因此，在英语康德伦理学研究中，英语学者喜欢用 agency（行动性）来代替 activity（活动性）或 Tätigkeit（活动性），用 rational agent（理性行动者）来代替 vernünftiges Wesen（rational being〔理性存在者〕）。——译者

** 此处“种种欲求”（desires），德文为 Neigungen（偏好），而不是 Begierden（欲求）。帕通通常把 Neigung（偏好）译作 inclination，把 Begierde（欲求）译作 desire。此处是个特例，并且很可能只是定稿时未能发现并改正的一个错误。——译者

他允许这些欲求*与冲动影响他的准则，以至于损害那些统治着他的意志的理性法则，他就确实要把这种纵容归咎于他自己。

［没有任何关于理知的世界的知识］

通过思维它自己进入到理知的世界之中，实践理性丝毫也没有越过它的界限：惟有当它企图直观或者感觉它自己进入那个世
(119) 界之中时，它才越过了它的界限。然而，讨论中的这个思想只是一个关于感知世界的纯然消极的思想：在规定意志的时候，它不能给予理性任何法则，并且惟有在这一点上才是积极的，即它把作为一种消极特征的自由跟一种（积极的）力量——并且实际上是跟一种理性的原因性，我们把这种原因性叫作“意志”——以及跟一种去如此行动的力量结合起来，即我们行动的原则要符合一个理性原因的本质特征，也就是说，要符合这样一个条件，即这些行动的准则要具有一个普遍法则的有效性。如果实践理性还要从理知的世界引入意志的一个对象——也就是说，行动的一个动机——那么，它就越过了它的界限，并且假装知悉了某些它一无所知的东西。因此，理知世界的概念仅仅是一种视角，[142] 理性发现它自己被迫在种种显象之外采取的一个视角，以便把它自己设想为实践的。如果感性的种种影响能够规定人的话，那么，如此设想它自己就会是不可能的；但是，如此设想它自己无论如何都是必然的，只要我们不否认他意识到他自己是“理智”，并且因此意识到他自己是一个理性的原因，一个凭借理性而是活动的原因——也就是说，一个

* 此处“欲求”（desires）也应该是指 Neigungen（偏好），情况跟前一处相同。而且，德文此处实际上没有出现“Neigungen und Antriebe”（种种偏好与冲动），而是用 ihnen（它们）来指代。帕通是想减少因频繁使用代词而可能造成的误解，试图在译文中将其明确化，却不幸重复了前面的讹误。——译者

在其运作中是“自由的”的原因。这一思想公认地携带有一个秩序
和一个立法的理念（Idea），该理念（Idea）与那种适宜于感性世界的
自然机械论的理念（Idea）截然不同。这个理念（Idea）使得一个理
知世界（也就是说，全部作为就其自身而言的目的的理性存在者）
的概念成为必然的；但是，这个理念不能有丝毫假装可以做得更 (120)
多，除了针对其**形式的**条件来设想这样一个世界——也就是说，设
想它符合如是一个条件，即意志的准则要拥有一个法则的普遍性，
并且因此符合意志的自律，惟有这种自律才与自由相容。与此相 127
反，一切诉诸一个对象被规定的法则都给予我们他律，而他律只能
在自然的诸法则中被发现，并且只能适用于感性的世界。

［自由没有任何解释］

如果理性斗胆要去**解释**纯粹理性**如何**能够是实践的，它就会
越过自己的一切界限。这项任务将等同于去解释**自由如何是可能**
的这项任务。 [4:459]

除非我们能够把某物置于这样一些法则之下，它们能够拥有一个在某些可能的经验中给予的对象，否则的话，我们就无法对该物做出解释。然而，自由只是一个纯然的理念（Idea）：其客观有效性以任何方式都不能诉诸自然的诸法则来加以展示，并且因此不能在任何可能的经验中展示出来。因此，自由的理念绝不容许充分的领会，或者说，实际上绝不容许些微的洞识，[143] 因为它绝不能凭借任何类比而拥有一个与之相符的实例。它仅仅作为理性在如是一种存在者身上的一个必然预设而有效，即那种相信他自己意识到一个意志的存在者——也就是说，意识到一种有别于纯然的欲求能力的力量（亦即，一种规定他自己要作为“理智”去行动的、并且因

(121) 此要依据独立于自然本能的理性法则去行动的力量)。但是,在任何地方,倘若依据自然法则的规定终止了,一切**解释**也就同样终止了。再没有任何东西留下来,除了**辩护**——也就是说,击退这样一些人的反驳,他们自称已然更为深入地看到诸事物的本质,并以此为据,厚颜无耻地宣称自由是不可能的。我们只能向他们指出,他们自诩在其中揭示出一个矛盾,这无非就是:为了使自然法则适用于人类的种种行动,他们必然地必须把人看作一个显象;然后,他们被要求要把他(作为"理智")同时设想为一个就其自身而言的事物,却还继续地在这个方面把他看作一个显象。在那种情况下,把人的原因性(也就是他的意志)排除于感知的世界中的一切自然法则之外,无疑将(在同一个主体身上)导致一种矛盾。如果他们愿意反思一下,并且公道地承认,诸显象的背后必定有就其自身而言的事物(尽管是隐秘地)充当其根据,以及我们不能要求它们的运作法则等同于那些统治着它们的显象的法则,那么,这个矛盾就消除了。

128 [道德兴趣没有任何解释]

(122) 解释"意志的自由"在主观上是不可能的,这种主观上的不可
[4:460] 能性跟发现和解释"人能够从道德法则中获得何种**兴趣**"①是一回

① 一个兴趣就是理性借以成为实践的那个东西——也就是说,借以成为一个规定意志的原因的那个东西。因此,惟有对一个理性存在者,我们才能说,他从某物中获得了一个兴趣:非理性的造物只能感觉种种感性冲动。理性从如是行动中获得一种直接的兴趣,即该行动的准则之普遍有效性是规定意志的一个充分的根据。惟有这样一种兴趣才是纯粹的。如果理性只能够借助某些其他欲求对象来规定意志,或者借助主体身上的某些特殊情感这个先决条件来规定意志,那么,它就只能在这个行动中获得一个间接的兴趣;而且,由于理性在没有经验帮助的情况下,完全凭借自身是既不能发现意志的诸客体,也不能发现那个构成了意志之基础的特殊情感,那么,后一种兴趣就是纯然经验性的兴趣,而不是一个纯粹理性的兴趣。理性的逻辑兴趣(为促进其自身洞识的兴趣)绝不是直接的,而是以理性能够得到应用的诸意图为先决条件。

事;然而,他事实上还是能够获得一种兴趣的。我们把这种兴趣在我们自己身上的基础叫作"道德情感"。一些人曾错误地把这种情感当作我们道德判断的尺度来使用:它其实应该被看作法则施加在我们的意志之上的**主观**效果,并且惟独在理性中才有其客观根据。

如果我们要愿意一些行动,对于这些行动,理性单凭自身就向一个理性的(但却感性地接受刺激的)存在者指定为一种"应当",那么,理性应该拥有一种力量,在履行义务中**注入一种愉快的情感**或者满足,[144] 并且因此,理性应该拥有一种原因性,它凭此能够依 (123)
据理性的诸原则来规定感性,这就公认地是必然的。然而,要领会一个在其自身中不包含任何感性成分的纯然思想如何能够带来一种愉快或者不快的感觉——也就是说,**先天地**使之可理解——这是完全不可能的;因为,在这里,有一种特殊种类的原因性,而且——如同一切原因性那般——我们完全不能**先天地**规定其特性;在这个问题上,我们只能求教于经验。除了两个经验对象之间的那种因果关系之外,经验无法向我们再提供一种因果关系——然而,在这里,纯粹理性凭借一些纯然的理念(它们绝对不提供任何经验的对象)就必须成为一个公认地在经验中发现的结果的原因。因此,对于我们人来说,想要解释**一个作为法则的准则之普遍性**——并且因此,其道德性——如何以及为何使我们感兴趣,这完全是不可能的。惟有这一点是确定的:法则之所以对我们有效,并**非因为它使我们感兴趣**(因为,这就成了他律,并且使实践理性依 129
赖于感性——也就是说,依赖于一种隐藏的情感——在那种情况 [4:461]
下,实践理性绝不能给予我们法则);法则之所以使我们感兴趣,乃是因为它对于作为人的我们有效，凭借它是从我们作为“理智”的意志中、并且因此在我们真正的自我中产生的；**但是，那些属于纯然显象的东西都必然地被理性置于就其自身而言的事物之下**。

［该论证的总回顾］

(124) 因此，“一个定言的命令式如何可能”这个问题，就我们能够提供出它惟有在其下才得以可能的那个预设而言——亦即，自由的理念——以及就我们能够洞悉该预设的必然性而言，能够加以回答。这对于理性的**实践应用**来说足够了——也就是说，对于确信**这种命令式的有效性**，并且因此也确信道德法则的有效性来说足够了。但是，这个预设本身如何是可能的，绝不向任何人类理性的洞识开放。然而，根据“一个理智的意志是自由的”这个预设，就必然得出，意志的**自律**就是它惟有在其下才能被规定的那个形式的条件。预设意志的这样一种自由（正如思辨哲学所能表明的那般）不仅完全是**可能的**（而不会与自然必然性的原则相矛盾，这种必然性统治着感知的世界中的诸显象之联结）；它还（无须任何进一步的条件）对一个理性存在者来说是**必然的**，这种存在者意识到自己凭借理性施加原因性，并且因此拥有如是一个意志（有别于一个欲求），即要在实践中——也就是说，在理念中——把这样一种自由当作条件来构成其一切意愿行动的基础。[145] 但是，纯粹理性如何能够无须任何取自其他来源的动机，就其自身而言就是实践的；也
(125) 就是说，**其一切准则都要作为法则而拥有普遍有效性**（这公认地就是一个纯粹实践理性的形式），光是这样一个原则如何能够凭其自身——无须意志的任何质料（或对象），那是我们可以在其中事先获得一种兴趣的东西——提供一个动机，并且创造一个兴趣，这个

兴趣可以被称作“纯粹道德的”；或者，换句话说，**纯粹理性如何能够是实践的**——对此，一切人类理性都完全不能做出解释，而且，一切追求这样一种解释的努力和劳作都是白费力气。

如果我试图要探究自由本身作为一个意志的原因性如何是可
能的，情况也完全一样。因此，我在那里抛弃了一个哲学的解释基
础[146]，而且我再没有其他任何基础了。毫无疑问，我可以在理知的 [4:462] 130
世界中继续鼓翅乱动，这个世界依旧为我保留——这个诸“理智”
的世界；但是，尽管我拥有对它的一个**理念**（该理念也有它自己的
一些充分的根据），但我对这样一个世界却毕竟没有丝毫的**了解**，
而且，哪怕我用尽自己的自然理性力量的一切努力，也绝不能达到
这样一种了解。我的理念仅仅表示这样一个“某物”，当我从那些
规定我的意志的根据中排除任何属于感性世界的东西，就剩下这
个“某物”：其唯一的意图，就是要通过给感性领域设定界限，以及
通过指出感性领域并没有把一切的一切都囊括在自身之内，而是
还有更多的东西超出它之外，以此来限制那种其一切动机都来自 (126)
感性领域的原则；然而，对于这个“更多的东西”，我们没有更多的
了解。对于设想这一理想的纯粹理性，在我去除掉一切质料之
后——也就是说，去除掉一切有关种种对象的知识之后——除了
其形式，亦即，“准则要成为普遍有效的”这一实践法则，以及与之
相应的（就其同一个纯粹理知的世界有关而言）作为一个作用因
（也就是说，作为一个规定意志的原因）的理性观念之外，就再没有
什么东西剩下来了。在这里，一切感性的动机都必定完全失效；这
个理知世界的理念本身必须成为动机，或者成为一个理性在其中
原始地获得一种兴趣的东西。然而，使这一点变得可被把握，恰恰

是我们没有能力解决的问题。

[道德探究的终极限制]

因此，此处就是一切道德探究的终极限制。然而，规定好这一限制在如下方面具有重要的意义：这样做，理性（一方面）可以避免在感知的世界中——极大地损害道德性——四处探寻最高的动机，以及一些虽然确乎是可把握的、但却是经验性的兴趣；而且，理性（另一方面）可以避免在一个（于它而言空洞的）空间中——在那个已知为“理知的世界”的种种超验概念的空间中——虚弱无力地挥动翅膀，而不能离开原点，以至于迷失在头脑中的种种纯然的幻影之中。至于其他，一个纯粹理知的世界的理念，作为一切“理智”的整体，我们自己作为理性存在者属于这个整体（尽管从另一个视角来看，我们同时也是感知的世界的成员），这个理念对于一种理性信念的诸意图来说，在任何时候都依旧是一个可供使用的与可
131 允许的理念，哪怕一切知识都终止在其界限之上：它服务于在我们
(127) 身上产生一种对道德法则的鲜活的兴趣，凭借的是一个由就其自身而言的诸目的（理性存在者）组成的普遍王国的庄严理想，惟有当我们一丝不苟地依据自由的诸准则而生活，仿佛它们是自然的诸法则那般，我们才能作为成员属于这个普遍王国。

结束语

理性在针对自然的思辨应用中导向世界的某些最高原因的绝对必然性；理性在关于自由的实践应用中也导向绝对的必然性——但却仅仅是一个理性存在者本身的行动法则的绝对必然性。现在，理性的每种应用的一个本质性的原则，就是要把它的知

识推进到我们意识到其**必然性**的地步（因为，没有必然性，它就不会是理性特有的知识）。但是，同一个理性的一个同样本质性的**限制**是，除非基于一个某物在其下才“是什么”、或“发生了什么”、或者“应当发生什么”的**条件**，否则的话，理性就不能对“是什么”或“发生了什么”的**必然性**有任何洞识，也不能对“应当发生什么”的**必然性**有任何洞识。然而，按照这种方式，由于对下一个条件的持续探究，理性的满足就只能一次又一次地被延后。因此，理性不遗（128）
余力地追求无条件必然者，并且看到，它自己被迫要假定这个无条件必然者，却没有任何手段能够使之可被把握——只要它能够发现一个概念与这个预设相容，就足够幸福了。因此，我们对道德性的最高原则的演绎无可指摘，反倒是必须对理性本身提出一项责备，即它无法使一种无条件的实践法则（这种法则必须是定言命令式）的绝对必然性变得可被把握。因为，理性不愿意借助于一个条件来做到这一点——亦即把这种必然性置于一些被当作其基础的兴趣之上——但理性不能为此而遭受指责，因为在那种情况下，就不会有任何道德法则，也就是说，不会有任何自由的最高法则。所以，我们虽然不能把握道德命令式在实践上的无条件的必然性，但我们毕竟可以把握其**不可把握性**。对于一门在其诸原则中向着人类理性之特有限制奋力前进的哲学来说，这就是我们所能公平地向其追问的一切。

133 # 注　释[*]

135 ## 序言

1. 然而，可以有一种应用的逻辑学。可见于第 32 页脚注。

2. 也就是说，一种道德的形而上学。

3. 人类学大致上相当于我们如今叫作心理学的东西，尽管康德通常都把后一个名称，留给了那些研究作为一种无形实体的灵魂的理论。

4. “理念”(Idea)——有大写的 I——是一个专业术语，指一个无条件者的概念(尤其是一个无条件的总体或者全体)，而且，根据康德的观点，义务就是无条件的(或者绝对的)。另一方面，“理念”(idea)——有小写的 i——在日常英语意义上被使用：它是对德语 Vorstellung(表象)的翻译。“理念”(Idea)亦可见于第 127—128 页的分析。我们发现，“理念”(Idea)的使用也是更为松散的，如同在第 x 页中，它被用于一种有机整体的概念——例如，一门科学。

5. 康德想到的似乎是一个诸如“诚实是最好的策略”这样的规诫。这个规诫援引利己的经验性动机来诫令普遍的诚实义务。

6. 亦可见于第 35 页。惟有终极的原则才不要求任何人类学。

7. 对于康德来说，偏好是指习惯性的欲求。

8. 也就是说，一种道德的、而非自然的形而上学。

9. 克里斯蒂安·沃尔夫的这部著作出版于 1738—1739 年。

10. 康德想到的是他自己的(在《纯粹理性批判》中提出的)先验逻辑学——纯粹的先天知识的逻辑，而不是一切思维本身的逻辑。

---

[*] 这是帕通所做的注释(正文中的圈码注释为康德原注)。帕通注释中引用的页码指的是该书德文第二版的页码，即本书页边带小括号的边码数字。——译者

11. 在此，形而上学指的是自然形而上学。

12. 也就是说，它易于陷入种种矛盾（二律背反）与幻相之中。

第一章 136

13. 这句话要加以强调，因为它肯定了人们通常以为康德要否定的东西。

14. 也就是说，如果这些品质与一个善的意志不相容，它们就不是善的。

15. 激动（affection；Affekt）是一种突发的激情，就像愤怒，康德将其比作“醉态”（intoxication）；激情（passion；Leidenschaff）是一种持久的激情或执念（obsession），就像仇恨，康德将其比作“病态”（disease）。

16. 使用“厌理症”一词表明，这个段落是诸多表现出柏拉图的《裴洞篇》（《斐多篇》）对康德伦理学理论的影响的段落之一。这归功于摩西·门德尔松（Moses Mendelssohn）1767 年出版的 *Phädon*（《裴洞》）*，其中相当大的部分是柏拉图著作的译文。

17. 康德从未——像人们常说的那样——主张善的意志是唯一善的东西。

18. 可以看出，康德承认那种在善的行动中所发现的满意。因此，认为他把这种满意——或者，甚至一种更为庸俗的满足——看作是对一个行动之善性的削弱或摧毁，这种观点纯属凭空捏造。

19. 康德的观点在任何时候都只是说，种种障碍使一个善的意志更为**显而易见**——而不是说，一个善的意志只能在克服种种障碍时才表现出来。

20. 这个例子针对的并不是前一个句子，而是更前一个句子。正如康德指出的，区分出自义务的行动与出自利己的行动并不那么容易——即便一个杂货商或许是有良知的。然而，他说得很对，一个仅仅出自利己而做出的行动通常并不被看作道德上善的。

21. 对于“准则”，可参见第 15 页与第 51 页的脚注。

22. 严格来说，它与一个出自其他种种偏好的**行动**建立在相同的根基之上。

---

* 摩西·门德尔松（1729—1789）是 18 世纪德国著名的犹太哲学家，其代表作《裴洞：或论灵魂不朽》（*Phädon oder über die Unsterblichkeit der Seele*）出版于 1767 年，其中部分内容是直接从柏拉图的《裴洞篇》中译出，但其核心部分是门德尔松原创的对话，表达的是建立在 18 世纪的哲学成果之上的灵魂不朽论证。——译者

23. 正如下文直接指出的，幸福是作为一个总和的一切偏好的满足。

24. 要指出的是，康德忘了——很可能是由于疏忽——以一般的形式说明他的第一个命题。

25. 也就是说，正如康德在下文中指出的，支配性的准则必须是形式的、而非质料的准则，在这种准则之下，一个行动就是为了义务的缘故而做出的。

26. 严格来说，类似于恐惧和偏好的东西是敬畏（而不是法则）。

27. 参见第 55—56 页。

28. 这看起来像是退回到了纯然的利己，但康德的要点在于，如果这一准则被普遍地遵从，那就根本不会再有任何承诺。参见前文第 18 页，以及第 55 页与第 49 页。

29. 对于康德来说，最高级别的知识就是“洞识”（insight）* 与（高于洞识的）“把握”（comprehension）**。可参见第 120 页与第 123 页，也见《康德的经验形而上学》，Ⅰ，334。

137 **第二章**

30. 要指出的是，它是作为一般的义务——而不是作为一个特殊的义务——被包含在其中。

31. 这未必意味着，一个规则不能凌驾于另一个规则之上。

32. 这一整个段落再次暗示了柏拉图的影响。这个有关上帝概念的特殊观点，可参见第 92 页。

33. 在此，形而上学指的是道德的形而上学。

34. “尊严”是一个意指内在价值的术语。可参见第 77 页。

---

* “洞识”（insight），或译“洞见”，对应于德文的 Einsicht，动词形式是 einsehen（洞察），动名词形式是 Einsehen。——译者

** “把握”（comprehension）对应于德文的 Begreifen，是狭义的理性（Vernunft，即推理能力）的认识活动。通过跟 Verstehen（理解）的比较，可以更好地理解 Begreifen。Verstehen 是知性（Verstand，即“知道某物是什么”的能力）的认识活动，知性直接跟感知对象打交道，也就是说，通过概念来认识一个对象，在判断中形成种种有关这个对象的命题。相反，狭义的理性并不直接跟对象打交道，而是通过知性的命题来认识事物，也就是说，通过对诸命题的推理来认识事物。康德说：“理性概念被用作把握（Begreifen），而知性概念则被用做理解（Verstehen〔对感知的理解〕）”。参见〔德〕康德：《纯粹理性批判（注释版）》，李秋零译，第 253 页（A311/B367）。——译者

35. J. G. 苏尔策教授(1720—1779)于1755年将休谟的《研究》译作德文。*

36. 在此,康德再次警告我们,不要用额外添加的种种非道德的动机来玷污道德原则。这样做就是在贬低与之相应的种种行动的价值,就像我们把诚实当作最佳策略来提倡那般。

37. 思辨的或理论的哲学不仅必须承认,人类理性是推论的(discursive)(在这种意义上,其诸概念离开感性直观就无法给予我们任何知识),而且还必须承认,为了知识的缘故,人类理性依赖于时空的纯粹直观,后者或许是人类存在者所**特有的**。

38. 然而,我们无法通过对"理性存在者"这个概念的纯然**分析**推导出种种道德原则,可参见第50页脚注。对于这样一种推导,我们需要理性的一种**综合**的运用,可参见第96页。

39. 在此,形而上学是一种道德的形而上学。

40. 在第一章中。

41. 诸理念(Ideas)在一种道德的形而上学中(正如在其他地方一样)走向一种"完备的总体性",而这种东西是绝不能在经验中被给出的。

42. 我们必须从主观的诸原则(或诸准则)进入到有条件的客观的诸原则(假言的诸命令式),然后又从它们进入到义务的无条件的定言的命令式(尤其是自律的命令式——第69页以下——该命令式为自由的概念预备了道路)。这一点惟有在二次解读时才能看清。

43. 如果这种"推导"是逻辑演绎,我们就很难从中推出"意志就是实践理性"。康德想到的似乎更像是亚里士多德所说的一种**实践**的三段论——这种三段论的结论不是一个命题,而是一个行动。

44. 在此,"被规定"指的是"**客观上**被规定"——而不是"**主观上**被规定",正如它在本页后面的一个句子中所指的那般。

45. 这样一个规则就是一个假言的命令式。

46. "其"字指的是该意志。

---

* 此处《研究》(*Inquiry*)是指《道德原则研究》(*An Enquiry Concerning the Principles of Morals*),大卫·休谟的这本著作出版于1751年。休谟最早对道德基础的系统思考是在《人性论》(1739—1740)的第3卷中,《道德原则研究》可以看作是对《人性论》中的这部分内容的提炼与详细阐述。——译者

138 47. 柏林科学院版删掉了德文中的“不”字。*

48. 机智或许被描述为“理性的自爱”更好。

49. 康德在许多地方都指出，机智不仅关乎手段，而且也关乎种种目的的和谐一致，此处正是其中之一。

50. 成为实践上必需的（必然的）就是成为客观上必需的（必然的），参见第 50 页脚注。成为理论上必然的，将归入自然的必然性，这是一种截然不同的东西，参见第 97 页。

51. 这一点将在第三章中变得更加清楚。

52. 也就是说，我们所关心的，不止是找出达成一个目的所必需的手段，而且，当我们知晓这些手段之后，我们还关心使用这些手段的职责。

53. 一个“实用的诏令”** 就是一个具有基本法效力的帝国法令或皇家法

---

* 帕通在此处所说的是《奠基》正文[4:415]中的一句话，即“他们并不确定这些目的中的任何一个不会在未来成为他们的被监护人的一个现实的意图”。这句话在科学院版中为“von deren keinem sie bestimmen können, ob er etwa wirklich künftig eine Absicht ihres Zöglings werden könne”。然而，其中的后半句话，在《奠基》的其他译本中为“ob er nicht etwa wirklich künftig eine Absicht ihres Zöglings werden könne”。也就是说，科学院版中少了一个“nicht”（不）。但是，尽管如此，ob 和 ob nicht 在意思上没有区别，都是“是否”的意思，后者只是语气更强。帕通大概是觉得，此处不应该没有 nicht。因此，他特意将这句话译作“of none of which can they be certain that it could not in the future become an actual purpose of their ward”——也就是说，它使用了“it could not”，而不是“it could”。——译者

** 此处“诏令”，英文为 sanction，德文为 Sanktion，均出自拉丁文的 sanctio。如今多意指“制裁”或“处罚”，但其本义是“法律”。根据《牛津拉丁语词典》的解释，Santio 是指：(1)一项具有约束力的法律，或者条令、条例、诏令；(2)保障一项法律免遭侵犯或废除的一种刑事制裁。参见 *Oxford Latin Dictionary*, Oxford: Clarendon Press, p. 1686。根据康德在《奠基》[4:417]脚注中的解释，以及帕通给出的例子，它显然是指前一种意义。所谓“实用诏令”，英文作 pragmatic sanction，德文作 Pragmatische Sanktion，常意译为“国事诏书”。实用诏令或国事诏书是君主国家在重大事务上的庄严法令，具有基本法效力。在神圣罗马帝国后期，实用诏令主要是指由皇帝颁布的法令。在实践上，往往是由于无法达到或维持理想状况，才需要改变规则颁布实用诏令。吾师秋零先生将 Sanktion 译作“制裁”，这显然是不太合适的。参见〔德〕康德：《道德形而上学的奠基（注释版）》，李秋零译注，第 35 页脚注(4:417)。杨云飞老师将其译作“法纪”，这是比较准确的译法。参见〔德〕康德：《道德形而上学奠基》，杨云飞译、邓晓芒校，第 46 页脚注(4:417)。——译者

令。例如，法兰西的查理七世于 1438 年颁布的诏令——高卢教会诸自由权的基础*；以及，皇帝查理六世于 1724 年对奥地利继承权的规定。** 康德把这样一些诏令看作是机智的诏令，而不是出自那种适用于一切国家本身的自然法体系的诏令。

54. 我们正在处理——正如康德在下一个从句中所指出的——“愿意一个目的”的概念。在分析命题中，我们必须明显地区分主词的概念与主词本身（通常是一个事物、而不是一个概念）。

55. 我们不止必须表明一个定言的命令式如何可能，而且还必须表明它就是可能的。

56. 对一个定言的命令式所责令的行动的意愿，无法从对“意愿一个目的”这个概念的分析中推导出来（就像在一个假言的命令式的情形中所做的那般）。

57. 然而，我们将在第三章中发现——尤可见于：第 111—112 页——为了确立起道德性的综合的先天实践命题，这样一个完善意志的理念（Idea）是必需的。

---

* 高卢教会（Gallican Church），又译作“加里坎教会”或“加利刚教会”，也可意译为“法国天主教”。高卢教会是罗马天主教的一部分，但该教会一直享有一定独立性与自主权，虽然在不同历史时期在程度上有所不同。尽管如此，高卢教会依旧是拉丁礼教会的一部分，其独立自主性与东方礼共融教会——例如，马龙尼礼天主教会、斯洛伐克希腊礼天主教会等——不可同日而语。1438 年，法国国王查理七世统治时期，颁布了《布尔日实用诏令》（*Pragmatic Sanction of Bourges*），提出了教会会议权威高于罗马教宗，选举，而不是任命神职人员，禁止罗马教从赐福与圣俸中受益等要求。——译者

** 1703 年，神圣罗马皇帝利奥波德一世（Leopold Ⅰ）为防止皇朝绝嗣，跟他的两个儿子订立了《相互继承协约》（*Pactum Mutuae Successionis*），他的两个儿子也先后继位为约瑟夫一世（Joseph Ⅰ）与查理六世。1713 年，查理六世由于没有儿子，担心皇位被哥哥的女儿所继承，于是撕毁《相互继承协约》，秘密颁布了《实用诏令》（*Sanctio Pragmatica*），将优先继承权转到自己的孩子身上。此后，查理六世的皇后先后在 1717 年、1718 年和 1724 年生下三位公主，但没有存活下来的儿子。因此，他在长女玛丽亚·特蕾西亚（Maria Theresa）出生时，就依据《实用诏令》剥夺了约瑟夫一世的女儿玛丽亚·约瑟法（Maria Josepha）与玛丽亚·阿玛莉娅（Maria Amalia）的继承权。1724 年，他的小女儿（也叫作）玛丽亚·阿玛莉娅（Maria Amalia）出生后，39 岁的查理六世似乎不得不放弃获得一名男性继承人的希望，玛丽亚·特蕾西亚也因此注定成为皇位继承人。——译者

58. 说定言命令式把一个行动直接地与“一个理性意志”的概念联系起来，这就是说，这种联系不是从预定好的一个对其他某些目的的意愿中推导出来的。然而，即便有这种直接的联系，这个命题也依旧是综合的：这个行动的意愿并不包含在“一个理性意志”的概念之中。

59. 讨论中的准则是一个质料的准则。

60. 惟有对那些不完全理性的有限行动者来说，一个客观的原则才是一个命令式。

61. 此处（以及其他地方）使用一个介词，似乎是一个非必需的复杂做
139 法。或许，康德想要强调的是质料准则与形式准则的相互渗透。在依据一个质料准则的意愿中，我将同时愿意这个准则要成为一个普遍的法则。由于一个质料准则乃是基于种种感性的动机，这个公式单凭自身就驳倒了一种传统的学说，即在康德看来，在一个道德上善的行动中，一个感性的动机绝不能与道德的动机同时出现。

62. 当我们说到“自然”时，我们可以在一种质料的意义上，将其等同于“诸现象之总和”；或者，我们还可以在一种形式的意义上，将其等同于“统治着诸自然现象之实存的那些法则之总和”。第二种用法近似于诸如“人的本性（自然性）”与“世界的本性（自然性）”这样的通俗短语。因此，我们可以说（通俗地讲），世界的本性（自然性）为因果法则所统治。尽管如此，当康德问道，我们的准则能否被设想为一些自然法则，或者我们愿意它们成为一些自然法则时，他把自然的诸法则当作一些合目的的法则来对待。也见第 81 页、第 84 页，以及第 80 页脚注。

63. 这一点在我对这个论证的分析中得到了解释。它与一项义务凌驾于另一项义务之上毫无瓜葛，正如我曾在《定言命令式》中错误地提出的那样，参见第 147 页。

64. 外在的诸义务就是对他人的诸义务；内在的诸义务就是对我自己的诸义务。

65. 许多释义者都说，康德谴责自杀的根据在于：如果每个人都投奉于自杀，那就再留不下任何人去自杀了！这里丝毫也没有这样一种论证的踪影（实际上，据我所知，在其他任何地方也没有），而且，读者也应对这样一些谬论保持警惕。

66. 这是采取了一种机智性的方式，但康德的学说并不是机智性的，正如我们可以从第 11 页和第 68 页的脚注中所看到的那般。

67. 这一区分跟“完全的诸义务”与“不完全的义务”的区分相同。

68. 康德仅仅处理了四种主要类型的义务(完全的与不完全的义务,内在的与外在的义务)。每种类型都有一些不同种类的职责,依据它们涉及不同种类的对象而归入其下。举个例子,对他人的种种完全的义务包括不要侵犯他们的自由的义务,或者不要盗窃他们的财产的义务,同样也包括不要以虚假的托词借贷的义务。参见第 68 页。

69. 康德再次处理了不同程度的显而易见性,而不是不同程度的卓越性。参见第 8 页,脚注①。

70. 关键在于,我们绝不能把种种经验性的考虑引入到**道德原则**之中。道德原则必须凭其自身就足以规定行动,但这并不意味着,其他种种动机不会**同时**出现。

71. 由于拥抱了一朵云彩,把它错当作朱诺,伊克西翁成了半人马“混种”的始祖。

72. 然而,确立起这种**先天**联系的命题不是分析的,而是综合的。参见 140
第 50 页脚注。

73. 在此,一种道德的形而上学被认为包含了对实践理性的一种批判。后者尤其关乎**证义**道德法则与一个理性意志本身之间的**先天**联系。参见第 87 页与第 95—96 页。

74. 这些差异——愉快、美丽与善的之间的差异——在《判断力批判》中得到了讨论,例如,§5。

75. 正如我们所看到的(第 i—iii 页),物理学(或者自然哲学)必须有一个经验性的(同时也要有一个**先天的**)部分。这个经验性的部分进而又可以划分成两个组成部分,第一个组成部分涉及物理自然的世界,第二个组成部分(这是在此要讨论的)则涉及心灵。

76. 在此,我冒险修改了文本,把“客观的”替换为“主观的”。“一个客观的根据”——倘若它在此毕竟意指什么的话——必定意指“诸对象中的一个根据”。这种意义在康德那里十分罕见,而且,如果“客观的”在一个段落中是这种意义,却在其他任何地方都意指“对每一个理性存在者本身都有效”,那就实在太令人困惑了。另一方面,康德总是强调,诸目的(无论是主观的、还是客观的目的)必须是在主观上被选取的——我们绝不能被迫把任何事物当作我们的目的。参见(例如,使用“在主观上”一词)第 70 页,尤其是对它的第二次使用。每个目的都是意志的自我规定的一个主观根据。如果目的是单独地由理性给予的，它就同时变成了一个客观的根据。

77. 一个手段，被看作一个行动之可能性的根据（或者原因），似乎成了一个工具。因此，举个例子，一个锤子是（或者包含）“钉钉子”得以可能的根据。然而，在实践中，康德通常把一个行动本身当作一个手段（一个假言的命令式所责令的手段）来对待。

78. 参见第 14 页。

79. 倘若康德指的是严格意义上的“每一个意志”，那么，他想到的就必定是一些普遍的原则——而不是一些特定的道德法则。

80. 我们很可能会以为种种偏好要奠基于种种需求之上，但通常来说，康德似乎都认为，种种需求要奠基于种种偏好之上。

81. 通常来说，康德并不那么敌视偏好。他在这里的态度难道是受到了《裴洞篇》（《斐多篇》）的影响？

82. 在此，康德清楚地区分了“一个对一切理性存在者本身都有效的最高的实践的原则”与“一个与之相应的对诸如人类这样不完全理性的行动者有效的定言的命令式”。在任何没有明确做出这一区分的地方，我们都要始终把它牢记于心。

83. 严格来说，“人性”应该是“理性本性本身”，但我们唯一熟知的理性
141 本性只能在人类身上才能找到。康德本人在前一段开头做出了这一区分。

84. “仅仅”一词对于康德所要表达的意思来说是必不可少的，因为我们全都必须把其他人当作手段来使用。

85. 参见第 99—100 页与第 101—102 页。一个理性存在者只能在自由的理念（Idea）之下行动，并且因此必须把他自己设想为自律的，进而设想为一个就其自身而言的目的。

86. “不要对他人做你不想对你自己做的事情”（己所不欲，勿施于人）。

87. 要注意到，在这里，惟有当一个法则涵盖一切义务，并且因此是一个终极原则的时候，康德才把一个法则看作普遍的。他在这种意义上使用“普遍法则”，就此而言，他主张普遍法则独立于有关人类本性的知识，这个主张至少并非显而易见地就是荒谬的。

88. 对于人性的本性（自然性）的意图（或者目的）显著地有别于一切人都追求的自然意图（或者目的）（正如在紧接着的段落中所指出的那般）。第一种观念假定自然有一个最终目的或目标，这个目的或目标却不能在自身本身中发现。第二种观念依赖于对自然的观察，并且能够由这样一种观察所证

实。参见《判断力批判》，§67。

89. 在此，康德不是要求我们弃绝一切兴趣：举个例子，我们有权，甚至有一种间接的义务要追求我们自己的幸福。他所说的是，定言命令式不能基于任何兴趣：它从自己的**君主权威**中排除了“同作为一个动机的兴趣的任何混杂”。我们对义务的判断绝不会受到我们的种种兴趣的影响——惟有在这个意义上，才能说一切兴趣都必须弃绝。

90. 康德考虑的是这样一个假说，我们之所以不得不服从道德法则仅仅是因为利己。他论证说，一个受缚于利己的意志在任何时候都不会导致一些正当的行动，除非这个意志受缚于一个**进一步的**法则，要求它**惟有**当利己的诸准则能够被愿意成为一些普遍法则时才根据这些准则而行动。也见第94页。因此，一个受缚于利己的意志不能是一个**最高的**立法者，也不能制定**普遍的**法则。

91. 在此，康德想到的似乎是自然的一个意图，而不是一个自然的意图。参见上文第69页，注释88。

92. 在这里，我们不是在考虑种种个人目的的**内容**（它们已然被排除了）。我们所考虑的仅仅是一个由众人格组成的目的王国的**形式**，他们能够**依据普遍法则**而意愿一些个人目的。

93. 康德想到的或许是，目的王国中的**那些成员**正当地服从国家法律的诏令，并且因此服从于他人意志所施加的强迫。

94. 我用“fancy price”（玩赏价格）这个术语（因为没有更好的术语）来意 142
指幻想或者想象的价值。

95. 把道德价值如此之高地置于审美价值之上，这似乎是康德身上的一种道德主义偏见。然而，一旦我们考虑到这样一个人，他把最美妙的审美品位与恶魔般的残酷行为结合起来（正如在战争期间所发生的一些情形），我们就会倾于康德的观点。

96. 一个把形式与质料结合起来的完备规定。

97. 单一性、复多性（或多数性）与总体性三个“**量**”的范畴，最后一个联合了前两个。

98. 更为自然的译法应当是“使这个行动更接近直观”。但是，一个行动已经是接近直观的了，而且，我们需要使之更接近直观的东西是普遍法则公式（或者理性的理念〔Idea〕，参见上文第79—80页）。

99. 也可参见第52页，注释62。

100. “对象”究竟是指思想的对象还是意志的对象(意图),在此是不清楚的。在第98页中,“对象”明显等同于“内容”,但这再次变得含糊不清了。

101. 康德忘记了,在不完全的(或者较宽泛的)诸义务的情形中,就其自身而言的目的是以积极的方式被设想的。

102. 在此,理性存在者被视作**自然**的诸**目的**(或者诸**意图**)。参见第69页,注释88。康德在用普遍的自然法则来类比普遍的道德法则时,也使用了这一目的论的假定。

103. 引入幸福作为德性的奖赏稍有些粗鲁。更令人满意的说法是,正如康德在其他地方所说的那样,若没有自然的合作,善的意志无法成功地实现其种种目的。

104. 参见第14页以下,尤其是第16—17页的脚注。

105. 在这里,对诸概念的分析似乎产生了一些综合的命题。康德所指的确实是一种分析的论证吗？参见我对第xiv页的分析。

106. 这并不是一种非人的学说,即一个善人不应受到任何有关种种对象的欲求的影响,而是说,他不应允许他对任何对象的欲求干预他对义务的判断。

107. 康德指的是那个充当定言命令式的基础的理由。这个理由不能仅仅是说,我恰好对他人的幸福感兴趣。

108. 弗兰西斯·哈奇森(Francis Hutcheson,1694—1747),格拉斯哥大学的道德哲学教授,是道德感学说的主要倡导者。康德本人曾一度受到其学说的影响。

143 109. 康德想到的克里斯蒂安·沃尔夫(1679—1754)及其追随者的学说。参见第ix页,注释9。

110. 主要指的是克鲁修斯(Crusius,1712—1776)的学说。

111. 指的是前面提到的完善性的**本体论**概念。

112. 倘若意志的任何对象要被当作道德性的基础,我们就要求:(1)一个约束我们要追求这个对象的法则,以及(2)——倘若这个法则要在任何时候都提出一些正当的行动——一个**进一步**的法则,这个法则约束我们根据这样一个准则而行动,即**惟有**当这个准则能够被愿意成为一个普遍法则时才去追求这个对象。参见第72页,注释90。

113. 这个段落(连同第xiv页一起)提出了“分析的论证”与“综合的论证”之间的一种联系。我看不出何以能是如此,因为,相同的命题必须显得既是分析的，又是综合的论证。参见第 xiv 页，以及我在第 88 页的注释中对这个论证的分析。

第三章 144

114. 参见第 81 页，注释 100。

115. 一个“在道德法则之下”的意志并非这样一个意志，即一个在任何时候都依据道德法则而行动的意志，而是一个倘若理性充分支配了激情才会这样做的意志。参见《判断力批判》，§ 87（长脚注）。即便一个恶的意志也在道德法则之下，并且是自由的。

116. 两种“认识”可以被认为是一个综合命题的主词与谓词，只要我们想到的仅仅是一些定言的命题；但是，我们必须记住，假言的与析取的命题也可以是综合的。

117. 讨论中的理念（Idea）在第 111—112 页中变得更加准确，在那里，我的意志的理念（Idea）属于理知的世界，并且因其自身而是行动的（活动的）——也就是说，是自由的。

118. 这个括注在德文版中是含糊不清的，严格来讲，先天地证明自由是不可能的：我们所能做的一切只是先天地表明，一个理性行动者必然地必须根据自由的预设而行动。

119. 压在理论肩上的负担是一项无法完成的任务的负担：在理论上证明自由是不可能的，尽管我们能够从一种理论的视角表明，自由与自然的必然性并非是不相容的。

120. 康德首先求助于作为一种判断力的理论理性。

121. 这究竟只是一个推理，还是说实践理性如同理论理性一般对其自身的种种理论前提拥有相同的洞识，尚不清楚。

122. 参见第 66 页的注释 82，以及脚注。

123. 德文版“理念”（Ideas）是复数形式，但这似乎是一个错误。

124. 参见第 37 页与第 39 页。

125. 在此，“状况”涵盖令人愉快的种种“事态”与“情感状态”。

126. “互换的概念”是拥有相同的外延（也就是说，适用于完全相同的对象）的概念。因此，举个例子，“三边直线图型”与“三角直线图形”的概念是互换的概念。

127. 内感觉或内感官或许等同于人们时常说的“内观”（introspection）。

128. 在此，主体是已知为——通过内感官——一个经验对象的主体。

145 129. 不仅作为内感官的一个对象，而且也作为一个能够感觉的主体（并且因此作为一个通过种种感觉而受到刺激的主体——第 117 页），我必须把我们自己看作是属于感官世界（the world of sense）的。

130. 对纯粹活动的这种直接意识似乎就是对思想与行动的种种先天原则的意识。

131. 在此，理性在一种术语意义上被当作诸理念（Ideas）的能力来使用，而知性则是诸范畴的能力。

132. 划定感知的世界的种种限制就是要划定知性的种种限制；因为，脱离了感性，知性根本就不能思维任何东西。

133. 这并不意味着，人们在任何时候都道德地行动，而是意味着，他们根据自由这一预设前提而行动，并且因此根据他们所要服从的一个道德法则这一预设前提而行动。

134. “直接地”指的是独立于种种感性的冲动力及其对象。

135. 这个论证似乎被压缩了，并且需要扩展。参见《定言命令式》，第 250—252 页。

136. 参见第 99 页，注释 117。

137. 也就是说，看作客观上（而不是主观上）必然的。参见第 37 页。

138. 对于辩证，参见第 23—24 页，以及我在第 xii 页的注释。

139. “Bonum vacans”是无人占有的财产。

140. 这种“知识”的范围在接下来的段落中极大地被削减了。

141. 参见第 111 页注释 134——在当前说法可与之参照的一个段落中。

142. “理知的世界”的概念只是一个视角，这并不是说，理知的世界本身只是一个视角；而且，我们必须记住，“感知的世界”能够以同等的成义性被描述为一个视角。

143. 注意“领会”与“洞识”之间的区别。去领会——参见第 123 页——就是先天地使之成为理知的。也可参见第 20 页，注释 29。

144. 参见第 7 页，注释 18。

145. 也就是说，就理性而言。参见第 111—112 页。

146. 这里所说的很可能是指自然哲学或康德广义上的物理学。

人名索引

（索引中的页码为原书页码，即本书边码）

S

T

V

W

术语索引

（索引中的页码为原书页码，即本书边码）

B

C

D

E

F

G

H

I

J

K

L

M

R

S

图书在版编目(CIP)数据

定言命令式 ：康德道德哲学研究 /（英）H. J. 帕通著 ；李科政译. -- 北京 ：商务印书馆，2024. --（政治哲学名著译丛）. -- ISBN 978-7-100-24192-2

Ⅰ. B561.31

中国国家版本馆 CIP 数据核字第 20241ER472 号

政治哲学名著译丛

定言命令式

康德道德哲学研究

〔英〕H. J. 帕通 著

李科政 译

商 务 印 书 馆 出 版

（北京王府井大街 36 号 邮政编码 100710）

商 务 印 书 馆 发 行

北京市艺辉印刷有限公司印刷

ISBN 978 - 7 - 100 - 24192 - 2

2024 年 9 月第 1 版 开本 880×1230 1/32

2024 年 9 月北京第 1 次印刷 印张 22⅜

定价：118.00 元